国家社科基金
后期资助项目
GUOJIA SHEKE JIJIN HOUQI ZIZHU XIANGMU

孔子新证

一种基于生活史的
思想探究

李军 著

商务印书馆
创于1897
The Commercial Press

国家社科基金后期资助项目
"孔子新证：一种基于生活史的思想探究"（22FZSB005）
最终成果

国家社科基金后期资助项目
出版说明

　　后期资助项目是国家社科基金设立的一类重要项目，旨在鼓励广大社科研究者潜心治学，支持基础研究多出优秀成果。它是经过严格评审，从接近完成的科研成果中遴选立项的。为扩大后期资助项目的影响，更好地推动学术发展，促进成果转化，全国哲学社会科学工作办公室按照"统一设计、统一标识、统一版式、形成系列"的总体要求，组织出版国家社科基金后期资助项目成果。

全国哲学社会科学工作办公室

思想，在当下与永恒之间

——由李军《孔子新证》一书想起的

刘　东

　　威廉姆斯（Bernard Williams）曾经这样写道："'缺乏历史感是哲学家们的遗传通病……因此从现在起，历史的哲学思考是必需的，与之相伴的是谦虚的美德。'尼采于1878年写下这段话，但时至今日这些话仍然非常有必要说。的确，当下许多哲学比以往任何时候都更加彻底地非历史。"[①]虽则他讲的这番话，主要是针对分析哲学的那种"提纯"，但还是有助于提示我们，研究古代思想并非只是哲学的任务，也同样属于历史学的任务。

　　换到我们今天的话题，其实对于孔子这类思想家的研究，也一向分为哲学式的沉思路数和历史式的考证路数；或者，以我曾工作过的中国社科院为例，也一向分为哲学所中的哲学史路数，以及历史所中的思想史路数。只要能搞得好，这两种不尽相同的方法，不仅并不是相互抵触、互不服气的，还完全可以做到各擅胜场：要么就干脆昂起首来，专心发挥哲学家的飞扬想象，从宏观大局来理解问题；要么就索性低下头去，注重发挥史学家的心细如发，从字里行间来探索问题。而无论其中的哪一种，都同样可能给我们带来惊喜。

　　当然这样的分野，也会带来相应的问题：一旦我们把历史学家的家法落实到对于思想本身的研究，那么，究竟可以预期什么样的收获，又可能遭遇哪方面的限制呢？比如——还是以孔子研究为例吧——我自己在反复研读《论语》的时候，就曾经多次跟弟子感叹：如果从"历史语境主义"的要求来看，这本书实在是被太过地"提纯"了。由此，虽说也能确定某

---

①　Bernard Williams, Why Philosophy Needs History, *London Review of Books*, October 17, 2002, pp.7 - 9.

些"子曰"的发言场景，然而这些"见首不见尾"的材料，终究还是不可能支撑我们，去想象一本还原生平的"思想发展史"。

请详而论之。在一方面，就心智发展的规律而言，即使孔子确乎虚拟地区分过，"生而知之者上也，学而知之者次也；困而学之，又其次也；困而不学，民斯为下矣"（《论语·季氏》）。然而，他又曾明确地表白过，自己并不是那种"天纵聪明"的人："我非生而知之者，好古，敏以求之者也。"（《论语·述而》）既然这样，只要我们循着常理来推测，他那种"学而知之""敏以求之"的心灵，就理应展现出发展的"过程性"来，这表现为他对某些重大问题，起先并不是"这么看"的，到后来才转念"那样看"了——而且，也正因为他后来"那样看"了，才成了我们所认识和尊崇的孔子。

这类对于思想"过程性"的研究，也许国内学界最为熟悉的就是那些占据主流的"马哲史"了；说白了，它的主要宗旨就是要厘清，究竟有哪些不符合主流的话，别看也是由"革命导师"亲笔写下的，却是在马克思还没成为马克思时，所讲出来的不大严谨或者不够成熟的话。甚至于，对于这种发展中的"过程性"，我们还可以佛祖为例，也就是说，即使对于供在宝殿中的释迦，我们一旦回想到他的"菩提悟道"，也同样能领悟他的"过程性"，知道这位净饭王的太子也有过陡然而幡然的转折，所以他后来的那种"彻悟"，也不妨说就是某种"悔悟"。

可在另一方面，毕竟像《论语》这样一部书，又只是由孔门弟子乃至再传弟子，慢慢地提取、记录和编纂起来的，而且唯其如此才会得名曰《论语》，如同赵翼在《陔馀丛考》中所解释的："语者，圣人之语言，论者，诸儒之讨论也。"既是这样，我们单从《论语》一书的字面上，实在看不出多少前后不一的错讹或者断裂了。在这一点上，它是完全不同于后世的《海德格尔全集》或《维特根斯坦全集》的。因为在那些晚出的书籍中，所谓"前期"和"后期"都是泾渭分明、历历在目的。事实上，由于孔子的学生是相继入门的，而那些负责集成《论语》的编者们，又主要是他到晚年才收下的学生，乃至又师从那些学生的再传弟子；那么由此就不难想象，即使他当年有过思想的"发展史"，那些后生也根本无从了解这样的过程。这当然也就逻辑地意味着，再到了两千五百年后的今天，我们受到残留文献的前定制约，就更加看不到他那种试错的过程，似乎他从一开始就是成熟的了。——孔子本人也曾经讲过，"夏礼，吾能言之，杞不足征也；殷礼，吾能言之，宋不足征也。文献不足故也。足，则吾能征之矣"（《论语·八佾》），这虽是在交代不同的问题，却也触及了同样的知识限制或知识困境。

当然，再把话说回来，就算写不出这样的"思想发展史"，也不意味着围绕着孔子的话题，就不可能再换从其他角度，去发挥出相应的历史感来，从而满足我们饥渴的求知欲。比如，台湾东海大学的徐复观，就曾从更宏观的参照系中，勾勒出了思想史中的"周孔之变"，而这种带有方向性的根本转折，如果用他自己的话来说，正乃在周初宗教中"人文精神的跃动"："周人革掉了殷人的命（政权），成为新地胜利者；但通过周初文献所看出的，并不像一般民族战胜后的趾高气扬的气象，而是《易传》所说的'忧患'意识。忧患意识，不同于作为原始宗教动机的恐怖、绝望。一般人常常是在恐怖绝望中感到自己过分地渺小，而放弃自己的责任，一凭外在地神为自己作决定。在凭外在地神为自己作决定后的行动，对人的自身来说，是脱离了自己的意志主动、理智导引的行动；这种行动是没有道德评价可言，因而这实际是在观念地幽暗世界中的行动。由卜辞所描出的'殷人尚鬼'的生活，正是这种生活。'忧患'与恐怖、绝望的最大不同之点，在于忧患心理的形成，乃是从当事者对吉凶成败的深思熟考而来的远见；在这种远见中，主要发现了吉凶成败与当事者行为的密切关系，及当事者在行为上所应负的责任。忧患正是由这种责任感来的要以己力突破困难而尚未突破时的心理状态。所以忧患意识，乃人类精神开始直接对事物发生责任感的表现，也即是精神上开始有了人地自觉的表现。"[①] 很有意思的是，我们唯其如此才多少得以理解，作为一种象征性的叙事场景，孔子竟然时常念叨着"梦见周公"，毕竟由他最终完成的价值转向，是从早前的周公旦那里接续而来的。

再如，美国俄克拉荷马大学的奥伯丁（Amy Olberding），则又从更细致的话语分析中，领悟到了《论语》的道德敏感性源自从概念上把握伦理典范的努力，而这些典范又是早在理论创立之前，就已在实践中被确立和赞赏的。由此一来，奥伯丁也就针对孔子的伦理思想，别具匠心地提出了一种"起源的神话"："通俗地说，我提出的起源神话大概是这样的。孔子知道他认为谁是好人。他的哲学冲动则是解释他们为什么是好人。他对于成为好人所需条件的更抽象表述，不过是试图将他在好人身上发现的东西形式化，并且清晰地表达出来，用更笼统的术语来描述一种先前已存在且固定的评价。《论语》的作者们为我们详细描述了孔子从人到概念的推理过程，并将榜样的范围扩大到包括了孔子本人。实际上，他们似乎将孔

---

① 徐复观著，李维武编：《徐复观文集》第3卷《中国人性论史·先秦篇》，武汉：湖北人民出版社，2002年，第32页。

子推举为杰出的榜样。在孔子本人以及《论语》作者们这两种情况中，道德推理始于人格的魅力。道德想象力被那些不仅指明了道路而且极具吸引力地引导他人去追随的人所激发。简而言之，《论语》是一份详细记录孔子及其作者如何向自己和他人解释他们为何钦佩所钦佩之人的文献。这是一次探寻道德魅力之源的努力。"①——这本书对本文的启发在于，既然早在孔子之前就存在着道德的行为，而他只是从理论上总结了这种行为，那么，这本身就属于一种明确的历史线索了。而且，我们由此才有可能基于一种历史感，去理解孔子为什么会说"中庸之为德也，其至矣乎，民鲜久矣"（《论语·雍也》）；也就是说，这种"执两用中""不偏不倚"的道德慎思，早就出现在孔子之前的伦理实践中了。

　　再接下来，也就说到了李军的《孔子新证》，这本书基于春秋社会生活史和孔子个人生活史视角，探究孔子思想的发展轨迹与内涵意义，也是想要从历史的侧面，参对着各种传世的材料与考辨，特别是在作者看来更加可靠的《左传》，来还原孔子生活过的具体历史世界，包括孔子种种行迹的广阔历史背景，乃至孔子交游的各种人物形象。虽则这样的一种历史世界，本来就隐藏在各种密密麻麻，而且相争不下的注疏中了，并非可以单凭想象就足以向壁虚构的，然而，一旦借助于细心的甄选而铺陈成文，眼下毕竟可以展现得更加详细和逼真了。甚至于，作者也试图根据特定的历史语境，来推想讲出某些"子曰"的具体时空，以便读者们更能体贴那些话的意涵。由此一来，就算仍然无法勾勒孔子思想的"发展史"，也毕竟提出了有助于理解某些"子曰"的解说。——而我们由此又不免想起，孟子早就说过"颂其诗，读其书，不知其人，可乎"（《孟子·万章下》），所以作者这样的写作动机，肯定是既合乎古训，又有补于当世的。

　　当然了，这本书是否就此都做到位了，读者们还是可以"见仁见智"的；不过话说回来，即使让他们接着再去"见仁见智"，那也是在启迪和激发他们的思考吧？只是，我在这里要说的是——要是当真扪心自问起来——其实我本人也曾有过很多的想法，竟连自己到后来也无法精确回想，到底是在什么场合想到、讲出和写下的了，以致时常要借助电脑来翻检搜索，去确定当年的某一个念头，究竟被我写在了哪本书里。——再进而言之，休要说我们有时已经记不起来，就算当我们还以为自己"记起来"的时候，那些研究回忆录的人也都会告诉我们，人类的记忆本身是很容易出错的，而且这里出错也有很多心理学依据。

---

　　① Amy Olberding, *Moral Exemplars in the Analects: The Good Person is That*, Routledge, 2011, p.21.

如果从这样的同理心出发，我们在这方面又难免要迟疑了。——当然了，有些"子曰"讲出的时间地点，我们是可以一望便知的。比如，像"文王既没，文不在兹乎？天之将丧斯文也，后死者不得与于斯文也；天之未丧斯文也，匡人其如予何"（《论语·子罕》）这番话，由于前边又有"子畏于匡"四个字，其发言的时空就无疑可以被确定下来。再比如，像"颜渊死，颜路请子之车以为之椁。子曰：'才不才，亦各言其子也。鲤也死，有棺而无椁。吾不徒行以为之椁，以吾从大夫之后，不可徒行也。'"（《论语·先进》）这番话，由于既有"颜渊死""鲤也死"，又有"吾从大夫之后"，其发言的场景也肯定可以被确定下来。

不过，如果细细地加以斟酌，一方面，像"吾十有五而志于学，三十而立，四十而不惑，五十而知天命，六十而耳顺，七十而从心所欲，不逾矩"（《论语·为政》）这番话，也肯定是出自七旬老人之口，因而一定属于晚年孔子的回顾。可另一方面，这种就大体而言的人生节奏，虽说也有助于我们去理解，孔子在某个大致的时间段上，都分别获得了怎样的特定感悟，却未必就能支持我们很严格地，去反推他在每个整数的时间点上，都分别经历了何种必经的事件；不然的话，这段话就会被理解得太刻板、太僵硬了，而生命的进程也就显得太前定、太神秘了。而由此又不免联想到，反而是身为汉学家的郝大维（David L. Hall）和安乐哲（Roger T. Ames），竟然想到了要把这样的人生节奏，安排成《通过孔子而思》一书的各个章节，以便依次去叙述孔子思想中的"学与思""礼与义""民与政""天与命""正与圣""乐与终"……这样的做法，虽然看上去也有点异想天开，而且也的确不无勉强之处，却终究算得上是更合理的发挥。

由此不禁要问，这样的发挥究竟合乎什么"理"？当然就是对于孔子的哲学式理解了，或者干脆说就是符合一种"哲理"，而由此又不免回想到，我们在本文刚开头就挑明了，"对于孔子这类思想家的研究，也一向分为哲学式的沉思路数和历史式的考证路数"，或者"一向分为哲学所中的哲学史路数，以及历史所中的思想史路数"。无论如何，我们之所以要千方百计地研究孔子，终究还是因为，他是一位亘古罕有的大思想家。——只不过，其实也正因为这样，前边所讲的那种哲学式的研究路数和历史式的研究路数，一旦被发挥在这种大思想家身上，也就势必要陷入某种"解释学的循环"。也就是说，在一方面，你如果想要逼真地理解这些"子曰"，就要先去了解围绕它们的历史细节，而李军这本书的确就此做了不少有益的努力；可在另一方面，你如果想要真正理解那类历史细节，又必须在心里预装那些"子曰"的精义，那这又是我们需要接着提醒读者的。

如果接着申论的话，无论此处所讲的是这种方法还是那种方法，其所长所短都是连在一起的。也就是说，如果单从哲学的角度来看，则有时会嫌史事不甚明了；反之亦然，如果单从史学的角度来看，则有时又嫌意义未能彰显。也就是说，一旦过于倚重乃至放纵哲学的或历史的思维方式，那么，在必然会显出很多妙处的同时，又难免会暴露出短板或马脚来，要么就显得想入非非，要么就显得深文周纳。比如，在我看来，一方面宋儒对于《论语》的很多解释，有时候显得只是在故作解人、想当然耳；另一方面也不待言，清儒对于古史的恣意存疑，有时候就显得过于紧贴地面，反而丢失了事物的总体轮廓，到头来只证明了自己的苛刻。——事实上，晚近以来的各种考古发现，已在很大程度上证伪了后者，而这又使我们油然回想起，至少是根据不知原本的转述，叔本华正好有过这样的妙喻："要估定人的伟大，则精神上的大和体格上的大，那法则完全相反。后者距离愈远即愈小，前者却见得愈大。"①

天啊！如果让我继续发挥想象，那么，这类还原主义的缺陷正好比是，在叙述夏洛蒂·勃朗特（Charlotte Brontë）和简·奥斯汀（Jane Austen）的生平时，只关注到她们在婚姻方面都遭遇不顺，并不足以令人信服、顺理成章地巡绎到，她们是如何分别以《简·爱》和《傲慢与偏见》，来使自己在文学史上获得不朽名声的。而所有这一切的最大变因，都来自当时她们手中的那支蘸水笔，以及驱动着那支笔的、真实地感触着人生的思考。——是啊，至少是在我们正在研究的"思想史"中，唯有"思想"才属于最大的、最神出鬼没的变因，也只有这一点，才使得"思想者"可以是不被决定的。也就是说，只要一位"思想者"还在"思想"着，他或者她，就完全有可能超越具体的时空、溢出具体的历史条件，而体悟或创造出流芳百世、千古不磨的道理与价值。说到底，这在我们的"思想史"研究中，才是最为玄奥，也最让人着魔的地方！

在这个意义上，正因无愧为一位伟大的思想家，孔子的世界就注定会是"立体"的。也就是说，尽管他接着周公提出的"人生解决方案"，首先肯定是为了解救自己的同时代人，然而，凸显在那种"解决方案"中的价值理念，却足以长久流传到自己的身后，从而成为一种"超时代"的人生理想，并且由此而千古不磨地垂范于后世。——在这个意义上，我们也就完全有理由说，孔子是同时生活在"当下"与"永恒"之间的，是同时生活在"那个时代"和"一切时代"之间的，而这正是他作为"一代圣哲"

---

① 鲁迅：《战士和苍蝇》，《民众文艺周刊》1925 年第 14 号。

之最特异也是最起码的品质。

　　既然走笔到了这里，也就可以再来回顾本书作者的一段话，以结束我这篇小小的读后感了："以现代学术范式和方法研究孔子其人其事，始于百年前发轫的中国新史学。1926年11月，顾颉刚先后给程憬、傅斯年写信，提出了'孔子学说何以适应于秦汉以来的社会'的问题。这两封信以《问孔子学说何以适应于秦汉以来的社会书》为篇名，收录在《古史辨》第二册。'顾颉刚之问'是一个上溯千古、下及百年的世纪之问，涉及两个相互关联的问题，用顾颉刚的话来说：一、孔子以保存旧道德为职志，何以反成了新时代的适应者？二、秦汉以下直至清末，一直适用孔子一派的伦理学说，何以春秋时的道德观念竟会维持得这样长久？顾颉刚的第一个问题是关于孔子学说的承旧与开新；第二个问题是关于孔子学说在中国古代社会的普适性意义。时至今日，这两个问题依然是孔子研究的核心问题。"显而易见，孔子势必会运思在"历史与思想"之间，从而势必会生活在"当下与永恒"之间。李军这本书引发我们在现实与永恒的双向维度上去探索孔子思想的意义。我们每个人都身处于一种与生俱来的"矛盾"：一个人既然生而为肉体凡胎，就势必要隶属于某个具体时空区间，在很多方面都摆脱不了这种"有限性"；可话又说回来，一个人既然还在顽强地"思想"着，他也就至少还获得了一种可能性，哪怕只是有限地超越这种"有限性"。由此又想到，虽说我们眼下所处的世界，也很像是孔子当年生活的春秋时代，到处都是合纵连横的、谋求霸权的野心，到处都是勾心斗角的、尔虞我诈的阴谋，可即使这样，我还是希望自己进行了几十年的思考，包括自己对于孔子思想的反复再思考，也同样能不光是属于这块扁平的地面；恰恰相反，这种从古到今、持续了几千年的长久思绪，还是可能有助于打磨、凸显乃至完善人类的价值观念，使之真正落实为一种普适于所有世俗社会的、足以安顿好子孙后代生活的"人生解决方案"。

　　　　　　　　　　　　　　　　　　　　　　2024年7月24日

　　　　　　　　　　　　　　　　　　　　　　余杭·绝尘斋

目　录

绪　言

自清代朴学与近现代新史学转型以来，一代又一代学者运用历史主义、怀疑主义、实证主义与唯物主义的研究方法，对孔子的思想和人格进行深入研究，产生了十分丰富的研究成果。这些研究成果包括四个方面：一是以崔述为代表的清代考信派学者坚持严谨学风、注重史料考证所产生的《洙泗考信录》《论语余说》等宝贵成果，这些成果虽未跳出传统经学的桎梏，却去除了不少流传千年的有关孔子的成见、伪说和臆断，影响波及海内外。二是以疑古学派为代表的古史实证研究，借助史学新方法、新材料，对经学研究传统进行学术批判，涤荡了长期以来笼罩在孔子身上的神秘性和神圣性，在很大程度上还原了孔子的真实性和平凡性。三是以唯物史学为代表的社会史研究，通过阶级分析方法考察孔子思想发生发展的社会经济基础，以"一分为二"的辩证评析方式，产生了一批去粗取精、批判继承的学理性和实践性成果。四是改革开放以来学术界充分利用海内外研究成果和研究方法，借助于考古与出土新史料，在哲学、思想、文化、政治、经济、伦理、教育等方面开展多视角、多维度的孔子研究，并且结合中国特色社会主义发展现实，在孔子思想学说的继承、创新、发展方面取得了具有鲜明时代特征的研究进展。

现有成果洋洋大观、斐然成章，然尚有不尽人意之处：一是有的成果将孔子生平与思想打成两橛，分而述之，割裂了孔子生活史与思想史的内在关联；二是有的成果中史料取材过于芜杂，且缺乏严谨考信，导致了孔子研究成果可信度下降；三是有的成果脱离了春秋晚期的社会历史背景和现实生活场景，未能知人论世地立体呈现丰满生动的孔子形象；四是有的成果对孔子思想的创新内涵关注不够，顾颉刚百年前提出的"孔子学说何以适应于秦汉以来的社会"这一世纪之问尚未得到明晰回答；五是有的成果对孔子思想与秦汉以降儒家思想的甄别区分不够，导致读者对二者界限感到含混，易将后世儒家文化的封建糟粕归咎于孔子；六是有的成果对孔子思想人格的内涵提炼与现代阐释仍显不足，创造性转化与创新性发展工作需要持续深化。

　　本书在前人研究的基础上，尝试对以上六个方面进行修补完善，而将此项孔子新证研究的主题确定为：以严谨细致的史料考信功夫，用知人论世的历史还原方法，依循孔子的文化承续与政治参与的人生主线，聚焦于孔子生活史与思想史的相互关联，既阐明孔子思想在中国文化史上的普适性内涵，又辨析孔子思想区别于后世儒家封建专制文化的独特意义，在此基础上探究中国式现代化进程中孔子思想人格的继承、发展与创新，为学界和大众提供一部真实可信、有史有论、融汇古今的孔子文化传记。

一、本书的主题与意义

1

　　任何历史人物的思想形成与发展演化，必然与其所处历史时期的社会生活密不可分。黑格尔说："一定的哲学形态与它所基以出现的一定的民族形态是同时并存的：它与这个民族的法制和政体、伦理生活、社会生活、社会生活中的技术、风俗习惯和物质享受是同时并存的。"[①] 因此，我们对历史人物的思想研究必须在其所处时代的社会生活中展开，即在特定社会历史的宏观背景与微观场景中聚焦于历史人物的社会生活史，从中窥见其思想的发轫发展过程与文化特征。事实上，这也是中国古代"知人论世"学术传统的必然要求。

　　作为春秋晚期最重要的思想家和社会活动家，孔子的思想史与生活史是密不可分的。一方面，研究孔子生平本身是探究孔子思想形成发展的必由路径；另一方面，孔子对后世华夏文化的影响不仅源于其丰厚的思想底蕴，还源于其个体的人格魅力，即所谓世代累积的克里斯玛（Charisma）人格影响力。因而考证和揭橥一部相对完整的孔子生活史，能够使我们在生平与思想的双重视角中还原孔子在中国古代社会的立体文化形象。本书将孔子生平行迹与思想历程有机结合起来加以研究，通过对孔子生平思想的实证性考论，探索孔子思想的历史形成及其文化流变与现实意义，为孔子思想学说的来龙去脉、内涵特征与普适意义给出一种基于可信史实的系统阐述和客观分析。

---

① 〔德〕黑格尔：《哲学史讲演录》第一卷，贺麟、王太庆等译，上海：上海人民出版社，2013年，第56页。

孔子一生致力于挽救日趋衰落的周礼文化，这是孔子人生的主线。为此，他主要做了两方面事情，一是传承周礼文化，二是参与现实政治。也就是说，孔子的人生主线包括"文化传承"与"政治参与"两条基本脉络，也可称之为"文教"与"参政"两脉。从时间上讲，此"一线两脉"大致分为三个阶段：第一个阶段是鲁定公十年（前500年）孔子五十二岁之前，这时的孔子兼具传播周朝礼乐与参与现实政治两种人生志向，一方面设教授徒、问礼闻乐，另一方面学优将仕、待机而动。孔子既自称"默而识之，学而不厌，诲人不倦"（《论语·述而》），又自许"苟有用我者，期月而已可也，三年有成"（《论语·子路》），在为学与为官、谋道与谋事两个方面皆自信满满。第二个阶段是孔子五十二岁到五十五岁之间，即其在鲁国担任司寇的前后三年，这是孔子入仕参政、实现政治抱负的最重要努力，结果却以不了了之的状态而告终，从此孔子不再谋求个人仕进，参与现实政治的人生追求基本画上了句号。第三个阶段是从孔子五十五岁去鲁周游列国开始，这时的孔子一心一意专注于礼乐文化的寻访、问学、整理与传承，直到其生命的最后终点。

本书在对孔子相关史料进行严格考信的基础上，紧紧围绕孔子"一线两脉"之人生轨迹，按照时间顺序依次研究分析孔子对周礼文化的传承创新，尽量剔除以假乱真的传闻和似是而非的臆断，全面阐述孔子思想的形成发展及其内涵特质，在孔子生平与思想的双重维度中，呈现一个经得起严肃学术检验的孔子形象，展现其生命历史，探究其文化意义。

2

我们注意到，以往的孔子研究常见有四种范式：第一种是孔子生平研究，主要叙述孔子的生平事迹与人生轨迹，如钱穆《孔子传》等。第二种是孔子思想研究，主要探讨孔子的思想体系或某方面的思想特质，如顾立雅《孔子与中国之道》、郝大维与安乐哲《孔子哲学思微》等。第三种是孔子生平与思想研究，既叙述孔子生平，又探讨孔子思想，但生平与思想两个方面的研究阐论是平行并立的，往往先叙述其生平，再论述其思想，合成为孔子生平与思想研究，如匡亚明《孔子评传》等。第四种是孔子生平与思想的综合研究，即将历史人物的生平与思想有机结合起来，在所属社会历史背景中整体考察孔子的所思、所言、所行，在孔子生平事迹中追寻其思想演进的轨迹，从孔子思想学说中探赜其人生历程的印记，在生活史与思想史的时空交错中综合呈现孔子完整丰满的生命形象，日本学者白川静《孔子传》可做一例。白氏之作虽能将孔子生平思想打通研究，基本上做到了有史有论、夹叙夹议，但美中不足者有二：一是未对孔子生平轨迹的许多重要关捩点进行史实考证，二是对孔子思想体系的系统阐述留白甚多，在孔子生平思想研究的连续性和完整性方面不尽如人意。

本书采用上述第四种研究范式，旨在撰写一部相对系统完整的孔子生平思想综合史。一方面，本书在严谨历史考信的基础上，依据《左传》《诗经》《史记》等史料，充分展现孔子生活其间的社会时代画面，知人论世地真实再现孔子人生的重大转捩和重要细节；另一方面，本书尽量避免脱离历史背景和具体语境空谈孔子思想，通过对《论语》中孔子言行的时空考证和场景还原，在孔子具体而微的生平事迹中呈现其思想内涵与学理特征。这种基于生活史的思想史考察，用孔子的话来说，即"我欲载之空言，不如见之于行事之深切著明也"（《史记·太史公自序》）。

我们知道，孔子身处春秋晚期，享年七十有余，在开办私学、平民入仕、周游列国、整理文献等方面皆开历史先河；与此同时，孔子又在发展周礼文化、创立仁学体系、倡导人文精神、阐发民本观念、弘扬富民惠民经济思想等方面皆有开创之说。历观春秋时代人物，孔子的人生行迹与社会阅历最为丰富，孔子的思想内涵与文化底蕴最为深厚，孔子的生活样态与人格特征最为鲜活。我们唯有以第四种范式对孔子生平史事与思想学说进行一种融会贯通式的研究，以言行见证思想，以思想诠释言行，方能立体呈现孔子的生动形象与深刻思想，从而对孔子思想人格的历史意义给出一种基于实证文化史的阐论。

本书将孔子置于所处历史的宏观背景和具体场景中，尽量避免人境隔绝的支离状况和脱离实际的泛论，注重人物思想与行迹的内在耦合，感受孔子平凡生活的喜怒哀乐，了解孔子社会交往的取舍得失，认识孔子言论观点的价值取向，把握孔子思想发展的来龙去脉，立体展示一位生活在春秋晚期现实社会的普通知识分子的人生轨迹与心路历程，呈现一个有血有肉、生动活泼的孔子形象。

3

以现代学术范式和方法研究孔子其人其事，始于百年前发轫的中国新史学。1926 年 11 月，顾颉刚先后给程憬、傅斯年写信，提出了"孔子学说何以适应于秦汉以来的社会"的问题。这两封信以《问孔子学说何以适应于秦汉以来的社会书》为篇名，收录在《古史辨》第二册。"顾颉刚之问"是一个上溯千古、下及百年的世纪之问，涉及两个相互关联的问题，用顾颉刚的话来说：一、孔子以保存旧道德为职志，何以反成了新时代的适应

者？二、秦汉以下直至清末，一直适用孔子一派的伦理学说，何以春秋时
的道德观念竟会维持得这样长久？顾颉刚的第一个问题是关于孔子学说的
承旧与开新；第二个问题是关于孔子学说在中国古代社会的普适性意义。
时至今日，这两个问题依然是孔子研究的核心问题。

　　顾颉刚自己对这两个问题做了简要的回答："孔子不完全为旧文化的
继承者，多少含些新时代的理想，经他的弟子们的宣传，他遂甚适应于新
时代的要求。"顾颉刚还说："汉的国家不能脱离封建社会的气息，故孔
子之道不曾失败。汉后二千年，社会不曾改变，故孔子之道会得传衍得这
样长久。"①顾颉刚的说法符合唯物史观的基本观点。当时笃信唯物史观
的程憬在回信中也说，孔子"是一个能注重社会实际情况的改进家"，他
曾"创立一种适应于新生活的学说"，但这种新学说在当时"过于空泛"，
相应的"物质条件还没有成立"，所以终其一生"不能实现他的新理想"；
到了秦汉以后，"其所依据的条件已成立"，于是"儒家的道德主张正是
当时的权力阶级所卧寐求之的妙物"；从秦汉以降直至清末，这两千多年
社会的经济基础并没有改变，所以儒家的思想依然受到统治者欢迎。②程
憬此说是中国近现代新史学背景下较早以唯物史观分析解释孔子学说思想
内涵与历史影响的论点，不乏始创意义。

　　我们循着前辈学者的思路继续深究下去，很自然地还应再提出以下四
个问题：第一，既然说孔子曾"创立一种适应于新生活的学说"，其思想"多
少含些新时代的理想"，那么孔子思想在继承商周文化的基础上究竟做了
怎样的创新？第二，孔子对礼乐文化的这种继承创新，就其具体内容而言
究竟包含了何种思想底蕴，使之在后世传统社会中"传衍得这样长久"，
即具有一定的普适性意义？第三，孔子思想在后世社会中并非一成不变，
战国及秦汉儒家后学对孔子思想进行了怎样的传承、改造与运用，使其普
适性意义得以在两千多年历史中不断发展延续？第四，与此相关的现实问
题就是，以孔子思想为核心、历经千年传承的儒家文化如何在当代语境下
进行创造性转化和创新性发展，以期在中国式现代化进程中彰显和发挥其
文化积极意义。

　　本书自始至终探究孔子思想的历史渊源、文化意蕴与学理体系，运用
历史分析和逻辑推断的方法，尽量避免先入为主的定势和基于刻板印象的
陈说，尝试回答顾颉刚关于"孔子学说何以适应于秦汉以来的社会"的世
纪之问，旨在揭示孔子思想作为千百年来中国传统文化本源的普适性意义。

---

① 顾颉刚编著：《古史辨》第二册，海口：海南出版社，2005 年，第 117 页。

② 顾颉刚编著：《古史辨》第二册，第 114 ～ 115 页。

与此同时，本书通过考察孔子后学在战国时期的不同发展理路以及汉代儒家经学的学术特征，具体分析孔子思想与秦汉以降封建社会占统治地位的各种儒家思想之间的本质差异，旨在彰显孔子思想的现代意义，并提出创造性转化与创新性发展的实践途径。

4

习近平在纪念孔子诞辰 2565 周年国际学术研讨会暨国际儒学联合会第五届会员大会开幕会上的讲话中明确指出："研究孔子、研究儒学，是认识中国人的民族特性、认识当今中国人精神世界历史来由的一个重要途径。"[①]在当前中国传统文化创新发展的时代语境下，立足于讲好中华文明故事的要求，对孔子生平思想进行系统全面的新考证、新探究，应是中国古代历史文化研究的一项重要工作。

本书在生活史与思想史的双重视角下，紧密结合春秋晚期社会变迁的宏观历史背景和具体社会场景，谨择文献史料，注重考信辨析，对孔子生平行迹与思想观念进行融会贯通式的考证研究，厘清孔子一生的关键转捩点和重要事件，从孔子生平行迹中探究其思想形成发展的轨迹，在历史逻辑与思想逻辑的交叉展开中考察孔子学说对周礼文化的承旧与开新，揭橥孔子仁学思想体系中的普适性内涵，梳理孔子后学及战国诸子对孔子思想的发展改造，分析汉代"儒表法里"统治思想的历史由来，从而尝试更加清晰准确地还原孔子的真实形象，为新的历史条件下孔子思想及优秀传统文化的继承、创新和发展提供必要的史学素材和学理基础。

本书的学术价值主要体现在三个方面。

一是致力于提升孔子研究的成果水平。本书在充分利用前人研究成果的基础上，以春秋晚期宏观历史背景和具体社会场景为坐标，全面考实孔子生活经历的重大事件，厘清孔子一生行迹的重要关捩点。在此过程中，本书尝试更新学术研究范式，将孔子人生历程与思想演进有机结合起来，从生活史与思想史的双重视角中，梳理和揭示孔子仁学思想体系及其民本经济思想的形成发展与内涵特征，给出一种基于可信史实的孔子生平思想论传，还原一个基于可信史料的真实孔子，纠正以往孔子研究中的诸多成见与舛误，推动孔子研究的新进展。

二是以深化对孔子思想内涵及儒家学说历史影响的认识为宗旨。习近平指出，"孔子创立的儒家学说以及在此基础上发展起来的儒家思想，对

[①] 习近平：《在纪念孔子诞辰 2565 周年国际学术研讨会暨国际儒学联合会第五届会员大会开幕会上的讲话》，《人民日报》2014 年 9 月 25 日，第 2 版。

中华文明产生了深刻影响，是中国传统文化的重要组成部分"①。本书试图通过研究孔子思想的历史形成、内涵特征以及普适意义与现实价值，在实证研究的基础上回答顾颉刚的世纪之问，甄别孔子思想与后世儒家思想之间的异同，从而有助于认识中国人的民族特性以及精神世界的历史来由，有益于在"两个结合"背景下推动中华民族现代文明建设，有利于增强民族文化认同和国家文化自信。

三是为中国文化走出去提供重要的历史素材。习近平在中共中央政治局第三十九次集体学习时强调："我们要立足中国大地，讲好中华文明故事，向世界展现可信、可爱、可敬的中国形象。"②孔子是中国传统文化核心人物，近现代以来，孔子形象一直是世界范围内中国文化形象的最重要代表，讲好中华文化故事，首先要讲好孔子的故事。本书力图使史料取舍精当，史实考信严谨，文化观念正确，行文平实流畅，既体现专业论著的严谨要求，也兼顾文本传播的通晓之需，希望在"两个结合"背景下为中华民族现代文明建设和国际文化交流互鉴提供一种关于华夏元典文化的新成果和新话本，以此作为对"讲好中华文明故事"的积极响应。

5

本书正文共十四章。第一章阐述孔子出生前后各诸侯国邦交政治形势与邦际关系变局，分析春秋晚期君权式微与"礼崩乐坏"的社会政治特征及其对孔子成长可能带来的影响。第二章考察孔子青少年时期事迹及"十有五而志于学"的主客观因素。第三章考证孔子设教授业的时间、背景、动机、内容、方式等，分析孔子"三十而立"的史实依据与人生意蕴。第四章考证分析孔子三十五岁至四十岁的人生经历、教育实践与思想观念。第五章通过考察春秋时期仁礼关系的演变，分析孔子仁学思想的历史渊源、创新内涵与现实指向。第六章在鲁国内政外交变局的背景下分析孔子入仕的动机，阐释孔子仕鲁期间的重要作为及心路历程，考证孔子去鲁的真正原委。第七章考证孔子去鲁赴卫的主要行迹，分析晋霸衰微与齐卫反晋联盟变局对孔子居卫行止的影响。第八章分析孔子数度出入卫国的原因，考证孔子一行颠沛于陈蔡之间的文化活动。第九章从孔门弟子视角考察孔子第四次返卫后与鲁国的密切联系，阐述孔子及其弟子在吴国争霸及齐鲁战

---

① 习近平：《在纪念孔子诞辰 2565 周年国际学术研讨会暨国际儒学联合会第五届会员大会开幕会上的讲话》。

② 习近平：《把中国文明历史研究引向深入推动增强历史自觉坚定文化自信》，《求是》2022 年第 14 期。

和变化等一系列外交、内政事件中的表现，分析孔子返鲁的时机与原因。第十章阐述孔子返鲁后针对君臣问政提出的民本主义经济观，在此基础上系统考述孔子惠民富民思想的渊源与特质。第十一章考证孔子晚年"述而不作"整理《诗》《书》《礼》《乐》《春秋》的动机、方式与成果。第十二章阐述孔子晚年的小康大同思想以及孔子去世后孔门弟子的出处行止。第十三章考述曾参与思孟学派对孔子仁学修养思想的继承与发展，阐释子夏、荀况礼法思想对战国法家的影响，叙述西汉前期儒法思想的融合，具体分析汉代"儒表法里"统治思想的历史形成与文化特征。第十四章在传统与现代的两个维度上研究孔子思想与人格的现代意义，用现代视角审视孔子历史主题的传统困境，以多元文化视角审视孔子历史主题的现代价值，在此基础上探讨当下中国式现代化进程中"回归孔子"的文化意义，并就如何发挥《论语》的文化元典作用提出实践意见。

二、史料的疏证与取舍

1

对史料进行严格的考信、甄别与取舍，是一部严谨的历史论著的学理起点。中外史学家在近代新旧史学转型过程中已经为后人确立了重要的史学原则：史料疏证是史学著述不可或缺的前置性工作。十九世纪法国著名学者欧内斯特·勒南（Ernest Renan）于 1863 年出版了《耶稣的一生》，这是他的八卷本《基督教起源的历史》中的第一卷。次年，德国学者大卫·弗里德里希·施特劳斯（David Friedrich Strauss）出版了《耶稣传》，此书第一次将耶稣作为普通人为其作传，后成为十九世纪欧洲最具影响力的著作。这两部耶稣传记有一个共同特点，两位作者都在传记正文之前对相关史料进行了周详的考论。商务印书馆翻译出版的《耶稣的一生》中文版一共 316 页，其中导论部分"本书历史的资料来源"长达 32 页（不含章末注），超过全书的十分之一。[①] 同为商务印书馆出版的《耶稣传》中文版两卷本合计 373 页，绪论第二部分"论作为耶稣传原始资料的福音书"长达 158 页，占全书五分之二以上。[②] 这种对待史料极为严谨的撰史态度，

---

① 〔法〕欧内斯特·勒南：《耶稣的一生》，梁工译，北京：商务印书馆，2009 年，导论。
② 〔德〕大卫·弗里德里希·施特劳斯：《耶稣传》，吴永泉译，北京：商务印书馆，2010 年，绪论第二部分。

为重要历史人物传记写作树立了值得尊重的标杆。日本近代文化史学家和辻哲郎所著《孔子》一书，中译本文字未足十万，却用了近两万字讨论史料问题，从苏格拉底、耶稣、释迦牟尼的传记史料谈到有关孔子的史料。①这种学术态度同样值得我们充分重视和深入思考。

　　文献考证是中国古代学术的重要传统与特色亮点，是中国古代治学最接近于现代学术理念与方法的主要表征之一。历史资料犹如瑕瑜相杂的璞玉，不经过"如切如磋、如琢如磨"的文献考证，想要打造精金美玉般的学术精品绝无可能。胡适在 1919 年撰写了《中国哲学史大纲》，时值中国新史学发轫之际，当时深受科学主义和实证主义影响的史学家无不抱着科学严谨的态度对待史料，胡适尤为其中代表。他在该书"史料的审定"一节中评点传统史学说，"史料若不可靠，所作的历史便无信史的价值"，"孟子何等崇拜孔子，但他对于孔子手定之书，还持怀疑态度。何况我们生在今日，去古已远，岂可一味迷信古书，甘心受古代作伪之人的欺骗"。②为此，胡适用一万多字的篇幅详尽阐述了该书史料的审定与取舍。本书写作过程中也始终保持着这种对史料取舍运用的严谨态度。

　　孔子作为彪炳千秋的历史人物，在两千五百多年里积累了太多的相关资料，其中既有早期同时代人留下的弥足珍贵的可信史料，也有后世历代学者严谨考证的参考文献，然而更多的则是道听途说的逸闻轶事，甚至还有很多自我投射的主观臆说。对于这些有关孔子的资料，古今中外学者已经做了大量考据、证伪、阐释和发明工作，成果极为丰硕。然而一直以来，许多被学界用作孔子研究的史料本身鱼龙混杂、瑕瑜互见，导致了相关研究成果可信度降低，甚至舛讹百出，产生种种误导。周予同在《有关讨论孔子的几点意见》一文中开宗明义地指出，"我觉得讨论孔子问题，首先要注意史料问题；这就是说，首先要区别哪些史料可信、可用，哪些史料不可信、不可用。换句话说，首先不要先存对孔子肯定或否定或半肯定半否定的主观，然后在这古往今来、浩如烟海的文献中去找论证来替自己的臆说张目"，否则的话，就会"迷惑当世，贻误后学"③。周予同在这里提出了关于孔子史料的两个问题：一是主观性问题，二是真实性问题。我们首先要克服历史研究和历史叙事中的实用主义倾向，时刻警惕并努力克服先入之见和主观偏见。在此基础上，坚持实事求是的态度，运用实证考

　　①　〔日〕和辻哲郎：《孔子》，刘幸译，上海：上海古籍出版社，2021 年，第 23～74 页。

　　②　胡适：《中国哲学史大纲》，北京：中华书局，2015 年，第 12 页。

　　③　朱维铮编：《周予同经学史论著选集》（增订版），上海：上海人民出版社，1996 年，第 2 版，第 705 页。

信的方法，尽量接近和还原历史的真实面貌，呈现一种基于可信史料的孔子形象。

为此，本书将孔子史料分为四类：第一类是可信史料，包括《论语》《春秋》《左传》《诗经》，以及经过严格考证的考古与出土史料，它们的可信度相对较高；第二类是基本可信的史料，包括《史记》《孟子》，其内容总体可信，但不少细节仍有乖舛，需要经过审慎的考信、甄别和取舍，方能加以利用；第三类是可资参考的史料，包括《国语》《礼记》《仪礼》《周礼》《周易》《春秋公羊传》《春秋穀梁传》《孝经》，以及《荀子》等战国诸子书，本书较少将其当作直接史料引用，仅备作参考；第四类是其他后世有关孔子言行的资料，它们总体而言史料价值很低，基本不作使用。要之，本书的史料运用坚持两个原则：一是必要考证，二是充分可信。

2

《论语》是本书的核心史料，可信度超过任何其他史料，它不仅提供了了解孔子思想的主要资料，也提供了梳理孔子生平行迹年谱的重要素材。我们知道，世界各大文化圈早期重要思想家如古希腊苏格拉底、古印度释迦牟尼、古以色列拿撒勒的耶稣等，都未曾留下本人亲撰的论著，孔子同样"述而不作"（《论语·述而》）。这些伟人的思想和行迹之所以没有消散在历史的风尘中，主要得益于弟子、门人、信徒的记叙和传播。一般来说，就传记史料的可信度而言，传主本人留下的文字最可靠，其次是与传主共同生活的身边人撰写的文字，再次是与传主共同或相近时代人撰写的文字，最后才是后世历代人的著述文字。《论语》作为"孔子应答弟子、时人及弟子相与言而接闻于夫子之语"（《汉书·艺文志》），是孔子去世后弟子及门人"相与辑而论纂"的珍贵文本，其所述之人事乃编撰者亲耳接闻与亲眼所见，其语言修辞具有其他任何史料都无法比拟的现场感和真实感。白川静认为："作为孔子言论的东西除了他的使徒们流传下来的以外，是没有什么可以信赖的。"[①]和辻哲郎也说："关于孔子的传记资料，唯一可以信凭的只有《论语》而已。"[②]这些说法虽显稍过，却不无道理。周予同认为"研究孔子，在今天比较可靠的史料，只有《论语》——可以说，除《论语》外，其他都有问题，要仔细审查"。[③]研究者的观点值得充分尊重。

① 〔日〕白川静：《孔子传》，吴守钢译，北京：人民出版社，2014年，第217页。
② 〔日〕和辻哲郎：《孔子》，第132页。
③ 朱维铮编：《周予同经学史论著选集》（增订版），第705页。

《论语》当然也有传本和学派的问题，历史上不乏学者对其真伪提出质疑。质疑的焦点主要集中在两个方面：一是有关《鲁论》《齐论》《古论》与所谓《张侯论》今本的版本内容方面的争议。由于相关版本已佚，这个问题一时难以解决，需要更多海昏侯墓《论语》竹简出土之类的考古发现方有新识。二是有关《论语》前十篇《上论》与后十篇《下论》的编撰差异性问题。古人认为《论语》前后十章分为上下两部分，原因就是孙希旦《礼记集解·曲礼》所说的古书"分上下者，以简策重大故"①。后世所谓赵普"以半部《论语》治天下"之说，就是这种分册编排的结果。崔述在《洙泗考信录》《论语余说》中注意到，《上论》与《下论》之间存在着一定的书写差异性，他认为《下论》实乃后学晚出追记。在此基础上，崔述还提出《论语》末五篇"其非孔氏遗书甚明"，乃是后人续入，即"盖皆后人采之他书者"，"不得与前十五篇等类而齐观也"②。其后梁启超《古书真伪及其年代》、钱穆《论语要略》也主此说。就连有的国外学者也持此论。③应该说，崔述的论证相当具体，颇为有力，应给予足够的关注。但是，在没有更多有力证据之前，我们还是不能全然排斥后五篇作为一部完整《论语》不可分割的组成部分。我们不妨认同，《论语》的编撰及形成确实持续了相当长的时间，一些篇章是由仲尼弟子的再传门人编辑的，很可能编入了一些毫不相关的错简，甚至有可能在流传过程添入了与孔子思想相悖的内容，因此在取用引征后五篇时应当尽量慎重。

在承认《论语》总体可信的基础上，对其全文各篇章进行详尽的考据疏证，就显得十分重要。幸运的是，我们今天拥有近两千年来众多前贤学人留下的极为丰富的《论语》考证、义疏和注释。在本书写作过程中，对《论语》篇章的考信主要参考了何晏《论语集解》，皇侃《论语义疏》，邢昺《论语注疏》，朱熹《四书章句集注》，刘宝楠《论语正义》，崔述《洙泗考信录》《洙泗考信余录》《论语余说》，程树德《论语集释》，姚永朴《论语解注合编》，竹添光鸿《论语会笺》，黄式三《论语后案》，宋凤祥《论语说义》，陈大齐《论语辑释》等。

3

《春秋》《左传》是本书所据的重要史料，可信度与《论语》相近，

① 孙希旦：《礼记集解》上册，沈啸寰、王星贤点校，北京：中华书局，1989年，第1页。
② 崔述撰著，顾颉刚编订：《崔东壁遗书》，上海：上海古籍出版社，2013年，第618页。
③ 〔美〕赫伯特·芬格莱特：《孔子：即凡而圣》，彭国翔、张华译，南京：江苏人民出版社，2010年，序言。

它们不仅提供了孔子时代的全景式历史画卷，而且直接记录了孔子及其弟子们的许多言行举止。《春秋》作者编撰的这部编年史，事件年月历历在目，如果不以鲁国官史及各国官史为基础史料，或者没有得到鲁国史官及其他国史官的襄助，是断然不可能成书的。从孔子的经历来看，他具备阅读和修改《春秋》的条件。所以本书的观点是，《春秋》应该是孔子在鲁国国史及其他国史基础上加以修编、用于弟子教学的文本。《左传》的作者及成书时间众说不一，但有两点是比较确定的：一是《左传》的作者必为鲁国史官无疑，否则不可能拥有如此丰富准确的鲁国及他国史料。二是《左传》为《春秋》作传的目的是十分明显的，即司马迁所谓鲁君子左丘明"因孔子史记具论其语"（《史记·十二诸侯年表》），《左传》中频繁引用"仲尼曰"，语义、语境、语气均与《论语》相仿，似乎表明《左传》作者对孔子及其言论颇为熟悉，彼此隐约相识相知；我们品味孔子所言"左丘明耻之，丘亦耻之"（《论语·公冶长》）可知，左丘明似与孔子同时代，且与孔子及其弟子熟稔。元代黄泽与赵汸之《春秋师说·论三传得失》认为"左氏是史官曾及孔氏之门者，古人是竹书，简帙重大，其成此传，是阅多少文字，非史官不能得如此之详，非及孔氏之门，则信圣人不能如此之笃"①。这种推断不无道理，尽管其中"及孔氏之门"之说尚无实证。《左传》成书于春秋战国之交，而非战国中后期，这可从《左传》的文风得到确证。正如崔述《洙泗考信余录》说："战国之文恣横，而《左传》文平易简直，颇近《论语》及《戴记》之《曲礼》、《檀弓》诸篇，绝不类战国时文，何况于秦。"②崔述之说貌似主观直觉，实则这种"直觉"源于其长期精读《左传》，并与战国时文所进行的深入比较。台湾地区《左传》研究名家张高评在《左传导读》中列举了《左传》文本体现春秋时代风尚的十个方面，具体论证了崔述的结论，③实属不刊之论。

　　《春秋》《左传》反映了春秋时代的真实性是毋庸置疑的，然而这种真实性必须建立在对其正确读解的基础之上。基于此，历代研究者留下了丰富的成果。本书重点参考杜预《春秋左传集解》、胡安国《春秋传》、洪亮吉《春秋左传诂》、库勒纳等《日讲春秋解义》、竹添光鸿《左氏会笺》、杨伯峻《春秋左传注》、傅隶朴《春秋三传比义》、李卫军《左传集评》以及顾栋高《春秋大事表》、王贵民《春秋会要》等，在前学基础

---

① 黄泽著，赵汸编：《春秋师说》，张立恩点校，北京：中国社会科学出版社，2020年，第17页。
② 崔述撰著，顾颉刚编订：《崔东壁遗书》，第394页。
③ 张高评：《左传导读》，台北：文史哲出版社，1995年，第2版，第85～99页。

上对涉及孔子生平思想的诸多问题进行排比考证。

4

《诗》或曰《诗经》是本书的宝贵资料，可信度不亚于前两种史料。傅斯年在《诗经讲义稿》中就认为，《诗经》可以拿它当一堆极有价值的历史材料去整理。如果说《左传》是春秋历史的全息图景，那么《诗经》则在两个方面生动反映了"具体而微"的春秋社会世情：一是当时贵族与平民的日常生活史，二是春秋时期各种自然与生活的名物细节。撇开汉儒经学化的《诗》义说教，《诗经》中的车马、服饰、玉器、钟鼎、宫室、兵器、甲胄和草木、鸟兽、鱼虫等众多名物，以及饮食、情爱、习俗、时节、农事、战争、礼乐、官制、祭祀等社会万象，构成整个西周和春秋时期华夏社会生活的基本元素，拼合出一部相当完整的社会生活史诗。另外，《诗经》作为周朝文化元典，涵纳着华夏文化最核心、最本真的精神，这种精神与孔子的文化思想是相互贯通的。

自汉代以降，尽管《诗》学研究的主流囿于经学桎梏，但在相当丰硕的研究成果中，还是蕴含了不少史学价值的。这种价值在孔子研究中显得尤为珍贵。本书重点借鉴了孔颖达《毛诗正义》、陈奂《诗毛氏传疏》、马瑞辰《毛诗传笺通释》、王先谦《诗三家义集疏》、朱熹《诗集传》、姚际恒《诗经通论》、方玉润《诗经原始》、崔述《读风偶识》、程俊英与蒋见元《诗经注析》、张洪海《诗经汇评》、竹添光鸿《毛诗会笺》、白川静《诗经的世界》等。另外，有关《诗经》名物的研究非常有助于了解春秋时期的社会生活细节，陆玑《毛诗草木鸟兽虫鱼疏》、扬之水《诗经名物新证》、细井徇《诗经名物图解》、潘富俊《诗经植物图鉴》等都为本书考论提供了诸多细节佐证。

5

《史记》是本书的重要参考资料，对于梳理孔子行迹重要节点的时序编年，实乃不可或缺之书。其中《孔子世家》《仲尼弟子列传》《十二诸侯年表》以及三代本纪与列国世家尤为重要。然而，史迁以一人之力成《史记》鸿篇巨制，愆违疏略，在所难免；后人传抄转述，又添伪衍舛漏。历代考订《史记》的主要成果，除裴骃《史记集解》、司马贞《史记索隐》、张守节《史记正义》之外，当推梁玉绳《史记志疑》、崔适《史记探源》以及泷川资言《史记会注考证》为佳。崔述对《史记》所载史实的真实性抱有相当的怀疑，甚至认为"《史记》之诬者十七八"，在其《考信录》

中多有辨正。前人的《史记》考信辨伪成果，为本书考证工作提供了重要启示。

南宋以降，学者萃集《史记·孔子世家》《论语》等资料，开始编撰孔子年谱，其中胡仔《孔子编年》、崔述《洙泗考信录》及《洙泗考信余录》、江永《乡党图考》、钱穆《孔子传》及《先秦诸子系年》影响最大。与前人相较，崔述的《洙泗考信录》最为严谨周详；作为中国清代最优秀的考信学者，崔述所著之书最能体现古代传统学术的现代特征，故此顾颉刚、胡适及部分东瀛学者目之为"伟大的学者"和"伟大的著作"。可以说，崔述既是传统旧史学的最后一名旷野游骑，又是近代新史学首位前哨探马。另外，白川静、井上靖、顾立雅、郝大维、戴梅可等国外学者的孔子生平思想研究成果也有一定的参考价值。

6

《国语》《礼记》《仪礼》《周礼》《周易》《春秋公羊传》《春秋谷梁传》《孝经》以及以《孟子》《荀子》为代表的战国诸子书等，间有可资借鉴的价值。其中以孟子"去圣未远"，《孟子》作为儒家之书涉及多处孔子生平事迹，故而是此类中最有利用价值的。不过，这些著述均非史书，文本作者原非怀着历史著述的态度和方法来写作，或铺陈旧史以成总集，或引征典故以抒发已见，或萃集故事以诠释制度，其共同特点就是在字里行间羼入大量战国秦汉时人的主观成识，可信程度各有差等，必经一番去伪存真、去粗取精的辨析功夫方可择用。

以《国语》为例，正如王树民在徐元诰所撰《国语集解》的"前言"中所说："从严格的意义上讲，《国语》实际并不是一部史，它的目的并不在于纪事；以国分类，亦不是它的主要特色。《国语》的特点在于它是一部'语'，'语'的本义是议论。"[①]所以《国语》只是一部议论文集，议论的目的是"以史为鉴"，即所谓"多闻善败以鉴戒也"（《国语·楚语下》），这也是先秦时期"语"这种文体原本所具有的说教功能，即所谓"教之《语》使明其德"（《国语·楚语上》），韦昭《国语解叙》称之为"治国之善语"。正因为撰写目的如此，《国语》缺乏历史记叙最起码的时间、地点要素，而且为了申明德义，不惜文辞繁复。崔述在《洙泗考信录》中说："《国语》皆后人所撰，往往失实。"[②]他在《洙泗考信余录》中专门对《左传》与《国语》做了比较，说："《左传》之文，年

---

① 徐元诰：《国语集解》，王树民、沈长云点校，北京：中华书局，2002年，前言。
② 崔述撰著，顾颉刚编订：《崔东壁遗书》，第263页。

月井井，事多实录，而《国语》荒唐诬妄，自相矛盾者甚多；《左传》纪事简洁，措词亦多体要，而《国语》文词支蔓，冗弱无骨。"①要之，《国语》可以作为《左传》的补充或旁证，我们如果能够取材于《左传》，则尽量不用《国语》。

"三礼"，即《礼记》《仪礼》《周礼》，为战国至西汉时人所记、所编，其中虽然不乏可资利用的西周春秋史事、典章、制度等资料，具有一定的史料价值，但也包含了后人的臆想与创作。需要特别指出的是，《礼记》中有大量孔子言论，在内容与文风上大多与《论语》不类，故本书不敢随意遽用，仅择取少量，在严格考证基础上谨慎使用。

战国诸子书多为表达作者主观思想和社会政见的论著，即便引用史事，也未必属实，更谈不上准确。包括《孟子》在内，虽可资参考，然不宜多用。郭沫若《十批判书》引用《庄子》中的颜回"心斋""坐忘"来考论"颜氏之儒"，便是有失严谨之例。

《公羊传》《穀梁传》本为汉儒说经之书，虽有零星史料可补《左传》之缺，但相较于《左传》，史学价值有本质差别。刘知几《史通·申左》比较"左氏"与"二传"，有"三长五短"之说，可谓一语道尽，文多不载。上述资料偶有择用必经严格考信，以尽量剔除不符合史实的臆说。

需要说明的是，本书第十三章论及孔门弟子及孔子后学时，所倚重的文献除《论语》《孟子》《韩非子》《荀子》外，还审慎运用了《礼记》《孝经》以及包括《子思子》《曾子》在内的战国诸子书等资料。正如胡适《中国哲学史大纲》第五篇《孔门弟子》所说："我这一章所用的材料，颇不用我平日的严格主义，故于大小戴《礼记》及《孝经》里采取最多（所用《孔子家语》一段，不过借作陪衬，并非信此书有史料价值）。这也有两种不得已的理由：第一，孔门弟子的著作已荡然无存，故不得不从《戴记》及《孝经》等书里面采取一些勉强可用的材料。第二，这几种书虽然不很可靠，但里面所记的材料，大概可以代表'孔门正传'一派学说的大旨。"②胡适这段话道出了本书此章史料取舍的态度和原委。

7

汉代以降涉及孔子言行的资料，如《新序》《说苑》《韩诗外传》，以及《孔子家语》《孔丛子》《孔庭纂要》《阙里志》《孔子集语》等，文字大都抄袭旧史，仅作添枝加叶的改造，只能说是第二手材料，几乎没

---

① 崔述撰著，顾颉刚编订：《崔东壁遗书》，第395页。
② 胡适：《中国哲学史大纲》，第122页。

有史料价值；有的还向壁虚构，甚至刻意伪作。如《新序》实为刘向在河平三年（前26年）领校秘府经传诸子诗赋时所编，选用材料历历可见，现代学者皆已标明出处[①]。又如现存之王肃《孔子家语》实系伪作，崔述明言"《家语》一书本后人所伪撰，其文皆采之于他书而增损改易以饰之"，所采书包括《左传》《史记》《国语》《说苑》以及谶纬之书，"未有一篇无所本者"。[②]现《孔子家语》伪书说已得到学界公认。对于上述资料，本书只作为旁证使用，且在使用时予以审慎辨析，以确保本书的学术严谨、可信程度和审美底线。

<h1 style="text-align:center">8</h1>

地下考古挖掘发现的文字与实物资料无疑是重要的参考史料。特别是近半个多世纪出土的战国简书资料，包括郭店楚墓竹简、上海博物馆藏战国楚简（以下简称"上博简"）、清华大学藏战国竹简等，是研究先秦历史文化不可或缺的参考资料。对于本书而言，上博简中涉及孔子言论及儒学文献的资料，尤需认真关注和查检。本书在写作与修改过程中，就此做出了必要的努力。站在实事求是的立场，抱着学术坦诚的态度，本书对上博简作为实证史料的运用怀持谨慎态度，究其原因有四：第一，对于数十年内突然涌现如此众多且来路不明的出土简书，必要的审慎乃至怀疑是应有的学术态度。第二，尤为要紧的是，仔细检阅《孔子诗论》《性情论》《子羔》《季康子问于孔子》《孔子见季桓子》等简书文字，内容上不乏可疑之处，有些孔子言论与《论语》中所体现的孔子思想不符，甚至根本对立。试举一例如下：在《孔子见季桓子》中，孔子居然大谈"邪伪之民""邪民"。这种词语出于孔子之口，难免令人生疑。孔子一贯认为，"政者正也"，"君子之德风，小人之德草"，民风完全是由当政者决定的，只要当政者欲善则民善矣。从这个意义上讲，何来"邪民"之说？在《论语》中，孔子谈到"民"，基本上没有用过否定性的词语，唯一略带负面的词是"偷"，即"故旧不遗，则民不偷"（《论语·泰伯》）。《论语集解》《四书章句集注》均解释"偷"为"薄"，大致是民风浇薄之意，与民德归厚相反。孔子在此仅就民风（即社会风气）而言，并非指民众本身。孔子无论如何也不会提出"邪民"这种概念。我们检视《左传》全文，也没有"邪民"一词，其中十一次出现"邪"字，主要是指"官邪"而非"民邪"，如"国家之败，由官邪也"（《左传·桓公二年》），又如"辟邪之人而皆及执政"

---

① 刘向编著，赵仲邑注：《新序详注》，北京：中华书局，1997年。
② 崔述撰著，顾颉刚编订：《崔东壁遗书》，第264页。

（《左传·昭公十六年》）。其实，"邪民"这种用语纯粹是战国法家的口吻，后来王肃伪造《孔子家语》，在《始诛》中将其强加于孔子，有孔子所谓"其有邪民不从化者，然后待之以刑，则民咸知罪矣"云云。上博简的作书者大概就是从战国法家的文字中得到的灵感。第三，我们看到，一些研究者在校读上博简的过程中，多以《礼记》《韩诗外传》《说苑》《孔子家语》甚至《孔丛子》来疏证简书的文字，这当然是由于相关文献不足之故，却也从侧面降低了上博简的史料价值。第四，上博简与若干高校收藏的战国简书，大都存在一个考据学上的致命缺陷，即不知道资料的来历出处，由此带来了资料的时间、地点、作者、背景、场景等多方面的缺失，这样的资料在使用时不得不慎之又慎。尽管如此，本书仍尽可能充分地利用了清华简、上博简等相关研究成果，以弥补传世文献的不足。

本书参考了二十世纪以来国内外学者有关孔子研究的重要论著。改革开放以来翻译出版了为数不少的国外相关论著，在研究方法、观察视角和学理分析等方面颇具启发意义。对于其中一些与本书相左的观点，如顾立雅在《孔子与中国之道》中怀疑孔子曾任鲁国司寇一职，本书怀着充分理解和尊重的态度，予以分析和商榷。

总之，本书旨在形成一部建立在可信史料和严谨考据基础之上的有关孔子生平与思想的考信之作，力求言之有据、持之有故，最大程度排除各种臆断游说，为学界和大众提供一种清纯明净、客观公允的孔子思想人格论传。

三、研究的方法与路径

本书的研究方法与路径主要有四种。

1

其一，知人论世的历史主义方法。本书将孔子置于其所处时代的恢宏历史背景和具体社会场景中深研细绎，始终基于社会生活史和个体生活史的角度，探究春秋晚期社会变迁对孔子人生经历的影响，考证孔子行迹言论与周遭人物事件的互动关系，分析孔子思想观念的历史渊源与现实关联，立体呈现既生动鲜活又真实自然的孔子形象。

孔子自幼失怙，早年丧母，少小贫贱，多能鄙事，青年时期从事委吏、乘田，接触到不少社会底层的人群，因此设教授徒后招收的绝大多数弟子也都出身平民。但作为一名早年家道中落的低层贵族后裔，他从小"陈俎豆，设礼容"，少年时就能进入鲁国太庙，十五岁有志于学，居然有机会学习并精通礼、乐、射、御、书、数"六艺"，这些都不是一般平民所能接受的教育。孔子青少年时习礼好学，以"鄹人之子知礼"而为国人所知，并且深受鲁国权贵孟孙獠的赞誉，从他受邀参加季孙宿飨宴并成为季孙意如委吏、乘田的经历来看，孔子年轻时就已经接触到鲁国上层人物，其成长过程与鲁国社会政治密不可分。孔子五十一岁入仕为官，更是直接置身于鲁国政治的风暴眼中。因此，在孔子考论中对春秋晚期鲁国的政坛风云与社会风貌进行刻画是必不可少的。我们知道，孔子的大半生与弟子们朝夕相处，可以说是在众多弟子的共同陪伴下度过了一生，白川静称此为"孔子教团"。呈现孔子风采各异的仲尼弟子群像是一部完整孔子传记的重要组成部分。本书重点研究子贡、子路、颜回、冉求、宰予、言偃、曾参、卜商等弟子的鲜明个性和独特人生，从弟子视角多层面地展现孔子的生平思想。

　　孔子身为鲁人，却充满天下情怀，具有深邃的历史眼光，他的精神世界远大于自己所处的家国。孔子一生几乎走遍中原诸侯各国，接触到众多的国君和卿大夫，并且通过丰富的典籍阅读，与大量历史人物和前辈先贤进行了跨越时空的精神交流。孔子二十七岁问学于访鲁的郯国国君，三十岁时与狩猎适鲁的齐景公和晏婴问答；尽管孔子三十四岁赴周观礼、问礼老子尚可存疑，但三十六岁的他在鲁昭公被迫去国后确曾离开鲁国前往齐国，从齐太师学习韶乐，三月不知肉味，归途中又与吴国延陵季子观礼交流。孔子五十五岁开始周游列国，足迹遍布卫、宋、郑、陈、蔡、楚等国，可以说真正体验了读天下书、行天下路的丰富人生。因此，一部视野开阔的孔子论传，应当深刻反映春秋晚期各国的社会政治生活与邦际关系，关注那些影响孔子思想观念和人生取向的重要历史人物。其中，既包括鲁国叔孙豹与孟孙獠、齐国晏婴、郑国子产、宋国向戌、晋国赵武与叔向、卫国史鱼与蘧伯玉等诸多时贤，晏婴、子产甚至被史迁称为"孔子之所严事"（《史记·仲尼弟子列传》）；又包括楚灵王、齐景公、卫灵公、弥子瑕、历代"三桓"、阳货、公山不狃等与孔子同时代的各国君臣权贵，他们都与孔子有着直接或间接的关联。本书将探究他们与孔子的关系及孔子对他们的看法，从而将孔子置于他所处时代的各种社会关系之中，深入透视孔子的精神世界与心路历程。

　　本书知人论世的研究方法还体现在基于生活史的研究视角中。正如书名所示，本书试图从孔子的社会生活史和个体生活史角度探究其思想人格的发生和发展。这种日常生活史研究既是传统历史学中的一种专门史①，更是后现代语境下"叙事史"复兴带来的一种微观历史学的新领域②。正如英国学者艾沃·古德森（Ivor F. Goodson）所说，"我们正在进入一个特殊的叙事阶段：生活叙事和小规模叙事"，人们越来越偏好"从小处着眼"，在更微观、更个性化的生活叙事中建构对社会和历史的认知，"这种转向也通常被称为'叙事的时代'，关于叙事政治、叙事故事和叙事身份的时代"。③从这个意义上说，本书基于生活史的研究路径已经超越了史学方法论的层面，进而致力于一种所谓"常识性叙事"的日常生活史研究，即用日常概念来界定叙事主题，用日常信念来讨论行为原因，用日常活动来解释所发生的事。④这种历史叙事范式的新尝试，缘于本人曾经对二十世纪上半叶前的宏观历史叙事与二十世纪下半叶至今的微观历史叙事进行过一番深入的比较和思考，相关研究成果见诸本人 2022 年出版的专著《中日史学史胐论》。本书参考书目中的相关史学史文献，正是本书研究方法和叙事范式的来源与依据。

　　故而需要特别说明的是，作为一种基于微观史叙事的历史著述，本书中出现了许多相当具体的人际对话和生活故事。对此，习惯于宏观历史叙事的读者在阅读过程中或许会产生过于琐碎的感觉。事实上，这种讲述普通人的、以小见大的叙事范式，正是微观史的基本特点。⑤微观历史学表现日常生活史的特色，在一定程度上是对宏大叙事模式的修正。微观历史学并不回避在历史中揭示历史的变化，但把体现历史变化的范围限制在有限的时空和具体的小人物身上。⑥将这种叙事范式用于孔子研究，恰好是非常合适的，因为孔子研究最重要的史料《论语》正包含了大量生动具体的人际对话与人物互动。另外，本书关注具体而微的历史人物、历史事件的"小历史"细节，"自下而上"地展现波谲云诡的春秋晚期时势变局，也是历史叙述主义的题中应有之义。

① 冯尔康：《中国社会史概论》，北京：高等教育出版社，2004 年，第 10 页。
② 〔美〕格奥尔格·伊格尔斯：《二十世纪的历史学：从科学的客观性到后现代的挑战》，何兆武译，济南：山东大学出版社，2006 年，第 114 页。
③ 〔英〕艾沃·古德森：《发展叙事理论：生活史与个人表征》，屠莉娅、赵康译，上海：华东师范大学出版社，2020 年，第 11～13 页。
④ 〔澳〕麦卡拉：《历史的逻辑：把后现代主义引入视域》，张秀琴译，北京：北京师范大学出版社，2008 年，第 179 页。
⑤ 王晴佳、古伟瀛：《后现代与历史学：中西比较》，济南：山东大学出版社，2006 年，第 2 版，第 96～97 页。
⑥ 〔美〕格奥尔格·伊格尔斯：《二十世纪的历史学：从科学的客观性到后现代的挑战》，第 114 页。

　　日常生活史涉及的社会生活面甚广，朱彦民在《先秦社会日常生活史研究的回顾与展望》一文中将先秦社会生活史的研究范畴分为衣食住行消费、婚姻家庭制度、环境灾荒与疾病、社会阶层等四类①。为了呈现孔子时代日常社会的细节，本书详细考证了当时的城邑、交通、军制和各种生活名物，以及人们衣食住行、鬼神祭祀和宗法制度等社会实况，以确保本书呈现的历史场景大致符合时代生活的真实样态，从而展现恢宏细腻历史背景中的孔子形象，而非"绿幕抠图"式的孤立个体。以衣食住行的"行"为例，有关孔子的记述曾经多次提到"车御""车马"，如《论语·子罕》中提到孔子自信满满地说"吾执御"，又如《论语·为政》中的"大车无輗，小车无軏"，再如《论语·乡党》中称孔子"升车，必正立，执绥。车中，不内顾，不疾言，不亲指"等，要深刻理解这些文字的内涵，就应懂得作为当时上层社会主要交通工具的车马的结构形制、驾驭方式、坐乘规格、升车礼仪等诸多方面。古代文献及考古文物中有不少相关史料，如《考工记》及历代注疏言之甚详。今人也有此类专门研究，如孙机《载驰载驱：中国古代车马文化》、刘永华《中国古代车舆马具》，皆为上乘之作。再以"住"为例，只有了解春秋时期各国都城和城邑的基本状况，才能生动展示上至公宫、下至市井的具体生活画面，诸如山东省文物考古研究所《曲阜鲁国故城》、曲英杰《先秦都城复原研究》、杨宽《中国古代都城制度史研究》都为本书的研究与写作提供了重要的参考文献。另外，本书除了直接叙述春秋晚期的社会生活场景之外，还通过对各种社会角色的刻画，包括国君、卿大夫、士人、家臣、乐师、寺人以及农夫、匠人、商人、甲士乃至奴隶身分的刑徒、罪隶、臣妾等，来展现春秋中晚期时代具体而微的社会生活。

2

　　其二，考信辨伪的实证主义方法。本书在对各种史料进行排比分析的基础上，对孔子各个年龄时段的所有重要行迹及思想进行了深入细致的考证，特别是对《论语》各章涉及的时间、地点、人物、场景、语境等予以仔细考信和准确定位，基本考实了《论语》四百二十多章的大部分内容，并将其一一嵌入孔子的生平年序与思想发展的时轴，以期准确理解和把握孔子一生的行迹言论，努力避免分析《论语》篇章章旨时的语义失真和无根游谈，尽量排除讨论孔子行迹思想时的史实错位和读解错误。如在"子路、曾晳、冉有、公西华侍坐"章中，孔子一句"吾与点"的感叹，历来

---

① 常建华主编：《中国日常生活史研究的回顾与展望》，北京：科学出版社，2020年，第12～41页。

注家颇有争议。其实，要理解孔子"吾与点"的心态，必须知道这段对话发生在什么时间。我们且看四位弟子年龄，子路小孔子九岁，冉有（即冉求）小孔子二十九岁，公西华（即公西赤）小孔子四十二岁，曾晳（即曾点）年龄无考，既然名字排在子路后面，应该比子路稍小几岁。这里的关键是公西华的年龄，假设他二十岁成为孔子弟子，则孔子当时至少年逾六十二岁。据《左传·哀公三年》，季孙斯临死之前，曾嘱咐儿子季孙肥召回孔子，后来季孙肥没有召回孔子，而是将冉有召回鲁国。也就是说，鲁哀公三年（前492年），孔子六十岁以后冉有就不在孔子身边了，一直到鲁哀公十一年（前484年），孔子六十八岁回到鲁国，孔子、子路与冉有三人方有可能同时见面。据此推断，这段对话只能发生在孔子归鲁之后。《论语·先进》还有"子路问闻斯行诸"章，也记载了孔子与子路、冉有、公西华间的师生对话，应该也是发生在孔子归鲁后。当时孔子已经是年近或年逾七旬的老人了。把握了这个时间点，就可以理解孔子"吾与点"的真实意思：孔子归鲁后无意仕进，专心致力于整理《诗》《书》《礼》《乐》和修编《春秋》，"从心所欲不逾矩"，闲暇之余与弟子一起"浴乎沂，风乎舞雩，咏而归"，此种闲适心态就十分自然了。由此可见，对《论语》各章时间、地点、场景的具体考信分析，是保证孔子研究客观真实性的重要基础。

3

其三，评论人物的客观主义方法，本书坚持有史有论、以史为论，尽量避免先入为主的主观偏见，力图还原本真如实的孔子形象，做出客观公允的孔子评价。

两千多年来，孔子曾被笼罩于令人眩目的神圣光环中，也曾被横扫进不齿于人的历史垃圾堆；介于两个极端之间，还有种种貌似定论的刻板印象、以假乱真的历史误解、似是而非的皮相之论。这些历史评论的通病在于脱离了历史主义和客观主义的史学准则。在本书中，我们可以看到许多关于孔子的陈词旧说得到了有理有据的纠正。例如在过去一些人的印象中，孔子一生四处碰壁、颠沛流离，甚至穷困潦倒，而事实上孔子一生大部分时间受人尊重、生活优渥，无论在鲁国还是其他列国都受到良好的礼遇，除偶因战乱断粮而一时困厄外，总体上生活无虞，晚年归国后更被鲁国君臣奉为国老。又如在过去一些人的印象中，孔子在鲁国与权贵"三桓"关系紧张，处处被为难，处境不佳，最后被迫背井离乡出走国外。所谓"三桓"就是鲁桓公子孙传下的三个姬姓公族家族，分别是季孙氏、叔孙氏、孟孙氏，季孙氏世为司徒上卿，叔孙氏世为司马，孟孙氏世为司空，是鲁国最有权势的贵族。总体而言，孔子与"三桓"一直保持着正常关系。以季氏而言，不仅孔子本人做过季孙意如的委吏和乘田，他的学生子路、冉求也都做过季氏家臣；孔子入仕后与季孙斯关系融洽，有所谓"孔子行乎季孙，三月不违"之说，双方共同推动了齐鲁两国关系的改善以及堕三都的重大变革之举；孔子晚年回到鲁国后，季孙肥经常向孔子问政。以孟孙氏而言，孔子的父亲与孟孙蔑相识，两人曾经在偪阳之战中并肩战斗；孟孙貜临终前还让两个儿子就学于孔子。至于叔孙氏，虽然尚无史料确证孔子与叔孙豹、叔孙婼有过直接交往，但此二人作为鲁国晚期德才兼备的贤者，对孔子产生过积极影响是毋庸置疑的；叔孙婼之孙叔孙州仇在平定侯犯之乱后亲自带人配合子路拆毁郈邑城墙，后来在艾陵之战前夕又得到子贡帮助，可见与孔子师徒并无仇隙。孔子与"三桓"社会地位和思想观念均不尽相同，但这并不妨碍双方的合作与友谊。再如在过去一些人的印象中，孔子一生致力于维护周礼，无视社会历史的进步发展，属于思想上的顽固保守派，这同样是皮相之论。一方面，孔子对过往历史与当下现实均有清醒的认知，他是从建构与维系道德社会的角度认同周礼的价值意义的，这种对人类正义原则的坚守并非顽固保守或不识时务；另一方面，孔子的仁学思想体系是对周礼文化的继承与创新，孔子通过在周朝礼乐形式中植入"仁"作为其核心，不但更新和丰富了传统民本思想的时代内涵，也为日后儒家思想的创立与发展注入了日新再新的鲜活生命力。还如在过去一些人的印象中，孔子一生很想做官，周游列国就是为了入仕求宦。事实上，孔子一生怀持两个基本目标，一是入仕，二是为学，在孔子正式入仕参政之前，这两种目标兼而有之，在五十五岁去鲁之后则基本放弃了入仕为官的目标，一心专注于设教授徒和整理文献，承担起"斯文在兹"的文化建设责任。孔子十五岁就有志于学，不仅从未将仕宦作为人生主要目标，而且坚持"天下有道则见，无道则隐。邦有道，贫且贱焉，耻也。邦无道，富且贵焉，耻也"（《论语·泰伯》）。孔子不仅本人拒绝权贵阳货的邀聘，而且经常赞赏弟子不汲汲入仕的态度。孔子周游列国有着相当复杂多样的原因，包括春秋晚期急剧嬗变的邦际关系、晋鲁盟友关系的变化以及齐鲁关系的改善、鲁国国内局势以及与他个人"三桓"关系的微妙变化，而其主要的考量则是在设教授徒中培养后学、在问礼论乐中收集文献，并非汲汲于列国求宦。本书在史论结合中恪守基于史实的客观主义态度，力求使人物臧否言之有据。

4

其四，基于历史事实的逻辑分析方法。文献不足，尤其是可信史料的匮缺，是孔子研究的痛点，这不仅导致孔子生平事迹大量留白，许多孔子行迹的历史断点无法弥补，还使深入把握孔子思想及其演化过程困难重重。为了解决这个问题，本书在研究过程中适度运用了基于历史事实的逻辑分析方法，在"必要史料"的基础上对孔子具体生平事迹的细节进行合情合理的逻辑推理与推论。换言之，本书在恪守历史研究的客观性原则的前提下，适度运用逻辑推理的方法，审慎提出具有最大可能性的史事推断，尽量实现历史逻辑与学理逻辑、事实逻辑与生活逻辑的有机统一。此种方法前辈学者也曾采用，且取得了良好的学术成果，如胡适《说儒》、郭沫若《十批判书》就有不少逻辑推理性的结论。这种做法当然存在一定风险，但是如能确保史事的推断不存在明显可以被证伪的因素，这种推断就有合理存在的理由，至少能够提供一种可信度较高的可能性史事，也即提供一种弥补孔子传记历史断点的可能性叙事。虽然不必将本书的每一个推断结论当成笃定的史实，却可以视为一种介于确证性与不确定性之间的可能性历史叙事。通过充分挖掘真实史料和利用前人成果，尽量接近春秋社会历史生活的原貌，勾勒出孔子一生的具体轨迹与生动画面。

毋庸讳言，基于历史事实的逻辑分析方法在严谨考证的基础上包含了想象的因素，这是对过往历史的一种基于必要史实的"了解之同情"。治史者都知道，历史学并不排斥想象，这是中外许多史学家的共识。陈寅恪在1930年《冯友兰中国哲学史上册审查报告》一文中说："凡著中国古代哲学史者，其对于古人之学说，应具了解之同情，方可下笔。盖古人著书立说，皆有所为而发。故其所处之环境，所受之背景，非完全明了，则其学说不易评论，而古代哲学家去今数千年，其时代之真相，极难推知。吾人今日可依据之材料，仅为当时所遗存最小之一部，欲借此残余断片，以窥测其全部结构，必须备艺术家欣赏古代绘画雕刻之眼光及精神，然后古人立说之用意与对象，始可以真了解。"[1]陈寅恪能在近一个世纪前揭橥史学研究中的"真了解"方法，表明其站在了当时新史学的国际前沿。同时代的英国著名史学家柯林武德（R. G. Collingwood）《历史的想象》一文专门研究了历史想象、构造历史学及两者的关系，他在文中以凯撒在高卢战争后率军渡过卢比孔河进军罗马的历史事件为例，"我们的权威叙

---

① 陈寅恪：《陈寅恪集·金明馆丛稿二编》，北京：生活·读书·新知三联书店，2015年，第3版，第279页。

述告诉我们说，有一天凯撒在罗马，后来又有一天在高卢，再有一天渡过卢比孔河，而关于他从一个地方到另一个地方的旅行，他们却什么都没告诉我们，但是我们却以完美的良知而插入了这一点"①。这样做会不会将历史学变成文学？不会，因为历史叙事必须基于史事的真实性，文学则没有这样的要求。正如柯林武德所说："历史学家的画面要力求真实，小说家就只单纯地构造出图画即可。"②在今天，陈寅恪与柯林武德等史学家的史识、史观已越来越成为学界共识，正如英国学者约翰·托什（John Tosh）所说："在历史学中，想象力被允许发挥更大的作用。它绝非仅局限在假设的提出上，而是渗透在历史学家的思维中。历史学家毕竟不是仅关注于解释过去；他们还努力重构或重建过去，以揭示生活是如何被经历的，以及它可能是如何被理解的，这就要求在想象中推测过去人们的生活形态和所处的环境氛围。"③毫无疑问，历史事实的逻辑分析方法必须是一种充分整合史料、严格基于史实、缜密逻辑分析的推理。史学想象力绝非凭空臆想，亦非牵强附会，而是如约翰·托什所言，"这种想象力源自于长期钻研历史资料形成的一种想象构图"④。作为一部历时十年的孔子研究成果，本书对此深有同感。

关于孔子少年行迹史料匮缺，以往论者往往只能付之阙如。本书则运用基于历史事实的逻辑分析方法推断，少年仲尼应参与过野外钓弋的活动。众所周知，春秋时人注重祖宗祭祀，上到国君、卿大夫，下至国人、皂隶，日常生活除了衣食住行之外，最重要的事情便是祭祀祷祝活动，达到了"凡食必祭"和"食前必祭"的程度，甚至吃瓜也要切下一片蒂部较甜的"上环"祭祖，即所谓"瓜祭上环"和"食瓜荐新"。孔丘少时"常陈俎豆，设礼容"，这可能是在学习殷儒礼仪，也可能是参与家祭活动。平民家中鲜有肉食，但在重大祭祖活动时，肉食却是不可或缺的祭品，故只能自己捕捉小鱼、小虾、田螺以制作肉酱。由此我们可以推断，少年孔丘时常与左邻右舍的孩子们一起到城外郊区河道里捕鱼捉虾，甚至钓鱼射鸟，以备祭祀醮醮。《论语》称孔子"钓而不纲，弋不射宿"（《论语·述而》），说明孔子精于渔猎。孔子自称"吾少也贱，故多能鄙事"（《论语·子罕》），这种渔猎活动或许也在"鄙事"之列。本书将这种基于史实与逻辑分析方

① 〔英〕柯林武德：《历史的观念》（增补版），何兆武、张文杰、陈新译，北京：北京大学出版社，2010年，第240页。

② 〔英〕柯林武德：《历史的观念》（增补版），第246页。

③ 〔英〕约翰·托什：《史学导论：现代历史学的目标、方法和新方向》，吴英译，北京：北京大学出版社，2007年，第184页。

④ 〔英〕约翰·托什：《史学导论：现代历史学的目标、方法和新方向》，第184页。

法的历史推断称为"可能性史事"，即缺乏充分史料证明其真实发生过，但可根据"必要史料"推断其可能发生过的事情。

历史叙事当然要追求最大程度的真实性，但在文献不足的情况下，我们可以在一定条件下接受"可能性史事"。这种基于逻辑分析方法的历史叙事需要符合两个必要条件。第一是不能被证伪，即在历史叙事中的所有相关内容，包括人物、时间、场景、器物、情节等要素，都不能被可信文献或考古史料所证伪，方能具备"可能性真实"。读者可以怀疑其真实性，但不能否定其可能性。

第二是需要有一定的史料来支撑逻辑推断的可能性。史料越丰富确凿，可能性就越大；反之则可能性越小。我们再举一个相对复杂的例子：孔子自称"十有五而志于学"（《论语·为政》），我们的问题是，孔子为何在十五岁时确立为学之志。相关史料几乎阙如，历代论者注家也不曾论及，只能通过逻辑推断的方法加以研究。我们运用逻辑分析的方法，可以提出三种可能性推断。

第一种推断是，孔子"十有五而志于学"可能是因为他在十五岁时受到特殊事件的刺激而立志于学。孔子十五岁是鲁昭公五年（前537年），前一年十月，鲁国最后一位德才兼备的贵族叔孙豹被其庶子竖牛活活饿死，三个月后季孙宿强制推行"舍中军"改制，严重削弱公室势力，不久后叔孙豹之子叔孙婼突袭杀死竖牛，继任叔孙氏宗主。可能正是这一系列重大事变在少年孔子心理上造成了强烈冲击，使之不愿做一个碌碌无为的人，下决心走上一条有志于学的人生道路，想要通过个人的文化努力挽救礼崩乐坏的颓势。

我们也可以做出第二种推断，孔子可能在十五岁之前获得了进入鲁国庠序学习的机会，于是便立志于学。《礼记·王制》注引《尚书传》有"年十五始入小学"之说，朱熹《四书章句集注》则称"古者十五而入大学[①]"。无论进入大学或小学，都可能是孔子"志于学"的原因。我们知道，孔子精通"六艺"，尤其擅长车御，这种技能的获得一般需通过正规庠序教育，除非得到特殊的私人授受。这种推断带来的问题是，两周时期只有"王子、公卿、大夫、元士之适子十五入小学"，父亲早故的孔丘何以能够进入官方庠序？另外，春秋晚期各国庠序之学已经衰落，鲁国也不例外，甚至贵族孟孙貜也因从小失教而在出访楚国时"不能相仪"，回国后"病不能相礼，乃讲学之"。

---

① 朱熹：《四书章句集注》，北京：中华书局，2012年，第2版，第54页。

我们还有第三种推断，孔子可能在十五岁左右得到了某人或某些人关于"六艺"的教授指导，从而确立了有志于学的人生目标。我们知道，《论语》中记载了卫国公孙朝与子贡的一段对话，公孙朝问子贡："仲尼焉学？"子贡回答道："文武之道，未坠于地，在人。贤者识其大者，不贤者识其小者，莫不有文武之道焉，夫子焉不学，而亦何常师之有！"（《论语·子张》）依此来看，孔丘向生活学习，向贤人学习，在一切可能的机会中学习，正所谓"学无常师"。那么，当时十五岁的孔丘可能向谁学习呢？第一个可能人选是秦堇父，此人作为叔梁纥的战友和孟孙蔑的车右，且其子秦商后来成为孔子弟子，极有可能教导少年孔丘车御技术，至少可以提供学习车御必不可少的车舆服马。第二个可能人选是某位鲁国权贵，甚至"三桓"之一亦未可知。按照司马迁的说法，孔丘十七岁前"季氏飨士，孔子与往"（《史记·孔子世家》），如果不是受到季氏主动邀请，孔丘怎么可能贸然不请自来？可见当时季氏与孔丘并非毫无关联，季氏襄助孔丘学习"六艺"是有可能的，孔丘"及长，尝为季氏史"可能也与这层关系有关。第三个可能人选是鲁国公室的文、史、星、历、卜、祝之类的礼乐文化之士。《论语》记载，孔丘入太庙，每事问，或曰："孰谓鄹人之子知礼乎？入太庙，每事问。"孔丘闻言道："是礼也。"（《论语·八佾》）这段对话值得玩味，别人称孔丘为"鄹人之子"，说明当时孔丘尚年轻，并未知名，然而这样一个青少年却能进入鲁城公宫太庙，这显然不太寻常。或许孔丘因其父亲的关系与公室史祝之人相识相交，偶有机会进入太庙参加祭祀活动，并且借此虚心问礼求道。第四个可能人选是生活在鲁城的殷儒后裔教士，甚至可能是孔丘母系颜氏宗亲，也许是他们时常教导孔丘学习治丧相礼。

以上各种分析推断虽然无法得到确证，但至少可以提供深入思考的多元路径，这对于我们了解历史的各个侧面不无裨益，正如约翰·托什所说："历史研究的性质是如此，以致不管其研究多么地具有严格的专业性，也一直会有多元的解释。这应该被视为一种优势而不是缺陷。因为，历史知识的进步源于个体学者的努力，也同样源于不同解释之间的争论。"①读者未必将每种逻辑推论当成笃定的史实，但可视为接近原貌且符合逻辑的可能性叙事。

---

① 〔英〕约翰·托什：《史学导论：现代历史学的目标、方法和新方向》，第129～130页。

第一章　孔子的时代

知人须论世，孔子的时代并不始于孔子生年。正如三国时代并非以公元220年曹丕称帝起始，而须将视线移至半个多世纪前的东汉桓、灵年间，只有说清从黄巾起义到赤壁之战的天下大势和群雄特点，才能明了三国的历史形成和后续演进。同样，有关孔子的历史叙事和思想探究也不能仅从公元前551年孔子出生开始，而应将视线投向更早的社会时势、重要人物和重大事件，这些要素深刻影响了孔子人格思想的形成与发展，也刻画了孔子时代的基本特点。

关于春秋时代的主要特点，顾颉刚、童书业在《春秋》一书中总结了四项，即种族的混合和中华民族的成立、中国疆域的扩大、统一局面的酝酿、社会经济和学术思想的转变等。[①] 顾德融、朱顺龙在《春秋史》中也概括了春秋时代的主要特点，包括进入铁器时代、大国争霸、宗族公社瓦解、中华民族开始形成、政治制度大变革、阶级与阶层剧烈斗争和重组、思想文化剧变、风俗礼仪大变迁等。[②] 在上述春秋时代的特点中，中华民族形成、宗族社会瓦解、政治制度变革、社会阶层分化、思想文化转变无疑具有标志性意义。这五个方面的变化态势贯穿于整个春秋时期，在孔子时代则急速加剧并最终基本完成。在唯物史观看来，孔子思想正是这些重大社会变化的文化产物。所以，就这些方面对孔子时代加以阐述是必要的。本章即聚焦于此，通过对孔子时代前期的社会大势进行简要叙述分析，对影响孔子人格思想发展演进的社会环境因素予以具体把握，以期为探究孔子思想人格的来龙去脉和文化特征提供客观依据，彰显孔子思想在这场华夏文化历史巨变中的特殊意义。

鲁襄公十年（前563年），晋悼公率领中原诸侯与吴王寿梦在相地（今江苏省邳州市北稍西的加口村）会面，这是西周封土建藩以来南北诸侯首

---

① 顾颉刚、童书业：《国史讲话·春秋》，上海：上海人民出版社，2015年，第158～161页。

② 顾德融、朱顺龙：《春秋史》，上海：上海人民出版社，2001年，第21～24页。

次直接交流会盟，开启了春秋后期诸侯外交政治的新时代，为十七年后的第二次南北弭兵盟会预埋了伏笔。我们知道，第二次弭兵盟会成效显著，维持了中原盟国与楚国之间四五十年的和平局面，而这正是孔子人生成长、成熟的重要时期。另外，在相地盟会后随即发生的偪阳之战中，仲尼父亲叔梁纥第一次出现在历史记载中，故以此作为孔子时代的开端是合适的。本章聚焦从鲁襄公十年到鲁昭公五年（前537年）的一系列关键性社会时事，包括相地盟会、偪阳之战、晋悼公复霸、萧鱼盟会、楚共王之死、齐鲁之战、叔孙豹聘晋、防邑之战、弭兵盟会、韩起聘鲁、季札观乐、"三桓"关系、"作三军"、襄公如楚、虢地盟会、公子围弑君、赵武与叔孙豹之死、"舍中军"等，阐述霸主政治、华夷关系、邦际和平、礼乐文化、宗法制度、宗族社会、鲁国政局等一系列重大变化，揭示商周文化差异以及"尊尊亲亲"周礼文化的核心要义，说明"华夷之别"的文化意蕴以及楚国逐渐纳入中原华夏文化熔炉的具体过程。本章还对叔梁纥、孟孙蔑、叔孙豹、赵武、向戌、子产等周礼文化承担者的父辈前贤群象进行速写式的描述，借此显现周礼文化的风采特征及其渐趋消逝的过程，分析鲁国"政逮于大夫"政治局势的转折关捩，梳理春秋历史演进和文化嬗变的内在逻辑，为孔子时代的开端勾勒出一幅历史时空图景，为整个孔子时代的社会特征确定底色和基调，为探究孔丘思想人格提供一种具体而深层次的社会文化背景。

一、相地盟会

1

马克思在《关于费尔巴哈的提纲》中指出："人的本质不是单个人所固有的抽象物，在其现实性上，它是一切社会关系的总和。"[①]任何伟大的人物都是时代的产物。春秋二百四十二年历史，按照不同的标准可划分为不同的分期，当我们聚焦于具有划时代意义的历史人物孔子时，我们便有充分的理由将那个造就孔子"一切社会关系的总和"的时代称为"孔子的时代"。

汉代经学家也从孔子的视角着眼，提出所谓的"春秋三世"说。此说源自《公羊传》，基于孔子作《春秋》"所见异辞，所闻异辞，所传闻异

① 中共中央马克思恩格斯列宁斯大林著作编译局编译：《马克思恩格斯选集》第一卷，北京：人民出版社，2012年，第3版，第135页。

辞"(《公羊传·隐公元年》)。董仲舒在《春秋繁露》中予以发挥:"《春秋》分十二世以为三等,有见、有闻、有传闻。"(《春秋繁露·楚庄王第一》)何休《春秋公羊传解诂》据此将"春秋三世"界定为"所见者,谓昭定哀,己与父时事也;所闻者,谓文宣成襄,王父时事也;所传闻者,谓隐桓庄闵僖,高祖曾祖时事也"(《春秋公羊经传解诂·隐公元年》)。这些说法建立在经学家认定孔子为《春秋》作者的基础之上,以孔子对春秋历史的耳闻目睹与否作为分期依据,虽在《春秋》经学史可备一说,但无甚历史文化学意义。

现代学者从春秋历史发展的自身特点,提出了更加科学合理的分期。其中,汪震较早以孔子为视角进行春秋分期。他于二十世纪三十年代出版了《孔子哲学》一书,在书中附录的《春秋时代之政治及孔子政治思想》一文中,以鲁僖公二十八年(前632年)、鲁襄公二十七年(前546年)为界线,将春秋历史分为三期,分别称之为"分化的时期""侵略的时期"和"改造的时期"。对于其中的春秋第三期,汪震这样写道:"自襄公二十七年晋、楚盟于宋之后,中原方面的政局似乎很沉闷的。但是这个时期,正是一个政治大改造的时期;就是由春秋到战国的,一个过渡时代,换言之,就是由封建制度到中央集权制度的一个最后的大枢纽。"[①]汪震提出襄公二十七年这个节点,其着眼点是"襄公二十七年晋、楚盟于宋"这一重大历史事件,即所谓第二次弭兵盟会。汪震注意到这个节点的历史事件与其后的社会变迁及孔子思想的发生发展有着重要的关联性。这是汪震对于春秋分期独具慧眼的见解。

本书基于社会时势变化及其对孔子人生的影响,对汪震的分期节点稍作调整,将其前推十七年,以鲁襄公十年作为孔子时代的开端。具体来说,我们以孔子诞生前十二年的相地盟会作为起始,将此后直至孔子去世的八十多年称为"孔子的时代"。在全书中,我们将始终关注孔子时代的世势变迁与孔子人格发展的关联意义,透过社会生活史和孔子生活史探究孔子思想演进的历程。

鲁襄公十年四月初一,在宋国与楚国交界处的相地,发生了华夏中原文明与南方文明交流史上的一件大事:晋国与吴国的第一次正式盟会。中原诸侯的霸主晋悼公姬周千里南下,亲率鲁、宋、卫、曹、莒、邾、滕、薛、杞、小邾等国的国君,以及齐国太子公子光,与同样远道而来的吴国国君寿梦相会,这是周朝建立五百多年来南北诸侯的首次会面。《春秋》记录

---

① 汪震:《孔子哲学》,长沙:岳麓书社,2012年,第69页。

了这一重大事件：

> 十年春，公会晋侯、宋公、卫侯、曹伯、莒子、邾子、滕子、薛伯、杞伯、小邾子、齐世子光会吴于柤。（《春秋·襄公十年》）

春秋时期，华夏大地的东部有一条南北陆上交通要道，北起齐国都城临淄（今山东省淄博市），经莒国、郯国、宋国，向南延伸到达徐国国都徐城（今江苏省宿迁市泗洪县）。柤地就位于这条要道的南部，地处淮河流域，周边有沂水、沭水、泗水，是南北水路交通的一个重要交汇点。现今的京杭大运河就在此地川流而过。关于柤地的地缘位置，杜预《春秋左传集解》明确说是"楚地"，竹添光鸿《左氏会笺》也主"楚地说"，认为其大致在靠近宋国的楚国境内。南北诸侯之所以选择在此举行盟会，除了便于吴人沿水路北上，也有对楚国形成强大压力的用意。周朝建子，即以夏历十一月为正月，四月相当于夏历二月，天气尚觉微寒。北方诸侯们驱车沿着这条道路南下，按照"君行师从，卿行旅从"的惯例，各国都有随行的兵车人马。孟孙氏宗主孟孙蔑陪同年仅十三岁的鲁襄公参加了盟会。[①]

周朝分封的诸侯国大多是姬姓的同姓血亲和异姓姻亲，同属于华夏周礼文化体系，彼此间保持着亲缘宗法关系和共同生活方式。自公元前770年周平王东迁洛邑后，周朝的政治权威日渐衰落，周天子与诸侯之间、各国诸侯之间的等级秩序被打破，各种矛盾、冲突和战事层出不穷，大国欺凌小国、强国吞并弱国时有发生。

在华夏文化体系的境内及周边外围，还生活着一些未被完全纳入华夏文化的部落、族群和王国，按照地域分为东夷、西戎、北狄、南蛮，统称为"夷狄"或"蛮夷"，简称为"夷"，其中包括春秋时代的楚国、吴国和越国。在华夏文明看来，这些蛮夷属于"化外之民"。长期以来，华夏政权与周边"蛮夷"政权之间难免发生抵牾和冲突，逐渐形成了政治上所谓的"夷夏之防"和文化上所谓的"华夷之辨"。春秋时期王室权力式微，协调各国诸侯的统摄力减弱，也导致了华夷关系的复杂化，其中尤以楚国与中原诸侯之间的冲突交融为甚。

面对王纲解纽和世事纷乱，人们普遍期盼天下能够维系必要秩序，社会能够保持稳定安宁。正是适应这样的需要，春秋时代的诸侯"霸主"应

---

① 需要说明的是，《春秋》中孟孙氏均作仲孙氏，《左传》则作孟孙氏，后世大多随《左传》称谓，本书后文皆称孟孙氏，或简称为孟氏。

运而生。霸主，或称伯主，顾名思义就是诸侯之伯，其主要作用是行方伯之职，替代周天子维系天下秩序。霸主既要统率诸侯，尊奉周王，调解冲突纷争，维持社会政治秩序；也要攘除夷狄，消弭外患，延续周朝礼乐文化。汉儒称此二者为"尊王攘夷"。霸主需要以强大的实力为后盾，有能力对诸侯国施行礼乐征伐，必要时用武力干预解决邦际纷争。但是，霸主并非只是武力的强者，要真正成为春秋霸主，还需要满足两个充分条件。一是正统性。霸主需要获得周天子的认可，在名义上尊奉周天子的正统地位，通过假借天子权威以获得号令天下的合法性。二是正义性。春秋时代的邦际关系总体上讲究礼乐道德，霸主在处理纠纷时需要借助周礼原则，尽量以德服人，所谓"霸主将德是以"，从而"信以行义，义以成命，小国所望而怀也"（《左传·成公八年》）。这就是孟子所说的"以力假仁者霸"（《孟子·公孙丑上》）。需要特别指出的是，在春秋时代"霸"是"迫""把"之意，霸主作为诸侯之长，迫协天子、把持王政、纠率同盟，维护各国之间的正常秩序，即所谓"报施、救患，取威、定霸"（《左传·僖公二十七年》）。也就是说，春秋之"霸"并无后世"霸道""霸王"之意。"霸主"或曰"伯主"是中原诸侯发自内心公认的诸侯伯长，他们通过和平会盟而非军事征服获得邦际认同，这种认同包含了政治威望认同、宗亲关系认同、道德信义认同、文化价值认同，军事实力只发挥一种隐性的威慑作用，武力只在必不得已的情况下使用。到了战国争霸时代，所谓的霸主已不再注重文德，仅凭武力就可称霸。孟子认为"今之诸侯，五霸之罪人也"（《孟子·告子》），原因即在于此。后人把春秋时代霸主的"霸"仅理解为横行霸道的"霸"，忽略了其中的"伯"之意涵，这是以战国眼光误解春秋历史。

　　春秋时期真正符合上述条件的霸主只有齐桓公和晋文公。距孔子时代一百余年前，齐桓公凭借道德和实力，九合诸侯，北击山戎，南伐楚国，并在葵丘盟会中接受周襄王胙肉、彤弓矢和天子车马等赏赐，成为华夏诸侯国的第一位霸主。随后，晋文公在城濮之战中击败楚国，在践土盟会中向天子献俘，完成了"尊王"与"攘夷"的大业，成为中原诸侯的第二位霸主。晋悼公较好地延续了晋文公的余绪，故被称为"复霸"。至于其他雄心勃勃的国君，均未满足上述条件。如郑庄公、宋襄公终究缺乏实力，影响有限；楚庄王、楚共王、楚灵王等楚国国君本身出自"蛮夷"，既未得到周天子的授命，也未获得中原诸侯的认同。事实上，整个春秋时代，楚国国君从来没有当过真正的霸主。原因很简单，中原诸侯在血缘上和文化上从未认同楚国国君的霸主地位，一直视之为蛮夷。后世有的史家认为楚庄王一战成霸，其实是以战国时人的标准看待霸主，与春秋史实不符。楚庄王充其量是一位英明能干的"楚子"，中原诸侯从未将其视为霸主。直到第二次弭兵盟会之后，楚国才勉强成为双霸主之一，但经过柏举之战楚国大败以后，这种晋楚双霸主的状况也结束了。吴国虽然也算是姬姓诸侯，但长期与中原隔绝，因而很难得到中原诸侯的文化认同，直到春秋晚期吴王夫差数次北上，以政治兼军事手段协调齐鲁关系，吴国才稍稍获得鲁国等中原诸侯国的认同，这为吴国最后黄池争霸奠定了基础。黄池盟会确实使吴国自以为取得了霸主地位，吴王夫差在黄池盟会后"乃使王孙苟告劳于周"（《国语·吴语》），周王也确有答命，但一味依仗武力，在中原诸侯心目中终究缺乏正义性，而且随后就大败于越国，很快灭亡，其称霸可谓昙花一现。越王勾践在鲁哀公二十五年（前470年）平吴之后，"乃以兵北渡淮，与齐晋诸侯会于徐州，致贡于周。周元王使人赐句践胙，命为伯"（《史记·越王句践世家》），但越国毕竟属于"南蛮"，文化认同有限，大多数中原诸侯根本不予认可，而且历史即将进入战国，春秋意义上的霸主时代已然结束。其实在晋文公之后，晋国的实力一直雄踞中原各国之首，且有华夏文化认同的优势，所以持续召集各种盟会，一直发挥着霸主的作用。当然自晋悼公之后，晋国内部陷入卿族纷争，影响力和正义性大打折扣，虽然时不时仍能充当诸侯盟会的召集者，但已非真正意义上的霸主。总之，春秋时代除了齐桓公短暂称霸外，基本上一直是晋国称霸，楚国、吴国、越国都谈不上称霸。也就是说，历史上并不存在所谓的"春秋五霸"。"五霸"之说实为后人忽视春秋霸主的文化道义内涵，机械套用战国强力争霸的产物。

厘清了霸主的含义，我们再把视线聚焦到春秋中后期，此时诸侯争霸主要集中在晋楚两大阵营之间。公元前632年，即齐桓公去世后十一年，晋国联军与楚国联军之间发生了城濮之战，晋文公大败楚师，随后在践土之会上继齐桓公之后成为新霸主。但晋国的霸主地位很快受到"一鸣惊人"的楚庄王的严峻挑战，晋文公去世三十一年后，晋楚双方发生邲之战，楚庄王击败晋军，饮马黄河，问鼎周室，一时间晋国的盟友鲁国、宋国、郑国、陈国都被迫依附于楚国，楚国声势臻于鼎盛。鲁国、宋国后来又回归晋国联盟，但郑国一直受制于楚的压力，成为晋楚双方激烈争夺的对象。楚共王、楚康王传承了楚庄王的雄心壮志，继续与晋国争夺霸主地位，不断北上侵扰中原诸侯，呈现出咄咄逼人的势头。邲之战二十二年后，晋楚发生了著名的鄢陵之战，晋厉公大败楚共王，重振中原诸侯国霸主雄风。但是，晋国内部长期以来卿族势力强盛，政出多门，相互倾轧，结果晋厉公在一场内乱中被杀，年仅十四岁的晋悼公姬周继位。至此，经过晋楚之间长达半个多世纪的持续角力，形成了两个势均力敌的阵营：一个是以晋国为首的中原诸侯国阵营，主要盟国是鲁、宋、卫、曹、莒、邾、滕、薛、小邾等国。另一个阵营以楚国为首，主要盟国有楚国周边的陈、蔡、许、徐、顿、胡、沈等国。这两个阵营之间时有征战，郑国夹在两大阵营之间，成为双方争夺的对象，多年来不胜其扰。

姬周是晋文公的四世孙，从小在周朝王都洛邑长大，曾目睹王室式微，天子暗弱，周王的政治权威局限在京畿范围内，失去对各国诸侯的统治。因此，晋悼公在继任国君之始就表现出不同一般的雄才大略，有志于复兴晋国的霸主地位。此时晋国的影响力已不如当年晋文公称霸的时代，但其综合实力较之中原各国依然高出一头。面对楚国的紧逼和郑国的窘境，晋悼公展开了全面的复霸行动。

当时齐国也是一流大国，凭着齐桓公天下首霸的底气，对晋国从未真正服气，长期心存芥蒂，若即若离。公元前589年，齐国侵犯鲁国，晋国在鲁国请求下出兵救援，于是爆发了齐晋鞌之战，齐国大败亏输，只得继续与晋国结盟，但内心仍旧不服，此次耝地盟会齐国只派太子参会，其心态可见一斑。

秦国也算是一流大国，而且秦穆公当年曾经称雄一时，但在秦晋之间的多次较量中，秦国胜少负多。秦国东出函谷、称霸中原的图谋受到了晋国强有力的阻击，所以秦国意在借力楚国，扩展周边势力，并不想过多介入中原纷争。

晋悼公想要实现复霸的宏愿，真正的挑战者是楚国。鄢陵之战既没有削弱楚国的实力，也未能遏制楚国北上争霸的雄心。楚国的既定策略是西结秦国、东联齐国、南攻吴国、北上争霸。

吴国与楚国虽皆地处南方，长期以来被中原诸侯视作"蛮夷"之国，但吴国毕竟是姬姓，从血缘关系上溯源，吴国是周室的伯父之国，与中原诸侯有着天然的血脉联系，心理距离更加亲近。吴王寿梦继位国君后，主动到洛邑朝见周天子，经过认祖归宗，在一定程度上获得了中原诸侯的文化认同。次年，晋国即派遣楚国逃臣申公巫臣出使吴国，随行三十辆兵车。申公巫臣教习吴军射御，组建了吴军的战车部队。从此，吴国开始不断与楚国作战，国势也日益强大起来。

吴楚之间的战事日渐频繁，联吴抗楚成为晋国的不二选择。晋悼公的既定方针是，利用楚国宿敌吴国，从后方加以牵制，形成腹背夹击之势，遏制楚国北进的野心。晋悼公继位后，很快做了三件大事：首先是推行"和戎"政策，与周边"戎狄"游牧部族媾和结盟，使晋国获得了稳定的后方；其次对内休养生息、救困济贫，选拔人才、提升实力；最后便是派使者前往吴国联络，实施联吴抗楚战略。鲁襄公三年（前570年），晋悼公与吴王寿梦相约在鸡泽（今河北省邯郸市东北）举行南北会盟。为了接应寿梦北上，晋悼公提前派人赶到淮上迎候。由于路途过于遥远，寿梦最终未能成行，他后来专门派人前往晋国，向晋悼公表达歉意，并明确表示愿意加入抗楚联盟。鲁襄公五年（前568年），寿梦又派大夫赶到戚地（今河南省濮阳市），参加晋悼公主持的晋、鲁、宋、陈、卫、郑、曹、莒、邾、滕、薛、齐、鄫十三国君臣与吴国大夫的盟会。又过了五年，即鲁襄公十年（前563年），即位第十一年的晋悼公迎来了与吴王寿梦的第一次会面，实现了南北十四国会盟，晋吴联盟终于正式形成。

2

晋人为了长期维持南北联盟，必须确保交通要道相地的安全，于是发动诸侯联军攻打相地附近的一个妘姓东夷小国偪阳。偪阳是楚国的附庸国，位于今江苏省邳州市西，距离相地约五十公里。此地与宋国左师向戌的封邑合乡接壤，晋人声称打下偪阳后要将土地赠给向戌作为其私邑，"以宋常事晋而向戌有贤行，故欲封之为附庸"[①]。

偪阳攻城战打响后，孟孙蔑率领鲁国军队参与了攻城战。偪阳虽是弹丸之地，却历史悠久，民风彪悍，联军数次进攻均被击退。就在这时，战场上发生了极富戏剧性的一幕：

> 孟氏之臣秦董父輂重如役。偪阳人启门，诸侯之士门焉。县门发，郰人纥抉之以出门者。狄虒弥建大车之轮而蒙之以甲以为橹，左执之，右拔戟，以成一队。孟献子曰："《诗》所谓'有力如虎'者也。"主人县布，董父登之，及堞而绝之。队则又县之，苏而复上者三。主人辞焉，乃退，带其断以徇于军三日。（《左传·襄公十年》）

正当双方酣战之时，孟孙蔑的家臣秦董父率领一队人力輂车运送军需辎重到达阵前。此时偪阳守军突然打开城门，鲁军士卒见状立即蜂拥而入，不料偪阳人随即放下城门口隐藏的一道悬门，把入城的敌军关在城中。上引《左传》文中三次出现的"县"字就是"悬"字，"县门"就是悬门。悬门类似于闸门，通过机关悬挂在内城门上，发生敌情时发动机关，悬门

---

① 杜预：《春秋左传集解》，上海：上海人民出版社，1977年，第867页。

就落下封闭入城口。《墨子·备城门》篇对此有具体的形制介绍。这种守城器械在春秋时期比较常见，如鲁庄公二十八年（前666年）楚军进攻郑国国都新郑，郑人"悬门不发"，就是想诱敌深入，聚而歼之。

在此危急关头，鲁军中有一人冲上前去，用矛戟的木柄撅起悬门，双手使劲托住，陷入城内的鲁军士兵乘机逃了出来。这位《左传》称为"郰人纥"的勇士，通常被认为就是《史记·孔子世家》中的"叔梁纥"，即孔子的父亲。孟孙蔑观其与狄虒弥之奋勇禁不住赞叹道：真是《邶风·简兮》所谓"有力如虎"的人！接着偪阳守军又从城头三次悬下长布，向鲁军将士挑衅，秦堇父连续三次拽住布条向上攀登，守城士兵终于停止挑衅，双方各自休兵。孟孙蔑派人到城墙下捡回断布条，在军中游行展示三日，以鼓舞士气。

那么，这位"郰人纥"确为孔子父亲"叔梁纥"吗？"郰人纥"，意为一个名叫"纥"的鲁国"郰邑"人。据《史记·孔子世家》，"孔子生鲁昌平乡陬邑"。另外，我们还注意到《论语》中的一条信息，表明孔子的父亲确实是"鄹邑"人。

> 子入太庙，每事问。或曰："孰谓鄹人之子知礼乎？入太庙，每事问。"子闻之曰："是礼也。"（《论语·八佾》）

孔子年轻时进入太庙，事事询问，表现出勤学好问的态度。有人就嘲讽说，谁说这个鄹人的儿子懂得礼仪的？你看他进入太庙，老是问这问那。孔子闻言道：勤学好问，正是知礼的表现啊。文中的"鄹"与"陬""郰"两字是同音通假字。竹添光鸿《左氏会笺》说："郰，《论语》作鄹，《孔子世家》作陬。《说文》云：郰，鲁下邑，孔子之乡。鄹别体字，陬同音通字。"①这一点在后世已经形成共识，如《唐石经》中"鄹"直接写作"陬"。春秋时期鲁国主要城邑凡二十四城，鄹邑是其中之一，具体位置在鲁城的东南方约四十余里。战国时期，鄹邑又称为邹城，即孟子故乡。通过上述分析，我们知道"鄹人之子"孔子与"郰人纥"同为鄹邑人。

"郰人纥"与"叔梁纥"都名为"纥"。春秋时期，大夫担任邑宰，常用邑名冠于人名前，"郰人纥"就是这么来的；另外，春秋时人的名与字经常连举，往往先字后名，叔梁纥排行第三，所以字"叔梁"。这个"梁"字出处为何，史迁并没有说，我们不得而知。既同名，又同邑，这样的人

---

① 〔日〕竹添光鸿注：《左氏会笺》，成都：巴蜀书社，2008年，第1229～1230页。

可以有很多。我们还须找到"郰人纥"与"叔梁纥"的其他共同点，才能证明二者是一人。遗憾的是找不到确凿的史料。或许因为这个原因，司马迁也没有明说"郰人纥"就是"叔梁纥"。汉末王肃伪造《孔子家语》，其《本姓解》有"颜父问三女"云云，其中称叔梁纥"其人身长十尺，武力绝伦"，这大概是想通过勇力过人这一特点，将"郰人纥"与"叔梁纥"关联起来。稍后杜预《春秋左传集解》则直接称："纥，郰邑大夫，仲尼父叔梁纥也。"①唐代孔颖达《春秋左传正义》也说："纥为郰邑大夫，公邑大夫皆以邑名冠之，呼为某人。孔子之父名纥，字叔梁。古人名字并言者，皆先字而后名，故《史记·孔子世家》称为'叔梁纥'也。"②从此之后，此说便成了定论，就连考信严谨的崔述也未加质疑。鉴于前贤已经众口一词，本书便不做过多质疑，且遵从众说——孔子的父亲名纥，字叔梁。叔梁纥曾任鲁国郰邑大夫，即邑宰，乃一邑之长，是本邑负责军政事务的主官，在春秋时期的贵族等级中属于中低级贵族。

　　这次鲁襄公南下相地参加盟会，孟孙蔑率领一定数量的公族军队随行，叔梁纥所带领的郰邑各乡士卒，应该就是其中一支部队。说到春秋时期的兵制，涉及"国野之别"和"乡遂制度"。"国"是指国都，国都周边的地区称为"郊"，郊以外则称为"野"。所谓"国野之别"就是国都、郊区与野外的区别。郊区设立"六乡"，野外则设立"六遂"，这就是"乡遂制度"。居住在国都和六乡的人被称为"国人"，居住在六遂的人被称为"野人"或"氓"，概而言之，他们都可称为"民"。就兵制而言，六乡的国人是兵役的主要承担者，一般是每户出一卒，既可以直接出人，也可以出力、出赋，即提供兵役、力役或军赋。六遂的野人则主要承担农业生产，或在必要时提供战事辅助性支持。在这种兵民合一、寓兵于民的兵制下，邑大夫对本邑部队的管理工作包括平时的征兵、军赋征收、冬狩训练与比武、武器装备保管等，当然最重要的就是战时授兵和率军出战。在偪阳攻城战中，叔梁纥的士卒都是本邑的子弟兵，这也是他拼死抉门救众的重要原因。

　　各国兵马连续攻战，终于在五月八日拿下了偪阳，俘获了偪阳国君。晋悼公下令将偪阳国君作为"夷俘"押回晋国，献祭于太祖晋武公庙，将一批妘姓族嗣迁到晋国定居，继续奉侍妘姓之祀。晋人将偪阳赐给向戌，向戌坚辞不受，于是晋人将其赠与宋国国君宋平公。其实，晋人的真正目

---

① 杜预：《春秋左传集解》，第 867 页。

② 阮元校刻：《阮刻春秋左传注疏》，杭州：浙江大学出版社，2015 年，第 2122 ～ 2123 页。

的是想让宋国派兵驻守这个南来北往的要衝。

偪阳之战后，叔梁纥随着众人回到了鲁国，此后七年我们并不知道他在干什么，合理的推断应该是继续做鄹邑大夫。秦堇父回到鲁国后，因其过人勇力受到重用，成为孟孙蔑的车右，相当于同乘的贴身卫士。秦堇父与叔梁纥很可能从此成为挚交，他的儿子秦丕兹后来成了孔子的弟子。作为孟孙蔑的直属部下，叔梁纥日后可能继续与孟孙氏保持着密切的联系，孟孙蔑的孙子孟孙玃曾对孔子赞扬有加，他后来所生的一对双胞胎孟孙何忌、孟孙阅也成为孔子弟子，这些似可视为两家相知相识的证据。

3

在相地盟会中，我们没有看到郑国的身影。这是因为郑国多年来一直是晋楚争夺的对象，处于左右为难的尴尬境地。这次晋悼公相地联吴的直接目的，就是要争取郑国重新回归中原联盟的怀抱。正如史家所说："晋率十二诸侯会吴于楚地，示楚以得吴也。晋得吴，则楚不敢议郑，议郑则吴袭其后。"[①]

郑国是周宣王之弟姬友的封国，最初封在周朝镐京畿内，西周末年郑桓公将封地迁移到洛水东部，故曰新郑。郑国地处中原，东邻宋、鲁，北接成周、卫、晋，西通虢、秦，南连陈、蔡、许、楚，周边还有一些姬姓、姜姓小国，既是四通之衢，也是四战之地，更是楚国北上扩张的必由之路。在中原诸侯中，郑国虽然封建时间较晚，但至此时也已有近二百五十年历史。周平王东迁，郑桓公夹辅有功，成为王室卿士。春秋之初，郑桓公的孙子郑庄公攘外安内，重农兴商，被后世称为"小霸"。作为正宗的姬姓侯国，又是实力仅次于晋、楚、齐、秦的千乘之国，郑国长期以来都是华夏诸侯联盟当然的成员，与晋国关系也相当不错。但是，近年来楚国势力快速膨胀，在将原属中原盟国的陈国、蔡国纳入楚国联盟之后，继续通过软硬兼施的方式争取郑国背晋从楚。一旦楚人得郑，便可进而觊觎中原诸国。

郑国地处南北要冲，介于大国之间，夹缝中求生存，深感两边都得罪不起，遂陷入左右为难的窘境。国内公族卿大夫意见分歧严重，分裂为从楚、从晋两派。双方针锋相对，甚至到了剑拔弩张的地步。郑国姬姓公族主要有七个大家族，分别是罕氏、驷氏、国氏、丰氏、游氏、印氏、良氏，他们都是郑穆公的后裔，因此被称为"七穆"。其中，罕氏、驷氏的实力

---

① 库勒纳等撰，田洪整理注释：《日讲春秋解义》，海口：海南出版社，2013年，第863页。

最强，基本上垄断了正卿的位置。罕氏宗主子罕原是正卿，不久前去世了，其子子展继任罕氏宗主。因为子展相较于驷氏宗主子驷是晚辈，所以正卿的位置暂时让给子驷。子驷和国氏宗主子国、良氏宗主子耳是亲楚派，他们极力主张顺从楚国；子展和游氏宗主子蟜以及公族大夫子孔是亲晋派，主张联合晋国、抵抗楚国。因为两派意见不一，所以郑国的外交政策一直反复无常。在相地盟会的前一年，晋悼公曾经率领盟国军队兵临城下，逼迫郑国歃血为盟。但是联军退后，楚又派兵伐郑，子驷等人口血未干便背晋从楚，再次与楚国盟誓。

　　相地盟会后，郑国的形势更加吃紧，不久便爆发了血腥的内部冲突，司徒子孔暗中指使一批反对子驷的贵族，如尉止、司臣、侯晋、堵女父、子师仆等，在一个深秋的凌晨，趁君臣早朝之际发动突然袭击，在公宫内当场杀死正卿子驷、司马子国、司空子耳，并且劫持了年仅八岁的郑简公。面对这场突如其来的血光之灾，子国的儿子子产虽然未满二十岁，却能强忍悲痛、临危不惧，亲自指挥族人打开家族库房、马厩，取出兵器、铠甲等装备，收拾好马匹兵车，集合起家族甲士队伍，分乘十七辆兵车，迅速杀奔公宫而来。子产率众猛攻公宫，在子驷之子子西和游氏子蟜的助攻下，作乱者四散奔逃，尉止、子师仆被杀，司臣、堵女父等出奔宋国，叛乱很快就被平定了。一场大乱之后，郑国老一辈重臣已死，便轮到所剩最年长的子孔当国执政。子孔本来无甚威德，却想要独擅朝政，他先写好一份盟书，召集贵族强迫他们举行盟会，要求绝对服从他的旨意。卿大夫当然不服，一时怨言四起，群情激奋。子孔又羞又恼，决定杀一儆百、强树权威。紧急关头，又是子产勇敢地站出来，制止了子孔的杀戮，并且奉劝子孔烧掉盟书，以稳定人心。子孔拒绝道：我身为执政，制作盟书是为了安定国家，现在因为众人不满就焚毁它，那不成了众人执政？国家还怎么治理？于是子产便说出了那句千古名言："众怒难犯，专欲难成！"（《左传·襄公十年》）子孔理屈词穷，只好焚毁盟书，息事宁人。

　　鲁襄公十一年（前562年）四月，晋、鲁、宋、卫、曹、莒、邾、滕、薛、杞、小邾等国国君与齐国公子光各自发兵，直抵郑国国都新郑城外，准备对郑国发起一场正面进攻。这场战事并非突如其来，事实上它是当时晋楚争霸的必然结果，也是前一年偪阳之战的自然延续。究竟是"从晋"还是"从楚"，郑国内部的意见仍未统一。从七月到九月，郑人经过再三犹豫和反复，最后痛下决心，同意与中原诸侯结盟。十月，子展亲自出城面见晋悼公。十二月初一，各国诸侯来到萧鱼（今河南省许昌市）举行正式会盟。虽说是签订城下之盟，联军还是充分展现了君子风度。春秋时期，战争的目的既非攻城略地，更非灭国绝嗣，主要还是为了缔结联盟，只要对方放弃敌意、接受和约，就能化敌为友、重修旧好。郑国本来就是姬姓诸侯，与中原各国文化认同度高，长期以来交往频繁，各国对郑国的领土并无觊觎之心，此番围郑无非希望郑国脱离楚国影响，重新加入中原联盟。

春秋时期，举行盟会之前，要先搭建一个高高的土台，盟誓仪式就在台上进行。盟书，又称"载书"，由各方事先准备好。上面所写的协议条款以及违者受罚之类的誓言，被称为"盟辞"。盟誓仪式开始后，随从会牵过一头牲畜，通常是公牛，也可以是羊或猪，盟主上前一手抓住牛的耳朵，一手执刀刺向牛的颈部，随从用盘子接着鲜血，盟主第一个用手蘸血，涂抹在嘴唇上，也可以饮下少量鲜血；接着，其他参与盟誓的人依样画葫芦，轮流歃血为盟；随后，各方依次宣读盟辞，盟辞必须包含一条带有惩罚性的咒语。这一切，都是在对天昭告。当时的人们相信，冥冥之中有天神和祖宗在监视着人与人之间的誓约，神灵将根据缔约者守信与否，给予不同的奖惩，这就叫"神灵可鉴"。这是春秋时期维系邦交关系、政治伦理和社会道德的重要力量。

本次萧鱼盟会的盟辞史籍未载，但早先七月郑国与众诸侯在亳地盟会的盟辞是这样的：

> 凡我同盟，毋蕴年，毋壅利，毋保奸，毋留慝，救灾患，恤祸乱，同好恶，奖王室。或间兹命，司慎司盟，名山名川，群神群祀，先王先公，七姓十二国之祖，明神殛之，俾失其民，队命亡氏，踣其国家。（《左传·襄公十一年》）

从此文可见，中原诸侯同盟的政治协约并无领土、财物、人民之类的利益诉求，大致是一种和平相处共同体内部的政治行为准则和经济民生约定。其约束力主要基于春秋时人普遍拥有的先祖神灵祸福观念，违反规则的邦国将受到三种惩罚：一是失去人民，二是君死族绝，三是国家灭亡。人民、家族、邦国，这三个方面涉及授民、延嗣、封土，都是周朝封建诸侯赖以存在、最为珍视的根本。盟辞宣读完毕后，众人把牲畜抬入一个事先挖好的坑坎内，再把盟书放在牲畜的身上，一并掩埋，如此整个盟会就大功告成了。

为了表达重新结盟的诚意，郑国向晋国赠送了大量礼物，《左传》记载有"师悝、师触、师蠲，广车、軘车淳十五乘，甲兵备，凡兵车百乘，歌钟二肆，及其镈磬，女乐二八"（《左传·襄公十一年》），即包括三位乐师、十五辆大型战车、一百辆普通兵车、两套六十四件悬钟乐器，以及镈、磬等金石乐器，还有女乐两队十六人，这应该是郑国当时颇为流行的"新乐"。在周朝制度中，音乐是重要的仪礼文化。事实上，礼与乐是紧密结合的，音乐本身就是许多周礼仪式的重要组成部分。不过，到了春秋后期，周礼逐渐衰微，庄重肃穆的周乐逐渐失去了昔日的地位，一些诸侯国中产生了一种比传统周乐更加轻快、更加抒情的音乐，这种音乐先是在民间流传开来，后来也影响到上层社会的宫廷府邸，被称为"新声"。这种新式音乐在郑国和卫国尤为发达，在社会上传播甚广，因此也被称为"郑卫之音"。孔子后来对于"郑声"多次做过评论。

　　晋悼公连续数年的努力，特别是两年内三次出兵郑国，终于使郑国结束了多年反复无定的状态，回归中原盟国的怀抱，史称"三驾而楚不能与争"。晋国也因此重新彰显了霸主地位，被后世称为"复霸"。然而，这不过是霸主时代的最后一次回光返照。吴王寿梦于次年去世，晋悼公也在三年后离世。史家认为，在晋国的霸业中，"对晋国社会影响至深的仅为晋文公和晋悼公两代国君"，晋悼公是晋国历史上"最后一位有作为的奴隶制君主"[①]。随后继位的晋平公只有十岁，晋国政权掌握在六卿手里。此后，晋国君臣的霸主意识不断下降，其道义品行和文化素质也不足以继续承担霸主的使命，延续了将近一个世纪的春秋霸主政治开始走向终局。这种态势变化对孔子时代的邦际关系、国内政治和礼乐文化均产生了深刻的影响。

二、华夷与弭兵

1

　　作为一代雄主楚庄王的儿子，楚共王熊审为政三十年，一直孜孜不倦，积极向北扩张楚国的势力，为此还在鄢陵之战中失去了一只眼睛。在其当政的这些年中，楚国一直面临着南北两线作战的压力。从鲁襄公三年开始，楚国与吴国之间的战事连年不断，严重拖累了楚共王的北进计划。现在晋、吴订立了南北盟约，眼看郑国又回归了中原诸侯的怀抱，楚共王决心予以反击。这时吴王寿梦去世的消息传来，楚共王精神为之一振，准备乘机大干一番。不料没过多久他自己也身染重疾，一病不起。楚共王在弥留之际，

① 李孟存、李尚师：《晋国史》，太原：三晋出版社，2015年，第212～213页。

曾经与大臣们商议自己的谥号。君主谥号是死后供入祖庙的名号，算是一种盖棺论定式的评价，显示其一生的功过。楚共王自谦无德无能，致使鄢陵战败，有辱国家社稷，让大夫百姓担忧，希望群臣在"灵"或"厉"二字中选一个作为自己的谥号。按照"乱而不损曰灵""杀戮无辜曰厉"之说，这两个都是恶谥。事实上，楚共王是一位比较仁厚贤明的国君，他的主要过失是所用非人，鄢陵之败即与此有关。不久之后，楚共王去世，楚康王继位。在入葬之前，令尹子囊再次与群臣议谥。大夫们都说：国君已有成命了，就听从国君吧。子囊却反对谥"灵"或"厉"，主张谥"共"。这个"共"其实就是"恭"，所谓"既过能改曰恭"。值得注意的是，在子囊说服众人的一段话中，我们看到了楚国历史乃至整个春秋华夷文化史的一个关捩之点。《左传》记述：

> 秋，楚共王卒。子囊谋谥。大夫曰："君有命矣。"子囊曰："君命以共，若之何毁之？赫赫楚国，而君临之，抚有蛮夷，奄征南海，以属诸夏，而知其过，可不谓共乎？请谥之'共'。"大夫从之。(《左传·襄公十三年》)

在子囊的言辞中，我们须特别注意"抚有蛮夷，奄征南海，以属诸夏"这句话。子囊的意思是说：长期以来，楚国虽然地处南方，但一直在努力让南方蛮夷从属于中原华夏文化。在《国语·楚语》中，子囊这段话中的"以属诸夏"四字作"训及诸夏"。韦昭注释为："教及诸夏，谓主盟会，班号令也。"[1]意思是楚国主导盟会，颁布号令，用诸夏文化教导蛮夷。我们从中可以看出两大要点：第一，中原诸侯一向将楚国视为蛮夷，楚国也承认自己属于蛮夷，这是它的自我文化认知；第二，楚国虽属蛮夷，却一直用诸夏文化开导教化南方各地蛮夷，以从属于诸夏文化，这是楚国的华夏文化认同。当然，楚国的这种文化认同长期未被中原诸侯普遍接纳。

周族当初封土建国，派出姬姓血亲和姜姓等姻亲部族在中原大地的黄土地带进行移民。童书业说："周初之'封建'实为部落殖民之制。"[2]伴随着这种移民或曰殖民的是周族文化在中原大地上的广泛传播。在这些封国之内，周人与土著杂居，而在周边以及更加遥远的边陲，还生活着大量土著部落，由于土著居民的生活方式与周人有别，所谓"诸戎饮食衣服

---

① 徐元诰：《国语集解》，第487页。
② 童书业著，童教英校订：《春秋左传研究》（校订本），北京：中华书局，2006年，第33页。

不与华同"（《左传·襄公十四年》），因此被周人视作蛮夷戎狄。周人不仅对区域内的土著民众进行政治管理，而且向他们传播周族部落礼俗，即后来的周朝礼乐文化。当然，这种不同文化的交融在一定程度上是双向的，当周人的生活方式和礼乐文明在华夏各地逐渐传播与扎根之际，其他文化也在影响和同化着周人文化，如晋国姬姓贵族就有与骊戎、赤狄通婚的传统，晋献公、晋文公等也都受到戎狄文化的影响。所以，一部西周及春秋文化史，也是一部华夏文化对所谓蛮夷文化的影响、传播和同化史，或者更准确地说，是一部华夏文化与蛮夷文化的交流、交融史。

在所有蛮夷戎狄中，楚国是一个特殊的存在。其特殊性主要有两点：一是楚国虽然受到中原诸侯的排斥，但它在历史上与现实中确实与华夏文化有着千丝万缕的联系；二是到了春秋中期以后，楚国逐渐发展成一个强大的邦国，不仅对周边邻国产生着强大的影响，与中原诸侯之间的交往及冲突也日趋频繁。这两个特点交织在一起，使得中原诸侯同盟不得不怀着一种复杂的心态面对这个"异类"。当年季孙行父所谓"楚虽大，非吾族"（《左传·成公四年》）道出了时人的普遍看法。需要说明的是，在周人眼里，华夷之别并非人种族裔的差异，而是包括礼仪、服饰、习俗、饮食、信仰以及宫室建筑、日用器物、车马矛戈、耕作与渔猎等文化和生活方式的区别。在周人的世界里，周朝天下包括华夏与夷狄，即天子京畿、各分封诸侯国、周边的蛮夷戎狄共同构成了"天下"。中原诸侯国是华夏文化的传承者和传播者，而蛮夷戎狄则是教化与同化的对象。由于文化的差异性，彼此间的冲突是难免的。中原诸侯国对于蛮夷戎狄怀有一定的戒备和鄙视，如管仲就曾对齐桓公说："戎狄豺狼，不可厌也。诸夏亲昵，不可弃也。"（《左传·闵公元年》）"华夷之别"是中原诸侯国的文化共识，这对孔子思想自然产生了影响，但孔子也在当时华夷关系的重大变化中形成了自己的华夷观念。

关于楚的起源问题，学界存在不同看法。宋翔凤主中原说；郭沫若主东方说，认为楚即淮夷；范文澜认为早期楚族生活在江汉地区，可能属于苗族或苗蛮集团；杨宽也认为楚国以荆山为根据地，包括睢山一带，即今湖北省襄阳市南漳县西北。①清华简《楚居》公布后，学者据此重新进行了分析，但仍得出诸多不同的结论：李学勤认为楚族源于中原，早期活动地点在河南西南部淅川地区；黄灵庚也认为楚族起源于中原，具体在今郑

———————

① 杨宽：《西周史》，上海：上海人民出版社，1999年，第625～630页。

州、洛阳及其北部；汤漳平认同黄说；周宏伟认为楚人源于关中平原。[①]
其实，对于楚族起源和楚国历史，史迁的研究和结论应该颇具可信度，毕竟楚国对于史迁而言不是断编残简，而是现实中活生生的人和事。按照史迁的说法，楚人的始祖祝融本是夏帝颛顼的臣僚火正，颛顼即高阳氏，所以屈原在《离骚》中自述家世为"帝高阳之苗裔"。在其后的发展中，有"祝融八姓，芈姓有楚"之说，这个芈姓的先祖就是周文王时期的鬻熊，所以楚武王曾说"吾先鬻熊，文王之师"（《史记·楚世家》）。周朝分封重要的姬姓、姜姓诸侯皆在汉水之北，或许是因为熊绎既非血亲，又非姻亲，所以鬻熊的曾孙熊绎被封于睢山与荆山之间，是为荆楚。楚国在汉南荒蛮之地，长期与北方各国隔绝，不同的地理环境使其逐渐形成不同的生活方式，因此被中原诸侯以蛮夷视之。在其后的数百年里，楚人筚路蓝缕以处草莽，跋山涉水以事天子，越汉水，出方城，如中原，拥地千里，革车千乘，却依然摆脱不了华夏诸侯的文化蔑视。

　　楚人不见容于中原诸侯的原因大致有三。一是过去长期留存的偏见，导致中原诸侯仍将楚国视为不服周朝的蛮夷，如公元前656年齐桓公伐楚时指责楚国"包茅不入"和"昭王南征而不复"两大罪状。二是楚国与中原确实存在文化差异，如楚国的南冠、南音便是在冠服与音乐方面不同于中原；又如楚灵王召集中原君臣参加章华台落成典礼，不得不事先邀请子产、向戌等中原礼乐之士培训礼仪。三是楚国在不断崛起和逐年扩张的过程中与北方诸侯多次发生冲突，引起了后者在军事层面与文化层面的双重恐惧。春秋初期，楚武王励精图治，开疆拓土，势力扩张到北方，楚武王三十一年（前710年），"蔡侯、郑伯会于邓，始惧楚也"（《左传·桓公二年》）。其后楚国不断向北发展，兼并了不少汉水之北的姬姓诸侯国，所谓"汉阳诸姬，楚实尽之"（《左传·僖公二十八年》），各国诸侯明显感受到楚国的强大压力，这增强了中原诸侯的恐惧和排斥心理。在鲁宣公十二年（前597年）的邲之战中，楚国势力达到了一个高峰。虽然楚国随后在鲁成公十六年（前575年）的鄢陵之战中落败，但中原诸侯对楚人的恐惧却在不断增加。

　　需要指出的是，在此过程中，楚国与中原诸侯之间一直进行着文化交流与融合，甚至双方冲突本身也是一种文化交流与融合的特殊方式。楚文王、楚成王在向周边拓展的过程中，就曾与中原诸侯积极开展外交往来，如楚成王元年（前671年）"荆人来聘"（《左传·庄公二十三年》），

---

① 姚小鸥主编：《清华简与先秦经学文献研究》，北京：生活·读书·新知三联书店，2016年，第305～317页。

楚人来到鲁国聘问，这是鲁人首次接待楚国使者。我们可以说，楚国北进的目的不仅是扩张势力，也是希望融入华夏诸国的文化。即便是楚庄王的"问鼎中原"，也不仅仅是出于觊觎王权，而是隐含了一种对华夏文化企羡、关注和接近的心态。

从当时的总体局势来看，楚国的实力在持续增强，晋国的势力有所减弱；另外，中原联盟内部也不乏矛盾，齐国仍然心怀大国野心。于是，晋楚相争呈现出一种势均力敌的态势。正是这种双方力量的均衡，孕育出一种新的和平希望，也提供了荆楚文化与中原文化持续深度融合的契机。

2

在晋国多次召集的中原诸侯盟会中，齐国只派出太子光参会，齐灵公本人则一直回避。齐国人内心一直怀持着当年齐桓公霸业的光荣与梦想，不甘屈居于晋国的霸主权威之下。不过，齐国虽然心怀异志，却不敢正面挑战晋国，于是他们先拿晋国最忠实的盟友鲁国开刀。齐国先指使鲁国东面的莒国和南面的邾国在鲁国边界挑衅，看到晋国并没有反应，便自己直接动手。鲁襄公十五年（前558年），齐国发兵包围了鲁国北部边境重镇成邑（今山东省泰安市宁阳县北）。鲁国一面加固成邑城防，一面赶紧向晋国报告，希望霸主出手干预。晋国很快召集鲁、宋、卫、郑、曹、薛、杞、小邾等国，并通知齐、莒、邾三国，会盟于溴梁（今河南省济源市西），想要调停发生在齐鲁之间的争端。与往常一样，齐灵公照例缺席，仅派大夫高厚参会。晋人扣押了莒、邾两国国君，要求他们归还侵占鲁国的土地。高厚见状心有不安，中途逃回了齐国。晋国遂与各国诸侯盟誓，表示要"同讨不庭"，但并不见实际行动。齐国已与晋国公开决裂，遂发兵继续围攻鲁国成邑。鲁襄公十六年（前557年），齐兵临城下，鲁国迅速派兵增援。成邑属于孟孙氏的封地，孟孙蔑派儿子孟孙速率领部队出击。孟孙速即孟庄子，他率队勇猛突进、奋力截击，齐军胆怯而退。孟孙速连忙派人堵塞齐鲁之间的隘道，严守成邑，防止齐国再犯。

鲁国同时派叔孙氏宗主叔孙豹赶往晋国申诉。季孙氏宗主季孙宿不久前刚成为鲁国上卿，他知道叔孙豹深谙邦交仪礼，又是忠诚有德之人，就让他专门负责鲁国的外交出访事务，自己则在国内操控大权，也免去车马劳顿之苦。这种做法符合鲁国"叔出季处"的惯例。叔孙豹长途跋涉赶到晋国，通报了齐国入侵的情况，彼时晋人正忙于准备晋悼公神主灵位安置太庙的禘礼，打算等丧事办完后再处理此事。叔孙豹是春秋时期第一流的外交家，他知此情形，待一见到晋国正卿荀偃，便吟诵了《诗经·小雅·祈

父》中的诗句："祈父，予王之爪牙。胡转予于恤，靡所止居。"祈父是
周朝的大司马，叔孙豹借此抱怨晋国未能体恤鲁国的苦衷。临席赋诗是春
秋时代贵族聘礼飨宴中的常见文化礼仪，也是委婉表达外交辞令的重要方
式。荀偃连忙表示谢罪。当亚卿士匄会见叔孙豹时，叔孙豹又吟诵《诗经·小
雅·鸿雁》的最后一章："鸿雁于飞，哀鸣嗷嗷。维此哲人，谓我劬劳。
维彼愚人，谓我宣骄。"把自己比作鸿雁飞翔，阵阵哀叫——明哲之人，
知道我的辛劳；愚昧之人，却说我在发牢骚。士匄连忙说：有我士匄在此，
怎敢让鲁国不得安宁！我们从这样的贵族外交赋诗场景中，可以深刻领会
孔子后来重视《诗》教的文化意义。同时，从叔孙豹的诵《诗》中也可以
看出当时鲁国对晋国的依附。春秋时期，卿大夫们在外交活动中常常借用
《诗经》的章句婉转表达意思，这是春秋贵族外交辞令的重要特色，所以
孔子说"不学《诗》，无以言"（《论语·季氏》）。周礼制度下，各国
贵族自幼接受"六艺"《诗》教，以提高文化素质和表达能力。所以孔子
说"诵《诗》三百，授之以政，不达，使于四方，不能专对，虽多，亦奚
以为"（《论语·子路》）。但是，随着春秋后期各国庠序教育的式微，
能够熟练临场赋诗的卿大夫越来越稀有，因此《左传》中记录贵族赋诗的
场面较之先前也明显减少了。

　　前556年，齐国兵分两路再次侵袭鲁国，一路由齐灵公亲自带领，入
侵鲁国的桃邑（今山东省济宁市汶上县北）；另一路由高厚领军，进攻鲁
国东部地区的防邑（今山东省济宁市泗水县西南）。防邑是鲁国大夫臧纥
的采邑。臧氏是鲁国又一大名鼎鼎的姬姓贵族，家族宗主长期出任鲁国司
寇，地位仅次于"三桓"。臧氏的先祖臧僖伯是鲁孝公的儿子，也是春秋
早期一位德高望重的卿大夫。臧僖伯的孙子臧辰，史称臧文仲，曾出任鲁
国司寇、司空，为政长达五十多年，历事庄公、闵公、僖公、文公四位国君，
不仅德行高贵、行事干练，而且好学不倦、思想深邃。七年后，叔孙豹与
士匄谈论人生"三不朽"，即"太上有立德，其次有立功，其次有立言，
虽久不废，此之谓不朽"时，就举了臧文仲的例子，说"鲁有先大夫曰臧
文仲，既没，其言立。其是之谓乎"（《左传·襄公二十四年》）。臧文
仲的儿子臧许，史称臧宣叔，担任卿大夫三十年，地位一度超过叔孙氏、
孟孙氏，仅次于季孙氏，臧宣叔的儿子即是臧纥。臧纥身材矮小，却狡黠
多智、善于权变，敢于顶撞权贵，是一位很有个性的贵族，死后谥号为"武"，
史称臧武仲。孔子对臧文仲、臧武仲的生平事迹均有评论，他后来在鲁国
担任的司寇一职，正是臧氏留下的官缺。此时，齐军已经包围了防邑，臧
纥被困城中，情势十分紧急，鲁国派出军队增援，要先把臧纥解救出来。

> 齐人以其未得志于我故，秋，齐侯伐我北鄙，围桃。高厚围臧纥
> 于防。师自阳关逆臧孙，至于旅松。耶叔纥、臧畴、臧贾帅甲三百，
> 宵犯齐师，送之而复。齐师去之。齐人获臧坚。齐侯使夙沙卫唁之，
> 且曰："无死！"坚稽首曰："拜命之辱！抑君赐不终，姑又使其刑
> 臣礼于士。"以杙抉其伤而死。（《左传·襄公十七年》）

鲁国的援军很可能是由孟孙速率领的，叔梁纥仍属孟孙氏统领，所以
也参加了战斗。他们从阳关（今山东省泰安市东南）出发，急行军六十里，
赶到防邑附近的旅松。由于齐军人数众多，援军无法正面对阵，只能派出
一支敢死突击队杀入防邑城中救援。于是，叔梁纥与臧氏族人臧畴、臧贾
率领三百甲士，趁着黑夜向齐军发起突袭，保护着臧纥冲出防邑，将他送
到旅松。随后，叔梁纥等人又重新杀回防邑，与守军一起继续坚守城池。
齐军眼见鲁军勇毅，且防邑里应外合，他们害怕遭到夹击，只好匆匆撤退。
春秋时期，鲁国虽然算不上一等强国，保家卫国的战斗力却相当强劲。鲁
军尤其擅长夜战奇袭，这是他们的作战传统，日后孔门弟子有若等人也继
承了这一战斗作风。

齐鲁两国继续相互对峙，到了鲁襄公十八年（前555年）秋天，齐国
再次向鲁国北部发起进攻。自齐晋鞌之战后，齐国一直是中原联盟中的一
股破坏力量。这次晋国终于决定出手救援，毕其功于一役。晋平公亲自出
征，与荀偃一起率领鲁、宋、卫、郑、曹、莒、邾、滕、薛、杞、小邾等
国联军，在济水之畔会合，众人重温过去盟会的誓言，然后合兵进攻齐国。
平阴之战就此开打。联军沿着泰山山脉一直打到齐国国都临淄，大军兵临
城下。战事一直延续到第二年。趁着战事间隙，晋平公与众诸侯从沂水回
到祝柯（今山东省济南市长清区东北），一起结盟宣誓："大国不要侵犯
小国！"这是对齐国侵犯鲁国的一个公开警告。当然，小国同样也不能侵
犯大国，所以晋国再次扣押了邾国国君，让邾国把侵占的土地归还给鲁国。
就在这时，荀偃身染重病去世，士匄接任正卿、中军帅，统领各国联军继
续进攻齐国。齐灵公为此又急又恼，竟一命呜呼了。"丧国不伐"是春秋
时期通行的邦际关系原则。于是，士匄下令收兵，各国人马"闻丧而还"，
平阴之战以齐国的完败而告终。鲁国是这次战事的最大得益者，不仅收回
了失去的权益，还大大削弱了敌国的势力。季孙宿得意洋洋，令人用缴获
的齐国兵器铸造了一座大钟，铭记鲁国的功绩。臧纥告诫季孙宿这样做不
符合礼仪，季孙宿没有理会他，却暗暗怀恨在心。四年后季孙宿终于找到
机会，诬陷臧纥想要武装兵变，发兵攻打臧氏家族，臧纥只好出奔齐国。

齐灵公死后，大夫崔杼立公子光为君，是为齐庄公。大夫高厚心存异议，崔杼便杀了高厚，吞并了他的家产采邑，自己当了齐国的正卿。齐国卿族倾轧的残酷无情由此可见一斑，而这只是齐国贵族内斗的开始而已。崔杼原本就反对与晋国开战，现在借着新君继位，就主动向晋国求和。晋国与齐国在大隧（今山东省聊城市高唐县）会盟，双方决定媾和。后来晋国又会合各国诸侯在澶渊（今河南省濮阳市西北）举行盟会，齐国总算又回到中原诸侯同盟之中。齐国继三十年前鞌之战后的第二次叛晋行为再次以失败告终，其霸主野心从此收敛了不少，齐鲁之间的边境也平静了许多年，这也为数年后的弭兵盟会奠定了重要基础。

与此同时，郑国也发生了重大变故。执政者子孔唯我独尊的做派引发了众怒，他当年唆使贼人杀害子驷、子国的真相也被人揭露，于是罕氏子展、驷氏子西率领国人发动突然袭击，杀死了子孔，其侄儿然丹出奔楚国。子展做了当国的正卿，子西做了听政的亚卿，子产被立为卿，这极大巩固了郑国从晋派的力量。值得一提的是，在郑国近十年波谲云诡的政坛变幻中，子产以其正直的品格和卓越的能力脱颖而出，正式登上了国内政坛和邦际外交的舞台中心，从此在郑国参政、主政近四十年，凭借道义、智慧和勇气，在纷繁复杂的局势下艰难地维持了郑国长时期的和平稳定，得到了孔子的高度评价。

3

晋悼公去世后，晋国暂时还能延续霸主余绪，正如史家所言："其余威尚在，还能击败齐、楚。在晋悼公死后，晋独霸局面又维持了十二年的时间。"[1]究其原因，主要是晋悼公留下的老一代卿臣如荀偃、士匄犹在，在一定程度上继续贯彻着晋悼公的方略。士匄去世后，赵武于鲁襄公二十五年（前548年）继任正卿。赵武的曾祖父是早年跟随公子重耳流亡国外的赵衰，赵衰后来在晋文公时期先后担任上军佐、中军佐，位列晋国正卿。赵衰的儿子赵盾文武兼备，同样位居正卿，是辅佐晋襄公、晋灵公、晋成公的三朝元老。赵盾的儿子赵朔娶晋成公之女，成为晋景公的姐夫，曾担任晋国下军帅，参与了著名的晋楚邲之战。可惜赵朔英年早逝，仅留下尚未出世的遗腹子赵武。公元前583年，晋国发生了著名的"下宫之难"，贵族祁氏、郤氏在晋景公支持下，突然袭击赵氏家族聚居的下宫，赵同、赵括、赵婴齐被杀，赵氏家族几乎遭到灭门之灾，幼年赵武亦差点惨遭毒手，幸亏贵族韩厥在景公面前强谏，才使其终于良心发现，恢复了赵氏贵

---

① 李孟存、李尚师：《晋国史》，第214页。

族地位，让赵武继任赵氏宗主，归还了被剥夺的赵氏封邑。晋厉公继位后，为了遏制晋国诸卿的势力，开始起用青年才俊赵武。随后在一阵刀光剑影之中，权倾一时的郤氏三兄弟被晋厉公灭门，但晋厉公旋即也为卿大夫弑杀。晋悼公继位后，任用德高望重的韩厥为正卿。在韩厥举荐下，品行端庄、果敢沉稳的赵武出任新军佐，正式跻身于晋国八卿之列。不久，赵武又升任新军帅。"下宫之难"将近三十五年后，赵武终于成为晋国卿臣第一人。

赵武平等待人，凡事依礼而行，是一位开明务实的政治家。他上任后一改以往晋国高官盛气凌人的傲慢，着手调整邦交政策，削减了各国进贡霸主的赋币额度，受到普遍称赞。同时，赵武积极谋划与楚国的和平之道，在其执政不久后的诸侯重丘盟会上，主动向好友叔孙豹提出诸侯弭兵的设想。

> 赵文子为政，令薄诸侯之币而重其礼。穆叔见之，谓穆叔曰："自今以往，兵其少弭矣！齐崔、庆新得政，将求善于诸侯。武也知楚令尹。若敬行其礼，道之以文辞，以靖诸侯，兵可以弭。"（《左传·襄公二十五年》）

赵武的弭兵设想大约基于三个方面的考量：第一，从邦际总体形势分析，楚国的势力和雄心呈上升趋势，晋国对此不乏忌惮，不愿再与楚国兵戎相见；此时郑国已然回归中原联盟，晋国希望用和平方式维持已有成果；当时齐国刚刚发生崔杼、庆封弑君事件，齐庄公被杀，其年幼的弟弟杵臼继位，是为齐景公，在此背景下，齐国也急于改善与晋国的关系；其他诸侯国长期处在大国争霸的夹缝之中，不堪重负，自然向往和平。第二，从晋国内部情况分析，自晋献公"尽杀群公子"，晋国公族日趋衰落，异姓家族实力不断壮大。晋悼公去世后，晋国内部缺乏统一的权力中心，逐渐呈现出政出多门的态势；各大卿族之间相互倾轧，特别是异姓卿族持续排挤原本所剩无几的姬姓公族，极力剪除公室枝叶，扩大自身政治经济实力，对外无暇他顾。赵武深知晋国内部矛盾重重，故有主动收缩内敛之意。第三，从具体情况来看，赵武与楚国令尹子木是相识相知的旧交，这是双方高层达成和解协议的有利条件。在赵武于重丘盟会上与叔孙豹讨论弭兵问题时，他国卿大夫应该也有参与，并且表达了支持，宋国左师向戌就是其中之一。宋国地处南北交接之处，弭兵能够给宋国带来和平安宁。向戌本人与赵武和子木都有交情，遂主动承担起联络沟通工作。

从西周开始，镐京与东邑之间建有一条宽阔平坦的大道；王室东迁之后，又以京都洛邑为中心，分别向西、东、北、南、东南等方向修建了辐射状的车马大道。这些大道被统称为"周道"，也叫"周行"。春秋时期，各诸侯国在道路交通建设方面不遗余力，不断新建、扩建和延伸周道交通主干线，从而形成了一张纵横交错的主干、支线交通网，为各国政治、经济、文化的交流融合提供了重要保障。向戌顺着周行大道，经过一段时间的多国穿梭外交，终于促成了具有重要意义的第二次弭兵盟会。

鲁襄公二十七年（前546年）五月，两大阵营的与会者陆续前往宋国国都商丘（今河南省商丘市）。晋国赵武与荀盈、齐国庆封和陈无须、郑国子产与伯有、鲁国叔孙豹、卫国石恶、邾国邾悼公、滕国滕成公等先行抵达。楚国子木与陈、蔡大夫一起到达，曹国、许国代表随后赶到，秦国始终没有派人参加。在弭兵盟约的缔结形式上，双方经历了反复磋商，最后同意子木提出的"晋楚之从交相见"建议，即晋国与楚国各自的从国分别向楚、晋两国盟誓，同时承认双方为盟主，今后要向对方盟主朝聘，这样晋国与楚国就成了南北诸侯国的共同盟主。双盟主意味着楚国在中原诸侯中获得了与晋国平起平坐的地位，这是晋国对楚国意义重大的妥协。同时我们也应看到，楚国成为中原诸侯的双盟主之一，必然会强化其对中原文化的认同，加速其融入华夏文化的步伐。这次弭兵大会产生的主要政治效果是缔结了晋楚两大联盟成员相互礼聘、和平交往的良性关系。此后，中原大地上虽然仍有零星冲突发生，但大规模战事几乎匿迹数十年，宋国六十五年、鲁国四十五年、卫国四十七年、曹国五十九年没有发生大国入侵的战事，和平成为时代主旋律。而这四五十年正是孔子成长成熟的重要时期，孔子的人生发展和思想孕育就是在这一时代背景中展开的。

三、周礼尽在鲁

1

春秋时期鲁国人称自己的国都为鲁城。鲁城东北部有一条高六七十米的隆起地带，蜿蜒七八里，是防山向西延伸的余脉。古人称隆起的土山为"阜"，故这座土山被称为"曲阜"。不知从何时起，曲阜也渐渐成为鲁城的别名。到战国晚期的公元前249年，楚国灭鲁，始设鲁县。鲁县正式改名为曲阜，则在秦国统一天下之后。

历史上留下的有关春秋时期鲁城的史料并不多。幸运的是，鲁城在二十世纪三十年代和七十年代，各有一次较大规模的考古发掘，[①]为我们了解春秋鲁城提供了关键性史料。

鲁城地势东高西低，东南面是丘陵地区，西北和西南为广袤的平原，洙水和泗水合流而下，至鲁城北分为二水，洙水在北，绕于城墙的北面和西面，泗水流经城南，二水宛如一道天然护城屏障。鲁城西面、北面城壕以洙水为护城河，城壕宽30多米，水深达4米多；东面护城河北接洙水，流经城东南角处折向西，即为南护城河，再西入于洙水。城壕与城墙的间距有20来米，最宽处有30多米。

鲁城呈不规则长方形，规模与营建符合周朝国都"方九里，旁三门"之制，城垣四周总周长11700多米，范围在1000万平方米以上。城墙一共有12座城门。北垣长3560米，自西向东有3座城门，分别是争门、北门、莱门；东垣长2531米，自北向南有分别是上东门、东门、石门；南垣长3250米，自东向西分别是鹿门、南门、稷门；西垣长2430米，自南向北分别是西门、吏门、子驹门。鲁城的城门相当宽阔，门道一般宽10余米，其中最宽的是上东门，宽15米，最窄的西门也有7米。南门在隐公年间曾经翻新，僖公时又专门加高加固，在所有城门中显得特别高大，故百姓称之为高门。高门又称为雩门，因为在高门外正南方约1730多米处有一座高台，是鲁国祭祀求雨之坛，称为舞雩台。曾点所说的"浴乎沂，风乎舞雩"，正指此地。

在鲁城之中的东北部，有一座内城，又称宫城、中城，是鲁国国君居住的地方。内城有城墙，城墙内部中央是宫殿，称为公宫，乃鲁君朝会、寝居之所。公宫、南门、舞雩台三者处于鲁城的南北中轴线上，类似于北京故宫、前门与天坛的布局。公宫的南面，按照"左祖右社"之制，东边是祭祀祖先的宗庙建筑区，西边是祭祀神祇的社稷建筑区。按照周礼，诸侯宗庙区内设五庙。一是太庙，为祖庙，鲁国的太庙就是周公庙，此为永久不毁之庙；另外则是当今国君的昭穆四庙，鲁襄公的昭穆分别是僖公、文公、宣公、成公。社稷用于祭祀土地、五谷之神，社稷区内立有二社，分别是周社和亳社。周社在东，亳社在西。二社之间建有若干宫宇，为执政卿大夫的办公场所，卿大夫可通过二社之间的通道往北步入公宫，向鲁君请命或与其议事。鲁国之所以设立周、亳二社，与周初封建立国的历史密切相关。周武王的弟弟周公旦最初被封在鲁山（今河南省平顶山市鲁山县）一带，故其封国名鲁国。因周公一直留在镐京辅佐成王，无法亲驻东

---

① 山东省文物考古研究所等编：《曲阜鲁国故城》，济南：齐鲁书社，1982年。

方封土，于是就派长子伯禽就封于鲁地。在商朝时代，东方的山东半岛上居住着许多"东夷"部族，散布在邦邑方国间，其中鲁城这一带原属于奄国。周武王灭商之后，东方的殷商遗民不服周朝统治，联合起来发动武装叛乱，周公兴师东征，经过三年战事，终于平定了东夷之叛。为了稳固东方统治，周成王将周公转封于东方奄国旧地，仍以鲁为国名，建立了新的鲁国。伯禽来到东方，在奄国国都奄城的旧址上修建鲁国国都，即鲁城。当时受封于东夷地区的还有姜姓齐国。鲁国与齐国一起，共同负责控制东夷殷民，屏藩周室东土。因为鲁城内既居住着周人，也居住着殷商后人，各自祭祀的神祇不尽相同，故周人的社稷称为周社，商人的社稷称为亳社。《穀梁传·哀公四年》范注曰："殷都于亳，武王克纣，而班列其社于诸侯，以为亡国之戒。"[1]当时各诸侯国都建有亳社，有警戒诸侯之意。

　　鲁城内有十条主干道，东西向与南北向各有五条，分别通往各个城门，干道最宽达 15 米，最窄也有六七米。紧贴着城墙的内侧，还有一条沿城垣环行的道路，称为环涂，通向城内各个地方。鲁城内还有河道，从东垣北门的北部引东护城河水入城，向西流至西垣中门北部，出城入于洙水，此河宽约 30 米左右，最宽处达 110 米，城内居民的日常生活用水主要依靠这条内河。鲁城内也有一些园囿，相当于小型种植园，多为公室或贵族所有，如社囿、鹿囿、蒲圃、蛇渊囿等。还有一些平民宅室附近的小块田亩，可以种植桑麻葵菜。这些园囿田亩郁郁葱葱，错落有致地点缀在城区中，使这座城市显得颇有生气。

　　鲁城内的主要居住者是国君、卿大夫、工商业者、普通国人，以及为贵族服务的皂隶奴仆等。春秋时期国都的工商业者一般都集中居住。按照"工者近市"的惯例，官府手工作坊区与商市毗邻，位于鲁城北面，具体位置在公宫内城的北墙与鲁城北垣之间，这也符合《考工记》所谓"面朝后市"之说。鲁国贵族卿大夫主要居住在城内的东面和南面。当年，鲁庄公之子公子遂就居住在东门附近，因以为氏，被称为东门襄仲；鲁国司寇臧氏也住在东城。"三桓"叔孙氏、季孙氏、孟孙氏以及贵族郈氏都居住在公宫南面。

2

　　孔子十二岁时，晋国韩起到鲁国聘问。

---

① 《十三经注疏》整理委员会整理，李学勤主编：《十三经注疏·春秋穀梁传注疏》，北京：北京大学出版社，1999 年，第 341 页。

二年春，晋侯使韩宣子来聘，且告为政而来见，礼也。观书于大史氏，见《易》《象》与《鲁春秋》，曰："周礼尽在鲁矣。吾乃今知周公之德，与周之所以王也。"（《左传·昭公二年》）

韩起参观太史氏掌管的文献档案书策，目睹《周易》《易象》和《鲁春秋》，赞叹"周礼尽在鲁"。这个"尽"字包含两层意蕴：一是肯定鲁国当下仍较为完整地保留了周礼文化；二是感叹其他邦国的周礼文化已多变异。孔子一生都在极力推崇和积极维护周礼文化，那么周礼文化的内容及其核心是什么呢？要回答这个问题，我们需引用《礼记·表记》中的一段话：

殷人尊神，率民以事神，先鬼而后礼，先罚而后赏，尊而不亲；其民之弊：荡而不静，胜而无耻。周人尊礼尚施，事鬼敬神而远之，近人而忠焉，其赏罚用爵列，亲而不尊；其民之敝：利而巧，文而不惭，贼而蔽。（《礼记·表记》）

《表记》称这段话是孔子所言，这当然不足为信。这段话经过了明显的修饰，文繁而辞工，与《论语》口语化的文风判然有别，绝非孔子所言，应是战国时人所撰。我们关注的是这段话涉及的"尊尊"与"亲亲"。简而言之，所谓"尊尊"，就是尊重尊贵之人，体现了注重政治管理的上下等级关系；所谓"亲亲"，就是亲近血亲或姻亲等亲属之人，体现了注重社会治理的宗族纽带关系。《左传》中的"大上以德抚民，其次亲亲，以相及也"（《左传·僖公二十四年》），正是此谓。《表记》这段话提出了一个明确的观点：殷人"尊而不亲"，周人"亲而不尊"。这种说法并不准确，周朝文化并非绝对的"亲而不尊"，而是兼具"尊尊"与"亲亲"双重特征，是建立在"亲亲"血缘关系基础上的"尊尊"等级治理的周礼制度文化。

下面我们从商朝与周朝制度文化差异的比较视角，对周礼文化的"尊尊亲亲"特质稍加考论，以便更加清晰地把握周礼文化的特点。

在殷商王朝的所辖区域内存在许多方国，殷族对它们实行垂直治理的统治方式，这与周朝实行的宗亲分封的属地治理方式是不同的。究其原因，主要是殷人的文明程度远高于各方国，业已发展出以文字与青铜文化为标志的高度文明社会，所谓"惟殷先人，有典有册"（《尚书·多士》），其生产力水平足以支撑起一种有效的国家治理体系，能够使用强力手段实行统治，而无须依靠同姓宗亲诸侯的协助协管。

殷商灭夏之后，确实分封了方国诸侯，如周邦就是一例。郭沫若指出："卜辞里面已经有所谓'诸侯'的痕迹，例如屡见'多田（甸）'与'多伯'，又有'周侯'、'䵑侯'、'儿侯'、'盂伯'等称谓。"[1]然而，考古学史料表明，殷商的侯伯大多不是商王同姓宗亲，有些侯伯将商王的祖先作为自己的祖先进行崇拜，有些则"被虚拟地接受为商王的儿子，被称为'子'"，总的来说"商代国家是由这些起初独立的族群组成，在商王'霸权的'权力组织下成为一个松散的联盟"[2]。即便商朝分封了一些同姓方国，但是受封者多以封国所在地为姓，不再保留殷人的子姓。《史记·殷本纪》说：

> 自成汤以来，采于《诗》《书》，契为子姓，其后分封，以国为姓，有殷氏、来氏、宋氏、空桐氏、稚氏、北殷氏、目夷氏。（《史记·殷本纪》）

这意味着原先同一血统的殷人，后来由于居住地域不同，有了不同的姓氏；同时，不同血缘的人，只要居住在同一地域，就可以使用相同的姓氏。这表明商王朝对于本族的血缘关系并不重视，不需要利用本族血缘关系来维系统治。于是，商王朝便形成了以区域性垂直组织而非血缘性纽带为基础的政治管理构架。

商朝有"封诸侯"的制度，却没有"建同姓"的体制，这一现象经王国维《殷周制度论》阐述，已成定论。我们从甲骨文字中看到，在整个殷商时期，商王朝与许多方国之间发生了连绵不断的战事，大都取得了压倒性胜利。这一方面证明了殷商垂直治理体制的有效性，另一方面也说明商王朝与方国之间并无宗族血亲关系。正如李亚农所说："其邦畿之内，上下相攻的战争如其多，这应该是血缘关系已经不存在、宗法制度已经解体、殷王已没有宗主之亲的证据。《礼记·表记》说的'尊而不亲'，就是说的这种现象。"[3]总之，商朝因其实力强大而实行对区域性方国的垂直管理，注重维护上下等级尊卑，忽视血缘亲情关系，这在一定程度上体现出"尊而不亲"的文化特色。

---

① 郭沫若：《十批判书》，北京：人民出版社，2012年，第9页。
② 李峰：《西周的政体：中国早期的官僚制度和国家》，吴敏娜译，北京：生活·读书·新知三联书店，2010年，第30页。
③ 李亚农：《李亚农史论集》，上海：上海人民出版社，1962年，第432页。

　　西周文化是在殷商文化基础上有所因承、有所变化而来的。孔子说："周因于殷礼，所损益，可知也。"（《论语·为政》）孔子没有说明何所损益，古代注家众说纷纭，然未能言中要害。其实，周商制度最大的变异损益莫过于周朝实行了以血亲、姻亲封土建国为基础的诸侯藩卫统治模式，形成了一种"尊尊"与"亲亲"相互纽结、相互支撑的内在一致性，使之成为周朝天下治理的一种耦合结构与双重保险。

　　周族最初是生活在商王朝西垂渭泾流域、由姬姓大小宗族组成的血亲氏族部落，"估计周族的人口大概在六七万左右"①，在人口数量、经济状况和文化水平等方面均远低于商族，社会发展阶段大致处于农耕氏族制社会的晚期。在周族血亲联盟内部，有一套维系男女老少、长幼尊卑人伦关系的传统风俗习惯，这是周礼文化的早期雏形。历史唯物主义认为，人类早期族群的风俗习惯是由该族群所处的特定自然环境、经济状况和社会关系等客观条件发展而来的。周族最主要的客观条件有两个：一是农耕社会，二是血亲部落。作为一个长于农耕的部族，周族的农耕生产需要依靠年长者的丰富经验，同时宗主、族长、家长又是农耕生产的组织领导者，故"长幼有序"便是人伦要义，"亲亲之道"成为世俗人情，"慎终追远"利于"民德归厚"，部族文化体现出明显的血缘宗亲色彩。周族经过牧野一战结束商朝统治之后，就面临着治理辽阔疆域和殷商旧人及众多异族的严峻挑战。所谓"商之孙子，其丽不亿。上帝既命，侯于周服"（《诗经·大雅·文王》），说明被征服的商人数量还不少，周人力量有限，不得不借助上帝神威加以弹压。面对如此严峻的考验，周人扬长避短，充分发挥周族长期存在的血亲、姻亲社会关系优势，实行"封诸侯，建同姓"的分封建国制度，在最适合耕作的中原黄土被覆带进行殖民建国，依靠周族血亲、姻亲"为周室辅"，形成了周朝直属王室的"周邦"地区及"四方""外服"。这种治理构架一方面是要依靠本族宗亲力量对原殷商范围进行区域性管控，另一方面也是迫于当时经济、军事、交通、通信等条件限制，不得不采取封建属地治理的办法。在西周前后数次封建中，获得授土授民的诸侯大多是周族姬姓的血亲成员，以及部分与姬姓联姻的姜姓等氏族，即所谓的"兄弟甥舅"（《左传·成公二年》）。《左传》载魏舒曰："昔武王克商，光有天下，其兄弟之国者十有五人，姬姓之国者四十人，皆举亲也。"（《左传·昭公二十八年》）《荀子》也说："（周公）兼制天下，立七十一国，姬姓独居五十三人。"（《荀子·儒效》）各国诸侯或

　　① 李亚农：《李亚农史论集》，第 605 页。

是同姓血亲的叔侄关系，或是异姓姻亲的甥舅关系。《左传》载周室大夫富辰对周襄王言："周之有懿德也，犹曰'莫如兄弟'，故封建之。其怀柔天下也，犹惧有外侮，捍御侮者莫如亲亲，故以亲屏周。"（《左传·僖公二十四年》）受封的周族姬姓贵族和姜姓等姻亲贵族在各自的领地上对商族和其他部族实行监护和统治，为屏藩周王朝治理天下发挥了至关重要的作用。总之，周人把氏族制度的各种组织转变成国家组织，依靠本族宗亲力量对原先殷商统治的政治版图进行宗族化和家族式的管控，构建起一个宗子维城、诸侯屏藩的治理体系，将原本商王朝下的周族方国变成了一个"普天之下，莫非王土"的周族宗亲王朝，建立了一套基于"亲亲"血缘关系的"尊尊"等级管理制度。

我们知道，经济形态不仅影响政治制度，同样影响文化建构。周王朝在政治上取代商朝分封建藩的同时，也注重文化上的损益调整，即《左传》所谓"先君周公制周礼"（《左传·文公十八年》），将原先姬姓周族的氏族血缘部落的风俗习惯，改造为一套较为完善的礼乐制度。周族原本是一个以农耕经济为主的部落，进入中原黄土被覆带后，各诸侯国一如既往保持着农业耕作的基本经济形态。因此可以说，周朝天下是放大版的周族氏族，周朝的政治结构与经济形态是放大版的周族政治经济，周族传统习俗与周朝礼乐制度之间存在着一种天然的相生、相续、相通的关系。正如杨宽所说："西周时代贵族所推行的'周礼'，是有其历史根源的，许多具体的礼文、仪式都是从周族氏族制末期的礼仪变化出来的。"[1]周族原来的氏族礼俗仍然能够适应周朝宗法社会政治的基本需要，从而顺理成章地成为周朝礼乐制度的来源。

现存的《仪礼》《礼记》《周礼》是周朝礼仪典章与后人追忆想象的混杂物，虽不足以体现当初周族习俗全貌，但大致可以从中窥见概貌。其中包括周人祭祀先祖、饮食起居、尊敬耆老、婚姻嫁娶、男女禁忌、成丁入社、集体聚会、主宾相待、哀丧墓葬等习俗。它们经过周朝制礼作乐的文化建构，形成了洋洋大观的周朝仪礼制度，主要包括天子与诸侯之礼（朝觐、巡狩、述职、命官、纳贡）、国家之礼（吉、凶、宾、军、嘉）、士大夫之礼（冠、婚、丧、祭、射、乡、朝聘）以及教育与社会之礼等。具体而言，在人神关系方面，有以祖先崇拜为基础的宗庙祭祀制，以神灵崇拜为基础的社稷祭祀制；在政治关系方面，有以嫡长世袭制为基础的天子、国君世袭制，以宗子支子制为基础的君臣等级制，以世族制为基础的世官

---

① 杨宽：《古史新探》，上海：上海人民出版社，2016年，第238页。

制；在学术教育方面，有以巫祝宗卜为基础的史官制度，以氏族成员训练为基础的庠序学校教育等。周礼的基本特点就是以周族的"尊尊亲亲"伦理为核心，在贵族统治阶层内部体现"内宗亲而外异姓"的原则，维系建立在家族血缘亲疏关系基础上的国家等级制度。

正是基于天下同姓一家的状况，周朝调整了原先殷商严苛刑罚、高压统治的治理方式，将原来维系宗族内部关系的周族礼俗进行一定的沿用、改造和延伸，在周朝治理天下的过程中以此调节各种社会关系，只不过发挥作用的地域更大、宗子更众、层级更多。这使得周朝礼乐制度在新的历史条件下更具系统性和复杂性。而其核心原则就是以"亲亲""尊尊"调节周朝贵族统治阶层的内部关系，其实质则是家族血缘关系与国家政治关系合二为一的"族天下"宗法礼制。

鲁国作为周公后裔的封地，在周礼文化的积淀和维护方面具有良好的传统。另外，鲁国长期以来以农业耕作生产为主，这也是该国能较好地秉承"尊尊亲亲"礼乐文化的重要原因。比较齐、鲁两国，当初齐国所封疆土处于黄土被覆带的边缘，表于东海，土地相对于黄河河谷更加贫瘠，不适合铁器尚未发明之前的农耕生产。史迁在《史记·货殖列传》中说："太公望封于营丘，地潟卤，人民寡，于是太公劝其女功，极技巧，通鱼盐，则人物归之，襁至而辐凑。"太公望鉴于齐东丘陵山岳地区不适宜发展农业，故大力鼓励发展手工业和商贸业，这便造成了齐人重视产业事功的特性。到了齐桓公时期，"美金"即铁器已经在齐国得到应用，铁制生产工具推动了齐国农业的发展，在管仲"相地而衰征"一系列土地税收制度改革措施的激励下，齐国出现了"齐带山海，膏壤千里"的景象。史迁在《史记·齐世家》中又说："太公至国，修政，因其俗，简其礼，通商工之业，便鱼盐之利，而人民多归齐，齐为大国。"齐国因地制宜地"修政""因俗""简礼"，使齐人逐渐形成了"举贤尚功"的风气。《淮南子》对齐、鲁文化有一番比较：

> 昔太公望、周公旦受封而相见。太公问周公曰："何以治鲁？"周公曰："尊尊亲亲。"太公曰："鲁从此弱矣！"周公问太公曰："何以治齐？"太公曰："举贤而上功。"周公曰："后世必有劫杀之君！"（《淮南子·齐俗训》）

这段鲁国周公旦与齐国姜太公的对话，明显是秦汉时人根据齐、鲁后来的结局而杜撰的。《淮南子》紧接着这段话又说："其后，齐日以大，至于霸，二十四世而田氏代之；鲁日以削，至三十二世而亡。"可见这个故事只是作者的"后见之明"。不过，这段话的确点明了齐、鲁两国文化特性的重要差异：鲁国崇尚"尊尊亲亲"，齐国则更加注重"举贤尚功"。这种见解是不无道理的。由此可见，春秋后期所谓"周礼尽在鲁"之说并非虚言。

<h2 style="text-align:center">3</h2>

弭兵盟会引起了吴国的担忧。吴人亟需了解中原诸侯国对待吴国的态度是否有变，于是便派季札北上了解动向。季札是寿梦四个儿子中的季子，聪明贤慧、德才兼备，据说多次拒绝了兄长的让位到乡间隐居起来，人称延陵季子。这次季札作为吴国使者聘问中原各国，于他而言，正是一次学习周礼文化的良机。

鲁襄公二十九年（前544年），季札经徐国抵达鲁境，叔孙豹亲自迎见。季札表示鲁国是周公礼仪之邦，周礼的渊薮所在，希望观看、聆听鲁国保留的周朝诗乐舞蹈。于是便有了春秋史上脍炙人口的"季札观乐"。

鲁襄公在公宫举行盛大飨宴，乐工为季札歌咏《周南》《召南》，浑厚的唱诵伴随着悠扬的音乐。表演结束后季札对"二南"诗乐评论道：美哉！周朝王业开始奠定基础了，但还没有完善，然而百姓勤劳而不怨恨。随后乐工又歌咏演奏《邶风》《鄘风》《卫风》《王风》《郑风》《齐风》《豳风》《秦风》《魏风》《唐风》《陈风》《郐风》《曹风》。包括《周南》《召南》在内的这十五国风来自周朝十五个地区，其中邶、鄘原也是古封国，后并入卫国；豳地大致在今陕西彬县一带，最早为周族先人公刘所开辟，算是周人的发祥地；魏、唐是早先的封国，后并入晋地；郐也已被郑国吞并。季札对各国诗歌均做了精到的点评。需要指出的是，季札所闻《国风》次第与后来汉儒所传《毛诗》之《国风》次第相比，《豳风》之前全同，其他除《豳风》《秦风》外大同小异。随后乐工为季札歌咏《诗》之《小雅》《大雅》和《颂》，季札为之赞叹。鲁襄公又命舞者表演颂扬周文王的舞蹈《象箾》《南籥》和颂扬周武王的舞蹈《大武》，以及颂扬商汤的舞蹈《韶濩》和颂扬大禹的舞蹈《大夏》。季札称赞：美哉！勤劳而不自以为有德，除了大禹，还有谁能做到呢！随后舞者又表演了颂扬虞舜的舞蹈《韶箾》，季札说："德至矣哉！大矣！如天之无不帱也，如地之无不载也，虽甚盛德，其蔑以加于此矣。"（《左传·襄公二十九年》）表示已经尽善尽美，达到了"观止"的地步。这场盛大的周礼诗乐舞蹈表演被《左传》载入史册，成为见证春秋时期华夏文化最具特色的旷世绝唱，也是"周礼尽在鲁"

行将终结的最后挽歌。

这一年，孔丘八岁。也许他并不知晓这场发生在深宫内的文化盛宴，但鲁国一息尚存的礼乐文化就像弥散在鲁城的空气一样，无形中浸润着这位少年的灵魂，终将在日后的岁月中升华为恒久的精神力量。二十九年之后，即鲁昭公二十七年（前515年），孔丘从齐国返鲁，途中在齐鲁边界一个叫嬴博的地方巧遇季札，一南一北两位年龄相差二十四岁的周礼文化学者终于得以见面，并且进行了有关礼乐话题的交流畅谈。这就是后世所谓"北孔南季"会面的佳话传说。

四、僭越的开端

1

周礼是建立在宗法等级制基础上的礼仪文化。在春秋中后期，传统权力结构受到冲击，宗法制度遭到破坏，等级观念产生动摇，政治僭越层出不穷，正所谓"《春秋》之中，弑君三十六，亡国五十二，诸侯奔走不得保其社稷者不可胜数"（《史记·太史公自序》）。当周朝原有社会政治体系出现松动乃至局部崩塌之时，周礼文化也就随之发生衰落。这种时代趋势在各国均为常态，鲁国也无法完全避免。鲁国虽为周礼文化的最后重镇，也出现了一系列宗法等级制度明显松动的现象，礼崩乐坏的前兆已然显现。从这个意义上说，"季札观乐"实在是"周礼尽在鲁"的回光返照。下面，我们对鲁国权臣政治史稍加回顾，以确定鲁国严重僭礼越位的标志性起点。

在春秋历史上，鲁国卿臣违礼僭越的现象早年也曾发生，如庄公闵公之际的庆父之难、文公年间的公孙敖之乱、文公宣公之际的东门襄仲杀嫡立庶、成公年间的叔孙侨如乱政等。这些乱象总体上表现出四个特点：一是阶段性的，即个别权臣的阶段性、偶发性行为；二是并非君臣之间的直接对立，庆父和东门襄仲是在先君去世后才擅立后主，东门襄仲的专权还得到了鲁宣公的支持；三是这些权倾一时的僭越者大都受到鲁国其他姬姓家族的掣肘、制约甚至公开斗争，也就是说这些权臣都受到鲁国内部力量的牵制；四是他们都以败亡告终，庆父自杀，公孙敖被逐，襄仲死后东门氏被逐、其子公孙归父亡齐，叔孙侨如出奔。这四个特点，到了鲁襄公之后发生了重大变化。

公孙归父出亡后，鲁国大权落入季孙氏宗主季孙行父手中。季孙行父执政长达三十三年，先后辅佐了鲁宣公、鲁成公和鲁襄公。总的来说，季孙行父是一位忠君之臣，为鲁国内政外交不遗余力。他死的时候，家臣安排葬礼，发现主人家里居然没有金玉、没有重器、没有锦衣玉食，旁人不禁肃然起敬。季孙行父死后谥"文"，史称季文子。季文子于鲁襄公五年（前568年）去世，他的儿子季孙宿继任季氏宗主，由于年纪尚轻，暂时先由叔孙豹担任鲁国上卿。季孙宿与乃父相比，权力欲望甚大，德行却明显不足。在鲁襄公十一年，即相地盟会的次年，公然提出"作三军"的要求。《左传》记录了事情的由来：

> 十一年春，季武子将作三军，告叔孙穆子曰："请为三军，各征其军。"穆子曰："政将及子，子必不能。"武子固请之，穆子曰："然则盟诸？"乃盟诸僖闳，诅诸五父之衢。正月，作三军，三分公室而各有其一。（《左传·襄公十一年》）

按照《周礼》的说法，周朝的军政制度规定：天子拥有六军，每军一万两千五百人；诸侯大国设三军，一般侯国设二军，小国只有一军。时至春秋时期，这种军制已经名存实亡，周天子基本上不再拥有军队，晋国则超过了三军。鲁国多年来一直只有二军，名义上都是国君的军队。现在季孙宿提出增加一军，目的是通过改造军制以瓜分公室军队。"作三军"将鲁国国君的军队从左、右二军改编为上、中、下三军，由"三桓"各领一军，把公室军队变成"三桓"私属军队，严重削弱国君公室的权力。根据《左传》，"三子各毁其乘。季氏使其乘之人，以其役邑入者，无征；不入者，倍征。孟氏使半为臣，若子若弟。叔孙氏使尽为臣，不然，不舍"（《左传·襄公十一年》）。三家本来也有自己的私属军队，季孙宿将他的私属兵丁并入自己掌管的一军，加入者免除征税，不加入者加倍征税；孟孙蔑让私属兵丁中的少壮者加入他的一军；叔孙豹公私分明，没有将自己的私属兵丁与公室军队混合。叔孙豹是鲁国司马，协助国君掌握兵权，季孙宿此举亦可削弱叔孙氏的军权。"作三军"便是鲁国进入严重僭越时代的标志性起点。

季孙宿迫不及待要做这件事，也与鲁襄公逐渐长大成人有关。在春秋鲁国十二君中，鲁襄公姬午算是一位比较敦厚明睿的国君，他即位时年仅三岁，在随后数年内三次赴晋国朝聘，四次参加晋悼公召集的盟会。鲁襄公九年（前564年）十月，晋悼公在郑国戏童（今河南省登封市嵩山北）

组织了中原诸侯盟会，他了解到襄公已经十二岁，便对季孙宿说："国君十五而生子。冠而生子，礼也，君可以冠矣！大夫盍为冠具？"（《左传·襄公九年》）建议季孙宿马上为国君举行成人冠礼。虽然事出仓促，但季孙宿不敢违命，只好在同为姬姓懿亲的卫国为襄公举行了一场金石礼乐的飨礼，告祭先祖，完成冠礼。面对这位已行成年冠礼的国君，即将成为上卿的季孙宿不得不提前考虑巩固自己的权力，"作三军"便是应对之策。

　　叔孙豹洞察了季孙宿的心思，劝他何必如此性急，鲁国上卿之位迟早属于季氏。无奈季孙宿主意已定，叔孙豹于是要求三家诅咒发誓，共同扶持鲁国国君。"三桓"先在内城鲁僖公庙门前盟誓，又到"五父之衢"以先祖神灵的名义诅咒发誓。五父之衢是鲁城联通内外的主干道，从城外一直贯穿到鲁城之中。根据杜预《春秋左传集解》"五父衢，道名，在鲁国东南"①，可知其具体位置距离鲁城东南城门不远。竹添光鸿《左氏会笺》称"在鲁国东南门外二里"。韩席筹《左传分国集注》称："《括地志》云：在曲阜县西南二里鲁城内。按：在今曲阜县东南。"②杨伯峻《春秋左传注》称"在曲阜县东南五里"③。既然称"衢"，那应该是一个四通八达的交通要道口，从东南、东北皆可通往齐国。后来阳货在鲁城作乱失败，"脱甲如公宫，取宝玉、大弓以出，舍于五父之衢"（《左传·定公八年》），最终逃往齐国。《左传》记载鲁人多次在五父之衢诅誓，大概这个地方与神灵不无关系。《礼记·檀弓上》称，孔子母亲死后，"孔子少孤"，不知其父的墓地所在，于是就将母亲"殡于五父之衢"。按此说法，鲁城外的五父之衢也是墓葬之地，则鲁人在此诅誓即是面对祖先诅誓。

　　季孙宿于次年担任上卿，继续加紧牟取权力，公室日渐式微。季孙宿甚至开始公然夺取公室封邑，这引起了士大夫的公愤。弭兵盟会后，在"交相见"的原则要求下，宋国、郑国、齐国等中原诸侯纷纷去南方礼聘，此前陈国、蔡国、沈国等楚国盟友已前往晋国礼聘。鲁襄公二十八年（前545年），鲁君带着叔孙豹、子服椒、荣成伯等卿大夫，出发前往楚国。十一月，襄公一行抵达楚国国都，彼时郑简公、陈哀公都已先期到达。次年正月，楚人邀请三位国君一同前往王宫，参加楚康王的入殓仪式。此时，发生了一件令鲁人意想不到的事。

　　　　楚人使公亲襚，公患之。穆叔曰："被殡而襚，则布币也。"乃

──────────

① 杜预：《春秋左传集解》，第882页。
② 韩席筹编注：《左传分国集注》，南京：江苏人民出版社，1963年，第78页。
③ 杨伯峻编著：《春秋左传注》（修订本），北京：中华书局，1990年，第987页。

使巫以桃苭先祓殡。楚人弗禁，既而悔之。（《左传·襄公二十九年》）

文中所谓"襚"，是春秋时期使臣在邻国国君丧礼上的一种吊唁仪式，即将死者的寿衣放置到灵柩的东面，作为尊敬示好之举。当时楚国令尹子木已经去世，楚康王的二弟公子围主持国政。他在入殓仪式上要求鲁襄公"亲襚"，叔孙豹因而要求楚人要先清扫灵柩，袚除不祥之气。公子围于是让巫师用桃树枝、笤帚在棺材上打扫一番，然后由襄公放置寿衣。仪式结束之后楚人才了解到，只有在国君莅临臣下的入殓礼仪上，才会让巫师在棺材上袚除凶邪之气。楚人本想让鲁君对楚王行臣礼，没想到反向鲁人行了君礼。这件事充分说明熟稔周礼对于邦际外交活动的重要性。葬礼之后，楚康王的儿子郏敖即位，公子围出任令尹。

就在此时，季孙宿趁国君外出，擅自侵占了公室领地卞邑（今山东省济宁市泗水县东），派下属大夫公冶送信给襄公，谎称卞邑大夫想要叛乱，他亲自率兵讨伐，现已拿下卞邑，特此报告。襄公在归国途中接信，愤恨不已，问公冶自己现在还能否回去。公冶说：国家是您的，谁敢抗拒您回国？襄公还是有些胆怯，怕回去会有生命危险。大夫荣成伯遂赋诗《邶风·式微》，即借"式微，式微，胡不归！"一句劝襄公回国。襄公于是决定返回。公冶看透了季孙宿的人品，毅然将季氏封给自己的食邑归还给季孙宿，算是对季孙宿的一种无声抗议。竹添光鸿笺评价道："不义季氏欺君，故生不入其家，死不受其葬。"[1]可见季孙宿的倒行逆施已在鲁国上下引起了公愤。

同年，在季札观乐前不久，晋国卿大夫士鞅来访礼聘，襄公特地举行飨宴款待，为了表达对霸主卿臣的特殊敬意，襄公还打算举行一场射礼仪式。春秋时期的射礼是一种两人捉对进行的比赛，一对叫做一耦。按照周礼的规定，天子与诸侯射六耦，诸侯与诸侯射四耦，诸侯与大夫射三耦。襄公与士鞅的射礼应该是三耦，分为上耦、次耦、下耦，每耦两人各射四箭；然后主人与正宾亲自下场，组成一耦进行比赛，以上完成后为一番射；全部射礼需要进行三番射。射礼讲究的是礼仪，正如孔子后来所说："君子无所争。必也射乎！揖让而升，下而饮，其争也君子。"（《论语·八佾》）不过，既然是比赛，当然也要讲究射箭的准头，但不讲究箭速与力度，因为每个人身体条件不同，这就是孔子后来所说的"射不主皮，为力不同科，古之道也"（《论语·八佾》）。射礼过程由司射主持，伴随着声乐与礼

---

① 〔日〕竹添光鸿注：《左氏会笺》，第 1526 页。

仪等一整套程序，场面相当庄重雅致。令襄公没有想到的是，当时鲁国公室的臣属中，居然凑不出六个既习于礼仪又善于射箭的人。原来这些才能之士大都已被贵族私门所用。这让襄公颇感尴尬，只好临时找了公臣四人、家臣二人，勉强组成了三耦，总算应付了事。

　　概言之，从鲁襄公十一年"作三军"开始直至孔子去世，鲁国政坛卿臣僭越专权表现出不同以往的四个特点：一是持续性，即季孙氏专权从此不间断地成为鲁国政坛的常态；二是这种内部矛盾直接表现为君臣之间的对立冲突，甚至发展到季孙意如与鲁昭公兵戎相见并驱逐国君的程度；三是尽管"三桓"之间并非铁板一块，相互偶有抵牾矛盾，但总体上说仍然是季孙氏一家独大，孟孙氏和叔孙氏的牵制作用相当有限，特别是在叔孙豹去世以后；四是季孙氏在子孙代际交替中始终保持着鲁国专权的地位，并未像之前的专权者那样以败亡告终。童书业认为："（襄公）十二年，季武子执政，自此大权悉归季氏。"[①]这个结论是正确的，这里的"季氏"包括季孙宿、季孙意如、季孙斯、季孙肥。这些人正好与孔子生活在同一个时代。

2

　　季孙宿在鲁襄公年间的僭越乱制之所以尚能留有余地，主要是因为有叔孙豹的存在。当年"三桓"之一的叔孙得臣生了两个儿子，长子为叔孙侨如，次子便是叔孙豹。叔孙得臣死后，叔孙侨如继任叔孙氏宗主。此人权欲熏心，举止张扬。他与季孙行父之间勾心斗角，关系十分紧张。为了争权夺利，叔孙侨如暗中与国君鲁成公之母穆姜私通，想要借助公室力量驱除季氏。时年十九岁的叔孙豹多次劝诫无果，预感其兄早晚会出大事，担心自己受到牵连，于是不告而别，离开鲁城前往齐国避难。叔孙豹在齐国生活了三年多，其间娶了齐国贵族国氏之女，生了两个儿子孟丙和仲壬。后来叔孙侨如与穆姜的私情终于暴露，叔孙侨如携家仓皇逃离鲁国，出奔到了齐国，兄弟俩在异国他乡相遇，应验了叔孙豹当年的预测。鲁成公十六年（前575年），鲁国派人到齐国请叔孙豹回去。叔孙豹回国后，鲁成公即命其为叔孙氏宗主，担任鲁国司马，从此踏上鲁国政坛。叔孙豹深谙周礼，为人方正，在国内经常规箴季孙氏的出格行为，在邦际交往中行事得体，深得各国卿大夫的尊重。

　　鲁襄公三十一年（前542年），襄公去世，其十九岁的儿子姬裯继位，是为鲁昭公。鲁昭公元年（前541年），南北诸侯国在郑国新郑召开盟会，

①　童书业著，童教英校订：《春秋左传研究》（校订本），第300页。

巩固五年前宋国弭兵盟会的成果。晋国正卿赵武与大夫乐王鲋、楚国令尹公子围与太宰伯州犁、齐国大夫国弱、鲁国司马叔孙豹、宋国左师向戌、卫国大夫齐恶、陈国大夫公子招、蔡国大夫公子归生以及许国、曹国大夫等齐聚新郑北面三十多里的虢地。郑国正卿子皮、亚卿子产负责接待。由于这次盟会只是重温宋国盟会的誓言，无须歃血，只要用牲及宣读旧书即可，所以晋楚之间避免了争先的矛盾。正当盟会顺利完成之际，莒国人突然赶到现场控诉鲁人破坏弭兵盟誓，入侵莒国，夺取郓城，请求楚、晋盟主捍护小国，严惩鲁国。莒国是鲁国东部的一个东夷诸侯国，都城在今天的山东省日照市莒县附近，拥有大小城邑三十多个，在周边国家中实力仅次于齐国与鲁国。莒国与鲁国之间常有战事，互有胜负。郓邑（今山东省菏泽市郓城县东）靠近季氏的封邑，季孙宿一直有意打下郓邑，从而扩大自己的领地，这次居然不顾诸侯弭兵盟约，擅自攻占郓邑。公子围马上提出杀掉鲁国参加盟会的使臣叔孙豹，以示惩戒。赵武连忙阻拦，希望先弄清事实再做处置。于是叔孙豹就被关押起来，等候发落。这时乐王鲋派人找上门来，表示愿意替叔孙豹求情，让他免于一死，交换条件是叔孙豹赠送一条腰带给乐王鲋。索取腰带是春秋时期索贿的一种暗号。腰带并不值钱，索贿者以此婉转表达求货的要求。叔孙豹予以断然拒绝，家臣劝他妥协，叔孙豹说：通过行贿免死，就等于承认鲁国有罪，鲁国必定会招致诸侯讨伐，我这样做便是祸害鲁国，而不是护卫鲁国；此事虽是季氏的过错，鲁国又有何罪？我怎能为了保护自己而移祸于鲁国？其实，叔孙豹心里明白，季孙宿故意选在这次南北盟会之际出兵莒国，就是要借机打击叔孙氏。赵武知道此事后，称赞叔孙豹"忠""信""贞""义"，亲自向公子围求情。在赵武再三恳请之下，公子围终于同意赦免叔孙豹。叔孙豹回到鲁国，季孙宿自知理亏，亲自登门慰劳。叔孙豹在内室中拒绝见客，季孙宿只好在外一直等到中午。最后，叔孙豹指着房子的柱子，无奈地对家臣曾阜说：我虽然讨厌这根柱子，但我能去掉它吗？于是便出来会见季孙宿。这件事就像一面多棱镜，照出了季孙宿的不义、鲁君的失权、晋国大夫的贪婪、楚国令尹的蛮横、叔孙豹的品德素质和赵武的格局风范。

　　不幸的是，不久后赵武就病故了。时人称赞赵武担任晋国正卿的七年内"再合诸侯，三合大夫，服齐、狄，宁东夏，平秦乱，城淳于，师徒不顿，国家不罢，民无谤讟，诸侯无怨，天无大灾"（《左传·昭公元年》），在各国获得了良好的令名声誉。赵武之死，意味着作为中原诸侯霸主的晋国失去了最后一位深得各国信任和尊重的正卿，晋国的邦际影响力从此走上了下坡路，其霸主地位亦每况愈下。

这年冬天，公子围勒死了侄儿郏敖，篡位当了楚王，是为楚灵王。太宰伯州犁也惨遭杀害，其子伯嚭出奔吴国。至此，楚晋两国势力逆转的格局更加明显。

3

自鲁襄公十一年"三分公室"，季氏掌握了三分之一的鲁国军队。这种"平分秋色"的结果季孙宿仍不满意，他希望对鲁国军队进行重新划分，自己占据更大的份额。于是他酝酿出了一个所谓的"舍中军"计划，即舍去中军，将"三军"重新改为"二军"，季孙氏独占一半份额。季孙宿提出这个计划后，遭到了叔孙豹的坚决反对，只好暂时作罢。

随着年事渐高，叔孙豹开始考虑家族后事，他把当年留在齐国的嫡子孟丙、仲壬接回鲁国。此外，叔孙豹还有两个庶子，年长的名"牛"，史称竖牛，是当年叔孙豹出奔齐国途中留下的孽子，这些年一直帮助叔孙豹管理家族日常事务；年幼的叫"婼"，年龄比竖牛小很多。春秋时期，无论天子、诸侯、卿大夫，一般都遵循"有嫡立嫡，无嫡立长"的立嗣传统。竖牛一直觉得，自己理应继任家族宗主，现在突然冒出两个嫡子，心里十分失落，于是就趁叔孙豹生病卧床，加快了他抢班夺权的步伐。竖牛先挑拨叔孙豹与两个嫡子的关系，导致孟丙被害，仲壬出奔齐国；接着又断了叔孙豹的日常饮食，就这样，数天之后叔孙豹竟饿死在病榻上。

叔孙豹之死使季孙宿少了一块绊脚石，他马上派人找到竖牛，商量实施"舍中军"计划。竖牛希望季孙氏支持他继任宗主，便一口答应了，并称我家夫子早就想这样做了。此时孟孙氏宗主孟孝伯已经去世，其子孟孙貜继任。孟孙貜为人平和，且年纪尚轻，不敢得罪季孙宿，也答应了他。于是在鲁昭公五年（前537年）春天，叔孙豹去世还不到一个月，季孙宿一直谋划的"舍中军"就顺利施行了。

> 五年春，王正月，舍中军，卑公室也。毁中军于施氏，成诸臧氏。初作中军，三分公室而各有其一。季氏尽征之，叔孙氏臣其子弟，孟氏取其半焉。及其舍之也，四分公室，季氏择二，二子各一。皆尽征之，而贡于公。（《左传·昭公五年》）

季孙宿把鲁国军队分成四份，季孙氏独占二份，叔孙氏、孟孙氏各占一份，三家征收这些军队的赋税，向鲁昭公缴纳贡赋。《左传》对这一事件的评论是"卑公室"，即国君地位更加下降，公室实力越发削弱。鲁昭公对此毫无办法。

仲壬听说父亲死了，从齐国回来奔丧。季孙宿指使家臣南遗暗中支持竖牛，对仲壬发起攻击，使仲壬被弓箭射死。竖牛拿出叔孙氏封地东部的三十个小邑，送给南遗作为谢礼。竖牛以为叔孙婼是一个文弱的年轻人，遂立他为宗主，自己做相，以便于操纵。谁知叔孙婼继位后就召集叔孙氏家族成员开会，当众宣布竖牛的罪状。竖牛慌忙出奔齐国，途中被叔孙婼的追兵杀死。一场震惊鲁城民众的叔孙氏家乱终于结束，季孙宿成为最大的得利者，从此他的僭越乱制行为更加公开化，"政在大夫"之势已然形成，公室与权臣之间的矛盾呈现出不断激化的趋势，鲁国开始进入弱君强臣的时代。

通过前文的叙述分析，我们可以对孔子时代前期的时势特点以及可能影响青少年孔丘成长的社会因素，做一简要概括。

第一，在春秋时期天子式微和王纲解纽的状态下，齐桓、晋文创立的霸主政治具有协调邦际关系、维护周礼文化的替代性功能。晋悼公的去世标志着春秋时代霸主政治开始走向终局，这意味着原本建立在分封制度下的周王朝"天下一家"政治构架失去了重要的维护力量，等级制度加速瓦解、贵族政治濒临失序，建立在血亲和姻亲基础上的周礼文化也随之受到严重冲击，出现了礼乐征伐"自天子出"到"自诸侯出"，再到"自大夫出"，直至"陪臣执国命"的现象。这个重大的政治变局正是在孔子出生、成长过程中拉开序幕的，后成为孔子时代的一个重要标志。

第二，孔子时代前期的弭兵盟会和虢地盟会，为自邲之战以来半个多世纪楚国与中原诸侯之间的冲突画上了一个历时不短的休止符。"双霸主"的政治构架在一定程度上发挥了协调各国关系、维持邦际现状的作用，造就了中原大地四五十年的和平局面。这个时期正好是孔子从"志于学"到"知天命"的阶段，可以说是孔子思想人格孕育、发展和成熟的时期。这种和平安定的社会环境，对于孔子学习和传播周礼文化，首度开创私学教育和平民教育而言，无疑是弥足珍贵的外部条件。

第三，中原各国与以荆楚国家为代表的所谓华夷关系也进入一个新的阶段。如果说中原华夏文化之前对荆楚文化更多表现出鄙夷和排斥的倾向，那么双盟主"交相见"之后各国的频繁往来则在很大程度上消减了华夷之间的对立情绪。这种中原文化与荆楚文化的相互融合，无疑影响着孔子对华夷关系的态度。孔子将华夷之间的差异性更多地视为文化礼仪的差异，一改之前流行的"非我族类，其心必异"的族类偏见，这与当时华夷关系的现实变化不无关联。

第四，孔子时代前期，各国周礼文化虽已出现明显的衰落迹象，但尚未失落殆尽，贵族之间还保留着飨宴、赋《诗》、聘问、观乐等礼乐传统。其中，鲁国的周礼文化相对保存较好。当时各国，特别是鲁国，现实生活中延绵不绝的周礼余韵，无疑为青少年孔丘的人格发展和思想成长提供了重要的文化氛围。然而就在这个时期，春秋时代最后一批深受周礼文化浸润且德才兼备的贵族在孔子出生后二十年左右的时段中先后离世，包括孟孙蔑、臧纥、赵武、叔孙豹以及后来的向戌、子产、叔向等，他们是孔子服膺景仰、高度赞赏的长辈。此后直至春秋时代结束，再未出现此类恪守礼仪的德才之士。这批前辈时贤的一时俱逝，标志着周礼文化的最后一批承载者趋于凋零，也是春秋晚期礼乐文化开始断崖式衰落的重要标志。这些历史人物不仅在身前身后对孔子产生了重要影响，而且激励孔子自觉担负起了承续周朝礼乐的文化使命。

第五，弭兵盟会之后，随着诸侯外部邦际关系的明显和缓，各国内部矛盾便更加凸显，公室与卿臣之间、公族与异姓贵族之间以及强族之间的争斗不断加剧，尤其是晋国和齐国，刀光剑影频现、倾家灭族时发，郑国七穆争斗余波未尽，其他侯国大同小异，"礼乐征伐自大夫出"已成普遍态势。唯有一贯集权的楚国依然维持着君王的权威，继续扩张着势力范围，不过其内部也酝酿着新的矛盾冲突。就鲁国而言，昭公时期的"三桓"，特别是季氏，与郈氏等贵族之间冲突激烈，"三桓"之间也时有抵牾，公室与"三桓"的矛盾更是持续激化，最后甚至发展到兵戎相见。另外，随着"三桓"宗主的新旧交替，年轻宗主逐渐失去对家臣的控制，遂连续发生了"陪臣执国命"的政治危机。这些国内矛盾争斗既是僭位越礼的具体表现，也是导致礼崩乐坏的重要动因。同时，尽管楚国与中原诸侯国之间弭兵休战，但楚国与吴国之间依然战事频仍，尤其是好大喜功、穷兵黩武的楚灵王不断对外侵伐、对内戕害。现实生活中的礼乐衰落现象引发了孔子对"仁""礼"关系的新思考，也激发了他意图恢复周礼的生命动力。

第六，通过前文交代，我们知道了孔子父亲叔梁纥与晋、宋卿大夫，特别是鲁国"三桓"及臧氏的关系，虽然我们缺乏充分的史料来厘清这些关系的具体细节，但至少可以为考证孔子青少年时期的生活关掫点提供一种值得参考的社会关系图谱，使我们的研究视域更加开阔，分析变量更加充分，立论依据更加全面。

历史即将进入一个新的时代。这是一个王权式微的时代，也是一个等级松动的时代；这是一个弑君僭越的时代，也是一个士人崛起的时代；这是一个礼崩乐坏的时代，也是一个孕育新知的时代；这是一个庠序衰废的时代，也是一个私学兴起的时代；这是一个君子屡盟的时代，也是一个乱是用长的时代；这是一个列国争霸的时代，也是一个弭兵和解的时代；这是一个华夷之辨的时代，也是一个文化融合的时代。总之，这是华夏大地历时六百多年的宗主分封社会的落日余晖，也是未来两千多年的中央集权专制社会的黎明前夜。

　　孔子的时代孕育了孔子的思想人格，为后世的古人以及今天的我们留存了周礼文化的丰富内涵和深邃精神，从中我们将得以了解封建专制政治文化思想侵浸之前的华夏文化精粹，其中包括弥足珍贵的人文主义、理性精神和民本思想，可以为我们的中国式现代化建设提供源于本根的精神营养，这是中国文化回归孔子、回归元典的意义所在。

第二章　鄹人之子

　　本章基于鲁国内外政治变局，详细考辨孔丘青少年时代的一系列重要行迹，析论孔子"十有五而志于学"的主客观原因，帮助读者了解孔丘从幼童"常陈俎豆，设礼容"到"十有五而志于学"这一成长历程及其可能情况，关注孔丘与季氏的关系，分析孔丘面对现实与理想的内在矛盾张力，梳理孔丘十五岁之前的人生主线，并大致分析少年孔丘的具体生活场景，展现孔丘成长过程中的心路历程。

　　孔子青少年时期最重要的成长记录无疑是他自己所说的"十有五而志于学"。我们须知，"十有五而志于学"并非少年孔丘展望未来的志向表白，而是七旬老人回首过往的人生总结，具有毋庸置疑的真实性和确定性。在大多数人物质生活极度困苦的社会中，一个于普通人家中长大的十五岁"贫贱"少年，为何树立"志于学"的人生目标，这是值得我们认真探究一番的。任何青少年的人生志向之确立，都不仅仅是异想天开或突发奇想，而是受到家庭、时代、社会、环境影响的结果。因此，我们需要把目光投向孔子本人的殷儒家族背景，考察鲁国礼乐之邦的历史文化积淀以及当时一息尚存的周礼传统文脉，分析可能影响少年孔丘的重要事件和关键人物，通过基于历史事实的逻辑分析方法，去合理推断孔丘"十有五而志于学"的可能原因。我们得出的大致结论是：少年孔丘在注重丧礼的春秋社会中有幸受到殷儒礼仪文化的影响，这在其幼小心灵中植入了乐学好礼的种子；当时鲁国虽然处于礼崩乐坏的社会境况，但季札观乐、韩起观书等事件表明鲁国依然保持了延绵不绝的礼乐文化传统，这种社会文化环境对于勤学好问的少年孔丘无疑具有潜移默化的影响；当时鲁城内也确实存在有可能给孔丘提供学习"六艺"机会的人物，包括秦堇父、孟孙速、孟孙貜等，因此不排除"贵人相助"是孔丘"志于学"的动因之一；另外，十五岁的孔丘正处在鲁国政坛发生重大变故之际，他有可能受到特殊环境因素的刺激而立志于学。

　　尽管有关孔丘青年时代的史料相当有限，但有一点是肯定的：青年孔丘与季氏家族有着不解之缘。在孔丘十七岁到二十岁左右的人生经历中，至少有三件事与季氏有关：一是季氏飨士，孔丘腰绖前往，结果吃了闭门羹。二是孔丘担任"季氏史"，按照孟子的说法，就是季氏的委吏、乘田。三是年轻的孔丘居然进入了鲁君的太庙，得以询问诸多礼乐问题，这如果不是有重要贵族的引荐，恐怕是不太可能的，而这个贵族很有可能就是季孙意如。孔丘踏入社会之初，与鲁国权贵季氏有这种交往关系，这对于一个平民家庭中长大的年轻人来说，还是颇有助益的。

此时，鲁国"政在家门"的情况相当严重。年轻气盛的季孙意如在内政外交上的横行跋扈，将季氏独断专权的一贯作风推向了极致，不但引起了盟主晋国的不满，也加剧了鲁国君臣之间的对立，甚至激起了手下家臣的反叛。就连晋国叔向也看出了问题的严重性，发出"鲁公室其卑乎"（《左传·昭公十一年》）的感叹。孔丘面对这一历史变局，必定会审慎思考自己未来的人生方向。孔丘在季氏手下做事，纯属暂时的谋生之计，平素的人生志向催促他尽快寻找理想生活，内心的道德冲突迫使他最后选择离开季氏。在经过冠礼、结婚、生子等重要事件后，站在十字路口的孔丘即将做出人生最重要的抉择。

一、常陈俎豆

1

在臧纥出奔的前一年，即鲁襄公二十二年，公元前551年，孔丘出生了。下面，我们根据《史记》《春秋》《左传》的记载，对孔丘的先人稍加考证。《史记》如此说：

> 孔子生鲁昌平乡陬邑。其先宋人也，曰孔防叔。防叔生伯夏，伯夏生叔梁纥。纥与颜氏女野合而生孔子，祷于尼丘得孔子。鲁襄公二十二年而孔子生。生而首上圩顶，故因名曰丘云。字仲尼，姓孔氏。丘生而叔梁纥死，葬于防山。防山在鲁东，由是孔子疑其父墓处，母讳之也。孔子为儿嬉戏，常陈俎豆，设礼容。孔子母死，乃殡五父之衢，盖其慎也。郰人挽父之母诲孔子父墓，然后往合葬于防焉。（《史记·孔子世家》）

　　孔子的先人是宋国人，曾祖父叫孔防叔，祖父叫伯夏，父亲就是叔梁纥。王肃伪作《孔子家语·本姓解》又对孔丘先祖做了增补，认为弗父何生宋父周，周生世子胜，胜生正考父，考父生孔父嘉，孔父生木金父，金父生睪夷，睪夷生防叔，防叔为避华氏之祸而奔鲁。这个孔子先祖世系后来居然成为定论，一直流传至今。其实，王肃的臆造遭到过崔述的驳斥。崔述说：

> 　　鄹叔以前，见于《春秋传》者仅弗父何、正考父、孔父嘉三世，见于《史记世家》者仅防叔、伯夏二世；此外皆不见于传记。《史记》之言余犹不敢尽信，况《史记》之所不言者乎！且孔父为华督所杀，其子避祸奔鲁，可也；防叔，其曾孙也，其世当在宋襄、成间，于时华氏稍衰，初无构乱之事，防叔安得避华氏之祸而奔鲁乎！①

　　将孔丘先祖上推到弗父何，这是有《左传》作为依据的。《左传·昭公七年》记载孟孙貜的一段话，提到了孔丘"其祖弗父何以有宋而授厉公"，弗父何下传至正考父，"正考父佐戴、武、宣，三命兹益恭"；又《春秋·桓公二年》记载"宋督弑其君与夷及其大夫孔父"，此"孔父"即"孔父嘉"。孔父嘉大概获得了国君的赐族，可以独立成为一族，此后便以孔为氏。

　　总之，孔丘先人可以确定的只有见于《左传》的弗父何、正考父、孔父嘉，以及见于《史记》的孔防叔、伯夏、叔梁纥，其他人自然是王肃捏造的。王肃说孔防叔为了躲避华氏的迫害而出奔鲁国，崔述认为这也是无稽之谈，因为孔防叔已是孔父嘉的曾孙，距孔父嘉被华氏杀害相隔三代之久，而且此时华氏在宋国已见衰落，哪有孔防叔为避华氏迫害而出奔鲁国的道理？

　　顺便说一句，《史记·孔子世家》中"孔子生鲁昌平乡陬邑"的表述不够准确，按照乡遂制度，乡是邑下面的组织单位，昌平是当地的一座山，张守节《史记正义》说："昌平山在泗水县南六十里，孔子生昌平乡，盖乡取山为名。"故准确的表述应该是"孔子生鲁陬邑昌平乡"。

2

　　司马迁接着说，叔梁纥与颜氏女子"野合"而生孔子。此"野合"二字殊不可解。一些人认为，"野合"从字面上理解，就是在野地里交合。这种情况有无可能？答案是肯定的。《诗经·国风·野有死麕》中，就描

---

　　①　崔述撰著，顾颉刚编订：《崔东壁遗书》，第264页。

写了一对青年男女在野地恋爱的场景。春秋时人确有这种风气，不足为怪。问题是司马迁何必要向世人交代孔子是野合而生的呢？古代确实有圣人感天而生的传说，如商代先祖契、周代先祖后稷、汉高祖刘邦，包括拿撒勒的耶稣，都有其母与神相感而生子的故事。这种传说有利于体现圣贤不同寻常的出身。但是，颜氏只是与凡人叔梁纥野合，不仅没有神化的作用，而且在史迁所处的汉代社会颇具非礼的意义。因此就有人认为，叔梁纥与颜氏存在年龄或身份上不合礼仪的差异，故曰"野合"。所谓差异，一种说法是两人年龄上的差异，叔梁纥七十二岁续弦，超出了春秋娶亲礼仪规定的六十四岁最高限。还有一种说法是叔梁纥出身贵族，而颜氏只是普通平民，贵族与庶民之间通婚故称"野合"。这些说法只是传说而已，并无依据。

司马迁文中最重要的信息是"鲁襄公二十二年而孔子生"。司马迁记录了孔丘的生年，可谓功德无量。我们知道，在司马迁之前，古人撰史很少关注传主的生年。一部《左传》涉及人物一千有余，记录生年者寥寥无几。《左传》作者引了不少"仲尼曰"，偏偏没有透露半点仲尼生年的信息，殊为可惜。《公羊传》《穀梁传》皆称孔丘生于襄公二十一年（前552年），比史迁的说法早一年。《史记》与《公》《穀》提供了两个相差一年的时间点，我们究竟应该相信何者？关于这个问题，两千多年来争论不断，亦无定论，但主流观点是认同《史记》的纪年，将公元前551年定为孔子诞生之年。其实，这个问题换个角度看，不难得出结论：对于一个重要的历史时间节点，我们应该信任注重考信的史学家，还是注重义理的经学家？答案无疑应该是前者。这是因为，史学家最关注的就是事件、人物、时间、地点的真实性，而经学家最关注的则是借题发挥的经学思想阐论。这种文本书写宗旨的本质性差异，在左丘明、司马迁与公羊高、穀梁赤之间体现得尤为典型，更何况后者是口口相传，较之文本更易出现舛讹。有关《公羊传》《穀梁传》在史学素养方面的幼稚之处，傅隶朴《春秋三传比义》、晁岳佩《春秋三传要义解读》言之甚详，在此毋庸赘言了。

当然，对于司马迁也不能迷信，尤其是他的《孔子世家》的确存在不少瑕疵。崔述说："《史记》之诬者十七八。"这话似稍显过头，不过崔述认为"《世家》之文本多浅陋"，确实不无道理。史迁既然说孔子父母祷告于尼丘而得子，却又说孔子出生时"首上圩顶"，即脑门上长了一个凸起，所以命名为"丘"，甚为无谓。故崔述《洙泗考信录》、梁玉绳《史记志疑》、泷川资言《史记会注考证》等对"野合""圩顶"等不经之语均有辨析。

司马迁又说"丘生而叔梁纥死"，似乎孔子出生后不久父亲叔梁纥就死了；《孔子家语》称"孔子三岁而叔梁纥卒"。崔述认为无从考证，我们姑且认同孔丘幼年失怙。关于孔丘的母亲，史迁只说是颜氏女，但《孔子家语·本姓解》中又有铺陈，称叔梁纥娶于鲁之施氏，"虽有九女，是无子。其妾生孟皮，孟皮一字伯尼，有足病。于是乃求婚于颜氏"云云，崔述称其"浅陋鄙俗，不复成语"，断定为"臆撰无疑"。王肃又称颜氏女名为颜征在，这同样本之于《礼记·檀弓》，有所谓"夫子之母名征在"云云。崔述认为"《檀弓》《世家》之谬不可累举"，故对"征在"之名不予取信。我们认为，鉴于约定俗成的原因，姑且认同孔丘母亲为颜征在，亦无大碍。孔丘字仲尼，这表明叔梁纥还有一个大儿子，《孔子家语》称其为孟皮，"皮"即为"跛"，即患有腿疾，这被后世经学家解释为叔梁纥年老再娶的原因。

3

叔梁纥去世后，颜氏带着孔丘离开鄹邑，搬到鲁城投靠颜氏宗亲，居住在殷人后裔聚居的地方。这个地方可能就是后世所谓的"阙里"，位于鲁城西南面稷门附近，但在当时并无此名。"阙里"首见于《汉书·梅福传》。泷川资言认为，东汉时孔子故居修建增饰，有双阙之像，故有此名。[1]从后世阙里的位置看，颜氏携孔丘定居在鲁城的西南面。

接着司马迁又说："孔子为儿嬉戏，常陈俎豆，设礼容。"这句话信息量极大，我们结合孔丘自称"十有五而志于学"，做一番考证。少年时期的孔丘在嬉戏玩耍时经常"陈俎豆，设礼容"，说明孔丘自小就对祭祀和仪礼兴趣浓厚，而且颇有一种乐学勤习的意味。孔丘早年丧父，儿时生活境况应该不算太好，按照史迁的说法，孔丘"贫且贱"（《史记·孔子世家》），孔子自己也说"吾少也贱，故多能鄙事"（《论语·子罕》），大概需要整日为衣食谋。然而，孔丘却喜欢摆弄俎豆祭器，演练礼容仪式，这种不同寻常的举动，值得予以深究。

对于春秋时人而言，祭祀祷祝活动是日常生活极重要的组成部分。祭祀主要包括两类，一是祭祀诸神，二是祭祀祖先。关于祭神，我们且看《礼记·祭法》中祭天、祭地、祭时、祭日、祭月、祭水旱、祭百神之花样百出，便可知人们在生活中几乎无时无刻不在祭神。国君在内城有专门的祭祀场所，祭神有周社、亳社二社，祭祖则有太庙和昭穆四庙。各级贵族重

---

① 司马迁撰，〔日〕泷川资言考证：《史记会注考证》，杨海峥整理，上海：上海古籍出版社，2016 年，第 1403 页。

视祭祀自不必言，所谓"国之大事，在祀与戎"（《左传·成公十三年》），祭祀除了能慰藉心灵，还是重要的治民手段，即《周易》所说的"圣人以神道设教，而天下服"（《周易·观卦》）。社稷属于公共神祇，与民众生活最为接近，所以社祭赛会之类的活动人气很旺。其他的公共祭祀同样吸引民众眼球，如每年四月春夏之交，鲁国都会在舞雩台举行隆重的雩祭活动，遍祭山川诸神，祈求风调雨顺、五谷丰登。这种一年一度的雩祭称为正雩或常雩。除此之外，每当遇到大旱，鲁君还会在这里举行雨祭，又称旱雩。我们可以想象，每次遇到鲁国南门外举行雩祭，孔丘一定会早早来到舞雩台旁边的土坡上，站在人群里观望。祭师用火把点燃高高堆起的柴木，积燎上的牲体和丝帛在腾空而起的烈焰中被炙烤得吱吱作声，滚滚浓烟中散发着阵阵香气，孔丘与百姓跟着鲁国君臣一起下拜祈祷。伴随着庄严悠长的钟乐声，祭师仰面朝天，拖长声调吟诵着"敬恭明神，宜无悔怒"之类的祷词。紧接着便是群体雩舞，排列整齐的六队舞者翩翩起舞，宏大的场面在孔丘幼小的心灵中激起了强烈的震撼。

祭祖同样融贯在春秋时人的日常生活之中。《诗经·大雅》中收录的都是庙堂祭祀乐章，其中讴歌祖先者甚多；至于《诗经·颂》，则皆为祖先祭祀颂歌。除了这类特别庄重的祭祖活动，贵族们平时还有诸多祭祖的场合，如《诗经·豳风·七月》"二之日凿冰冲冲，三之日纳于凌阴。四之日其蚤，献羔祭韭"，描述了当时国君或贵族在开窖取冰之前，要先进行一番"献羔祭韭"的祭祖仪式。这符合《礼记·月令》所说"仲春，天子乃鲜羔开冰，先荐寝庙"。普通百姓同样重视祭祀家族先祖，他们祭祀的对象是人鬼，即死去的祖先，祭祀地点就在自己家里。春秋时人普遍相信人死之后会变为鬼魂，如果加以祭祀和安抚，就会福佑活着的家人，否则会对家人产生危害。时人平时吃饭"凡食必祭"，又叫"食前必祭"或"食必先祭"。《论语·乡党》称："虽疏食菜羹，瓜祭，必齐如也。""瓜祭"应作"必祭"。朱熹《四书章句集注》解释道："古人饮食，每种各出少许，置之豆间之地，以祭先代始为饮食者之人，不忘本也。"[①]验之春秋实际情况，襄公二十八年齐国庆封出奔到鲁国，"叔孙穆子食庆封，庆封泛祭，穆子不说"（《左传·襄公二十八年》），说的就是庆封在叔孙豹宴会的食前祭祀中表现不恭，引起叔孙豹的不满。祭物需要摆放在祭器里面，俎是祭祀时盛放带汁祭肉的器皿，豆是盛放干果食物的器皿。"陈俎豆"就是按照一定的规矩摆放好祭器。我们可以想象，对于上述家庭祭祀，年幼的孔

---

① 朱熹：《四书章句集注》，第121页。

丘一定相当熟谙，并且乐于参与，甚至平时闲暇也会饶有兴趣地摆弄陶制俎豆。

至于庶民的食物祭品，除了自己种植与养殖之物，还包括采撷与渔猎之获。春秋时期，采集野菜、野果仍然是普通民众维持日常饮食的重要方式，妇女儿童经常从事采撷活动，《诗经·国风》中对此颇有描叙。野外可供食用的植物主要有荇菜、卷耳、车前子、苣荬菜、荠菜、山葱以及薇菜等。在比较正式的祭祀活动中，祭品一般需要带一点荤腥。春秋时期，平民家中很少食肉，必须想办法才能弄到肉食祭品。于是，郊野河道溪沟中的小鱼、小虾、田螺，以及飞禽走兽，甚至蚂蚱、蜩蟷之类，都可能成为平民祭祀的食料。为了能有较长的保质期，人们通常会制作肉酱作为祭物。用鱼虾制作的肉酱叫做鱼醢，田螺制作的肉酱叫做蠃醢。至于用鹅肉制作的雁醢，对于一般平民而言实属奢侈之物。家境并不富裕的少年孔丘应该经常会与小伙伴去鲁城郊外钓弋。

一切准备就绪之后，家中便开始举行祭祖仪式。需要说明的是，祭祖其实就是一种人鬼交感，或者说生命与神灵的精神交流。那么，在当时人们的认知中，这种活人与死人之间的交流是如何进行的呢？答案是一个"歆"字。根据《说文》的解释："歆，神食气也。"即神灵享用某种食物的烟火气。古人给鬼神提供祭物，祭祀完毕后，发现食物并没有少下去。所以古人知道鬼神其实并不能像活人一样饮食，于是便相信，鬼神享用祭物的方式是"食气"，即通过嗅闻其气达到享用食物的目的，这便是"歆享"。食物祭品飘出的香味，叫做"歆香"，也称"馨香"。《左传》中说"神不歆非类，民不祀非族"（《左传·僖公十年》），这里的"歆"就是鬼神通过嗅感食物的气味享用祭品。

在普通民众祭祀祖先的日子里，族亲们来到主人家里，屋里席子上摆放着陶制的鬲、甗、簋、豆、俎等器皿，里面盛着鱼、蠃醢、腊肉、黍、稷、菽等食物，清酒盛在陶制的觯里，散发出阵阵香味。最年幼的男孩往往作为晚辈在家祭中充当"尸"的角色，在屋里装扮已故先人，端坐不动，默不作声，接受大家的祭拜。大家依次向"尸"行礼，嘴里还念叨着自己的名字，祈求先祖保佑。接着进行正祭之礼，即"饭尸"。大家向"尸"敬献食物，"尸"接过食物，在蠃醢里蘸一下，举起来祭神，然后自己尝一口，称赞味道很好，把食物放回原来的位置，这样前后进行三次，正祭仪式才能结束。正祭之后，祭品还是要让祭者吃掉的。这些经过鬼神享用的食物，叫做"餕"。食餕是一种祭祀过程中的重要仪礼，相当于家族成员分享祖先神灵歆余的食物。诸侯国君祭祀后也要与重要的臣下分享祭品，这便是后来所谓鲁定公燔肉不至、孔子去鲁的来历。家人们一起坐下来享用祭品，相互敬献祝酒，寄托思亲之情，表达祈福之愿。食馂礼举行完毕，整个祭祀活动才算正式结束。

这种祭祀礼仪并不是一种走过场的形式，而是代表着生者与死者之间的精神交流，也可以说是唯一的生死交感的方式，所以人们家祭的态度都很认真，心中充满了庄重真诚的情感，脸上的神情仿佛此时此刻先祖就在身边。这就是孔子所说的"祭如在，祭神如神在"（《论语·八佾》）。孔丘从小"设礼容"，这里的"容"是面容、容止之意，说明孔丘自幼在祭祀活动中就表现出合乎礼仪的面部表情。当然，孔丘的"陈俎豆、设礼容"，并非总是指参加家祭活动，他与小伙伴玩耍时也可能有类似的游戏，所以史迁说"为儿嬉戏"。当然，这种举动对于一般的孩童还是不太多见的，所以史迁在史书上专门写了一笔。

史迁还讲到，孔子不知父亲的墓地，经人指点后将父母合葬。此事出自《礼记·檀弓》，颇有疑窦，前人聚讼，诸解纷纷，其实《礼记》不过是为了证明孔丘自幼孝敬父母、行事审慎，并无甚要义，我们在此不必多论。

4

生死之事、丧葬之礼在春秋时代备受重视，体现了宗法社会的"亲亲"心理和祖先崇拜的慎终追远之情。

春秋时人的生死观相当复杂，最重要的一点是：将死人视为灵魂的存在，对待死人犹如对待活人。此即所谓"事死如事生，事亡如事存"（《礼记·中庸》）。这种观念及风俗直到现在仍然相当普遍。当然，活人有活人的礼仪，死人有死人的仪礼，两者有所不同。但是，人们对待死去和活着的亲人的态度是一致的，都要遵循周礼的规定，即孔子后来所说的"生，事之以礼；死，葬之以礼，祭之以礼"（《论语·为政》）。关于丧礼，《仪礼》中《士丧礼》《既夕礼》《士虞礼》言之甚详。需要指出的是，贵族的丧礼相当讲究，民间的丧礼也很繁复，须有专人从事这项职业。在鲁国，专门操办百姓丧礼仪式的人，是一个被称为"儒"的殷商遗民群体。章太炎最早在《国故论衡·原儒》中提出："儒"是古代术士之名，他们精天文、知雨旱、懂占候，能以"六艺"教民，是一种具有一定专业知识的社会群体。胡适在《说儒》中进一步阐发，认为儒者"柔"也，乃是一种穿戴古代衣冠、外貌文弱迂缓的人。胡适"大胆的推想"，这些儒者的祖先在殷商时代曾是专门从事殷礼的职业人士，是属于殷人遗民的一种特殊人群。

鲁国本是殷人的旧地，早先曾有"条氏、徐氏、萧氏、索氏、长勺氏、尾勺氏"（《左传·定公四年》）六族居住于此，当时鲁国境内的殷人遗民其实就是"殷民六族"的后人。周朝建立之初，殷人虽是被征服者，却因为殷商优越的制度文物，比征服者周人更有文化，更熟谙礼仪。商代的殷人笃信鬼神，相关礼仪颇为繁复。周公旦主持制定周礼文化，学习借鉴了许多殷人的礼仪。在其后维系礼乐文化的过程中，周人也少不了向殷人学习请益。殷人后裔在祭祀、卜筮、丧礼方面尤为精通，故而成为周人习礼的教导者，协助周人从事祭祀活动。《诗经》中有"侯服于周，天命靡常。殷士肤敏，裸将于京。厥作裸将，常服黼冔"（《诗经·大雅·文王》），描述的是殷商旧贵族穿戴着殷人的礼服，替周人行灌祭之礼的情景。鲁国的这些殷人遗民虽然延续了十几代，但在衣冠服饰以及礼仪风俗方面依然保留了殷人的文化传统，这就是当时的"儒"。为区别于孔子之后的儒家学派，胡适称殷儒为"原始儒"。

殷礼传统的一个重要特点就是注重丧礼，周礼中的丧礼主要受到殷礼的影响，因此"相礼"的专业人员通常由殷人后裔担任。他们擅长于主持招魂、复魄、敛衾、治丧之类的一整套礼仪，以及指导"三年之丧"等传统习俗。这些殷人遗民"不仅仅是殷民族的教士，竟渐渐成了殷、周民族共同需要的教师了"[1]，他们在鲁国世世代代延续相礼的职业，范围不仅限于丧礼，也在民间帮助普通百姓操办日常生活礼仪，并且以此作为谋生的基本手段。

作为宋国遗脉，也即殷人后裔，孔丘幼年随母亲颜氏从鄹邑来到鲁城的殷民聚居处，从小与殷人为邻，受到了殷儒习礼传统的影响。青少年时期的孔丘平日里或许会直接参与儒士们的丧祭之礼，这种助丧相礼活动可能是他补贴家用的一种谋生手段。有学者甚至认为孔子设教授徒后仍以主持丧礼为生计。孔子幼年时"常陈俎豆，设礼容"的嬉戏，童年时跟随儒士们"相礼"的经历，以及少年时有志于学的人生抱负，都成为他日后礼乐人生的重要的职业锤炼过程。正如童书业所说："孔子……出身下层之'士'，自幼好学，欲借此进身当政，故博问广学，以'礼'为主。"[2]孔丘后来能够开创性地从事私学教育，将设教授徒作为自己终身的职业，与他自幼接近儒术教士，渐渐养成好为人师的个性，应该是不无关系的。

① 胡适：《说儒》，桂林：漓江出版社，2013年，第34页。
② 童书业著，童教英校订：《春秋左传研究》（校订本），第197页。

二、十有五而志于学

1

孔丘尽管无缘见识公宫的观乐、飨宴、观书等礼乐场面，但平时应仍有机会接触周礼文化。这是因为孔丘十五岁之时，便树立了"志于学"的人生目标。如果孔丘在十五岁之前没有任何学习机会，怎会确立"志于学"的追求？要知道，在物质生活贫乏、身份等级森严、私人教育尚未开启的春秋社会，一个早年丧父、成长于平民家庭的孩子，居然"十有五而志于学"，这绝非寻常之事，背后必有值得深究的原因。

我们首先需要明确，孔丘所说的"学"，并非泛泛之学，而是明确指向"六艺"之学，即"礼、乐、射、御、书、数"。试述如下。

第一，西周直至春秋时期，对贵族子弟的教育内容就是"六艺"，所谓"学"也就是学习"六艺"。正如《周礼·地官·保氏》曰："保氏掌谏王恶，而养国子以道。乃教之'六艺'，一曰五礼，二曰六乐，三曰五射，四曰五驭，五曰六书，六曰九数。"这些都是泮宫入学的必修课程，孔丘所说的"学"，不可能在"六艺"之外另有所指。

第二，孔子自己对"学"的理解，清晰表明其所志之学指的就是"六艺"。我们看《论语》中的一段对话：

> 达巷党人曰："大哉孔子，博学而无所成名。"子闻之，谓门弟子曰："吾何执？执御乎？执射乎？吾执御矣。"（《论语·子罕》）

当达巷党人讥讽孔子"博学而无所成名"时，孔子幽默地对弟子们说：我靠什么成名？靠驾御能力，还是靠射箭技术？我还是靠驾驭能力吧！这说明在孔子脑海里，所谓"学"就是包括驾御、射箭在内的"六艺"。当然，达巷党人此言，应是在孔子设教授徒之后说的，而非孔子青少年时期。不过，孔子对"学"的理解应该是前后一贯的。

第三，孔子在设教授徒之后，对弟子们的教学内容也包括"六艺"，以及在此基础上新增的《诗》《书》《春秋》。我们看到孔子弟子中不乏樊迟这样的车御能手。樊迟曾要求学稼、学为圃，说明他是平民或农民出身，家里不可能拥有车马，其车御技术应是从孔子教学中习得的。

孔子声称自己十五岁时有志于"学"，说明他十五岁时必定对"学"的内容有所接触，有所了解，甚至已经初步上手。否则"志于学"就成了一句戏言或空话。换言之，孔丘十五岁之前已经开始接触和学习"六艺"。

问题是，少年孔丘究竟曾跟随谁学习"六艺"？我们前文说到，孔丘在鲁城有机会跟随儒士学礼，但主要限于礼、乐，尤其集中在丧礼的范围内，未必涉及"六艺"的全部内容。的确，子贡说过孔子一生"学无常师"（《论语·子张》），但这并不意味着孔子无师自通，而是说孔子一生好学不倦，向任何可学之人学习。这一点，孔子自谓"三人行，必有我师"（《论语·述而》），已经讲得很清楚了。

我们知道，学习"六艺"中的车御和射箭需要车马、弓箭等必备教具，这些根本不是普通平民所能承担或拥有的。至于"六艺"中的礼、乐、书、数，同样需要必备的书册、算筹、乐器之类教具，而且需要有人教习。

前文说到，鲁昭公二年（前540年）韩起观书于太史氏，惊叹于《易》《象》《鲁春秋》，说明这些书籍就连贵族平时也不易见到。我们在《左传》《论语》中，常看到孔丘引"周任有言曰"，周任乃古之良史，其言论应该曾被编纂成册，但普通人未必能够看到，孔丘每引其言指事明理，说明他曾精读此类书籍，并且了然于胸。这些书籍阅读都有可能是孔丘早年接受教育的结果。

孔丘精通乐理，史载孔子"以诗书礼乐教"；与齐太师语乐，闻韶音而学之，三月不知肉味；与鲁大师讨论音乐，极有见地；"子与人歌而善，必使反之，而后和之"（《论语·述而》）；自卫反鲁，然后乐正，雅颂各得其所，三百零五篇诗皆弦歌之，以求合韶武雅颂之音。可以说，音乐伴随了孔子的一生。如果不是孔丘早年学习音乐打下基础，我们很难想象他能拥有如此诗乐兴趣与技能。

那么这一切，少年孔丘又是如何做到的呢？尽管目前并没有充分的史料回答这个问题，我们还是可以做一番基于史实的可能性推断。

2

第一种推断是孔丘可能得到某位与叔梁纥相识的鲁国人襄助，获得学习"六艺"的机会。那么这个人可能是谁呢？很可能就是秦堇父。偪阳战役结束后，"师归，孟献子以秦堇父为右"（《左传·襄公十年》）。春秋时期，贵族一般拥有多名家臣，分别管理不同的事务，家臣中的总管称为室老。秦堇父原本是孟孙氏普通家臣中的一员，从他亲自"辇重如役"来看，应该是擅长力役、地位较低的家臣。竹添光鸿《左氏会笺》说："《晋语》：孟献子有斗臣五人，想堇父其一人也。"①秦堇父做了孟孙蔑的车右，想必其后在孟孙氏家族中拥有一定的地位和影响力。偪阳之战中，秦堇父与叔梁纥并肩作战，结下生死之交。秦堇父后来"生秦丕兹，事仲尼"（《左传·襄公十年》），即他的儿子做了孔子的学生。杨伯峻《春秋左传注》引《左传注疏考证》认为这个秦丕兹就是《史记·仲尼弟子列传》中的秦商。②由此可见，秦堇父在叔梁纥死后倾情关照孔丘，教他学习"六艺"，完全是可能的。尤其是学习"六艺"中的车御和射箭，以秦堇父的身份恰好可为孔丘提供无偿的支持。

另一位可能帮助孔丘学习的人是孟孙氏的宗主孟孙羯。在偪阳之战中，鄹邑大夫叔梁纥跟随孟孙蔑出战，即使当时鄹邑不属于孟孙氏的封邑，至少两人是相知相识的。三分公室之后，鄹邑的士卒可能成了孟孙氏的直属军队，叔梁纥与孟孙氏的关系就更加密切了。孟孙蔑之子孟孙速死于鲁襄公二十三年（前 550 年），其庶子孟孙羯继任宗主，即孟孝伯。而孟孙羯死于襄公三十一年，孔丘时年十岁。两家作为故交，孟孙羯帮助孔丘学习"六艺"的可能性并非没有。另外，孟孙羯的儿子孟孙貜也有可能帮助孔丘学习，后来孟孙貜极力称赞孔丘，并将自己的儿子托付给孔子教育，或许两人在孔丘少年时就已相识。

3

第二种推断是，孔子学习周礼的兴趣与机会或许缘于鲁国的庠序教育。我们看到，皇侃《论语义疏》、朱熹《四书章句集注》、方观旭《论语偶记》等注疏"十有五而志于学"，都是从"入小学""入大学"的角度来阐释的，可谓所见略同。如果孔丘早年确曾"入于学"，那么他十五岁"志于学"就不是一件奇怪的事了。事实上，孔丘虽随母为平民，却也是鲁国邑大夫的后人，接受庠序教育并非毫无可能。

周朝具有注重文化教育的传统。据说，周天子立大学以教于国，设庠序以化于邑，各国诸侯崇尚礼乐，传承文教，官员一般都需要学习仕宦之事，此即《礼记·曲礼》所谓"宦学事师"。不过，到了春秋中后期，王室式微，礼崩乐坏，各国多行世卿世禄制度，从前"学优则仕、仕优则学"的传统难以为继，于是天子辟雍、太学渐趋凋零，以至于"天子失官，学在四夷"（《左传·昭公十七年》）。各国诸侯泮宫、庠序、乡校也尽皆衰落。我们从以下两件事中可以看出郑国宦学制度的变化。一件事是郑国正

---

① 〔日〕竹添光鸿注：《左氏会笺》，第 1229 页。
② 杨伯峻编著：《春秋左传注》（修订本），第 978 页。

卿子皮打算用自己喜欢的属臣尹何担任邑宰，这个尹何从未进过庠序学习，所以子产明确表示反对："侨闻学而后入政，未闻以政学者也。若果行此，必有所害。"（《左传·襄公三十一年》）这说明先学后仕是当时的传统。然而，就在差不多的时间，又发生了"郑人游于乡校以论执政"一事，说明当时郑国的乡校已经衰落，正常的教学大概不复存在，乡校变成了国人议论执政的场所，所以有人建议子产毁掉乡校，好在子产没有同意。当时孔丘只有十岁，若干年后他在读史时了解到这件事，赞赏子产说："以是观之，人谓子产不仁，吾不信也。"（《左传·襄公三十一年》）

鲁国是春秋时期的礼仪之邦，相较于其他诸侯国，贵族子弟的宦学制度应该保存得相对完备，所以在《诗经》中专门有《泮宫》一诗，歌颂鲁僖公继承祖业，整修泮宫，重教兴学，文以化成，德被四夷，所谓"明明鲁侯，克明其德。既作泮宫，淮夷攸服"（《鲁颂·泮宫》）。当然，这是发生在孔子时代一百年前的事了。在春秋晚期礼崩乐坏的大环境下，鲁国的情况可能比郑国略好一点。或许，鲁国的庠序之学在孔丘少年时尽管有所毁损，但尚且延绵不绝。毕竟季札来鲁国礼聘，遍观周朝乐舞，赞不绝口，叹为观止；韩起到鲁国礼聘，仍感慨"周礼尽在鲁矣"。这些事件正发生在孔丘幼年时期。也许正是在叔孙豹这样的饱学之士坚持下，鲁国还能勉强维系宦学传统不坠于地。而孔丘作为大夫之后，有可能得到父亲生前好友的推荐，得以进入泮宫庠序。我们看到孔子一生爱好学习，学习态度十分积极，学习渠道相当广泛，自称"十室之邑，必有忠信如丘者焉，不如丘之好学也"（《论语·公冶长》）。孔丘这种融入血液的好学精神，或许正是因早年入学受教经历而植入心灵的。

当然，也有可能时值孔子时代的鲁国庠序教育已与郑国一样衰败不堪了。毕竟在接近于"天子失官，学在四夷"的年代，鲁国也是"大厦将倾，独木难支"。经过"三分公室"的变故，鲁国公室的军赋田税收入大为减少，财政状况捉襟见肘。缺乏足够财力支撑的国学庠序，恐怕也难以为继。如果是这种情况，孔丘早年就没有可能接受正规教育了。

4

那么，孔丘"十有五而志于学"会不会还有其他动因呢？下面，我们不妨再用基于史事的逻辑分析方法做最后一种推论：孔丘"志于学"与叔孙豹之死有关。

鲁昭公五年叔孙豹去世之时，孔丘正好十五岁。他对发生在鲁城叔孙氏家族的这件大事应该有所风闻。《左传》在记录竖牛被叔孙婼杀死后，接着就是这样一段话：

> 仲尼曰："叔孙昭子之不劳，不可能也。周任有言曰：'为政者不赏私劳，不罚私怨。'《诗》云：'有觉德行，四国顺之。'"（《左传·昭公五年》）

叔孙婼死后谥"昭"，故称叔孙昭子。文中的"劳"意为酬劳奖赏，是指竖牛立叔孙婼为宗主一事。孔丘对叔孙婼高度评价，说：叔孙婼不因竖牛立自己为宗主而酬劳竖牛，这是很不容易的。孔丘引用古代周任的名言：为政者不以个人私利而酬赏他人，不以个人私怨惩罚他人。随后又引《诗经·大雅·抑》的诗句，赞扬君子德行正直才能让四方归顺。当然，孔丘评价叔孙婼的这段话，应该是若干年后的言论，但孔丘在事发之时的态度应该与此差不太多。

叔孙豹是鲁国历史上最具礼乐文化素养的贵族，一向对公室忠心耿耿，他的去世标志着鲁国乃至整个春秋时代周礼文化的重大衰落，也使鲁国公室失去了一股制衡季氏专权的重要力量，加剧了鲁国公室的权力式微，加速了鲁国"礼乐征伐自大夫出"的局势发展。礼乐文化的衰落是一个渐进的过程，尽管从表面上看，鲁国依然是中原诸侯国中最具周礼文化底蕴的邦国，就文献保存而言也确有"周礼尽在鲁"的表象，但鲁国周礼文化的精神已经严重丧失，只有徒存其表的礼仪形式而已。也就是说，在鲁国，礼仪原本密不可分的内容与形式——礼与仪——已经发生了明显的脱节。之所以这么说，是因为在"舍中军"事件一个多月后，鲁昭公前往晋国礼聘，《左传》记载了如下一段引人深思的对话：

> 公如晋，自郊劳至于赠贿，无失礼。晋侯谓女叔齐曰："鲁侯不亦善于礼乎？"对曰："鲁侯焉知礼？"公曰："何为？自郊劳至于赠贿，礼无违者，何故不知？"对曰："是仪也，不可谓礼。礼所以守其国，行其政令，无失其民者也。今政令在家，不能取也。有子家羁，弗能用也。奸大国之盟，陵虐小国。利人之难，不知其私。公室四分，民食于他。思莫在公，不图其终。为国君，难将及身，不恤其所。礼之本末，将于此乎在，而屑屑焉习仪以亟。言善于礼，不亦远乎？"君子谓："叔侯于是乎知礼。"（《左传·昭公五年》）

鲁昭公出访晋国，晋平公数日接触下来，看到昭公一举一动有礼有节颇为得体，就对大夫女叔齐说：鲁侯不是很懂礼的吗？女叔齐则认为鲁侯只知道仪，并不懂礼。在女叔齐看来，礼的本质是守国与行政，即管理好国家，得到百姓拥护，鲁昭公并没有做到这些。女叔齐列举了四个方面的问题：一是鲁国政令掌握在季氏手里；二是有贤臣子家羁却不能用好；三是违反大国盟约，欺凌莒国、郯国等小国；四是公室军队被三家瓜分，民众依靠三家为生，不思念公室和国君的存在。所以女叔齐认为鲁君不懂根本性的礼，只知道外表性的仪。女叔齐这段话指出了鲁国礼乐衰落的本相，也提出了礼乐文化的内在实质与外在形式的统一性问题，这正是孔子深入思考并尝试解决的问题。

　　叔孙豹可以说是鲁国最后一位深受周礼文化熏染的贵族代表人物，他身上集中体现的明礼、崇德、守道、尊君、重民、尚贤等品格，与后来孔子的人格思想相当接近。我们前文说过，叔孙豹相当推崇臧文仲，认为其"死而不朽"，而孔丘恰恰"数称臧文仲"（《史记·仲尼弟子列传》），且又说"君子疾没世而名不称焉"（《论语·卫灵公》），说明孔子与叔孙豹的思想具有一定的共通性。叔孙豹之死，标志着鲁国承载周礼传统的最后一位老前辈的陨落；孔丘有志于学，意味着鲁国一位年轻的后来者接续周礼传统的文化自觉。孔丘确立自己学习周礼文化的志向，正在这个历史的时间节点上。这或许是一种巧合，也可能是一种机缘。我们不妨反过来设想，如果叔孙豹与孔子并存于世，孔丘会说"文不在兹"这样的话吗？从这个意义上说，我们在叔孙豹之死与孔丘有志于学之间建立某种相关性的联想，应该并不为过。我们当然不应夸大一位十五岁少年复兴周礼的雄心壮志，但也不能低估在礼崩乐坏时势下有志者挽救世道的坚韧意志。

三、孔丘与季孙氏、孟孙氏

1

　　有一种被人普遍接受的说法：孔丘十七岁左右，他的母亲去世了。这种说法源自史迁《孔子世家》中的一段话：

> 孔子要绖，季氏飨士，孔子与往。阳虎绌曰："季氏飨士，非敢飨子也。"孔子由是退。（《史记·孔子世家》）

　　紧跟在这段话后，史迁接着说"孔子年十七，鲁大夫孟釐子病且死"云云，所以史家一般将孔丘"要绖赴宴"一事系于十七岁，即鲁昭公七年（前535年）。

　　所谓"要绖"，"要"通"腰"，作动词，即"腰系"之意。"绖"是丧服，材料是葛、麻，戴在头上叫首绖，系在腰间叫腰绖，一般用白色带子。后世所谓"披麻戴孝"即源于此。按照史迁的说法，当时孔丘是在为母守孝期间，腰上系着白色孝带，前去参加季氏的飨宴，在季氏家门口遇到季氏家臣阳虎。"阳虎"在《论语》中作"阳货"，其实是同一个人，我们在本书中均作"阳货"。阳货不让他进门，说：季氏飨宴，邀请"士"参加，并不是请你。孔丘于是就离开了。

　　这个孔丘"要绖赴宴"的故事相当著名，在"文化大革命"期间的"批林批孔"运动中成为"孔老二"连环画、漫画集中令人印象深刻的场景。然而，这件事的真实性却受到了诸多怀疑。崔述《洙泗考信录》、梁玉绳《史记志疑》均提出了疑义。崔述的观点是，孔子居母丧而腰绖与飨，与其后来再三强调的孝道与丧礼背道而驰，所以这件事不可能是真的。梁玉绳则认为，阳货首见于《左传》鲁昭公二十七年，不太可能在二十年前的昭公七年就做了季氏的家臣。

　　为了厘清这一问题，我们不妨先看看季氏为何举行飨宴。《春秋》记载："冬十有一月癸未，季孙宿卒。"（《春秋·昭公七年》）这次飨宴极可能是在季孙宿临终前举行的，目的是当众宣布其孙子季孙意如继任季氏宗主。在这里，我们需要介绍一下周朝贵族立嗣的文化背景。周朝是一个建立在宗族组织与政治等级基础上的宗法国家，宗族既是周王朝血缘组织与区域组织交织交融的制度元素，也是诸侯、卿大夫等各级贵族封建等级结构的组织要件。正如《左传》所言：

　　　　天子建国，诸侯立家，卿置侧室，大夫有贰宗，士有隶子弟，庶人工商，各有分亲，皆有等衰，是以民服事其上，而下无觊觎。（《左传·桓公二年》）

　　天子将自己的宗亲立为诸侯，这就是诸侯国；诸侯又将自己的宗亲立为卿族，这就是公室贵族；贵族又将自己的宗亲立为侧室，这就是大夫；大夫又将自己的宗亲立为贰宗，这就是士；士也有从属于己的宗亲，这就是隶子弟；乃至庶人工商业者，都各有分属的宗亲。这些基于家族血缘的隶属关系各有差等，在宗族规范与政治律法，即礼与法的双重作用下各安其分，结果必然是"百姓服事其上"，达成"下无觊觎"的太平天下。

在周朝宗法体制内，政治权力与血缘关系是相互结合的，封建领主与宗族宗主的身份是重合的，所以维护政治权力等级的有序稳定，需要以宗族血脉的世代延续为保障，同时还要确保每个宗族后继有人，能够顺利产生继任宗主，以实现宗族族长的新老交替，这便是立嗣的意义所在。天子是天下第一大族的族长，天子立嗣就是为王朝立储；国君是邦国第一大族的族长，诸侯立嗣就是为公室立储；同样，卿大夫是邦国重要的同姓或异姓宗族的族长，卿大夫立嗣就是为贵族家族立嗣。无论是天子、国君、卿大夫，立储立嗣均须在宗主去世前完成。一旦立嗣成功，等到宗主去世之后，天子或国君就会宣布嗣主继任宗主，同时按照这一家族在邦国的社会政治地位，任命相应的政治职位。这便是所谓的世卿世禄制。

春秋时期卿大夫的立嗣方式是在家里举行一场盛大的飨宴，广邀国内贵族卿大夫们参加，席间由宗主宣布立嗣的人选，从此获得家族内外的普遍认同。这种做法是当时的惯例，当初孟孙速想要立儿子孟孙羯为后嗣，季孙宿立儿子季孙纥为后嗣，均是通过一场公开飨宴。季孙纥谥曰"悼"，史称季悼子。根据谥法，"悼"有短折之意，可见季悼子短命早逝。所幸的是，季孙纥留下的嫡子季孙意如聪明伶俐，颇令乃祖季孙宿称心满意。或许此时季孙宿感觉到自己不久人世，于是就急于操办季孙意如立嗣这件事。

孔丘风闻季氏举行飨宴，就会贸然前往吗？当然不会！如果确有孔丘腰绖赴宴之事，一定是他事先收到了正式邀请。正因为孔丘收到了季氏的邀请，才会不顾小功缌麻前去赴宴，否则很可能会得罪权贵。这也解释了崔述提出的关于"孔丘违礼"的疑问。孔丘出于"两害相权取其轻"，做出了居丧赴宴的不寻常举动，体现了青少年孔丘所谓"圣之时者"的素质。

有些学者之所以断言孔子不会腰绖赴宴，是因为他们忽视了孔子得到季氏正式邀请的可能性。其实，这种可能性是存在的。我们前文认为，孔丘可能就学于鲁国国学庠序，季孙意如年龄与孔丘相仿而稍长，两人可能是鲁国泮宫的同学，而且关系有可能还相当不错，故后来季孙意如又邀请孔丘担任"季氏史"。如果我们否定季孙意如与孔丘相识，那么又要如何解释孔丘后来去季氏家任职之事？所以，我们推断孔丘得到了季氏赴宴的邀请，邀请人正是这次飨宴的主角季孙意如。孔丘盛情难却，又考虑到此人即将成为季氏新主人，所以才在居丧期内腰绖赴宴。

再说阳货，根据《左传·定公八年》所载"阳虎欲去三桓，以季寤更季氏，以叔孙辄更叔孙氏，己更孟氏"（《左传·定公八年》），则阳货必为孟孙氏族人。当时的阳货年纪应与季孙意如相近，季孙氏、孟孙氏两个家族彼此熟悉，两人或许早就相识，阳货可能已是季孙意如的心腹。季孙意如一旦接班，就要用自己的亲信替换祖父季孙宿的旧家臣，所以这次宴会季孙意如让阳货出来亮相。阳货应该并不知道季孙意如已经邀请了孔丘，他当众拒绝孔丘的原因或许是孔丘不够受邀资格，或许如《史记》注引张守节《正义》谓"阳货以孔子少故折之"，或许因孔丘居丧不宜参加公开活动。不论何种原因，孔丘知趣地"由是退"，最终未能参会。

2

季氏飨士的当年，季孙宿就去世了，谥"武"，故称季武子。季孙意如随之继位，他死后谥"平"，史称季平子。

七年前，孟孙羯去世，其子孟孙貜继位。两年前，叔孙婼又成为叔孙氏的新主人。现在，季孙意如继任季氏宗主。这样，到了鲁昭公七年，孔丘十七岁的时候，鲁国"三桓"完成了新旧更替。三位新少主的年龄与孔丘大致相近，他们将在日后与孔丘产生社会交集，并对孔丘的人生产生重要影响。顺便说一句，孔丘在春秋时人中算是比较长寿的，而"三桓"家族中人的寿命似乎都不长，孔丘因此见证了三大家族的人来人往、潮起潮落，不仅看到了"三桓之子孙，微矣"（《论语·季氏》），而且总结出礼乐征伐"自大夫出，五世希不失矣"（《论语·季氏》），准确预见了"三桓"家族的没落。

孔丘腰绖赴宴反映了他当时的一种迫切心态，即希望尽快融入这个社会，最好能够接触到鲁城的上流贵族。这倒不是孔丘趋炎附势，而是一个有抱负的年轻人在父母双亡的情况下想在社会上尽快立足谋生的正常想法。

紧承上文，司马迁又说：

> 孔子年十七，鲁大夫孟釐子病且死，诫其嗣懿子曰："孔丘，圣人之后，灭于宋。其祖弗父何始有宋而嗣让厉公。及正考父佐戴、武、宣公，三命兹益恭，故鼎铭云：'一命而偻，再命而伛，三命而俯，循墙而走，亦莫敢余侮。饘于是，粥于是，以糊余口。'其恭如是。吾闻圣人之后，虽不当世，必有达者。今孔丘年少好礼，其达者欤？吾即没，若必师之。"及釐子卒，懿子与鲁人南宫敬叔往学礼焉。是岁，季武子卒，平子代立。（《史记·孔子世家》）

这位鲁大夫"孟釐子"，就是孟僖子孟孙貜。史迁说他在孔丘十七岁时病重将死，这显然是受了《左传》的误导，因为《左传》将鲁昭公七年"孟僖子病不能相礼"与鲁昭公二十四年（前518年）"及其将死也"两段话放在了一起，这其实是《左传》作者的一种插叙写法。史迁一时疏忽，误以为两件事同时发生，遂把孟孙貜的卒年提前了十七年。

孟孙貜有关孔丘家世的这段话，提供了关于孔丘先祖正考父的重要信息。正考父先后辅佐宋国戴公、武公、宣公三朝国君，三次受到任命。春秋时期一命为士，二命为大夫，三命为卿。正考父身居卿位，不但没有变得蛮横无理，为人行事反而越来越恭敬低调。他在家族鼎上所刻的铭文中说：第一次任命低下头，第二次任命躬下身，第三次任命弯下腰，沿着墙壁快步行走，也没有人欺侮我；稠粥在此鼎烧煮，稀饭也在此鼎烧煮，用来糊口。另外，据《国语·鲁语》称"正考父校商之名颂十二篇"，说明正考父也是一位饱学之士。如果孔丘了解先祖的家世，也算是有"志于学"的另一种内在动力。

3

孟孙貜之所以"病不能相礼"，还得从鲁昭公的楚国之行说起。弭兵盟会后，楚国在中原诸侯国中的影响力逐渐提升，与各国接触的机会也越来越多。当时楚国的土木工程技术和建筑工艺比较先进，宫室楼台筑造水平领先于中原。如当初鲁襄公访问楚国时便非常喜欢楚宫，回国后甚至在鲁城仿造了一座"楚宫"，他最后正是寿终正寝于这座宫殿之内。

鲁昭公七年，楚灵王又在国都郢城建造了一座章华之台。高台夯土建筑是春秋时期贵族间流行的建筑形式。①楚灵王的这座章华台规模相当宏伟，承载着楚灵王的雄心壮志。据称，1987年湖北潜江龙湾发掘的放鹰台一号遗址，就是章华台的残迹，此台的建筑材料技术指标与营造工艺都达到了春秋时代的先进水平。②章华台即将竣工之际，楚灵王打算邀请各国诸侯参加落成典礼以显示楚国的实力，其中派太宰薳启强亲赴鲁国邀请昭公。顾栋高分析，这代表着楚国对鲁国的看重，因鲁国"以周公之后世为望国，为晋、楚所重，故楚灵为章华之台，而薳启强特致鲁侯以落之"③。尽管鲁昭公不太愿意访问楚国，但迫于楚国的压力，在征得晋国同意后，还是带着孟孙貜前往楚国。

---

① 宋立民：《春秋战国时期室内空间形态研究》，北京：中国建筑工业出版社，2012年，第19页。

② 张正明：《楚史》，北京：中国人民大学出版社，2010年，第158～159页。

③ 顾栋高辑：《春秋大事表》，吴树平、李解民点校，北京：中华书局，1993年，第507～508页。

关于鲁昭公这次出访楚国，《左传》中有一段重要的文字：

> 三月，公如楚，郑伯劳于师之梁。孟僖子为介，不能相仪。及楚，不能答郊劳。（《左传·昭公七年》）

关于孟孙貜这个人的身份，历史上一直存在争议，原因是从孟孙蔑到孟孙貜代际相隔时间甚短。如果孟孙貜是孟孙羯的儿子，那么他与孟孙蔑之间就是四代，从鲁襄公十九年孟孙蔑去世到襄公三十一年孟孙貜继任，短短十二年间，孟孙氏宗主传了四代，虽非绝无可能，但可能性确实较小。所以宋代研究《春秋》者，有的如上所说，认为孟孙貜是孟孙速的孙子、孟孙羯的儿子；也有人说他是孟孙速的儿子、孟孙羯的弟弟。杨伯峻在《春秋左传注》中认为，汉末杜预注《左传》时对此已不太清楚，宋人所言属于臆测。[①] 在没有足够史料明证的情况下，我们姑且认同孟孙貜是孟孙羯的儿子。

孟孙速以勇力著名，大概对于周礼不甚了了，庶子孟孙羯未必从小系统接受周礼教育，所以到了孟孙貜，对于基本邦交礼仪已经不太清楚了。这次孟孙貜作为鲁昭公出访楚国的"介"，即负责重大外交活动的相礼，真可谓勉为其难。

春秋时期，各国都十分重视外交礼仪，且当时邦交礼仪过于繁复，宾主会面还常常多次互赠各种礼物，需有知礼之士从旁襄助，所以国君出访礼聘，都需要有卿大夫"相礼者"陪伴。当初鲁君有叔孙豹这样的"相礼者"随行，一切皆可应对自如。但即便在礼仪之邦鲁国，叔孙豹这样的礼学大师也不多见。当年，季孙宿的父亲季孙行父也算是一位有学之士，他有一次出访晋国，临行前突然听说晋侯病死了，于是就赶紧派手下人了解如何应对丧礼。

> 秋，季文子将聘于晋，使求遭丧之礼以行。其人曰："将焉用之？"文子曰："备豫不虞，古之善教也。求而无之，实难，过求何害？"（《左传·文公六年》）

当时手下人问季孙行父，了解这些有什么用？季孙行父回答有备无患云云。这种临时应急的做法表明季孙行父对于丧礼并没有自信。他"使求

---

① 杨伯峻编著：《春秋左传注》（修订本），第 1287 页。

遭丧之礼以行"，大概是派人临时学习丧礼，也可能是找一位懂得丧礼的人跟团随行，毕竟短时间内学习、掌握一套丧礼并非易事。

毫无疑问，孟孙貜的相礼水平远不如季孙行父，他陪同鲁昭公出访楚国，将出席楚灵王好大喜功的章华台落成典礼，还要与各国君臣见面周旋，估计孟孙貜临行前大概也会像季孙行父一样，缺乏必要的礼仪方面的自信。遗憾的是，年轻的孟孙貜没有季孙行父老成，既没有临时补课，也没有物色一位深谙礼仪的人随同出访，以至于在郑国与楚国面前两次露出破绽，史称"不能相仪""不能答郊劳"（《左传·昭公七年》）。这种现场失礼，对于平生第一次出国礼聘的鲁国年轻司空来说，该有多么的尴尬和自责。

顺便说一句，当时孔丘十七岁，有志于学已经两年多。我们前面讲过，孔丘"入太庙，每事问"，有人说"孰谓鄹人之子知礼乎？"（《论语·八佾》）这句话反过来听，恰好证明孔丘当时"知礼"的名气早已蜚声在外。故朱熹《四书章句集注》说："孔子自少以知礼闻。"[1]我们不妨想象一下，如果孟孙貜带着孔丘一起出访，说不定就能避免失礼的尴尬。这一设想并非完全不可能发生，孟孙貜的家臣中有认识孔丘的秦堇父，假如孟孙貜当时真要寻找知礼之人，秦堇父本可以推荐"鄹人之子"。

孟孙貜归国后马上亡羊补牢，"乃讲学之，苟能礼者从之"（《左传·昭公七年》）。《左传》随后叙述了孟孙貜"及其将死"时所说的话，与前引《史记·孔子世家》大同小异：

> 吾闻将有达者曰孔丘，圣人之后也……臧孙纥有言曰："圣人有明德者，若不当世，其后必有达人。"今其将在孔丘乎？我若获没，必属说与何忌于夫子，使事之，而学礼焉，以定其位。（《左传·昭公七年》）

这段话虽然是孟孙貜十七年后所说，但毕竟提到了向孔丘学礼。《左传》紧接着就是孔丘对孟孙貜所做的一段评论：

> 仲尼曰："能补过者，君子也。《诗》曰：'君子是则是效。'孟僖子可则效已矣。"（《左传·昭公七年》）

我们仔细分析，孔子说孟孙貜"补过"，应该不是指他让两个儿子从

---

① 朱熹：《四书章句集注》，第65页。

学于己，而是指他十七年前"乃讲学之，苟能礼者从之"这件事。

　　总之，孔丘与孟孙貜之间因为学礼之事，多多少少存在着一定的关联。不过，此时还有一个与孔丘关系更加密切的人，他就是季孙意如。

四、季氏吏与入太庙

1

孔丘十七岁之后的经历，司马迁提供了一条史料：

　　　孔子贫且贱。及长，尝为季氏史，料量平；尝为司职吏而畜蕃息。（《史记·孔子世家》）

　　母亲去世后，孔丘开始了独立生活，他不打算一辈子跟着殷民儒士走街串巷，从事相礼助丧工作。孔丘当务之急是要找到一种谋生的手段，于是便去季氏家里做了"季氏史"。此"季氏史"当为"季氏吏"之误。"吏"就是官吏。《左传·成公二年》曰"王使委于三吏"，据杜预注"三吏"即"三公"①。《孟子》称："孔子尝为委吏矣，曰：'会计当而已矣。'"（《孟子·万章下》）赵岐注："委吏，主委积仓庾之吏也，不失会计，当直其多少而已。"②可见孔子在季氏手下负责仓廪货物出入的管理工作，相当于仓库管理员。此后，孔丘又做了季氏的"司职吏"，即孟子所说的"乘田"。《孟子》称："尝为乘田矣，曰：'牛羊茁壮长而已矣。'"（《孟子·万章下》）赵岐注："乘田，苑囿之吏也，主六畜之刍牧者也。"③乘田就是饲养牛羊，也即"刍牧"。这不仅是一种畜牧管理，还算作一种祭祀管理，因为春秋时牛羊大都用于祭祀而非食用。而农业上的牛耕已经兴起，故冉耕字伯牛，但尚未推广。至于养马，则叫圉，属于车马军械管理，与牧业管理是分开的，不归孔丘所管。孔丘专门负责季氏的仓廪畜牧管理，因与仓储、祭祀相关，所以应该属于季氏的重要家臣。

　　这里有两个问题需要说明：第一，孔丘为什么愿意去做季氏的家臣？第二，孔丘怎样当上了季氏的家臣？有的学者认为，孔丘不太可能委身

---

① 杜预：《春秋左传集解》，第663页。
② 焦循：《孟子正义》，沈文倬点校，北京：中华书局，1987年，第709页。
③ 焦循：《孟子正义》，第709页。

于鲁国僭越者季氏，如崔述就坚决否认孔子会替季氏做事，他颇为不屑地说："孔子岂为季氏家臣者哉！"①为了证明《史记》之误，崔述认为"季"字与"委"字相近，"季氏史"当是"委吏"之误，"氏"字是后人妄加的。也就是说，崔述同意孟子之说，认为孔子的确做过委吏，但绝不会是季氏的委吏。崔述在大多数情况下都是优秀的史学家、考据家，但在涉及维护圣人完美形象之时，又会显露出经学家的本性。以崔述的传统目光来看，季氏的道德品行如此不堪，孔子绝不会与之"同流合污"。崔述的看法颇具代表性，在许多人看来，孔子与"三桓"之间长期关系紧张，彼此相互嫌恶，甚至相互敌视，似乎唯此才能体现正义与邪恶之间的水火不容，方能彰显孔子嫉恶如仇的高尚品格。殊不知孔丘一生都在与"三桓"打交道，后来他的弟子也长期担任季氏家臣，即使在周游列国期间孔子也未中断与季氏的联系。有的学者并不清楚季氏家族史，在其头脑中"季氏"是一个集体概念。其实，在孔子的时代，"季氏"先后包括季武子季孙宿、季悼子季孙纥、季平子季孙意如、季桓子季孙斯、季康子季孙肥。这些人并非铁板一块，各人的性格品行不尽相同，历史上并不存在一个"坏蛋式"季氏集体人格。更何况，当时季孙意如刚刚继位，究竟是"好"是"坏"尚未可知，孔丘为何一定要视之为"坏人"而拒绝与其往来呢？孔丘并非不食人间烟火之人，他在鲁国需要与各色人等交往，以便维持生计，进而实现自己的人生目标。

　　青年孔丘既然已经走上了"志于学"的道路，就不可能再去从事"少也贱"时的那些"鄙事"，只能依靠已经掌握的"六艺"技能来解决生存问题。具体分析起来，在"礼、乐、射、御、书、数"中，从事礼、乐事务，必须先入仕为官，就像公西赤所说的"宗庙之事，如会同，端章甫，愿为小相焉"（《论语·先进》）。眼下，年轻孔丘一时还得不到这样的机会。射、御之职虽有一定的社会地位，且孔丘也颇具这方面的才能，但毕竟属于"劳力"，并非孔丘长远的志向。书与数，即书写与计数的技能，恰好是委吏、乘田必不可少的职业要求，也恰好成为孔丘仕进之阶。孔丘应该相当擅长筹算计数，《论语》中记载了大量孔子谈论数字的话语，如"一以贯之""一言以蔽之""闻一以知二""三分天下有其二""三人行""三月不违仁""君子之道四焉""尊五美，屏四恶""六言六蔽""善人教民七年""作者七人""八佾舞于庭""九人而已""九合诸侯""君子有九思""乱臣十人""十室之邑""十世希不失""三十""四十""五十""六十""七十""百

---

① 崔述撰著，顾颉刚编订：《崔东壁遗书》，第 268 页。

乘之家""《诗》三百篇""善人为邦百年""千室之邑""千乘之国""齐景公有马千驷",说明孔子对于数字与算术是十分熟稔的。季孙意如应该了解孔丘的能力,所以就让他来帮助自己。孔丘充分发挥自己擅长的书、数能力,"料量平"即出纳准确平衡,"会计当"即财会核算精当,很好地胜任了这两项工作。

鲁昭公八年(前534年)秋,刚刚继任宗主的季孙意如为了树立自己的威望,组织了一次盛大的兵车检阅,"大蒐于红,自根牟至于商、卫,革车千乘"(《左传·昭公八年》),全国自东至西的各地乡邑进行了总体动员。季氏的兵车士卒占了鲁国军队的一半,孔丘作为季氏的委吏或乘田,很可能也参与了这场大阅兵。

2

我们前面分析过孔丘"入太庙"的一种可能性,这里要提出另一种,也是可能性最大的一种,即担任季氏吏给他带来的机会。我们知道,太庙是普通平民难以涉足的地方,年轻的孔丘能够踏入太庙的大门,应该有特殊的理由。乘田管理祭祀的币帛,委吏管理祭祀的牺牲,这很可能使得孔丘作为祭祀献品的管理者跟随季孙意如进入太庙助祭。正如朱熹《四书章句集注》所说,"此盖孔子始仕之时而助祭也"。朱熹所谓"始仕"就是指孔子担任季氏的委吏、乘田。孔子能够陪伴国君与卿大夫进入太庙,可能正是因为担任这两个职务需要准备祭物。阎若璩《四书释地续》对此有详考,文多不载。顺便说一句,孔子入太庙当不止一时一次,后来他仍有其他不少机会进入太庙,并且向主事者请益询问,所以《论语·乡党》中两次出现"入太庙,每事问",皇侃《义疏》解释道:"前是记孔子对或人之时,此是录平生常行之事,故两出也。"[1]皇侃认为"入太庙"是孔子的"常行之事",这是颇具见地的。

太庙是学习周礼的最佳处所,孔丘"入太庙,每事问",每次进入太庙都充满好奇,如饥似渴地学习礼乐文化。我们很想知道,孔丘入太庙究竟问了什么事情。为此,我们先来看看当时太庙里的建筑结构与内部陈列。我们前面说过,周朝诸侯五庙,始祖庙就是太庙。鲁国的封建始祖是周公姬旦,所以太庙就是周公庙。鲁国太庙位于内城中,国君公宫的东南方。孙星衍《古今宫室遗制考》认为,太庙与明堂、太学、泮宫、庠序、清庙、路寝等都是同一建筑,用途多样,名称不一。[2]此说值得商榷,孙氏所言

---

① 皇侃撰,高尚榘校点:《论语义疏》,北京:中华书局,2013年,第256页。
② 杨伯峻编著:《春秋左传注》(修订本),"文公二年",第520页。

或许是周初早期形制，后世宫室铺张，不必一室多用。太庙的正室称为大室，也即太室，这是太庙的主厅。太室有两层，谓之重屋。太庙的太室相对宽敞，其内部应该没有太多陈设，"盖行礼之宫，礼毕则虚其位"（《礼记·祭统》），可作各种重大聚会仪式之用，举行祭祀、临丧、爵禄、策勋等重要政教活动。太庙祭祀自不待言。关于临丧，同姓国君去世，鲁君都要亲自临庙哀哭，如鲁襄公十二年（前561年），"秋，吴子寿梦卒。临于周庙，礼也。凡诸侯之丧，异姓临于外，同姓于宗庙，同宗于祖庙，同族于祢庙。是故鲁为诸姬，临于周庙。为邢、凡、蒋、茅、胙、祭临于周公之庙"（《左传·襄公十二年》）。关于爵禄，《礼记》称："古者明君爵有德而禄有功，必赐爵禄于太庙，示不敢专也。"（《礼记·祭统》）关于策勋，鲁君凡出国之前都要告于太庙，回国后也要在太庙"饮至、舍爵、策勋焉，礼也"（《左传·桓公二年》），如襄公十三年（前560年）春，"公至自晋，孟献子书劳于庙，礼也"（《左传·襄公十三年》）。这种策书是太史修撰国史的重要内容，黄泽由此认为鲁史策书应在太庙进行。[①]如此说来，此前韩起参观太史氏掌管的文献档案书策，应该也在太庙。

《论语》记载孔丘入太庙每"事"问，这里的"事"主要是指太庙中举行的各种活动，青年孔丘对于这些繁复的仪式颇感新奇，不免问题连珠。当然，这些疑问不一定现场提出，也可以在活动散场之后询问执事者。正如阎若璩所言："独当祭时，鲁君在前，卿大夫侍从，雍雍肃肃，安得容一少年贱者呶然致辞说哉。"[②]另外，孔丘也可能在太庙中有机会接触到鲁史，在征得太史同意后阅读文籍，询问史书中的各种史事。

太庙太室四周还有一些堂室，宋人聂崇义《新定三礼图》称"中央太室有四堂，四角之室亦皆有堂"，"明堂、路寝及宗庙皆有五室、十二堂、四门"[③]。在这些堂室内，应该摆放着一些贵重的礼器，以备祭祀之用。孔丘入太庙若看到这些器物，肯定也会感到非常新奇，从而找机会向负责祭祀的大宗伯、小宗伯以及负责掌管礼器的司尊彝等主事提出很多问题。我们虽然不知道孔丘所问何事，却可以通过了解堂室陈列钟鼎器物的来历故事，大致推想一二。

---

① 黄泽著，赵汸编：《春秋师说》，第5页。
② 程树德：《论语集释》，程俊英、蒋见元点校，北京：中华书局，1990年，第184页。
③ 聂崇义：《新定三礼图》，杭州：浙江人民美术出版社，2015年，第58～59页。

3

当时鲁国太庙至少有郜大鼎、卫宝、莒盘、林钟等若干件宝器，这是史有明载的。先看鲁桓公二年（前710年）取自宋国的郜大鼎：

> 二年春，王正月戊申，宋督弑其君与夷及其大夫孔父。滕子来朝。三月，公会齐侯、陈侯、郑伯于稷，以成宋乱。夏四月，取郜大鼎于宋。戊申，纳于大庙。（《春秋·桓公二年》）

郜国姬姓，初封者是文王之子，封地在今山东省菏泽市成武县东南，后被宋国所灭。郜大鼎原为郜人铸造，乃是一件难得的宝器。郜国灭于宋、郜大鼎为宋国所得的具体时间无考。桓公二年，宋国将郜大鼎送给鲁国，应该是华父督的主意，目的是收买鲁国等诸侯国对其杀害宋殇公和孔父嘉的罪行不予谴责。这一招果然奏效，鲁桓公接受郜大鼎，对宋国卿大夫“灭德立违”的行为保持沉默。这当即遭到大夫臧哀伯的严厉批评，然而鲁桓公不予理睬。我们可以想见，当太庙主事讲述这件郜大鼎的来历时，孔丘联想到自己先祖遇难的不幸，内心一定五味杂陈。

孔丘在鲁国太庙中看到的器物，应该还有鲁庄公六年（前688年）从齐国得到的卫宝：

> 冬，齐人来归卫宝，文姜请之也。（《左传·庄公六年》）

所谓“卫宝”是一件卫国的传世国宝，或许还是早年周成王赐给卫康叔的祭器，后来卫国赠给齐国。庄公六年，鲁庄公之妻文姜向哥哥齐襄公讨要，于是就归于鲁国。如此一件宝物，自然安放在鲁国太庙中。齐襄公为什么要把这件宝物送给妹妹文姜呢？或许缘于兄妹俩的暧昧关系。这是春秋早年齐、鲁两国的一桩著名乱伦丑闻，最后导致了鲁桓公被齐襄公手下弑杀。孔丘看到这件卫宝，想必也会询问相关往事，不免深感礼乐风尚的衰败，内心恢复周礼之志更坚。

太庙内还有一件季孙宿铸造的青铜器：

> 季武子以所得于齐之兵，作林钟而铭鲁功焉。（《左传·襄公十九年》）

在平阴之战中，以晋国为首的诸侯联军大败齐军，鲁国也乘势捞了一把。季孙宿用缴获的齐国兵器铸造了一座大钟，在上面铭刻自己的功绩，这类钟铭称为"林"，故此钟称为"林钟"。这件事遭到了臧纥的严厉批评，认为季孙宿无德铭功，又得罪齐国，乃是亡国之道。然而，季孙宿好大喜功，对臧纥的批评不予理睬。孔丘见到这件近年所铸的林钟，或许会睹物思人，对出奔齐国的臧纥前辈心生悯恻之情。

孔丘所参与的鲁国公室在内城公宫举行的祭祀活动应该不限于太庙，其他昭穆四庙或许他也有机会涉足。如果他能够进入襄公庙，还可以见到另外一件礼器。鲁襄公十二年，鲁国与莒国交战，"季武子救台，遂入郓，取其钟以为公盘"（《左传·襄公十二年》）。盘是一种盛食物的食器。不过据《礼记·大学》正义，盘也可指一种沐浴的浴器。季孙宿熔钟制盘，估计制作的应该是浴器而非食器。既然称"公盘"，则是襄公所用的浴器。襄公去世后，此物肯定会被移置于襄公庙内。孔丘见到此物，或许会对于季氏家族的门风又多一分了解。

五、天下无道

1

弭兵盟会后，一方面，随着晋楚两国和平相处，晋国协调维护各国关系的霸主职能趋于松懈；另一方面，晋国要求诸侯朝聘吊丧之事有增无减，引得各国颇有怨言。晋平公热衷于修建位于汾水河畔的豪华离宫"虒祁之宫"。因这里原是羊舌氏的封地铜鞮，所以又叫"铜鞮宫"。铜鞮宫大城方圆数里，城墙高大，气势宏伟，着实劳民伤财。晋国作为中原霸主的地位逐渐自我淡化，在诸侯中的凝聚力和影响力持续下降。对此，就连晋人也深感不安，晋国大夫张趯认为晋国盛极必衰，担心"晋将失诸侯"（《左传·昭公三年》）。

随着各国邦际关系的改善，外部威胁力量的消减，反而使晋国国内公卿世族间的矛盾更加激烈，甚至到了兵戎相见的地步。尤其在赵武去世后，正卿韩起为人平庸，政治能力明显不够，内政外交上均无甚建树，晋国内部更加散乱无序，栾、郤、胥、原、狐、续、庆、伯等昔日姬姓贵族皆已没落为贱役，六卿专权，"政出多门"愈演愈烈。

此时的中原诸侯国，国君权力也在加速衰落，"政在家门"已成普遍之势。在齐国，齐景公尚属年轻，国内贵族之间冲突不断，争斗激烈。在崔氏、庆氏灭亡之后，栾氏、高氏、陈氏、鲍氏继续勾心斗角。栾氏、高氏都是齐惠公的后代，鲍氏是鲍叔牙的曾孙，陈氏则是陈国出奔到齐国的贵族。这四大家族分为两派，栾、高为一派，鲍、陈为一派。栾施和高强赶走庆封后，分别担任右相和左相，势力相对较强。鲍国也有相当的实力，与陈氏宗主陈无宇关系比较密切，两家暗中联合抗衡栾氏、高氏，相互之间不断明争暗斗。在此过程中，陈氏的势力增长相当迅速。陈氏原为陈国公族，后出奔到齐国。春秋时期，贵族犯事出奔他国，是经常发生的事情。各国之间都已形成默契，对出奔逃亡的人不仅来者不拒，还会按照其原来的地位给予相应的待遇，甚至安排入仕为官。陈氏被封在"田"这个地方，就改以"田"为氏，故也称田氏。田氏在齐国韬光养晦，以"大斗出、小斗进"笼络民心，渐渐跻身于齐国大族之列。齐国贵族中还有晏氏，宗主晏弱是齐国上大夫，地位稍低于四家。晏弱在鲁襄公十七年（前556年）去世，其子晏婴继任宗主。晏婴为人公道正派，做事干练务实，在齐国内部倾轧的风风雨雨中处变不惊，始终不偏不倚、忠勇耿直，赢得了各家大族的尊重。齐景公很信任晏婴，经常依靠他来制衡四家大族之间的争斗，外交事务也基本交给晏婴处理。

　　春秋时期的中原各国政治权力的演变过程大致分为三个阶段。第一个阶段是周天子权力式微，各国诸侯不再受制于传统"尊尊""亲亲"的政治和道义约束，从封建藩属逐渐演变成相对独立的主体邦国。在此过程中，实力最强的邦国通过武力和外交取得诸侯盟会的霸主地位，在一定程度上替代周天子发挥协调各国、解决争端的作用，此即"礼乐征伐自诸侯出"。第二个阶段是周天子的地位继续衰落，同时各国诸侯的权力也在式微，而随着生产力的进步、铁制工具的使用以及耕作者身份从农奴向自由度更高的农民转变，卿大夫封邑土地产出效益不断提高，政治军事实力持续增强。这一方面导致"政在家门"的权力下移现象出现，另一方面也使得卿族之间的相互争斗更加激烈和血腥，胜者往往全部占有败者的领地。在此过程中，霸主国内部贵族之间，特别是姬姓公族与异姓贵族之间的斗争尤为激烈，霸主国君在这种持续的内耗中逐渐失去了昔日的号召力，主要卿臣取代国君发号施令，此即"礼乐征伐自大夫出"。晋国的这种政治态势对于中原侯国，特别是与晋一向关系密切的鲁国的外交政治产生了持续而深刻的影响，这种影响直接体现在孔子的人生轨迹与思想演进之中。第三个阶段是随着卿大夫权力的失落，家臣的作用和地位持续提高，此即"陪臣执国命"，这种现象在鲁国尤为明显。

在当时所处的"政在家门"政治环境里，晋国叔向、齐国晏婴以及郑国子产是维护社会稳定的中流砥柱。从孔丘后来对此三人的高度评价来看，年轻孔丘在其成长过程中必定受到他们人格的正面影响。孔子后来总结春秋时期的政治权力变迁，将这三个阶段通称为"天下无道"。在孔子看来，只有礼乐征伐自天子出，才算是天下有道的常态。

> 孔子曰："天下有道，则礼乐征伐自天子出；天下无道，则礼乐征伐自诸侯出。自诸侯出，盖十世希不失矣。自大夫出，五世希不失矣。陪臣执国命，三世希不失矣。天下有道，则政不在大夫。天下有道，则庶人不议。"（《论语·季氏》）

上述文字是《论语》中鲜见的孔子对于宏观社会历史的评论，既反映了孔子对于整个春秋时代所抱持的基本社会历史观，也是他对现实政治与未来社会走势的精到概括与准确预测。需要指出的是，这段话最后的"天下有道，则庶人不议"九字，其逆否命题就是"庶人有议，则天下无道"，体现了孔子朴素的民主思想。

弭兵盟会后，中原诸侯纷纷交聘楚国，楚国原来旧盟国的价值明显降低，于是楚灵王开始自噬陈国、蔡国。陈国妫姓，蔡国姬姓，都是周武王封置的诸侯国，因与楚国接邻，两国被迫转投为楚国盟国。鲁昭公八年，楚灵王借陈国内乱，派其弟公子弃疾公然出兵灭陈，将陈国变成直属楚王的一个县，由穿封戌担任县公，春秋分封制度外的郡县制开始确立。

2

在此形势下，鲁国开始自我盘算，如何在新的邦际变局中维护自身利益。他们首先想到的是，鉴于楚国咄咄逼人，晋国又不太可靠，必须与齐国改善关系，以免这个搬不走的邻居乘虚而入。在春秋史上，齐国与鲁国虽然不乏冲突，但两国诸侯宗族之间却世代联姻，双方实为甥舅关系：鲁桓公娶齐襄公妹妹文姜，鲁庄公娶齐襄公之女哀姜、叔姜，鲁僖公娶齐桓公之女声姜，鲁文公娶齐昭公之女出姜，鲁宣公娶齐女穆姜；反过来，齐昭公娶鲁女叔姬，齐灵公娶鲁女懿姬、声姬；等等。

事实上，当初周公东征平乱之后，周室将鲁国和齐国分封到东方，目的就是希望周公旦与姜太公两个家族"肱骨周室，夹辅成王"，成为周朝的东部屏藩。据说周成王还亲赐盟书，勉励两国"世世子孙无相害"（《左传·僖公二十六年》）。从总体上看，两国之间除了边邑侵夺之类的局部冲突，尚能维持比较稳定的睦邻关系。如同世俗婚姻一样，两国比邻接壤，鸡犬相闻，关系时好时坏，但彼此往来还是相当密切的。鲁昭公九年（前533年），鲁国派孟孙貜"如齐殷聘"。所谓"殷聘"就是盛大的聘问。杜预《春秋左传集解》曰："自叔老聘齐至今二十年，礼意久旷。今修盛聘，以无忘旧好。"[1]这是齐鲁两国自平阴之战以后最重要的关系和缓阶段。

鉴于齐鲁修好，晋国无意他顾，季孙氏乘机图谋周边小国。鲁昭公十年（前532年）秋，季孙意如亲自率军侵伐莒国。《春秋·昭公十年》记载："秋七月，季孙意如、叔弓、仲孙貜帅师伐莒。"《左传》曰：

> 秋七月，平子伐莒，取郠，献俘，始用人于亳社。臧武仲在齐，闻之，曰："周公其不飨鲁祭乎！周公飨义，鲁无义。《诗》曰：'德音孔昭，视民不恌。'恌之谓甚矣，而壹用之，将谁福哉？"（《左传·昭公十年》）

九年前季孙宿曾经侵犯莒国，以致叔孙豹在虢地盟会上差点丧命。这次攻莒，季孙意如仍是主谋。竹添光鸿《左氏会笺》指出："《传》云平子伐莒，取郠，平丘又独见执，明是季孙为伐莒之主。"[2]孟孙貜也派兵助攻，可见此时孟孙氏与季孙氏关系较为紧密。当时鲁国已经舍中军，季孙氏的军队由叔弓率领，孟孙氏的军队由孟孙貜率领；史家认为，叔孙氏没有参与，是因为叔孙婼"自为离异，不肯党恶"[3]，体现出叔孙婼不愿同流合污的品格。季孙意如进兵顺利，攻取了莒国的郠地（今山东省临沂市沂水县），抓获了一些战俘。凯旋后，季孙意如居然做出了"献俘""用人"的举动。"献俘"就是将战俘献于太庙；"用人"就是用活人祭祀，可以在太庙，也可以在亳社。《左传》称在亳社"用人"，但从臧纥"周公其不飨鲁祭乎"这句话看，应该是同时祭祀于太庙和亳社。关于季孙意如用活人祭祀这件事，有两种不同的说法：一种说法是直接杀人祭祀，另一种说法是叩其鼻出血以祭，竹添光鸿《左氏会笺》认为是后者。[4]不管有没有杀人，在鲁国用活人祭祀于太庙和亳社还是第一遭，由此可见季孙意如的狠辣似乎超过了乃祖乃父。本来献俘这种事是诸侯对周天子做的，而且所献战俘通常都是蛮夷。季孙氏以邻国士卒献俘，严重违背了周礼，

---

① 杜预：《春秋左传集解》，第1326页。
② 〔日〕竹添光鸿注：《左氏会笺》，第1791页。
③ 李卫军编著：《左传集评》，北京：北京大学出版社，2016年，第1647页。
④ 〔日〕竹添光鸿注：《左氏会笺》，第1797页。

连身在齐国的臧纥都看不下去，在鲁国民众中大概也引起了强烈反响。

亳社是殷人的祖庙，孔丘是殷民的后裔，他作为季氏吏是否参与了献俘祭祀活动不得而知，但这件事对他产生的心理冲击可想而知。孔丘应该能够感觉到，晋国霸主地位的持续下降助长了季孙意如的政治野心，鲁国正在"礼乐征伐自大夫出"的道路上越走越远，更加严重的"礼崩乐坏"之局面越来越近。如果说此前孔丘对季孙意如还抱有一定期许，至此大概会放弃幻想了。或许就在这个时候，孔丘产生了辞去乘田职位、离开季孙氏的念头。

3

此时孔丘年方二十，按照周礼，男子二十岁举行成人冠礼。我们无从知晓孔丘在何时何地举行的冠礼，因为男子"二十而冠"只是规范性要求，实际情况不一定如此严格，如周成王传说是十四而冠[①]，鲁襄公行冠礼时也只有十二岁。《礼记》中有一段文字隐约透露出孔丘冠礼的信息：

> 鲁哀公问于孔子曰："夫子之服，其儒服与？"孔子对曰："丘少居鲁，衣逢掖之衣；长居宋，冠章甫之冠。丘闻之也：君子之学也博，其服也乡，丘不知儒服。"（《礼记·儒行》）

孔子见鲁哀公，当在孔子晚年，他回忆自己小时候居住在鲁国，长大后在宋国"冠章甫之冠"。"章甫"也作"章父"，《释名·释首饰》曰："章甫，殷冠名也，甫，丈夫也。服之所以表彰丈夫也。"孔丘曾在宋国带过章甫之冠，则有可能是孔丘在担任乘田时期，或辞去乘田之后，觅空去了一趟宋国，在宋国完成了冠礼。孔丘本是宋人后裔，在父亲已故的情况下前往故国举行冠礼也有一定的可能性。按照《礼记·曲礼》"男子二十冠而字"，在孔丘行冠礼的过程中，应有在场的尊长者为之取字。孔丘字"仲尼"，史迁有所谓"祷于尼丘"的说法。如果叔梁纥确实早已去世，那么"仲尼"这个字自然不会是叔梁纥所取。"尼"本有阻止之义，与"丘"有对应之意，所以在冠礼上由某位长者给孔丘取"尼"为字，也是相当妥帖的。至于这个人会不会就是与叔梁纥曾有一面之交的宋国左师向戌，我们就不得而知了。

在这里，我们顺便再说一下孔丘的婚事。按照广为接受的说法，孔丘与宋国的亓官氏结婚，生了儿子孔鲤，孔鲤字伯鱼，得名于鲁昭公赐鲤。

---

① 〔日〕竹添光鸿注：《左氏会笺》，第1220页。

这种说法不见于史书，而是来自《孔子家语·本性解》：

> 至十九，娶于宋之亓官氏，一岁而生伯鱼，鱼之生也，鲁昭公
> 以鲤鱼赐孔子，荣君之贶，故因以名曰鲤，而字伯鱼。

其实《孔子家语》的这则故事不足为据。崔述《洙泗考信录》认为孔丘二十岁时尚未在朝廷入仕，"安能动国君而赐之鲤"。崔述此说不无道理。孔丘儿子名鲤，字伯鱼，这是《论语》明载的，而且符合当时取名惯例。鲁桓公六年（前706年），桓公生了一个太子，问名于大夫申繻，申繻讲了许多条取名的原则，其中说到"取于物为假"（《左传·桓公六年》），也就是借用物品来取名。如"杵臼"本是一种用于舂捣的物品，春秋时期宋昭公、公孙杵臼、齐景公等多人皆以"杵臼"为名。杜预曾说："伯鱼生，人有馈之鱼，因名之曰鲤。"[①] 杜预只说"人有馈之鱼"，并没有说鲁桓公所赐，这是比较符合实情的。王肃与杜预几乎同一时期，他大概是根据孔鲤名字的相关传说，编造出国君赐鲤为名的佳话，借以体现孔丘与国君的特殊关系。

这一年的年底，在位四十四年的宋平公离开了人世。如果孔丘此时尚未离开宋国，顾念三十一年前相地盟会上父亲曾经见过此君，心中或许会产生些许哀伤吧。

---

① 杜预：《春秋左传集解》，第93页。

第三章　设教授业

在孔丘的青年时期，鲁国内外发生了一系列重大事变，对孔丘的心灵产生了新的冲击和激荡。我们不妨回放几个重要镜头：一是不可一世的楚灵王惨死于一场突如其来的内乱，引发孔丘对"克己复礼"的思考；二是子产为了减轻各国进贡霸主的负担，大胆挑战晋国权威，得到孔丘的高度评价；三是季孙意如肆意侵犯邻国，遭到晋人羁押；四是历时两年的费邑之叛终于被季氏平定，南蒯出奔齐国，鲁国家臣"张公室"的先例已开，隐伏着"陪臣执国命"的凶兆。这些貌似毫不相干的事件从不同侧面反映了这个时代的剧变，孔丘对此不可能无动于衷，他在深思熟虑后对自己的人生做出了重大的抉择。

孔子选择了设教授徒的人生发展道路，这是一条从未有人走过的荒野小径，既充满了未知的挑战，也蕴藏着无穷的希望。孔子创立私学不久，就有颜路、曾点、秦商、冉耕、子路等前来投师。后来孟孙貜年方十三岁的双胞胎儿子孟孙阅、孟孙何忌也投入师门，这表明孔子在鲁城的教学活动得到了社会的充分认同。

孔子将知识技能传授与德行品性教育结合起来，德、言、政、文四科设教；文、行、忠、信四教并举。在尊重人的主体性的基础上，开展个性化的因材施教、启发式的循循善诱、开放式的对话讨论、平等式的教学相长。在中华大地的首个私学园圃中师生共同耕耘出一片充满人性、自由发展的教育新天地，在春秋晚期社会中开启了士人群体一种崭新的生活方式，同时也奠定了孔子自身"三十而立"的文化根基。

本章考证孔子设教授业的时间、背景、动机、内容、方式等，分析孔子"三十而立"的史实依据与人生意蕴，介绍孔子教育理念与教育方法，在宏观历史背景下呈现孔子对人生的深刻思考、对初心的不懈追求以及对社会世变的文化态度。

一、克己复礼

1

楚灵王在鲁昭公八年灭掉陈国之后，将下一个目标对准蔡国。蔡灵侯当年弑父上位，继位后在国内又相当暴虐，鲁昭公十一年（前531年），楚灵王通过"币重而言甘"之计，将其诱至楚国杀死，然后派公子弃疾帅师围蔡。蔡国太子一面率领军民奋起抗击，一面赶紧向晋国求救。此时晋平公刚刚去世，晋昭公继位，大权握在六卿手中。正卿韩起迫于压力，召集中原各国卿大夫在卫国厥慭（今河南省新乡市境内）举行了一次盟会，共谋救援蔡国之策。众人商议的结果是，只派了一个晋国大夫前往楚国，替蔡国求情，结果被楚人断然拒绝。楚灵王亲率大军继续围攻蔡国，数月后终于灭蔡，将蔡国变成蔡县，由公子弃疾任蔡公。蔡国太子被押回楚国，楚人在冈山将其杀死以祭神。至此，楚国扩张的势头达到了顶峰，晋国的畏葸退让令中原诸侯感到寒心。

楚灵王吞并了陈国和蔡国后，又于鲁昭公十二年（前530年）冬天，派荡侯、潘子、司马督、嚣尹午、陵尹喜五位大夫率军包围了徐国国都徐城。徐国与吴国是联姻的友邦，楚国攻打徐国，打算随后进逼吴国。不久，楚灵王带着右尹子革，即二十四年前出奔楚国的郑国贵族然丹，率领后续增援部队来到乾溪（今安徽省亳州市东南）。

楚灵王一生矢志于振兴楚国国威，为此不惜穷兵黩武、四处扩张、灭国残民，在后世人们的印象中属于暴君。其实，楚灵王也有宽豁纳谏、任人唯贤的一面，如宽赦赖国国君、吴国蹶由，任用顶撞过自己的穿封戍、申无宇。需要特别指出的是，楚灵王对楚国长期被中原文化边缘化十分不满，热衷学习效仿中原周礼文化，迫切希望楚国成为华夏文化的重要成员。鲁昭公四年（前538年），楚灵王召集诸侯举行申地盟会，大夫椒举特别劝告楚灵王一定要"慎礼"，以此吸引中原诸侯归心，并说："霸之济否，在此会也。"（《左传·昭公四年》）楚灵王真诚表示，要在申地盟会上使用当年齐桓公昭陵之会的礼仪。为此，楚灵王特地邀请了深谙周礼的向戌、子产前来教习指导"合诸侯之礼"。此次楚灵王以"双霸主"的身份，挟灭陈、蔡之威，亲自向吴国用兵，在暴虐的外表下面隐藏着乃父"抚有蛮夷，奄征南海，以属诸夏"的心理，即完成率领南方蛮夷融入中原文化的文化使命，从而使楚国获得华夏诸侯的政治尊重和文化认同。

在乾溪的山谷中，楚灵王与子革进行了一次相当著名的对话，生动体现了楚人的心态。

> 右尹子革夕，王见之，去冠、被，舍鞭，与之语曰："昔我先王熊绎，与吕级、王孙牟、燮父、禽父，并事康王，四国皆有分，我独无有。今吾使人于周，求鼎以为分，王其与我乎？"对曰："与君王哉！昔我先王熊绎，辟在荆山，筚路蓝缕，以处草莽。跋涉山林，以事天子。唯是桃弧、棘矢，以共御王事。齐，王舅也。晋及鲁、卫，王母弟也。楚是以无分，而彼皆有。今周与四国服事君王，将唯命是从，岂其爱鼎？"（《左传·昭公十二年》）

从两人的对话中，我们可以清晰感觉到，以楚灵王为代表的楚国人对于长期尊奉周天子却仍被排斥在周王朝"亲亲"关系之外的孤愤不满，以及想要凭借自身实力跻身中原诸侯行列的急切心情。当初楚庄王的请求是"问鼎"，现在楚灵王的要求是"分鼎"，这些不能仅看作楚人的一种权力诉求，其深层还包含了楚国作为诸侯列国而不被一视同仁的委屈、怨恨与憎愤。

子革作为郑国贵族，对华夏历史文化了然于胸，他知道楚国被排斥在中原诸侯之外的根本原因是文化差异，其中最重要的是周礼文化的德性要求。所以就借祭公谋父所作《祈招》之诗向楚灵王进谏，诗云"祈招之愔愔，式昭德音。思我王度，式如玉，式如金。形民之力，而无醉饱之心"（《左传·昭公十二年》）。意为祈祷国家和顺，德音宏远；思念吾王风度，温润如玉，坚强如金；治国唯求民务，而无纵欲之心。子革因势利导，借古讽今，言辞委婉却不乏警诫，寓意深刻而不失含蓄，体现了其过人的勇气和智慧。楚灵王完全听懂了子革的意思，心中有所触动，以至于数日"馈不食，寝不寐"，然而终"不能自克，以及于难"（《左传·昭公十二年》），在半年后公子弃疾发动的一场反叛行动中绝望自缢。

> 仲尼曰："古也有志：'克己复礼，仁也。'信善哉！楚灵王若能如是，岂其辱于乾溪？"（《左传·昭公十二年》）

孔丘知道此事，十分感慨地说：古书上说，克己复礼为仁，说得真对啊！楚灵王如能做到，岂会在乾溪自取其辱？我们从孔丘的言辞和语气中，可以感觉到孔丘对楚灵王人生悲剧的惋惜之情。孔丘对楚灵王的批评主要集中在他不能"克己复礼",这是为什么呢? 楚灵王身上并非没有优点,他的最大优点就是对楚国的深情以及为楚国崛起而矢志不渝的毅力。正如有学者指出:"楚灵王虽汰侈无礼,任性而行,但却绝无损害国家、民族利益的主观意识和行动。他在事关楚国前途命运的原则问题上,有比较敏感、清醒的态度和深切的感情。"[①] 楚灵王的问题在于,他在追求母国利益的过程中肆意放任,未能将自己约束在正常的社会规范之内,违背了周礼的基本准则。概而言之,就是未能做到"克己"与"复礼"。楚灵王人生命运的悲剧性主要表现在,他一方面竭尽毕生之力要使楚国融入中原文化,另一方面却在此过程中时常表现出"非礼""背礼"之举。楚灵王相当笨拙的行为一次又一次破灭了中原诸侯的期望,挫伤了陈、蔡盟国的情感,也失去了本国民众的支持,使其政治志向与实际行动相互矛盾,最终与自己的毕生愿景背道而驰。

楚灵王死后,公子弃疾即位楚王,是为楚平王。楚平王让子旗担任令尹,重新恢复了陈国、蔡国,让陈国太子的儿子庐回到陈国,立为陈惠公;让蔡国太子的儿子吴回到蔡国,立为蔡平侯。楚平王还让子革安抚军民,同时赏赐功臣、宽政待民、赦免罪过、提拔贤人,国家很快安定下来。

而此时的吴国听说楚国内乱,遂乘机大举进兵,侵占了楚国的州来(今安徽省淮南市凤台县)。楚国令尹子旗请求反击,楚平王说:我尚未安抚人民,犹未敬事鬼神,亦未修缮守备,更未安定国家,如果兴师动众,滥用民力,一旦失败就后悔莫及了。州来在吴,跟在楚一样。我们姑且耐心等待时机吧。从此,楚国进入了调整收缩期,对北方诸侯国与南方吴国都采取了守势,各国关系进入一个相对稳定的时期。

我们不清楚孔丘对楚灵王的评论,究竟是发自当时还是日后。鉴于楚灵王之死也算是当时一件轰动天下的大事,一向关心时政的孔丘耳闻此事,很快做出评论,也是很有可能的。

在《左传》当年的纪事中,还记载了一段孔丘对子产的评论。鲁昭公十三年(前529年),晋国在平丘(今河南省新乡市封丘县东)召集诸侯举行盟会,子产在盟会上与晋人据理力争,强烈要求晋国降低对郑国进贡的份额要求。子产的随从害怕晋人报复郑国,子产却从容地说,晋国政出多门,众卿意见不一、自顾不暇,不会侵凌郑国的。为此,孔丘高度评价子产是"国基",即邦国根基,并说"合诸侯,艺贡事,礼也"(《左传·昭

---

① 何新文:《〈左传〉人物论稿》,北京:中国社会科学出版社,2004年,第293页。

公十三年》），意思是各国制定对霸主贡赋的限额，防止其贪得无厌，这是符合周礼的。孔丘希望用周礼来规范诸侯霸主的欲望，这与他对楚灵王的评论是完全一致的，从正反两方面阐释了"克己复礼"的意蕴。

2

当楚灵王走向生命终结之时，季孙意如正迎来一场源自家族内部的暴风骤雨，预示着鲁国"陪臣执国命"的初兆，标志着鲁国的礼崩乐坏进入新的阶段。

南遗曾是季孙宿的室老，相当于家臣中的总管家。他的儿子南蒯担任费邑邑宰。费邑是季氏封地内最重要的城邑，可以说是季氏家族的本根所在。季孙意如平时对待南蒯不太尊重，南蒯怀恨在心，于是联合叔孙氏的族人叔仲小、鲁昭公的弟弟公子憗，暗中谋划要除掉季孙意如，声称要将季氏的封邑归还给国君，自称"张公室"。公子憗将这次密谋的内容告诉了鲁昭公，昭公一直反感季孙意如的飞扬跋扈，默许了他们的计划，这是昭公第一次试图用武力剪除季氏，揭开了鲁国君臣武力对抗的序幕。不过，仅凭这些人的力量要除掉季孙意如谈何容易，所以他们想要借助外部势力做成此事，即借助晋国的力量。此前，季孙意如攻取莒国郠地，并且用战俘活人献祭时，莒国曾向晋国告状，晋国对此十分恼怒。但晋国当时正在全力应对楚国围攻蔡国的突发事件，无暇处置莒国的投诉。南蒯等人知道晋国不会轻易放过季孙意如，早晚会跟他算账，所以就打算利用晋援除去季氏。

恰好此时晋昭公新立，各国国君纷纷前去祝贺朝拜。鲁昭公十二年夏，昭公带着公子憗一同前往晋国朝见新君，公子憗准备当面求助于晋人。不料晋人因鲁国伐莒迁怒于鲁国，在黄河渡口将鲁昭公拦住，拒绝他前来朝见，只允许公子憗前往晋国。鲁昭公只得半途折返。正在费邑积极筹备的南蒯听到消息后，一方面猜想晋国可能拒绝相助，另一方面担心事情久拖生变，索性一不做二不休，就在费邑举起叛旗，宣布费邑脱离季氏，归属于齐国，以此争取齐国的支持。此时公子憗正从晋国返回的途中，闻讯后也逃往齐国。叔仲小则吓得躲了起来。在鲁国历史上，还从来没有发生过卿大夫家臣据邑叛主的事情。季孙意如马上发兵攻打费邑，结果受挫失利，只好采取围困战术。两年后，费邑民众无法忍受长年的围城封锁，再也不愿为叛人助力，南蒯在群情汹涌的态势下只身逃亡齐国。

南蒯与公子憗密谋政变时曾有这样的说法：

南蒯谓子仲："吾出季氏，而归其室于公。子更其位。我以费为公臣。"（《左传·昭公十二年》）

南蒯希望驱逐季氏，把季氏封邑归还公室，由公子慭接替季氏宗主，他自己在费邑做国君的臣下。南蒯打算从季孙氏邑宰身份转变为鲁君之臣，这是一个体现了鲁国家臣"张公室"的重要政治信号，属于一种前所未有的政治新现象，在一定程度上标志着春秋战国之际分封等级制向君权集中制转变的最初萌芽。

在此，我们有必要对"张公室"做一番讨论。"陪臣执国命"多次发生在鲁国，并非事出偶然，而是与君权和卿权之间的动态平衡有关。从上下"尊尊"关系来看，春秋晚期各国大致分为三种类型。第一类是君权明显强于卿权，接近于集权体制的，主要代表是楚国、秦国、吴国，这些诸侯国受到华夏文化影响相对较小，"亲亲"伦理观念比较淡薄，"尊尊"观念易于强化，此类诸侯国不易出现君权旁落的问题，更遑论"陪臣执国命"了。第二类是卿权明显强于君权，甚至出现弑君、黜君等严重僭越的，主要代表是齐国、晋国，随着卿族势力不断增强，此类诸侯国最终出现卿权直接取代君权的结果，即"田氏代齐"和"三家分晋"。第三类是君权受到削弱，存在卿大夫僭越现象的，有时甚至严重到驱逐国君的程度，但由于周礼传统文化浸润较深，卿权并没有发展到直接取代君权的程度，主要代表就是鲁国。鲁国的君权与卿权之所以尚能保持一定的平衡，且在进入战国时代后卿权影响不断递减，主要有两个原因：一是鲁国深受周礼文化传统影响，"亲亲""尊尊"两种伦理易于达到平衡；二是卿族"三桓"之间存在既相互支撑又相互制约的关系。由于鲁国的君权与卿权矛盾总体上属于非致命性的，国君的影响还能持续存在，所以就给陪臣阶层利用君权削弱卿权提供了一次又一次的机会。

尽管家臣"张公室"的动机主要出于私利，而且结果也未必有利于张大君权，但至少已产生了家臣维护君权、效忠君权的意念，其实质是一种"尊尊"超越"亲亲"的越级效忠，具有微妙而深刻的时代意蕴。前文已述，周朝的等级效忠乃基于宗族"亲亲"与上下"尊尊"的双重要求，且"亲亲"的意义明显更加重要。尤须注意的是，周朝分封制下的"尊尊"等级效忠，仅仅局限在次级对上级的效忠：诸侯效忠于天子，卿大夫效忠于诸侯，属大夫和家臣效忠于卿大夫。跨级别的下级与上级之间并不存在责任义务，也就不存在效忠。所以当时人们对"张公室"普遍持否定态度。《左传》记载了南蒯将叛之时，费邑乡人的讽刺之言：

南蒯之将版也，其乡人或知之，过之而叹，且言曰："恤恤乎，湫乎，攸乎！深思而浅谋，迩身而远志。家臣而君图，有人矣哉！（《左传·昭公十二年》）

费邑乡人讽刺南蒯身为家臣而心系国君，真是不可多得的大人才啊！当南蒯逃到齐国后，齐景公当众指斥南蒯"叛夫"。南蒯辩解说：臣欲张公室也。一旁的齐国大夫子韩皙立即反驳道："家臣而欲张公室，罪莫大焉。"（《左传·昭公十四年》）这句话与费邑民众对"张公室"的态度是一致的。可见春秋晚期的家臣越级效忠可以说是一种崭新的政治现象，折射出这个时代政治伦理风向标的变化。

在秦汉以后两千多年的大一统君王集权政治下，各级臣僚效忠君王一人，这似乎是"天经地义"的。所以，后世士人对南蒯"张公室"的看法就与春秋时人明显不同。清人姜白岩《读左补义》就指责齐国大夫子韩皙说："季叛公室，危及君父，为家臣者，有能挈大权还公，不以为功而反以为罪，是家臣但当剥削公室而后可也。"[1] 其实，姜白岩不懂得社会价值观乃是时代的产物，一代自有一代的道德评价标准。周朝上下等级的"尊尊"政治伦理是建立在宗族长幼亲疏的关系基础之上的，正如《尚书·尧典》所说："克明俊德，以亲九族。九族既睦，平章百姓。百姓昭明，协和万邦。"周朝的宗子继承制度、祖先宗庙制度、丧服丧礼制度都是围绕巩固"亲亲"伦理展开的。在周朝宗法制度下，宗族"亲亲"伦理的意义远比上下"尊尊"伦理更加重要，家臣越级对国君忠诚，犹如卿大夫越级对天子忠诚，都将"尊尊"置于"亲亲"之上，是有违于当时社会常理的。即便到了汉代，这种效忠于直接上级的政治传统仍有明显的文化遗留，汉代州郡主官的下属官僚常常表现出直接效忠的特点，受到察举征辟的士人也对本州"府君"效忠，这在汉末党锢斗争中尤为明显。当"尊尊"与"亲亲"发生冲突时，"亲亲"伦理依然具有强大的影响力，从汉末邴原一颗药丸"救君邪父邪"的故事（《三国志·邴原传》裴注引《原别传》）中，我们就可略见一斑。隋唐之后，随着门阀政治的终结和世家大族的衰落，"亲亲"与"尊尊"的优先次序最终发生了颠倒，效忠集权君主成为首要政治伦理。这种政治伦理随着时间推移不断强化，直至明清时代达到顶峰。不过，宗法社会一直是中国古代最基本的社会特征。即便在君权至上的年代，宗族家族元素在政权结构及政治关系中的地位已明显

---

① 李卫军编著：《左传集评》，第 1703 页。

下降，社会仍然在努力平衡"尊尊"与"亲亲"之间的张力，《大学》所谓"修身齐家治国平天下"之说，算是对忠孝尊亲的一种折中和调和。

3

作为季氏家臣，孔丘有可能被迫参与费邑围困战，至少也是一直在关注费邑事件的发酵。虽然并没有直接记载表明孔丘对费邑事件的态度，但从对相关史料的分析中仍可窥见孔丘对"张公室"的看法。

首先，家臣"张公室"以破坏现存社会等级为代价，竹添光鸿笺称其为"越分以求通也"①。"越分"即指超越分封等级制的直接隶属关系，也就是越级效忠，这在现实政治伦理上是一种自相矛盾的悖论。孔丘一生志在恢复周礼，其中一个重要方面就是维护"君君""臣臣"的等级关系，君的行为要符合君的准则，臣的行为要符合臣的准则，臣的属臣的行为也要符合属臣的准则。南蒯的行为显然是违反周礼的。从昭公十二年的南蒯叛乱一直到定公年间的阳货乱政，鲁国前前后后、断断续续经历了三十年左右的"张公室"和"陪臣执国命"变局。孔丘在阳货倒台前一直没有参政，可见孔丘并不愿意踏入"陪臣执国命"的政坛。按照这种逻辑去推断，孔丘对南蒯叛乱肯定是持否定态度的。

其次，在南蒯及其后鲁国多次"陪臣执国命"的事端中，侯犯、公山不狃、阳货、公孙宿等背叛"三桓"的家臣总是以"张公室"作为自己僭越篡权的理由。这些家臣大都品行不端，且贪图权力，他们所谓的"张公室"，不过是利用公室对卿臣专权的不满，宣泄个人私愤和攫取个人私利，寻找"政治正确性"的借口而已。孔丘对这些人的品行相当了解，对其"张公室"的实质也十分清楚，对这些人总体上不予支持。"陪臣执国命，三世希不失矣"（《论语·季氏》），这是孔子后来对"陪臣执国命"现象的总结性论断，从中可以推断孔丘对南蒯费邑事件的态度。

再次，从孔子后来多次面对"张公室"之陪臣的征召的实际言行来看，他对这些陪臣们的态度也有复杂微妙之处。当后来公山不狃"以费畔"，想要召用孔子时，孔子表现出"欲往"之心（《史记·孔子世家》）；当晋国大夫佛肸"以中牟畔"，想要召用孔子时，孔子再次产生"欲往"之意，为此还遭到了子路的质疑（《论语·阳货》）。由此看出，孔丘对于陪臣"张公室"的态度可能存在着一定的变化，他一方面可能根据陪臣的品行以及自身当时的处境进行具体分析，另一方面也可能根据当时社会政治时势的不断发展变化做出与时俱进的判断。

---

① 〔日〕竹添光鸿注：《左氏会笺》，第1823页。

　　总之，孔丘肯定意识到"家臣而欲张公室"现象显现了这个时代变化的一种新信号，这就是周王朝赖以生存的封土建国等级制度正在一层一层地遭到侵蚀，一个全面礼崩乐坏的时代已经到来。孔丘原本也想通过宦学入仕，在这个等级体制中找到自己的一席之地，运用平时苦学掌握的诗书礼乐，效力于家国社会，努力修复周公奠定的宗法秩序，尽力恢复正在衰落的礼乐文化，挽救日渐纷乱的鲁国政治。不过，现在看来这条道路并不顺畅。

　　鲁昭公十三年发生了一系列国内与国际大事，对于时年二十三岁的孔丘来说真是一个多事之年，这必然会引发他对自我未来发展的重新思考，促使这个年轻人做出新的人生抉择：结束对季氏的依附，开启独立自主的生活，以追求多年来"志于学"的事业理想，探寻另外一条属于自己的人生道路——设教授徒。

二、设教授徒

1

　　关于孔丘开始设教授徒的具体时间，自古以来一直众说纷纭。这并不奇怪，因为确实找不到相关的史料，所以最早给孔丘生平编年的宋代胡仔之《孔子编年》以及清代江永之《乡党图考》均未涉及此事，就连崔述《洙泗考信录》也未明言孔丘何时开始讲肆之业。

　　孔丘生平事迹，前期较略，后期较详，这符合任何一位伟人生平史料的通例。正如崔述所言："要之，自为司寇以后，其年乃略可考；自是以前，位尚卑，望尚轻，弟子时亦尚寡，其事多出于后日所追记，其有无尚无可取证，况其年耶！"[①]

　　有的学者引刘向《新序》"孔子年二十三岁，始教于阙里"，或陈镐《阙里志》"孔子年二十二，始设教于阙里"，试图将孔丘设教授徒的时间确定在其二十二岁至二十三岁之间。但查此二书，并无这样的文字。杨义《论语还原》也认为孔丘二十三岁"始教于阙里"。他的推理过程是："本年楚商阳追吴师、明年楚灵王自杀及郑国子产争承、后年晋国叔向断案之时事，孔子皆有评论。孔子年二十三始教于阙里之说当有所据，他对

---

① 崔述撰著，顾颉刚编订：《崔东壁遗书》，第 272 页。

历史人物事件的一些评议，当是始有弟子以后才能记录下来。"①《左传》连续三年记录孔子对史事的评论的确值得注意。当然杨义也认为这些评论还有可能是孔子中后期与弟子的对话及其身后才被追忆记载下来的。

2

在前人研究的基础上，我们的推断是，孔丘在鲁昭公二十年（前522年）之前就已经开始设教授徒了。这是因为，根据《左传》，这一年卫国发生了大夫齐豹作乱的事件，齐豹设伏刺杀卫灵公的弟弟公孟，公孟与他的骖乘宗鲁同时被杀，身在鲁国的好友琴张想要去吊唁，被孔子阻止了，而琴张被认为是孔子的弟子。

> 琴张闻宗鲁死，将往吊之。仲尼曰："齐豹之盗，而孟絷之贼，女何吊焉？君子不食奸，不受乱，不为利疚于回，不以回待人，不盖不义，不犯非礼。"（《左传·昭公二十年》）

杜预《春秋左传集解》说："琴张，孔子弟子，字子开，名牢。"②如果杜预所言可信，说明昭公二十年孔丘至少已有弟子琴张。这一年孔丘三十岁，所以孔丘应该最迟三十岁时已开始设教授徒。钱穆早年撰《孔子传略》，后又作《孔子传》，并编《孔子年表》。在《孔子传》中，钱穆据此认为："孔子年过三十，殆即退出仕途，在家授徒设教。"③钱穆将孔子设教授徒的时间定在三十岁之后。

那么，孔丘会不会在三十岁之前就开始设教授徒呢？完全有可能。我们来看孔丘弟子子路，他比孔丘小九岁，应该是较早招收的弟子。

> 子路性鄙，好勇力，志伉直，冠雄鸡，佩豭豚，陵暴孔子。孔子设礼稍诱子路，子路后儒服委质，因门人请为弟子。（《史记·仲尼弟子列传》）

我们用反证法证明孔丘在三十岁之前就已开始设教授徒。假设孔丘最早三十岁才开始设教授徒，而且马上发生了子路"陵暴孔子"之事，后招收了子路，那么子路此时应该至少二十一岁了。试想，一个已经年逾弱冠

---

① 杨义：《论语还原》，北京：中华书局，2015年，第702页。
② 杜预：《春秋左传集解》，第1456页。
③ 钱穆：《孔子传》，北京：生活·读书·新知三联书店，2012年，第14页。

的成年人，"冠雄鸡，佩豭豚，陵暴孔子"，此人尚且可教吗？所以，合理的推断是，子路此时应该不到二十岁，或者只是十六七岁的懵懂少年，而此时孔丘只有二十五六岁左右。

此外，根据《左传》记载，孔丘在二十七岁的时候，郯国国君郯子访问鲁国，孔丘不但面见了郯子，而且与之深入交谈请益。郯国己姓，或曰嬴姓，故城在今山东省临沂市郯城县境。据说，鲁国当初封建立国之地是传说中古代帝王少皞氏的旧墟，而郯子自称是少皞氏后裔，与鲁国颇有往来，且有婚姻关系。郯国国君曾在襄公七年（前 566 年）第一次访问鲁国，昭公十七年（前 525 年）这次是该国国君第二次来访。鲁昭公与郯子飨宴，叔孙婼相礼，席间叔孙婼询问郯子：少皞氏用鸟名作为官名，这是为什么？郯子回答说：少皞氏是我的祖先，这件事我了解，可以谈一谈。于是郯子就高谈阔论了一番。《左传》接着就让孔丘登场了。

> 仲尼闻之，见于郯子而学之。既而告人曰："吾闻之：'天子失官，学在四夷'，犹信。"（《左传·昭公十七年》）

孔丘听说了这件事，便去拜访郯子，向他当面请教学习。竹添光鸿认为，孔丘是去郯子所在的宾馆会面，而非前往郯国，这是合情合理的。孔丘此行一定收获满满，所以出来对人说：我曾经听说"天子失官，学在四夷"，我在与郯子的交谈中印证了这句话。孔子的意思是说，周室为学之官不修其职，许多先代古训典故皆已亡失，反而四野小国还能保存学识。关于《左传》这段文字，可略作三点说明：

第一，文中"闻之""见于"是两个值得关注的词，需要深究：郯子来到鲁国访问一事，身为平民的孔丘是听谁说？他想见郯国国君，为何就能见到？竹添光鸿有一种解释，认为此时孔丘已经结束委吏乘田之任，开始"为贫而仕"，在鲁国朝廷"初仕"为官，故能得见郯子，他说："孔子初仕之年，虽无明据，然郯子之朝，孔子年二十七，为贫而仕，亦其时也。且能自通于国君，则非庶人可知。孔子之为委吏乘田，盖前此矣。"[①]问题在于，孔丘在结束委吏乘田之后，到定公年间入仕之前，史书并无其"初仕"的相关记载，竹添光鸿给出的孔丘能够见到郯子的理由难以确立。我们的推断是，因孔丘与季孙意如曾有过主从之缘，或许与孟孙貜、叔孙婼也有交往，他们中的某人向孔子通报了郯子来访的信息，并且介绍孔子

---

① 〔日〕竹添光鸿注：《左氏会笺》，第 1906 页。

面见郯子。

第二，孔丘为何听说郯子，就急切地想向郯子当面请教？这个问题当然可以用孔丘一贯"好学"搪塞过去。不过，如果深究的话，还有一种合理的解释是，孔丘此时已在考虑设教授业，因而求知若渴，不放过任何学习的机会。孔丘此行很可能特地带着最先打算入学的弟子，一起去向郯子请益，"既而告人"之人可能就是弟子诸人。

第三，孔丘感叹"天子失官，学在四夷"究竟有何深意？与孔子设教授徒有何关系？从前周天子设置的各种官职，其任职者皆学有所成，掌握着通用学术和专业知识。春秋中晚期王室式微，国学多废、官守缺职，学者流寓民间，学术散落四野。这种情况在孔丘出生之前已经相当严重，故有"天子失官，学在四夷"之说。孔丘以前对这句话有所风闻，但尚未有深切体验，直到与郯子一番长谈之后，才有了真切的感受，在唏嘘感慨之余，更加深了他对礼乐文化的忧虑。

这里需要补充说明一下，郯国虽然地近吴楚，实属中原华夏之国，孔丘引"学在四夷"一语，以"夷"相称，貌似略有不妥。对此，竹添光鸿有一种解释，即"四夷本极言远鄙之辞"，"郯虽非夷，其国小而陋，故引是语也"。①这种解释可以说通。不过，孔丘所言可能还隐含着另一种意蕴，即孔丘眼中的"华""夷"之别已经超越了各国原先的族裔渊源，更看重的是周礼文化的浸润和影响。

孔丘经过与郯子交谈而深受启发与感悟，联想周、鲁俱衰，官学荒废，典章缺坏，周礼文化散落四夷和民间，亟待重新发现、整理、保存，以免斯文坠落、根脉无存，自己应该有所作为，以挽救礼乐崩坏的颓势。于是，孔丘决定"从我做起"，亲自开启一种设教授徒的新事业。此时，对于一介平民的孔丘来说，"学在四夷"或曰"学在四野"不再是一种落花流水的无奈哀叹，而是一种"志于学"者的使命激励。

综上所述，我们认为孔丘在二十七岁左右开始设教授徒，可能性是最大的。

3

孔丘决定设教授业，既受崇高的文化理想驱动，也有卑微的生计考量。如果说孔丘此前的委吏乘田之职乃是"为贫而仕"，那么现在孔丘也有"为贫而教"的动机。

在做出这一人生重大决定之前，孔丘需要进行必要的预判：设教授徒

---

① 〔日〕竹添光鸿注：《左氏会笺》，第1907页。

是否可以成为他养家糊口、维持生计的手段。

　　一方面，当时国家的正规庠序教育基本衰落，古时的乡举里选之法已成往事，师无定立，求学无门。社会需要精通诗书礼乐之人开门讲学、为师授业，填补国学衰败留下的真空地带。对于人师的资格，孔丘有一句话"温故而知新，可以为师矣"（《论语·为政》），能够从传统文化中获得当下社会的新知，便有资格担任人师。对此，孔丘是自信满满的。

　　另一方面，春秋后期生产力发展推动了社会阶层的流动，世卿世禄制度的坚冰正在消融，各国诸侯任贤使能的风气逐渐形成，不仅各国君主需要任用有学之士，卿大夫们也亟需才学俱佳的士人担任家臣。一些低级贵族与"士农工商"等普通国人希望通过学习周礼文化出仕干禄，这在客观上形成了一个不大不小的文化市场，后世有孔丘"三千"弟子之说，虽属夸张之词，却多少说明了社会需求的程度。刘宝楠《论语正义》说："当夫子时，学校已废，仕焉而已者多不任为师，夫子乃始设教于鲁，以师道自任，开门授业。"[①]我们看到，甚至鲁国权贵"三桓"之一的孟孙貜也把自己的两个儿子交给孔丘培养，可见当时鲁国已经没有其他可以更好获取周礼文化素养的场所了。孔丘从"志于学"后历经十二年勤学苦练，胸怀教书育人之情，心存修德敬业之志，故无论贵贱之士，只要"自行束脩以上"（《论语·述而》），都可以成为有教无类的对象。

　　另外，孔丘相信教学相长，师生共进。他希望自己在设教授徒过程中通过师徒切磋而增长新的学识，这是避免独学无友、孤陋寡闻的有益方式。更重要的是，孔丘放弃委吏乘田之类的仕业，将精力集中于设教授徒，便获得了更加充裕的自由时间，能够专注于积累学养基础，修习礼乐文化。放弃已经拥有的委吏乘田生活方式，去寻觅充满不确定性的未知新世界，不仅需要深思熟虑，更需要有巨大勇气。值得指出的是，孔丘选择了设教授徒的人生路径，只是暂时将生活重心转到文化教育方面，并非彻底放弃他自己入仕为官的政治抱负。孔丘深知，为学终生之事，入仕需待时势，眼下的教书育人可以为日后"天下有道"之时的仕进，奠定更加坚实的基础。孔丘凭借自己多年的文化积累，怀持恢复周礼的历史使命，以诗书礼乐传教，以文行忠信授道，果敢跨出人生重要的一步，迎接时代赋予的挑战与机会。

---

　　① 刘宝楠：《论语正义》，高流水点校，北京：中华书局，1990年，第4页。

三、四教与四科

1

从本节开始，我们将改变孔丘的称呼，尊称华夏历史上第一位私学教师为孔子。孔子的弟子们当时尊称老师为"夫子"，这原本是春秋时期对男子的第三人称尊称。需要说明的是，《论语》中凡弟子称孔子为"夫子"，都是作为第三人称使用的，从未作为第二人称，即从未有弟子当面称呼孔子为"夫子"。后来孔门弟子自己也招收弟子，一般称再传弟子为"门人"或"门弟子"，这些门弟子也称自己的老师为"夫子"。为了有所区分，便对祖师孔丘冠以"孔"氏而称"孔夫子"，简称"孔子"；对其自己的老师则简称"曾子""有子"之类。

关于孔子设教授业，我们首先感兴趣的是，他在哪里从事教学活动？按照后世私塾门馆的模式，很容易想象孔子应该就在自己家里开设课堂。刘宝楠并不这么认为，他说：夫子"开门授业，洙、泗之间，必别有讲肆之所，而非为旧时家塾矣"①。这个说法是有道理的，因为春秋时期经济水平低下，普通百姓居住条件十分简陋，孔子的家居环境虽然可能稍优于常人，但也不会宽敞到可以容纳多人教学，更何况当时所谓学习并非只是读书，甚至主要不是读书，更多的是教习排演礼仪或车御、射箭，"学而时习之"应有必需的场地。所以，我们的判断是，孔子就在自己住所附近寻觅了一个场所，或者是临时租借的草庐，或者是废弃重修的老屋，或者是昔日庠序的旧址，在那里设教授徒。由于时人生活皆无桌无椅，席地而坐，故对教学设施的要求不高，甚至一开始可能没有固定场所，沂水河畔、舞雩台上、大树底下都是师生对话习礼的佳所。

最早师从孔门的弟子很可能是颜无繇和曾皙，因为他们与孔子年龄最接近。据《史记·仲尼弟子列传》，"颜无繇，字路。路者，颜回父，父子尝各异时事孔子"。但是，崔述似乎对颜无繇是孔子弟子一事有点怀疑，他说："《史记》以颜路、曾皙皆孔子弟子；考之《论语》，曾皙有《侍坐章》可据，颜路则无明文。"②崔说或许是有道理的，《论语》中有"颜渊死，颜路请子之车以为之椁"（《论语·先进》），并未说颜路是孔子弟子。我们注意到，孔子弟子中颜氏人数最多，除颜回外，还有颜何（字冉）、颜哙（字子声）、颜之仆（字叔）、颜祖（字襄）、颜高（字子骄）、

---

① 刘宝楠：《论语正义》，第4页。
② 崔述撰著，顾颉刚编订：《崔东壁遗书》，第365页。

颜幸（字子柳），加上颜无繇，计有八人。这或许与孔子母族颜氏有关，正如钱穆《先秦诸子系年》说：

> 崔述云："颜氏之著名于鲁者多矣。《春秋传》有颜高、颜羽、颜息，《吕览》亦有颜阖，则颜子为鲁人信也。"又林春溥曰："《仲尼弟子传》颜氏居其八，颜路、颜回、颜幸、颜高、颜祖、颜之仆、颜哙、颜何皆鲁人。颜之推云：仲尼母族。"[1]

大概孔子最初设教，知者不多，故亲友近者算是"近水楼台"，最早成为孔门弟子，颜路可能就是其中的旁听者。关于曾皙，《史记·仲尼弟子列传》谓"曾蒧字皙"。"蒧"字《论语》作"点"。曾点的年龄没有史载，《礼记·檀弓下》云："（季武子）及其丧也，曾点倚其门而歌。"郑玄曰："倚其门而歌，明己不与也。"[2]按季孙宿死于昭公七年，此时孔子十七岁，曾点能够倚门而歌，应该也有十几岁，所以年龄稍少于孔子，大致与颜路相似。不过，万斯大却不以为然，他说："季武子卒，在鲁昭公七年，孔子方十七岁。四子侍坐，点齿在子路下，子路少孔子九岁，时方八岁，曾点当益幼矣，倚门而歌，必无是事。"[3]万氏的意思是，在《论语》"子路、曾皙、冉有、公西华侍坐"章中，曾点序齿排在子路之后，所以年纪应该比子路更小。此说似是而非，因为《论语》中弟子并列其名，并非一概以年龄大小为序，有时也以轻重主次为序，如"季氏将伐颛臾，冉有、季路见于孔子"章中，冉求列于子路之前，因为当时冉求已经做了多年季氏家臣，子路刚刚跟随孔子返鲁不久，而且季氏伐颛臾的动议主要与冉求有关，所以才这样排列。

其他较早入学的弟子应为秦商、冉耕、仲由。按照我们前文的分析，秦堇父一直与孔子保持着联系，应该较早知悉孔子授业的决定，故在开业初始就送上自己的儿子。秦商据说比孔子小四岁，或许此前已有交往。冉耕，字伯牛，鲁国人，比孔子小七岁。冉耕品行方正，孔子甚为赞许，排在德行科第三位。不过，冉耕或许因为沉默寡言，又过早病逝，与德行科的颜回、闵子骞及冉雍相比，他在《论语》中留下的记录很少。仲由，字子路，卞人，比孔子小九岁。子路也叫季路，故有学者认为他可能是季氏的远亲。关于子路的入学，除了前文所引《史记·仲尼弟子列传》中的描述外，还

---

① 钱穆：《先秦诸子系年》，北京：商务印书馆，2015 年，第 71 页。
② 孙希旦：《礼记集解》上册，第 244 页。
③ 孙希旦：《礼记集解》上册，第 244 页。

有一种相近的说法来自《说苑》，说子路持剑、盛服来见孔子，"孔子非之，子路改之"。总之这些说法都把子路说成是一个粗野无礼之人，全靠孔子循循善诱，使之改过自新。崔述《洙泗考信余录》认为，"其实古人持剑、盛服皆寻常之事，不足为病"。[1]我们细读《论语》《左传》中子路的言行，其性格只是真切直率，年轻时可能略显粗犷，并无犟蛮行迹，故《史记》《说苑》实乃夸张之语。

不过，子路个性中确有刚勇的一面，他曾向孔子提问，如何成为"士"。周朝的"士"是大夫的贰宗，也算是小贵族的一种，是武装部队的主力军，统领庶民组成的"卒"作战。[2]所以子路所说的"士"，是偏向"武"的方面的。孔子教导他要做一名合格的"士"，应该与同窗和睦相处，听得进不同的声音。

> 子路问曰："何如斯可谓之士矣？"子曰："切切偲偲，怡怡如也，可谓士矣。朋友切切偲偲，兄弟怡怡。"（《论语·子路》）

孔子对子路的教诲有两个重点，一是针对子路的个性而因材施教，引导他与人和谐相处。切切、偲偲，就是形容相互责善的样子。何晏《论语集解》引马融曰："切切偲偲，相切责之貌也。怡怡，和顺之貌也。"[3]朱熹《四书章句集注》引胡氏曰："皆子路所不足，故告之。"[4]二是孔子对"士"的理解偏向于"文"的方面，这不仅是针对子路的个性，也是顺应春秋中晚期"士"的社会角色的变化趋势，即更加注重士的道德与文化素质。对此，《论语》中有大量相关的讨论，体现了孔子对社会时势的敏锐把握。

2

孔子开始开办私学，不仅是教育形式上的创举，在教学内容上也在依循传统的基础上有所提升和创新。孔子把原来西周庠序教育的基本内容借鉴过来，以周礼文化贯穿教学过程，主要包括两个方面——知识技能与道德人伦，具体又可分为知识教育、技能教育与道德教育、人伦教育。

所谓知识教育，就是运用《诗》《书》《春秋》等典籍载体，传授诗歌、政治、历史等文化知识。西周以来流传当世的《诗》是春秋时期最重要的

---

① 崔述撰著，顾颉刚编订：《崔东壁遗书》，第 379 页。
② 童书业著，童教英校订：《春秋左传研究》（校订本），第 180 页。
③ 皇侃撰，高尚榘校点：《论语义疏》，第 347 页。
④ 朱熹：《四书章句集注》，第 149 页。

政治言语和外交辞令，春秋赋诗的方式是断章取义用于实际的政治对话场合，所以孔子说："诵《诗》三百，授之以政，不达，使于四方，不能专对，虽多，亦奚以为？"（《论语·子路》）对于接受基础教育的学习者而言，《诗》可以"迩之事父，远之事君，多识于鸟兽草木之名"；对于入仕者而言，则强调"不学《诗》，无以言"（《论语·季氏》），即在外交和内政活动中须达到出口成章、运用自如的地步。

《尚书》是周朝官方的政治历史文献，孔子对《书》的内容熟谙于心，当有人问孔子为何不入仕为政，孔子引《书》，答以"孝乎惟孝，友于兄弟，施于有政"（《论语·为政》），这几句话在现存《尚书》中已不复存在，应是逸文。孔子在教学中肯定经常引用《书》的内容，故《论语》称"子所雅言：《诗》、《书》、执礼，皆雅言也"（《论语·述而》）。

如果说《尚书》是古代史，那么《春秋》就是近现代史，两者都使人了解历史、褒贬时政、臧否人物、匡正纲纪。孔子作《春秋》或曰修《春秋》是晚年之事，他早期教育所用之《春秋》应该是鲁国国史与其他邦国史籍。

孔子虽然身在鲁国，却随时关心各国现实政治的风云变幻，并且与卿大夫们保持密切接触和良好关系，将近世或当世的人与事以及最新的时势政治作为现成教材，拿到课堂讲述、分析和讨论，并且结合周礼古训提出自己的评论，留下了大量的史评、史鉴、史教，涉及的人物及事件数以百计。《左传》中有三十多处记录"仲尼"史论，其中不少或许就是孔子课堂讲学留下的记录。《左传》还记载了四五十处评论历史的"君子曰"，有的学者认为其中有些或许就是孔子所说。如《左传》有一则祁奚推荐解狐、祁午的著名故事，"君子曰"予以赞赏（《左传·襄公三年》），而在《吕氏春秋》中则作"孔子闻之曰"（《吕氏春秋·去私篇》）。孔子通过这种历史政治教学，既让弟子们在生动的历史案例教育中学会日后如何处理政治事务，同时也向弟子传播了基于周礼文化的政治伦理观念。我们试举一例：子产生病临终之际，提醒接班人子大叔处理好为政宽猛的关系。子大叔一开始不忍为政过猛而用宽政，后来才改弦更张。这件事发生在鲁昭公二十年，孔子时年三十岁，已经设教授业，他可能就在课堂上讲述了这件事，并且引经据典做了大段评论。

　　　　仲尼曰："善哉！政宽则民慢，慢则纠之以猛。猛则民残，残则施之以宽。宽以济猛，猛以济宽，政是以和。《诗》曰：'民亦劳止，汔可小康。惠此中国，以绥四方。'施之以宽也。'毋从诡随，以谨无良。式遏寇虐，惨不畏明。'纠之以猛也。'柔远能迩，以定

我王。'平之以和也。又曰：'不竞不絿，不刚不柔。布政优优，百禄是遒。'和之至也。"（《左传·昭公二十年》）

这些话如果只是孔子自言自语，而非在课堂上对弟子所讲并由弟子笔录留存，是不可能保存下来并载入史册的。就在这一年，子产溘然离世，孔子闻讯，汪然出涕，对弟子说，子产是"古之遗爱"。意思是说，子产一生做人做事充满仁爱，具有古代的遗风。孔子对子产的盖棺论定用了一个"遗"字，也隐含着另一层意思：现在这个世上已经鲜见有古代风尚的人了。

所谓技能教育，就是通过礼仪、音乐、射箭、车御、文书、算数等教学实践，练就从政干禄的"六艺"技能。礼、乐是处理政治生活的基本规则和方式，礼以别异，乐以和同。射、御则是从事政治活动的两种必备技能。书就是书写能力，数则是基本的计数算术能力，弟子们掌握了这两种能力，才有可能从"劳力者"阶层上升到"劳心者"行列。孔子本人早年通过勤学苦练而通晓"六艺"，尤其精熟礼、乐。周礼文化博大精深，孔子一生都在不断学习，尤其是晚年将《诗》、乐完美结合起来，"乐正，《雅》《颂》各得其所"，深刻阐发《诗》、乐的美学与伦理意义。需要指出的是，孔子既注重教习各种礼乐形式，又努力传授礼乐的内核"仁"，阐发蕴含其中的政治观念、道德节操和人格品性。孔子教导学生说："人而不仁，如礼何！人而不仁，如乐何！"（《论语·八佾》）这是将仁学视为"六艺"的灵魂所在。

所谓道德教育，就是阐释仁、义、忠、恕、孝、悌等德行要义，培养道德理性的社会人格。有关这方面的内容我们后文自有专论。

所谓人伦教育，就是指导弟子洒扫庭除、待人接物、居官处事之道，具体包括"温、良、恭、俭、让"和"恭、宽、信、敏、惠"等日常操行原则与艺术，涵育弟子们为人处事的态度方法。我们从《论语》中可以清晰看到，这些处世之道并非悠悠空谈，而是孔子为人处事的自我写照，贯彻了孔子以身作则、言传身教的教育理念。

《论语》中说："子以四教：文、行、忠、信。"（《论语·述而》）我们上文所述四个方面，与孔子"四教"内容是内在契合的。

3

孔子注重知识技能方面的教育，弟子中不乏能说会道、精明能干，后来在鲁国及卫国、齐国等实际仕途中表现优秀之人。然而，孔子最看重的还是弟子们的道德人伦教育。在孔子看来，就教育的先后顺序而言，德性是先于技能的。且看《论语》所言：

> 子曰："弟子入则孝，出则悌，谨而信，泛爱众而亲仁，行有余力，则以学文。"（《论语·学而》）

这是把人格塑造与为人处事放在学习知识与提升技能之前，犹如现代人所说的"做事先做人"。

在孔子看来，好学并非仅指主动学习知识，积极修养良好的德性也算是一种好学。

> 子曰："君子食无求饱，居无求安。敏于事而慎于言，就有道而正焉。可谓好学也已。"（《论语·学而》）

孔子这种略带夸张的说法，充分体现了他对德行教育的高度重视。当然，孔子并不会将道德人伦教育与知识技能教育对立起来。恰恰相反，孔子一直强调它们之间的相互涵融。

> 子曰："志于道，据于德，依于仁，游于艺。"（《论语·述而》）

这便是孔子心目中德性与能力有机统一的理想之才，也是孔子理想中君子人格的生活样态，他的人生实践就是依循这样的目标而展开的。

孔子为人才培养确立了教育目标，但在具体教育实践中并没有刻意培养各方面都均衡发展的"全才"。相反，孔子注重因材施教，善于扬长克短，尊重个性发展，这种教育方式乃是基于一种深刻的哲学理念：对人的主体性和差异性的充分珍视。孔子在教育教学过程中不仅不随意抹杀人的独特性，反而对人的差异化发展予以充分肯定。于是，我们就看到了对中国教育史影响深远的"四科""十哲"教育分类：

> 子曰："从我于陈蔡者，皆不及门也。德行：颜渊、闵子骞、冉伯牛、仲弓；言语：宰我、子贡；政事：冉有、季路；文学：子游、子夏。"（《论语·先进》）

孔子将人才具体分为德行、言语、政事、文学四科，表明他深知理想化、标准化的十全之才并不多。优秀的弟子未必是全才，只要在某个方面学有所长，就已经是难得的人才了。所以，当我们阅读各种史料时，呈现在我们面前的孔门弟子都是活泼泼的个性人物，可以说特色鲜明、性格各异，形象生动、真切感人，充分体现了孔子因势利导、不拘一格的教育风范。我们将在后文专门刻画弟子们的独特个性。

孔子的教育方式概括起来大致有三个特点。

一是启发式教育，以保障弟子们在学习中的主体地位。

> 子曰："不愤不启，不悱不发，举一隅，不以三隅反，则不复也。"（《论语·述而》）

孔子先要激发弟子主动思考，等到弟子能够深入思考、举一反三之时，再予以指导点拨。

二是讨论式教学，也即提问式或对话式教学，以发挥师生们教学相长的优势。

> 子路问君子。子曰："修己以敬。"曰："如斯而已乎？"曰："修己以安人。"曰："如斯而已乎？"曰："修己以安百姓。修己以安百姓，尧舜其犹病诸？"（《论语·宪问》）

我们看到孔子与弟子的对话常常是不断递进、层层深入的，这种循循善诱的方法与古希腊苏格拉底"产婆术"方法颇有异曲同工之妙。

三是个性化教学，以确保教育教学更具针对性和有效性。

> 子路问："闻斯行诸？"子曰："有父兄在，如之何闻斯行之？"冉有问："闻斯行诸？"子曰："闻斯行之。"公西华曰："由也问闻斯行诸，子曰有父兄在。求也问闻斯行诸，子曰闻斯行之。赤也惑，敢问。"子曰："求也退，故进之；由也兼人，故退之。"（《论语·先进》）

孔子对于不同对象采用因材施教方法，同样的问题可以有不尽相同的解答，对于相同的概念也可以有不同的说法。我们看到，几乎所有的弟子都曾"问仁"，孔子却从来没有给出一个关于"仁"的统一标准的定义，而是从不同角度、不同场景讨论仁的具体特征，使弟子们从自身角度理解和把握"仁"的丰富内涵。

　　如果说孔子的教育教学本身进展相当顺利，那么在弟子们的学习动机方面，多少让孔子感到些许纠结和无奈。弟子投师的动机大都为了仕进和禄谷，孔子对此也能理解，毕竟教育主要是满足受教育者的需求，而非教育者的愿望。不过，如果弟子们受到功利倾向的过度影响，会导致学与仕关系的颠倒，发生人才培养教育的异化，这明显违背了孔子通过教育培养君子人格、复兴周礼文化的初衷。

　　　　子曰："三年学，不至于谷，不易得也。"（《论语·泰伯》）

　　朱熹认为，这里的"至"当为"志"，"至于谷"就是"志于谷"，即"学干禄"的意思。孔子充分理解和尊重弟子们仕进干禄的现实要求，也将帮助年轻人掌握从政求禄的基本技艺作为教学的重要内容。在此基础上，孔子希望弟子们树立非功利性的学习目的，将自身综合修养的提升作为更高层次的目标追求。为此，孔子以高度的文化敏锐性，在春秋史上首次提出了学者"为己""为人"的新命题，提醒弟子们注意古今学者的时代差异性。

　　　　子曰："古之学者为己，今之学者为人。"（《论语·宪问》）

　　孔子所谓"古之学者"，是指西周社会贵族阶层的王官学者。西周社会注重德治，讲究"敬德保民"，王官之学的教育目标是"以教育德"，学以"明人伦"，由此形成庠序以德育为主、学者以修身为本的传统。学以修身，故曰"为己"。当然，"古之学者"本来就是贵族或贵族子弟，在世卿世禄制度下，入仕为官是顺理成章之事，故不必汲汲于仕进，能够专注于德业修养。所谓"今之学者"，大抵指当时包括孔门弟子在内的普通士人学子。由于他们大都出身平民，不同于贵族阶层的"有职之人"，必须通过入仕门径方能展现自身才华，所以这个知识阶层更加注重以学问为手段，以仕途为目的，学以干禄、学以进仕。对于这种以仕为业的学习心态，孔子在积极引导的前提下仍然予以足够的理解宽容。他告诉弟子，"谋道"乃是"谋食"的前提条件，求谷干禄不过是"为己之学"的派生结果，这就是孔子多次循循善诱的"禄在其中"之说：

　　　　子曰："君子谋道不谋食。耕也，馁在其中矣；学也，禄在其中矣。君子忧道不忧贫。"（《论语·卫灵公》）

孔子晚年对后进弟子再次提到"禄在其中"：

> 子张学干禄。子曰："多闻阙疑，慎言其余，则寡尤。多见阙殆，慎行其余，则寡悔。言寡尤，行寡悔，禄在其中矣。（《论语·为政》）

孔子反复教导弟子在求知问学过程中实现为己与为人、求道与求利的相互统一，希望弟子超越狭隘的个人功利，努力培养乐学精神，自觉承担社会文化的道义责任，在成人与成才的统一中提升主体价值和社会意义。

经过数年努力，孔子设教授徒的人生之路已然成功。"束脩以上"为其生活提供了必要保障，好学乐学使其人生充实快乐，传道授业令其声望传播到更远的地方。

四、三十而立

1

光阴荏苒，孔子转眼到了三十岁。孔子说自己"三十而立"，这个"立"究竟指什么？对于这个问题，只能到《论语》中寻找孔子自己的答案。我们看到，孔子经常使用"立"字："不患无位，患所以立"（《论语·里仁》）、"仁者，己欲立而立人"（《论语·雍也》）、"兴于诗，立于礼，成于乐"（《论语·泰伯》）、"民无信不立"（《论语·颜渊》）、"不学礼，无以立"（《论语·季氏》）。很显然，孔子所说的"立"主要是就个人德性而言，所谓"三十而立"，主要是指自己的德性修养庶几可以立身，借用朱熹集注之言，就是"能卓然自立而不为事物之所摇夺"。当然，我们也可以认为，这个"立"包含了立业之意。经过数年的草创和经营，事实证明孔子私学不但发展平稳，而且前景喜人，孔子个人事业有了明确的方向，家庭生计有了殷实的基础，这不就是一个三十岁之人的人生之"立"吗？另外，孔子在鲁国社会各阶层也得到了肯定和尊重：他的弟子来自士农工商各个群体，而且上层社会也与孔子时有交往，其中甚至可能包括国君、卿大夫。

根据司马迁《孔子世家》的说法，孔子三十岁时与齐国国君齐景公有过一次见面。

　　鲁昭公之二十年，而孔子盖年三十矣。齐景公与晏婴来适鲁，景公问孔子曰："昔秦穆公国小处辟，其霸何也？"对曰："秦，国虽小，其志大；处虽辟，行中正。身举五羖，爵之大夫，起累绁之中，与语三日，授之以政。以此取之，虽王可也，其霸小矣。"景公说。（《史记·孔子世家》）

　　司马迁在《齐世家》中再次提到了这件事，说齐景公"猎鲁郊，因入鲁，与晏婴俱问鲁礼"，又在《史记·十二诸侯年表》中说"猎鲁界，因入鲁"。我们读《左传》，发现鲁昭公二十年齐景公确实到过齐鲁边界的沛地，但史未明言其曾进入鲁国。孔子对此还有一段评论：

　　十二月，齐侯田于沛，招虞人以弓，不进。公使执之，辞曰："昔我先君之田也，旃以招大夫，弓以招士，皮冠以招虞人。臣不见皮冠，故不敢进。"乃舍之。仲尼曰："守道不如守官，君子韪之。"（《左传·昭公二十年》）

　　崔述《洙泗考信录》认为这件事不可信，他说："齐君如鲁，史未有不书者，而《春秋》经传皆无之。且使果有此事，孔子当述周公明王道以告之，岂得盛推秦穆乎！又按《左传》，是年齐侯疥，遂痁，期年而不瘳，至十二月始小愈，而田于沛，未几，返于遄台，此何暇远涉于鲁境耶！且其辞甚浅陋，必战国策士之所伪托。"[1]崔述根据《春秋》经传未记此事，且齐景公当年生病至十二月才小愈，来断定齐景公没有去鲁国，似稍显武断。但是他怀疑《史记》所录孔子与齐景公的对话内容，这是有一定道理的。齐景公到鲁国来居然谈论秦穆公当年为什么成为霸主，这确实有点可笑：一则春秋时期根本没人认为秦穆公称霸；二则"虽王可也，其霸小矣"类似战国孟子口吻，岂是春秋孔子所言？我们认为，昭公二十年齐景公确有可能到过鲁国，而孔子或许也因与"三桓"的特殊关系得以面见齐景公，就像三年前会见郯子一样，至于当时所谈内容已不得而知。

　　孔子此次结识齐景公可能也为他五年后赴齐埋下了伏笔。我们知道，鲁昭公二十五年（前517年），昭公与季孙意如决裂后出奔齐国，孔子也因无法忍受季孙氏"八佾舞于庭"之类的僭越行为而去鲁赴齐，并与齐景公有所谓"君君、臣臣、父父、子子"的对话。或许正是这次齐景公"猎

---

　　① 崔述撰著，顾颉刚编订：《崔东壁遗书》，第269页。

郊入鲁"的会面，让孔子后来做出去鲁赴齐的决定。

2

鲁昭公二十二年（前520年），周景王去世，嫡长子王子猛即位，是为周悼王。周悼王庶兄王子朝组织王城百工发动叛乱，大肆进攻王城，打败了单穆公、刘蚠率领的王师，杀死了周悼王。晋国拥立周悼王母弟王子匄继位，是为周敬王。整个冬天双方都在对峙，到了第二年四月，厮杀仍在持续，两方互有胜负。不久，王子朝取得胜利，攻入了王城，洛邑遭到严重破坏。战事一直延续到鲁昭公二十四年。

这年二月，鲁国司空孟孙貜染病不起，预感自己将不久于人世，担心两个年方十三岁的儿子能否担起保家祀祖的重任，便把家臣、属大夫叫到身边，做了临终嘱咐。

> （孟僖子）及其将死也，召其大夫曰："礼，人之干也。无礼，无以立。吾闻将有达者曰孔丘，圣人之后也，而灭于宋……臧孙纥有言曰：'圣人有明德者，若不当世，其后必有达人。'今其将在孔丘乎？我若获没，必属说与何忌于夫子，使事之，而学礼焉，以定其位。"故孟懿子与南宫敬叔师事仲尼。（《左传·昭公七年》）。

孟孙貜称两个儿子为"说"与"何忌"，"何忌"指孟孙何忌，而"说"与"阅"通假，所以"说"就是指孟孙阅。我们看到，孟孙貜临终前的交待十分清晰：将儿子孟孙阅、孟孙何忌托付给孔子，并且师从孔子学习礼仪，以便巩固孟孙氏的政治地位与家族荣耀。不久，孟孙何忌继任孟孙氏宗主，这就是孟懿子。后来孟孙阅另立门户，以南宫为氏，死后谥号为敬，所以被称为南宫敬叔。

这件事传递出一个重要的信息，即孔子当时在鲁国已有相当的知名度，称其为鲁国礼学第一人应该也不为过。孟孙何忌继任宗主后忙于政事，估计并没有真正师从孔子。孟孙阅跟着孔子学习，成为孔门中的重要弟子。说到南宫氏，《论语》中还有一位南宫适，曾经与孔子有过这样一段对话：

> 南宫适问于孔子曰："羿善射，奡荡舟，俱不得其死然，禹稷躬稼，而有天下。"夫子不答。南宫适出，子曰："君子哉若人，尚德哉若人。"（《论语·宪问》）

何晏《论语集解》引孔安国认为南宫适即为南宫敬叔，朱熹《四书章句集注》则认为是南容。史迁《史记·仲尼弟子列传》有"南宫括字子容"之语，并将南宫敬叔、南宫适、南宫括视为一人。上文所引南宫适之问的言下之意是：当世有权无德者就像后羿、奡一样不得好死，而孔子则犹如大禹、后稷，默默耕耘，终会得到世人认同。南宫适称赞孔子，故孔子笑而不答。孔子对南宫适许以君子人品，这是很高的评价，在孔门弟子中，只有宓不齐得到过孔子的"君子"评语。

据《史记·孔子世家》，南宫敬叔不久后还陪同孔子前往周朝，在东都洛邑问礼于老子。这又是一桩历代争讼的疑案。

3

按照史迁的说法，孔子收了孟孙氏两个弟子后，很快就去了一趟洛邑：

> 鲁南宫敬叔言鲁君曰："请与孔子适周。"鲁君与之一乘车，两马，一竖子俱，适周问礼，盖见老子云。辞去，而老子送之曰："吾闻富贵者送人以财，仁人者送人以言。吾不能富贵，窃仁人之号，送子以言，曰：'聪明深察而近于死者，好议人者也。博辩广大危其身者，发人之恶者也。为人子者毋以有己，为人臣者毋以有己。'"孔子自周反于鲁，弟子稍益进焉。（《史记·孔子世家》）

孔子问礼于老聃，儒道两位圣人进行了历史性会面，这个流传了两千多年的美谈，在后人看来是一种多么美妙的命运安排，又是一桩多么重要的文化事件。然而，考证梳理相关史料，其中存在不少历史疑点。史迁当然不会向壁虚造，一定有不少战国时期有关两位圣人相会的文字资料摆在他的书案前，所以史迁在《老子韩非列传》中再次叙述了这次盛会。

> 孔子适周，将问礼于老子。老子曰："子所言者，其人与骨皆已朽矣，独其言在耳。且君子得其时则驾，不得其时则蓬累而行。吾闻之，良贾深藏若虚，君子盛德，容貌若愚。去子之骄气与多欲，态色与淫志，是皆无益于子之身。吾所以告子，若是而已。"（《史记·老子韩非列传》）

孔子问礼于老聃，在《礼记·曾子问》中也有记载，孔子在回答曾子提问时有四次明言"吾闻诸老聃"云云，其中一次孔子还说"昔者吾从老聃助葬于巷党"，似乎孔子在洛邑曾跟随老子助葬，一副言之凿凿然的样子：

> 昔者吾从老聃助葬于巷党，及堩，日有食之。老聃曰："丘！止柩就道右，止哭以听变。"既明反，而后行。曰："礼也。"①

对此，南宋胡仔在其《孔子编年》一书中照录不疑。朱熹似乎也信以为真，他的学生郭德元问："老子云：'夫礼，忠信之薄而乱之首。'孔子又却问礼于他，不知何故？"朱子回答说："他曾为柱下史，故礼自是理会得，所以与孔子说得如此好。"②江永《乡党图考》认为："敬叔有父丧，《家语》谓其俱往，疑未必然"，至于史迁所云，江永"疑亦为老氏者增饰之辞"③，体现了江永的独具慧眼。

其实，通观史迁的这两段文字，破绽是相当明显的。崔述对此做了全面考信，对所谓的老子之言一一驳正，他的结论是："今《史记》之所载老聃之言，皆杨朱之说耳；其文亦似战国诸子，与《论语》《春秋传》之文绝不类也。"④不仅如此，崔述还否定了南宫敬叔陪同孔子适周之可能性，理由有三：一则南宫还在服丧之中，不可能远行；二则南宫年方十三岁，不具备陪同出访的能力；三则南宫岂无车马而必待鲁君与之？崔述这一番疑古、证伪、考信均相当精当，可谓不刊之论。崔述"概不录其事与言，以绝后人之疑"，大有釜底抽薪之快。至于《礼记·曾子问》所云，早于崔述一百年之前的学者姚际恒就认为，是"老庄之徒所作无疑"，也算是全然否定了。

当然，在新史料发现之前，我们很难对所谓的"孔子问礼"做出彻底的否定。不过，我们还是可以给出两种新的否定性论证，在崔述的基础上发前人之未覆。

首先，关于孔子见老子，我们既然不相信《庄子》，为什么一定要相信《史记》？众所周知，在战国诸子论著中，特别是道家著作如《庄子》中，存在大量孔子与老子会面交谈的记录。如《庄子·天运》中有"孔子行年五十有一而不闻道，乃南之沛，见老聃"，还有"孔子见老聃而语仁义"，又有"孔子谓老聃曰"等；《庄子·天地》中有"夫子问于老聃曰"；《庄

① 孙希旦：《礼记集解》中册，第545～546页。
② 黎靖德编：《朱子语类》，王星贤点校，北京：中华书局，1994年，第2997页。
③ 江永：《乡党图考》，北京：学苑出版社，1993年，第98～99页。
④ 崔述撰著，顾颉刚编订：《崔东壁遗书》，第270页。

子·天道》中有"孔子曰'善'，往见老聃"；等等。既然我们都认同《庄子》自称其文"寓言十九，重言十七，卮言日出"，诸如孔子见老子之类的故事不过是寓理于事以表达己意，借重古人言行以申明作者观点，根本不必当作史实对待；那么我们为什么要认定晚出于《庄子》的《史记》中的类似文字就一定是史实呢？我们且对如下两段文字做一比较。

先看《庄子》：

> 孔子见老聃归，三日不谈。弟子问曰："夫子见老聃，亦将何规哉？"孔子曰："吾乃今于是乎见龙。龙，合而成体，散而成章，乘乎云气而养乎阴阳。予口张而不能嚼，予又何规老聃哉！"（《庄子·天运》）

再看《史记》：

> 孔子去，谓弟子曰："鸟，吾知其能飞；鱼，吾知其能游；兽，吾知其能走。走者可以为罔，游者可以为纶，飞者可以为矰。至于龙，吾不能知其乘风云而上天。吾今日见老子，其犹龙邪！"《史记·老子韩非列传》）

我们不禁要问，为什么我们认为第一段文字为寓言，却相信第二段文字是可信史料？有人或许会说：因为《史记》是史书，《庄子》是子书。这种回答站不住脚，并非贴上史书标签，书中所有内容便都是信史。事实上，司马迁对自己这些文字并没有确切把握。泷川资言读史颇细，他敏锐地发现："孔子见老子，史公又载之于《老子传》，而自疑其有无，故用'盖'字'云'字。"①且史迁在史料运用中的舛误可谓数不胜数，尤以《孔子世家》为甚，就在上述《孔子世家》的引文之后，史迁又说："是时也，晋平公淫，六卿擅权，东伐诸侯；楚灵王兵强，陵轹中国；齐大而近于鲁。鲁小弱，附于楚则晋怒；附于晋则楚来伐；不备于齐，齐师侵鲁。"这段话可以说处处舛误，已读本书前章内容的读者不难知晓，泷川资言引陈仁锡、梁玉绳、中井积德驳之甚详，②文多不载。

其次，如果孔子学于老子且服膺老子，那么我们就要追问：孔子从老子那里究竟学到了什么？从《史记》《礼记》所言看，似乎孔子一味问学

---

① 司马迁撰，〔日〕泷川资言考证：《史记会注考证》，第 2413 页。

② 司马迁撰，〔日〕泷川资言考证：《史记会注考证》，第 2414 页。

于老子，聆听其教训，并且心悦诚服。司马迁还在《史记·仲尼弟子列传》中明确说"孔子之所严事，于周则老子"。那么我们就要问了，既然孔子师事老子，受其耳提面命，欣然接纳其学说，那么孔子思想中理应存在些许老子思想的影子。事实上到底有没有呢？古代确有人在寻找孔子与老子的共同点，但他们大都以老释孔，或者调和儒道，如秦汉黄老之学、魏晋玄学、唐宋以降儒道合一的道教观念等皆然。在现代学者中，胡适深入研讨了这个问题。不过，他为了发明有关儒家源于殷商儒士的说法，极力论证"老子也是儒"，"是一个殷商老派的儒家"，"是代表那六百年来以柔道取容于世的一个正统老儒"，试图在一个"柔"字上建立儒道两家的关联，从而为其"说儒"提供论据。① 事实上，老子言"柔"，是一种基于自然规律的人生哲学；原始儒士的所谓"柔"，是世人对其职业状态的一种社会评价。两者不是同一回事。退一步讲，我们即便认同儒、道在发生学上存在一定关联，也看不出孔子曾受老子思想的影响。这一点，胡适也是承认的，他认为"孔子与老子本是一家，本无可疑。后来孔、老的分家，也丝毫不足奇怪。老子代表儒的正统，而孔子早已超过了那正统的儒。"② 我们通篇检视《论语》，的确看不到孔子有什么思想言论与老子相同或相近，就算"子路、曾皙、冉有、公西华侍坐"章中孔子略微流露出一丝逍遥之意，那也只是一位古稀老人晚年偶尔一现的桑榆之情，根本不足以证明孔子与老子的思想关联。至于《论语·微子》中出现的楚狂接舆、长沮、桀溺、丈人等貌似道家的隐者，孔子不过是从容笑对而已，并没有认同其观点。

　　有人或许会说，《论语》记载子曰："无为而治者，其舜也与？夫何为哉。恭己正南面而已矣。"（《论语·卫灵公》）这不是《老子》中的"无为而治"吗？对此，我们可作两点甄别：第一，《老子》无为思想是有别于孔子所言的。孔子的"无为而治"是有先决条件的，那就是统治者必须先做到"恭己"，即在道德上达到一定的要求，故朱熹称："无为而治者，圣人德盛而民化，不待其有所作为也。"③ 这与孔子所说的"为政以德，譬如北辰，居其所，而众星共之"（《论语·为政》），其实是相同的意思。反观《老子》中十二次出现"无为"一词，无一包含对统治者道德境界要求的先决条件。《老子》说"上德无为"（《老子》三十八章），将"无为"本身视为"上德"。概而言之，孔子的"无为"是一种形式，需要对其赋予道德意义；《老子》的"无为"是一种目的，本身就具备了至上的道德意义。

　　① 胡适：《说儒》，第 86～106 页。
　　② 胡适：《说儒》，第 97 页。
　　③ 朱熹：《四书章句集注》，第 163 页。

第二，孔子所谈论的"无为而治"是针对具体人、具体事的一种特例，而《老子》则将"无为"当作一种普遍的政治规律和政治要求。孔子所谓"无为而治者，其舜也与"，其实是说能够做到"无为而治"的人，大概只有舜吧。为什么只有舜能够做到无为而治呢？朱熹《四书章句集注》讲得很清楚："独称舜者，绍尧之后，而又得人以任众职，故尤不见其有为之迹也。"朱熹的意思是，舜继承了尧的盛世之治，又有贤人大禹等众人相助，所以舜在继尧统业的基础上治理天下，很少能看出"有为"的迹象。反观《老子》讲"道常无为"（《老子》三十七章），明显是在更加广泛乃至抽象的层面上谈论"无为"，与孔子的就事论事不是同一回事。

我们看不到孔子与老子思想的共同处，却看到两者对立的观点比比皆是。在此不妨具体对比一下：《老子》讲"物壮则老"，孔子却讲"朝闻夕死"；《老子》讲"反者道之动，弱者道之用"，孔子却讲"知其不可而为之"；《老子》讲"不敢为天下先"，孔子却讲"文不在兹乎"；《老子》讲"为学日益，为道日损"，孔子讲"学如不及，犹恐失之"。如此等等，不一而足。

总之，我们对孔子适周问礼于老子不妨存疑。对于《礼记·乐记》所载"丘之闻诸苌弘"，即孔子问乐于成周苌弘的传说，也持审慎的态度。至于《孔子家语·观周篇》所载孔子观周看到金人三缄其口之说，盖窃之于刘向《说苑·敬慎》，完全不足以采信。

此时，周王室的内战烽火仍在燃烧，双方依然不分胜负。晋国正卿韩起年已老迈，对于王室的纷乱一概不闻不问。最后在郑国子大叔的推动下，晋人担心失去霸主地位，六卿之一的范鞅才主动找到韩起商议，准备联合诸侯发兵平乱，不过约定的时间是明年。

孔子已经三十四岁了，这个时期前后慕名而来的弟子越来越多，其中包括闵子骞、漆雕开。闵子骞，名损，字子骞，鲁国人，少孔子十五岁，后来成为孔门十哲德行科之一。漆雕开，字子开，又字子若，鲁国人，少孔子十一岁。就在孔子授业治学诸事顺遂之时，鲁国正在酝酿一场政治大风暴。

第四章　礼崩乐坏

正当孔子沉浸在设教授徒的快乐生活之中时，一场空前绝后的君臣争斗，完全打破了鲁城的宁静，也改变了孔子随后三年的生活轨迹。是时，季孙意如的专横跋扈招致鲁国一些贵族的强烈反感，他们鼓动不堪忍受季氏专权的鲁昭公采取武力手段，终于在鲁城引发了一场短兵相接的激烈交战。战事以"三桓"联手大败公室军队而告终，鲁昭公被迫流亡齐国。

在君位缺失的日子里，"三桓"继续违礼僭越，孔子考虑再三之后，决定暂时离开这个是非之地。孔子与弟子一行来到齐国，在这里学习礼乐，交流文化。孔子在齐国度过了大约三年的时间后，又回到母国家乡，继续从事教学育人的事业。他注重培养弟子们的正义观念和理性意识，在言行举止中注入"义"的标准，在鬼神信仰中融入人文精神。

孔子身在鲁国，时刻关注天下大事。当他听闻晋国权臣铸铁鼎公开颁布新法，便系统研究了晋国法制历史以及新法的具体内容和现实影响，对此事做了鞭辟入里的分析评价。孔子对铁鼎铸法的评价主要基于两个层面：一是内容层面，二是形式层面。从内容层面看，孔子认为新法破坏了周礼等级制度，是一种"失度"的劣法；从形式层面看，孔子认为用铁鼎公开发布刑法会导致民众抛弃礼仪而引征法条，是一种"贵贱失序"的乱制。孔子希望用道德引导法制，通过教育百姓而非严厉惩处百姓来增强其道德自觉，达到规范社会的目的。

鲁昭公最终没有回到鲁国，以客死他乡的悲剧了结了这场历时七年的政治危机。其弟鲁定公继位后，鲁国表面上恢复了正常与平静。这些年的世事变化和人生经历，让孔子更加深入地洞悉了社会政治的文化本质，更加深刻地认清了周礼文化的内在缺失，也更加深切地感悟到从文化层面挽救政治危机的意义。于是，孔子多年来关于礼乐文化的现实思考和学理探究终于酝酿出系统的成果，一个仁学思想体系呼之欲出。

本章考证孔子三十五岁至四十岁左右的人生经历，在鲁国内外动荡、社会剧变的背景中，展示和分析孔子的教育实践、思想观念和心路历程。

一、八佾舞于庭

1

孟孙貜去世后，继任者孟孙何忌年纪尚轻，季孙意如的权势更大了，鲁国尚能与之颉颃的只有叔孙婼。叔孙婼品行端正，季孙意如平时颇感掣肘，多次进行恶意报复，两家关系比较紧张。

在鲁国卿大夫中，还有多个家族与季孙意如不和。其中有一家贵族郈氏，宗主名叫郈恶。这天季氏与郈氏两家相约进行斗鸡比赛，季孙意如命手下给自己的公鸡头戴上皮甲，郈氏闻讯就给公鸡的爪子戴上金属套，结果郈氏的"金爪鸡"打败了季氏的"皮甲鸡"。季孙意如恼羞成怒，后来瞅了个机会派人故意侵占郈氏的房产，于是郈氏与季氏两家势同水火。

臧氏宗主臧为去世后，其子臧赐继任。臧赐有个族弟名叫臧会，因故得罪了臧氏家族，就逃到了季氏府邸里。臧氏家臣带着族人悄悄埋伏在季氏府邸附近，等臧会出来时将其抓住。季孙意如大怒，率众扣押了臧氏家臣，当场释放了臧会。从此臧氏也与季氏反目为仇。

不久，鲁昭公在内城公宫的襄公庙举行禘礼大祭，鲁国卿大夫都按时参加，唯独季孙意如没有来，因为他偏偏也要在这天举行家祭。

> 将禘于襄公，万者二人，其众万于季氏。臧孙曰："此之谓不能庸先君之庙。"大夫遂怨平子。（《左传·昭公二十五年》）

季孙意如事先私自下令，将原本为国君祭祀表演万舞的人员召到自己家里。于是当鲁昭公祭祀之时，在鲁襄公庙里表演万舞的只有两个人。臧赐与其他卿大夫都怨恨季孙意如。这边襄公庙里冷冷清清，那边季氏府第却热热闹闹。在季氏家庙里，季孙意如盛装登场，亲自指挥六十四名舞者排成八列纵队，在庭院里表演八佾万舞。一佾就是一队舞者，一共八人。按规定，八佾之舞原本是天子的万舞，诸侯只能用六佾，卿大夫用四佾，士用二佾。隐公年间鲁国曾经用过八佾之舞，严格来讲也是僭礼。不过，鲁国毕竟是周公的封地，所以周天子允许鲁国在特殊日子可以使用天子礼乐。

季氏这件事在鲁城传开，鲁城民众都感到很震惊。诸侯使用八佾之舞已属僭越，更何况卿大夫使用八佾，而且还强夺了国君的舞乐，还有什么比这种僭越更加严重？禘礼本来是国家重大祭祀活动，结果却发生了如此严重的违礼。事实上，《左传》说"大夫遂怨平子"是有明确含意的，那就是季孙意如在鲁国的僭越妄为，不断加剧了君臣矛盾，引发了不少卿大夫的公愤，其中包括郈恶、臧赐，以及季氏族人季公亥，还有昭公之弟公果、公贲及昭公之子公为等。这些季氏政敌聚集在一起，开始谋划与季氏公开决裂。

孔子身在鲁城，肯定第一时间就知道了季氏八佾一事。他又气愤，又担忧，气愤的是季孙意如日益肆无忌惮，已到了人神共愤的程度；担忧的是鲁国政坛乱象不止，周公留下的礼乐制度行将瓦解。于是，孔子说出了那句名言："八佾舞于庭，是可忍也，孰不可忍也。"（《论语·八佾》）人们通常把"是可忍也，孰不可忍"理解为孔子的一种感叹之言。如果孔子是对弟子们说的，那确是一句感叹之言，表达了孔子对维护周礼不衰、斯文不坠的忧虑和愤慨。但其实这句话很可能包含了一种付诸行动的决心和意志：在忍无可忍的情况下，应予直接反击。如果孔子这句话是对臧赐、郈恶、公果、公为这些人讲的，表明孔子或许知晓他们的政治密谋，表达了孔子对这次政治冒险行动的支持。

2

接下来几个月，反季氏力量加紧谋划，最终说服鲁昭公亲自介入，引爆了公室与季氏两股政治势力的正面碰撞。公室发难之前，鲁昭公居住在公宫附近的长府，这里是储藏公室财货的仓库。昭公隐藏于此，或许是为了靠前指挥，或许是便于散发财货以收结人心。

昭公二十五年九月十一日清晨，这些密谋者纠集了一百多人，发起突然袭击，猛攻季氏府邸。众人在季氏家门口杀死了季氏家臣公之，随后趁势冲进了季家大门。季氏府邸的后院非常大，中央耸立着一座三层楼台，有数丈之高，是城中最高的建筑物，甚至能够看到不远处公宫的屋顶，时人称其为"季子台"。事实上，春秋时期贵族府第内建筑高台以备御于万一，乃是相当普遍的现象，如卫国孔悝府邸就建有高台，子路后来死于高台下。季孙意如面对突然袭击，一面指挥族人拼死抵抗，一面率领亲信甲士退守到季子台上。乱军占领了整个内院，开始仰攻高台。季孙意如眼看支撑不住，就在高台上恳求鲁昭公停止攻击，派人调查自己的罪过，他愿意待罪在沂水之上，由国君查清罪过后再加惩处。众人知道这是季孙意如的缓兵之计，断然拒绝。季孙意如又请求离开鲁城，回到自己的封地费邑，从此不再过问国事，这个请求也被拒绝了。季孙意如无奈之下，第三次提出请求：自己只带五辆马车，情愿流亡国外，从此不再返回鲁国。这个出奔流亡的请求依然不被鲁昭公接受。

大夫子家羁一向对公室忠心耿耿，他从一开始就反对未作充分准备便仓促动用武力，现在看到双方僵持不下，就审时度势地力劝昭公接受季氏的第三个请求，一旦季孙意如离开鲁国，季氏的残余势力就可以逐个清除了。昭公犹豫再三，郈恶等人态度坚决，一定要将季氏斩尽杀绝，于是昭公拒绝了子家羁的建议。为了尽快打破僵局，鲁昭公派郈恶去孟孙氏请求支援。

面对突发事件，感到不知所措的还有"三桓"的另外两家。鲁城"三桓"府邸的位置大致是并排的，中间是季氏府邸，东南面是孟孙氏府邸，西北面是叔孙氏府邸。三者相距不远，孟孙氏与叔孙氏应该能够听到季氏府邸的攻战喊杀之声。不巧的是，叔孙婼前几天离开鲁城去了阚邑（今山东省济宁市汶上县南旺湖），家里一时无人作主，家臣鬷戾就召集几位年长族人商议。鬷戾问大家：季孙氏是存是亡，哪个对叔孙氏更有利？大家纷纷说"三桓"唇亡齿寒，没有季孙氏，就没有叔孙氏了。于是鬷戾决定出手相救，众人表示赞同。鬷戾率领青壮甲士，披坚执锐，向季氏府邸飞奔而去。周历九月，相当于农历七月，时值正午，烈日高挂，天气炎热，进攻者一时攻不上季子台，便脱掉了皮甲，坐在地上休息凉快，有的手里还捧着窖藏的冰块。就在这时，鬷戾率领人马从西北角冲了过来，正在休息的士兵们措手不及，纷纷丢盔弃甲，四散逃跑。

与此同时，郈恶奉命来到孟孙氏家里，带去了国君的命令，催促孟孙氏出兵相助。孟孙氏宗主孟孙何忌当时十四岁，《左传》记载孟孙氏家族并没有轻举妄动，而是派人登上房顶的西北角，眺望远处季氏府邸的情况。观望者登高远望，突然看到了叔孙氏的旌旗，赶紧报告说叔孙氏出兵救援季孙氏了。于是孟孙氏下令将郈恶押到大门外杀了，以示与鲁昭公公开决裂，同时也派兵救援季孙氏。这些举动是不是孟孙何忌本人所为，史无明载。杨伯峻说："懿子此时年仅十四，盖其家臣为之。"[1]竹添光鸿则认为这是孟孙何忌本人所为，并说："懿子杀昭伯，伐公徒，盖此时年仅十四，罪可末减耳。"[2]"末减"就是从轻论罪。这或许是看在圣人面上的开脱之词吧，毕竟孟懿子是孔子的记名弟子。

季孙氏甲士得到两族的增援，士气大振，三军会合后迅速击溃公徒。

---

① 杨伯峻编著：《春秋左传注》（修订本），第 1464 页。
② 〔日〕竹添光鸿注：《左氏会笺》，第 2027 页。

昭公带着臧赐等人撤退到公族墓地里,按照"去国则哭于墓而后行"的规矩,哭着向列祖列宗辞行,然后带着一帮亲随出奔齐国。子家羁放心不下国君,只好跟着一起出走。

事后来看,昭公要与季孙意如进行生死决斗,应当倚重和联合叔孙婼方是上策。可是昭公不但没有依靠叔孙婼,还选择了叔孙婼不在鲁城的日子发兵起事,可见昭公缺乏智慧。竹添光鸿感叹道:"(叔孙氏)父子皆执持有守,而昭公不与共图国事,坐制强臣之手,以至于出亡,可悲夫。"①这是鲁国历史上第一次国君出奔。齐景公接纳了鲁昭公等人,让他们在齐鲁边境安顿下来。

3

不久,叔孙婼从阚地匆匆赶回,径直去见季孙意如,季孙意如主动下拜叩头,表示愿意改过自新,继续侍奉国君。叔孙婼看到季孙意如很惭愧的样子,表示自己愿意代劳,去劝鲁昭公回国。事实上,季孙意如打心底里不希望昭公回国,所以从中百般阻挠。那些跟随昭公出奔的人其实也不想回国,因为他们担心回到鲁国后,一旦昭公与季孙氏和解,他们肯定会受到季氏的报复迫害。就这样,双方都没有和解的诚意,叔孙婼徒劳一番之后只好放弃努力。他深感鲁国前途渺茫,心灰意冷,生无可恋,唯求速死,就让家族掌管祭祀的祝宗,代他向祖宗神灵祈祷,希望自己早点离开这个令人绝望的世界。没过多久,叔孙婼就病死了,他的儿子叔孙不敢继任宗主。此时,孟孙氏、叔孙氏均幼主当家,昭公又出奔在外,季孙意如的权势可以说达到了顶峰。我们知道,孔子晚年听闻齐国陈成子弑杀齐简公,遂沐浴而朝,请求鲁哀公出兵讨伐。由此我们可以想见,孔子对于昭公出奔他国必然是极为愤怒而沮丧的。

令孔子愤怒的事情还在继续发生。不久,"三桓"为了感恩他们共同的先祖——鲁桓公的庇佑,在桓公庙举行盛大祭祀。按照惯例,祭祀仪式到了撤除祭品、分配俎肉的环节时,参与者要吟唱《诗》篇,于是三家居然唱起了《诗经·周颂·雍》。

> 三家者以《雍》彻。子曰:"'相维辟公,天子穆穆。'奚取于三家之堂!"(《论语·八佾》)

《雍》是一首歌颂天子宗庙的《诗》篇,三家这种僭窃之举,显示了

---

① 〔日〕竹添光鸿注:《左氏会笺》,第 1995 页。

他们的狂妄与无知。孔子将这出闹剧告诉弟子们，嘲讽道：《雍》中有"相维辟公，天子穆穆"之句，其意为"诸侯助祭，天子主祭，端庄肃穆"，三家的庙堂里有这样的场面吗？弟子们一定对孔子当时的讥讽与不屑印象深刻，所以在几十年后将此章与"八佾舞于庭"章一起记录在篇旨为"论礼"的《论语·八佾》之首。

我们认为，《论语》所记此事应该就发生在昭公出奔后不久。理由有二：一是在《论语·八佾》中，此章紧接于"八佾舞于庭"章，很可能两件事发生时间相距较近；在此章后则是"人而不仁，如礼何！人而不仁，如乐何"章，朱熹《四书章句集注》曰："记者序此于八佾、《雍》彻之后，疑其为僭礼者发也。"[①]此说很有道理，孔子指斥三家"人而不仁"，就算僭用天子礼乐，又有何意义呢？所以《八佾》的这三章在发生时序上应该是连续的。二是"三家者以《雍》彻"章必定发生于叔孙婼去世之后，否则叔孙婼岂会做这等非礼之事？故此章系于昭公出奔之后是恰当的。

过去鲁国政治虽也可以说"礼乐征伐自大夫出"，但至少还有国君的存在；现在国君出奔缺位，季氏大权独揽，鲁国进入一个真正意义上的"礼乐征伐自大夫出"的时代。这种冷峻的现实让孔子对鲁国政治的前景感到心灰意冷。孔子有言："笃信好学，守死善道。危邦不入，乱邦不居，天下有道则见，无道则隐。邦有道，贫且贱焉，耻也。邦无道，富且贵焉，耻也。"（《论语·泰伯》）现在到了践行自己人生原则的时候了。孔子不想留在鲁城与这帮人共处，更不愿与他们同流合污，便下决心离开鲁国。于是，孔子带着子路等几个弟子前往齐国。

二、齐国之行

1

孔子选择前往齐国，主要有两个考虑：一是鲁昭公出奔的方向也是齐国，孔子颇有一种追随昭公的意向；二是如上文所述，孔子六年前可能与齐景公有过一面之交，多少算是一种进身之阶。

大约在昭公二十五年的年底之前，三十五岁的孔子来到齐国都城临淄。关于这段经历，司马迁是这么说的：

---

① 朱熹：《四书章句集注》，第62页。

> 孔子年三十五，而季平子与郈昭伯以斗鸡故，得罪鲁昭公，昭
> 公率师击平子，平子与孟氏、叔孙氏三家共攻昭公，昭公师败，奔于
> 齐，齐处昭公乾侯。其后顷之，鲁乱。孔子适齐，为高昭子家臣，欲
> 以通乎景公。与齐太师语乐，闻韶音，学之，三月不知肉味，齐人称
> 之。（《史记·孔子世家》）

史迁说孔子到了齐国，先做了高张的家臣，希望通过他与齐景公取得
联系。高张是齐国卿大夫高强的族人，高强在鲁昭公十年齐国内乱时出奔
到鲁国，在鲁期间或许与孔子有过交往，所以介绍孔子去齐国见族人高张，
做高氏的家臣。这个说法，听起来合乎逻辑，却受到崔述的严厉批驳，他
认为以高强"耆酒，信内多怨"（《左传·昭公十年》）这种人品，孔子
是不可能与之交往的，且"圣人而为小人之家臣以干时君"，更是绝无可能。
在崔述看来，根据史迁前文讲到的景公、晏婴适鲁时曾与孔子问答云云，
"果如所言，孔子已早通乎景公、晏子矣，亦何待于为高氏之家臣乎"[1]。
梁玉绳《史记志疑》也表示怀疑，理由与崔述基本相同。其实，崔述与梁
玉绳都站在"圣人孔子"的视角看待"布衣孔子"的行为，故为孔子甘做"高
昭子家臣"而感到耻辱，认为此事不可能发生。事实上，在春秋时期担任
贵族家臣并不像后世管家、仆人一般低人一等，谈不上什么耻辱。齐国贵
族鲍国早年在鲁国时，就做了鲁国大夫施孝叔的家臣。这个施孝叔并非高
门大族，大概不过是一个中低级贵族而已，因为《左传》记载有一次晋国
大夫郤犨来鲁国礼聘，向卿大夫声伯求娶鲁女，声伯竟硬生生抢夺了施孝
叔的妇人嫁给晋人（《左传·成公十一年》）。施孝叔虽非名门望族，在
鲁国地位不高，贵为齐国高族的鲍国却愿意做其家臣，可见家臣并非低贱
之职。再说，孔子早年出任委吏乘田，何尝不是家臣？后来孔门弟子冉求、
子路等也多次担任季氏家臣，为人做事皆堂堂正正，未见得低三下四。
不管孔子是否做了高张的家臣，有一点是肯定的，他后来成功地接近
了齐国的高层，先是向齐太师学习《韶》乐，时间长达三个月之久。这一
点有《论语》为证。

> 子在齐闻《韶》，三月不知肉味，曰："不图为乐之至于斯也！"
> （《论语·述而》）

---

① 崔述撰著，顾颉刚编订：《崔东壁遗书》，第 273 页。

　　《韶》是舜乐，当年季札来鲁国观乐，曾欣赏过《韶箾》舞乐，大加称赞之余，更是直接说"观止矣"。当时孔子年幼，自然无缘观赏；等他成年后估计此乐在鲁国早已散失，故未得耳闻。孔子意外在齐国听到此乐，惊喜赞叹不已。不过有史家对于孔子"在齐闻《韶》"表示怀疑。《论语》记载过一则孔子在鲁国与鲁太师讨论音乐的故事：

　　　　子语鲁大师乐，曰："乐其可知也。始作，翕如也。从之，纯如也，皦如也，绎如也。以成。"（《论语·八佾》）

　　孔子说：音乐的道理是可以知道的。开始演奏时，和谐协调；乐曲展开以后，声音美好，节奏分明，余音袅袅不绝，直至演奏结束。司马贞《史记索隐》认为，史迁"子在齐闻《韶》"之说是将鲁太师误作齐太师，"合《论语》齐、鲁两文而为之"。其实这种质疑大可不必，孔子与鲁太师、齐太师讨论音乐，可以两存而不必排他。也许司马贞认为，齐国作为一个普通诸侯国不可能拥有舜乐。这一点亦可得到合理解释，泷川资言引东晋学者范宁曰："《韶》乃大虞尽善之乐。齐，诸侯，何得有之乎？曰：陈，舜之后也。乐在陈，敬仲窃以奔齐，故得僭之也。"① 范宁此言是说：陈国人是舜的后裔，敬仲是齐国陈氏先祖，原为陈国公室贵族，当初从陈国出奔齐国时偷偷窃取了《韶》乐，作为进献之礼，于是齐国便有了舜乐。至于诸侯演奏天子之乐，那是因为当时僭越已成风气。范宁的这个解释颇为圆融，难以证伪。孔子对音乐的学习兴趣是超越时人的，他在齐国闻《韶》，三月不知肉味，只不过是他"学无常师"的一个案例。

　　孔子是精通《诗》乐的音乐人，他日后对诗乐体系进行了系统整理，达到了"乐正"的程度，足证其音乐造诣实属当世一流。孔子还是一流的乐评人，他以"美""善"为准则，对古典音乐的精当评论成为后世乐评的基本文化标准。若干年后，孔子跟弟子谈到《韶》乐，依然赞不绝口。

　　　　子谓《韶》："尽美矣，又尽善也。"谓《武》："尽美矣，未尽善也。"（《论语·八佾》）

　　过了不久，齐景公亲自接见孔子，孔子回答了齐景公的问政。

---

　　① 司马迁撰，〔日〕泷川资言考证：《史记会注考证》，第 2416 页。

　　景公问政孔子，孔子曰："君君，臣臣，父父，子子。"景公曰："善哉！信如君不君，臣不臣，父不父，子不子，虽有粟，吾岂得而食诸！"他日，又复问政于孔子，孔子曰："政在节财。"（《史记·孔子世家》）

史迁这段文字应该是参考了《论语》的记录：

　　齐景公问政于孔子，孔子对曰："君君，臣臣，父父，子子。"公曰："善哉！信如君不君，臣不臣，父不父，子不子，虽有粟，吾得而食诸！"（《论语·颜渊》）

　　关于孔子所说的"君君，臣臣，父父，子子"，后来成为中国古代政治最重要的原则，但其内涵随着社会变迁在很大程度上已失去了孔子的原意，故有必要在此稍加解释。孔子所谓"君君，臣臣"，其中第二个"君"与"臣"皆为动词，意思是国君应该按照周礼要求，言行举止像一个国君的样子；同时臣子也要按照周礼的要求，言行举止像一个臣子的样子。孔子此言应该不是泛泛而论，可能借此暗指当时鲁国"君不君，臣不臣"的乱象，希望齐景公关注鲁昭公的窘迫境况，能够给予更大力度的支持，帮助鲁昭公顺利返回鲁国。另外，孔子此言也在暗讽齐国现实政治中"君不君，臣不臣"的现象。当时齐国的政局很复杂，陈氏、高氏、国氏等势力派系相互倾轧，甚至威胁到国君的权力，孔子是在提醒齐景公防范君权旁落。钱坫《论语后录》曰："夫子以昭公之二十五年至齐，当景公三十年。是时陈僖子乞专政，行阴德于民，景公弗能禁，是不能君君臣臣也。"[1]齐景公对此也是清楚的，所以回答说"善哉"。

　　尤其需要指出的是，孔子所言与秦汉以降儒家所说的"君君，臣臣，父父，子子"意义不尽相同：孔子所谓"君君，臣臣"，是指君臣之间一种双向对应、互为条件的关系。只有国君做到"君君"，臣僚才能做到"臣臣"；换言之，如果国君言行"君不君"，则臣僚未必一定要做到"臣臣"。十五年之后，孔子入仕为官，鲁定公与孔子有一段对话，更加明晰地表达了君臣之间的对等互动关系。

　　定公问："君使臣，臣事君，如之何？"孔子对曰："君使臣以礼，

---

　　①　程树德：《论语集释》，第855页。

臣事君以忠。"（《论语·八佾》）

在孔子看来，"臣事君以忠"，是以"君使臣以礼"为条件的；如果国君做不到"使臣以礼"，则臣僚也不一定要做到"事君以忠"。当臣僚遇到失德之君，孔子的主张很明确，那就是"邦有道则仕，邦无道则可卷而怀之"（《论语·卫灵公》），即赋予臣僚一种自由进行政治选择的道德意志，可以在周礼原则下自主决定进退去留。面对无道之君，臣僚大可不必一味愚忠，完全可以抽身而退。孔子本人后来也是这样做的。正是按照这样的政治逻辑，孔子才会对鲁定公说："为君难，为臣不易。"（《论语·子路》）因为君臣彼此都要恪守周礼所规定的各自的准则，所以都应该体谅对方的难处和不易。这种君臣观念并非孔子独创，在春秋时期是相当普遍的。《管子·形势篇》就说："君不君，则臣不臣。"这一个"则"字，道出了春秋君臣关系互为条件的特征。孔子提醒齐景公，国君要像国君一样，臣僚才能像臣僚一样，国君与臣僚之间存在一种对应的权利义务关系。但齐景公并未理解君臣关系的双向性，他只知道从国君的角度看，如果"君不君，臣不臣"，自己将有粟而不得食。这显示了齐景公与孔子不在一个思维层次上。

孔子这种政治主体之间的平等思想，传承到孟子那里，又得以继续强化，故有下面这段掷地有声的文字：

> 君之视臣如手足，则臣视君如腹心；君之视臣如犬马，则臣视君如国人；君之视臣如土芥，则臣视君如寇仇。（《孟子·离娄下》）

反观秦汉以降的儒家君臣思想，一改周朝分封制度下的君臣互动关系，周礼文化的"君君臣臣"嬗变为汉儒经学的"君为臣纲"（《白虎通·三纲六纪》），强调君王对臣僚的绝对权威，以及臣僚对君王的单向服从。这从一个侧面体现了先秦礼乐政治文化与秦汉以降专制政治文化之间的本质差异。

需要指出的是，尽管后世儒家篡改了孔子提倡的君臣对等政治观念的原意，将战国法家的君权至上思想融入孔子后学之中，形成了"儒表法里"的统治思想，从而在秦汉以降的两千多年里一直占据主导地位，但孔子君臣关系的深邃思想并未湮灭无闻，仍然延绵不绝地影响着历代现实政治，成为中国士人独立精神的重要渊薮。

2

此时，鲁昭公还滞留在齐国边境郓邑。昭公内心十分复杂纠结，他最希望季氏突然死掉，然后自己荣归故国，当然这是不可能的。昭公也希望齐景公能派兵护送他回去，顺手收拾了季氏，就像当年齐襄公率军护送卫惠公返国，诛杀左、右公子一样。昭公也期望霸主晋顷公能亲自出面干预，如同当年晋文公帮助卫成公回国复位并且诛杀逆臣元咺，或者像晋平公护送卫献公回国，然后卫献公亲自诛杀逆臣宁喜一样，岂不痛快！可悲的是，昭公不知道时势已经大变，诸侯霸主政治正在走向终结，等待他的只能是失望。

让昭公略感欣慰的是，齐景公已经答应给他"千社"作为供奉，食邑二万五千户，这足够自己和手下人花销了。所以昭公暂时在齐国住下，等待转机出现。不久后，转机真的出现了。原来，宋国国君宋元公与鲁昭公关系一直不错，他为鲁昭公出奔而深感焦虑，不惜抱病亲自前往晋国求情，希望晋国出面干预鲁国内乱。意想不到的是，宋元公经不住长途跋涉，竟然病死在半路上。鲁昭公闻讯哀伤不已，暗暗抱怨命运不济。不过也有一个好消息，齐景公已经决定亲自率军护送昭公返国，昭公顿感前景可期。

于是，季孙意如连忙派人给齐国高官送礼，请求齐人阻止鲁昭公回国。齐景公听到风声，命令属下不准接受鲁国人的财物，不准替季孙意如说话。不料，季孙意如的家臣申丰、女贾还是带着锦缎、玉帛等厚礼，悄悄溜进了齐国，他们先收买了高氏的族人高龁，此人是齐景公宠臣梁丘据的家臣，他们请他向梁丘据说项，答应事成之后说服仍在鲁国避难的高氏宗主高强，指定高龁做齐国高氏宗主的接班人。高龁马上把礼物转交给梁丘据，并向其承诺后面还会有更多财货送来。梁丘据于是故弄玄虚地对齐景公说：鲁国群臣不尽力于鲁君，并不是不愿侍奉国君，而是另有诡异的原因——叔孙婼为了鲁君返国极力奔走，结果无疾而死；宋公为了鲁君亲自赶往晋国，却死在半路上。或许上天已抛弃鲁君了？或许是鲁君得罪鬼神才会落到这样的下场？齐景公显然被吓住了，梁丘据继续煞有介事地说：这次护送鲁君回国，您不必亲自出面，就待在曲棘这个地方，让大臣率领军队前往，看看神灵有什么指示。如果神灵同意他回去，出师就会顺利，到那时您再跟着去送；如果前面打败了，就说明神灵不保佑鲁君，您也不必白跑一趟了。梁丘据用时人普遍信奉的上天和鬼神两种神秘力量恐吓景公，景公遂派儿子公子鉏率领一支齐国军队护送鲁昭公回去。公子鉏带着鲁昭公一行，向齐鲁交界的成邑进发。成邑大夫公孙朝早已得到季孙意如的授意，在此地顽固阻击齐军，随后季孙意如也亲率大军赶来增援，叔孙氏家臣鬷戾也一起参战。可见此时"三桓"已经联为一体了。经过一番交战，齐军被鲁军打败，齐景公只得放弃，昭公无奈继续寄居于齐国郓地。

<h1 style="text-align:center">3</h1>

孔子在齐国很可能一直待到鲁昭公二十七年。根据史料，吴国季札在昭公二十七年出聘晋国，返程途中经过齐国，与孔子有过一次会面，当时孔子也在离开齐国返回鲁国的途中。也就是说，孔子在齐国前后停留了近三年。

孔子离开齐国的原因，按照司马迁的说法，是遭受了晏婴所进谗言的影响，并且有齐国大夫"欲害孔子"。

> 景公说，将欲以尼溪田封孔子。晏婴进曰："夫儒者滑稽而不可轨法；倨傲自顺，不可以为下；崇丧遂哀，破产厚葬，不可以为俗；游说乞贷，不可以为国。自大贤之息，周室既衰，礼乐缺有间。今孔子盛容饰，繁登降之礼，趋详之节，累世不能殚其学，当年不能究其礼。君欲用之以移齐俗，非所以先细民也。"后景公敬见孔子，不问其礼。异日，景公止孔子曰："奉子以季氏，吾不能。"以季、孟之间待之。齐大夫欲害孔子，孔子闻之。景公曰："吾老矣，弗能用也。"孔子遂行，反乎鲁。（《史记·孔子世家》）

史迁有关晏婴潜沮孔子之说，应该是取材于《晏子春秋·外篇》。从司马贞《史记索隐》开始，后人质疑声不断，我们且看崔述如何逐条反驳。

> 晏婴，齐之贤大夫也，孔子之为圣人，晏子未必能知，若其有益于人国，则晏子必无有不知者；藉使景公不用孔子，晏子犹当荐之，况景公自欲用孔子而晏子乃反沮之乎！……至于"滑稽、倨傲、游说、乞贷"云云，尤与儒者不类，况孔子耶！……今此《世家》之文独以儒为诟病，是今而非古，蔑礼而弃乐，不但所言皆与孔子平生之事相反，即与晏子平生之言见于《左传》、《孟子》者亦无一不相反，而岂不怪也哉！且春秋之世固无有所谓"滑稽、倨傲、游说、乞贷"者也，亦无有以是讥人者。……然则此言出于战国时人之口明甚。而其文之浅陋，亦似战国、秦汉，绝不类《左传》、《孟子》所述者。《索隐》曰："此说出《晏子》及《墨子》，其文微异。"然则此文乃战

国以后墨氏之徒之所伪撰以攻吾儒者。[①]

另外，梁玉绳《史记志疑》的观点也与崔述大致相似，且看下文：

> 婴贤者也，与孔子友善，沮封尼溪，必无之事。孔鲋《诘墨》已言之，先儒亦历辩其诬。《索隐》谓"此说出《晏子》及《墨子》"。盖本墨氏非儒谤圣之言，后人羼入《晏子春秋》耳。《吕览·高义》、《说苑·立节》载孔子见齐景公，景公致廪丘以为养，孔子辞不受，遂行。据此益征晏婴阻封之非实，后夹谷之会，《史》言晏子与有谋焉，亦妄。[②]

崔述与梁玉绳的观点大致有三：一是晏婴是贤者，不至于诋毁孔子；二是晏婴指责孔子的"滑稽、倨傲、游说、乞贷"云云，与孔子根本沾不上边，明显是后世伪造；三是文中的内容应该是战国时人攻击儒家的言论，羼入《晏子春秋》，史迁又不加辨别地引用，弄假成真。这些都言之成理。我们再补充二人均未提到的一点：孔子与晏婴德行相类，孔子对晏婴评价甚高。

> 子曰："晏平仲善与人交，久而敬之。"（《论语·公冶长》）

孔子认为晏婴善于跟人交往，与他相处时间长了，不由让人产生敬意。这句话应该出自孔子的亲身感受。根据史载，孔子与晏婴一共见过三次面，前次景公、晏婴"猎于鲁郊"之行和后来的夹谷之会均短暂会面，只有本次齐国之行时间长达三年，可能有多次接触，故能产生"久而敬之"的感觉。另外，这是孔子与晏婴第二次见面，距离初次相识已有五年，"久而敬之"或许也有这层意思。因此，史迁说晏婴谗沮孔子，应该不太可信。其实，史迁自己说过，"孔子之所严事"，"于齐，晏平仲"（《史记·仲尼弟子列传》）。这与上文岂不自相矛盾？

上引《史记》之文的争议还不止于此，齐景公所谓"以季、孟之间待之"，意思是按照介于季孙氏、孟孙氏之间的卿大夫地位来礼遇孔子，大致相当于叔孙氏的待遇。对此，崔述反驳说："孔子在昭公世未为大夫，班尚卑，望尚轻，景公非能深知圣人者，何故即思以上卿待之，而云'若季氏则吾不能'也？"另外，齐景公当时不过四十多岁，后面继续在位二十七年，

---

① 崔述撰著，顾颉刚编订：《崔东壁遗书》，第 274～275 页。
② 梁玉绳：《史记志疑》，北京：中华书局，1981 年，第 1118 页。

何来"老不能用"之说？[1]同样，泷川资言引伊藤维桢曰："此时孔子年三十六，名位未显，想无景公以季孟待之之理，恐他日之事。"[2]

然而问题在于，史迁所言，实有所本，《论语》中也有同样的记述：

> 齐景公待孔子，曰："若季氏则吾不能，以季孟之间待之。"曰："吾老矣，不能用也。"孔子行。（《论语·微子》）

于是，崔述便将质疑矛头直接指向《论语》"齐景公待孔子"章，进而对《微子》全篇表示怀疑。崔述说："《微子》一篇本非孔氏遗书，其中篇残简断，语多不伦，吾未敢决其必然。"[3]崔述在《论语余说》中甚至认为《论语》后五篇除《子张》外皆"可疑者甚多"，尤其是"《季氏》《微子》两篇皆杂采于传记者"，有些章节内容"尤与通篇文义不伦"，或许是后人续入亦未可知。[4]崔述此说貌似武断，却并非毫无道理，我们看《微子》中楚狂接舆、长沮、桀溺之类的章节，确实能感觉到有战国庄子流派的风格。

史迁《史记·孔子世家》还说"齐大夫欲害孔子"。此说尽管语焉不详，但似有所依本，因为孟子也说"孔子之去齐，接淅而行"（《孟子·万章下》）。朱熹《四书章句集注》说："接，犹承也；淅，渍米也。渍米将炊，而欲去之速，故以手承米而行，不及炊也。"估计当时孔子遇到了紧急情况，我们不知所因何事，反正孔子一行匆匆离开了齐国，踏上了返鲁之途。

4

我们现在将目光短暂地投向南方。就在鲁昭公二十六年（前516年）九月，楚平王去世，太子壬继位，是为楚昭王。楚平王公子弃疾"龙飞"之前，还是一位相当干练而低调的贤人，出使中原诸侯国注重礼仪，颇有风度，深得各国卿大夫好评。公子弃疾继位之后的十三年间，一开始恢复了楚灵王灭国的陈国和蔡国，收敛起北进雄心，与中原各国和平相处，所以叔孙婼在鲁昭公十九年（前523年）曾说："楚不在诸侯矣！其仅自完也，以持其世而已。"（《左传·昭公十九年》）但是时间一久，楚平王在处理国内事务方面佳政乏陈，宠信奸臣费无极，逼走太子建，杀死伍奢

---

① 崔述撰著，顾颉刚编订：《崔东壁遗书》，第275页。

② 司马迁撰，〔日〕泷川资言考证：《史记会注考证》，第2418页。

③ 崔述撰著，顾颉刚编订：《崔东壁遗书》，第275页。

④ 崔述撰著，顾颉刚编订：《崔东壁遗书》，第617～618页。

父子，伍子胥被迫出奔吴国，这些都为日后几近灭国的吴楚柏举之战埋下了祸根。

吴国国君夷昧在鲁昭公十五年（前 527 年）去世了，季札依然拒绝担任国君，夷昧的儿子公子僚即位做了吴王。公子僚的"父死子继"打破了吴国多年"兄终弟及"的传统，伯父诸樊的儿子公子光当然不服，他认为按照之前的规则，下一代的第二轮应该从自己开始。于是公子光笼络人才，阴养死士，伺机夺位。

鲁昭公二十三年（前 519 年），吴国在鸡父之战中大败楚国率领的诸小国，夺回了之前被楚国占据的州来，将其封给了季札。季札原来封在延陵，现在改封州来，故又被称为"延州来季子"或"延陵季子"。

> 吴子欲因楚丧而伐之，使公子掩余、公子烛庸帅师围潜。使延州来季子聘于上国，遂聘于晋，以观诸侯。（《左传·昭公二十七年》）

吴王僚听说楚平王去世，就派两个弟弟公子掩余、公子烛庸率军进伐楚国，为了联络中原诸侯，又派叔叔季札前往北方礼聘，顺便观察各国局势。

这是季札第二次出访中原诸侯，距他第一次出访已相隔将近三十年。据说，六十一岁的季札带着儿子一起出发，顺利访问了晋国，又来到齐国，途中儿子不幸去世，季札准备将他安葬在嬴、博之间（即今山东省泰安市境内）。此时，孔子正带着弟子返回鲁国，恰好从附近经过，就慕名前去观葬，当然主要目的是拜见闻名天下的延陵季子。

> 延陵季子适齐，于其反也，其长子死，葬于嬴、博之间。孔子曰："延陵季子，吴之习于礼者也。"往而观其葬焉。（《礼记·檀弓下》）

《礼记》这段文字究竟有多少可信度很难判断。对于这样一次被后世公认为"北孔南季"两大圣贤的泰山之会，我们尚无与其相悖的证据，故宁可信其有。据说孔子还观看了季札给死者敛服入葬的过程，对于季札葬子"三号遂行"，孔子认为是合礼的。朱熹解释说："旅中之礼，只得如此。变礼也只得如此。"[①]意思是说，季札葬子行礼仪式较为简单，之所以得到孔子认可，是因为季札身在旅途之中，只能如此变礼。

等季札回到吴国，公子光已经派勇士专诸成功刺杀了吴王僚，自己登

---

① 黎靖德编：《朱子语类》，第 2235 页。

上了王位，是为吴王阖庐。

> 季子至，曰："苟先君无废祀，民人无废主，社稷有奉，国家无倾，乃吾君也。吾谁敢怨？哀死事生，以待天命。非我生乱，立者从之，先人之道也。"复命哭墓，复位而待。（《左传·昭公二十七年》）

季札看到阖庐弑君继位已为既成事实，只能无奈接受。按照《公羊传》的说法，阖庐还假惺惺地要"致国乎季子"，季札当然拒绝了。后世有人批评季札不该默认阖庐篡位，这当然是皮相之论。季札只能做力所能及之事，唯此才能明哲保身，这也暗合了孔子所谓"邦有道，不废；邦无道，免于刑戮"（《论语·公冶长》）。

鲁昭公出走已经三年，季孙意如没有得到任何惩罚，这在诸侯国中产生了很坏的影响，国君们担心这件事如果不了了之，逐君之风会蔓延到其他国家。晋顷公作为霸主感到脸上无光，于是就在昭公二十七年秋天，派范鞅在扈地（今河南省新乡市原阳县西）会合宋、卫、曹、邾、滕诸国大夫，商议解决鲁昭公之事。宋景公与卫灵公都希望晋国有所行动，卫灵公的态度尤其坚决，甚至准备献出祖传宝器，还情愿以"公子与二三臣之子"为人质，推动晋国解决这件事。在宋国、卫国一再坚持下，范鞅打算使用武力护送昭公返回鲁国。

季孙意如闻讯后，暗中向范鞅行贿。范鞅竟欣然接受，放弃了出兵计划。《左传》记录了这次贿赂行为的细节：

> 范献子取货于季孙，谓司城子梁与北宫贞子曰："季孙未知其罪，而君伐之，请囚，请亡，于是乎不获。君又弗克，而自出也。夫岂无备而能出君乎？季氏之复，天救之也。休公徒之怒，而启叔孙氏之心。不然，岂其伐人而说甲执冰以游？叔孙氏惧祸之滥，而自同于季氏，天之道也。鲁君守齐，三年而无成。季氏甚得其民，淮夷与之，有十年之备，有齐、楚之援，有天之赞，有民之助，有坚守之心，有列国之权，而弗敢宣也，事君如在国。故鞅以为难。二子皆图国者也，而欲纳鲁君，鞅之愿也，请从二子以围鲁。无成，死之。"二子惧，皆辞。乃辞小国，而以难复。（《左传·昭公二十七年》）

从《左传》的记述来看，春秋后期晋国卿大夫索贿受贿已成普遍风气，严重侵蚀了晋国政治肌理。季孙意如行贿效果立现，范鞅说服宋国、卫国大臣放弃计划：第一，范鞅认为这件事季孙意如是无辜的，有错的是鲁昭公。第二，范鞅认为季孙意如之所以大难不死，鲁昭公之所以功亏一篑，皆因天意，说明上天站在季孙氏一边。这也说明之前梁丘据的鬼神之说并非空穴来风，一定程度上反映了民间所盛行的说法，当时社会的鬼神迷信可见一斑。第三，范鞅认为鲁昭公出奔之后，季孙意如做到了"事君如在国"，依然遥尊鲁君，在国内深得民心，并没有做得不对的地方。第四，针对宋国与卫国的积极主张，范鞅对宋国司城子梁与卫国大夫北宫贞子发出威胁——你们一定要诉诸武力，我只好奉陪，但是如果失败了，我们大家就一起战死吧。一番话吓得两位大夫又惊又怕，只好作罢。范鞅随后用同样的方式打发了其他小国。于是结果便是，晋国执政贪图私利，不顾国事，放弃了霸主基本的政治道义与责任担当，使晋国失去了诸侯的信任，从此晋国的霸主地位更加衰落。

与此同时，季孙意如先发制人，派兵攻打昭公所在的郓地。为了掩人耳目，这支部队名义上由孟孙何忌带队，实际上真正领兵的是季氏亲信阳货。双方经过激烈交战，结果阳货获胜。昭公返国的愿望再次落空，于次年春天离开齐国前往晋国，被晋顷公安顿在晋国边境乾侯（今河北省邯郸市成安县东南）。

孔子回到鲁国，继续设教授业的生涯。他现在对鲁昭公已不抱希望，也能够接受鲁国政局的现状。生活在这个纷乱的时代，面对季孙意如这些违礼乱邦之人，孔子更加意识到培养后生的意义，这也是他现在唯一能做的事情。

三、教育的意义

1

鲁昭公二十八年（前514年），孔子三十八岁。从这个时间点一直到鲁定公五年（前505年）孔子四十七岁，我们所掌握的这十年时间里的孔子可信史料相当有限。史迁《史记·孔子世家》对这个阶段的记载几乎一片空白，我们只能从《论语》和《左传》中的一些零碎资料中拼凑其相关事迹。

孔子在这段时间里应该一直待在鲁国，教学育人仍是其主要的生活内容。后来孔门的重要弟子，如冉求、颜回、子贡等，此时大约十岁上下，尚未来到孔子的身边。子路是陪伴在孔子身边最重要的早期弟子，也是与孔子对话最多的弟子，孔子教学的因材施教和循循善诱在子路身上体现得最为明显。

子路颇有勇力，常常在大庭广众之下跟随在孔子左右，起到御侮的作用。孔子曾经说过："自吾得由，恶言不闻于耳。"（《史记·仲尼弟子列传》）但是，孔子希望子路兼具仁、智、勇三达德，故教育他要把"义"放在"勇"之上。

> 子路曰："君子尚勇乎？"子曰："君子义以为上，君子有勇而无义为乱，小人有勇而无义为盗。"（《论语·阳货》）

子路为人守信重诺，性格喜动厌静，虽然对学习"六艺"不无兴趣，但似乎缺乏读书的动力，声称"何必读书，然后为学"（《论语·先进》），认为学习不一定非得读书，实践本身也是学习。子路这里所说的"书"，大概是指《尚书》，但也可能泛指所有书籍。子路这话当然也不错，但读书毕竟是学习成长的重要途径。孔子为了引导子路对读书感兴趣，可谓煞费苦心。我们来看一则故事：

> 子曰："衣敝缊袍，与衣狐貉者立，而不耻者，其由也与？'不忮不求，何用不臧？'"子路终身诵之。子曰："是道也，何足以臧？"（《论语·子罕》）

子路从不嫌贫爱富，孔子因势利导，当面赞赏子路这一优点。子路听了很高兴，孔子乘机引出《诗经·卫风·雄雉》中的诗句"不忮不求，何用不臧"，这句诗的意思是说，对人没有嫉害之意、对己没有贪求之心，德行怎么会不善呢？子路因此终身诵读此诗。孔子通过这种独特的开导方式，激发弟子的诵诗兴趣，培养其健全人格。

当然孔子也会进行正面、直接的教育。针对子路的特点，孔子专门为其解说"六言六蔽"的道理。

> 子曰："由也，女闻六言六蔽矣乎？"对曰："未也。""居，吾语女。好仁不好学，其蔽也愚；好知不好学，其蔽也荡；好信不好学，其蔽也贼；好直不好学，其蔽也绞；好勇不好学，其蔽也乱；好刚不好学，其蔽也狂。"（《论语·阳货》）

在这段话中，孔子强调了文化知识教育对于个体道德修养具有不可替代的重要性。仁、智、信、直、勇、刚等品质或多或少存在于人的自然本性之中，有些人从不读书学习，也能在一定程度上具备这些品质。但是，一个社会人要进行合乎逻辑的事实分析，要做出符合道德的价值判断，要进行恪守信义的行为选择，光靠直觉式的自然品质是不够的，还需要通过不断学习提升知识理性和分析能力。如果一个人缺乏文化知识的引导，单凭小聪小慧，很容易流于愚、荡、贼、绞、乱、狂。孔子的这番深刻教导，既具有明确的针对性，又蕴含广泛的普适性。在孔子看来，教育是将人的自然良知与道德理性有机结合的过程，教育的结果就是使人学会做正确的事情。所谓"正确"，就是孔子所说的"义"。孔子说："君子之于天下也，无适也，无莫也，义之与比。"（《论语·里仁》）意思是说，君子除了"义"之外无所谓可以不可以，"义"是唯一正确的标准。什么是"义"？"义"就是"宜"，即人类社会普世适宜的价值标准和普遍接受的行为结果。

在孔子看来，如果不将人的行为置于特定社会的具体环境之下，抽象谈论各种道德品目，在内涵上难以界定，在外延上也无法落地。

正如上文所述，子路询问孔子："君子尚勇乎？"即"勇"是不是君子的必备德性？这个问题貌似简单，其实很难回答。"勇"是一个抽象的道德品目，在不同的场景下有不同的意义，君子可以尚勇，但盗贼也不乏勇气，庄学就讽喻盗贼"先入，勇也"（《庄子·胠箧》）。所以，孔子之前说"好勇不好学，其蔽也乱"，这是从反面分析"勇"的弊端；现在孔子又进一步从正面告诉子路，真正的"勇"需要以"义"为条件，即符合社会正义的普世价值标准。失去了"义"的标准，即"有勇而无义"。也就是说，缺乏"义"的知识性和社会性前提，仅凭个人直觉，"勇"的品质对于君子与小人皆会导致不良后果。

2

针对子路的个性特点，孔子除了教育他要恪守社会正义观念，还教导他要树立人文理性精神。子路信鬼神、好祷告，于是便有了孔子与子路关于鬼神的一段对话：

> 季路问事鬼神。子曰："未能事人，焉能事鬼？"曰："敢问死？"曰："未知生，焉知死？"（《论语·先进》）

早在殷商时期，鬼神信仰就很兴盛，周人也承继了这种传统风气。我们前文提到《礼记·表记》所谓"周人尊礼尚施，事鬼敬神而远之"，这是相对于殷人而言的。周人有殷代统治者迷信淫祀的前车之鉴，又加上周族原本就有重民、重人的传统，故在鬼神崇拜方面相较于殷人有所收敛。但正如我们前文所说，周人鬼神祭祀活动仍相当普遍。即便像子产这样最具理性思想的人，也相信鬼神的存在，他曾说："匹夫匹妇强死，其魂魄犹能凭依于人，以为淫厉。"（《左传·昭公七年》）周人相信每个人都有灵魂，活着的时候叫"魂"，死后叫"魄"，"魄"也即鬼神之魂。鬼神能够对活着的人带来福祸，所以人们就需要经常祭祀鬼神，以祈福消灾、保佑生人。

鬼神信仰依旧是当时维系社会关系的重要意识形态：一是人们需要"明神"为誓，订立人与人、家族与家族、邦国与邦国之间的盟约；二是人们对自然和社会生活仍有无力无助之感，需要鬼神力量的佑护，也需要运用鬼神思想对自然与社会、现实与未来做出阐释；三是鬼神崇拜是维系生者与死者、先祖与后辈之间的家族纽带，有利于维护宗法社会关系。

民众的鬼神信仰崇拜一旦过度，就会把生活中的福善淫祸归之于上天鬼神，不仅放弃了人的自身责任，而且会将社会风尚引向愚昧。所以在春秋时期，少数具有理性意识的人已能用自然主义的眼光看待神秘现象，如《左传》记鲁僖公十六年（前644年）周朝内史叔兴到宋国礼聘，对于宋都上空发生的天石陨落、鹢鸟退飞的怪异现象，认为不过是"阴阳之事，非吉凶所生也"，明确提出了"吉凶由人"的观点。

孔子熟读史记，关注社会，勤于思考，必能感受到春秋时期已经萌芽的人文精神和理性意识。当然，孔子受到周人"敬天"思想的影响，并未否定鬼神的存在，对鬼神也抱着敬重的情怀，但他希望弟子们在日常生活中"敬鬼神而远之"（《论语·雍也》），不要迷信鬼神而放弃人的社会责任。孔子更关心的是当下社会，更注重的是理性思维，不愿过度沉溺于鬼神世界，故采取一种敬而远之的态度。孔子对子路说"未能事人，焉能事鬼"，表达了"事人"与"事鬼"的先后关系，将人道置于神道之上。这在当时是相当先进的观念。

孔子的鬼神观很自然地衍生出他的生死观。孔子同样希望弟子们先理解"生"的价值，再思考"死"的意义。孔子的这种鬼神观与生死观，体现了春秋晚期神道主义的衰落与人本主义的兴起，孔子光大和弘扬了人的生命存在之于天地、鬼神、社会的主体价值，将过去长期以来"掌握"在神祇手中的人生决定权夺回人自己手中，从而极大地彰显人的主观能动性和道德责任感。《论语》中有这样一段对话：

子疾病，子路请祷。子曰："有诸？"子路对曰："有之。诔曰：祷尔于上下神祇。"子曰："丘之祷久矣。"（《论语·述而》）

孔子有次生病，子路暗中向神灵祷告，孔子问子路有没有这回事，子路说我诔词中有一句话：为你向天上与地下的神祇祷告。诔词就是悼词，可能孔子因这次生病确实离死神很近。孔子说"丘之祷久矣"，意思是自己的言行一直以来都符合天地神明之道德，故不必再向神祇祷告。正如朱熹所说："其素行固已合于神明，故曰'丘之祷久矣'。"[1]在孔子看来，向神祇祷告不一定要用语言和祭品，每个人平时的所作所为，都被神祇看在眼里，都会得到应有的结果。当春秋时代大多数人仍将自己的命运遥寄于通过祷告获得神灵的庇佑时，孔子却认为每个人自身的行为都是一种决定命运的"祷告"。这就是孔子为什么说"敬鬼神而远之"，为什么"罕言命"（《论语·子罕》），为什么不语"怪、力、乱、神"（《论语·述而》），从中我们可以感受到孔子思想中闪烁的人本主义光辉。孔子继承了周人天道"惟德是辅"的观念，把人的道德自律和自由自觉的主体性置于他律和神佑之上，同时也将人的行动握在个人手中，将人的行为责任担在自己肩上。

3

孔子的早期弟子应该还有他的儿子孔鲤。孔鲤平时与其他弟子们一起跟着父亲学习，孔子注重教育他学好《诗》、礼。

子谓伯鱼曰："女为《周南》《召南》矣乎？人而不为《周南》《召南》，其犹正墙面而立也与？"（《论语·阳货》）

"正墙面而立"就是被一堵无知的幕墙挡住了视线，看不到外面任何东西。孔子教导儿子，不读《周南》《召南》，就失去了一个了解人类历史和社会的重要窗口。这不仅是说过往的社会历史就在《诗》中，也是指年轻人通过《诗》的文化视角，可以真正读懂、读透这个现实社会。

孔子还教儿子学习周礼，《论语》中有这样一段对话：

陈亢问于伯鱼曰："子亦有异闻乎？"对曰："未也。尝独立，鲤趋而过庭，曰：'学诗乎？'对曰：'未也。''不学《诗》，无

---

[1]　朱熹：《四书章句集注》，第102页。

以言。'鲤退而学诗。他日，又独立，鲤趋而过庭，曰：'学礼乎?'
对曰：'未也。''不学礼，无以立。'鲤退而学礼。闻斯二者。"
陈亢退而喜曰："问一得三：闻诗，闻礼，又闻君子之远其子也。"
（《论语·季氏》）

陈亢这个人的身份不甚清楚，《史记·仲尼弟子列传》中并无此人，
但他多次出现在《论语》中，且前后跨越了颇长的一段时间。皇侃《论语
义疏》说："陈亢即子禽也。"何晏《论语集解》说陈亢是孔子弟子。朱
熹《四书章句集注》也说陈亢是孔子弟子，但又说"或曰：'亢，子贡弟
子。'未知孰是"。[1]有人说陈亢是陈人，也有人说他是齐人，莫衷一是。
我们认为陈亢不是孔子弟子，因为他曾在子贡面前说过"仲尼岂贤与子乎"
（《论语·子张》），如果是弟子，应称孔子为"夫子"，不可能直接称"仲
尼"，更不可能拿孔子与子贡作比较。

陈亢这个人有点怪异，孔鲤与他谈论父亲教导自己读《诗》学礼之事，
他主观地认为孔鲤一定会从父亲这里得到什么"异闻"，类似于不外传的
秘笈。于是孔鲤就告诉他，父亲只是教自己《诗》、礼，并无"异闻"。
陈亢显然不相信孔鲤所说，反而认为孔子没有教儿子"异闻"是因为孔子
疏远孔鲤。朱熹《四书章句集注》评论说："孔子之教其子，无异于门人，
故陈亢以为远其子。"[2]黄式三《论语后案》也说："以为远其子者，疑
圣人必有不传之秘，特未尝传子也。"[3]其实，孔子并无教育儿子的"秘笈"，
只是将他与平常的弟子一样对待，既无"异闻"，也不疏远，这体现出孔
子理性教育和平等教育的观念。

四、刑鼎之辨

1

昭公二十八年，鲁昭公仍在晋国乾侯，晋顷公既没有邀请他进入晋国
国都，也没有派晋军护送他返国。

孔子一直关注着来自晋国的音讯，不料却得到了一个关于叔向的坏消

---

① 朱熹：《四书章句集注》，第51页。
② 朱熹：《四书章句集注》，第175页。
③ 黄式三：《论语后案》，张涅、韩岚点校，南京：凤凰出版社，2008年，第475页。

息：叔向的儿子杨食我受到贵族祁盈案的牵连，不但本人被杀，就连整个羊舌氏都被灭族了。事件的起因是祁氏宗主祁盈发现家族内有成员淫乱，就将他们抓了起来。这本来是一场家庭纠纷，但知氏宗主知跞接受了事主的贿赂，挑唆晋顷公以未曾上报国君就擅自抓人的罪名，反将祁盈抓了起来，最后甚至把他杀掉了。杨食我与祁盈关系较好，被当作同党一起株连。自从栾氏被灭后，晋国姬姓公族只剩下祁氏与羊舌氏，两家虽然只是中等贵族，却仍被六卿视为异己，于是趁此机会将两家一并灭族，田地均予没收。

我们可以想象，孔子听到羊舌氏被灭族的消息，内心一定很难过。在周朝的文化观念中，一个人活在世上，自己的生死并不重要，重要的是维护家族的延续，从而维系列祖列宗的血食祭祀。叔向是孔子时代德才兼备的贤人，孔子对叔向高度评价，说他是"古之遗直"（《左传·昭公十四年》），也就是具有古代遗风的正直之人。在叔向去世十多年后，其家族竟遭灭门之灾，这样的结局当令孔子喟然长叹。

同年秋天，晋国正卿韩起死了，正卿的位置轮到了魏氏，由魏氏宗主魏舒出任。魏舒还算是一个比较宽厚的长者，他把祁氏的田地分为七个县，把羊舌氏的田地分为三个县。晋国成为继楚国之后第二个设置县的春秋邦国，反映了分封制向郡县制的持续嬗变。魏舒任命了十个人分别担任十个县的大夫，这十人都算是颇有才干的中下层士大夫。根据《左传》记载，孔子知道魏舒的人事安排后，评论魏舒此举符合道义：

> 仲尼闻魏子之举也，以为义，曰："近不失亲，远不失举，可谓义矣。"又闻其命贾辛也，以为忠："《诗》曰：'永言配命，自求多福。'忠也。魏子之举也义，其命也忠，其长有后于晋国乎！"（《左传·昭公二十八年》）

到了次年，即昭公二十九年（前513年），晋国的赵鞅、荀寅率军在汝滨，即今河南省平顶山市鲁山县北一带，修筑城池。其间，晋人采石冶铁数百斤，铸造了一个硕大的铁鼎，把士匄当年修订的刑书刻铸在鼎上，向民众公布。由此，该鼎被称为"刑鼎"。

晋国铸刑鼎是一桩大事，此事很快就传到孔子这里。《左传》记载了孔子对此所做的严厉批评：

> 冬，晋赵鞅、荀寅帅师城汝滨，遂赋晋国一鼓铁，以铸刑鼎，著范宣子所为刑书焉。仲尼曰："晋其亡乎！失其度矣。夫晋国将守

唐叔之所受法度，以经纬其民，卿大夫以序守之。民是以能尊其贵，贵是以能守其业。贵贱不愆，所谓度也。文公是以作执秩之官，为被庐之法，以为盟主。今弃是度也，而为刑鼎，民在鼎矣，何以尊贵？贵何业之守？贵贱无序，何以为国？且夫宣子之刑，夷之蒐也，晋国之乱制也，若之何以为法？"蔡史墨曰："范氏、中行氏其亡乎！中行寅为下卿，而干上令，擅作刑器，以为国法，是法奸也。又加范氏焉，易之，亡也。其及赵氏，赵孟与焉。然不得已，若德，可以免。"（《左传·昭公二十九年》）

过去学者认为，晋国"铸刑鼎"是新兴地主阶级的变法行为，孔子站在保守立场上批评晋国"铸刑鼎"新法，反对向民众公开法律内容，目的是维护传统的礼乐等级制度，阻碍代表进步势力的社会变革。

这种说法并非没有道理，但失之于简单化。孔子的确希望维护周朝传统分封制度下的社会等级结构，反对可能导致传统社会等级松动瓦解的新法。但是，孔子反对"铸刑鼎"的来龙去脉和底层逻辑远比"进步""保守"的两分法更加复杂。要真正理解孔子言论的丰富意蕴，必须将此事置于孔子所处时代的动态历史背景中，予以客观深入的考量。

2

晋国铸刑鼎的主角是赵鞅、荀寅，他们在刑鼎上公布的是范宣子士匄制定的新刑法。赵鞅是赵武的孙子，荀寅是荀吴的儿子，两人都是当时晋国六卿之一。他们为什么要公开发布法律，又为什么是士匄制定的法律，这点我们稍后会说到。先来看看孔子说了些什么以及他为什么要批评晋人"铸刑鼎"。

孔子一开始就说：晋国恐怕要灭亡了，因为它失去了原本良好的法度。接着孔子给我们上了一堂晋国法制发展史的微课程。他说：晋国应该遵循始封之君唐叔所接受的法度，这个法度是周天子颁布的，它可作为民众的经纬准则，卿大夫按照各自的等级位次守护它。在孔子看来，晋国法制史的第一阶段是"唐叔之法"，这是一个良好的法度。好在什么地方？民众能够尊重贵族，贵族能够守持家业，做到了"贵贱不愆"，即贵、贱社会等级的差别没有错乱，这就是良法的尺度。

接着，孔子谈到了晋国法制史的第二阶段，即晋文公制定的"被庐之法"。既然唐叔之法是好的，为什么晋文公又要制定"被庐之法"？原来，从唐叔到晋文侯，晋国"贵贱不愆"得以维持，但从晋昭侯到晋怀公期间，

却发生了曲沃并晋、骊姬之乱两大事件，周朝传统的"亲亲""尊尊"准
则在晋国遭到严重破坏，唐叔之法的功能明显失效。所以晋文公继位后，
为了重新恢复周朝等级制度和礼乐德治，在被庐这个地方举行了大蒐之礼，
即意在教育民众的一次阅兵仪式，同时设立了执掌官职等级的执秩之官，
使晋国贵族与平民都重新明确了上下尊卑的等级秩序，受到了道德礼仪的
教育训导。晋文公通过实施"被庐之法"，城濮一战而霸，成为诸侯新盟主。

孔子所讲的晋国法制史并非信口之谈，而是基于确凿的历史事实，与
《左传》记载的晋国史完全吻合。关于晋文公的"被庐之法"，《左传》
是这样叙述的：

> 晋侯始入而教其民，二年，欲用之。子犯曰："民未知义，未
> 安其居。"于是乎出定襄王，入务利民，民怀生矣，将用之。子犯曰：
> "民未知信，未宣其用。"于是乎伐原以示之信。民易资者不求丰焉，
> 明征其辞。公曰："可矣乎？"子犯曰："民未知礼，未生其共。"
> 于是乎大蒐以示之礼，作执秩以正其官，民听不惑而后用之。出谷戍，
> 释宋围，一战而霸，文之教也。（《左传·僖公二十七年》）

我们从上文可知，晋文公"被庐之法"的核心用意在于修礼崇信、明
教重德，在周朝礼乐文化的基础上重新恢复社会尊卑等级。我们在《左传》
中看到，在被庐举行的大蒐礼中，晋文公还做了一件大事，就是"作三军，
谋元帅"：

> 于是乎蒐于被庐，作三军，谋元帅。赵衰曰："郤縠可。臣亟
> 闻其言矣，说礼乐而敦《诗》《书》。《诗》《书》，义之府也。礼乐，
> 德之则也。德义，利之本也。《夏书》曰：'赋纳以言，明试以功，
> 车服以庸。'君其试之。"乃使郤縠将中军，郤溱佐之；使狐偃将上
> 军，让于狐毛，而佐之；命赵衰为卿，让于栾枝、先轸。使栾枝将下
> 军，先轸佐之。荀林父御戎，魏犨为右。（《左传·僖公二十七年》）

大凡治春秋史者都注意到，晋国这次确定将帅的方式颇有别于后世，
主要体现了三个特点。一是文武不分，中军帅就是行政正卿。这点很容易
理解，一方面，春秋时期贵族自幼所受教育涉及政治、道德、文化、军事
诸领域，往往具有兼通文武的综合素质；另一方面，春秋时期军事战争的
强度和难度并不大，在很大程度上具有外交礼仪性色彩，军事将领应对持

久、残酷战争所需的专业化、职业化要求出现在战国时期。二是选拔军事将领的标准竟然不是能征善战，而是"说礼乐而敦《诗》《书》"。原因就是"《诗》《书》，义之府也。礼乐，德之则也。德义，利之本也"，一个精通诗书礼乐的贵族一定懂得在战争中取得胜利，这就是有德必有才的政治逻辑。三是在选拔三军将帅的过程中出现了贵族之间的相互礼让，这本身是一种贵族传统美德的表现。这样一种等级分明、尊卑有序的"被庐之法"，得到了孔子的赞赏。

孔子接着论及时下在刑鼎上颁布的新法，这算是晋国法制史的第三阶段，即当今阶段。这部法并非赵鞅、荀寅新造，而是采用了晋平公八年（鲁襄公二十三年，前550年）范宣子士匄制定的刑法，可以称之为"宣子之法"。该法的具体内容我们已不得而知，孔子对它的指责主要集中在两个层面：第一层面是就其内容而言，第二层面是就其形式而言。

3

我们先从内容上看，孔子说"宣子之刑，夷之蒐也"，即认为"宣子之法"是晋襄公七年（鲁文公六年，前621年）"夷蒐之法"的翻版，而"夷蒐之法"从实践来看导致了晋国的乱政，乃是一部"乱制"，所以"宣子之法"同样也是劣法。当初在晋襄公七年，晋国在夷地举行的大蒐礼，当时发生的乱政之事，以及形成的"夷蒐之法"，在《左传》中都有记录：

> 六年春，晋蒐于夷，舍二军。使狐射姑将中军，赵盾佐之。阳处父至自温，改蒐于董，易中军。阳子，成季之属也，故党于赵氏，且谓赵盾能，曰："使能，国之利也。"是以上之。宣子于是乎始为国政，制事典，正法罪。辟狱刑，董逋逃。由质要，治旧洿，本秩礼，续常职，出滞淹。既成，以授大傅阳子与大师贾佗，使行诸晋国，以为常法。（《左传·文公六年》）

在晋国夷地举行的大蒐礼上，阳处父与赵盾结党营私，以"使能，国之利也"为借口，抛弃先王文德之教，结果导致了孔子所说的"乱制"。杜预《春秋左传集解》解释道："一蒐而三易中军帅，贾季、箕郑之徒遂作乱，故曰乱制。"[①]孔子批评赵鞅、荀寅将"晋国之乱制"刻铸于刑鼎，"若之何以为法"，这哪里还成其为法？《左传》接着又引用了蔡国史墨的话，说荀寅身为下卿却擅作刑器，"是法奸也"，范氏与赵氏都不会有好下场。

---

① 杜预：《春秋左传集解》，第1582～1583页。

综上所述，就晋国"铸刑鼎"的法律内容而言，孔子的批评主要针对两个方面：一是从法理层面讲，刑鼎新法破坏了维护"贵贱不愆"等级制度的法度原则，削弱了传统社会礼乐道德的法律基础；二是从实践层面讲，刑鼎新法成为晋国卿族拉帮结派与打压政敌的工具，导致了晋国公族与卿族、卿族与卿族之间的激烈争斗，出现"政在家门"和"政出多门"的乱象，被现实证明是一种"乱制"。我们看到，孔子运用了周礼道德和实践效果两条标准对新旧法律内容进行了评价。

现代学者以生产力与生产关系、上层建筑与经济基础的理论逻辑来分析孔子的法律思想观念，确实可以说，在春秋晚期分封制向集权制、领主经济向地主经济逐步转变的过程中，孔子缺乏一种历史唯物主义和进步主义的法律观，看不到法律作为上层建筑服务于经济基础的发展趋势。然而，在周朝社会乃至整个中国古代社会，一直缺乏进步主义的历史观，唯物主义史观更是要到民国时期才传入中国，古代主流的历史发展观往往动辄"祖述三代"理想社会，带有明显的"退步主义"历史思维特征。相信历史发展从"大道之行"趋于"大道既隐"的孔子，不可能将周朝礼崩乐坏之后的未来社会，即以郡县制为基础的中央集权政治，作为自己的理想目标，所以只能从道德原则与实践结果两个方面分析、评判社会现象和法律现象。这就是为什么孔子崇尚旧法、反对新法的思想根源和逻辑理路。

4

就形式而言，孔子也反对用"铸刑鼎"这种方式来公开发布刑法，此即孔子所谓"而为刑鼎，民在鼎矣，何以尊贵？贵何业之守"。杨伯峻注释"民在鼎"一语，说："在读为察，谓民察鼎而知刑。"[1]孔子其实不反对在统治阶层实施法律，他曾说："君子怀刑，小人怀惠。"（《论语·里仁》）孔子不赞成的是在民众中实施法律。他认为一旦民众能看到刑鼎上的法律条文，就会征引法律条文，抛弃礼仪等级，导致贵贱无序，国将不国，即杜预所说的"弃礼征书，故不尊贵"，"民不奉上，则上失业"[2]，结果可能动摇周朝等级制度的根基。

我们继续追问，为什么把刑书公之于众，就会引起"贵贱无序"呢？为了说清这个问题，我们来看看发生在鲁昭公六年子产与叔向之间关于郑人铸刑书的一场争论。

---

① 杨伯峻编著：《春秋左传注》（修订本），第 1504 页。
② 杜预：《春秋左传集解》，第 1582 页。

三月，郑人铸刑书。叔向使诒子产书，曰："始吾有虞于子，今则已矣。昔先王议事以制，不为刑辟，惧民之有争心也。犹不可禁御，是故闲之以义，纠之以政，行之以礼，守之以信，奉之以仁，制为禄位以劝其从，严断刑罚以威其淫。惧其未也，故诲之以忠，耸之以行，教之以务，使之以和，临之以敬，莅之以强，断之以刚。犹求圣哲之上，明察之官，忠信之长，慈惠之师，民于是乎可任使也，而不生祸乱。民知有辟，则不忌于上，并有争心，以征于书，而徼幸以成之，弗可为矣。……民知争端矣，将弃礼而征于书。锥刀之末，将尽争之。乱狱滋丰，贿赂并行，终子之世，郑其败乎！肸闻之，国将亡，必多制，其此之谓乎！"复书曰："若吾子之言，侨不才，不能及子孙，吾以救世也。既不承命，敢忘大惠？"（《左传·昭公六年》）

在晋国铸刑鼎的二十三年前，郑国子产做了一件惊天动地的大事，把刑书首次公开刻铸在大鼎上，作为国家公布的常法。叔向知道此事后，写信给子产，予以严厉批评。叔向与子产一直是声气相投的知交，价值观念相当一致，但子产是日理万机的行政长官，叔向则是熟稔周朝礼乐的文化贵族，两人看待法律的视角不尽相同，对于法律与礼乐关系的理解也不同，因此发生了激烈的争执。

叔向一开始就失望地说，我过去一直对您抱有很大的期望，现在已经结束了。然后叔向阐述了两条意见：第一，法律乃迫不得已而为之，法律必须在礼乐道德的主导下实施，才能劝善惩恶；第二，公开颁布法律，让民众了解具体的法律条文，会引起民众的"争心"，导致社会的混乱。叔向这两条意见可以帮助我们理解孔子所说"民在鼎矣，何以尊贵"的涵义。

与孔子一样，叔向并不反对用法律惩处和管理民众；同时也与孔子一样，叔向认为统治者管理民众不应只局限在法律惩处方面，而应该运用义、政、礼、信、仁等道德教化的手段，通过刚柔并济、恩威兼施的途径，使民众可以任使，而不发生祸乱。叔向这种法治与德治双管齐下的思想与孔子完全一致。孔子有一段更加言简意赅的话概括了叔向的阐论：

子曰："道之以政，齐之以刑，民免而无耻。道之以德，齐之以礼，有耻且格。"（《论语·为政》）

孔子并不否认法律对于民众的不良行为具有一定的社会防范作用，但他认为民众的行为应该出自对礼乐道德的尊崇，而不是对法律惩罚的恐惧。

郑国铸刑书与晋国铸刑鼎，都有可能导致统治者片面强化法律的惩处功能，而忽视对民众的道德教化，这正是叔向与孔子共同担忧之事。我们都知道，法律不只是冷冰冰的条文，更不是深文周纳的苛刑，法律是有灵魂的，它要基于人性的道义，更要符合人类的正义。从这个角度来看孔子所说的"礼乐不兴则刑罚不中，刑罚不中则民无所措手足"（《论语·子路》），就很容易理解孔子并不排斥刑罚，只不过强调刑罚要以礼乐为导向，要体现法律的正义价值。孔子反对单纯工具主义的刑罚，尤其是这种工具主义的目的就是维护统治者利益。

叔向认为公开颁布刑法，民众知道了法律条文，就不再敬畏统治者，大家都有相争之心，各自引征刑法条文为己辩护，希望侥幸获得成功，这样统治者就难以治理了。民众有了法律工具，就会丢弃礼仪而引征法条，人人斤斤计较，相互争夺，触发法律的案件越来越多，贿赂并行，国家就衰败了。社会等级本来是由礼乐文化维系的，现在人们"弃礼而征于书"，贵贱等级就会被破坏，结果就是孔子所说的"贵贱无序，何以为国"。对此，我们要知道当时的法律主要用于惩处民众，并没有维护民众合法权利的内容，所以叔向与孔子反对民众知晓法律，并不存在剥夺民众权利的问题。另外，从表面上看，叔向与孔子担忧的是民众知法，其实他们真正担忧的是民众弃礼。叔向担忧民众"并有争心，以征于书"，只涉及"乱狱滋丰，贿赂并行"；孔子不仅担忧民众"争心"导致"乱狱"，更担心"民免而无耻"和"贵贱无序"这些动摇周朝礼乐道德和等级制度根基的弊害。

孔子并不反对向普通民众提出礼与法的双重要求，只不过他看到了对民众一味讲法、用法带来的问题。解决这些问题本可以有两种方式，一种是完善法律功能，一种是强化礼乐德治，但孔子放弃了前一种方式，专注于后一种方式。这些年，孔子一直在思考和酝酿一种适用于所有贵贱不同人等的伦理体系，这就是他的仁学体系，希冀通过"道之以德，齐之以礼"来解决"民免而无耻"的问题。如果说，春秋社会确实存在《礼记·曲礼》中所说的"刑不上大夫，礼不下庶人"的道德法律分界线，那么孔子正在构建的仁学体系就是旨在打破这条分界线，要将原本只属于贵族阶层的礼乐道德之光映射到普通百姓的心灵中。换句话说，面对礼崩乐坏带来的社会失序，孔子的目光并未放在峻法严刑，而是专注于强化礼乐德治的路径，尝试用一种新的伦理思想去填补社会道德的真空。在这个过程中，他确实忽视了完善法律功能这条路径。孔子因此被指责为"保守"，也不算冤枉。后来战国法家走了与孔子截然相反的道路，他们完全抛弃了道德规范，一味维护君王政治统治，将针对广大民众的峻法严刑推向极致，虽然助力秦国建立起大一统的集权王朝，结果却"二世而亡"，证明了这条道路的失败。从这样的教训中反观孔子当年的刑鼎之辨，或许会有更多思考和理解。

五、四十不惑

1

孔子晚年回顾人生，将自己四十岁左右这一时期概括为"四十不惑"。所谓"四十不惑"，是大致举一个成数，并非一定就是四十整岁。孔子四十岁到四十二岁，正是鲁昭公三十年（前512年）到三十二年（前510年）。这三年，鲁昭公在晋国乾侯走完了灰暗人生的最后一程。孔子听到国君去世的消息，想必非常难过，这场君臣之争最后还是以逆臣的胜利而告终。更要紧的是，这样一桩大事变在鲁国居然没有产生什么反响，无论贵族还是民众似乎都无动于衷，季氏依然安稳地掌控着一切，这个国家看上去平平静静，就像什么都没有发生似的。孔子知道，这才是问题的严重性所在。如果这样的事情众人都能够习以为常，说明周礼道德在社会普通人心目中已经所剩无几了，也说明周礼文化本身已亟待革新变化。

事实上，当时不少人都在议论鲁国的这种反常现象。《左传》记录了昭公死后晋国赵鞅与史墨之间的一段对话：

> 赵简子问于史墨曰："季氏出其君，而民服焉，诸侯与之，君死于外，而莫之或罪也。"对曰："物生有两，有三，有五，有陪贰。故天有三辰，地有五行，体有左右，各有妃耦。王有公，诸侯有卿，皆有贰也。天生季氏，以贰鲁侯，为日久矣。民之服焉，不亦宜乎？鲁君世从其失，季氏世修其勤，民忘君矣。虽死于外，其谁矜之？社稷无常奉，君臣无常位，自古以然。故《诗》曰：'高岸为谷，深谷为陵。'三后之姓，于今为庶，主所知也。在《易》卦，雷乘《乾》曰《大壮》，天之道也。昔成季友，桓之季也，文姜之爱子也，始震而卜。卜人谒之，曰：'生有嘉闻，其名曰友，为公室辅。'及生，如卜人之言，有文在其手曰'友'，遂以名之。既而有大功于鲁，受费以为上卿。至于文子、武子，世增其业，不废旧绩。鲁文公薨，而东门遂杀适立庶，鲁君于是乎失国，政在季氏，于此君也，四公矣。民不知君，何以得国？是以为君，慎器与名，不可以假人。"（《左

传·昭公三十二年》）

这段话意味深长，叙述了鲁国政坛近两个世纪来的历史嬗变，揭示了鲁国君权失落、卿权膨胀的社会原因，可以说是一部简明版鲁国百年政治史论，值得我们深入解析一番。

赵鞅问史墨：季氏驱逐国君，但民众依然服从他，诸侯也没有大的反应，国君最后客死他乡，却没有人归罪季氏，这是为什么？史墨分析了鲁国长期以来季氏专权和国君失位的状况，提出了"社稷无常奉，君臣无常位"的观点，民众不知道国君，国君怎么能够掌握国家？所以说，当国君的，一定要慎重对待宝器和名位，这两样东西是不可以借给别人的。史墨的回答主要包含了三层意思：第一，卿臣本来是辅助国君的，但鲁君世代放纵，季氏世代勤勉，以至于鲁君被百姓遗忘，最后死在外面，这是很正常的事情。第二，从鲁国政治现象中可得出"社稷无常奉，君臣无常位"的规律，犹如《诗经·小雅·十月之交》所说的"高岸为谷，深谷为陵"，符合天道规律。第三，史墨在这里大谈"君臣无常位"，为了避免晋国国君对号入座，产生误解，他最后补充了一句——国君的"器与名"不可以轻易交给别人，这种话语已经颇具法家的意味了。

2

在春秋晚期社会，国君大权旁落甚至丧权失国的情况，在各国可谓层出不穷。正如史迁所说："《春秋》之中，弑君三十六，亡国五十二，诸侯奔走不得保其社稷者，不可胜数。"（《史记·太史公自序》）在分封制度下，周王虽然名为天子，其实不过是姬姓宗族的大宗主而已，他与诸侯之间是同宗或姻亲的亲属关系，上下等级的"尊尊"关系在很大程度上受到宗族"亲亲"关系的制约，王国内部政治权力配置的封邑属地性质十分明显，诸侯拥有相对独立的邦国统辖权力；与此类似，诸侯虽然名为国君，其实不过是侯国最大宗族的宗主而已，他与卿大夫之间也是同宗或姻亲的亲属关系，上下等级的"尊尊"关系也在很大程度上受到宗族"亲亲"关系的制约，侯国内部政治权力配置的封邑属地性质同样十分明显，卿大夫拥有相对独立的统辖权力。

随着社会生产力的发展，土地私有化程度持续加剧，地主和自耕农阶层不断壮大，天下邦国基于分封制的统治方式过于衰弱，已经不再适应社会发展的需要，于是在上层建筑的权力结构方面，就必然会发生新的调整。就整个春秋战国时期而言，这种调整大致分为三个阶段：第一阶段是从春秋中晚期开始，楚国、秦国、晋国等先后发展出"县""郡"管理制度，在一定程度上强化了君权的集中统治。第二阶段是春秋晚期诸侯国内的卿大夫僭越篡权，尤以晋国、齐国为甚，这也是后来"三家分晋"和"陈田代齐"的由来。史墨所说的"社稷无常奉，君臣无常位"，就是第二阶段的重要特征。第三阶段是战国时期成功篡权的君主有鉴于当年诸侯失权的前车之鉴，纷纷采取变法革新，大力加强君主集权，这也是为什么魏国、齐国、赵国在战国初年成为变法前驱的重要原因。战国群雄加强君主集权的结果就是兼并战争频仍，土地争夺激烈，最后走向了全国统一，实行了天下范围内的权力集中，在政治权力结构中完成了以"尊尊"取代"亲亲"的变革，尽管在社会文化层面"亲亲"宗族文化依然延续着。

今天，我们用历史唯物主义和进步主义的理论逻辑，将其视为中国古代从血缘分封、宗盟藩卫的"亲亲"政治走向中央集权、封建专制的"尊尊"政治的必由之路。也就是说，从"存在即合理"的历史发展眼光看，当时的权臣僭越、逐君乃至弑君，都可视为春秋分封制社会走向战国集权制社会的必由之路，也是中国走向大一统国家的必然结果。从长时段的历史目光来看、用历史进步主义的观点来说，这是顺应历史发展的潮流，甚至说它具有进步意义也未尝不可。

但是，我们必须指出，孔子是这场重大历史变局的亲历者，他不可能站在后代旁观者的立场看待现实政治，也不可能用历史进步主义的眼光从"长时段"看待世事变化，否则他就穿越历史变成了现代人。孔子只能根据殷周过往历史来分析现实与未来，只能站在当事人的立场来看待身边的世情变幻。孔子看到的是诸侯国君们的滚滚头颅，目睹的是以下犯上的道德沦丧，听闻的是百姓流离的哀怨呻吟。也就是说，孔子不是一个阅尽上下千年人间沧桑的"历史智慧老人"，他只能在一个相对于历史长河的"短时段"里，用现实主义的评判标准、用道德主义的价值逻辑、用人性本然的同情心理，来理解和看待春秋晚期的这场社会巨变。孔子从中感受到周朝传统的礼崩乐坏，感觉到毫不收敛的权力贪欲，感应到底层民众的无奈痛楚，感悟到拯救礼乐的文化使命，自觉承担起社会道德重建的责任，这实在是再正常不过的理性态度、再自然不过的情感反应。

从更深层面的意义上说，春秋战国的世事变化，以及秦汉以降中央专制集权政治的建立和长期延续，究竟是不是周朝分封社会发展的唯一走向？是不是具有历史发展的必然性与合理性？是不是真的符合现代进步主义的历史价值取向？这些都是值得深入思考的问题。如果答案不是绝对肯定的话，那么我们就没有充分的理由责备孔子未能顺应社会历史的发展。

当然，这些问题的讨论已经超出了本书的主题，只能留待后人来思考和解决。

3

我们回到赵鞅与史墨的对话。史墨还谈到一个重要的观点，体现了春秋时期民本思想的影响。他在对话中四次提到了"民"，用"民之服焉，不亦宜乎""民不知君，何以得国"两个掷地有声的反问，强调了君以民为本的观念。

我们注意到，《左传》中经常记载史臣、乐师等小人物直面国君，提出一些颇具民本意味的闪光思想。如在晋悼公时期，乐师师旷就对晋悼公说：

> 夫君，神之主而民之望也。若困民之主，匮神乏祀，百姓绝望，社稷无主，将安用之？弗去何为？天生民而立之君，使司牧之，勿使失性。有君而为之贰，使师保之，勿使过度。是故天子有公，诸侯有卿，卿置侧室，大夫有贰宗，士有朋友，庶人、工、商、皂、隶、牧、圉皆有亲昵，以相辅佐也。善则赏之，过则匡之，患则救之，失则革之。自王以下，各有父兄子弟，以补察其政。史为书，瞽为诗，工诵箴谏，大夫规诲，士传言，庶人谤，商旅于市，百工献艺。故《夏书》曰："遒人以木铎徇于路。官师相规，工执艺事以谏。"正月孟春，于是乎有之，谏失常也。天之爱民甚矣。岂其使一人肆于民上，以从其淫，而弃天地之性？必不然矣。（《左传·襄公十四年》）

比较史墨与师旷的观点，史墨强调君主的权力来自人民的支持，师旷强调君主的权力受制于人民的监督。师旷同样用"将安用之""弗去何为"两个斩钉截铁的反诘，向君主权力发起直接挑战。另外，二者都借用"天"的力量制约君权，这明显受到西周早期"皇天无亲，惟德是辅。民心无常，惟惠之怀"和"天视自我民视，天听自我民听"等观念的影响。

华夏民族的民本思想源远流长，清华简《厚父》中有"民心惟本，厥作惟叶"，杜勇说："'民心惟本'与'民为邦本'义相近，实为民本思想的嚆矢。"①周朝民本思想还与西周分封制度有着密切的关系。君主的权力在天上受制于天神，在人间则受制于各个层面的"亲亲"关系，也就是师旷所说的各级统治者"皆有亲昵，以相辅佐也。善则赏之，过则匡之，

---

① 杜勇：《清华简与古史探赜》，北京：科学出版社，2018年，第109页。

患则救之，失则革之"。一方面，"亲亲"与"亲民"是统一的，因为很多"民"和"国人"本来就是统治者同姓宗族的亲属；另一方面，"亲亲"原则赋予了具有血亲、姻亲关系的普通民众一种权力规谏、制约乃至革命的合理性。也就是说，正是在"亲亲"政治文化中，"尊尊"政治才受到一定的制约，民本思想就此形成。

我们甚至可以说，中国古代如果不经过周朝的分封社会阶段，弥足珍贵的古代民本思想能否产生和发展是很难说的。没有前代的历史积淀与文化传承，直接从高度集权的专制政治中诞生民本思想是不太可能的。值得庆幸的是，周代分封社会孕育了民本思想；尤为幸运的是，周代民本思想在春秋社会行将结束之时，得到了孔子的继承和光大，并融入孔子仁学思想体系中，历经秦火燔荡，终于延续下来，成为中国古代政治的重要特色。

对于赵鞅与史墨就鲁昭公事件所进行的议论，孔子想必不会漠不关心，他甚至可能在课堂上与弟子们一起探讨了当时林林总总的社会现象与实质。孔子既然对鲁国的礼崩乐坏与权力僭越深感忧虑，当然也会思考这些现象背后的世情变迁与未来走势。孔子不是胶柱鼓瑟、顽固守旧之士，在春秋晚期纷繁复杂的社会风云变幻中，孔子努力保持头脑清醒与独立思考。对于自己的人生出路，孔子继续坚持选定的道路，不断完善自身的德行，在传道授业上寻找快乐与意义。孔子说："年四十而见恶焉，其终也已。"（《论语·阳货》）意思是说，一个人到了四十岁，还见恶于他人，那他的前景也就差不多到头了。孔子这句话是《阳货》篇的最后一章。对于这句话，朱熹《四书章句集注》认为是在"勉人及时迁善改过"；俞樾《群经平议》则认为"乃夫子自叹也"，即认为这是孔子在感叹自己见恶于群小。[1]我们不妨折中朱熹和俞樾的观点，将这句话理解为年届四十的孔子希望自己的所作所为不要见恶于他人，保持良好的道德人格。当孔子面对社会、面对他人、面对自己都已确立了心中的坐标时，他确实可以自信地说"四十不惑"。

就在这一年，吴国第一次出兵越国，拉开了南方吴越战事的帷幕，各诸侯国的邦际关系也将进入一个新的阶段。

---

[1]　程树德：《论语集释》，第 1245 页。

第五章　礼与仁

从孔子四十一岁到五十一岁的十年里，社会时局和孔子自身的教学生涯都发生了重大变化，催生了孔子仁学思想的形成。

从邦际关系看，楚国在吴楚柏举之战中受到重创，对外扩张的势头顿挫。吴国趁势扩大影响，争霸之心陡然增强；晋国六卿注重经营家族，任由晋国霸主地位每况愈下。在此情形之下，一个以齐国为首的反晋联盟正在悄然形成，郑国、宋国、卫国参与其中，这使得一向与晋国关系密切的鲁国处境十分尴尬。从鲁国内部政局看，随着季孙意如与叔孙不敢的相继去世，旧家臣与新宗主之间的矛盾公开化，"陪臣执国命"的态势不断加剧，结果终于爆发了阳货叛乱事件，鲁国礼乐制度再次遭受重创。

面对世事变局，孔子更加坚定了教学育人的心志。可喜的是一批青年才俊在这一阶段投入孔门，正所谓"弟子弥众，至自远方，莫不受业焉"（《史记·孔子世家》），其中包括颜回、冉求、冉雍、宰予等"先进弟子"，孔子的教学生涯从此进入一个新的阶段。在师生教学相长的对话探讨中，孔子针对礼崩乐坏的文化困境，从周礼文化中提炼出"仁"这一范畴，将道德人心的时代新义注入其中，彰显推己及人的忠恕之道，寻绎仁礼关系，创建仁学思想，将贵族宗法习俗扩展到社会人伦准则，将统治阶层的"亲亲"伦常拓广为平民阶层的普世的"仁爱"价值，成为后世儒家学说的重要来源。

本章基于孔子所处时代的社会时世变化，考察孔子仁学思想的历史渊源、演进过程、创新内涵以及现实针对性，分析孔子对宗周仪礼传统的承继与超越，探究孔子对"仁"这一范畴的发展与开新，揭橥孔子仁学思想的"仁内礼外"结构特点，展现孔子试图挽救周礼文化的精神努力，为顾颉刚所谓"孔子不完全为旧文化的继承者，多少含些新时代的理想"之说提供一种学理性诠释。

一、仁内礼外

1

　　鲁昭公三十二年初春，昭公在乾侯抑郁而终。此君在位三十二年，其中七年出奔在外，最后客死他乡。季孙意如派叔孙不敢赶到乾侯，将昭公的灵柩迎回鲁国。叔孙不敢临行前，季孙意如特地嘱咐他办妥一件大事：阻止昭公的两个儿子公为、公衍回国。公为积极参与了当年进攻季孙意如的行动，此时当然无法返回，更遑论继位。公衍并没有参与，原本可以回国继位，但季孙意如不属意昭公的儿子，打算立昭公的弟弟公子宋为君。公子宋虽然也跟随哥哥出奔，但为人比较宽厚，季孙意如感觉此人日后容易控制。在昭公的随行人员中，大夫子家羁品行端正，威望较高，所以季孙意如想利用子家羁办成这件事，特地让叔孙不敢盛邀子家羁回国，许以高官重利。子家羁看透了季孙意如的用心，故意回避与叔孙不敢的会面。待灵柩抵达鲁国边境，公子宋跟随叔孙不敢入境，子家羁与其他人便都出走他国了。

　　次年六月，公子宋即位，是为鲁定公。按照礼仪，鲁昭公应该葬在历代已故鲁君的墓地中。这个墓地位于鲁城郊外，地名为阚，墓地中间有一条墓道，鲁国已故国君都葬在墓道北面。季孙意如故意将鲁昭公葬在墓道南面，与鲁国诸君之墓间隔较远。这算是他运用周礼对昭公的最后一次侮辱。季孙意如还想给昭公定一个恶谥，遭到卿大夫反对后只好作罢。

　　孔子对于这种违反周礼的行为，无疑相当愤懑，却也无可奈何。十年后，孔子出任鲁国司寇，司寇的职责之一是掌管土建工程的人力分派，孔子上任后便对昭公墓进行拨乱反正。根据《左传》记载，"孔子之为司寇也，沟而合诸墓"（《左传·定公元年》）。什么叫"沟而合诸墓"？按照竹添光鸿的解释，昭公原本葬于道南，所以在鲁国先君的墓地范围之外，孔子让人在整个公墓周边再挖一道沟，这样从直观上就将道南、道北纳入同一个区域之内，"使昭公与群公同兆矣"[①]，这是在既不迁墓、又不毁道的前提下，将昭公与群公依礼合葬的唯一办法，可见孔子在实践中运用周礼的娴熟自如。

　　季孙意如立昭公之弟为君，内心毕竟有点不安，倒不是怕鲁人反对，

　　[①]　〔日〕竹添光鸿注：《左氏会笺》，第2136页。

而是怕列祖列宗九泉之下责怪，毕竟鲁国基本上采用的都是父死子继之制。这时，他想起了鲁炀公这个先例。当初，伯禽的儿子考公去世后，由他的弟弟熙继位，这就是鲁炀公。这个兄终弟及的先例可为季氏的废立之举提供说辞，于是季孙意如特地修建了一座"炀宫"，即炀公庙，来祭祀他，祈求他的神灵庇护，为其装点门面、提供心理慰藉。我们在前面说过，春秋诸侯祭祀祖宗一般设立五庙，即始祖太庙与最近的父、祖、曾祖、高祖昭穆四庙。炀公是远祖，庙宇早已毁废，此时重建炀宫毫无道理，属于严重违礼的行为。后来炀宫毁于火灾，身在他乡的孔子专门做了议论，此乃后话。

季氏在僭越篡权的过程中，不忘借用周礼粉饰其行，既说明了仪礼的现实作用，也暴露了仪礼的明显缺陷。这不禁让孔子更加深入地思考礼乐政治的本质，探究礼与仁的内在关系，由此逐步建立起他的仁学思想体系。

2

孔子自幼习礼，年轻时精通"六艺"，经过十多年的教学相长，熟谙周朝仪礼，已然成为鲁国的礼学大师。孔子对传统礼学的态度既有坚持与恪守，也有适变与更新，体现了孔子对传统礼学的创新发展。

首先，孔子平时与弟子对话经常谈到"礼"，《论语》中"礼"字凡七十五见。孔子说："兴于诗，立于礼，成于乐。"（《论语·泰伯》）这是将诗、礼、乐作为学习周礼文化的主要内容。孔子又说："恭而无礼则劳，慎而无礼则葸，勇而无礼则乱，直而无礼则绞。"（《论语·泰伯》）这是以周礼规范人们的日常行为。孔子还说："名不正则言不顺，言不顺则事不成，事不成则礼乐不兴，礼乐不兴则刑罚不中，刑罚不中则民无所措手足。"（《论语·子路》）这是用礼乐调节刑罚的尺度。这些言论都强调"礼"的外在规范性意义，体现了孔子对传统礼学的恪守。

其次，孔子对于传统礼仪并非完全胶柱鼓瑟，而是与时俱进地认同社会上已经出现的一些新变化。孔子说："麻冕，礼也。今也纯，俭，吾从众。拜下，礼也。今拜乎上，泰也。虽违众，吾从下。"（《论语·子罕》）孔子在这里说了两件事：一是过去用麻线来做礼帽，这是合乎周礼的；现在大家用丝来制作礼帽，这样俭省些，所以孔子赞成大家的做法。二是过去下臣见君，先在堂下磕头，然后升堂磕头，这是合乎周礼的；现在大家都只是升堂磕头，这是倨傲的表现，孔子主张还是先在堂下磕头，尽管这样违反了大家的做法。由此可见，孔子并非固执拘泥于旧礼形式而不知权变，只不过他的变通不是盲目从众，而是基于社会合理性的调整适变，体现了孔子"毋意、毋必、毋固、毋我"（《论语·子罕》）的实践原则。

最后，孔子对传统礼学的最大创新，是将原本只面向贵族统治阶层的礼乐制度扩大为一种面向全体民众的社会伦理。在西周传统社会，礼乐与刑法分别施用于统治阶层和普通民众。在孔子所处的春秋中晚期，随着社会变革的深化与阶层矛盾的激化，刑法的作用越来越凸显，这就是郑国与晋国相继公开颁布刑法的原因所在，即子产所谓"以救世也"（《左传·昭公六年》）。这是一个双向延伸的过程。一方面，刑法开始从庶民向贵族延伸，从而扩大了适用范围。如鲁襄公十九年（前554年）崔杼立公子光为齐庄公，齐庄公即位后，立即杀死了政治对手戎姬，史官明言"杀戎子，尸诸朝，非礼也。妇人无刑。虽有刑，不在朝市"（《左传·襄公十九年》），说明当时刑法已经开始涉及贵族。另一方面，原本施行于贵族阶层的道德礼制，也出现了向庶民延伸的需要。随着生产力的发展，庶民的主体地位和社会作用正在不断提高，需要有超越刑罚之上的道德伦理加以教化。孔子充分意识到这种变化趋势，所以主张对普通民众"道之以德，齐之以礼"，将原本适用于贵族的"德""礼"下移到普通民众层面，使广大民众"有耻且格"，涵育百姓的道德主体意识，从而提升整个社会的道德水准。这体现了孔子道德主义思想中的民本色彩。

然而，春秋晚期社会的传统礼乐文化从总体上呈现出颓废衰落的趋势。孔子在对各国乱象的深层原因分析中发现，礼崩乐坏只是问题的表象，问题的实质是支撑礼乐文化的道德人心的崩塌。于是，孔子开始思考礼乐文化背后的意义，致力于为礼乐的外在形式内置一个"仁"的内涵，为正在日趋衰败的礼乐文化注入"仁"以为其灵魂。

为此，孔子大致做了三个方面的工作。一是在周礼文化中找到一个已有的概念"仁"，为其注入新的文化内涵，作为支撑周礼大厦的新的核心支柱。二是阐释"礼"与"仁"的相互关系，建立起"仁内礼外"的仁礼关系构架，对周礼大厦进行结构性改造。三是在前两项工作的基础上，深入探究"仁"的时代意义与普世价值，提出了"仁者爱人"的人本主义和民本主义思想，逐步形成了以仁学为核心的政治经济思想，具体阐释了"仁"的实践特征，从而构成了一个从范畴到学理再到实践的完整仁学思想体系。

当然，从唯物史观的角度看，春秋晚期礼乐大厦的崩坏是当时社会生产力与生产关系变革的必然结果，仅凭意识形态领域的文化改造是难以挽救的，并且这种挽救甚至可能是对当时社会历史发展的一种阻碍。但是，如果我们跳出春秋晚期的短时段观察视角，从更加长远的社会历史尺度和更加开阔的人类发展方向来看，孔子所做的文化努力虽然只是针对当下时事，虽然无法改变当时世情，虽然可能逆阶段性社会发展而动，但因其顺应人性普遍心理、符合人类共通准则，故具有超越特定历史时段的普世意义。这种文化哲人渡越时代所创造的恒久意义，在古希腊、古希伯来、古印度等不同文化圈内均有例证。后人如果仅用当时的个人结局和短期的社会作用进行评价，显然是囿于短视的。

<h2 style="text-align:center">3</h2>

春秋后期，一些有识之士已经注意到礼仪的形式与实质之间的区别，如晋国大夫女叔齐在与晋侯的交谈中区分了"礼"与"仪"的本质差异（《左传·昭公五年》），郑国子大叔与晋国赵鞅讨论"揖让周旋之礼"时也提到了礼、仪之别（《左传·昭公二十五年》）。这些讨论还仅限于"仪"与"礼"的区别，将"仪"视为"礼"之表，将"礼"作为"仪"的实质。这种认识虽然触及礼仪的表象与本质，但并没有提出新的范畴，也没有上升到学理层面。

孔子敏锐地意识到问题所在，以高超的学理智慧和极大的创新勇气，借用了古志文献与现实社会中的"仁"字，作为重建周礼文化体系的核心范畴，以此创新传统仪礼的本质内涵。"仁"这个概念应该出现在春秋时代。郭沫若说："在春秋以前的真正古书里面找不出这个字，在金文和甲骨文里也找不出这个字。这个字不必是孔子所创造，但他特别强调了它是事实。"[1]时至春秋社会，"仁"字在人们的口语中开始出现。《左传》中"仁"出现了三十九次，基本上属于一个道德伦理概念。具体而言，"仁"可以是一种客观的道德标准，如：

> 亲仁善邻，国之宝也。（《左传·隐公六年》）
> 背施无亲，幸灾不仁。（《左传·僖公十四年》）
> 因人之力而敝之，不仁。（《左传·僖公三十年》）
> 不背本，仁也。（《左传·成公九年》）
> 正直为正，正曲为直，参和为仁。（《左传·襄公七年》）
> 度功而行，仁也。（《左传·昭公二十年》）

"仁"也可以是一种主观的道德行为，如：

> 以君成礼，弗纳于淫，仁也。（《左传·庄公二十二年》）

---

① 郭沫若：《十批判书》，第66页。

能以国让，仁孰大焉。（《左传·僖公八年》）

承事如祭，仁之则也。（《左传·僖公三十三年》）

仲尼曰："臧文仲，其不仁者三，不知者三。"（《左传·文公二年》）

"仁"还可指"仁人"，如：

神福仁而祸淫。（《左传·成公五年》）

在《左传》中另有四处"仁人"，如"仁人之心"（《左传·昭公元年》）、"仁人之言"（《左传·昭公三年》）等。

孔子运用一个具有一定道德意义的概念"仁"，作为春秋晚期礼崩乐坏背景下基本的社会道德规范，同时也将其作为整个仁学思想体系的核心范畴。当然，孔子对"仁"的理解与诠释也有一个演进的过程，体现了孔子"仁"范畴的复杂性和发展性。值得注意的是，孔子从一开始就透过仁与礼的关系来思考"仁"的意义，发生在鲁昭公十二年、第一次见诸于史载的孔子论仁中，孔子在评论楚灵王之死时，引用了古志成语"克己复礼，仁也"，将"复礼"作为"仁"的内涵，以此开始了其仁学思想体系的建构。

首先，这很可能是孔子的一种思想创新，在此之前我们未见任何孔子同时代人用"礼"来解释"仁"的记载。其次，在孔子的仁礼关系中，"仁"从属于"礼"，是行为符合礼仪的状态或结果。正如学者赵纪彬所说："以'礼'为区分'仁'与'不仁'的标准，以'复礼'为'仁'的内容或方向，是以'礼'为第一位而'仁'为第二位。"①可见，在孔子的早期认识中，"礼"为根本性的要求，"仁"为从属性的结果。这是孔子仁学思想发展的初期阶段。从时间上说大致在鲁定公五年之前。这是因为，定公五年之后，孔子"弟子弥众，至自远方"，包括颜回在内的一大批青年才俊投入其门下，在后来孔子与颜回的对话中，孔子对"仁"的界说发生了微妙的变化。

4

就在孔子深入思考仁礼关系之时，楚国王室正面临一场来势迅猛的暴风骤雨，此时距离楚灵王自缢恰好二十年，楚国将以更加惨痛的教训，为古志"克己复礼"留下新的历史注解。

楚昭王算是一位颇为明睿的君主，继位以来他也试图消减其父楚平王为政的恶劣影响，无奈令尹子常却相当贪婪暴戾。楚国大夫郤宛是伯州犁

---

① 赵纪彬：《论语新探》，北京：人民出版社，1959年，第303页。

的儿子，为人正直温和，子常听信奸臣费无极的谗言，设计陷害郤宛，发兵灭了郤氏家族，只有儿子伯嚭侥幸逃往吴国，后来做了吴国太宰。楚国民众怨恨子常，子常只好杀了费无极，灭其家族，百姓的怨言才停止。

蔡国复国后，尽量在楚国与晋国之间保持平衡的关系。不过，蔡国毕竟紧贴楚国，所以国君蔡昭侯不得不更加讨好楚国。子常曾向蔡昭侯索取皮衣不成，竟将蔡昭侯羁留起来，时间长达三年。后来子常又向唐国国君唐成公索要肃爽骏马不成，也将唐成公及其随从羁押了三年。蔡昭侯回国后决心报复楚国，于是亲自赶到晋国，把自己的儿子公子元和其他大夫的儿子一起作为人质，请求晋国伐楚。鲁定公四年（前506年），晋定公召集王室贵族和中原诸侯在召陵（今河南省偃师市城东）举行了十九方盟会，商议伐楚事宜。其间，晋人的贪婪痼疾再次发作，公然向蔡昭侯索贿，没成想遭到拒绝，荀寅恼羞成怒，力劝正卿士鞅不要伐楚。最后，召陵盟会不了了之，唯一的成果就是晋国指使蔡国出兵讨伐未参加盟会的沈国，结果沈国被灭，国君被杀。蔡国求助晋国无望，又转向吴国请求伐楚。

吴国这些年在阖闾的治理下，国势日益强大，几乎每年都与楚国发生战事，双方互有胜负。阖闾采纳了伍子胥提出的"三师以肆"轮番作战法，对楚国连续实施车轮大战，逐年削弱楚国实力。鲁昭公三十二年，吴国又出兵侵伐越国，势力不断扩大。此次，吴国抓住机会，遂联合蔡国、唐国准备发兵攻楚。此时，楚国因为蔡国灭沈，正在围攻蔡国。于是双方爆发了著名的柏举之战。

鲁定公四年冬天，吴楚战事正式拉开帷幕，双方在柏举（今湖北省麻城市东北）摆开宏大阵势，进行正面对决。结果楚军大败，吴军占领楚都郢。楚昭王仓皇逃离国都，徒步涉过睢水，渡过长江，进入江南的云梦泽，又逃奔到郧（今湖北省安陆市）一带。驻守郧地的楚臣是郧公斗辛，其父蔓成然曾任楚国令尹，后来被楚平王冤杀了，斗辛的弟弟斗怀一心想要杀掉楚王。斗怀极力劝阻弟弟，说了这样一段话：

> 君讨臣，谁敢仇之？君命，天也，若死天命，将谁仇？《诗》曰："柔亦不茹，刚亦不吐，不侮矜寡，不畏强御。"唯仁者能之。违强陵弱，非勇也。乘人之约，非仁也。灭宗废祀，非孝也。动无令名，非知也。必犯是，余将杀女。（《左传·定公四年》）

斗辛劝诫其弟之言透露出不少重要信息：一是斗辛用春秋时期断章取义的方式熟练运用《诗经·大雅·烝民》中的句子，说明楚人对于华夏文化的吸纳运用达到了炉火纯青的地步。二是斗辛以"勇""仁""孝""智"等伦理范畴进行价值评判，体现了楚文化与中原文化价值认同的高度一致性。三是斗辛基于"天命"的君臣关系观念显现了楚文化君权绝对性的特点，与我们前述周文化中的君臣双向关系不尽相同。尤可注意的是，斗辛提到了"仁者"一词，从一个侧面反映出孔子仁学思想产生的社会基础。

斗辛跟着楚昭王一行逃到随国（今湖北省随州市随县南部），随人把逃难的楚人藏匿起来。吴军一路跟踪追击，直抵随国边境。吴国与随国都是姬姓诸侯国，吴王派人对随人说：周朝子孙在汉川的民众都被楚国消灭了。现在老天惩罚楚国，让他的国君逃到这里，你们如果能够帮助实现天意，汉水以南的土地今后都给你们随人。随人陷入两难境地，国君犹豫不决，只好求助于占卜，听凭上天的旨意。占卜结果是：随人交出楚昭王不吉利。于是，随国断然拒绝了吴人的要求。

与此同时，楚国大夫申包胥前往秦国请求救兵，"依于庭墙而哭，日夜不绝声，勺饮不入口七日"（《左传·定公四年》）。秦哀公为之感动，赋诗《无衣》，其中有"岂曰无衣？与子同袍。王于兴师，修我戈矛，与子同仇"，这意味着秦国军队很快就会出动。秦、楚联军一起杀向吴军，这是南方吴国军队第一次接触来自西北的秦国军队，结果吴军被打得大败。这时，越王常允也率领一支部队进入吴国，阖闾担心腹背受敌，只好引兵回国。

楚昭王终于得以返回郢都。对于这次几乎亡国的惨败，楚昭王并没有惩处任何一位属下，反而论功行赏，褒奖下属的英勇反击。此举得到了众人的肯定，民心稍许安定下来。楚昭王痛定思痛，决定励精图治、改弦更张，把国都从郢迁到都（今湖北省宜城市东北），采取更加亲民的政策，楚国社会日渐稳定，国力逐渐恢复。

值得一提的是，在吴军入侵楚国的乱局中，周王室的卿大夫刘蚠乘机派人进入楚国，将寓居在楚国的王子朝杀死，结束了长达十五年的王室之乱。

两个南方邦国的柏举之战是春秋后期最惨烈的大规模战争，吴国的大举进攻颇有灭人之国的架势，已经初具战国兼并战争的特征。在这场战争的背后，晋国牵涉其中，意味着历时四十年的晋楚弭兵局面终于打破，吴国取代楚国成为北向争霸的南方强国。

孔子未必即刻就感觉到这种政治格局变化给鲁国带来的影响，他仍然专注于教育教学，并且密切关注鲁国政坛"陪臣执国命"的新动态。

二、友朋自远方来

1

就在吴楚战事平息之际，鲁国接连发生了两件大事，季孙意如与叔孙不敢先后去世。鲁定公五年六月，季孙意如正在自己的封邑东野巡视，于返程途中死在了防地。季孙意如自昭公七年大概二十多岁时开始担任季孙氏宗主，到定公五年正好三十年，死时大约五十多岁。鲁国为他议定的谥号为"平"，所以历史上称之为季平子。其后，他的儿子季孙斯继任，时年二十多岁。到了七月，叔孙不敢也死了，他的谥号是"成"，故史称叔孙成子。叔孙不敢的儿子叔孙州仇继任。叔孙不敢的祖父叔孙婼继任于昭公五年，当时大概二十岁不到，死于昭公二十五年，时年不足四十岁。叔孙不敢则是在昭公二十五年继任的，当时大概也是二十多岁，十二年后去世时应该只有三十多岁。这样推算起来，他的儿子叔孙州仇继任时，很可能只有十几岁。此时，孟孙何忌也只有二十五岁。"三桓"宗主又经历了一次换血，由更加年轻的新生代担任"掌门"，这为三家掌握大权的"陪臣"独断专行提供了十分有利的条件。这一年，孔子四十七岁。

从孔丘当年腰绖赴宴算起，阳货担任季孙氏家臣已有三十年了。对于阳货来说，新主人季孙斯是从小看着长大的。正如当年南蒯瞧不起季孙意如一样，阳货也看不上季孙斯。季孙意如刚刚去世，围绕其葬礼的事情，阳货开始发难。

> 阳虎将以玙璠敛，仲梁怀弗与，曰："改步改玉。"阳虎欲逐之，告公山不狃。不狃曰："彼为君也，子何怨焉？"既葬，桓子行东野，及费。子泄为费宰，逆劳于郊，桓子敬之。劳仲梁怀，仲梁怀弗敬。子泄怒，谓阳虎："子行之乎？"（《左传·定公五年》）

阳货打算用国君佩戴的玙璠美玉作为季孙意如的随葬品，他想借安葬季平子的僭越行为，为自己今后的僭越做铺垫，未料遭到季孙氏的另一位家臣仲梁怀的明确反对。阳货见仲梁怀竟敢挑战自己的权威，就想将他驱逐出去。当时，季孙氏还有一位重量级的实权派家臣，那就是费邑宰公山不狃。公山不狃，字子泄，其名《论语》作"弗扰"，《左传》《史记》

作"不狃"，实为一人。阳货要对仲梁怀采取行动，不得不先跟他商量。公山不狃并不赞同阳货，阳货只好放弃了驱逐仲梁怀的计划，按照正常的礼仪安葬了季平子。不久季孙斯带着仲梁怀到东野巡视，顺道来到费邑，公山不狃在郊外迎接，仲梁怀对公山不狃很不恭敬，公山不狃一改之前的态度，怂恿阳货对仲梁怀下手。史迁记录了这场闹剧：

> 桓子嬖臣曰仲梁怀，与阳虎有隙。阳虎欲逐怀，公山不狃止之。其秋，怀益骄，阳虎执怀。桓子怒，阳虎因囚桓子，与盟而醳之。阳虎由此益轻季氏。（《史记·孔子世家》）

《左传·定公五年》的记述更加详细。没过三个月，阳货就下手了。阳货远比公山不狃心狠手辣，他要解决的目标不仅是仲梁怀，更是季孙斯。阳货要借季孙斯初出茅庐之机，先给他一个下马威，以便今后自己掌控季氏大权。于是他亲自布置，派人把仲梁怀驱逐出境，将季孙斯拘押起来。阳货怕季氏家族反抗，又拘押了季孙斯的堂兄公父文伯，杀了季孙斯的族人公何藐。为了防止季氏反扑，阳货挟持季孙斯在稷门之内进行盟誓，并且召集鲁国卿大夫们进行诅咒发誓。就这样，阳货实际上控制了季孙氏家族，从而掌握了鲁国的军政大权。

2

孔子目睹着这一切，想必内心相当忧虑：鲁国礼乐制度正在变本加厉地腐坏，经历了卿臣"三桓"专权的僭越局面后，鲁国又陷入"陪臣执国命"的新乱局。面对鲁国从卿大夫到家臣都越来越偏离周礼正道，孔子更加坚定了设教授业的决心。令人高兴的是，慕名前来的弟子越来越多，有些甚至从很远的地方赶来求学。弟子们为在这样一个动荡的世间找到静心学习修养的地方而满心欢喜，为有这样一位充满仁爱又学识渊博的人生导师而倍感幸运。孔子对此深感欣慰，更加"学而不厌，诲人不倦"（《论语·述而》），这正是他最喜欢的生活。《史记》在叙述了定公五年阳货逼主之事后，继续写道：

> 季氏亦僭于公室，陪臣执国政，是以鲁自大夫以下皆僭离于正道。故孔子不仕，退而修诗书礼乐，弟子弥众，至自远方，莫不受业焉。（《史记·孔子世家》）

在新入门的学生中，有颜回、冉求、冉雍、宰予、高柴、宓不齐、商瞿、巫马施等。我们并不清楚这些人进入孔门的准确时间，从史迁的记述看，应该在定公五年左右，这也符合这群十七八岁年轻人的入学年龄。其中，颜回，字子渊，鲁国人，少孔子三十岁，后来成为孔门十哲之一；冉求，字子有，鲁国人，时年十八岁，也是孔门十哲之一；冉雍，字仲弓，鲁国人，少孔子二十九岁，孔门十哲之一。冉求、冉雍与冉耕都是冉氏族人，且三人都名列孔门十哲，故后世称之为"一门三贤"。宰予，字子我，少孔子二十九岁，孔门十哲之一；高柴，字子羔，齐国人，少孔子三十岁；宓不齐，字子贱，鲁国人，少孔子三十岁；商瞿，字子木，鲁国人，时年十八岁，少孔子二十九岁；巫马施，字子期，鲁国人，少孔子三十岁。广为人知的《论语》首篇首章"学而时习之"的场景，差不多就发生在此时。

> 子曰："学而时习之，不亦说乎？有朋自远方来，不亦乐乎？人不知而不愠，不亦君子乎？"（《论语·学而》）

这里的"有"或作"友"。何晏《论语集解》引苞氏曰："同门曰朋也。"[1]《史记·孔子世家》中的"弟子弥众，至自远方"恰好与孔子所说的"有朋自远方来"相吻合。我们可以想象，一群远道而来的年轻人相聚在一起，聆听孔子教诲，又在孔子指导下练习各种仪礼，孔子的心情会是多么快乐。当然，这些年轻人有的抱着求禄的动机，有的怀持修学的目的，大概都想早日成才，知名于世，有所作为。孔子希望年轻人目光长远，学在为己，所以安抚他们说，"人不知而不愠，不亦君子乎"；其后又多次教导他们"不患无位，患所以立。不患莫己知，求为可知也"（《论语·里仁》），以及"不患人之不己知，患其不能也"（《论语·宪问》）。

孔子努力引导弟子们将学习作为一种生活方式，而非谋利手段，这样就能在学习中体验到人生的快乐。

> 子曰："知之者不如好之者，好之者不如乐之者。"（《论语·雍也》）

孔子将学习分为三个递进的境界：知之、好之、乐之。只有真正超越了学习的功利性目标，才能进入"乐之"的境界。当然，孔子也不是一味

---

[1]　皇侃撰，高尚榘校点：《论语义疏》，第4页。

漠视学习的求利功用，只是这种求利应该是学习的自然结果，而非初始目的。他说："君子谋道不谋食。耕也，馁在其中矣；学也，禄在其中矣。君子忧道不忧贫。"（《论语·卫灵公》）孔子教导弟子，就像耕者未必一定有收获，学习也未必一定能得禄；耕者不因可能没有收获就放弃耕耘，学者不因可能没有利禄就放弃学习。只要勤劳耕耘，就有可能收获；只要努力学习，利禄就在其中。这是一种"只知耕耘，不求收获"的积极心态，也是最明智的谋禄求利的方式。

事实上，此时孔子本人也未必没有入仕求禄的念想，也未必完全沉浸在乐学之中而没有现实生活的忧愁。孔子说自己"乐而忘忧"，恰恰说明他心中有忧。这种忧愁源自孔子内心一直处于为学与入仕之间的左右摇摆与两难抉择中。这一点，大概连旁人都有所察觉，所以有人直接向孔子提出了这个问题：

> 或谓孔子曰："子奚不为政？"子曰："《书》云：孝乎！惟孝友于兄弟，施于有政。是亦为政。奚其为为政！"（《论语·为政》）

孔子只能借用《尚书》中的话来搪塞，不无牵强地解释道：我在民间践行和传播孝悌道义，这也是一种参政方式呀，并非一定要做官才叫从政。

3

对于这批新来的弟子，孔子与他们进行了大量有关"仁"学的讨论，正是在这种讨论中，孔子的仁学思想更加清晰了。

当弟子颜回问"仁"，孔子再次谈到"克己复礼"时，我们注意到，时隔二十多年之后，孔子的"克己复礼为仁"之说有了新的意义，强调了"仁"的主体特征。

> 颜渊问仁。子曰："克己复礼为仁。一日克己复礼，天下归仁焉。为仁由己，而由人乎哉？"颜渊曰："请问其目。"子曰："非礼勿视，非礼勿听，非礼勿言，非礼勿动。"颜渊曰："回虽不敏，请事斯语矣。"（《论语·颜渊》）

孔子在这里重申"克己复礼为仁"，说明他依然以"礼"释"仁"，把"仁"视为"复礼""合礼"的结果。不过，从"为仁由己，而由人乎哉"一语中，我们可以看出孔子开始将"仁"视为自己的主体内在道德意志，而非他人的外在他律，在一定程度上隐含了"仁内礼外"的萌芽。正如赵纪彬所言："'克己复礼为仁'虽是古《志》成语，而孔丘特用'为仁由己'一语以申其义，其以'己'为'为仁'的主体，殊为明显。"①此时，孔子已经将"仁"视为自觉能动的主观意志，尽管"仁"的实现仍然需要符合外在规范，避免四种"非礼"之举。这段记载是《论语·颜渊》篇的第一章，应该属于颜回刚刚入学之时的谈话。此时孔子约四十七岁，这是其仁学思想从"以礼释仁"向"以仁释礼"转变的关捩点。

孔子与新进弟子讨论仁、礼关系言论中的要点可概括为以下三条。一是强调了"仁"是社会生活的核心道德意义，如孔子说："君子去仁，恶乎成名？君子无终食之间违仁，造次必于是，颠沛必于是。"（《论语·里仁》）孔子又说："苟志于仁矣，无恶也。"（《论语·里仁》）孔子还说："有德者必有言，有言者不必有德；仁者必有勇，勇者不必有仁。"（《论语·宪问》）这明显是将"仁"置于道德中心地位。二是强调了"礼"不过是一种外在的规范要求，是仁的主体自觉的外化与表征，只要遵循"仁"的内在道德自律，自然而然就符合了外在道德他律。如孔子说："礼云礼云，玉帛云乎哉？乐云乐云，钟鼓云乎哉？"（《论语·阳货》）孔子又说："人而不仁，如礼何！人而不仁，如乐何！"（《论语·八佾》）这里既包含了指向现实社会的道德针砭，也包含了以仁为本的仁礼关系的学理建构。三是突出了"仁"是主体内在的一种道德自觉，一种可以自我掌控的道德情感，如孔子说："仁远乎哉？我欲仁，斯仁至矣。"（《论语·述而》）孔子所主张的这种"仁"的自由自觉的主体特征对孟子的"四端说"、朱熹的"天理论"、陆九渊的"本心论"、王阳明的"致良知"等后儒各种道德本体学说都产生了深远影响。

孔子透过外在礼仪的表现形式，看到了当初周朝先祖们制礼作乐的本意，即彰显和弘扬人人拥有的内在道德良知以形成和谐有序的社会等级秩序，礼仪只不过是维系社会道德良知的工具而已。在孔子看来，各种礼仪规范既非天降，亦非人造，而是顺乎人心情感的社会道德，这种"礼之本"就是仁。我们可以再举几个例子予以说明，先来看孔子对颜回的评价：

> 子曰："回也其心三月不违仁，其余则日月至焉而已矣。"（《论语·雍也》）

---

① 赵纪彬：《论语新探》，第 308 页。

孔子评价颜回"其心三月不违仁"，明确提到了"仁"与"心"的关系。孔子认为"仁"事实上就是一种"仁心"。正如侯外庐等学者所说："孔子在道德思想方面都把西周的观念拉到人类的心理上讲。"①这种主体道德论在春秋晚期具有明显的时代创新意义，对后世影响深远，正如李泽厚所说："不是去建立某种外在的玄想信仰体系，而是去建立这样一种现实的伦理—心理模式，正是仁学思想和儒家文化的关键所在。"②在孔子仁学思想体系中，起决定性作用的不再是外在的繁文缛节，更不是强制的法条规范，而是人的内在道德情感与主体仁心。

我们再来看孔子与宰予的一段对话：

> 宰我问："三年之丧，期已久矣。君子三年不为礼，礼必坏；三年不为乐，乐必崩。旧谷既没，新谷既升，钻燧改火，期可已矣。"子曰："食夫稻，衣夫锦，于女安乎？"曰："安。""女安则为之。夫君子之居丧，食旨不甘，闻乐不乐，居处不安，故不为也。今女安，则为之。"宰我出，子曰："予之不仁也。子生三年，然后免于父母之怀。夫三年之丧，天下之通丧也。予也有三年之爱于其父母乎？"（《论语·雍也》）

孔子与宰予讨论"三年之丧"的礼仪，批评宰予"不仁"，原因就是宰予没有将心比心。孔子从"三年免于父母之怀"自然引申出"三年之丧"的通则，可见在孔子看来，人的礼仪行为就是一种合乎人情的社会道德心理，也就是后世所说的良知、良能、良心。

孔子仁礼关系思想形成后，直到晚年都恪守不变。鲁国有一个贤人名叫林放，他在《论语》中出现过两次，时间都在孔子返鲁之后。有人说林放是孔子的弟子，但并无确据。我们来看他与孔子的对话：

> 林放问礼之本。子曰："大哉问！礼，与其奢也，宁俭；丧，与其易也，宁戚。"（《论语·八佾》）

林放问孔子什么是"礼之本"？孔子的回答指向人的内心道德情感，吉礼从俭，丧礼从戚，这符合一个人正常、合理的情感，也是制礼作乐的

---

① 侯外庐、赵纪彬、杜国庠：《中国思想通史》第一卷，北京：人民出版社，1957年，第160页。

② 李泽厚：《中国古代思想史论》，北京：人民出版社，1994年，第21页。

初心，故曰"礼之本"，换言之亦即"仁"。人的行为只要遵循内在的道德情感，便能"内合于仁，外合于礼"。

我们再来看一个反例，也是孔子晚年返鲁后的师生对话：

> 子张问曰："令尹子文三仕为令尹，无喜色。三已之，无愠色。旧令尹之政，必以告新令尹。何如？"子曰："忠矣！"曰："仁矣乎？"子曰："未知。焉得仁？""崔子弑齐君，陈文子有马十乘，弃而违之。至于他邦，则曰：'犹吾大夫崔子也。'违之，之一邦，则又曰：'犹吾大夫崔子也。'违之。何如？"子曰："清矣。"曰："仁矣乎？"曰："未知。焉得仁？"（《论语·公冶长》）

子张问孔子，楚国令尹子文做官不露喜色、免官不见愠色，齐国陈须无面对乱局洁身自好，他们算不算"仁"？孔子回答"未知"。因为仁是人的内在仁心，人的外在行为貌似合乎道德规范，但并不能完全反映其内在仁心，所以孔子不能肯定他们"仁"。类似的例子在《论语》中还有不少，如下文：

> 孟武伯问："子路仁乎？"子曰："不知也。"又问。子曰："由也，千乘之国，可使治其赋也。不知其仁也。""求也何如？"子曰："求也，千室之邑，百乘之家，可使为之宰也。不知其仁也。""赤也何如？"子曰："赤也，束带立于朝，可使与宾客言也。不知其仁也。"（《论语·公冶长》）

孔子不肯以"仁"轻许弟子子路、冉求、公西赤，除了"任重而道远"的考量外，还因"仁"乃内在性情，而非外显行为之故。

当春秋晚期出现严重的礼崩乐坏之时，孔子无力挽回这种每况愈下的社会颓势，于是就改变了思维方式，将挽救外在的社会礼乐秩序转变为拯救人的主体道德良心，以"克己"求"复礼"。当人的外在行为本然地符合内在仁心时，就达到了"从心所欲不逾矩"的境界。于是"仁"就成为人的内在德性，而"礼"只是人的德性外显的结果。正如李泽厚所说："（孔子）把'礼'以及'仪'从外在的规范约束解说成人心的内在要求，把原来的僵硬的强制规定，提升为生活的自觉理念，把一种宗教性神秘性的东西变而为人情日用之常，从而使伦理规范与心理欲求融为一体。"①这是中国古代道德文化趋于向内取向的新路径。

孔子用人心、人情作为贯通外在礼仪与内在仁爱之间的桥梁，拔除了横亘于人的内在主体意志与外在社会规制之间的藩篱，完成了自己的仁学思想体系的核心建构。在孔子看来，在周朝礼乐大厦行将坍塌之际，社会上的仁人君子只要能够遵循自己内在的仁心、仁情，就能保持基本的道德品质，也能符合外在的礼仪规范——这些礼仪规范经过风吹雨打，已然残破不堪；但只要仁心不灭，终有云开日出、重新复兴之时。

三、仁者爱人

1

柏举之战后，吴国的霸主气焰日趋高涨，相较之下，旧霸主晋国越来越不作为，这导致中原诸侯国渐生异心，以晋国为首的中原联盟出现了分裂的征兆，邦际关系进入了一个离心离德的新阶段，鲁国外交政治也因此横生枝节。

最先挑战晋国权威的是郑国。鲁定公六年（前504年），郑献公收留了楚国亡臣子常，这违背了两年前召陵之盟的约定。郑国随后又出兵灭了许国，将国君许男斯抓回郑国。史家称此为"郑国叛霸之始"。②

晋国打算惩罚郑国，却不愿自己出兵，就指使鲁国出兵侵郑。鲁定公不敢怠慢，只好亲自出马，带着季孙斯、孟孙何忌出兵讨伐郑国。沿途取道卫国，便攻取了卫国边境的匡地（今河南省长垣市西南）。此时鲁国已然是"陪臣执国命"的政局，故阳货是这次军事行动的直接指挥者。他在匡地胡作非为，匡人对他十分痛恨。鲁国出兵时取道卫国，并没有向卫国提出借道请求。在返回的途中，鲁军再次经过卫国，阳货让季孙斯、孟孙何忌从卫国国都的南门进、东门出，在东门外驻扎军队。卫灵公被鲁人连连冒犯，不禁怒火中烧，派大夫弥子瑕率军追赶鲁军。眼看鲁、卫两军就要交战，好在垂暮之年的卫国大夫公叔发极力劝阻，卫灵公才下令收兵。

到了夏天，鲁郑之间的战事结束，鲁国抓获了一些郑国的战俘，阳货为了讨好晋国，便要求季孙斯、孟孙何忌一同前往晋国献俘。前文已经提过，献俘本来是诸侯国对周天子做的，而且所献战俘通常都是蛮夷。现在阳货

---

① 李泽厚：《中国古代思想史论》，第20页。
② 李卫军编著：《左传集评》，第1938页。

要向晋国献俘，而且所献战俘都是华夏邦国的士卒，这是严重违背周礼的。在晋国正卿士鞅设宴招待季孙斯、孟孙何忌之前，孟孙何忌悄悄请求士鞅，如果日后阳货在鲁国出事逃到晋国，希望晋国能够收留他。孟孙何忌主动为阳货安排后事，原因有三：首先，阳货是孟孙氏的族人，孟孙何忌不希望他的下场太过凄惨；其次，孟孙何忌希望晋人提前了解阳货的劣迹，以备日后"三桓"与阳货发生激烈冲突时，晋国能够站在"三桓"一边；最后，一旦真的发生事变，孟孙何忌希望阳货在知道鲁国之外还有活路的情况下，就不会跟"三桓"拼个鱼死网破。总之，孟孙何忌此举可以理解为"三桓"在为除掉阳货做准备。阳货似乎嗅到了一丝危险的气息，在返回鲁国后就强迫鲁定公、"三桓"与其在周社中盟誓，又与卿大夫们在亳社盟誓，并在五父之衢上诅咒发誓。

　　阳货虽在鲁国呼风唤雨，但他有一个致命的短板：不学无术、不懂礼仪。阳货或许是想要改变自己的形象，或许只是为了装点门面，他想到了三十年前就认识的孔丘，希望这位如今鲁国的大闻人出来帮助自己。

　　　　阳货欲见孔子，孔子不见，归孔子豚，孔子时其亡也而往拜之，遇诸途，谓孔子曰："来，予与尔言。"曰："怀其宝，而迷其邦。可谓仁乎？"曰："不可。""好从事而亟失时，可谓知乎？"曰："不可。""日月逝矣，岁不我与。"孔子曰："诺。吾将仕矣。"（《论语·阳货》）

　　孔子得到阳货即将来访的消息，故意回避不见，阳货只好放下礼物悻悻返回。按照周礼，士人接受了大夫的馈赠应当登门回访。孔子并不想见阳货，特意在阳货外出时回访，但在回家途中恰与阳货狭路相逢，阳货劝孔子入仕为他效力，孔子只能虚与委蛇。正如朱熹所说："阳货之欲见孔子，虽其善意，然不过欲使助己为乱耳。故孔子不见者，义也。其往拜者，礼也。必时其亡而往者，欲其称也。遇诸涂而不避者，不终绝也。随问而对者，理之直也。对而不辩者，言之孙而亦无所诎也。"[1]其实，孔子并非不愿入仕，只是不愿与阳货同流合污。朱熹分析道："货语皆讥孔子而讽使速仕。孔子固未尝如此，而亦非不欲仕也，但不仕于货耳。故直据理答之，不复与辩，若不谕其意者。"[2]事实上，阳货的倒行逆施很快将使其走向灭亡。

---

① 朱熹：《四书章句集注》，第176页。
② 朱熹：《四书章句集注》，第176页。

2

孔子依然在鲁城安静地进行着教学和研究，他对仁学的思考不断趋于深入与成熟，在厘清仁礼关系的基础上，进而提出了"仁"的实践方式：将心比心，推己及人。孔子将"仁"视为人的内在仁心，而人与人之间又是"性相近"（《论语·阳货》）的，彼此的内在体验并无二致。所以，人就能够通过推己及人的方法，用符合自己情感意欲的行为对待他人，这就是"己所不欲，勿施于人"的忠恕之道。

> 仲弓问仁。子曰："出门如见大宾，使民如承大祭，己所不欲，勿施于人，在邦无怨，在家无怨。"仲弓曰："雍虽不敏，请事斯语矣。"（《论语·颜渊》）

仲弓就是冉雍，是孔子的先进弟子，孔子回答他关于"仁"的提问，说了三层意思。首先，孔子说"出门如见大宾，使民如承大祭"，意思是出门在外要像迎接贵宾一样严肃认真，役使百姓要像从事祭祀一样小心谨慎。这句话应该来自古语。据《左传》记载，鲁僖公三十三年（前627年），臼季对晋文公说："臣闻之，出门如宾，承事如祭，仁之则也。"（《左传·僖公三十三年》）所谓"仁之则"就是实践仁行的准则。朱熹解释为"敬以待己，恕以及物"[①]，意为以推己及人的方法待人接物。

其次，孔子教学往往先从具体再到普遍，在对冉雍列举了两种情形下的行为方式后，提出了"己所不欲，勿施于人"的普遍原则，此乃推己及人的基本要义。后来孔子与子贡交谈时，再次讲到了这个原则，并将其概括为"恕"。

> 子贡问曰："有一言而可以终身行之者乎？"子曰："其恕乎！己所不欲，勿施于人。"（《论语·卫灵公》）

古人"一言"指一个字。子贡问孔子有没有一个字可以终身遵行，孔子回答"恕"。"恕"字恰如其形，意即"如心"，就是以己心度他人之心，己之所恶，勿施加于他人。

最后，这种将心比心的人伦道德，看起来十分简单易行，实际上却是大多数人难以做到的——在孔子看来，这正是导致社会乱象的根本原因。

---

① 朱熹：《四书章句集注》，第134页。

如果大多数人都能够以忠恕之道彼此相待，就能形成一个相互尊重、和睦融洽的仁爱社会，这便是"在邦无怨，在家无怨"的理想境况。

3

推己及人的"仁之则"，从消极方面讲是"己所不欲，勿施于人"，从积极方面讲是"爱人"，此即孔子仁学思想体系的核心：仁者爱人。《论语》中"仁"字出现了一百多次，涵义相当丰富，而就其核心内涵而言，"仁"就是"爱人"。《论语》记载，樊迟问仁，子曰："爱人。"（《论语·颜渊》）樊迟是孔子的后进弟子，此"爱人"一语应该是孔子晚年所说。《论语》中言"爱人"另有两处，一处是孔子说："道千乘之国，敬事而信，节用而爱人，使民以时。"（《论语·学而》）此章介于"有子曰""子夏曰""曾子曰"之间，疑亦为孔子晚年所云。另一处是言偃闻于孔子所言"君子学道则爱人"（《论语·阳货》），大概也是孔子晚年所言。当然，这并不意味"仁者爱人"的思想形成于孔子晚年。事实上，仁爱是贯穿孔子整个思想体系的一条主线，在孔子入仕之前就基本成形了。下面，我们从三个方面来分析孔子的"爱人"思想。

从学理逻辑来看，"爱人"是孔子仁学核心思想的一种表述而已，其实质便是人与人之间推己及人的爱睦关系。在孔子看来，人心相同，人性相近，以爱己之心推及他人，便是爱人。所以说，"爱人"与"己所不欲，勿施于人"是"仁"的正反两个面，其学理逻辑完全一致。

再从历史逻辑来看，孔子的"忠恕之道"仁学思想根植于历史传统，是基于宗族社会的文化特质，鉴于当时现实社会的大众心理，孕育提炼出来的。我们知道，宗周礼乐文化的基础是宗族血缘关系，维系部族血缘关系的基本原则就是"爱人"。这里的"人"，就周族而言，是指与周人同族的血亲成员；就周朝而言，就是与姬姓有血亲、姻亲关系的各级贵族及其族人。在农耕部族联盟中，父母、兄弟的血缘亲情关系最为重要，所以父母之孝与兄长之悌自然成为"仁爱"的起点，"孝悌"被称为"仁之本"。在周朝社会里，贵族通常具有双重角色：一则是作为统治阶层的社会角色，二则是作为宗族成员的亲情角色。需要指出的是，经过历史岁月的不断洗刷，曾经浓郁的血缘关系会变得疏远，五服之外便失去了血缘的纽带。为了维护社会稳定和既有利益，获得更多的社会认同与支持，统治者需要将血缘之爱由己及人、由亲到疏地向外推及他人，包括同宗分支远亲，甚至五服之外的同姓族人，由此形成一个与"尊尊"政治体系对应的宗法社会结构。因此我们可以说，周朝社会的宗法道德伦理本身隐含着一种推己及人的历史逻辑，宗周社会的"仁"源自血缘之爱，却不止于亲情关系。孔子深谙周礼文化，不仅体悟到这种推己及人的道德文化基因，而且对其扩而充之、推而广之，将周人部族内部成员之爱和周朝统治阶层内部之仁，向外推及全体民众。于是"爱人"变成了"爱民"，"仁者爱人"成为面向全体社会民众的"仁者爱民"。

> 子贡曰："如有博施于民，而能济众，何如？可谓仁乎？"子曰："何事于仁，必也圣乎！尧舜其犹病诸！夫仁者己欲立而立人，己欲达而达人。能近取譬，可谓仁之方也已。"（《论语·雍也》）

这段对话体现了三层含义，充分说明孔子之"仁"是指向所有民众的。第一，在孔子看来，仁的最高境界就是"施民""济众"，这种境界甚至超越了尧舜之圣。第二，孔子明确指出这种爱民之"仁"的特征是主体本源性的道德情感，从最本初的亲情推己及人，以至于"己欲立而立人，己欲达而达人"。第三，孔子讲了仁的内涵与特征之后，又讲了"仁之方"。"仁之方"就是前述的"仁之则"，即仁的实践方式：以己之欲，度人之心。这就叫"能近取譬"，即孔子多次强调的"恕"。对此，何晏《论语集解》曰："但能近取譬于己，皆恕己所欲而施之于人。"朱熹《四书章句集注》也说："近取诸身，以己所欲，譬之他人，知其所欲亦犹是也。然后推其所欲以及乎人，则恕之事而仁之术也。"[①]由此可见，孔子"爱人""爱民"的仁学思想中包含了周人传统文化的历史逻辑。

再从现实逻辑来看，随着分封制度的衰微，奴隶制经济正朝着封建制经济的方向演进，许多底层民众从农奴身份转化为农民身份，社会上自由民和普通国人的势力不断增强，这也从客观上催生和助长了重视民众的社会风气。孔子顺应这种时代风尚的转变，最先提出具体的"仁者爱人"思想，体现了孔子思想发展的现实逻辑。具体来看，《论语》记录了孔子多次谈论"爱人""爱民"的具体内容。如"节用而爱人，使民以时"（《论语·学而》）；又如"因民之所利而利之"（《论语·尧曰》）；又谓子产"其养民也惠，其使民也义"（《论语·公冶长》）。这些"养民""惠民""施民""利民"主张，都是针对非血缘关系的一般社会民众。侯外庐等学者认为："'礼'原来是氏族贵族的范畴，而'仁'则可以发展为国民的范畴。"[②]郭沫若也曾举《论语》中的内容论证孔子"仁"的对象是全体民众，

---

① 程树德：《论语集释》，第428页。
② 侯外庐、赵纪彬、杜国庠：《中国思想通史》第一卷，第159页。

他说："'人'是人民大众，'爱人'为仁，也就是'亲亲而仁民'的'仁民'的意思了。'巧言令色'是对付上层的媚态，媚上必傲下，故他说'鲜仁矣'。'巧言令色'之反即为'刚毅木讷'，对于上层能如此，对于下层也不过如此，所以他说'近仁'。因此我们如更具体一点说，他的'仁道'实在是为大众的行为。"①孔子将贵族仁学推向大众仁学，体现了他的人本思想特征。

　　围绕"仁"这个核心，孔子还引用或提出了许多具体德行条目，诸如仁、义、礼、智、信，温、良、恭、俭、让，恭、宽、信、敏、惠，忠、孝、廉、耻，等等，构建了一个涵纳广泛的道德体系，以此寻求实现"民兴于仁"（《论语·泰伯》）的社会道德境界，从而克服和抵消礼崩乐坏造成的社会失序。就这样，孔子拨开了周礼制度的繁缛形式与残枝败叶，深刻揭橥了礼乐文化的本质性道德实质——仁，将此作为全体民众主体道德情感的心理原点，在周朝宗法礼制中锻造并内置了一个丰富而深邃的社会道德价值内核，赋予周朝条文之礼和揖让之礼更加恒久而坚实的精神之基。这是孔子在周朝文化基础上的伟大思想创新。

4

　　孔子从周朝礼乐制度中提炼出伦理意义的仁学思想，建构了一个以仁学为核心的伦理体系，将贵族伦理扩充为平民伦理，将"亲亲"延伸到"亲民"，将周礼从制度文化提升到精神文化的高度。正如童书业所说："孔子确为改良派，除以'礼'、'乐'等为其学之骨干外，彼又强调伦理，使伦理之学成为儒学之较新一面（其中亦有吸收西周以来之旧道德处）。"②这种文化创新对于当时社会的现实意义在于，当周朝礼乐的外壳受到迅猛发展的社会经济力量的剧烈冲击而破碎不堪之时，当分封贵族的宗法制度遭到迅速上升的新兴地主阶层的强劲挑战而残缺不全之际，孔子竭尽全力从旧制度中淬炼出一种新的精神力量，超拔出一种新的普世价值，孕育出一种新的文化生命，超越春秋晚期现实时代的特定局限，使华夏民族的道德文化大厦不但不会随着春秋社会的礼崩乐坏而一起倒塌，而且能够在战国时代的烈焰余烬中留存文明道德的星星之火，在秦汉以降的封建专制政治中嵌入民本仁政思想的精神支柱，并且在近现代反封建主义的文化转型中确保接续传统的文化基因。总之，孔子在周礼日趋衰落、现实无力回天的境况下，终于找到了一种保存周礼精神的学理生命，也为日后华夏传统

---

① 郭沫若：《十批判书》，第67页。
② 童书业著，童教英校订：《春秋左传研究》（校订本），第198页。

不断延续发展提供了至关重要的文化载体。

我们现在可以来概要回答顾颉刚的世纪之问了。孔子依托西周礼乐文化成功地构建起新的仁学思想，为秦汉以降新的时代文化发展奠定了渊源有自而又与时俱进的坚实基础。正如顾颉刚所说："孔子不是完全为旧文化的继续者，多少含些新时代的理想，经他的弟子们的宣传，他遂甚适应于新时代的要求。"①孔子通过在周礼传统文化中植入仁学创新思想，在周朝礼乐大厦即将轰然倒塌的前夕，不但成功挽救并延续了周礼文化的精神生命，为三代以来华夏文化的一脉相承与绵延不绝发挥了至关重要的作用，而且在此基础上将原本只属于贵族阶层的周礼文化改造为一种同属于全体民众的儒家文化体系，开启了华夏文化未来发展的新灵魂、新生命和新理路。

孔子仁学思想建构的文化努力与他的政治参与一样，就其在当时的现实成效而言，可以说都没有成功。周礼传统文化难以适应春秋晚期社会变迁的客观现实要求，这是任何个人都无法挽回的必然趋势。孔子努力创建一种新的思想文化体系，但这种思想文化体系既不能挽救春秋旧时代的衰落趋势，也未能马上适应随后战国新时代的纷纭时势。换句话说，从孔子生前的努力来看，他未能通过入仕参政拯救世道衰颓，也无法通过修治"六艺"挽救礼乐崩坏，政治参与和文化建设两种追求都没有得到他自己预期的结果，要说"失败的人生"也不为过。但是，孔子生前确实取得了两项重大的成果，一是修订整理"六艺"，留下了周礼传统精神的文化载体；二是培养教育弟子，留下了一批传承孔学的后进弟子。这两项成果合在一起，使孔子思想产生了他自己生前未曾料想的结果，开拓出孔子学说走向未来的蜿蜒之路，并对中国历史文化产生了重大而深远的影响。

人类历史上真正伟大的思想，往往需要经过漫长岁月才能体现其长远的价值意义。春秋旧时代的原有周礼文化体系经过战国新时代的战火摧毁，散落、浸润于华夏大地。孔子的仁学思想体系犹如一颗新种子，已然埋入这方战火焦土之中。当历史开启了春秋战国封建领主制向秦汉中央集权制的全面转型时，这方土地中沉睡多年的种子终于迎来了新的生命契机。尽管汉儒为维护封建专制统治而构建的"儒表法里"思想体系与孔子思想未必贴合，甚至可以说在很大程度上已经走样，但孔子思想毕竟已融入华夏文化的血液之中，在随后的历史长河中激发出强大的生命脉动，引导和推动这个多灾多难的民族不断克服风浪险阻，创造出了一首可歌可泣的精神史诗。

---

① 顾颉刚编著：《古史辨》第二册，第151页。

四、陪臣执国命

1

如果说，吴楚柏举之战还只是两个南方"夷"国的战争，那么鲁定公七年（前503年）上演的齐鲁之战可算是中原侯国之间的战火再起，标志着历时近半个世纪的弭兵局面的终结。

这些年来，晋国内部倾轧、政出多门的问题更加严重，基本上放弃了作为中原霸主的德行和作为。中原侯国中的齐、郑、宋、卫纷纷向霸主晋国挑战，并且正在结成一个反晋联盟。齐国一向对晋国三心二意，自然成为反晋联盟的领头羊；郑国去年已率先向晋国挑战，已然成为反晋联盟的急先锋；宋国因去年大夫乐祁在晋国遭到无理扣留，暗下决心与晋国决裂；卫国一开始处在犹豫之中，卫灵公想要联齐背晋，但他的卿大夫们反对叛晋，卫灵公架不住齐国的软硬兼施，终于答应与齐国结盟，史家评论道："此齐、卫合党之始。"[1] 至此，以齐国为首的中原诸侯反晋联盟正式开始挑战晋国的盟主地位。

可想而知，鲁国作为晋国的铁杆盟国，处境十分尴尬，不得不在从晋与反晋之间选边站队。在接下来的数年内，鲁国内政外交中发生的一系列事变，包括孔子入仕为官等种种举动，都与这一邦际关系的大变局密切相关。正如史家所言，齐、郑"叛晋是定、哀时一大关目"[2]。其结果便是"霸统绝，诸侯散"[3]。此变局构成了孔子五十岁后的生活大背景，一直延续到春秋时代的终结。忽略这一时代背景，任何关于孔子五十岁以后生平思想的探讨都只是皮相之论。

齐景公时年大概五十多岁，在位已经四十五年，在反晋联盟中俨然以领袖自居。他想要争取鲁国加盟，就把原来侵占的郓邑、阳关归还鲁国，希望获得鲁定公的好感。但阳货接收这两个地方后，居然把它们作为自己的封邑，还在那里建造了大宅，自己坐镇此地发号施令，主持鲁国的国政要务。而且，鲁国虽然得到了齐国送来的好处，反晋态度却依然消极。齐景公对此十分不满，要拿鲁国开刀，以震慑晋国。不久后，齐国派卿大夫

---

① 李卫军编著：《左传集评》，第1943页。
② 李卫军编著：《左传集评》，第1943页。
③ 库勒纳等撰，田洪整理注释：《日讲春秋解义》，第1303页。

国夏讨伐鲁国。消息传来，鲁国上下深感恐惧，想要与齐国媾和。阳货却决意与齐国开战，并且挟持"三桓"一起出兵迎战，于是齐鲁战事爆发。阳货亲自为季孙斯驾驭战车，让孟孙氏家臣公敛处父为孟孙何忌驾车，准备夜袭齐军。齐军早已侦得敌情，一面假装毫无准备，一面悄悄设下伏兵，等待鲁军前来。鲁国大夫们都建议阳货不要轻举妄动，阳货一概不听，直到公敛处父与苫夷对他发出威胁，阳货才主动收兵，鲁军因此没有战败。我们从这件事可以看出，鲁国当时陪臣强势已呈普遍现象，"三桓"家臣的影响力已经超过了他们的主人。幸运的是，这些强势家臣之间还有一些相互制衡，所以杜预《春秋左传集解》曰："传言陪臣强，能自相制。季、孟不敢有心。"[①] 这与卿臣之间的相互制衡颇有相似之处。

转眼到了鲁定公八年（前502年），孔子正好五十岁，用他自己的话来说，已达知天命之年。所谓"知天命"，就是明白了命运安排与个人努力之间的关系，既不急于求成、勉强行事，也不安于现状、放弃追求，"尽人事，听天命"，做好分内的事，接受人生命运安排的结果。

这年正月，阳货要报去年之仇，于是挟持鲁定公出征齐国，攻打齐国边境的阳州（今山东省泰安市东平县北部）。鲁军随后又进攻廪丘的外城，即今山东省荷泽市鄄城县东北。双方你来我往，战事一直延续到夏天，齐国大夫国夏、高张率军进犯鲁国西部边境。鲁国派人向晋国求救，晋国不想放弃这个铁杆盟友，就派士鞅、赵鞅、荀寅救援鲁国。鲁定公与晋国军队会师于瓦地（今河南省安阳市滑县南），鲁国总算暂时松了一口气。晋人打算趁热打铁，继续打击齐国的野心，于是又邀请卫国会盟，想把它拉回晋国联盟。但晋人在盟会上的傲慢态度再次激怒了卫灵公，恼羞成怒的卫灵公终于痛下决心，与晋国正式反目。

秋天，晋国士鞅与王室卿臣成桓公会盟，一起进攻郑国，以报复前年郑国对周室六座城邑的侵犯。随后，晋军又讨伐卫国，鲁国也跟着晋军一起出兵，成为晋国最稳固的中原盟国。自此，以晋国为首的中原诸侯盟国彻底散伙，各诸侯国之间的动态关系变得更加错综复杂。

2

鲁国借着晋国的势力稍稍减轻了外部压力，内部矛盾却越发激化了，阳货决意跟"三桓"彻底摊牌。

季寤、公钮极、公山不狃皆不得志于季氏，叔孙辄无宠于叔孙氏，

---

① 杜预：《春秋左传集解》，第1651页。

叔仲志不得志于鲁。故五人因阳虎。阳虎欲去三桓，以季寤更季氏，以叔孙辄更叔孙氏，己更孟氏。（《左传·定公八年》）

季孙斯的弟弟季寤、族子公钼极都与季孙斯关系不和，费邑宰公山不狃也对季孙斯很不满；叔孙氏的庶子叔孙辄在家族中没有地位，叔仲带的孙子叔仲志也在鲁国不得志。这五个人都投靠了阳货。阳货想要除掉"三桓"，打算用季寤代替季孙斯，用叔孙辄代替叔孙不敢，自己则取代孟孙何忌。接着阳货制定了一个秘密计划：借着在僖公庙举行禘礼祭祀仪式的机会，在蒲圃摆设飨宴，邀请季孙斯参加，借机将其杀掉。为了实施这个计划，阳货命令鲁城的战车在指定日子集合起来，以便对"三桓"发起突然进攻。

冬十月，顺祀先公而祈焉。辛卯，禘于僖公。壬辰，将享季氏于蒲圃而杀之，戒都车曰："癸巳至。"成宰公敛处父告孟孙，曰："季氏戒都车，何故？"孟孙曰："吾弗闻。"处父曰："然则乱也，必及于子，先备诸？"与孟孙以壬辰为期。（《左传·定公八年》）

"都车"就是都邑的兵车，"戒都车"就是调动都邑的兵车。阳货的计划是，先借禘礼的机会杀死季孙斯，然后于次日集结兵车攻杀叔孙氏和孟孙氏，尽灭"三桓"。

孟孙氏的家臣、成邑宰公敛处父听到"戒都车"的消息，告诫孟孙何忌早作准备。春秋时期各国通行一条重要规定，贵族家里可以收藏皮甲、兵器，但未遇紧急情况，严禁私自穿戴兵甲装备，违者处以极刑。这条禁令的目的是预防贵族发动突然兵变，也为防止贵族之间相互厮杀。孟孙何忌不能预先布置甲士，就有意安排了三百个青壮家丁，假装在家门口为孟孙氏的族子公期修筑房子。这是很聪明的一招，既预先集中了应急力量，又不至于引起阳货怀疑。

定公八年十月三日，阳货发动政变的时刻到了，鲁城继十五年前昭公与季孙意如的君臣之战后，再次爆发血战，而这次是发生在卿臣与陪臣之间。

阳虎前驱，林楚御桓子，虞人以铍盾夹之，阳越殿，将如蒲圃。桓子咋谓林楚曰："而先皆季氏之良也，尔以是继之。"对曰："臣闻命后。阳虎为政，鲁国服焉。违之，征死。死无益于主。"桓子曰：

"何后之有？而能以我适孟氏乎？"对曰："不敢爱死，惧不免主。"
桓子曰："往也。"孟氏选圉人之壮者三百人，以为公期筑室于门外。
林楚怒马及衢而骋，阳越射之，不中，筑者阖门。有自门间射阳越，
杀之。阳虎劫公与武叔，以伐孟氏。公敛处父帅成人，自上东门入，
与阳氏战于南门之内，弗胜。又战于棘下，阳氏败。（《左传·定公
八年》）

　　阳货陪同季孙斯车队一起前往蒲圃。车队行进在路上，季孙斯察觉情
况不妙，说服身边的车御林楚紧急掉转车头，驾车向孟孙氏家狂奔而去。
殿后的阳越追赶不及，连发数箭，都未射中。孟孙氏门口的家丁看见林楚
驾驭马车从大道上狂奔而来，赶紧上前把季孙斯迎入家中，迅速关上大门。
这时阳货的追兵也已赶到，阳越率先冲上前来，被乱箭射死。阳货看到情
势突变，便直接冲到公宫，劫持了鲁定公和叔孙不敢，然后率军讨伐孟孙
氏。就在危急时刻，公敛处父率领成邑的甲士从鲁城东门杀入，与阳货的
人马在南门内展开激战，最后阳货被打败，只好脱去皮甲，逃往内城的公
宫，从宫殿中抢走宝玉、大弓，逃至五父之衢，在那里整顿人马。公敛处
父的追兵很快杀到，阳货无奈逃离鲁城，前往讙邑、阳关据守。公敛处父
请求追击，孟孙何忌认为穷寇勿追，与其赶尽杀绝，不如留其生路。公敛
处父又提出乘机杀掉季孙斯，孟孙何忌也不同意，派人把季孙斯送回了家。
我们从这场冲突中看到"三桓"在关键时刻仍能相互支持，说明"三桓"
总体上是鲁国政坛内的利益共同体，这也是鲁国公室长期暗弱的重要原因。
　　次年六月，鲁国军队向阳关发起进攻，阳货被迫出奔齐国，鲁军找回
了阳货丢弃的宝玉、大弓。齐景公担心阳货在齐国作乱，就下令将他抓了
起来。阳货设计摆脱，先出奔到宋国，然后再逃往晋国。因为阳货一向主
张对抗齐国，晋人对他颇有好感，而且孟孙何忌先前已请求晋人收留阳货，
所以赵鞅就将其留在了身边。
　　孔子身在鲁城，肯定密切关注着这场动乱。当他得知赵鞅收留阳货时，
不禁叹道："赵氏其世有乱乎！"（《左传·定公九年》）杜预注解说："受
乱人故也。"[1]后来赵鞅果然有范氏、中行氏之乱，其子赵无恤也有晋阳之难，
算是被孔子不幸而言中。

3

　　鲁国陪臣的乱局仍在延续，这次作乱的主角是季孙氏家臣、费邑宰公

---

① 杜预：《春秋左传集解》，第1670页。

山不狃。公山不狃一直密切关注着局势的变化。当初他曾答应阳货，一旦起事，他就在费邑响应。现在阳货政变没有成功，公山不狃的下属有的劝他罢手，有的劝他援救阳货，公山不狃进退维谷。在这之后便发生了"公山不狃召孔子"事件，成为历史上一桩聚讼的公案。《史记》如此记载：

> 公山不狃以费畔季氏，使人召孔子。孔子循道弥久，温温无所试，莫能己用，曰："盖周文武起丰镐而王，今费虽小，傥庶几乎！"欲往。子路不说，止孔子。孔子曰："夫召我者岂徒哉？如用我，其为东周乎！"然亦卒不行。（《史记·孔子世家》）

按照史迁的说法，鲁定公九年（前501年）阳货出奔之后，公山不狃仰慕孔子在鲁国的威望，而且对"三桓"专权也很看不惯，就派人邀请孔子前去辅佐他。孔子有点动心，因为他感觉自己遵循周道的时间已经很久了，却没有机会一展身手，认为周文王、周武王兴起于丰镐这种小地方而能够称王天下，费邑虽然小，或许也能成功吧。孔子的想法引起了子路的不快，想要阻止孔子。孔子说：人家也不会白白召我去，如果能够用我，我至少能建成一个类似东周的局面吧。不过最后孔子还是没有成行。此事在《论语》中也有记载，其实史迁就是依据《论语》而稍加铺陈的。

> 公山弗扰以费畔，召，子欲往，子路不说，曰："末之也已，何必公山氏之之也！"子曰："夫召我者岂徒哉！如有用我者，吾其为东周乎！"（《论语·阳货》）

子路说"末之也已，何必公山氏之之也"，意思是"没地方去也就算了，何必一定要去公山氏那里"。从子路的语气判断，孔子当时确有应召的念头。不过，也有人提出，《史记》《论语》是否一定可信？孔子真的会投靠公山不狃这样的人吗？下面我们就来考证这件事发生的时间及其真伪。司马贞较早对此提出异议，他在《史记索隐》中说："检《家语》及孔氏之书，并无此言，故桓谭亦以为诬也。"乍看起来，孔子确实不太可能有此种言行，他不至于连子路的眼光都没有。毕竟，公山不狃并不是什么善人，在当时的国内国际局势下，把费邑搞成一个"东周"，可能性也不大。崔述和赵翼也否定了此事。崔述《洙泗考信录》根据《左传》史料，认为公山不狃以费叛，时间应在鲁定公十二年（前498年），而非《史记》所说的鲁定公九年。如果是定公十二年的事情，当时孔子正任鲁国司寇，怎么可能去应公山不狃之召？即使孔子当时已存去鲁之心，那也是希望离开鲁国去周游列国，绝无司寇致仕后再去辅助家臣之理，更何况还是一个"乱臣贼子"，所以崔述认为"此乃必无之事也"①。赵翼《陔余丛考》的观点与崔述相似，也认为孔子"断无召而欲往之事也"。他也认为公山不狃叛乱应发生在定公十二年，定公九年时"不狃虽有异志，然但阴构阳虎发难，而己实坐观成败于旁"，所以他并不认为公山不狃会在定公九年叛乱。赵翼指责史迁说："《史记》徒以《论语》有孔子欲往之语，遂以其事附会在定公八年阳虎作乱之下，不知未叛以前召孔子容或有之，然不得谓之以费叛而召也。"②崔述与赵翼否定孔子应召之事，主要基于对定公九年公山不狃"以费畔"的怀疑。然而，《史记》《论语》所说的"畔"也可以是一种反叛的念头，而非实际行动，那么把时间确定在定公九年未尝不可。有些学者就认为，当时公山不狃已有叛志，虽然叛迹尚未明显，故《论语》仍称其叛，《史记》因之，遂有此说。黄式三《论语后案》、江永《群经补义》、刘宝楠《论语正义》皆持此论。刘宝楠批评了赵翼的观点，并且论证了《论语》记载的真实性，说："窃意不狃斯时正为费宰。而阴观成败于其际，故畔形未露。直至九年，始据邑以叛，然犹曰'张公室'也。"他认为，到了定公十二年，公山不狃才正式叛鲁，在此之前只是占据费邑背叛季氏，"《史记·孔子世家》载以费叛召孔子在定九年，可补《左氏》之遗。赵氏翼《陔余丛考》信《左传》而反议《史记》，并疑《论语》，则过矣。"③刘宝楠的意思说，定公八年之时，公山不狃作为费邑宰，坐观阳货与"三桓"争斗的胜败，当时并未露出叛迹，定公九年时在费邑反叛季孙氏，但并没有反叛鲁国，而且还打着"张公室"的旗号，直到定公十二年才全面反叛鲁国；在阳货出奔之后、孔子入仕之前，也就是《史记》所说的定公九年，公山不狃想要邀请孔子，并非没有可能。

如果公山不狃真有召孔子之事，那么孔子本应拒绝，为何一开始还会动心呢？而且按照《史记》的说法，孔子竟然将费邑与丰、镐相比，这简直就是大逆不道之语。所以泷川资言认为，"是时周室虽衰，天命未改，孔子不宜有此言，删之可也"④。的确，抛开"周文武起丰镐而王""其为东周乎"这些夸张的话语，孔子对公山不狃之召有所动念，并非毫无可

---

① 崔述撰著，顾颉刚编订：《崔东壁遗书》，第 284 页。
② 程树德：《论语集释》，第 1191 页。
③ 刘宝楠：《论语正义》，第 682～683 页。
④ 司马迁撰，〔日〕泷川资言考证：《史记会注考证》，第 2422 页。

能。理由如下：一是公山不狃并非不可改过之人，孔子有信心将其导入正途。朱熹《四书章句集注》引程子曰"圣人以天下无不可为之事，亦无不可改过之人，故欲往"正是此意。二是公山不狃以"张公室"为名，孔子或许寄希望于通过帮助公山不狃，使鲁国出现"三桓"归政、陪臣归邑的局面。此乃黄式三所谓"去大都耦国之强，挽政逮大夫之失，纲纪已肃，盛治可次第举矣"[1]。三是此时阳货已经去鲁，孔子入仕之念转强，公山不狃先鲁定公而召孔子，孔子或为之心动。顺便说一句，对于孔子所说的"吾其为东周乎"，后儒也做了圆融性的解释。朱熹《四书章句集注》说："为东周，言兴周于东方。"翟灏《论语考异》曰："言不徒制弗扰，如有用我，则将助周室申明君臣上下大义，即季氏辈并正之矣。"[2]也就是说，孔子的志向并不限于协助陪臣以张公室，而是要纠正鲁国乃至整个东周的政治秩序。孔子终于没有应公山不狃之召，毕竟孔子已经预见，"陪臣执国命"的日子长不了。

4

孔子以深邃的历史眼光洞察到，礼乐的崩坏导致社会等级制度被严重破坏，这是当时鲁国以及各诸侯国政治的普遍现象：天子微，诸侯僭；诸侯微，大夫陵；大夫微，陪臣胁。在鲁国甚至一度出现了林楚所说"阳货为政，鲁国服焉"的陪臣压倒性强势局面。孔子注意到，在失去礼乐道德支撑的情况下，整个社会权力结构出现了从上到下的崩塌。由于自下而上的权力僭越缺乏必要的政治原则和文化伦理支持，所以过不了多久也会归于消亡。对于这种历史现象，孔子做了精确的归纳和精准的预测：

> 孔子曰："天下有道，则礼乐征伐自天子出；天下无道，则礼乐征伐自诸侯出。自诸侯出，盖十世希不失矣；自大夫出，五世希不失矣；陪臣执国命，三世希不失矣。天下有道，则政不在大夫；天下有道，则庶人不议。"（《论语·季氏》）

孔子何时说出此番话，诸家有不同见解。许多学者将孔子此言系于返鲁之后的哀公年间。如果是这样，那孔子就是"事后诸葛亮"了。何晏《论语集解》引郑玄曰："言此之时，鲁定公之初也。"[3]这是相当精辟的见解。

---

① 黄式三：《论语后案》，第484页。
② 程树德：《论语集释》，第1196页。
③ 皇侃撰，高尚榘校点：《论语义疏》，第427页。

我们认为，孔子此言语在定公八年与九年之间，看到阳货从权势熏天到落败而亡，孔子不禁发出了由衷的感叹。鲁国陪臣代际延续最长的南遗、南蒯父子，也不过两代，孔子为何说"三世希不失"呢？《论语集解》引马融曰："阳氏为季氏臣，至虎三世而出奔齐也。"①这是颇有见地的。也就是说，孔子所谓"三世希不失"，并非指阳货家族的三世，而是指季氏家族的三世：阳货作为季氏家臣，从季孙宿到季孙意如，再到季孙斯，正好"三世"，而后就灭亡了，具体时长不过三十来年。《论语述何》还有一种说法："南蒯、公山不狃、阳货皆及身而失，计其相接，故曰三世。"②这是把南蒯、公山不狃、阳货三人理解为"三世"，也可备一说，不过期间据地称兵的叛乱家臣其实还有侯犯。

　　下面我们来具体分析孔子这段话。这段话大致讲了四层意思：其一，判断周朝天下"有道""无道"的标准主要看礼乐征伐是"自天子出"还是"自诸侯出"。言下之意，从齐桓公首霸开始，天下就已经"无道"了。其二，僭权越礼的诸侯霸主国也没有好的结局，称霸一时的霸主虽然能够"礼乐征伐自诸侯出"，但也维系不了多久，一般不超过十世，正如《论语述何》所言："齐自僖公小霸，桓公合诸侯，历孝、昭、懿、惠、顷、灵、庄、景，凡十世，而陈氏专国。晋自献公启强，历惠、怀、文而代齐霸，襄、灵、成、景、厉、悼、平、昭、顷而公族复为强臣所灭，凡十世。"③其他诸侯国也差不多，"鲁自隐公僭礼乐灭极，至昭公出奔，凡十世"。其三，卿大夫僭越同样没有好下场，礼乐征伐"自大夫出"，最多只能维持五世。以鲁国为例，"鲁自季友专政，历文、武、平、桓子，为阳虎所执"，正好就是五世。其四，陪臣的结局更加等而下之，不过三世而已。孔子针对陪臣只说"执国命"，而不说"礼乐征伐"。这是因为"礼乐征伐"涉及四邻他国，而"国命"是不出国境的，一国陪臣在国内再专权，其他邦国也不会予以理会，毕竟陪臣不过是"强奴"而已，在他国贵族面前，还是上不了台面的。孔子的用语显然经过字斟句酌，后人为此不禁感慨孔子"其辞信，其义精"④。

　　孔子不是铁口直断的算命先生，而是洞明世事的社会历史观察者。他试图说明一种普遍现象：无论是谁，也无论在哪个权力层级上，通过僭越手段巧取豪夺的政治权力，都不可能长久延续下去。孔子进而要说明，只有建立在道义基础之上的政治权力，民众才能真正满意，政权才能安定长

---

① 皇侃撰，高尚榘校点：《论语义疏》，第 426 页。
② 程树德：《论语集释》，第 1141 页。
③ 程树德：《论语集释》，第 1141 页。
④ 程树德：《论语集释》，第 1142 页。

久。这便是孔子总结的"天下有道，则庶人不议"的社会规律。此语之所以掷地有声，因其同时成立的逆否命题正是："庶人议论，因天下无道。"事实上，这句话用华夏文明的方式道出了近现代言论自由的民主原则。

孔子明察时势之变，向弟子们勾画出一幅春秋时势"三变"的社会演变图像。正如冯季骅《春秋三变说》所说："隐、桓以下，政在诸侯。僖、文以下，政在大夫。定、哀以下，政在陪臣。"①顾栋高在《读春秋偶笔》中说得更加清楚：

> 《春秋》二百四十二年，时势凡三大变。……襄、昭、定、哀之世，晋悼再伯，几轶桓、文，然实开大夫执政之渐，嗣后晋六卿、齐陈氏、鲁三家、宋华向、卫孙宁交政，中国政出大夫，而《春秋》遂夷为战国矣。孔子谓自诸侯出，自大夫出，陪臣执国命，实一部《春秋》之发凡起例。②

紧接着，孔子依据他所总结的一般性规律，又对鲁国的情况进行了具体分析，对"三桓"的未来做出了预判。

> 孔子曰："禄之去公室，五世矣。政逮于大夫，四世矣。故夫三桓之子孙，微矣。"（《论语·季氏》）

按照毛奇龄《论语稽求篇》的说法，"禄之去公室"其实就是"政逮于大夫"，即诸侯国的政治权力从公室下移到卿大夫手中。鲁国"禄之去公室"，从公室方面计数，已经历了五位国君，分别是鲁宣公、鲁成公、鲁襄公、鲁昭公、鲁定公。鲁国"政逮于大夫"，从卿大夫方面计数，已经历了四代，分别是季孙行父、季孙宿、季孙意如、季孙斯。孔子前面说过，礼乐征伐"自大夫出，五世希不失矣"，以此判断，季氏最多还有一世，这个世家大族的专权就差不多要结束了。事实证明，孔子的预判极其准确。到了季孙斯的儿子季孙肥之后，季氏真的就没落了。

孔子在学理建构上思想深邃，在现实观察中目光如炬。其之所以能如此的主要原因有二：第一，孔子对过往历史进行过深入了解，对前代文典了然于胸，长期关注各国政治，终其一生好学罩思，遂能站在时代文化的制高点上，对古往今来的华夏文明进行深刻反思和传承发展。第二，孔子

---

① 程树德：《论语集释》，第 1142 页。
② 顾栋高辑：《春秋大事表》，第 32 页。

一生有一个很大的优势就是长寿，孔子七十多年的寿命使之有幸亲历鲁国襄公、昭公、定公、哀公四君，有机会目睹"三桓"家族的人来人往，包括季孙氏的季文子、季武子、季平子、季桓子与季康子，孟孙氏的孟献子、孟庄子、孟孝伯、孟僖子、孟懿子、孟武伯，以及叔孙氏的叔孙穆子、叔孙昭子、叔孙成子、叔孙武叔。阳货的倒台在鲁国产生了极大反响，鲁国政坛一时出现了巨大的权力真空。一方面，阳货及其亲信留下了大量的职位和权力空缺亟待填补；另一方面，"三桓"多年大权旁落，对政治管理难免生疏，又加上他们都很年轻，缺乏足够的从政经验，所以鲁国政坛急需一批能干的人才来填补众多的权力空位。年过半百的孔子突然发现，眼前出现了一片新的天地，原来他不屑与之为伍的人物，如季孙意如、阳货等都一去不复返，鲁国政坛的大门已然向他敞开。

第六章　仕进与去鲁

阳货的倒台与出奔，给鲁国政坛留下了权力的空白，也给鲁国君臣整治家臣专权带来了机会。与此同时，随着齐国为首的反晋联盟声势日渐壮大，鲁国外部压力日趋紧迫，邦交政策亟待做出重大调整。被"陪臣执国命"压抑十年的鲁定公想要有所作为，年轻资浅的季孙斯也需要有声望、有才干的人鼎力相助。值此风云际会之时，历史终于将孔子推到了鲁国政坛的前台，使其于鲁定公十年（前500年）正式出任鲁国司寇，地位仅次于"三桓"。这一年，孔子五十二岁。

孔子在出任鲁国司寇的三年时间里为鲁国做了两件大事：一件是陪同鲁定公完成了齐鲁结盟的重大任务，正式迈出了鲁国调整晋齐关系的第一步。另一件是在定公与季孙氏、叔孙氏支持下，成功主持了堕毁郈邑、费邑的工作，并在此过程中平定了费邑宰公山不狃的叛乱，但在试图堕毁孟孙氏的成邑时遇到严重阻碍，后不得不放弃。

在此过程中，孔子长达二十五年的教书育人事业终于结出了累累硕果，子路、高柴、公西赤、子思等一批孔门弟子先后进入仕途，颜回、闵子骞等其他弟子则继续安心于学业，孔门士人群体在鲁国内外赢得了广泛的社会声誉。

随后因一系列变故，孔子结束了他的"行可之仕"，踏上了去鲁赴卫、周游列国的旅程。从表面上看，齐人归女乐和鲁国君臣三日不朝，致使孔子初生去意；鲁国春祭膰肉不致，显现了鲁定公对孔子态度的转变，给孔子提供了一个去鲁的理由；公伯寮诉子路，以至于大夫子服何对公伯寮起了杀心，孔子不想卷入此种无谓争端，遂决定一走了之。然而这些都只是外在原因，孔子周游列国的内在动机是行观天下、收访文籍、访问贤人、教育弟子、接引人才，尝试在异国他乡追寻自己复兴周礼的政治理想，为日后整理周朝文化典籍预做准备。

本章分析鲁国内政外交变局的历史背景，考察孔子入仕为官的动机以及其与鲁国君臣的关系，论述孔子仕鲁期间的主要作为以及心路历程，阐释孔子对于弟子仕进的态度，考证孔子去鲁的外显原委与内在动因。

一、鲁国司寇

1

根据《史记》的说法，阳货出奔之后，孔子入仕所担任的第一个职务是中都宰，时间是鲁定公九年。

> 其后定公以孔子为中都宰，一年，四方皆则之。由中都宰为司空，由司空为大司寇。（《史记·孔子世家》）

据说，中都位于今天山东省济宁市汶上县西部，是鲁国一个较大的城邑。崔述《洙泗考信录》怀疑这种说法，他的理由是："《春秋》经、传，鲁有'中城'，而皆不言有所谓'中都'者；既谓之都，不宜泯泯无闻如此。"[①]确实，孔子担任中都宰是一件颇可存疑的事。《礼记·檀弓》云："夫子制于中都，四寸之棺，五寸之椁。"崔述认为："《檀弓篇》所记舛谬殊多，而此章所载曾子'速贫''速朽'之语尤不近于理，必后人所妄撰。"[②]后来，伪书《孔子家语》又从史迁《史记·孔子世家》"男女行者别于涂，涂不拾遗"，敷演出孔子任中都宰时所谓"男女别途，路无拾遗"之类的乌托邦社会。按照这种说法，孔子担任中都宰一年，表现出良好的治理能力，中都被管理得井井有条。据其所说，孔子在此期间主要做了两件事：一是移风易俗、改善民风，制定了养生送死的礼节，规定了棺椁的尺寸，标准为四寸之棺、五寸之椁，要求坟墓因山而建，提倡不封不树，即对坟墓既不封土堆，也不种植树木，倡导节俭生活，反对在生活器皿上过度雕琢。二是规范社会道德伦理，提倡长幼有序、男女有别，形成了路不拾遗的良好风气。一年下来，鲁国其他城邑纷纷效仿孔子的治理方式，甚至其他诸侯国也来效法。按照《家语》的说法，鲁定公与孔子之间还有两句对话，"定公谓孔子曰：'学子此法以治鲁国，何如？'孔子对曰：'虽天下可乎，何但鲁国而已哉！'"（《孔子家语·相鲁》）定公问孔子："用你的办法治理鲁国可以吗？"孔子十分张狂地说："岂止鲁国，就是治理

---

① 崔述：《洙泗考信录》，第 279 页。
② 崔述：《洙泗考信录》，第 279 页。

天下都可以。"这样的话无疑是后儒向壁虚造之词。接着，《家语》又移植《左传》的内容称："先时季氏葬昭公于墓道之南，孔子沟而合诸墓焉。"（《孔子家语·相鲁》）这种真真假假的造伪是王肃的惯用伎俩，在明眼人看来不过是欲盖弥彰。

史迁谓孔子"由中都宰为司空，由司空为大司寇"，似乎孔子出仕前后经历三职。这也是颇可怀疑的。遍检《左传》，"大司徒""大司马""大司空"均相当罕见，"大司空"仅鲁庄公二十六年（前668年）一见，为晋国官职，"大司马""大司徒""大司寇"为宋国官职，楚国也有"大司马"之职，鲁国未见大小"司徒""司马""司空""司寇"之说。战国时人编撰《周礼》，将"三公"区分大小，所谓"小司空"就是司空下面的一个隶属官职，协助司空处理事务。汉朝人不加细辨，遂混淆其说。鲁国司徒、司马、司空，分别由季孙氏、叔孙氏、孟孙氏担任。司徒是三公之首，类似于执政；司马主管军政、外交；司空原为掌管土木工程之官，春秋中后期，也成为军政要职之一。鲁国司寇过去一直由臧氏世袭，臧赐在斗鸡事变后跟随鲁昭公出奔国外，最后客死他乡。后来留在鲁国的臧氏多少受到昭公之变的影响，不被季孙氏所信任，其家族世袭司寇的特权遭到动摇。现在鲁定公和"三桓"真心想用孔子收拾阳货留下的残局，授予其地位仅次于"三桓"的司寇之职，将孔子置于其他贵族之上，这是符合情理的举动。对于孔子而言，面对鲁国第一次将如此高位授予一位无土无民的非公族士人，欣然接受也是十分自然的。

不过，这在当时确实是一件异乎寻常的事情，以至于直到今天仍有人对此抱有怀疑。顾立雅在《孔子与中国文化》一书中认为，孔子担任司寇是不可能之事，因为这个职位世代由臧氏继承，如果孔子真的成功得到这样的职位，"很难相信《论语》不去记载这个成功"，而且"《左传》应该相当完整地描述他的政治举措"[①]。我们前面讲过，孔子担任司寇后，曾为鲁昭公"沟而合诸墓"，这是《左传》的明文记录。顾立雅当然知道这一点，但他认为，因为《墨子》《孟子》都提到了孔子担任司寇，所以这是后来的编年史家，也即《左传》作者，为了给读者提供孔子一生的完整细节特意填补上去的。顾立雅的观点乍看有点唐突，但仔细想想也可以理解。毕竟，司寇属于重卿，以孔子的成长经历与家族背景，当时各国确实没有此种先例。问题在于，顾立雅并没有证据证明他的观点。我们倒是有证据说明顾立雅的观点不一定成立。据《论语》记载，颜回去世时，其

---

① 〔美〕顾立雅：《孔子与中国之道》，高专诚译，郑州：大象出版社，2014年，第39～41页。

父颜路曾请求孔子卖车为椁，孔子回答说"以吾从大夫之后，不可徒行也"（《论语·先进》）。"从"是跟从、跟随的意思，这是孔子的谦词，意思是我曾经担任过大夫。杜预、朱熹均作此解。后来陈恒弑君，孔子沐浴而朝，告于鲁哀公，也自我解释说："以吾从大夫之后，不敢不告也。"（《论语·宪问》）。由此可见，孔子曾担任鲁国大夫，这是毫无疑问的。《论语》没有专门提到孔子担任鲁国大夫，并不能证明孔子没有做过鲁国大夫。同理，《论语》没有专门提到孔子出任鲁国司寇，也不能证明孔子没有做过鲁国司寇。尽管如此，顾立雅的观点还是值得重视的，我们确实需要对过去认为是"定论"的结论加以新的考证。

孔子入仕为官，没有任何封邑，只是食禄为生，以接受谷禄为薪酬，鲁定公给孔子的俸禄是每年粟米六万斗。张守节《史记正义》曰："六万小斗，今二千石也。"当然，我们需要说明的是，孔子的谷禄未必是现成的谷米，很可能是禄田。禄田虽然也是土地，却与私邑有着本质区别：私邑的土地、人民、收益均属邑主所有，而禄田仅收益归属邑主。前者是一种分封食邑，后者则纯属食禄雇佣。

孔子入仕、担任鲁国司寇，不啻鲁国传统政治制度的一次重要改革，其意义不仅在于作为低层贵族后裔、出身平民的孔子被授予高官，更在于鲁国开始在高官中实行俸禄制度，周朝分封食邑制度由此打开了一个缺口，为其后士人阶层的崛起奠定了制度基础。

2

五十二岁的孔子终于入仕为官，且由并无贵族头衔的一介平民遽然得居高位，貌似有突兀之感，其实也算是水到渠成，这是孔子本人入仕意愿与鲁国现实政治需要的两相契合。孔子内心的入仕志向从来未曾泯灭，只要时机合适，他的人生路径随时可以在为学与为官之间自如切换。孔子自谓"五十知天命"，深谙命运安排与个人努力之间的关系，在生活中常持"尽人事，听天命"的心态，既不急于求成、勉强行事，也不安于现状、放弃追求，竭尽全力做好分内的事，接受命运的安排，在时运到来之际当仁不让地承担起入仕的社会责任。孟子称孔子为"圣之时者"，意为孔子有经有权、善于变通，此即后世《中庸》所谓"时中"。阳货嘲笑孔子"亟失时"，殊不知避免与阳货之类同流，恰恰是孔子"知时"的明证。《论语》中的一则小故事颇能体现孔子知时、待时的心态：

色斯举矣，翔而后集。曰："山梁雌雉，时哉时哉！"子路共之，

三嗅而作。（《论语·乡党》）

山雉"色斯举矣，翔而后集"，朱熹的解释是："鸟见人之颜色不善，则飞去，回翔审视而后下止。"[1]孔子对此赞许道："山梁雌雉，时哉时哉。"（《论语·乡党》）孔子借物喻人，意在强调对人生出处时变的把握，多少有自况之意。在经历了阳货之乱后，孔子愿意接受命运的安排，为鲁国的政通人和、内外安定贡献力量。

孔子愿意入仕为官，表明他对治理当下的鲁国抱有一定的期望，也有相当的自信。孔子曾说："苟有用我者，期月而已可也，三年有成。"（《论语·子路》）"期月"就是一年。史迁认为此语是孔子在卫国所言，朱熹也认为"此盖为卫灵公不能用而发"。我们相信，孔子在仕鲁之际的自信与自许应该超过游卫之时，故"三年有成"应亦为孔子此时的真实心态。

鲁国作为一个周礼文化根基深厚的邦国，在选官用人方面多少还保存着一点古风，即类似于晋国被庐大蒐礼"说礼乐而敦《诗》《书》"的标准。当时年轻一代"三桓"自知缺乏仪礼才能，也想选拔一位知书达礼之士以补鲁国政坛的短板。自从叔孙豹一代饱学之士过世之后，鲁国贵族长期研究周礼、精通周礼的人已不复存在。孔子此前在鲁国有二十多年设教授徒的经历，不仅学问修养达到了相当的程度，也赢得了重德知礼的广泛声誉。此前，阳货邀孔子入仕，曾说孔子"怀其宝""好从事"，说明鲁国上层对孔子的德识才能早已认可，对孔子的出仕愿望也已知晓。所以，当鲁国君臣想要填补政坛空白之时，他们想到了平民孔子，并破天荒地授之以司寇之职。

3

可以肯定的是，孔子入仕为官，必然得到了"三桓"特别是季孙斯的允许与支持。季孙斯应该是一位性格相当复杂之人。从之前阳货对季孙斯的肆意压制且欲置之死地来看，此人个性应该不如乃父嚣张，甚至有懦弱的一面；从他命悬一线而能死里逃生来看，此人又工于心计且不乏果敢。在经历了阳货之乱一系列惊心动魄的险情磨难之后，季孙斯想必对"陪臣执国命"心有余悸。在阳货之乱中，季孙斯的家臣费邑宰公山不狃亦有蠢蠢欲动之意，后来有所收敛，反迹暂隐，季孙斯对此也不可能毫无察觉，两人之间的矛盾冲突随时可能爆发。所以，季孙斯出于家国安稳考虑，需要孔子这样阅历丰富的智睿之士鼎力相助。孔子与季氏家族原本有过仕宦

---

[1]　朱熹：《四书章句集注》，第123页。

关系，两人心理上相对亲近。孟子称："孔子于季桓子，见行可之仕也。"
（《孟子·万章下》）所谓"行可之仕"，就是可以行道而做官。可见孔
子进入政坛之时，对季孙斯是抱有希望的。后来，孔门弟子子路、冉求等
出任季氏家臣，说明季孙斯与孔子的政治合作相当不错。孟孙何忌本是孔
子的学生，他对孔子出任司寇应该不会反对。至于叔孙州仇，不过是一位
弱冠青年，在新生代"三桓"中影响最小。

　　孔子愿意出仕，或多或少也有冀望于鲁定公和"三桓"之意。孔子
很清楚，未来日子里定公与"三桓"的态度，将直接决定自己施展政治抱
负的成败。鲁定公是一位比较稳重而有作为的国君。定公生年不详，我们
对他在孔子入仕时的年龄只能做一推断。定公是昭公的弟弟，昭公十九岁
继位，我们假设定公当时大致在三岁至十七岁之间。昭公在位一共三十二
年，而定公此时已在位十年，如果昭公继位时定公是三岁，则定公十年时
为四十五岁；如果定公当初是十七岁，则定公十年时是五十九岁。这位中
年国君曾历经磨难，遭遇过昭公出奔之变，在齐、晋他国颠沛流离、寄人
篱下长达八年之久，又经历了鲁国"陪臣执国命"的腥风血雨，政治心智
应该是比较成熟的。定公重用孔子大概有两个考量：一是希望孔子对"三
桓"发挥一定的制衡作用；二是希望孔子防范"陪臣执国命"重演。"三桓"
经过阳货的压制与打击，精神上受到了很大顿挫；而各家陪臣势力依然强
盛，保不定还会出现第二个"阳货"，那么鲁国政治很可能再次遭遇变乱。
定公与其相信公山不狃的所谓"张公室"，还不如信任孔子这样德才俱佳
的仁人君子。从定公在之后的陪臣作乱及堕三都事件中的态度来看，他对
孔子确实是相当信任和支持的，两人总体上做到了"君使臣以礼，臣事君
以忠"。尽管孔子最后主动离开了定公，但五年后身处异乡的孔子听闻定
公去世，嗔怪多嘴的子贡"不幸而言中"，言辞之间颇有对旧君的痛惜之情。

　　需要指出的是，鲁国君臣任用孔子的另一个原因很可能与齐鲁关系、
晋鲁关系的微妙变化有关。鲁国当时正面临着外交政策调整的艰难抉择，
需要有能臣应对复杂时局。鲁定公四年，晋人在召陵盟会上向郑国人假借
羽旄，郑人借与他们，结果晋人第二天就在盟会上用借来的羽毛装饰旌旗
旗杆的顶端，这明显是不想归还了。晋人的这种做派惹恼了众人，"晋于
是乎失诸侯"（《左传·定公四年》）。这种事士匄早在鲁襄公十四年（前
559年）时就干过，当时因"假羽毛于齐而弗归，齐人始贰"（《左传·襄
公十四年》）。不幸的是，郑国继子产之后相对成熟的执政子大叔游吉也
在这年去世，失去了子产、子大叔的郑国政坛显得颇为激进，开始快速疏
离晋国。鲁定公六年，宋国乐祁在晋国被扣押，直至两年后才被放回，客

死于途中。乐祁是宋国名臣,鲁昭公二十五年时曾经准确预测了昭公之出奔,并且明确指出鲁国"政在季氏三世矣,鲁君丧政四公矣。无民而能逞其志者,未之有也"(《左传·昭公二十五年》),可见乐祁颇有德性才干。乐祁之死使宋国坚定了脱离晋国的决心。随后在鲁定公八年的鄟泽盟会上,卫灵公受到晋国大夫捘手之辱,卫国与晋国的关系也彻底破裂。此后整个中原诸侯国之间的邦际关系发生了重大的结构性变化,晋国霸主地位受到齐国、郑国、卫国以及宋国等原来主要盟国的正面挑战,且彼此之间已经发生了局部战事冲突。

鲁国是双方争取的对象,处境相当尴尬。这些年鲁国对晋国的不讲信义颇为不满,忠诚度早已今非昔比。但是,鲁国真要与晋国彻底决裂并不容易,毕竟齐国的常态化威胁近在咫尺,鲁国需要联晋防齐,晋国也需要以鲁制齐。所以,鲁国在阳货执政期间居然成为晋国的急先锋,先后主动进攻郑国、卫国,齐鲁之间也是战事不断,鲁国与反晋联盟结怨不少。与此同时,野心勃勃的齐景公也在竭力拉拢作为晋国传统盟友的鲁国,以彻底孤立晋国。鲁国对此不无心动。转机发生在鲁定公八年,鲁国内部最大的从晋派阳货出奔晋国,鲁国与齐国、郑国、卫国之间都迎来了调整关系的契机。于是夹谷之会应运而生。

孔子曾说:"邦有道,谷。邦无道,谷,耻也。"(《论语·宪问》)孔子入仕之时对鲁国政坛是怀有希望的,至少没有将其视为"无道"之邦。在这样一个相对"有道"的难得环境里,孔子决定登上鲁国的最高政治舞台,尝试实现内心深藏已久的政治抱负。

二、夹谷之会

1

孔子担任司寇不久,就遇到了一件外交大事,即齐国与鲁国之间谋求结盟的夹谷之会。以往论者谈及夹谷之会,多关注夹谷之会的过程,不太关注夹谷之会的邦际关系背景以及双方的政治目的。我们看到,齐鲁两国此前已经恢复和平。《春秋·定公十年》记载:"十年春,王三月,乃齐平。"杜预《春秋左传集解》曰:"平前八年再侵齐之怨。"[1]即双方已对两年前的战事达成了和解。可见在夹谷之会前几个月,齐鲁双方已经结

---

① 杜预:《春秋左传集解》,第 1674 页。

束敌对，夹谷之会是要在此基础上建立新的同盟关系。《日讲春秋解义》说："平侵齐之怨也。时诸侯惟鲁从晋，至是亦叛，列国无盟主矣。"①孔子正是在这样的邦际关系大背景下，以鲁定公傧相的身份参加了夹谷之会，目的是要发展两国的盟友关系。

史迁《孔子世家》中有关夹谷之会的大段描写，主要取材于《左传》以及《穀梁传》，并加以附会而成。其文如下：

> 定公十年春，及齐平。夏，齐大夫黎鉏言于景公曰："鲁用孔丘，其势危齐。"乃使使告鲁为好会，会于夹谷。鲁定公且以乘车好往。孔子摄相事，曰："臣闻有文事者必有武备，有武事者必有文备。古者诸侯出疆，必具官以从。请具左右司马。"定公曰："诺。"具左右司马。会齐侯夹谷，为坛位，土阶三等，以会遇之礼相见，揖让而登。献酬之礼毕，齐有司趋而进曰："请奏四方之乐。"景公曰："诺。"于是旄旌羽袚矛戟剑拨鼓噪而至。孔子趋而进，历阶而登，不尽一等，举袂而言曰："吾两君为好会，夷狄之乐何为于此！请命有司！"有司却之，不去，则左右视晏子与景公。景公心怍，麾而去之。有顷，齐有司趋而进曰："请奏宫中之乐。"景公曰："诺。"优倡侏儒为戏而前。孔子趋而进，历阶而登，不尽一等，曰："匹夫而营惑诸侯者罪当诛！请命有司！"有司加法焉，手足异处。景公惧而动，知义不若，归而大恐，告其群臣曰："鲁以君子之道辅其君，而子独以夷狄之道教寡人，使得罪于鲁君，为之奈何？"有司进对曰："君子有过则谢以质，小人有过则谢以文。君若悼之，则谢以质。"于是齐侯乃归所侵鲁之郓、汶阳、龟阴之田以谢过。（《史记·孔子世家》）

司马迁是伟大的史学家，但在撰写《孔子世家》时却不够严谨，这段话便是证据之一。这段文字舛误甚多，崔述、梁玉绳等多有勘正。下面我们先把《左传》与《穀梁传》中相关文字抄录于下，进而对《史记》夹谷之会做一番综合考辨。

> 夏，公会齐侯于祝其，实夹谷。孔丘相。犁弥言于齐侯曰："孔丘知礼而无勇，若使莱人以兵劫鲁侯，必得志焉。"齐侯从之。孔丘以公退，曰："士，兵之！两君合好，而裔夷之俘以兵乱之，非齐君

---

① 库勒纳等撰，田洪整理注释：《日讲春秋解义》，第1316页。

所以命诸侯也。裔不谋夏，夷不乱华，俘不干盟，兵不逼好。于神为不祥，于德为愆义，于人为失礼，君必不然。"齐侯闻之，遽辟之。（《左传·定公十年》）

以上是《左传》相关文字，下面是《穀梁传》相关文字：

> 颊谷之会，孔子相焉。两君就坛，两相相揖。齐人鼓噪而起，欲以执鲁君。孔子历阶而上，不尽一等，而视归乎齐侯，曰："两君合好，夷狄之民何为来为？"为命司马止之。齐侯逡巡而谢曰："寡人之过也。"退而属其二三大夫曰："夫人率其君与之行古人之道，二三子独率我人夷狄之俗，何为？"罢会，齐人使优施舞于鲁君之幕下。孔子曰："笑君者，罪当死。"使司马行法焉，首足异门而出。齐人来归郓、谨、龟阴之田者，盖为此也。因是以见虽有文事，必在武备。孔子于颊谷之会见之矣。（《穀梁传·定公十年》）

我们的考论包括六个方面。

第一，史迁说，齐大夫黎锄认为"鲁用孔丘，其势危齐"，于是派人与鲁国修好。这是无视夹谷之会的结盟目的，刻意抬高孔子的不实之词。以往俗儒不察，以为体现了先圣孔子的德能昭著。崔述《洙泗考信录》在驳证的基础上提出了此会的真正目的，他写道："然则齐何故而与鲁为会也？曰，经传之文甚明，学者自不察耳。盖自昭公以前，诸侯莫不事晋，自召陵会后而晋渐以失诸侯，故定公之七年，'齐侯郑伯盟于咸'，'齐侯卫侯盟于沙'。独鲁事晋如故，不与诸侯之会，而又为晋讨郑讨卫，故齐使国夏再伐鲁，而鲁亦两侵齐。直至阳虎奔后，而鲁始与齐平，会于夹谷。明年，又与郑平。故《左传》云，'始叛晋也'。然则鲁自因叛晋而与齐会，岂齐惧鲁之用孔子而与鲁会哉！"[1]崔述所言相当准确，齐国要求鲁国参加夹谷之会，是想要齐鲁两国结盟，并非因鲁国任用孔子而感到害怕。

第二，史迁据《左传》"夏，公会齐侯于祝其，实夹谷。孔丘相"，又称"孔子摄相事"，且记述孔子谓定公"有文事者必有武备"云云，读史者遂误以为孔子做了鲁国的相国。崔述《洙泗考信录》曰："《传》所谓相者，谓相礼也，非相国也。"至于"文事""武备"之论亦非孔子所言，实乃《穀梁传》作者的评论之语。

---

[1] 崔述撰著，顾颉刚编订：《崔东壁遗书》，第281页。

　　第三，史迁说鲁定公原打算"以乘车好往"，在孔子建议之下才"具左右司马"，显得孔子有勇有谋，这其实也是罔顾史实之言。事实上，春秋盟会各国都是携带兵车的，唯有当年齐桓公会盟时曾不用兵车，所以才得到孔子"九合诸侯，不以兵车"的称赞。崔述《洙泗考信录》曰："况此时齐、鲁新和，猜疑未释，定公必无以乘车往之理。"崔述还指出，检阅《左传》未见鲁国设有"左右司马"之官，这更证明此乃虚说。

　　第四，文中"请奏四方之乐"一节，以"旍旄羽袚矛戟剑拨鼓噪而至"描述夷人奏乐鼓噪的情节，这是将《左传》"使莱人以兵劫鲁侯"与《穀梁传》"齐人鼓噪而起，欲以执鲁君"的记叙合而言之，且存在明显误读。泷川资言称此为"史公夸张失实"。崔述也认为"颇不雅驯"，他分析这种以讹传讹的根源是《穀梁传》"得之传闻而撰为文"，然后《史记·孔子世家》"又采《穀梁传》之文而附会之"，误将《左传》"鼓噪而起"的"战鼓之鼓"当作"乐鼓之鼓"。事实上"诸侯相会原无奏乐之事，矛戟剑拨亦不可以云乐"，所以崔述认为宁从《左传》而不从《史记》。根据《左传》的说法，大致情况应该是这样的：齐国大夫犁弥是一员猛将，去年在齐国与晋国的夷仪之战中表现出色，深得齐景公信任。犁弥对于孔子并不熟悉，作为一介武夫，他的思维定势就是以勇取胜，于是就向齐景公建议，在盟会上借助莱人之力劫持鲁侯。莱在今山东省莱芜市一带，鲁宣公七年（前602年）和九年（前600年）齐国曾有伐莱之举。犁弥所说的"莱人"，其实就是被齐人征服的当地土人，属于东部夷人。莱人生性豪爽鲁莽，做事不计后果，利用他们来制造意外事件，不至于在各国诸侯中留下口实。一百八十多年前的前681年，鲁庄公与齐桓公在柯地盟会，鲁国大夫曹沫曾经执匕首劫持齐桓公，逼迫齐桓公尽归侵鲁之地。齐人出此下策，也算是以牙还牙。孔子见到莱人蠢蠢欲动，便义正词严地指斥齐人，齐景公马上就接受了批评，双方并没有动武。

　　第五，史迁文中出现了晏子，事实上《春秋》三传皆无晏婴参与夹谷之会的记载。崔述认为"晏子自昭末年至此，已十八年不见经传，安得复存；如其果存，又奚容不谏乎"，这是颇有道理的。

　　第六，最为荒诞不经的是，孔子居然当众诛杀了"为戏"两君面前的优倡侏儒。文中所说"手足异处"，此乃腰斩之刑。这个情节也取材于《穀梁传》，真实性颇可怀疑。孔子曾说："善人为邦百年，亦可以胜残去杀矣。诚哉，是言也。"（《论语·子路》）孔子残杀无辜已属荒唐，更何况在齐君面前诛杀齐民莱人，用崔述的话来说，即"不亦远于人情矣乎"。

　　综上所述，史迁为了彰显鲁国起用孔子的意义，表现孔子的智勇双全，未经细考即采用《穀梁传》等不实史料，肆意铺张演绎，误导后人，我们不得不加以辨正。正如前人所说："夹谷一会，见他书者多矣，要当以左氏为正。"①关于夹谷之会的具体情景还是以《左传》所录为实。

2

《左传》最有价值的史料是接下来这段文字，它讲述了这次盟会齐鲁双方的政治交易：

> 将盟，齐人加于载书曰："齐师出竟，而不以甲车三百乘从我者，有如此盟。"孔丘使兹无还揖对曰："而不反我汶阳之田，吾以共命者，亦如之。"齐侯将享公，孔丘谓梁丘据曰："齐、鲁之故，吾子何不闻焉？事既成矣，而又享之，是勤执事也。且牺象不出门，嘉乐不野合。飨而既具，是弃礼也。若其不具，用秕稗也。用秕稗，君辱，弃礼，名恶，子盍图之？夫享，所以昭德也。不昭，不如其已也。"乃不果享。齐人来归郓、讙、龟阴之田。（《左传·定公十年》）

我们主要关注以下五点。

第一，齐鲁两国战事连年，双方都已疲倦，两国都希望握手言和、休养生息；尤其是在晋国日渐失德的情况下，两国也都有意借此调整外交国策，正所谓"诸侯之无伯也，故齐、鲁有盟"②。另外，两国君臣都意识到，过去几年齐鲁之间的矛盾在很大程度上缘于阳货的专横跋扈，现在阳货已经被去除，两国应该以大局为重，捐弃前嫌。

第二，对于齐鲁两国而言，夹谷盟会的主要问题并非要不要结盟，而是以何种条件结盟。齐国要求鲁国承认与齐国结盟，当然要提出具体条件，就是要将鲁国绑在齐国的战车上；鲁国当然也要提出自己的"价码"，即要求齐国归还其所侵占的土地。这就是双方会盟的心态。盟会进入正式盟誓环节，双方对盟誓载书的条款提出各自的诉求，齐国的诉求是鲁国加入反晋联盟，具体要求是在今后齐国对晋作战时，鲁国必须派出"甲车三百乘"参与战事，这属于春秋时期盟国的应有义务，不算苛刻条件；鲁国则要求齐国归还原本属于鲁国的"郓、讙、龟阴之田"，这也在情理之中。尽管双方盟约总体上相互平等，但鲁国一方面将自己捆绑在齐国的战车上，另一方面又可能得罪晋国，承担着更大的风险。事实上，鲁国并没有履行"甲

---

① 李卫军编著：《左传集评》，第 1963 页。
② 李卫军编著：《左传集评》，第 1962 页。

车三百乘"的条款，在齐国后来的对晋战事中一直是旁观者。

第三，双方国君看来对盟会颇为满意，齐景公意犹未尽，想要在夹谷野外设宴款待鲁君。鲁定公觉得盛情难却，准备答应。孔子生怕在荒郊野外逗留时间太长，容易节外生枝，便根据周礼有关两国国君飨宴的规矩，以"牺象不出门，嘉乐不野合"为理由，拒绝了飨宴之礼。牺、象就是牺尊、象尊之类的酒器，嘉乐则是钟磬之类的乐器，按照周礼，这些贵重器物是不能带到野外的。孔子熟谙周礼的素质再次发挥了实践作用，这就是鲁国君臣任用孔子的原因所在。

第四，盟会之后，齐景公就下令把侵占的鲁国郓、讙（也即汶阳）、龟阴土地归还鲁国。齐鲁之间从此休兵，和平相处长达十三年之久。直到鲁哀公八年（前487年），因季孙肥伐邾引起齐国讨伐，齐鲁兵火再起。清代学者评论道："齐、鲁相仇始于阳虎，至是虎败。孔子与闻国政既已讲信修睦，而与齐平。齐景志在求霸，亦欲亲鲁以为援，遂欢然释憾会于夹谷，成礼而还。"[①]这场齐鲁重大外交活动的意义大致如此。

第五，孔子入仕之初就参与了一场重大的外交活动，并且取得了不错的成果，体现了孔子外交实务方面的才干。鲁国起用深谙外交礼仪的孔子是明智的，毕竟孔子与齐景公曾经有过两次直接交往，特别是孔子在齐国第二次拜见齐景公时，颇得其好感。鲁定公和"三桓"大概希望孔子今后能够在弥缝齐鲁关系方面发挥特殊作用。这样就解释了为什么孔子刚刚踏上政坛就参与了齐鲁夹谷盟会，并且扮演最重要的相礼角色。

对此，历代学者多有评议。一种看法是鲁定公与"三桓"有推卸责任的考虑，竹添光鸿《左氏会笺》引全祖望曰："是时以阳虎诸人之乱，孔子遂由庶姓当国，夹谷之会，三家方拱手以听，孔子俨然得充其选，当时齐方欲使鲁以甲兵三百乘从其征行，若鲁以微者为相，其有不招责言者乎？是破格而用之者也。"[②]全祖望的意思是说，鲁国在夹谷盟会上要与齐国订立甲兵三百乘从齐的盟约，这对于鲁定公和"三桓"而言是有舆论压力的，所以他们就请出孔子来做这件事，毕竟孔子在鲁国有着崇高的声望，让他主持这场外交，鲁国民众不至于对盟约条款产生怨言，"三桓"可以逃避可能出现的民意责难。这是"三桓"启用孔子的重要原因。此说亦不无道理，刻画了孔子当时处于一种"被人当枪使"的艰难境地中。当然，反过来看也体现了孔子为了国家大事而担当作为的责任感，毕竟就这份盟约而言鲁国也没有吃亏。

① 库勒纳等撰，田洪整理注释：《日讲春秋解义》，第1318页。
② 〔日〕竹添光鸿注：《左氏会笺》，第2222页。

史家还有一种看法认为，作为盟会相礼的官员责任重大，或许"三桓"感觉到自己能力不足，对盟会成功没有信心，所以才不敢前行，让孔子去解决难题。竹添光鸿《左氏会笺》引姜炳璋曰："齐构衅自定公七年始，盖齐景背晋争霸，郑、卫已服，鲁独附晋。八年，公两侵齐，齐报伐。九年，又侵齐与国。齐鲁之怨，未有深于此时也。孔子用鲁，乃与齐平，积嫌未化，故三家不敢行，而以孔子相，犹齐师伐鲁，季不敢行，而以冉求帅师也。"①综合来看，这种可能性应该比前者更大一些。

夹谷之会后，鲁国于次年即鲁定公十一年（前499年）冬天又"及郑平"，与郑国恢复友好关系。这时郑国已经与晋国决裂，故《左传》称鲁国此举为"始叛晋也"。看来鲁国在弃晋从齐的道路上越走越远了。这是鲁国自鲁僖公确定"世服于晋"以来外交国策的重大转变，竹添光鸿把这件事称为"此国变之大者"，并且认为"晋受王命为侯伯，而失其职，诸侯背叛，此晋自堕王命耳。至此，天下大势大变矣"②。孔子作为这一重大外交国策变化的主要当事者，想必内心也经受了很大的煎熬和考验。

3

孔子为什么积极支持鲁国采取脱晋联齐、背离霸主的外交政策呢？仔细考量起来，大致有三个方面的缘由。

首先是地缘政治的考量，齐鲁之间的修好有利于鲁国安邦定国、休养生息。在春秋各国中，晋、齐、楚、吴算是一等大国，鲁国的实力虽然能够跻身于二等邦国之列，但它的疆域实在不大，且与齐国比邻。顾栋高在《鲁疆域论》中说鲁国"其地平衍，无高山大川为之限隔，无鱼盐之利为之饶沃，故终春秋之世，常畏齐而附晋"③。地无险阻，所以易为齐国所欺凌。此时齐国由于时势所趋主动向鲁国示好，愿意维持和平，放弃所侵占的土地，鲁国显然不能无视这种和解态度。

其次是晋国忙于内斗，自弃霸主、自失诸侯的结果。依靠晋国作为鲁国的长期国策，一直以来效果颇佳，当然前提是晋国愿意扮好霸主角色，现在这个前提眼看已经不复存在。正如郝敬《左氏新语》所说："鲁自僖公以来，七世事晋，晋党季孙，逐昭公，识者知晋之将失鲁矣。及韩、范内讧，同盟解体，齐张于东，郑、卫先往，故鲁有夹谷之会，然犹未显与

---

① 〔日〕竹添光鸿注：《左氏会笺》，第2221～2222页。
② 〔日〕竹添光鸿注：《左氏会笺》，第2229页。
③ 顾栋高辑：《春秋大事表》，第507页。

晋绝也。至是鲁、郑同盟，四国之好成，晋遂失诸侯，不可复收矣。"①
晋国一直是季氏的有力支持者，过去多次暗中帮助季氏，不惜牺牲鲁国利
益；而现在却又收留阳货，背弃季氏。所以，鲁国君臣上下不能不另谋他
算、预备后路，叛晋实在是被迫无奈之举。

最后是大势所趋，鲁国不可能为了继续维系与晋国的关系而得罪正在
形成的东方诸侯盟国。在过往历史中，齐国、郑国也曾经出现背逆晋国的
二心，鲁国并没有跟随。但这次叛晋风潮不同以往，其特点是涉及国家数
量多、决心大，而且彼此已经结成一体同盟，鲁国地处其间，很难抵挡这
种外交潮流。鲁国如果继续在晋国与反晋同盟中间骑墙，很可能得罪两边，
后果更难预料。

另外还有其他缘由，涉及孔子本人对于诸侯霸主的政治态度。主要包
括以下三个方面。

第一，霸主是"礼乐征伐自诸侯出"的产物，本身是周天子政治权力
衰微的结果，所以孔子从根本上并不认同这种政治现象。

第二，在礼崩乐坏的社会现实面前，孔子也十分清楚，霸主是时代的
产物，对于维系东周各国和平秩序具有一定的积极意义，如果霸主真能做
到扶弱抑强，孔子是予以充分肯定的。

> 子贡曰："管仲非仁者与？桓公杀公子纠，不能死，又相之。"
> 子曰："管仲相桓公，霸诸侯，一匡天下，民到于今受其赐。微管仲，
> 吾其被发左衽矣。岂若匹夫匹妇之为谅也，自经于沟渎，而莫之知也。"
> （《论语·宪问》）

又如：

> 子路曰："桓公杀公子纠，召忽死之，管仲不死。曰：未仁乎？"
> 子曰："管仲九合诸侯，不以兵车，管仲之力也。如其仁，如其仁！"
> （《论语·宪问》）

孔子多次肯定管仲和齐桓公，事实上就是在肯定霸主的正面价值，甚
至称其为"仁"与"正"。

第三，春秋时期，各国君臣对霸主是有政治伦理要求的，凡是达不到

---

① 李卫军编著：《左传集评》，第 1973 页。

这种要求的霸主就不是好的霸主，各国就会抱怨甚至反抗。这一点，霸主自己也有认识：

> 晋郤缺言于赵宣子曰："……叛而不讨，何以示威？服而不柔，何以示怀？非威非怀，何以示德？无德，何以主盟？子为正卿，以主诸侯，而不务德，将若之何？……"宣子说之。(《左传·文公七年》)

孔子一直认为："晋文公谲而不正，齐桓公正而不谲。"(《论语·宪问》)原因就是，齐桓公能够做到仗义执言，不由诡道；晋文公以阴谋取胜，颇有谲诈之嫌。晋国在文公之后，"谲而不正"的做派更加明显，鲁昭公三年（前539年）郑国子大叔到晋国为少姜送葬，见到晋国大夫梁丙，就对他发了一番抱怨：

> 梁丙曰："甚矣哉！子之为此来也。"子大叔曰："将得已乎？昔文、襄之霸也，其务不烦诸侯。令诸侯三岁而聘，五岁而朝，有事而会，不协而盟。君薨，大夫吊，卿共葬事。夫人，士吊，大夫送葬。足以昭礼命事谋阙而已，无加命矣。……"张趯曰："善哉！吾得闻此数也。……晋将失诸侯，诸侯求烦不获。"二大夫退。(《左传·昭公三年》)

因此，鉴于晋国此时虽有霸主之名，却已失霸主之实，霸主的责任、道义不复存在，孔子支持鲁国重新评估和调整与晋国的关系，就不难理解了。

总之，齐鲁会盟的意义在于，在晋国霸主地位日渐弱化之际，鲁国在尽量不公开挑战晋国的前提下，与最具威胁的邻邦齐国建立了盟友关系，暂时消除了鲁国的外患，使鲁国能够更好地集中精力处理国内的事务。事实上，鲁国贵族家臣的势力并没有得到根除，"陪臣执国命"的风暴即将再次席卷而来。

此时，鲁国国内政治结构亟待重新调整，国君、卿大夫、家臣之间的关系需要进行重新建构。夹谷之会后，孔子在鲁国的威望更加显著，他趁势提出，把鲁昭公的墓地重新修整一下，在鲁国先君墓地周围挖一道沟，将昭公墓圈在里面，以消弭季平子当年贬抑昭公的不良影响。这也算是对昭公时期季子台事件引发的多年内部纷争的一次拨乱反正。季孙斯似乎没有什么异议，看来鲁国内部的团结的确得到了加强。《公羊传》称"孔子行乎季孙，三月不违"（《公羊传·定公十年》），应该是事实。季孙斯不但在政事方面支持孔子，还希望孔门弟子这支重要的政治力量为己所用，毕竟这样一个德才兼备的士人群体在当时庠序衰微的鲁国实在是稀缺资源。

三、孔门弟子

1

孔子担任鲁国司寇后，其弟子有的积极入仕，有的不愿做官，我们具体来看一看。《左传·定公十二年》明确说"仲由为季氏宰"。《史记·孔子世家》也说，鲁定公十三年（前497年）夏，孔子"使仲由为季氏宰"。可见子路曾担任季孙斯家臣是确凿无疑的。这是子路生平第一次入仕，他特地问孔子如何为政：

> 子路问政。子曰："先之，劳之。"请益。子曰："无倦。"（《论语·颜渊》）

孔子希望子路以身作则，勤于政务。从子路其后表现看，他确实做到了。另外，根据《论语》记载，冉雍大概也担任了"季氏宰"。

> 仲弓为季氏宰，问政。子曰："先有司，赦小过，举贤才。"曰："焉知贤才而举之？"子曰："举尔所知，尔所不知，人其舍诸？"（《论语·子路》）

冉雍担任的"季氏宰"很可能是季氏某个城邑的邑宰。冉雍临行前向孔子请教为政之道，孔子除了要他以身作则、宽赦小过，重点强调要"举贤才"。这是值得我们关注的一种政治现象，意味着鲁国世袭阶层正在被贤能阶层局部取代，孔子及其弟子正是这种贤能文化的代表者和实践者。

季孙斯显然对孔子的弟子感到相当满意，所以又想邀请闵损出任费邑宰。闵损即闵子骞，后来在孔门十哲中位居德行第二。《论语》记载"闵子侍侧，訚訚如也"（《论语·先进》），朱熹释"訚訚"为"和悦而诤"[1]，

---

[1] 朱熹：《四书章句集注》，第117页。

说明闵子骞是一个温润而正直的人。孔子说："孝哉，闵子骞，人不间于其父母昆弟之言。"（《论语·先进》）意思是说，别人对于他父母兄弟称赞他的话并无异议。这说明闵子骞还是一个孝子。历史上充斥大量闵子骞孝敬父母的传说，元人编的《二十四孝》自然也少不了他。闵子骞不但敦厚诚实，而且思路清晰，遇事颇有卓识。据《论语》记载：

> 鲁人为长府，闵子骞曰："仍旧贯，如之何？何必改作。"子曰："夫人不言，言必有中。"（《论语·先进》）

长府是鲁国国君储存财货器物的地方，具体地点或者就在公宫，或者在距离季氏家不远的地方，因为当年鲁昭公进攻季子台的前夜就曾居住在长府，以便就近发起攻击。也有一种说法，长府是鲁君平时居住的别馆。"鲁人为长府"，就是鲁定公想要修缮扩建长府，这当然是一件劳民伤财的事情，所以闵子骞觉得还不如一仍其旧。刘宝楠说："鲁人为长府，盖欲扩其旧居以壮观瞻。鲁君失民数世矣，隐民皆取食于季氏，复为长府以重劳之，是为渊驱鱼也。闵子故婉言以讽之。"[1]孔子因此对闵子骞高度赞赏。

大约在公山不狃叛乱结束之后，费邑宰位置出现空缺，季氏邀请闵子骞担任此职，遭到闵子骞断然拒绝：

> 季氏使闵子骞为费宰。闵子骞曰："善为我辞焉。如有复我者，则吾必在汶上矣。"（《论语·雍也》）

闵子骞比孔子小十五岁，鲁定公十二年时应为三十九岁，这本来是入仕的大好年龄，但闵子骞却对季孙斯的使者说："麻烦您帮我推辞掉。如果再来找我，那我必然已在汶水以北了。"何晏《论语集解》引孔安国曰："去之汶水上，欲北如齐也。"闵子骞的意思是说，如果季孙斯勉强他的话，他就要离开鲁国逃到齐国去，没有任何回旋余地。关于闵子骞为什么不愿意出仕，有各种各样的说法。一种比较普遍的观点认为，闵子骞性情高洁，不屑委身于季氏，不愿同流合污。宋儒大都持此论，朱熹《四书章句集注》引谢良佐曰："况闵子得圣人为之依归，彼其视季氏不义之富贵不啻犬彘，又从而臣之，岂其心哉？"[2]这种观点不过是宋儒的迂腐之见，故受到后人批评，毛奇龄《四书改错》对其痛加批驳，谓之"轻薄极矣"：

---

① 刘宝楠：《论语正义》，第 452 页。
② 朱熹：《四书章句集注》，第 86 页。

夫子一门多仕季氏，即夫子已先为季氏司职吏，如《孟子》所云为委吏、为乘田者。而概以事犬彘诟之，轻薄极矣。……夫子为司寇，使仲由堕三都。而费则季氏之邑，三都之一也。季氏以南蒯、公山弗扰历叛此地，与郈、郕相唇齿，必得一仁厚者为宰，故使及子骞。及子骞不从，而然后子路以己意使子羔为之。则子骞之使，夫子未必不与闻，非可谓圣门必耻事季氏也。[①]

　　毛奇龄言之有理。对于春秋时代孔子及其弟子的种种史事，我们不可以宋儒判然分明的泛道德主义眼光来看待。在两汉儒家学说尚未确立之前，即使所谓"圣门"中人也未必不食人间烟火。以孔子与季氏关系而言，两者在道德境界上固然有高下之别，但双方绝非水火不容，孔子及其弟子并非如宋儒想象的那么"清高"，更不会视季氏为"犬彘"。原因很简单，弟子入仕求禄本来就是孔子教育的目的之一，而季氏的家臣、邑宰更是当时入仕的佳选。闵子骞不愿出任费宰，可能是对自己的德性与能力还没有充分自信，感觉难以担负重任。按照毛奇龄的说法，费邑是季氏最重要的封邑，与成邑、郈邑唇齿相依，是"三桓"的三都之一，南蒯、公山不狃都曾在此叛乱，所以季孙斯想要一位"仁厚者"担任邑宰，于是想到了闵子骞。闵子骞对此心知肚明，他知道费邑地方势力盘根错节，因此不愿趟此浑水。

2

　　季孙斯邀请闵子骞，可能是由于子路的推荐。既然闵子骞拒绝入仕，于是子路又请高柴出来担任费宰，结果也未成功，这次是孔子不同意。

> 子路使子羔为费宰，子曰："贼夫人之子。"子路曰："有民人焉，有社稷焉。何必读书，然后为学。"子曰："是故恶夫佞者。"（《论语·雍也》）

　　高柴，字子羔，齐国人，一说卫国人，比夫子小三十岁，即孔子入仕时高柴年方二十四岁。子路推荐子羔为费宰，孔子对子路说：你这不是害人家吗？孔子的意思大概是高柴年纪尚轻，还需要学习。子路说：费邑有民众，有社稷，做费邑宰也是一种学习啊！何必一定要读书，才算是学习？子路的话并没有错，孔子自己也说过："君子食无求饱，居无求安。敏于

① 程树德：《论语集释》，第382～383页。

事而慎于言，就有道而正焉。可谓好学也已。"（《论语·学而》）这其
实隐含了"何必读书，然后为学"之意。所以孔子一时语塞，只能说：我
讨厌利口善辩的人！我们分析，孔子阻止子羔的真正原因是担心子羔不够
成熟稳重。史迁说："子羔长不盈五尺，受业孔子，孔子以为愚。"（《史记·仲
尼弟子列传》）孔子确实说过"柴也愚"（《论语·先进》），这个"愚"，
有人说是"愚直之愚"，有人说"愚，好仁过也"。总之，高柴心肠很好，
脑子又不是十分灵敏，所以孔子怕他干不了费邑宰如此重要的工作，万一
得罪了季氏，年纪轻轻就毁了前途，不如假以时日，经过学习历练再出仕。

　　同样是年轻人，孔子似乎并不反对公西赤与子思入仕。

　　　　子华使于齐，冉子为其母请粟。子曰："与之釜。"请益。曰：
　　"与之庾。"冉子与之粟五秉，子曰："赤之适齐也，乘肥马，衣轻
　　裘。吾闻之也，君子周急不继富。"（《论语·雍也》）

　　由于齐鲁关系明显缓和，两国之间经常有使者往来，所以孔子弟子
公西赤被派出使齐国。根据《史记》记载，"公西赤，字子华，少孔子
四十二岁"（《史记·仲尼弟子列传》）。如果此说属实，那么鲁定公
十三年时公西赤只有十三岁左右，不可能出使国外，故"子华使于齐"只
能发生在孔子周游列国归鲁之后。但是，有学者从《论语》"子路、曾
皙、冉有、公西华侍坐"章推断四个弟子的年龄，认为公西赤的"少孔子
四十二岁"中的"四"应该是"三"的笔误，古人书写"四"是四横，与
"三"积画相乱，容易混淆。这个说法最早是崔述提出来的，钱穆《孔
子弟子通考》予以支持。[1]如果公西赤小孔子三十二岁，那么此时大概
二十二三岁左右，据说公西赤"有仪容"，担任行人随从之类的外交属官
是有可能的。

　　公西赤"使于齐"，是谁派他去的呢？皇侃在《论语义疏》中说：
"子华有容仪，故为使往齐国也。但不知时为鲁君之使、为孔子之使
耳。"朱熹《四书章句集注》则断定："使为孔子使也。"[2]刘宝楠《论
语正义》赞同朱熹之说："'使'者，夫子使之也。"[3]我们认同朱熹和
刘宝楠的看法，理由很简单：既然公西赤出使由孔子支付补贴，自然就是
孔子所派。"冉子为其母请粟"，这些养粟是从孔子自己的俸禄中拿出来

① 钱穆：《先秦诸子系年》，第 91 ～ 92 页。
② 程树德：《论语集释》，第 371 页。
③ 刘宝楠：《论语正义》，第 214 页。

的。金鹗说：“《论语》子华使于齐，冉子与其母粟五秉，即夫子之粟。此盖夫子为司寇时，故有粟如此之多。”①孔子说给公西赤一釜，一釜就是六斗四升，相当于今天的三斗两升。“冉子”或许是冉求，或许是冉耕，我们不能肯定。《史记·仲尼弟子列传》作冉求，这是有道理的，当时子思还没有做孔子家臣，冉求敏于事务，或许在管理孔子的俸禄开支。冉求请孔子再加一点，孔子说那就给他一庾吧，一庾就是十六斗。冉求没有听从孔子意见，直接给了公西赤五秉粟米。一秉是十六斛，一斛是十斗，五秉也就是八百斗。大概这个数量并没有违反成规，所以孔子就没有批评冉求，只是说了一句“君子周急不继富”，大概公西赤家里是颇为富裕的。顺便说一句，鉴于公西赤使齐为孔子亲自所派，其母养粟也出自孔子俸禄，这也证明了公西赤使齐不是在孔子晚年，他与孔子年龄相差三十二岁而非四十二岁。

3

原宪，字子思，小孔子三十六岁，鲁定公十二年时只有十八岁，孔子让他担任自己的家臣。

> 原思为之宰，与之粟九百，辞。子曰：“毋以与尔邻里乡党乎？”（《论语·雍也》）

孔子给他每年九百斗粟米，这些粟米也是孔子从自己的俸禄中分出来的。子思觉得太多，就推辞了。孔子知道子思家里很穷，急需补贴家用，就说：你拿着吧，实在用不了可以接济你的邻里乡党呀！这件事未必与公西赤使齐同时发生，《论语》合而记之，是为了说明孔子取予各有所宜。子思是一位甘贫守道的正人君子，他或许对自己年纪轻轻享受丰厚俸禄感到不安，或许还感觉有点羞耻，有一次就问孔子什么是“耻”：

> 宪问耻。子曰：“邦有道，谷。邦无道，谷，耻也。”（《论语·宪问》）

孔子有针对性地说：一个有道之邦，士人为官食禄，是完全正当的；反之，则是可耻的。

孔子还有个学生叫漆雕开，字子开，又作子若，还有说作子修，比孔

---

① 程树德：《论语集释》，第372页。

子小十一岁，据说是蔡国人。此人廉洁正直，学问也不错。

> 子使漆雕开仕。对曰："吾斯之未能信。"子说。（《论语·公
> 冶长》）

孔子推荐漆雕开去做官，漆雕开表示对入仕这件事还没有信心。孔子听了很高兴。这表明了孔子对弟子仕与学的态度。

孔子弟子公冶长，字子长，生卒年不详，估计年龄比孔子小二十多岁，大概是在孔子入仕前入门的，孔子对他的人品颇为赞赏。

> 子谓公冶长："可妻也。虽在缧绁之中，非其罪也。"以其子妻之。
> （《论语·公冶长》）

孔子认为公冶长虽然被关在监狱之中，但并不是他的罪过，就把自己的女儿嫁给了他。

孔子还有一个弟子南容，孔子认为他懂得进退：邦国清明之时，能够展现自己的能力；邦国不清明的时候，能够免于刑戮。

> 子谓南容："邦有道，不废，邦无道，免于刑戮。"以其兄之子妻之。
> （《论语·公冶长》）

于是孔子就把自己哥哥的女儿嫁给了他。按照《孔子家语》的说法，叔梁纥在与颜氏成婚之前曾有一个跛足的儿子孟皮。从仲尼的排行看，他确实应该有一个兄长。

孔子弟子逐渐步入政坛，扩大了孔门士人群体的政治影响，也为鲁国政局开启了一种新的气象。

四、堕三都

1

鲁定公十二年，孔子五十四岁，在司寇职位上已经两年多了，他与鲁定公的关系似乎不错，鲁定公经常询问孔子一些治国理政的问题。

　　定公问："一言而可以兴邦，有诸？"孔子对曰："言不可以
若是其几也。人之言曰：为君难，为臣不易。如知为君之难也，不几
乎一言而兴邦乎？"曰："一言而丧邦，有诸？"孔子对曰："言不
可以若是其几也。人之言曰：予无乐乎为君，唯其言而莫予违也。如
其善而莫之违也，不亦善乎？如不善而莫之违也，不几乎一言而丧邦
乎？"（《论语·子路》）

　　定公询问孔子，有没有一句话可以使国家兴旺的？对于这样的问题，
孔子本可以宽泛地作答，但孔子不愿放弃评点现实政治、以此矫正鲁国君
臣关系的机会。于是回答"为君难，为臣不易"，言下隐含着一种君臣相
互理解、相互尊重的意味，希望定公与"三桓"之间相互谅解，共同维护
鲁国政治的清明安定。我们发现，孔子在思考社会关系时，其基本的思维
方式总是体现出一种双向维度。即便是对君臣关系，也不是像后世封建专
制时代那样，只强调上对下的单向权力。这就是孔子"恕"的逻辑要义。
定公又问"一言而丧邦"，孔子乘机开导定公不要沉溺安乐，不要唯我独
尊，应该从善如流，避免出现弊政丧邦。

　　孔子与"三桓"关系也还算和谐。《公羊传》定公十年和定公十二年
先后两次说，"孔子行乎季孙，三月不违"。这里的"行乎"就是所作所
为；"三月"是虚指，不是真的三个月，而是指超过了一季，表示两人在
较长的时间内相处和睦、政见相近。《盐铁论》说："孔子仕于鲁，前仕
三月及齐平，后仕三月及郑平，务以德安近而绥远。当此之时，鲁无敌国
之难、邻境之患，强臣变节而忠顺，故季桓堕其都城，大国畏义而合好，
齐人来归郓、谨、龟阴之田。"（《盐铁论·备胡》）这里所说的"强臣
变节而忠顺"稍显夸张，但孔子能够在司寇位置上有所作为，离不开季孙
斯的认同与支持，这是毋庸置疑的。

　　有些学者认为，孔子登上鲁国政治舞台后，努力恢复公室权威，与季
氏"道不同，不相与谋"，双方关系形同水火，孔子甚至一心想要铲除"三
桓"势力，彻底清理多年以来鲁国政坛的乌烟瘴气。这种看法过度渲染了
孔子与"三桓"的对立，并不符合当时实情，给后世造成了误导。如电影
《孔子》即落此窠臼，以这一矛盾为线索展开银幕叙事，从一开始就陷入
误区，导致整部电影与历史严重脱节。从主观上说，孔子一直试图与"三
桓"保持良好关系，既无去除"三桓"的想法，亦无此必要，更无此能力。
"三桓"是鲁国公室的同姓至亲，孔子一介庶民入仕，如何能够去除盘根
错节的姬姓宗亲？即便孔子能够去除"三桓"，他也未必会去做，因为"三

桓"是鲁国政治的重要支柱，公族衰落必然导致公室衰微，晋国、齐国的公室隐患孔子岂能毫无感知？竹添光鸿说："凡言去三桓者，皆不通世故之陋儒也。三桓为鲁之至亲，亲亲为九经之一，孔子如柄鲁政，不过欲三桓各尽其臣礼耳，何为必去之耶？"①诚哉斯言！只有站在古人当时的境地，而非今人当下的立场，才能避免皮相之论。从事实看，孔子也确实没有与"三桓"发生正面冲突，孔子的行政决策应该都得到了季孙斯的认可，包括拔除季氏费邑宰公山不狃，此事若没有季氏的全力支持，是不可能完成的。接下来发生的堕三都重大事件，一开始也是得到季孙氏、叔孙氏大力支持的。至于孔子最后弃官出走，其中原因相当复杂，我们后文再详加分析。不少学者将此视为孔子与"三桓"激烈冲突，乃至最后水火不容的明证，实在是一种抛开春秋政治文化背景、脱离可信史料的"想当然"。

2

孔子仕鲁最具戏剧性的事件莫过于堕三都。所谓"三都"就是季孙氏的费邑、叔孙氏的郈邑、孟孙氏的成邑。这三个城邑是"三桓"各自封地的核心城邑，即"三桓"势力各自的根基所在。"三桓"平时大多数时间居住在国都鲁城，三个城邑分别由重要家臣驻守。所谓"堕三都"，就是把这三座城邑的城墙拆掉，从根本上解除其武装威慑能力，变成不设防的城市，其目的是要借以削弱"三桓"家臣的势力。最早提出堕三都的是季氏家臣子路，"仲由为季氏宰，将堕三都"（《左传·定公十二年》）。子路大概有两个方面的考量。

首先，作为季孙斯的家臣，子路当然要为季氏出谋划策。这些年来，费邑已经发生了多次叛乱，严重威胁季氏的生存，平定叛乱费时费力，索性直接拆掉费邑城墙，可以一劳永逸地消除陪臣专权的隐患。正如竹添光鸿所说："南蒯以费叛，季氏殆苦。侯犯以郈叛，叔孙殆窘。故堕其都城，二子图自家之利，而喜从子路之言也。"②

其次，子路作为孔子的高足，其政治态度与乃师完全一致，就是要尽量强化公室力量。堕三都表面上看是为"三桓"着想，易于得到"三桓"认同，实际上也是对"三桓"势力的削弱。这是一石二鸟的聪明之策，正如杜预《春秋左传集解》所说："三都，费、郈、成也。强盛将为国害，故仲由欲毁之。"③

---

① 〔日〕竹添光鸿注：《左氏会笺》，第 2232 页。
② 〔日〕竹添光鸿注：《左氏会笺》，第 2231 页。
③ 杜预：《春秋左传集解》，第 1686 页。

《史记》详细记录了这一事件：

> 定公十三年夏，孔子言于定公曰："臣无藏甲，大夫毋百雉之城。"使仲由为季氏宰，将堕三都。于是叔孙氏先堕郈。季氏将堕费，公山不狃、叔孙辄率费人袭鲁。公与三子入于季氏之宫，登武子之台。费人攻之，弗克，入及公侧。孔子命申句须、乐颀下伐之，费人北。国人追之，败诸姑蔑。二子奔齐，遂堕费。（《史记·孔子世家》）

　　史迁的记录在时间上稍有舛误，泷川资言根据《左传》《穀梁传》系年，认为"定公十三年夏"应为"定公十二年夏"①。孔子将子路的想法报告给鲁定公，理由是"臣无藏甲，大夫毋百雉之城"。"雉"是春秋时期计算城墙面积的单位，长三丈、高一丈为一雉。百雉之城就是三百丈的城池。孔子对定公说：贵族家里不应该藏皮甲，卿大夫封邑不能拥有百雉之城。这两句话当然不是孔子随便说的，而是引用了周礼典籍中的古代成制，以此作为堕三都的法理依据。定公的态度肯定是大力支持，否则后来不会亲自"围成"。鉴于兹事体大，估计需要鲁国朝议加以讨论，当时"三桓"均无异议，因而随即付诸实施。

　　子路从郈邑开始着手行动，郈邑是叔孙氏的封邑重镇，位于今山东省泰安市东平县东南，靠近齐鲁边境。此地两年前发生了侯犯叛乱，事情经过是这样的：当初，叔孙不敢打算立儿子叔孙州仇为宗主，族人公若藐表示反对，叔孙不敢没有听他的话，还是立了叔孙州仇。为此，叔孙州仇继任后一直对公若藐心怀不满，曾指使家臣公南谋杀他，但没有成功。后来，叔孙州仇让公南担任马正，让公若藐去当郈邑宰。过了一段时间，叔孙州仇又让郈邑马正侯犯杀掉公若藐。叔孙州仇事后大概是想嫁祸于侯犯，所以侯犯就占据郈邑反叛了。鲁定公十年，叔孙州仇联合孟孙何忌一起出兵包围了郈邑，但是未能攻克。到了秋天，齐国也派兵前来围城，表面上是帮助鲁国，其实是想寻机趁火打劫。侯犯本想要投靠齐国，幸好郈邑掌管工匠的工师驷赤鼓动民众反对，侯犯只好带着郈邑的地图、户籍出奔齐国。齐人最终还是顾念到齐鲁两国刚刚盟誓，不想兵戎相见，因此把郈邑地图、户籍归还给鲁国，撤兵回去了。到了定公十年的冬天，叔孙州仇亲自出访齐国表示感谢。关于驷赤，有一种说法是，他可能是孔子的弟子。姚鼐在《左传补注》中说："孔子弟子有壤驷赤，字子徒。"郑玄认为壤驷赤是秦国人，

---

①　司马迁撰，〔日〕泷川资言考证：《史记会注考证》，第 2428 页。

所以杨伯峻认为这个驷赤未必就是孔子弟子壤驷赤[1]。如果驷赤真是孔子弟子，这说明孔子作为司寇直接参与了对侯犯事变的处置。从结果上看，鲁国再次稳妥地驱逐了一位强势陪臣，有利于公室权力的稳固。有此前车之鉴，叔孙州仇亲自带人配合子路前去拆毁郈邑城墙，计划实施得相当顺利。

接着轮到费邑。季孙斯似乎对堕费也没有异议，毕竟费邑前有南蒯之叛，后有阳货之乱，季孙斯记忆犹新。他尤其对心怀鬼胎的费邑宰公山不狃颇怀忌惮，正好可借这个机会消除隐患。《左传》和《史记》都说"季氏将堕费"，说明季孙斯明确赞同堕三都，很可能还亲自部署了人马。公山不狃并非等闲之辈，他虽然秘密参与了阳货的阴谋，却善于见风使舵，故阳货之乱并未牵连他。现在他再也坐不住了，直接在费邑举兵叛乱，一路杀奔鲁城而来，再次上演了一场"季子台"攻防战。此战激烈程度可能超过前次，甚至出现了敌军"入及公侧"的险况，大概在短兵相接中乱箭直接射到了定公身旁。孔子镇定自若，指挥有方，终于大败叛军，公山不狃与叔孙辄皆逃往齐国，后又去了吴国。平定叛军之后，费邑的城墙很快被拆除。可能就在此时，子路先后推荐了闵子骞和高柴去做费邑宰。

稍作休整之后，鲁国君臣趁热打铁，开始着手堕毁孟孙何忌的成邑。成邑是三都中唯一没有发生过叛乱事件的"三桓"都邑，这应与成邑宰公敛处父有关。公敛处父是一位敬业的家臣，他既没有个人野心，也没有太多邦国意识，似乎只知对孟孙氏家族负责。

> 将堕成，公敛处父谓孟孙："堕成，齐人必至于北门。且成，孟氏之保障也，无成，是无孟氏也。子伪不知，我将不堕。"冬十二月，公围成，弗克。（《左传·定公十二年》）

公敛处父建议孟孙何忌拒绝堕成，理由有两条：首先，成邑是鲁国的北大门，拆毁城墙不利于防范齐国入侵；其次，成邑是孟孙氏家族的保护屏障，没有了成邑，孟孙氏在鲁国就会有危险。孟孙何忌同意了公敛处父虚与委蛇的抗拒方法，子路的堕城遂无法开展。是年十二月，鲁定公亲自率领军队包围成邑，公敛处父据城抗拒，双方僵持不下。估计此时孟孙何忌在定公面前佯装糊涂，暗中却支持公敛处父的抵抗。

与此同时，鲁城内季孙斯、叔孙州仇的态度大概也发生了微妙的变化，

---

① 杨伯峻编著：《春秋左传注》（修订本），第 1581 页。

具体情况并不清楚，最后鲁定公选择了放弃，堕成不了了之。

3

堕三都的整个过程大致如此。这件事情的背景还是相当复杂的，由于史料不足，一些关捩点并不清楚。我们大致分析以下几个方面。

第一，成邑与费邑、郈邑确有不同之处，它在过去从来没有发生过叛乱，这就使之失去了必须被堕毁的理由。泷川资言《史记会注考证》引沈家本曰："其时叔孙以郈犯故，季孙以阳虎故，皆畏其家臣强盛。故郈、费之堕，二子不为异同。成宰公敛处父忠于孟氏，不肯堕成，故孟孙亦阳不知，而阴纵之。则成之不堕者，其事势与叔、季异也。"①这个分析意见是中肯的。

第二，成邑宰公敛处父与主人孟孙氏的关系也不同于侯犯、阳货，他在鲁定公八年的阳货事变中曾经拯救过孟孙何忌，因此在孟孙氏家族中有相当大的话语权。竹添光鸿说："孟孙尝学礼于孔子，当敬信子路之不我欺。然蒲园之役，苟非处父则孟孙已为阳虎所杀而代之矣，故孟孙之敬服处父实甚，而处父亦必自居有大功，不许孟孙有违意。处父有言，孟孙不敢不从，孟孙之弱固然也，非孟孙惑于处父之计，而有疑于孔子、子路也。"②这个说法指出了公敛处父与孟孙何忌的特殊关系，点到了问题的要害处。不过，竹添光鸿认为孟孙何忌软弱则未必然，此人善于阳奉阴违，应该是与公敛处父一明一暗、相互配合的关系。

第三，孟孙何忌、公敛处父之不愿堕成，季孙氏、叔孙氏之态度暧昧，鲁定公之最后退缩，有一个重要的原因就是齐国的边境威胁确实存在。成邑镇守着鲁国北门，公敛处父"堕成，齐人必至于北门"的说法并非全然托词。事实上，定公、季孙斯何尝不知道成邑是鲁国的北大门，只是他们认为鲁国已经与齐国结盟，齐鲁之间不会再开战，所以才下定决心堕成。问题在于，齐鲁关系究竟如何发展，晋国会做出什么样的反应，鲁国是否决心背叛晋国再无动摇，这些都还是未知数，需要根据今后时势的发展而定。所以孟孙氏反对堕成，并非完全故意与孔子唱对台戏，也确有国家安全方面的考量。

第四，孔子与子路力主堕三都，大概基于对齐鲁未来关系发展的相对乐观看法。当时鲁国既有陪臣强权之内忧，又有齐国觊觎之外患，两者相较，究竟孰轻孰重，此乃决定是否堕三都的根本因素。孔子与子路很可能认为，当时鲁国内忧重于外患：一是晋国内部贵族之间已经剑拔弩张，中原反晋

① 司马迁撰，〔日〕泷川资言考证：《史记会注考证》，第 2429 页。
② 〔日〕竹添光鸿注：《左氏会笺》，第 2232 页。

同盟信心大增，齐国更加需要拉拢鲁国，两国之间关系日趋和缓，鲁国并无眼见的外部威胁；二是如果不能够一鼓作气尽堕三都，进一步实现强干弱枝的政治目标、尽可能根除困扰鲁国多年的"陪臣执国命"病灶，则鲁国卿大夫及各卿大夫家族内部下陵上替、纲纪废坠的问题只会愈加严重。

第五，公敛处父拒绝堕成之后，定公亲自率军"围成，弗克"，这件事表明定公对于堕三都的决心是相当大的，从中也能看出孔子与定公在堕三都这样的大政方针上看法完全一致。孔子之所以愿意仕鲁，并且在内政外交方面尽心尽力，君臣二人的政见契合应该是重要原因。定公亲自出马，仍未能毕其功于一役，说明堕成真的是当下不可完成之事，孔子和子路等亦可甘休了。当然，也有史家批评定公的做法，如宋人陆佃《春秋后传》就认为定公此举操之过急，孔子和子路未必赞同，应该等待时机成熟，再因势利导，就不难对付公敛处父。这种观点相当精明：这是将堕成失败归咎于定公急于速成，从而为"圣人"堕三都之功亏一篑开脱。还有一种观点认为，定公"围成"之际，孔子已经带着弟子们离开鲁国了。梁玉绳说："围成事在定公十二年冬，孔子去鲁后，此与《鲁世家》误书于十三年孔子去之前。"[1]这个说法是不正确的，孔子离开鲁国应该在定公十三年春天，即当时公室春祭"膰肉不致"之后。还有人认为，定公"围成"是在季孙斯、叔孙州仇的推动下进行的。竹添光鸿说"公围成者，叔、季之意也，叔、季以不得已而自毁其厚，甘居于薄，若孟氏不堕成，则孟氏独厚，以叔孙氏厚则季氏薄之说推之，孟氏厚则叔、季薄矣，己自无奈处不得不薄之势，而又忌孟氏之独厚，故挟公以临孟氏也。季、叔两家，岂为孟氏援，而不恶成之不堕者耶？又岂悔堕郈、费耶？"[2]这个说法有一定道理，叔孙氏、季孙氏先行堕郈、堕费，唯独孟孙氏保留成邑，这难免遭到叔孙氏、季孙氏的嫉恨，所以就策动定公亲自堕成。尽管有以上诸多说辞，孔子与子路是堕三都的首倡者，堕成失败很难说不是他们仕鲁从政过程的重大顿挫，很可能给孔子的政治声誉带来不良影响，使孔子与"三桓"之间出现心理上的嫌隙。但是，并没有可信的史料表明，堕成失败导致孔子与定公及"三桓"关系的恶化。

第六，堕成失败留下的后患在未来日子里果然反复显现，证明孔子当年的堕成决定是有先见之明的。鲁哀公十四年（前481年）春，也就是堕成失败的十七年后，孟孙何忌的儿子孟孺子泄与成邑宰公孙宿之间发生了激烈冲突。

① 梁玉绳：《史记志疑》，第1122页。
② 〔日〕竹添光鸿注：《左氏会笺》，第2233页。

> 初，孟孺子泄将围马于成。成宰公孙宿不受，曰："孟孙为成之病，不围马焉。"孺子怒，袭成，从者不得入，乃反。（《左传·哀公十四年》）

孟孺子泄就是孟武伯，当时天子、国君、世卿的继承人都称为孺子，这个"子"是"宗子"之意。孟孺子当时打算在成邑养马，遭到了成邑宰公孙宿的反对，理由是成邑贫弊，孟孙何忌答应过不在这里放牧。于是孟孺子一怒之下就动了武，结果被公孙宿打败。

> 十五年春，成叛于齐。武伯伐成，不克，遂城输。……冬，及齐平。子服景伯如齐，子赣为介。……（陈）成子病之，乃归成。公孙宿以其兵甲入于赢。（《左传·哀公十五年》）

鲁哀公十四年八月，孟孙何忌死，孟武伯继任。也许公孙宿预料到孟武伯会找他算账，就在第二年春天发动叛乱，将成邑献给了齐国。在"三桓"中，孟孙氏的家臣算是比较守规矩的，对主人一直未见有二心。现在孟孙氏终于也闹出了家臣叛乱的事件，上演了春秋时期鲁国陪臣乱家连续剧中的最后一幕。

在堕成失败一段后，史迁继续写道：

> 定公十四年，孔子年五十六，由大司寇行摄相事，有喜色。门人曰："闻君子祸至不惧，福至不喜。"孔子曰："有是言也。不曰'乐其以贵下人'乎？"于是诛鲁大夫乱政者少正卯。与闻国政三月，粥羔豚者弗饰贾；男女行者别于涂；涂不拾遗；四方之客至乎邑者不求有司，皆予之以归。（《史记·孔子世家》）

史迁说孔子在鲁定公十四年（前496年）"由大司寇行摄相事"，这是把孔子相礼误读为当国为相，崔述等人早有驳正。至于史迁说孔子"有喜色"云云，了不成语，不值一驳，泷川资言认为"孔子不当有此言，先秦诸书亦无所记"①。不过，从史迁文中所述的情况看，孔子似乎并没有因为堕三都失败而一蹶不振，居然还面有喜色，后来又有诛杀少正卯之举，感觉堕三都失败对孔子的影响并不大。既然说到少正卯，我们有必要对"诛

---

① 司马迁撰，〔日〕泷川资言考证：《史记会注考证》，第2430页。

鲁大夫乱政者少正卯”考辨一番。此说最早见于《荀子·宥坐》，有“孔子为鲁摄相，朝七日而诛少正卯”云云。后来《吕氏春秋》《说苑》《孔子家语》《论衡》多引载之。史迁不过是抄撮者而已。朱熹较早质疑孔子杀少正卯一事，他在《舜典象形说》中说：“若少正卯之事，则予尝窃疑之。盖《论语》所不载，子思、孟子所不言，虽以《左氏春秋》内、外传之诬且驳，而犹不道也。乃独荀况言之，是必齐鲁陋儒愤圣人之失职，故为此说，以夸其权耳。吾又安敢轻信其言，而遽稽以为决乎？”（《皇清经解》卷二二）此后，陆瑞家、尤侗、阎若璩、江永、范家相、孙志祖、崔述、梁玉绳以及近人钱穆、徐复观等均予驳斥。崔述在《洙泗考信录》中说：

> 余按《论语》，季康子问政于孔子曰：“如杀无道以就有道，何如？”孔子曰：“子为政，焉用杀！”哀公问社于宰我，宰我对曰：“周人以栗，曰使民战栗。”孔子曰：“成事不说，遂事不谏，既往不咎。”圣人之不贵杀也如是，乌有秉政七日而遂杀一大夫者哉！……春秋之时，诛一大夫非易事也，况以大夫而诛大夫乎！孔子得君不及子产远甚，子产犹不能诛公孙黑，况孔子耶！[①]

崔述引用《论语》中两处孔子反对杀戮的言辞，证明孔子不可能贵杀。的确，孔子归鲁后，回答季孙肥“杀无道，以就有道”之问，明确表示为政“焉用杀”（《论语·颜渊》）。泷川资言《史记会注考证》引王若虚曰：“少正卯鲁之闻人，自子贡不知其罪，就如孔子之说，何遽至于当死。乃一朝无故而尸诸朝，天下其能无议，而孔子之心安乎？”[②]我们可以断言，孔子诛少正卯并无史实依据，且有违常理，必非孔子之事。

五、去鲁原委考

1

到了鲁定公十三年春天，孔子突然主动辞去司寇一职，带着弟子们开始周游列国。这个举动看上去颇为蹊跷，于是后人就试图从孔子与定公、

---

① 崔述撰著，顾颉刚编订：《崔东壁遗书》，第287页。
② 司马迁撰，〔日〕泷川资言考证：《史记会注考证》，第2430页。

"三桓"的关系变化中寻找原因。目前大致有三种说法，分别是"齐人挑拨说""膰肉不致说"和"公伯寮挑拨说"。

在这里我们先来看第一种"齐人挑拨说"。这种说法认为，齐人担心孔子治鲁成功会对齐国不利，特地收集女乐、文马赠送给鲁君，导致鲁国君臣怠于政事，于是孔子心生去意。此说最早出现在《论语》中："齐人归女乐，季桓子受之，三日不朝，孔子行。"（《论语·微子》）史迁又采后人杂说加以渲染：

> 齐人闻而惧，曰："孔子为政必霸，霸则吾地近焉，我之为先并矣。盍致地焉？"黎鉏曰："请先尝沮之；沮之而不可则致地，庸迟乎！"于是选齐国中女子好者八十人，皆衣文衣而舞康乐，文马三十驷，遗鲁君。陈女乐文马于鲁城南高门外，季桓子微服往观再三，将受，乃语鲁君为周道游，往观终日，怠于政事。（《史记·孔子世家》）

这段文字十分幼稚，"为政必霸"更是战国秦汉时语，崔述痛加批驳道："此盖因《论语》之言而附会为之者。其谋与秦穆公间由余之智略同，皆似秦、汉以后诈伪人之所为，不类春秋时事。……详《世家》之文，先后矛盾，首尾背驰，乃必无之事。盖皆战国策士之所伪撰。"①《史记》过分夸大了齐国女乐、文马对于孔子去鲁的影响，实在有悖史实。

我们知道，鲁定公十三年春，齐景公、卫灵公一起出兵伐晋，反晋同盟正式向昔日盟主晋国发起武力挑战。与此同时，晋国内部赵鞅与邯郸午之间的冲突一触即发，范氏、中行氏正准备联手攻赵，一场前所未有的大风暴即将在晋国上演。在这种情况下，鲁国与齐国的关系变得更加紧密，这大概也是齐国向鲁国赠送女乐、文马的主要原因。鲁国当初之所以忽视对齐边境的军事防务而决意堕三都，也有齐鲁关系加速改善的因素。我们看到，定公十三年鲁国"大蒐于比蒲"，次年又"大蒐于比蒲"，看起来是要大肆整顿军备，准备以"甲车三百乘"出兵帮助齐国，以便履行齐鲁同盟条约，至少也是摆出一个履行条约的姿态。据《左传》，鲁定公十四年，定公"会齐侯、卫侯于牵"，"牵"位于今河南省鹤壁市浚县北，春秋时属卫国。定公亲赴卫国会见卫灵公，谋划加强齐、鲁、卫三国军事联盟，应该也是奉行齐国的要求。这展现了鲁国当时的外交政策急速向齐倾斜的状态，我们在分析孔子去鲁的原因时，不应该漠视这一重要的时势背景。

---

① 崔述撰著，顾颉刚编订：《崔东壁遗书》，第288页。

我们不太清楚孔子与季孙斯各自在对齐关系问题上的态度。作为齐鲁盟约的亲手缔造者，孔子应该不会反对与齐国继续发展军事联盟关系；孔子去鲁后直接奔赴卫国，似乎说明他也不反对鲁国与卫国结盟。但是，孔子在外交政治方面善于审时度势，他可能希望鲁国在齐国、晋国之间保持平衡，不走极端路线，避免陷入无法摆脱的窘境。而季孙斯可能更愿意直接投向齐国的怀抱，故在孔子离开后即参与了齐、鲁、卫在牵地举行的盟会，并使鲁国在一年内两次举行"大蒐"，似乎有参与对晋战争的意图。因此我们分析，孔子与季孙斯在外交政治上的分歧，或许是导致孔子去鲁的原因之一。

2

孔子去鲁原因的第二种说法是"膰肉不致说"。这种说法认为定公与孔子早已心生嫌隙，所以定公故意在春祭时不致膰肉，于是孔子知趣离开。此说最早出自《孟子》：

> 孔子为鲁司寇，不用，从而祭，燔肉不至，不税冕而行。不知者以为为肉也，其知者以为为无礼也。乃孔子则欲以微罪行，不欲为苟去。（《孟子·告子下》）

在后儒看来，"膰肉不致"既是无礼，也是无情，意味着孔子与定公君臣情义的断绝。史迁对此加以铺陈：

> 子路曰："夫子可以行矣。"孔子曰："鲁今且郊，如致膰乎大夫，则吾犹可以止。"桓子卒受齐女乐，三日不听政；郊，又不致膰俎于大夫。孔子遂行，宿乎屯。而师己送，曰："夫子则非罪。"（《史记·孔子世家》）

"膰肉"，即"燔肉"，又叫"胙肉"，是国君在宗庙、社庙祭祀后留下的祭肉。《诗经·大雅·凫鹥》有诗句"旨酒欣欣，燔炙芬芬"，形容烤肉香气芬芳。这种熟肉一般会分给从祭者，即"赐胙"。孔子参加了定公的春祭，回到家里等候膰肉，结果却是"膰肉不致"，于是他很快就离开了鲁国。"不税冕"意为"不脱帽子"，大概是形容"匆匆"的意思。事情看上去很简单，其实个中隐情还是相当复杂的。孟子叙述这个故事后，又分析了孔子出走的微妙心态。孟子说，对于孔子出走，不知内情的人以为孔子是因吃不到肉才愠怒离去，了解内情的人则归因于朝廷失礼。孟子认为，孔子并不想归罪于国君，宁愿让人相信去鲁是源于自己的小罪过，不愿意自己"苟去"。所谓"苟去"，阎若璩《四书释地续》的解释是："苟去犹言徒去。空空而去，无己一点不是处，是为徒去。"[①]也就是说，孔子宁可让鲁国民众认为自己有"微罪"而走，不愿民众因为自己去鲁而抱怨国君失礼之过。这样解释孟子的话，大致算是说通了。

那么，孔子有什么小罪过呢？原来，跟从国君祭祀，国君却没有赐胙，国君固然有可能失礼有过，从祭者也脱不了干系，很可能是因为从祭时自己礼数不到，亦未可知。这个观点最早是汉末赵岐在《孟子章句》中提出的，他说："燔肉不致，吾党从祭之礼不备，有微罪乎……"[②]这个看法很有意思，从主客观两个方面分析了"膰肉不致"的原因，应该说别具视角。后儒很少注意到这一点，因为他们大多聚焦于国君失礼，鲜有从圣人自身分析原因的，不知道孔子恰恰希望当时的鲁国民众作如是看。清人赵佑《四书温故录》发挥了赵岐的观点，把话讲得更加清晰，他说："燔肉不至于大夫固君之疏，亦从祭者之不备也。我亦从祭者，使君失赐胙之礼，凡从祭者均不能无过，则我党皆有微罪，我亦不免于微罪，故以此罪行，为圣人之妙旨也。"[③]这种解释虽然有臆断和粉饰之嫌，但对于孟子这段话大概也只能这样注释。巧的是，史迁在文中提到了师己之言"夫子则非罪"，也涉及一个"罪"字。师己应该是鲁国名"己"的乐师，他在送别孔子时，孔子可能主动跟他讲了自己"微罪"去鲁的意思，所以他后来对人说"夫子则非罪"，言下之意是"朝廷则有罪"。这一方面说明师己是理解孔子的，另一方面也是孟子所谓"孔子则欲以微罪行"的一种旁证。

3

第三种说法是"公伯寮挑拨说"。这种说法认为公伯寮在季孙斯面前诬告子路，破坏孔子及弟子们与"三桓"的关系，导致了孔子的离去。《论语》中有一章"公伯寮诉子路于季孙"：

> 公伯寮诉子路于季孙，子服景伯以告曰："夫子固有惑志于公伯寮，吾力犹能肆诸市朝。"子曰："道之将行也与，命也；道之将废也与，命也。公伯寮其如命何！"（《论语·宪问》）

---

① 焦循：《孟子正义》，第838页。
② 焦循：《孟子正义》，第834页。
③ 焦循：《孟子正义》，第837页。

大夫子服何与孟孙氏同族，他告诉孔子说，季孙斯已经被公伯寮迷惑了，自己愿意帮忙澄清，并惩罚公伯寮，但孔子婉言拒绝了。我们不知道"公伯寮诉子路"的具体内容，貌似问题相当严重，以至于子服何要以死惩罚公伯寮。《史记·仲尼弟子列传》中有公伯寮，字子周。据此，我们相信公伯寮应是孔子的弟子。但司马贞《史记索隐》引谯周曰："疑公伯寮是谗诉之人，孔子不责而云其如命何，非弟子之流，太史公误。"谯周的论证没有说服力，孔子言命并不能证明公伯寮不是弟子。公伯寮当时应该是一个层级较低的士，可能正仕于季孙氏。"肆"就是"陈尸"，按照"大夫于朝，士于市"的成规，只有士才"肆诸市朝"。孔子说"道"之行废在于"命"，绝非公伯寮之徒所能左右，没有必要跟他计较。孔子所说的"道"，就是他的政治理想和理念，孔子感觉在鲁国已经很难实行了，所以选择离开，以兑现自己生平所言"道不同，不相为谋"（《论语·卫灵公》），这与公伯寮或季孙斯并不相干。当然，这是孔子面对子服何的态度，实际公伯寮的谗言多多少少还是影响了孔子去鲁的决定。

孔子去鲁的表面原因可能是上述多个方面的综合作用。崔述《洙泗考信录》说："孔子为鲁司寇，子路为季氏宰，实相表里，观堕都之事可见。子路见疑，即孔子不用之由，故孔子以道之行废言之，似不仅为子路发也。"刘逢禄《论语述要》对崔述表示赞同："崔论实有特见。夫子以女乐去国，非齐之能间也。虽有谗夫，安能间无疑之主？意其时季氏或已先入谮者之言，齐人谍知之，而以女乐乘其隙；或齐人虽未知，以女乐为试，适季已入谮言，遂受之而不顾，要皆于伯寮之诉有极大关系。"[①]这些分析都不无道理。

我们认为，孔子去鲁的原因应该不止于上述几个方面。如果我们的视线只局限在外在客观因素来解释孔子去鲁的重大人生抉择，未免仅得其表象，未明孔子当时的内在心志。我们还是要从孔子的内在主观因素去分析其去鲁的原因。

孔子原本想在鲁国干一番事业，而且他对鲁定公与"三桓"抱有一定期许。但随着时间的推移，他感觉"三桓"专权的本性并无改变，定公重振公室的决心和能力也大不如预期，孔子对鲁国君臣上下渐渐失去信心，所以决定离开母国。孔子去鲁的心态与上述具体事端不无关系，但并不完全受制于这些外在因素，孔子内心原本就有一种属于自己的价值取向与人生选择，这是一种源于自我主体的责任担当与命运召唤，是孔子长期以来

①　程树德：《论语集释》，第 1024 页。

生命意志与精神追求的内在驱动力。

　　孔子恢复周礼的志向本就不限于鲁国，在对鲁国政坛感到失望之后，孔子乐于走出国门，尝试在异国他乡追寻政治理想。正如孟子所说，"是以未尝有所终三年淹也"（《孟子·万章上》），孔子在鲁国做官，前后大概三年，此时孔子已经五十五岁了，他不知道自己的生命还有多久，现在再不下决心出去，此生必定终老于鲁城一隅，再无行观天下的机会，实在有愧于两次游观中原大地的好友延陵季子。或许现在正是实现深藏内心多年的周游列国之夙愿的最后机会。

　　孔子去鲁游历天下最重要的目的应该是寻访、收集散落于列国各地的礼乐文献。孔子是一个文化学者，始终怀持"斯文在兹"的历史责任感，虽然孔子自称"述而不作"，但他一直有志于整理散失遗落的周礼典籍。要实现这个理想，就不能局限于鲁国这一方偏隅，必须周游各国、放眼天下，读万卷书、行千里路，探寻"学在四夷"的文化新天地。

　　另外，孔子还有一个愿望就是带领弟子们行走天下、开阔视野、增长见识，帮助他们寻找人生机会；同时孔子也能在更加广阔的的天地里，发现同道、收受弟子、接引人才，扩大孔门士人群体的社会影响。因此，我们可以断定，孔子离开鲁国之时，内心总体上是平静而充实的。或许，孔子会略有去国之伤感，但更多的是充盈着未来希望之快乐。后儒无法理解这一点，往往把孔子去鲁的情形描述得一片愁云惨雾，实在令人啼笑皆非。史迁就是一例：

　　　　而师己送，曰："夫子则非罪。"孔子曰："吾歌可夫？"歌曰："彼妇之口，可以出走；彼妇之谒，可以死败。盖优哉游哉，维以卒岁！"师己反，桓子曰："孔子亦何言？"师己以实告。桓子喟然叹曰："夫子罪我以群婢故也夫！"（《史记·孔子世家》）

　　当师己送行之时，孔子居然唱起歌来，意思是：妇人的嘴巴能够让人出走，能够让人死败，所以不妨优游以终岁。给人的感觉是孔子一副幽怨颓废的样子。钱穆《孔子传》说："孔子去鲁在外十四年，亦岂'优哉游哉，维以卒岁'之谓乎？"[①]可谓一语道破。泷川资言《史记会注考证》引中井积德曰："虚谈，女乐群婢，未必谗间，未必请谒。是歌特不相应。"[②]言之甚确，无须他辩。

---

① 钱穆：《孔子传》，第 47 页。
② 司马迁撰，〔日〕泷川资言考证：《史记会注考证》，第 2432 页。

第七章　兄弟之邦

从鲁定公十三年到鲁哀公二年（前493年），即孔子从五十五岁到五十九岁，孔子与弟子们去鲁周游列国，先后经过卫国、郑国、宋国、陈国。

孔子一行四年时间里的居留行止，主要与居留国局势和各国邦际关系有关。晋国内部发生的六卿军事冲突，使齐国苦心经营多年的反晋联盟终于找到了打击晋国的难得契机，于是齐国武力支持六卿中的范氏、中行氏，与昔日盟主公开决裂，中原主要诸侯国进入一个复杂多变的纷争阶段。鲁卫地界相邻，是同姓兄弟之邦，多年来一直关系良好。所以孔子出行的首选就是卫国。卫灵公与太子蒯聩在从晋与从齐问题上出现严重分歧，加上其他内帏矛盾，导致双方激烈冲突。孔子既不愿被卷入其中，又不满卫灵公的寡德无礼，故两次出入濮阳（今河南省濮阳市西南），第二次离开濮阳后先后途经郑国、宋国，来到局势相对平稳的陈国，在其国都宛丘（今河南省周口市淮阳区东南）居住了约三年时间。

在游历各国的过程中，孔子主要做了三件事。一是收受弟子，教育学生。卫国子贡投入师门，为孔门弟子群像增添了一道亮丽的风景。孔子在教育过程中继续尊重弟子的差异性表达，注重弟子的个性化发展，培养弟子的多元化潜能。二是拜谒君臣，切磋学问。孔子与卫国贤大夫广泛交流，也会晤了居留国的国君卫灵公、陈湣公。孔子"至于是邦也，必闻其政"（《论语·学而》），了解环境，把握形势，保持对现实时政的敏锐性，这也是出于资政备询方面的考量。三是搜索文典，采访风俗。孔子一路上密切观察社会急剧变迁给周礼文化带来的冲击，持续思考复兴周礼的文化途径。在周游列国过程中，孔子一行数次遭遇险情和困境，包括卫国被疑、匡地被围、宋地被逐等，但这并没有动摇孔子天德予余的坚定信念和斯文在兹的自我责任感。

本章考证孔子去鲁赴卫及游历各国的主要行迹，分析邦际关系变局与晋卫内部矛盾对孔子居留行止的影响，叙述孔子师生的教学过程与生活样态，从中探究孔子的学术思想与教育理念。

一、富之教之

1

　　鲁定公十三年春夏之交，五十五岁的孔子带着子路、颜回、冉求、冉雍、宰予、高柴、子思、颜刻等一行弟子，从鲁城西面的子驹门出城，跨过洙河，沿着大道一路往北而去。孔子出仕之后，外出都乘坐马车，此次远行也不例外。一者孔子毕竟年过半百，长途跋涉不得不依赖于车马；二者孔子作为致仕高官，起居行止仍须符合仪礼，用孔子自己的话来说，"以吾从大夫之后，不可徒行也"（《论语·先进》）。除了马车外，孔子一行应该还有数辆人力辇车，以装载炊具秫粮与简牍文籍。周王室修建的周行大路车道宽达六米以上，两辆驷马安车可以并行交汇，沿路两旁还栽有不少树木。《诗经·小雅·绵》有"周道如砥，其直如矢"之句。春秋时期各诸侯国之间也有干道相通，鲁国修建的道路称为鲁道，《诗经·齐风·南山》有"鲁道有荡，齐子由归"，《诗经·齐风·载驱》也"鲁道有荡，齐子翱翔"之语，说明齐鲁之间的大道相当宽阔平坦。鲁卫之间的道路通往中原，路况应该更好。

　　周朝的国道设有专门的官员管理。《周礼》记载："野庐氏，掌达国道路，至于四畿，比国郊及野之道路、宿息、井、树。若有宾客，则令守涂地之人聚柝之，有相翔者，诛之。"（《周礼·秋官司寇·野庐氏》）野庐氏是司寇的下属，负责国道畅达四境，巡检维护国郊和野外的道路、庐舍、水井以及道路两旁的树木。如果有宾客上道，野庐氏就命令沿途附近居民击柝打更护卫；如果发现国道附近有"相翔者"，即徘徊观望伺机作奸者，就予以惩罚。国道沿途设有驿站，负责接待往来行人。一些地方还有典守疆土的封人，也会为特殊的行人提供一定的帮助。《周礼》还说："凡国野之道，十里有庐，庐有饮食；三十里有宿，宿有路室，路室有委；五十里有市，市有候馆，候馆有积。"（《周礼·地官司徒·遗人》）这里所说的"委""积"，就是按照一定里程分布在道路上的谷物、薪柴、饲料等，以备施惠和接待宾客。现实中未必如此完备，但中原大地已经多年没有战事，大致状况还是差强人意的。孔子作为致仕官员，多少能够得到地方接济。但随行的一群弟子应该无此待遇。所以，这支车队人马还要携带沿途衣食住行必需的物品，基本上得靠自己解决饮食。

当时的国道主要用于官方公事通行，行走者必须持有官方符节，即允许通行的凭证，《周礼》曰："令无节者不行于天下。"（《周礼·地官司徒·大司徒》）孔子此行算是私行，更须具备相关凭证。《周礼》曰："凡通达于天下者，必有节，以传辅之。无节者，有几则不达。"（《周礼·地官司徒·掌节》）所谓"传"，就是在通行凭证上注明随身携带的物品及所经和所达之地。"有几则不达"就是无节的人遇到检查就不得通行。孔子曾经担任过鲁国司寇，自然了解这些道路管理的规定，鲁境的行道官员原本归属司寇管理，所以孔子一行一路上应该是通行无阻的。

孔子一行的目的地是五百里之外的卫国国都濮阳。孔子曾经说过："鲁卫之政，兄弟也。"（《论语·子路》）两国关系一向良好，故孔子此行首选卫国。另外，子路的妻兄是卫国大夫颜浊邹，可以为孔子一行提供临时的住所。在春秋时期，经常有一国贵族士大夫出奔他国的情况，通常是在故国遇到紧急状况，实在无法容身，只能仓皇出逃他国避难。此类例子在《左传》中比比皆是。不过，像孔子这样原本在母国生活无恙，却主动去国远行，并且带着一大帮弟子同行的，在当时还是相当罕见。这群人既非由血缘亲属关系构成的宗族成员，亦非出国礼聘的行人使团，更不是由主人与仆从组成的具有私人隶属关系的团队，而是一个来自不同地方、基于共同志向、超越年龄层次的自由结合体。事实上，孔子与他的弟子们已经创造了一种新的社会团体，营造了一种共同生活、学习、传道的师生团契生活。白川静《孔子传》提出了一个很有意思的说法，他将孔子师徒团体称为"教团"。[1]这种知识团体和教团生活具有一定的文化传播性，所到之处能够形成一定的社会影响力，乃是中国古代摆脱宗族依附和政治依靠的独立知识分子群体的萌芽。

2

大约十多天后，孔子一行进入卫国境内，《论语》记录了当时途中的生动一幕：

> 子适卫，冉有仆，子曰："庶矣哉。"冉有曰："既庶矣，又何加焉？"曰："富之。"曰："既富矣，又何加焉？"曰："教之。"（《论语·子路》）

卫国的田野里人丁兴旺，孔子不禁感叹道：卫国人口真多啊！正在驾

---

① 〔日〕白川静：《孔子传》，第119页。

车的冉求问道：人口多了，应该怎么办？孔子说：设法让他们富裕起来。冉求又问：富裕了以后，又怎么办？孔子说：教育他们。《论语》下文紧接着的一章是孔子所谓"三年有成"的名言，很可能也是这个时候说的。

> 子曰："苟有用我者，期月而已可也，三年有成。"（《论语·子路》）

孔子说：如果卫国国君任用我，一年差不多就可以初见成效，三年一定很有成绩了。这句话《公羊传》系于鲁定公十四年，《史记·孔子世家》系于孔子第二次离开卫国时。按刘宝楠所说："当《春秋》时，鲁、卫之政，尚为兄弟，故夫子去鲁后，独久居卫，愿治理之也。"① 从孔子语气中的自信满满来看，这句话应该是孔子初到卫国所言，与"富之教之"差不多时间，此时孔子对于卫国政治尚寄予希望。

春秋时期，正常人步行一般每小时可走十里路，拉着辎重辇车需要减去一半的路程，每小时只能走五里，以一天行走六七小时计，每天最多能走三十到三十五里。曲阜到濮阳之间大约五百里，一路上走走停停大概需要一个月左右的时间。经过长途跋涉，孔子一行在仲夏之际的七八月间终于抵达卫国都城濮阳，他们从东门进入城中，入住于子路妻兄颜浊邹家。

> 孔子遂适卫，主于子路妻兄颜浊邹家。（《史记·孔子世家》）

《孟子》称孔子主于颜雠由家，颜雠由应该就是颜浊邹。

> （孔子）于卫主颜雠由。弥子之妻与子路之妻，兄弟也。（《孟子·万章上》）

《孟子》这里说卫灵公的宠臣弥子瑕之妻与子路之妻是妯娌，与史迁所说不同，崔述认为是《孟子》有误。

孔子在卫国住下后，当然希望尽早见到卫灵公。不过，卫灵公正忙于出兵干预晋国内乱。而弥子瑕则主动讨好孔子，希望孔子住到他家，他可以帮助孔子取得卫国卿臣的地位。

---

① 刘宝楠：《论语正义》，第530页。

弥子谓子路曰："孔子主我，卫卿可得也。"子路以告。孔子曰："有命。"（《孟子·万章上》）

孔子对弥子瑕的人品早有风闻，辞以听天由命。孟子对此赞许说："孔子进以礼，退以义，得之不得曰'有命'。"（《孟子·万章上》）我们注意到，与之前婉拒子服何要对公伯寮"肆诸市朝"一样，孔子婉拒弥子瑕也以"命"为托词，这明显是孔子的搪塞之词，与其"罕言命"并不矛盾。

3

孔子在卫国与贤大夫交往，其中包括史鱼、蘧伯玉、公明贾等，并且谈论已故的卫国贤人。

> 子曰："直哉史鱼。邦有道如矢，邦无道如矢。君子哉蘧伯玉。邦有道则仕，邦无道则可卷而怀之。"（《论语·卫灵公》）

孔子称赞史鱼为人正直，国家有道的时候，正直得像箭一样；国家无道的时候，也正直得像箭一样。蘧伯玉就是蘧瑗，是卫国著名的君子，当时应该年事已高。孔子肯定蘧伯玉在国家有道之时入仕，国家无道之时卷而怀之。卷即收，怀即藏。卷怀就是退而自守，洁身自好。这是孔子对史鱼和蘧伯玉两种人格的比较，前者在任何时候都能直道而行，后者则视邦国不同局面而可进可退。孔子称蘧伯玉为君子。已故卫国贤大夫宁俞的价值观也是如此，孔子对他亦称赞有加。

> 子曰："宁武子，邦有道，则知，邦无道，则愚。其知可及也，其愚不可及也。"（《论语·公冶长》）

宁俞死后谥"武"，故称宁武子。他善于巧妙地与人周旋，尽量避免正面冲突。孔子称赞宁武子在邦国有道时，就很智慧；邦国无道时，就装得很愚钝。他的聪明是可以学习的，他的愚钝是难以学会的。孔子评点史鱼、蘧伯玉、宁俞时，都讲到了士大夫在"邦有道"与"邦无道"时的不同人生抉择，既表明当时卫国政坛的混乱与险峻，也体现了孔子始终将社会价值置于个人仕进之上，在"天下有道"与"天下无道"之间坚守自己的价值原则。

孔子对卫国贤大夫并非一味称赞。公叔发是卫国的廉谨之士，当初卫灵公要追击入侵卫国的阳货，就是公叔发出面阻止的。他死后谥"文"，所以又称公叔文子。《论语》记载了他生前的一件事：

> 公叔文子之臣大夫僎，与文子同升诸公，子闻之曰："可以为文矣。"（《论语·宪问》）

臣大夫就是属大夫，也就是家臣。公叔文子将他的家臣推荐给国君，后来两人同朝为官。孔子知道这件事，评价公叔发配得上"文"这个谥号。孔子在卫国与公明贾谈起公叔发：

> 子问公叔文子于公明贾曰："信乎夫子不言、不笑、不取乎？"公明贾对曰："以告者过也，夫子时然后言，人不厌其言。乐然后笑，人不厌其笑。义然后取，人不厌其取。"子曰："其然。岂其然乎！"（《论语·宪问》）

公明贾称公叔发适时才说话，所以人们不讨厌他的话；高兴才笑，所以人们不讨厌他的笑；符合道义才取，所以人们不讨厌他获取。孔子对此表示怀疑。

孔子还与弟子们外出采风，了解卫国风土人情与卫风诗歌。孔子闲暇时自己也演奏诗乐。卫灵公应该久闻孔子之名，不久后与孔子见了面。

> 卫灵公问孔子："居鲁得禄几何？"对曰："奉粟六万。"卫人亦致粟六万。（《史记·孔子世家》）

卫灵公时年四十三岁，已经做了三十八年卫国国君，在卫国很有威信。卫灵公问孔子在鲁国俸禄多少，孔子回答俸粟六万，卫灵公就按照鲁国的待遇给孔子俸粟六万。司马贞《史记索隐》认为六万是指六万斗而非六万石。张守节《史记正义》说"六万，小斗，计当今二千石也"。这个数量的俸粟用于孔子本人开销应该是够了，但要供养一大群弟子是不可能的，所以弟子们必有其他营生手段，或是入仕，或是教学，或是躬耕，或是营商。因史料缺乏，我们不得而知。好在这时有一位家境富裕的当地人前来投师，对于缓解弟子们的生活压力不无帮助。此人就是子贡。

二、子贡与颜回

1

濮阳地处中原，交通便利。卫国在城外设立关卡，往来经商者要在此接受征税。濮阳城内有工商业者的聚居区，规模相当大，他们大多在官办的工坊和商户中从事经营，且都是家族式的世代专营，所以形成了一定的政治势力。据《左传》记载，鲁定公八年卫晋关系即将破裂之际，晋国曾要求卫国公子和卿大夫子弟一起前往晋国做人质，大夫王孙贾担心工商业者可能乘机作乱，说："苟卫国有难，工商未尝不为患。"（《左传·定公八年》）可见卫都濮阳的工商业者对国家政事是颇有影响力的。

孔子在卫国声望渐著，便有年轻人前来投师。其中有一位年轻人名叫端木赐，字子贡，出生商人家庭。子贡比孔子小三十一岁，当时二十四五岁，应该已有较为丰富的经商经验。《史记·仲尼弟子列传》说"子贡好废举，与时转货赀"。按照《史记集解》的说法，"废举"就是"停贮"，即根据货物价格变化随时贱买贵卖，以追逐差价利润；"转货"差不多也是这个意思，即《史记索隐》所谓"转货，谓转贵卖贱也"，以此所得资财即为"赀"。子贡天资聪颖，虚心好学，学、识、德、才皆属孔门上乘。刘宝楠说："七十子之徒，独称颜渊为好学；颜渊而下，颖悟莫若子贡。"[1]这个评价是中肯的。我们甚至可以说，就综合素质而言，子贡未必在颜回之下，应属孔门翘楚。子贡在投身孔门后，并未完全放弃商业活动，故史迁称其"家累千金"（《史记·仲尼弟子列传》），这当然是后面的事情，但子贡早年应该也是比较富有的。《论语》记录了孔子与子贡之间的一段对话，发生的时间可能就在子贡投师后不久。

> 子贡曰："贫而无谄，富而无骄。何如？"子曰："可也。未若贫而乐，富而好礼者也。"子贡曰："《诗》云：如切如磋，如琢如磨。其斯之谓与？"子曰："赐也，始可与言《诗》已矣。告诸往而知来者。"（《论语·学而》）

子贡提出的这两个问题是有关联的，也是常人易犯的毛病。邢昺《论

语注疏》云："时子贡富，志怠于学，故发此问，意为不骄而为美德，故孔子抑之。"[1]子贡听了孔子的教导，引《诗》以成孔子之义，孔子称赞子贡"告诸往而知来者"，认为子贡能从《诗》的具体章句中引申出更加广义的贫富观，具有举一反三的聪颖能力。子贡之所以向孔子讨教贫富问题，可能正因为他在孔门弟子中较为富有，相较于"一箪食，一瓢饮，在陋巷"的颜回，两人反差较大。朱熹指出："子贡货殖，盖先贫后富，而尝用力于自守者，故以此为问。而夫子答之如此，盖许其所已能，而勉其所未至也。"[2]朱熹不愧是大家，逻辑分析十分清晰准确。朱熹所说的"已能"，就是子贡已经做到的，即"贫而无谄，富而无骄"，这种素质对于一般人而言已经可以了，孔子却勉励子贡"贫而乐，富而好礼"。这意味着，一是当时子贡已经由贫至富，二是子贡能够做到"富而无骄"，三是子贡作为孔门弟子还应做到"富而好礼"，这是孔门的教育宗旨，也是子贡尚"所未至"。子贡头脑敏捷，马上赋诗"如切如磋，如琢如磨"，一方面将自己比作璞玉，另一方面表示要继续磨练和精雕细琢，可谓十分恰当。遇到如此自勉的弟子，老师不由赞赏有加。

孔门弟子皆有不同个性，即便是颜回、子贡两位最优秀的弟子，个性差异也十分明显。孔子常将颜回与子贡做比较，感慨人生的贫富与命运。

> 子曰："回也其庶乎，屡空。赐不受命，而货殖焉，亿则屡中。"（《论语·先进》）

这里的"庶"，是"庶几""近庶"之意，即现代汉语里的"差不多了""可以了"；"不受命"有多种解释，朱熹认为"命，谓天命也"；"亿"是"意度"的意思。[3]孔子说，颜回的学问道德差不多了吧，可总是很穷；子贡不安本分，去做低进高抛、贱买贵卖的投机，每次臆测却都猜对了。孔子为何将贫富与天命联系在一起？我们联想到《论语》中所记录的若干年后的另外一则对话：

> 司马牛忧曰："人皆有兄弟，我独亡。"子夏曰："商闻之矣，死生有命，富贵在天。君子敬而无失，与人恭而有礼，四海之内，皆兄弟也。君子何患乎无兄弟也。"（《论语·颜渊》）

---

[1] 何晏注，邢昺疏：《论语注疏》，北京：中国致公出版社，2016年，第13页。
[2] 朱熹：《四书章句集注》，第52页。
[3] 朱熹：《四书章句集注》，第128页。

子夏说他曾经听过一种说法"死生有命，富贵在天"。子夏所闻，当然来自孔子。在孔子看来，生死寿夭是命定的，人的贫富贵贱也是命定的。这算不算孔子的消极态度？不是的。孔子从来不否认追求富贵乃人之常情，也从来不反对个人通过努力争取富贵、改变贫贱。但是，人的寿命与富贵并不完全取决于人的主观努力，只有人的德行追求是可以自主决定的。孔子希望人们把生活的重心放在德行修养方面，至于追求富贵则应怀着平常之心，遵奉道德之律。下文即为孔子对这种思想的直接表述：

> 子曰："富与贵，是人之所欲也，不以其道得之，不处也。贫与贱，是人之所恶也，不以其道得之，不去也。君子去仁，恶乎成名？君子无终食之间违仁，造次必于是，颠沛必于是。"（《论语·里仁》）

孔子秉持一种正常人的道义贫富观，既体现正常人的合理需要，又强调社会人的道义要求。一个人如果遵循道德要求，却没有得到富贵生活，也应该安之若素，毕竟道德生活比富贵生活更加重要。下文可以印证此说：

> 子曰："富而可求也，虽执鞭之士，吾亦为之，如不可求，从吾所好。"（《论语·述而》）

孔子说"富贵在天"，并不是真的相信富贵取决于上天，而是说富贵并不掌握在自己手里。人们面对贫困，与其怨天尤人，不如安之若素。前文孔子说颜回"屡空"，便有肯定其安贫乐道、追求德行之意。孔子说子贡"不受命"，也没有批评之意，因为子贡"亿则屡中"，也算是靠本事吃饭，并无损于道德。所以朱熹说："言子贡不如颜子之安贫乐道，然其才识之明，亦能料事而多中也。"[①]有些俗儒认为这是孔子在批评子贡，此属陋见，相较于朱熹的识见不可以道里计。

2

春秋时期，封建领主制的农业经济效率尚不高，工商业者的社会地位并不在业农者之下。都市的勃兴与发展，成为工商业者的荟萃之地。《史记·货殖列传》引《周书》曰："农不出则乏其食，工不出则乏其事，商不出则三宝绝，虞不出则财匮少。"这里的"虞"是指经营管理山川苑囿的人，其职能是"尽山林薮泽之利"，即开发利用山林川泽的资源，工作

---

① 朱熹：《四书章句集注》，第128页。

性质介于农、工、商三者之间。即便各国之间存在关市之征税，但商人仍有较大的盈利空间，甚至能够"乘民之不给，百倍其本"（《管子·轻重》）。史迁将当时的富商称为"素封"，其富裕程度达到了"千金之家比一都之君，巨万者乃与王者同乐"（《史记·货殖列传》），其社会地位并不低下。童书业《春秋左传札记》中有专门一节"春秋时下级贵族之经商"，指出了春秋时期包括管仲、鲍叔牙在内的下级贵族参与经商活动的现象。[①]子贡是当时成功商人中的一员，本不足为奇。

秦汉以降，随着农业技术的跃进和农耕生产力水平的大幅提高，农业经济成为绝对的主导经济，形成了所谓的"重农文化"，商人地位和形象骤降。后儒不懂得经济发展与社会变迁的道理，在重农轻商的社会风气下，感觉到子贡身为孔门十哲，却"不幸"留下了精于货殖的形象，颇令儒门同道感到尴尬和自卑，遂对其进行各种道德回护。

回护最甚者乃至直接否认子贡货殖的商业经营性质，认为他只不过是留心家庭经济管理而已。崔述《洙泗考信余录》就说："按古者金粟皆谓之'货''殖'，犹生也。所谓'货殖'云者，不过留心于家人生产，酌盈剂虚，使不至困乏耳。非籴贱贩贵，若商贾所为也。樊迟请学稼圃，孔子以'小人'斥之，若子贡学道而躬行商贾之事，孔子不知当以何斥之。"[②]崔述试图改变子贡在史迁笔下的商人形象，他的推理是如果子贡确实"躬行商贾之事"，作为老师的孔子不可能不加以斥责和阻止。殊不知时势相异，孔子对于商业和商人的看法并不像后儒那么迂腐。

还有一种回护方式就是把子贡货殖说成是子贡进入孔门之前的行为。朱熹《四书章句集注》引程子曰："子贡之货殖，非若后人之丰财，但此心未忘耳。然此亦子贡少时事，至闻性与天道，则不为此矣。"[③]程氏的意思是，子贡的货殖行为只是"少时事"，跟从孔子之后就放弃了此类勾当，变成宋儒心目中真正的孔门圣徒了。

其实，没有任何史料表明子贡师从孔子后便放弃了货殖活动。我们看到，孔子对颜回与子贡的行为做比较时说子贡"亿则屡中"，说明子贡与颜回做了同学之后，仍在屡屡货殖。我们倒是有理由相信，孔子之所以能够带着一群弟子周游列国，很可能得益于子贡的财物帮助。

临近近现代社会，商人不再是负面的形象，所以子贡货殖的行为又得到了认可。俞樾《群经平议》认为"不受命而货殖"就是不受制于官方商

---

① 童书业著，童教英校订：《春秋左传研究》（校订本），第335页。

② 崔述撰著，顾颉刚编订：《崔东壁遗书》，第376页。

③ 朱熹：《四书章句集注》，第128页。

贾管理，子贡经商不受官命，属于私人经营性质，这是周礼制度崩坏情况下对官营经济藩篱的突破，出现了官营与私营工商业并存的新现象。①这种说法颠覆了传统"不受命"的解释，也可备一说。

3

子贡有一个习惯，就是喜欢评价别人，这或许与商人习惯于估值货物、评价贵贱有关。

> 子贡方人，子曰："赐也贤乎哉，夫我则不暇。"（《论语·宪问》）

"方"就是"比"，"方人"就是臧否人物，所以史迁《史记·仲尼弟子列传》说子贡"喜扬人之美，不能匿人之过"。孔子对子贡的这种行为不以为然，说自己没有时间去评论别人。皇侃《论语义疏》引江熙曰："比方人不得不长短相倾，圣人诲不倦，岂当相臧否？故云我不暇。"②孔子说自己"不暇"，乃是委婉之言，不想直截了当地指责子贡，毕竟"方人"也不是什么大问题。事实上，子贡"方人"体现了他勤于思考的特点。子贡既然"方人"，当然也会"方己"，思考自己究竟是什么样的人。

> 子贡问曰："赐也何如？"子曰："女器也。"曰："何器也？"曰："瑚琏也。"（《论语·公冶长》）

孔子将子贡比作"瑚琏"，瑚琏是宗庙中的贵重华美之器，这是对子贡的高度评价。不过，孔子也说过"君子不器"（《论语·为政》），朱熹《四书章句集注》说："器者，各适其用而不能相通。成德之士，体无不具，故用无不周，非特为一才一艺而已。"③"器"固然有用，瑚琏之器更有庙堂大用，但毕竟定型于"一才一艺"。孔子对弟子的最高培养目标是人格周全与德性完美的通才之才，其次才是成为"一才一艺"的器用之才。在孔子心目中，也许只有颜回庶几达到了"君子不器"的境地。但子贡作为"瑚琏"之器，也算是器用之才中的佼佼者了。所以朱熹说："然

① 程树德：《论语集释》，第782页。
② 皇侃撰，高尚榘校点：《论语义疏》，第376页。
③ 朱熹：《四书章句集注》，第56页。

则子贡虽未至于不器，其亦器之贵者与？"①在传统社会泛道德主义的文化风气下，任何技能之才似乎都带有一种原罪。才华出众如子贡，也只能屈居于颜回之下了。子贡似乎也自认不如颜回，当孔子问他，他与颜回谁更优秀时，子贡连连表示自愧不如。

> 子谓子贡曰："女与回也孰愈？"对曰："赐也何敢望回。回也闻一以知十，赐也闻一以知二。"子曰："弗如也。吾与女弗如也。"（《论语·公冶长》）

卫人子贡的加入，应该是孔子到卫国后的一大收获。孔门弟子群体从此增添了一位不可多得的重要人才，孔子教团的社会影响也得以持续扩大。

三、去卫与返卫

1

从孔子去鲁赴卫之际开始，华夏大地上出现了南北两个战场，战火延续了数年。南方的战事发生在吴国与越国之间。鲁定公十四年五月，吴、越两国在槜李（今浙江省嘉兴市西南）发生大战，越王勾践击败吴王阖闾，后者受伤而亡。两年后，吴王夫差在夫椒（今浙江省绍兴市柯桥区北）击败越王勾践，大军侵入越国。勾践提出议和，夫差不听伍子胥的劝阻，同意了勾践的请求。于是勾践便开始了传说中"卧薪尝胆"的生聚教训，准备伺机反攻报复。北方战场在晋国邯郸、朝歌（今河南省鹤壁市淇县）一带，战事一开始仅为晋国内战，后来演化成晋国与反晋联盟之间的战争，战火持续延烧了八年之久。孔子一行的居留行止与这些战事密切相关。

在晋国，六卿中的范氏、中行氏与赵氏之间长期积怨，双方矛盾一触即发。士鞅去世后，其子士吉射继任为范氏宗主，担任下军佐。士吉射继承了士鞅的贪婪，却不具备乃父把控局势的强硬手腕。中行氏此时的宗主是时任上军帅的荀寅，他与士吉射是联姻关系，两大家族基本上把持着晋国政局。这些年，赵鞅一直为人低调，尽量避免得罪范氏、中行氏家族。但是，随着赵氏势力的增长，赵鞅刚硬的个性逐渐凸显，终于酿成了一次全面战争。这场战事先从赵氏宗族的自相残杀开始。鲁定公十三年夏天，

---

① 朱熹：《四书章句集注》，第76页。

晋阳赵氏赵鞅与邯郸赵氏赵午发生矛盾，赵鞅杀了赵午，赵午之子赵稷在邯郸起兵反抗，赵鞅派兵包围邯郸。赵午是荀寅的外甥，范氏与中行氏遂决定帮助邯郸赵氏，向晋都新绛城外的"赵氏之宫"发起突然进攻。赵鞅抵挡不住，率领残部退回晋阳。范氏、中行氏率军一路追击，包围了晋阳。晋国其他卿族很快选边站队，时任中军帅的知氏宗主荀跞倾向于支持赵氏，时任上军佐的韩氏宗主韩不信与中行氏关系不好，魏氏宗主魏曼多与范氏关系不佳，于是三家以晋定公名义在新绛公开讨伐范氏和中行氏，发兵进攻范氏和中行氏的府邸。范氏和中行氏一时情急，竟然选择直接攻击晋定公。这时齐国大夫高强正流亡在晋国，他以亲身经历苦劝荀寅道：三次折断肱骨就可成为良医，当年本人就因为在齐国进攻国君，才流落到今天这个下场。但荀寅与士吉射根本不听，继续加紧进攻。晋国民众听说国君受到攻击，纷纷出来相助，将范氏、中行氏的军队打得大败，荀寅与士吉射一起逃亡朝歌。从此，晋国六卿就形成了四家对两家持续恶斗的局面。

齐国看到晋国内乱的大好机会，便与鲁、宋、郑、卫等国频繁联络，组织反晋联军出兵支持范氏、中行氏。郑国直接出兵增援范氏，但被赵鞅为首的晋军击败于百泉（今河南省辉县市西北）。随后齐国、卫国相继出兵援救邯郸，与晋军展开激战。于是晋国内战演变为中原各大诸侯之间的一场持久战。在此情况下，卫灵公的心思主要放在联齐攻晋的各种事务中，对孔子的关注自然不多。

卫国的对外战事并不顺利，内部矛盾也在加剧，太子蒯聩倾向于同情晋国，这使得父子之间关系紧张。另外，蒯聩憎恶卫灵公夫人南子与美男子宋朝之间的淫乱关系，心中的不满情绪持续发酵。南子与公子朝之间的关系似乎是一件公开的秘密，卫灵公也有风闻，但好像并不介意。这可能与卫灵公有男宠之癖有关，大夫弥子瑕投其所好，故有所谓"桃半啖君"之说。南子原是宋国公室之女，嫁给卫灵公之前与宋国公子朝关系暧昧。宋朝是天下有名的美男子，就连孔子也有所风闻。

> 子曰："不有祝鲍之佞，而有宋朝之美，难乎免于今之世矣。"
> （《论语·雍也》）

文中的祝鲍就是子鱼，擅长辞令，曾在鲁定公四年天子卿臣刘文公召集的诸侯盟会中通过力辩说服众人将卫国排在蔡国前面。孔子此言语焉不详，学者对孔子这句话有不同的理解。我们认为孔子的意思大致是：假如没有祝鲍的口才，只有宋朝的美貌，难以免祸于当今之世。这是孔子对仅以容貌取悦于人的一种感慨。

紧接着卫国发生了公叔戌事件，时间在鲁定公十四年春。《春秋》记载"十有四年春，卫公叔戌来奔，卫赵阳出奔宋"（《春秋·定公十四年》）。《左传》也说"十四年春，卫侯逐公叔戌与其党，故赵阳奔宋，戌来奔"（《左传·定公十四年》）。公叔戌是公叔文子的儿子，赵阳是他的党羽。卫灵公之所以驱逐公叔戌及其党羽，估计与太子蒯聩有关，可能是蒯聩在背后唆使公叔戌与南子作对。卫国这场不大不小的政治地震，余波影响到了孔子，导致孔子离开了卫国。

> 居顷之，或谮孔子于卫灵公。灵公使公孙余假一出一入。孔子恐获罪焉，居十月，去卫。（《史记·孔子世家》）

根据史迁的说法，有人私下在卫灵公面前说了孔子的坏话，卫灵公就派人对孔子进行了恐吓。我们不清楚谮言究竟是什么，很可能与公叔戌的阴谋事件有关。孔子担心在卫国获罪，就萌生了去意，决定离开这个是非之地。我们发现，公叔戌被逐与孔子去卫两件事在时间上是吻合的。前述孔子一行是在定公十三年七八月间到达卫国，史迁说孔子"居十月，去卫"，那么孔子离开卫国的时间应该在定公十四年五六月间，也就是在当年春天公叔戌被逐之后不久。《左传》还说"夏，卫北宫结来奔，公叔戌之故也"（《左传·定公十四年》），这个北宫结当然也是公叔戌的余党，他直到夏天才出奔，说明卫灵公对公叔戌事件的追查清算从春天一直延续到夏天，而孔子离开卫国正在这段时间。

孔子离开卫国，除了"恐获罪焉"之外，可能还有两个考虑：一是随着卫国与晋国正面冲突加剧，孔子难免担心卷入战事纷扰之中，而此时陈国、蔡国一带的南方局势则相对平稳；二是驱逐公叔戌并不意味着蒯聩与南子之间的矛盾了结，孔子担心两人关系进一步恶化，一不小心就会殃及池鱼。事实证明，孔子的考虑是完全正确的。就在这年秋天，即孔子离开卫国的两三个月之后，卫灵公"为夫人南子召宋朝，会于洮"（《左传·定公十四年》），洮即今山东省菏泽市鄄城县西。这时蒯聩正好出使齐国归来，听到百姓都在议论此事，不堪奇耻大辱，就派刺客前去刺杀南子，结果再次失败。《左传·定公十四年》详细叙述了事件的经过，并说"大子奔宋，尽逐其党"。蒯聩先是出奔宋国，后来逃到齐国，最后转到晋国投靠赵鞅，试图借助赵鞅的势力重返卫国，此乃后话。

在卫国居住十个月后，时年五十六岁的孔子带着弟子们离开濮阳，按照史迁"将适陈"的说法，一路向南前行，目的地是陈国。

2

陈国是一个妫姓古国，毗邻郑、宋、蔡、楚等国，周礼传统较为深厚，诗风也颇有特色，陈湣公为人谦逊，重德守礼。陈国的邻国楚国这些年专心经营自己周边的环境，去年顿国国君打算投靠晋国，与楚国、陈国中断关系，楚国就派兵灭掉了顿国；今年楚国又灭掉胡国，把胡国国君押回楚国；现在楚国、陈国一带相对比较太平。

孔子一行出了濮阳城，行至百数十里郊外一个叫做仪的地方，此地是从卫国南下陈、蔡的必经之道。春秋时期，地方的管理者称为"封人"，仪地的封人接待了孔子一行。

> 仪封人请见，曰："君子之至于斯也，吾未尝不得见也。"从者见之。出曰："二三子，何患于丧乎？天下无道也久矣，天将以夫子为木铎。"（《论语·八佾》）

仪封人对孔子说，大凡君子经过我这里，我没有不去拜见的。于是孔子就去与他相见，宾主交流愉快。临别时分，封人对孔门弟子说：你们不必为夫子失去官位而忧患，天下无道的时间太长了，也许上天生下夫子，本来就不是让他做官的，而是让夫子成为木铎大铃，警醒世人，传道天下。这是当时一个清醒的社会旁观者对孔子生命价值的中肯评价。

接下来，孔子一行遭遇了极具戏剧性的一幕，史迁在《孔子世家》里记述如下：

> 将适陈，过匡，颜刻为仆，以其策指之曰："昔吾入此，由彼缺也。"匡人闻之，以为鲁之阳虎。阳虎尝暴匡人，匡人于是遂止孔子。孔子状类阳虎，拘焉五日。颜渊后，子曰："吾以汝为死矣。"颜渊曰："子在，回何敢死！"匡人拘孔子益急，弟子惧。孔子曰："文王既没，文不在兹乎？天之将丧斯文也，后死者不得与于斯文也。天之未丧斯文也，匡人其如予何！"孔子使从者为宁武子臣于卫，然后得去。（《史记·孔子世家》）

匡地接近卫国与郑国边境，现在是宋国的领地。此地以前时有战事，故而民风彪悍。八年前阳货率领鲁军伐郑，颜刻替他驾车，途经卫国时曾经肆意暴陵匡人，匡人一直怀恨在心。因为孔子长得有点像阳货，而且驾车人又是颜刻，匡人便误以为阳货再次来到了匡地，于是将孔子一行包围起来，一连围困了五天。

我们知道，《论语》中两次提到"子畏于匡"：

> 子畏于匡，曰："文王既没，文不在兹乎。天之将丧斯文也，后死者不得与于斯文也；天之未丧斯文也，匡人其如予何！"（《论语·子罕》）

颜回在这次突发事件中曾与众人走散：

> 子畏于匡，颜渊后。子曰："吾以女为死矣。"曰："子在，回何敢死？"（《论语·先进》）

何晏《论语集解》引苞氏曰："阳虎尝暴于匡，夫子弟子颜克时又与阳虎俱往。后克为夫子御，至于匡，匡人相与共识克，又夫子容貌与虎相似，故匡人以兵围之也。"[①]泷川资言《史记会注考证》认为，"《弟子列传》有颜高字子骄，盖同人"[②]。认为这位颜克（即颜刻）就是孔子的车御颜高。由于事发突然，众人猝不及防，只得四散奔走，场面相当混乱，其中颜回与大家失散，过了一段时间才重新碰面，孔子甚至以为他已经死了。当时具体发生了什么情况已不得而知。《庄子·秋水》有"孔子游于匡"云云，属于寓言，不足为据；《孔子家语》也有"子路弹剑而歌"云云，同属无稽之谈。我们关心的是，孔子一行到底有没有被匡人抓住。按照史迁的说法，"匡人于是遂止孔子"，并且"拘焉五日"，似乎孔子一行是被匡人抓住并拘留了五天。《论语》中说"子畏于匡"。"畏"字如何解释？朱熹称："畏者，有戒心之谓。"[③]看来孔子一行被匡人围困是肯定的，但究竟有没有拘禁则很难说。杨伯峻《论语译注》、钱穆《论语新注》都将"畏"解释为拘囚或拘禁。俞樾《群经平议》也认为"畏"就是拘囚，他说："《荀子·赋》：'比干见刳，孔子拘匡。'《史记·孔子世家》亦云：'匡人于是遂止孔子，拘焉五日。'然则畏于匡者，拘于匡也。《礼记·檀弓篇》：'死而不吊者三：畏、厌、

---

① 皇侃撰，高尚榘校点：《论语义疏》，第 210 页。
② 司马迁撰，〔日〕泷川资言考证：《史记会注考证》，第 2434 页。
③ 程树德：《论语集释》，第 578 页。

溺。'郑注即以孔子畏于匡为证,而《通典》引王肃注曰:'犯法狱死谓之畏。'是畏为拘囚之名,后人不达古义,曲为之说,盖皆失之。"①然而崔述《洙泗考信录》却认为,孔子并没有被匡人包围拘押。他说:"此必孔子闻匡人之将杀已而有戒心,或改道而行,或易服而去,仓卒避难,故与颜渊相失,故不曰'拘于匡''围于匡',而曰'畏于匡'。不然,已为所拘所围矣,生死系于其手,而犹曰'其如予何',圣人之言不近迂乎!"②崔述的说法不无道理。孔子在危急的情形下说了"文王既没"一段话,我们用现代汉语来说,大致意思是:周文王已经死了,周朝的礼乐制度不都在我这里吗?如果老天想要让周礼制度丧失消亡,那又何必让我这个周文王的后人了解掌握它呢?如果老天不想让它丧失,那匡人又能把我怎么样呢?何晏《论语集解》引孔安国曰:"文王既没,故孔子自谓后死也。言天将丧斯文者,本不当使我知之。今使我知之,未欲丧之也。"孔子这么说有镇定局面、安抚人心的作用,同时体现了孔子一贯所具有的传承周礼文化的历史使命感。不过从逻辑上讲,假如孔子真的落入匡人之手,随时都有生死之虞,孔子这段话确实略显苍白。另外,从颜回返回与大家重聚来看,如果孔子一行真的被拘押在某地,颜回怎会前去自投罗网?所以崔述提供了另外一种场景,那就是孔子一行当时"或改道而行,或易服而去",总之是逃脱了匡人的追逐。当众人重新相聚时,孔子才同弟子们说了"文王既没"这段话,一方面是为了安抚大家的情绪,另一方面也表达了自己对于传承周礼文化的责任感,旨在重申志向、激励后生。这样的场景似乎才是比较合乎情理的。

　　谈到"文王既没,文不在兹乎",我们需要指出一点:孔子既然自信地道出此言,说明他已对周礼文化的收集、整理和掌握达到了一个新的高度。正如金履祥《论语集注考证》引何北山曰:"所谓文者,正指典章文物之显然可见者。盖当周之末,文王、周公之礼乐悉已崩坏,纪纲文章亦皆荡然无有,夫子收入散亡,序《诗》《书》,正礼、乐,集群圣之大成,以诏来世,又作《春秋》,立一王之法,是所谓得与斯文者也。"③何北山所说的"作《春秋》",此时恐未必然,但孔子当众说出"文不在兹",则定非空言、必有实据方能得到弟子们的认同与共鸣。

　　接下来史迁称"孔子使从者为宁武子臣于卫,然后得去",意思是说,孔子派人通过宁武子的关系,然后得以脱离匡人的围困。这又是史迁的舛

---

①　程树德:《论语集释》,第 577 页。
②　崔述撰著,顾颉刚编订:《崔东壁遗书》,第 298 页。
③　程树德:《论语集释》,第 579 页。

误。泷川资言《史记会注考证》说：“据《左传》，宁武子在时孔子未生，孔子畏匡时，则宁氏族灭已久，此必无之事。”[1]宁武子即宁俞，在孔子出生前早就去世了，此时宁氏也已灭族。对此，崔述《洙泗考信录》也已明言。

3

离开匡地后，孔子与弟子们面临两个选择：或继续前行去往陈国，或回头折返卫国。我们说过，鲁定公十四年夏天南方发生了吴国与越国的檇李大战，孔子继续南行似乎并不明智。此时卫国太子蒯聩已经出奔，卫国内乱暂时告一段落。这或许是孔子第二次返回濮阳的动因。史迁《孔子世家》说：

> 去即过蒲。月余，反乎卫，主蘧伯玉家。（《史记·孔子世家》）

按照史迁的说法，孔子一行在匡地遇险后继续前行，到达蒲地。过了一个多月后，又返回卫国濮阳，入住蘧伯玉家。对于孔子一行“过蒲”，崔述有不同的看法：“孔子欲适陈则适陈耳，匡在卫南，过匡可也，蒲在卫西，过蒲何为？卒不适陈，月余而反乎卫，又何为乎？”[2]他认为蒲地在卫国的西边，孔子既然要去陈国，怎么会向西行？而裴骃《史记集解》引徐广曰：“长垣县有匡城蒲乡。”张守节《史记正义》引《括地志》云：“故蒲城，在滑州匡城北十五里。”则蒲地与匡地应该相距不远，孔子“过蒲”也是有可能的。不过，按照史迁记述，后来“孔子居陈三岁”，返途中又有一次“过蒲”，这两次“过蒲”会不会被史迁混为一谈，我们不得而知。崔述对孔子入住于蘧伯玉家也表示疑问，他认为蘧伯玉此时应该已经去世。崔述写道：“孙林父将作乱，先谒之蘧伯玉，伯玉从近关出，时鲁襄公十四年也。伯玉居下位而名已为其乡所重如此，当不下四十岁。下至鲁定公之末，六十有五年，伯玉至是当百余岁矣。”“而自鲁襄公二十九年以后，伯玉即不复见于传，又不容晚节竟无一事可述，而可述者俱少年事。然则孔子适卫之时，伯玉之亡固已久矣。孔子安得有主伯玉事乎？且卫之大夫莫有贤于伯玉者，果存耶，孔子何以不主伯玉而主雍雎？既主雍雎矣，在外月余而返，忽易所主，何也？”[3]鲁襄公十四年，卫国贵族孙林父将要作乱，事先特地去拜谒蘧伯玉，希望得到他的支持，蘧伯玉闻讯后赶紧跑掉了。

---

① 司马迁撰，〔日〕泷川资言考证：《史记会注考证》，第2435页。
② 崔述撰著，顾颉刚编订：《崔东壁遗书》，第290页。
③ 崔述撰著，顾颉刚编订：《崔东壁遗书》，第290页。

崔述认为，既然当时蘧伯玉的名声如此之大，应该不下四十岁，这样推算起来，此时已经一百多岁了，并且在此前十几年里，《左传》再没有提到过他，肯定早已去世了。崔述这一论断显然过于主观，假如蘧伯玉二十多岁而非四十多岁即已成名，则此时伯玉大概八十多岁，未必已经过世。至于伯玉不复见于《左传》，或许是年老致仕之故。孔子之前居卫十月期间，一开始固然住在颜雠由家里，但在获得六万斗俸禄之后，完全有可能在濮阳城内择屋而居。孔子此次返卫若是受到蘧伯玉之邀，暂住伯玉家里，以待重新择居，这是符合情理的。《论语》中有一章"蘧伯玉使人于孔子"，这很可能就是蘧伯玉派人邀请孔子一行入住其家时留下的。

> 蘧伯玉使人于孔子，孔子与之坐而问焉，曰："夫子何为？"对曰："夫子欲寡其过而未能也。"使者出，子曰："使乎，使乎！"（《论语·宪问》）

孔子在与使者交谈中问道："夫子最近在做什么？"使者回答说："夫子一直想要减少他的过错，但是他感觉自己还没能做到。"使者离开后，孔子对弟子们："这样的人才是真正的好使者！"孔子接受了蘧伯玉的邀请，率领弟子折返，第二次前往卫国国都。

史迁说孔子"月余，反乎卫"。我们具体算一下时间：濮阳到匡地之间大约两百多里，如果孔子离开濮阳到匡地耗时十天半月，在匡地滞留五六天，接着继续前行一段路程，直到蘧伯玉派人邀请孔子返回，这样一来一回大约两个月左右。孔子一行是在鲁定公十四年五六月间离开濮阳的，返回濮阳应该是在当年秋天七八月间。

四、弟子的困惑

1

孔子返回濮阳后不久，便发生了著名的"子见南子"事件。《论语》最早透露了个中信息：

> 子见南子，子路不说。夫子矢之曰："予所否者，天厌之，天厌之！"（《论语·雍也》）

史迁又演绎出一则惟妙惟肖的故事：

> 灵公夫人有南子者，使人谓孔子曰："四方之君子不辱欲与寡君为兄弟者，必见寡小君。寡小君愿见。"孔子辞谢，不得已而见之。夫人在绨帷中。孔子入门，北面稽首。夫人自帷中再拜，环佩玉声璆然。孔子曰："吾乡为弗见，见之礼答焉。"子路不说。孔子矢之曰："予所不者，天厌之！天厌之！"（《史记·孔子世家》）

这段时间，南子成功赶走了蒯聩，心情肯定不错，所以想要一偿会见孔子的心愿，遂向孔子发出了邀请。孔子知道，外臣来到他国，有拜见夫人的礼节，就决定去公宫面见南子。子路似乎不希望孔子见南子，毕竟南子的名声不佳。孔子身正不怕影子斜，还是去了，事后子路显得不太高兴，孔子便指天发誓道："如果我有什么邪念，老天惩罚我！老天惩罚我！"按照汉唐学者的观点，孔子愿意面见南子，主要是希望通过南子来影响卫灵公，使卫国政治走上正道。何晏《论语集解》谓"使行治道"，邢昺《论语注疏》称"求行治道"。不过，《论语》"子见南子"一章，因为涉及后儒男女之防，且孔子罕见地指天为誓，故历来争议最大。赵翼《陔余丛考》说："《论语》惟'子见南子'一章最不可解。圣贤师弟之间，相知有素，子路岂以夫子见此淫乱之人为足以相浼而愠于心？即以此相疑，夫子亦何必设誓以自表白，类乎儿女之诅咒者。"[1]当四书五经遇到这种不可解的地方，便有一些学者通过擅改字义强作解人，如释"矢"为"直告"，而非"誓言"，如此这般。此种"为圣人讳"其实大可不必。朱熹《四书章句集注》就未取此说，而是直解其义。朱熹说："圣人道大德全，无可不可。其见恶人，固谓在我有可见之礼，则彼之不善，我何与焉。然此岂子路所能测哉？故重言以誓之，欲其姑信此而深思以得之也。"[2]朱熹的解释是，孔子是道德健全之人，本不必回避女人，哪怕是淫乱之人。朱熹的说法足以解答赵翼的疑问。孔子在鲁国为布衣时，就有交接国君的行为，如面见郯子、齐景公等，到了卫国之后拜见国君及君夫人，均属正常行为。朱熹还说："盖古者仕于其国，有见其小君之礼。"[3]毛奇龄《四书改错》对此提出反驳，认为"古无男女相见之礼"，直言朱熹"杜撰"。[4]但这

---

① 程树德：《论语集释》，第 421 页。
② 朱熹：《四书章句集注》，第 91 页。
③ 朱熹：《四书章句集注》，第 91 页。
④ 程树德：《论语集释》，第 424 页。

只是毛氏一家之言，毕竟周人男女之防并不像后世那么严格。《论语》中有一章专论"邦君之妻"，应该是弟子所记孔子平日教学的内容：

> 邦君之妻，君称之曰"夫人"，夫人自称曰"小童"，邦人称之曰"君夫人"，称诸异邦曰"寡小君"，异邦人称之亦曰"君夫人"。（《论语·季氏》）

可见孔子对于朱熹所说的"小君之礼"是熟悉的，或许这段话就是针对面见南子一事而发。另外，南子不仅因其为君夫人而在卫国拥有很大影响，而且她本人也是一个聪颖识人的女子。刘宝楠认为："南子虽淫乱，然有知人之明，故于蘧伯玉、孔子皆特致敬。其请见孔子，非无欲用孔子之意，子路亦疑夫子此见，为将诎身行道，而于心不悦。"[1]刘氏认为子路不悦，不是针对孔子见南子，而是针对孔子有可能屈身行道，犹如子路反对孔子欲应公山不狃、佛肸之召。

孔子在与上层社会交往过程中一直坚守自己的道德原则，不管何种政治势力，只要有违于周礼文化价值，孔子从来不会屈身俯就。《论语》记录了孔子与卫国大夫王孙贾的一段对话，就很有代表性：

> 王孙贾问曰："与其媚于奥，宁媚于灶，何谓也？"子曰："不然。获罪于天，无所祷也。"（《论语·八佾》）

王孙贾应该是卫国主管军事的大夫，他在鲁定公八年曾跟随卫灵公与晋人会盟，当时卫灵公因晋人无礼之举而怒气冲冲，王孙贾及时予以劝解。孔子后来也以赞赏的口吻说"王孙贾治军旅"（《论语·宪问》）。当时王孙贾见到孔子，问了一个奇怪的问题："我常听人说一句俗语：'与其巴结屋子西南角的奥神，不如巴结屋子里的灶神。'这是什么意思啊？"朱熹注解道："故时俗之语，因以奥有常尊，而非祭之主；灶虽卑贱，而当时用事。喻自结于君，不如阿附权臣也。"[2]王孙贾讽劝孔子，与其巴结卫灵公，不如巴结真正当权的"灶神"。王孙贾所说的这个"灶神"究竟是谁，有三种不同的说法，分别是南子、弥子瑕、王孙贾本人。我们首先排除王孙贾，此人从名字上看就知道是周朝王室的成员，在卫国做官，应该算不上权臣；弥子瑕虽是权臣，但他之前拉拢孔子，早被孔子拒绝；

---

① 刘宝楠：《论语正义》，第245页。
② 朱熹：《四书章句集注》，第65页。

如此看来，王孙贾所说的"灶神"应该就是指南子，她能够控制卫灵公，掌握有卫国实权。对于王孙贾的试探，孔子正色道："这话说得不对。我也常听闻一句俗语：真的得罪了老天，对哪个神祷告都没有用。"孔子言下之意是说，我靠自己的德行安身立命，既不巴结国君，也不巴结寡小君，如果一个人缺乏德行，获罪于上天，巴结谁都没有用！这真是义正词严的回答。

由此可见，孔子见南子只是一次礼节性的会面，既无需大惊小怪，也不必过度拔高。后人认为这是孔子推行"王道"的努力，如《淮南子》曰："孔子欲行王道，东西南北，七十说而无所偶。故因卫夫人、弥子瑕而欲通其道。"（《淮南子·泰族训》）这种说法就言过其实了。事实上，将孔子周游列国视为推行"王道"的游说之旅，这是战国诸子的观点。孟子要以"王道"干说战国诸侯，就把孔子视作先驱，认为孔子周游列国也是为了干说诸侯、推行王道，这是孟子对孔子的误解，由此也误导了汉代的学者。事实上，春秋时代并不存在"王道"思想。原因很简单，"王道"是相对"霸道"而言的，春秋时期有"霸主"而无"霸道"，春秋"霸主"在名义上仍然遵奉周天子，故无所谓"王道"。战国群雄的"霸道"已经完全抛弃了周天子的权威，故孟子倡导"王道"，所说亦非周天子之道，而是各国诸侯的仁王之政。

孔子周游列国，并且乐于面见各国国君及上层人物，主要目的还是学习、收集、整理周礼文化，至于入仕、求禄并非直接目的，不过是为了维持孔子一行的基本生计而已。

2

孔子在卫国继续教学、研究，讲授演习礼仪。弟子们虽然大都好学乐学，但有时也难免倦怠。不知何故，宰予有一次在大白天睡觉，孔子颇感失望，予以批评：

宰予昼寝，子曰："朽木，不可雕也，粪土之墙，不可杇也。于予与何诛？"（《论语·公冶长》）

孔子不高兴地说：朽木是难以雕镂刻画的，烂泥之墙是难以平整的。对宰予，我还能责备他什么呢？

子曰："始吾于人也，听其言而信其行，今吾于人也，听其言

而观其行。于予与改是。"（《论语·公冶长》）

孔子接着批评宰予说：以前我对别人，听了他的话就相信他的行动；现在我对别人，听了他的话还要观察他的行动，是宰予导致我做出了这种改变。通检《论语》全书，孔子这两次批评弟子的严厉程度是绝无仅有的，似乎对宰予放弃了希望。事实并非如此，这种严责爱徒的言辞体现了孔子爱深责切的心态。孔子后来在四科排名中仍将宰予列为言语第一，位居子贡之前。

孔门弟子大多富有个性，尤以宰予为甚。宰予思维活跃，口齿伶俐，行事机敏，时有执拗。史迁《史记·仲尼弟子列传》称其"利口辩辞"。对于这样的学生，孔子因材施教，有的放矢，故意用重话刺激，以矫正宰予的偏激。《论语》中涉及宰予的师徒对话几乎都是这种模式。

> 宰我问曰："仁者虽告之曰，井有仁焉，其从之也？"子曰："何为其然也。君子可逝也，不可陷也，可欺也，不可罔也。"（《论语·雍也》）

"井有仁焉"不太好理解，井里怎么会有仁？这句话皇侃本作"井有仁者焉"，这就比较容易理解了，即有人掉入了井内。宰予问孔子：一个有仁德的人，告诉他井里掉入了一个人，他是不是应跳下去救呢？宰予的确颇具怀疑精神，他大概听厌了孔子不停地要求弟子们"求仁""里仁""处仁""安仁"，以及"君子无终食之间违仁，造次必于是，颠沛必于是"（《论语·里仁》），于是就假设了一个"救井"的两难场景，隐喻君子在求"仁"过程中的困境。所以朱熹说："宰我信道不笃，忧为仁之陷害，故有此问。"[1]朱熹此言稍过，宰予并非"信道不笃"，而是心有所思。他考虑的是"求仁"应有一定的尺度和方法，并非不计后果和不顾方式。孔子曾经说过："志士仁人，无求生以害仁，有杀身以成仁。"（《论语·卫灵公》）宰予可能并不赞同这种说法，他更注重"求仁"的结果和利弊。

宰予作为弟子，对孔子说出略带暗讽的话，颇有点大不敬的味道，以至于俞樾《群经平议》认为，"宰我居言语之科，不应失言如此"[2]。不过孔子倒也不太计较，他并没有直接回答宰予的问题，而是对宰予讲了一番君子"可逝不可陷"与"可欺不可罔"的道理。对于孔子所言，历代也

---

① 朱熹：《四书章句集注》，第 90 ～ 91 页。
② 程树德：《论语集释》，第 480 页。

有许多不同的解释，其中朱熹的说法较为妥帖，大致意思如下：对于这样的情况，君子可以去救，但不必陷入井中；如果自己从之入井，怎么还能救别人？这个道理甚为明了。在两难的行为抉择中，君子可以被人欺骗，但自己不该糊涂罔昧。孔子的言下之意，就是告诫宰予要正常思维，不要偏颇极端。事实上，孔子这段话表明他并非不计代价、不计利害地追求道德行为，这与宰予的观点是基本一致的，只不过宰予言辞比较极端而已。

再求也是一位敢于直接挑战乃师的学生，但与宰予相比，他的思维更加务实、言辞更加含蓄，这使他具备了一位优秀政务者的基本素质。

> 再求曰："非不说子之道，力不足也。"子曰："力不足者，中道而废。今女画。"（《论语·雍也》）

再求意识到孔子所言都有道理，但付诸行动却不容易，就对孔子说：我并非不喜欢您所说的这些道理，只是我个人的力量不足以达到您的要求。孔子的回答很巧妙：如果你真的是力量不足，应该先经过一番努力之后才放弃；现在你并未竭尽全力就放弃了，你怎么知道自己力量不足啊？"画"，就是"止"。朱熹要言不烦地注释道："力不足者，欲进而不能。画者，能进而不欲。"[1]对于结果与过程，孔子更看重过程；对于能力与意志，孔子更强调意志。孔子能够接受弟子"力不足"，但不能接受弟子放弃努力；孔子能够容忍弟子"中道而废"，但不能容忍弟子裹足不前。这就是孔子"尽人事，听天命"这一人生准则的具体体现。

我们看到，孔子总是坚持自己一贯的主体思维：主体自觉的人应该将自由意志发挥到极致，至于结果并不重要。这是一种注重动机而非效果的价值标准，也是一种注重过程而非结果的人生导向。

> 子曰："譬如为山，未成一篑，止，吾止也。譬如平地，虽覆一篑，进，吾往也。"（《论语·子罕》）

孔子把学习看成是个人主观的努力，成功与否取决于自己的恒心。他向弟子们比喻说：学习就像积土为山，只差一筐却中止了，那是自己放弃了；平整土地，虽然只倾倒了一筐土，能不断持续，那就是自己的收获。朱熹《四书章句集注》曰："盖学者自强不息，则积少成多；中道而止，

---

[1]　朱熹：《四书章句集注》，第 87 页。

则前功尽弃。其止其往，皆在我不在人也。"①中国传统文化注重人的内在主体能动性，其源头可以追溯到孔子这里。中国传统文化的非功利主义倾向亦与此不无关系。

3

在孔子眼里，唯一能够做到自强不息、进取不止的弟子就是颜回，他在学习过程中从不懈怠。《论语》紧接"譬如为山"章的便是下面这章，仿佛以颜回之例作为上章的注脚。

> 子曰："语之而不惰者，其回也与。"（《论语·子罕》）

大概其他弟子在老师授课过程中都会有所倦怠，唯有颜回总是保持着旺盛的学习热情。《论语》紧接此章之后的一章为：

> 子谓颜渊曰："惜乎！吾见其进也，未见其止也。"（《论语·子罕》）

这句话应该是孔子在颜回去世之后说的，表达了孔子对失去这位优秀弟子的深切惋惜。《论语》将这三章编排在一起，似乎在彰显孔子自己的人生进取态度即是如此，以及这种进取态度的最佳实践案例即为颜回。

当然，孔子对弟子的思想与个性从来不做整齐划一的要求，他只是在引导弟子完善而非改变各自的个性特点，并不认同弟子对己唯唯诺诺，即便颜回也是如此。

> 子曰："回也，非助我者也。于吾言无所不说。"（《论语·先进》）

从这里我们也能看出，众弟子丰富多彩的个性特征乃是孔子尊重学生个性发展的教育结果。

此时，卫国政坛相对平静，卫灵公已消除因流言蜚语而引起的对孔子的误解，邀请孔子一同出行。

> 居卫月余，灵公与夫人同车，宦者雍渠参乘，出，使孔子为次乘，

---

① 朱熹：《四书章句集注》，第 114 页。

招摇市过之。孔子曰："吾未见好德如好色者也。"于是丑之，去卫，过曹。是岁，鲁定公卒。（《史记·孔子世家》）

"吾未见好德如好色者也"这句话，在《论语》的《子罕》和《卫灵公》篇先后两次出现，但都没有具体语境。史迁将其置于这个场景中，不知何据。不过，在这个场景中，孔子既与太监参乘，又为妇人次乘，这种双重羞辱使孔子再次产生离开卫国的念头。

史迁说孔子"居卫月余"，也就是孔子在卫国只住了一个多月，那么他第二次离开卫国的时间大概在鲁定公十四年九十月间。这次他们的目的地是东南方向的曹国与宋国。

五、宋国与陈国

1

孔子一行先经过曹国，然后前往宋国，途中又遇到了意外的凶险。

孔子去曹适宋，与弟子习礼大树下。宋司马桓魋欲杀孔子，拔其树。孔子去。弟子曰："可以速矣。"孔子曰："天生德于予，桓魋其如予何！"（《史记·孔子世家》）

进入宋国后，孔子与弟子正在一棵大树下学习礼仪，宋国司马桓魋突然带人赶来，威胁要杀孔子。孔子不为所动，继续教学，桓魋恼羞成怒，让手下把大树拔掉了。孔子一行只好离去。弟子们边走边相互催促，担心桓魋又赶上来找麻烦。孔子说：老天赋予我这样的德性，桓魋能拿我怎么样！这句话在《论语》中也有记述：

子曰："天生德于予，桓魋其如予何？"（《论语·述而》）

桓魋本为向氏，故又称向魋。他仗着宋景公的宠信，在国内专横跋扈，权势熏人。当他得知孔子来到宋国时，生怕宋景公重用孔子，对自己不利，就逼迫孔子离开宋国。孔子无意跟这种小人一般见识，还是走为上计。《史记·孔子世家》明言："是岁，鲁定公卒。孔子去曹适卫。"据此可知，这件事应发生在鲁定公十五年，即前 495 年。但是《史记·十二诸侯年表》说宋景公二十五年"孔子过宋，桓魋恶之"；《史记·宋世家》所记与此相同。宋景公二十五年是鲁哀公三年，即前 492 年。史迁自相抵牾，可能是纪年舛误，也可能传闻异辞。梁玉绳《史记志疑》对《宋世家》之说提出异议："案：是时孔子在陈，过宋在景公二十二年，说在《表》中。"[1]宋景公二十二年即鲁定公十五年。梁玉绳所谓"说在《表》中"，即其具体分析附录于《十二诸侯年表》卷下。其文曰："此为鲁哀三年，孔子在陈，《左传》及《世家》可证。微服过宋，乃景公二十二年，鲁定十五年也，正是去卫适陈时事。此与《宋世家》同误。"[2]的确，《左传》明确记载鲁哀公三年"孔子在陈，闻火，曰：'其桓、僖乎！'"（《左传·哀公三年》）所以，我们还是以《孔子世家》为准。《孟子·万章》说孔子"微服而过宋"，大概孔子一行怕桓魋继续骚扰，赶紧变换衣服离开了宋境。

向氏至向魋这一代一共有五兄弟，老大是向巢，曾任宋国左师，掌控兵权；老二就是向魋；老三叫司马牛，又作司马耕、司马犁，字子牛，是孔子的学生；下面还有两个兄弟叫子颀、子车。司马牛倒是一位不错的弟子，为人正直，只是平时稍显急躁多言。《论语》中有三章关于司马牛与孔子间的对话。

> 司马牛问仁。子曰："仁者其言也讱。"曰："其言也讱，斯谓之仁已乎？"子曰："为之难，言之，得无讱乎？"（《论语·颜渊》）

"讱"，也作"仞"，就是"忍""难"的意思。司马牛问孔子什么是仁，孔子针对司马牛的特点，告诉他仁者说话要谨慎。朱熹《四书章句集注》曰："夫子以牛多言而躁，故告之以此，使其于此而谨之，则所以为仁之方，不外是矣。"司马牛接着又问：说话谨慎，就是仁吗？从司马牛的这个问题，就能看出他确实说话缺乏逻辑：孔子告诉他仁人的一种特质是"讱"，这并不意味具有"讱"这一特质的人就是仁人。所以朱熹引杨氏曰："观此及下章再问之语，牛之易其言可知。"[3]"易其言"就是说话轻率。杨氏所说的"下章"就是"司马牛问君子"章：

---

① 梁玉绳：《史记志疑》，第 964 页。
② 梁玉绳：《史记志疑》，第 380 页。
③ 朱熹：《四书章句集注》，第 134 页。

> 司马牛问君子。子曰："君子不忧不惧。"曰："不忧不惧，斯谓之君子已乎？"子曰："内省不疚，夫何忧何惧？"（《论语·颜渊》）

司马牛大概是对其兄向魋的所作所为感到耻辱和担忧。所以当司马牛问孔子什么是"君子"时，孔子安慰他说：君子不忧不惧。司马牛接着又问：不忧不惧，就是所谓的君子吗？这显然又犯了和上一章相同的逻辑毛病，把必要条件当作充分条件。孔子说：一个人内省不疚，还有什么好忧虑恐惧的？这是教导司马牛坚持做一个好人，不必过于担忧那些不道德的人。朱熹称："向魋作乱，牛常忧惧，故夫子告之以此。"[①]所谓"向魋作乱"是指发生在鲁哀公十四年的"宋向魋入于曹以叛"。彼时向魋得罪宋景公被迫出奔卫国，向巢出奔鲁国，司马牛将向氏封邑归还宋公，自己前往齐国。而孔子当时已经垂垂老矣，不太可能跟司马牛有上述对话。所以，司马牛的忧惧应该是就向魋平时的为非作歹而言。至于鲁哀公十四年"向魋作乱"后，《论语》中也记载有一段对话，紧接于上两章之后，对话者是司马牛与子夏。

> 司马牛忧曰："人皆有兄弟，我独亡。"子夏曰："商闻之矣，死生有命，富贵在天。君子敬而无失，与人恭而有礼，四海之内，皆兄弟也。君子何患乎无兄弟也。"（《论语·颜渊》）

司马牛难过于自己兄弟离散，子夏一面用命运安慰他，一面告诉他只要待人恭敬有礼，四海之内的人都可以成为兄弟。

在这三章内容中，司马牛与老师、同学探讨了有关人生忧虑的问题，孔子与子夏的回答基本是相同的：一个人只要内省不疚，夫复何忧何惧？这种源自内在道德自信的无忧无惧就是孔子所说的"君子坦荡荡，小人长戚戚"（《论语·述而》）。在孔子看来，一个有道德的人，心地善良、光明正大、仰俯无愧，必定会是一个快乐的人；一个道德低下的人，心怀鬼胎、蝇营狗苟、勾心斗角，注定不会有真正的快乐，充其量只有物欲的快感而已。这种伦理思想与苏格拉底的道德快乐主义颇有异曲同工之处，是我们理解孔子人生快乐境界的一把钥匙。

---

① 朱熹：《四书章句集注》，第 134 页。

2

鲁定公十四年岁末，晋国的内战仍在持续中，中原反晋联盟甚至直接出兵帮助范氏、中行氏，晋国在内外双重压力的冲击下，其中原盟主的地位基本终结。我们注意到，鲁军此时一直没有直接参战，这显然违反了齐鲁两国的夹谷盟约，虽然齐国似乎并没有追究，但齐鲁关系肯定受到了影响。

根据《左传》记载，就在这个时候，也即鲁定公十五年（前495年），子贡的身影居然出现在鲁国的公宫之中。

> 十五年春，邾隐公来朝。子贡观焉。邾子执玉高，其容仰。公受玉卑，其容俯。子贡曰："以礼观之，二君者，皆有死亡焉。夫礼，死生存亡之体也。将左右周旋，进退俯仰，于是乎取之；朝祀丧戎，于是乎观之。今正月相朝，而皆不度，心已亡矣。嘉事不体，何以能久？高仰，骄也，卑俯，替也。骄近乱，替近疾。君为主，其先亡乎！"（《左传·定公十五年》）

我们认为这极有可能是孔子派他去的，而孔子派遣子贡前去鲁国可能出于以下三种原因之一。第一种原因可能是孔子让子贡回去看望留在鲁国的孔门弟子们，子贡本人大概也很想与这些同门兄弟见面。第二种原因可能是孔子关心鲁国在晋国战事中的态度，以及鲁国接下去的军事外交动态。尽管孔子说过"不在其位，不谋其政"（《论语·泰伯》），但这不妨碍他对母国的深切关怀。第三种原因可能是孔子听到了鲁定公病重的消息，特地派弟子回去探望。毕竟鲁定公是唯一重用过孔子的国君，且算是一位有抱负、有作为的国君，君臣之间多少存有情谊牵挂。当然，也不排除还有一种可能，那就是孔子派弟子返鲁收集一些文献典籍。鉴于子贡对鲁国并不熟悉，相信孔子还派了其他弟子陪同他一起前往，陪伴的人很可能是子路或冉求，因为他们与季孙斯比较熟悉，所以才能将子贡直接带入公宫。当时正赶上邾隐公来朝，定公举行接待仪式，子贡一行就参加了公宫的礼聘或飨宴仪式。《左传》记载了当时子贡看到的奇怪一幕：邾隐公在向鲁定公呈献玉璧的时候，双手持玉过高，头向上仰着，显得很傲慢的样子；鲁定公接受对方玉璧的时候，低头俯身，显得很卑下的样子。鲁定公与邾子的举动均违反了诸侯宾主朝见的礼仪。子贡虽然入门还不到两年，但在孔子的精心教育下，对于邦国礼聘仪式已经相当熟悉。两位国君颇为怪异的失礼模样，着实让子贡不解。

不久后，子贡一行返回宋国与孔子等人会合，子贡讲述了邾隐公与鲁定公朝会礼聘的情景，末了还大发一通议论：以礼观之，两位国君皆有死亡之相。礼是死生存亡的根本大体，人的一举一动，或左或右，或上或下，进退俯仰，都要依礼而行；朝会、祭祀、丧礼、征战，也要符合礼仪。现在邾隐公正月来到鲁国朝会，两位国君在礼聘仪式上的表现都不符合规范。子贡判断两人命不长久，可能分别因动乱与疾病而死，而且鲁君作为主人大概会先死。

到了这年五月，鲁定公真的去世了。孔子闻讯叹息道：让子贡（端木赐）不幸言中了。

> 夏五月壬申，公薨。仲尼曰："赐不幸言而中，是使赐多言者也。"（《左传·定公十五年》）

孔子对鲁定公还是很感念的，毕竟两人君臣一场，三年中留下了许多难忘的记忆。定公在孔子的帮助下，总算稍稍改变了鲁国长期以来政在大夫、陪臣的局面。正如竹添光鸿所说："定公承昭公之后，政在季氏，粗能揽国柄，亲盟亲会亲兵，鲁民粗知有君，贤于昭公远矣。一用孔子，齐人来归侵疆。惜乎用之不久也，孔子行而三家复张。"[①]事业未竟，故人已逝，身在他乡的孔子难免伤感。鲁定公去世后，他的儿子姬蒋继位，是为鲁哀公。孔子时年五十七岁。

3

孔子一行继续前行来到郑国，在国都新郑的东门口，孔子与弟子们走散了。

> 孔子适郑，与弟子相失，孔子独立郭东门。郑人或谓子贡曰："东门有人，其颡似尧，其项类皋陶，其肩类子产，然自要以下不及禹三寸。累累若丧家之狗。"子贡以实告孔子。孔子欣然笑曰："形状，末也。而谓似丧家之狗，然哉！然哉！"（《史记·孔子世家》）

孔子一个人站在东城门外。弟子们到处寻找孔子，有一个郑人见到子贡，说看到东城门外有个人像一只丧家之狗一样。孔子闻言欣然自嘲，表

---

① 〔日〕竹添光鸿注：《左氏会笺》，第2251页。

示认同。对于史迁这段记述，崔述不以为然，称之为"齐东野人之语"，他写道："郑在宋西，陈在宋南，自宋适陈，必不由郑。且子产，郑相，其卒不久，郑人或犹有及见者；尧、禹、皋陶千七百余年矣，郑人何由知其形体之详，而分寸乃历历不爽矣乎？"①崔述从事实逻辑和话语逻辑两个方面的有力驳正，再次显现了史迁作史"轻信爱奇"的特点。顺便指出的是，文中以郑人之口将孔子比作"丧家之狗"，《白虎通》《论衡》等皆有引用。这种犬狗之喻在汉代之前并无太多贬义，但随着孔子圣人形象的确立，后人对于将圣人比作犬狗越来越难以接受，所以崔述说："至比圣人于狗，造此言者，信此说者，皆圣门之罪人也！"②愤恨之情溢于言表。及至近现代，这种犬狗之喻又被人利用，遂在"打倒孔家店"与"批判孔老二"运动中将孔子"丧家之犬"的形象坐实，成为孔子肖像与漫画的典型特征。史迁行文之初衷既变，崔述的忧心乃最终成真。这也算是历史的一种嘲讽吧。

史迁接着写道：

> 孔子遂至陈，主于司城贞子家。岁余，吴王夫差伐陈，取三邑而去。赵鞅伐朝歌。楚围蔡，蔡迁于吴。吴败越王句践会稽。（《史记·孔子世家》）

孔子带着弟子们第一次来到陈国国都宛丘，住在陈国司城贞子家里。文中史迁说了"岁余"后发生的五件邦际大事，有助于我们确定孔子至陈的具体时间。一是吴王伐陈取邑，未见于史载；二是赵鞅伐朝歌，此事自鲁定公十四年开始，延续多年；三是楚围蔡，在鲁哀公元年（前494年）春；四是蔡迁于吴，在鲁哀公二年十一月；五是吴败越王勾践于会稽，在鲁哀公元年春。综合上述事件推断，孔子来到陈国的时间大约在鲁定公十五年秋冬时节至鲁哀公元年春天之间。

孔子在陈国与国君、卿臣均有往来。陈国称司寇为司败，《论语》记录了孔子与陈国司败的一段对话。

> 陈司败问："昭公知礼乎？"孔子曰："知礼。"孔子退，揖巫马期而进之，曰："吾闻君子不党，君子亦党乎？君取于吴为同姓，谓之吴孟子。君而知礼，孰不知礼？"巫马期以告。子曰："丘也幸，

---

① 崔述撰著，顾颉刚编订：《崔东壁遗书》，第298页。
② 崔述撰著，顾颉刚编订：《崔东壁遗书》，第298页。

苟有过，人必知之。"（《论语·述而》）

陈国司败问孔子：鲁昭公懂不懂礼？孔子回答说：懂礼。孔子离开后，陈司败对孔子学生巫马施（字子期）说：我听说君子无所偏袒，难道君子也会有偏袒吗？昭公当年娶了吴国公族的姬姓女子为妻，称她为吴孟子。这违反了同姓不婚的礼仪。所以陈司败指摘道：如果说昭公懂礼，那还有谁不懂礼？巫马施将陈司败的话转告给孔子，孔子坦率承认了自己为君讳的过错，说：我真是幸运的人，一旦有了过错，别人定会知道。

陈国不久前正好"有隼集于陈廷而死"，国君陈湣公就派人向孔子询问，史迁《史记·孔子世家》记载孔子大谈了一番"肃慎之矢"的典故。这件事原载于《国语·鲁语下》，《孔子世家》采用时，将原文中的"陈惠公"正确地改为"陈湣公"，这是史迁著述精细之处。不过崔述认为这种"语怪"之事纯属无稽之谈。此外，《孔子世家》还抄录了《国语·鲁语下》记载的另一件事——"吴伐越，堕会稽，得骨节专车"，彼时吴国派人来问孔子，《孔子世家》记载孔子又作一番荒诞不经的长篇大论。泷川资言认为"事亦涉神怪，孔子所不语"。[①]根据子不语"怪、力、乱、神"（《论语·述而》），泷川资言所言不误。

吴王夫差派使者到陈国来，当然不是专门来讨论"骨节专车"的，很有可能是前来问罪的。十一年前，即鲁定公四年，吴国进攻楚国之时，曾派人邀请陈湣公的父亲陈怀公一起出兵，陈怀公犹豫不决，最后婉言拒绝了。现在夫差挟大胜勾践的余威，要对陈国清算旧账了。

> 及夫差克越，乃修先君之怨。秋八月，吴侵陈，修旧怨也。（《左传·哀公元年》）

吴国大军在鲁哀公元年八月开进陈国边境，连楚国都为此感到害怕，即"吴师在陈，楚大夫皆惧"（《左传·哀公元年》）。此时的吴国正在强劲崛起，楚国则日显疲态。眼看吴陈战事逼近，孔子师徒遂生去意。

> 孔子居陈三岁，会晋楚争强，更伐陈，及吴侵陈，陈常被寇。孔子曰："归与归与！吾党之小子狂简，进取不忘其初。"于是孔子去陈。（《史记·孔子世家》）

---

① 司马迁撰，〔日〕泷川资言考证：《史记会注考证》，第 2421 页。

史迁说"孔子居陈三岁",应该就是指鲁定公十五年与鲁哀公元年、二年这三年。但史迁所谓"晋楚争强,更伐陈",《左传》中并无记载。当时晋国正忙于平定内乱和对付齐、卫,根本不可能南下伐陈。所以梁玉绳《史记志疑》明确说:"时为定公十五年,哀元、二两年无晋、楚伐陈事,即三岁前后亦未尝伐陈,此妄矣。"[1]史迁说"及吴侵陈,陈常被寇",这基本上是对的,所以孔子应该是在鲁哀公二年初离开了陈国,在陈国的时间前后跨越三年,其实只有十三四个月。文中史迁"归与归与"之言,采自《论语·公冶长》。邢昺《论语注疏》曰:"狂者,进取也。简,大也。斐然,文章貌。言我所以归者,以吾乡党之中,末学之小子等,进取大道,妄作穿凿,斐然而成文章,不知所以裁制,故我当归以裁之耳。遂归也。"[2]按照邢昺的说法,孔子所说的"吾党之小子"是指留在鲁国的弟子们。朱熹也持这种观点,《四书章句集注》曰:"此孔子周流四方,道不行而思归之叹也。吾党小子,指门人之在鲁者。"[3]这种说法最早见于《孟子》,弟子万章问孟子,"孔子在陈,何思鲁之狂士?"(《孟子·尽心下》)孟子引用《论语》"不得中行而与之"章进行解释。《论语》是这么说的:

> 子曰:"不得中行而与之,必也狂狷乎!狂者进取,狷者有所不为也。"(《论语·子路》)

"狂者"喜欢进取,但可能缺乏原则;"狷者"能够坚守原则,遇事有所不为,但可能缺乏进取之心。按照朱熹的说法,孔子想要返回鲁国去,指导留在那里的曾点、琴张等"狂者"。我们认为,孔子"归与归与"之说的确是指归鲁,返卫不应用"归"字。但是,"吾党之小子狂简"指的是身边的弟子,孔子想要带着他们返回鲁国。事实上,史迁《史记·孔子世家》后文中再次出现了类似的"归乎归乎"之语,当时季孙斯派人召用冉求,孔子就说"归乎归乎",显然是指冉求等身边弟子。史迁重复记述,或许是错简复出,却证明了我们的判断是正确的。

不过,孔子终于还是没有返鲁,他在离开陈国后再次去往卫国,此后又在异乡生活了九年,直到鲁哀公十一年时才归返鲁国。

---

① 梁玉绳:《史记志疑》,第 1127 页。
② 何晏注,邢昺疏:《论语注疏》,第 75～76 页。
③ 朱熹:《四书章句集注》,第 81 页。

第八章　弦歌不辍

我们可以把孔子周游列国的十四年划分为三个阶段：前文已经述及的鲁定公十三年到鲁哀公二年算是第一阶段。在这一阶段，孔子三次进出卫国，这表明孔子对卫国的情有独钟，但卫国的内外局势和卫灵公的态度迫使他不得不多次选择离开。

鲁哀公二年二月左右，孔子一行回到卫国。与之前一样，孔子这次在卫国驻留的时间也不长，大概不超过两个月。随后，孔子一行再次前往陈国、蔡国，在那里游历了三年，直到鲁哀公六年（前489年）返回卫国。这是孔子周游列国的第二阶段。孔子在这一阶段主要周游于陈蔡之地，虽经战乱与贫病的困苦，仍继续开展文化教育活动。在陈、蔡、楚等地的游历中，孔子体验了南方文化的别样风情，接受了楚地隐者的灵魂拷问，探讨了华夷伦理的差异特色，接收了来自南方的后进弟子，也关注着鲁国母邦的风云变幻。这一切，正是孔子周游列国的本真目的。《庄子》中说："孔子游于匡，宋人围之数匝，而弦歌不辍。"（《庄子·秋水》）"弦歌不辍"，正是孔子师生历时四年南方之行的真实写照。

鲁哀公六年到十一年是第三阶段。在这一阶段的五年中，孔子基本上安居于卫国，在教书育人的同时密切关注鲁国外交和军事动向，支持弟子返鲁参与卫国战争。

本章探究孔子在此期间数度出入卫国的原因，探究孔子对于晋国中牟宰佛肸来召的态度，分析孔子一行第三次离开卫国的原因，"在陈绝粮"的原委以及颠沛于陈蔡之间的文化活动，阐明弟子冉求中途返鲁的前因后果，叙述孔子在楚国的经历以及对于楚文化的态度。

一、际可之仕

1

鲁哀公二年初，孔子一行踏上了返卫之路，途中经过卫国的城邑蒲地，想不到再次遇到凶险。

> 过蒲，会公叔氏以蒲畔，蒲人止孔子。弟子有公良孺者，以私车五乘从孔子。其为人长贤，有勇力，谓曰："吾昔从夫子遇难于匡，今又遇难于此，命也已。吾与夫子再罹难，宁斗而死。"斗甚疾。蒲人惧，谓孔子曰："苟毋适卫，吾出子。"与之盟，出孔子东门。孔子遂适卫。子贡曰："盟可负邪？"孔子曰："要盟也，神不听。"（《史记·孔子世家》）

按照史迁的说法，当时公叔戌正占据蒲地反叛，孔子一行经过的时候，蒲人截住了他们。以公良孺为首的孔门弟子奋力抵抗，蒲人感到害怕，对孔子一行说：如果你们保证不去卫国，就放你们走。孔子表示同意，与蒲人盟誓。可在蒲人放行后，孔子出了东门却径直前往卫国。子贡问孔子：盟誓是可以违背的吗？孔子回答说：这是被要挟的"要盟"，神灵是不会管的。这个故事听上去很生动，仔细考察却疑点重重。崔述《洙泗考信录》考辨如下：

> 《春秋》经传无公叔氏以蒲畔之事。定十四年《经》云："卫公叔戌来奔。"《传》云："卫侯逐公叔戌与其党，故赵阳奔宋，戌来奔。"而《世家》以去卫为定公卒之岁，又居陈三岁而后过蒲，则公叔氏之亡也久矣。蒲既畔卫，孔子何难纡道避之，乃轻入险地以自取祸。况蒲在卫西，陈在卫南，自陈来不由蒲也，孔子过蒲何为焉？要盟，神固不听，然既许之，甫出而即背之，亦岂圣人之所为邪！蒲，卫之属邑耳，灵公好战，屡伐晋，而独不敢伐一蒲；孔子不对灵公之问陈，而于灵公之不伐蒲独力劝其伐，不亦先后矛盾矣！此乃战国人之所伪撰，必非孔子之事。[1]

---

① 崔述撰著，顾颉刚编订：《崔东壁遗书》，第 291 页。

崔述所言不无道理，我们分析如下：前文已述，鲁定公十四年春，公叔戍在卫国图谋作乱，事败后被迫出奔鲁国，此后《春秋》经、传再没有公叔氏的消息，如何在时隔三年之后突然回到卫国，并且"以蒲畔"？当然也有一种可能，公叔戍当初逃离卫国之时，曾经先到蒲地，这里可能是他的封邑，故据蒲以畔，后来又被迫出奔鲁国。不过，即便如此，蒲地在三年多之后，怎么还在叛乱？就算蒲地此时依然处于叛乱状态，正如崔述所说，孔子难道不可以绕道而行，为何一定要"轻入险地以自取祸"？从地理上看，蒲在卫国西面，陈国在卫国南面，孔子从陈国返回卫国，并不需要经过蒲地。总之，这件事虽不能说必无，但其中不合情理之处确实值得我们警惕。

崔述在文中还认为，孔子既然已经盟誓，怎么会出尔反尔，这岂是"圣人"的行为？崔述此论显现出他的经学家短板，凡是涉及孔子"圣人"形象的地方，常常从实证主义史学家一下子转变成道德主义经学家，这是《洙泗考信录》最大的毛病。我们知道，春秋时期明确有"要盟神不听"之说。如鲁襄公九年郑国与晋国盟誓，当时晋国大军压境，算是典型的城下之盟，事后子驷、子展就说"要盟无质，神弗临也"以及"明神不蠲要盟，背之可也"（《左传·襄公九年》）。孔子对"要盟"明确表示过不屑。当初臧纥被季孙宿逼迫出奔齐国之际，特意在封邑防城给鲁襄公写了一封信，希望其同意延续臧氏的祖宗祭祀与子孙血脉，否则自己将坚守防城、不惜一战。季孙宿并不想赶尽杀绝，同意了臧纥的请求，建议襄公将臧纥同父异母的兄弟臧为立为臧氏宗主。孔子后来评论臧纥此举，认为他有要挟国君之嫌："臧武仲，以防求为后于鲁，虽曰不要君，吾不信也。"（《论语·卫灵公》）现在孔子以"要盟神不听"为理由，顾自返回卫国，其实也是很正常的。

经过一个多月的跋涉，孔子第三次回到卫都濮阳。按照史迁的说法，卫灵公高兴地到郊外迎接。

> 卫灵公闻孔子来，喜，郊迎。问曰："蒲可伐乎？"对曰："可。"灵公曰："吾大夫以为不可。今蒲，卫之所以待晋楚也，以卫伐之，无乃不可乎？"孔子曰："其男子有死之志，妇人有保西河之志。吾所伐者不过四五人。"灵公曰："善。"然不伐蒲。（《史记·孔子世家》）

卫灵公与孔子讨论是否可以伐蒲，孔子居然说可以。我们知道《论语》

中有卫灵公问阵于孔子，孔子拒之以"军旅之事，未之学也"（《论语·卫灵公》）。现在孔子不仅鼓励卫灵公伐蒲，而且当卫灵公表示无意伐蒲时，孔子竟然继续怂恿，实在是前后矛盾。所以，崔述说"此乃战国人之所伪撰，必非孔子之事"。崔述此言并非为圣人辩，而是基于情理的推断。

史迁继续写道：

> 灵公老，怠于政，不用孔子。孔子喟然叹曰："苟有用我者，期月而已，三年有成。"孔子行。（《史记·孔子世家》）

我们在前文说过，"苟有用我者"这句话很可能是孔子初到卫国时说的，当时孔子对卫国政治还抱有一定希望。而此时的卫灵公虽然才四十七岁，尚不算老，但行将就木、怠于政事，孔子不太可能再说这种激昂亢奋的话。事实上，此时已年近六旬的孔子对入仕既无甚期望，亦无甚兴趣。不久后，卫国新君继位，孔子明确表达了不参与卫国政治的态度。

鲁哀公二年，晋国内部范氏、中行氏与赵氏之间的战事仍在继续。这时发生了一件非常离奇的事情，晋国中牟宰佛肸突然派人来卫国召孔子，而且孔子居然打算前往。

> 佛肸为中牟宰。赵简子攻范、中行，伐中牟。佛肸畔，使人召孔子。孔子欲往。子路曰："由闻诸夫子，'其身亲为不善者，君子不入也'。今佛肸亲以中牟畔，子欲往，如之何？"孔子曰："有是言也。不曰坚乎，磨而不磷；不曰白乎，涅而不淄。我岂匏瓜也哉，焉能系而不食？"（《史记·孔子世家》）

中牟地处晋卫交界之处，司马贞《史记索隐》谓"此河北之中牟，盖在汉阳西"，顾栋高《春秋大事表》谓其在邢台与邯郸之间，应该是范氏的属地，在晋国内战中倾向于范氏、中行氏一边。赵鞅在鲁哀公二年进攻范氏、中行氏时，也同步发兵进攻中牟，中牟宰佛肸便正式与赵鞅开战。因为赵鞅是代表晋国国君的，所以史称"佛肸畔"。这次赵鞅"伐中牟"并没有攻下该城，因为我们看到鲁哀公五年（前490年）"夏，赵鞅伐卫，范氏之故也，遂围中牟"（《左传·哀公五年》），这是赵鞅讨伐卫国时，顺道再次包围了中牟。

中牟地近卫国，所以佛肸就派人到卫国邀请孔子前往相助，或许在佛肸看来，卫国是站在范氏、中行氏一边的，故孔子也与其同一阵营。看样子孔子是打算前去应召的，但子路再次提出异议，理由是孔子不该帮助叛人。孔子承认子路所言不无道理，但以匏瓜自况，说我不可能像匏瓜那样老是挂着不得人食用。

那么问题来了，孔子为什么想去帮助一个晋国叛臣？有一种说法是：孔子此行是要"张公室"。泷川资言在《史记会注考证》中介绍了翟灏的看法，翟氏认为"佛肸于晋为叛，于范、中行氏犹为义。且范、中行灭，则三分晋地之势成。三分晋地之势成，则大夫自为诸侯之祸起。圣人神能知几，故欲往以救之"。①这种说法未免主观，孔子并非先知，怎能逆睹四十年后的"三家灭知"和九十年后的"三家分晋"？而且佛肸叛晋也谈不上"张公室"，孔子凭一己之力"欲往救之"，恐非明智之举。

在此之外还有一种说法是：佛肸为叛臣，孔子之所以想去帮助他，是出于一种道德权变，目的是改造佛肸，将其导入正道。朱熹《四书章句集注》引张敬夫曰："子路昔者之所闻，君子守身之常法。夫子今日之所言，圣人体道之大权也。然夫子于公山、佛肸之召皆欲往者，以天下无不可变之人，无不可为之事也。"②这种"改造坏人"的说法颇为勉强，不过也可备一说。

顺便说一句，我们注意到史迁文中有子路说"由闻诸夫子"之语，这是有问题的。我们在前面讲过，"夫子"在春秋时期是对第三人的称呼，不能作第二人称用于当面指称对方。这是史迁行文的失误？并不是，因为这是史迁直接采之于《论语》的：

> 佛肸召，子欲往。子路曰："昔者由也闻诸夫子曰'亲于其身为不善者，君子不入也'。佛肸以中牟畔，子之往也，如之何？"子曰："然。有是言也。不曰坚乎，磨而不磷；不曰白乎，涅而不缁。吾岂匏瓜也哉，焉能系而不食？"（《论语·阳货》）

《论语》也称子路曰"闻诸夫子"云云，显然问题出在《论语》本身。崔述发现了这个问题，并且据此证明这件事系后人伪撰。我们认为，这种可能性也是有的。不管怎样，孔子最后并没有应佛肸之召，这件事就算过去了。

2

史迁接着叙述了两则孔子在卫国学习音乐的轶事，这是孔子周游列国

① 司马迁撰，〔日〕泷川资言考证：《史记会注考证》，第 2443 页。
② 朱熹：《四书章句集注》，第 178 页。

考察礼乐的具体写照。第一则轶事“孔子击磬”采于《论语·宪问》而有所删节，我们直接来看《论语》的原文：

> 子击磬于卫，有荷蒉而过孔氏之门者，曰：“有心哉，击磬乎？”既而曰：“鄙哉，硁硁乎。莫己知也，斯己而已矣。深则厉，浅则揭。”子曰：“果哉，末之难矣。”（《论语·宪问》）

荷蒉者引《诗经·邶风·匏有苦叶》中“匏有苦叶，济有深涉。深则厉，浅则揭”之句，向孔子提出或可随遇而安、与世沉浮的隐逸建议。孔子所说的“果”就是果敢，“末”就是无，意思是：如此果敢遗世，就没有任何难处了。所谓“难”，就是个人逍遥与社会责任之间的冲突。孔子一向具有强烈的入世救世意识，他深知个体的隐逸并不能解决人生问题，个人的解脱更不能解决社会困境。朱熹《四书章句集注》说：“圣人心同天地，视天下犹一家，中国犹一人，不能一日忘也。故闻荷蒉之言，而叹其果于忘世，且言人之出处，若但如此，则亦无所难矣。”[1]所以，孔子一直怀持知其不可而为之的勇气，努力在社会生活中寻找自己的人生寄托。

第二则轶事是孔子在卫国“学鼓琴师襄子”，两人切磋音乐的生动场景如下：

> 孔子学鼓琴师襄子，十日不进。师襄子曰：“可以益矣。”孔子曰：“丘已习其曲矣，未得其数也。”有间，曰：“已习其数，可以益矣。”孔子曰：“丘未得其志也。”有间，曰：“已习其志，可以益矣。”孔子曰：“丘未得其为人也。”有间，曰：“有所穆然深思焉，有所怡然高望而远志焉。”曰：“丘得其为人，黯然而黑，几然而长，眼如望羊，如王四国，非文王其谁能为此也！”师襄子辟席再拜，曰：“师盖云文王操也。”（《史记·孔子世家》）

这里讲述的是孔子在卫国期间向著名乐师师襄子学习鼓琴，循序渐进乃至黯然通达的过程。崔述对此表示怀疑，他写道：“孔子不当学之于卫也。圣人固无常师，然学琴当在少年时，在齐闻《韶》，圣人之于乐已深矣；及是又二十年，而襄乃挚之属，孔子反鲁之后挚方在官，则襄于孔子似为后起，襄之琴恐不足为孔子师也。此其事之有无盖不可知。且其所云

---

① 朱熹：《四书章句集注》，第 160 页。

'眼如望羊，心如王四国'之语皆不雅驯，与《论语》所记孔子之言大不
类。盖皆后人所托。"① 崔述怀疑的理由有三：一是认为孔子学琴在少年时，
且他的琴艺早已学成，不会在卫国学琴；二是师襄乃师挚的下属，孔子返
回鲁国后才跟从师挚学琴，师襄比孔子年轻，他的琴术不足以教孔子；三
是文中"眼如望羊，心如王四国"之语同《论语》用语不一致，应该是后
人所托。我们对此有三点说明。第一，孔子向师挚学习音乐应在返鲁之前。
师挚确为鲁国乐师，《论语》中记述了孔子在鲁国与师挚学习交流《诗》
乐的经历。孔子说："师挚之始，《关雎》之乱，洋洋乎盈耳哉！"（《论
语·泰伯》）。文中的"乱"，朱熹《四书章句集注》解释为"乐之卒章也"②，
即乐曲结束之际的变章乱节。孔子说师挚奏乐以《关雎》为首章，结束之
际的变章乱节尤为美盛，满耳余音。这件事应该发生在孔子去鲁之前，因
为《论语》中记载："太师挚适齐，亚饭干适楚，三饭缭适蔡，四饭缺适
秦，鼓方叔入于河，播鼗武入于汉，少师阳、击磬襄入于海。"（《论语·微
子》）朱熹《四书章句集注》认为，这些人都是鲁国掌握不同乐器、乐章
的乐官、乐师，其中太师挚是鲁乐官之长，由于鲁国礼崩乐坏，乐师们后
来便流散隐遁。③ 师挚去了齐国，孔子返鲁后不可能与他交流音乐。第二，
孔子早先与鲁国多名乐师有过交流，与鲁太师进行音乐交流时，孔子不仅
自信明言"乐其可知也"（《论语·八佾》），其乐评也相当精当，说明
孔子当时的音乐造诣就已经很高了，崔述说孔子"学琴当在少年时"是有
道理的。第三，崔述说师襄是师挚的下属，这一点并没有证据可以证明。
师襄应是卫国的乐师，孔子在卫国与之切磋交流，并非学琴于师襄，这一
点史迁所记确实有误。且文中用词夸张，泷川资言也说："词气与季札论
乐相似。模拟之迹不可蔽，断非孔子言。"④ 我们认为，孔子在卫国与乐
师切磋交流完全是有可能的，但具体情况未必如史迁所述那么夸张。

　　两则轶事之后便是孔子"西见赵简子"的情节，史迁说孔子"既不得
用于卫，将西见赵简子。至于河而闻窦鸣犊、舜华之死也，临河而叹"（《史
记·孔子世家》）。卫国都城濮阳在黄河东岸，孔子原来打算西渡黄河去
见赵鞅，到了黄河边上听说赵鞅杀了贤大夫窦鸣犊、舜华，于是又返回濮
阳，继续住在蘧伯玉家里。这个故事比孔子应佛肸之召更加令人难以置信。
当时卫国正与赵鞅作战，孔子此举既冒险非常，又不合常理。崔述说："鞅，

---

① 崔述撰著，顾颉刚编订：《崔东壁遗书》，第 293 页。
② 朱熹：《四书章句集注》，第 106 页。
③ 朱熹：《四书章句集注》，第 187 页。
④ 司马迁撰，〔日〕泷川资言考证：《史记会注考证》，第 2445 页。

卫之仇雠也；孔子虽未受职于卫，然曰际可之仕，则亦有宾主之义焉，无故去之而往见其仇，于义似亦有未安者。往而不遂，复返乎卫，不知何以对灵公？灵公亦安能待之如旧邪？"①《孟子》曾说孔子在卫国是"际可之仕"（《孟子·万章下》）。按照赵岐的注解，"际，接也。卫灵公接遇孔子以礼，故见之也"。也就是说，孔子与卫灵公之间是一种以礼相接的关系。孔子虽然没有在卫国任职，但至少与卫灵公有宾主之义，无缘无故去见卫灵公的仇人，于理何安？如果真的去了，以后又有何面目再见卫灵公？所以，崔述认为这也是战国时人的伪托之事。顺便说一句，包括儒家在内的后世战国诸子多有四处鬻智干禄者，于是就认为孔子周游列国必定跟他们一样，也是抱着求仕干禄的功利性动机。其实，孔子周游列国的实质是文化之旅，目的绝非入仕做官。否则的话，就很难解释为什么我们找不到孔子及其弟子在周游列国长达十四年的时间里入仕做官的具体史料记载。我们能看到的充其量不过是一些类似于佛肸"使人召孔子"和"西见赵简子"之类经不起推敲的传闻，以及"灵公老，怠于政，不用孔子"这种想当然的说法。如果排除这些似是而非的文字，实在没有什么可靠史料证明孔子周游列国是一心为了入仕做官。

3

孔子一行返卫后不久，卫灵公召见孔子，问他有关军事方面的事情，孔子因此决定再次离开卫国。

> 他日，灵公问兵陈。孔子曰："俎豆之事则尝闻之，军旅之事未之学也。"明日，与孔子语，见蜚雁，仰视之，色不在孔子。孔子遂行，复如陈。（《史记·孔子世家》）

灵公问兵阵的情节采于《论语》，具有一定的可信度。

> 卫灵公问陈于孔子。孔子对曰："俎豆之事，则尝闻之矣。军旅之事，未之学也。"明日遂行。（《论语·卫灵公》）

孔子说自己没有学过军旅之事，这或许是真的；但没学过不等于不懂，《论语》中有多章体现了孔子的军政思想。

---

① 崔述撰著，顾颉刚编订：《崔东壁遗书》，第 293 页。

子之所慎：齐，战，疾。（《论语·述而》）

慎战是孔子最重要的军事思想，因为战争涉及民众的生死、国家的存亡，所以慎战是一切战争思想的核心原则。

子曰："善人教民七年，亦可以即戎矣。"（《论语·子路》）

这是强调驱使民众作战首先要教民以礼义、教民以习战，培养兵民的战争素养。

子曰："以不教民战，是谓弃之。"（《论语·子路》）

这是针砭当时各国不教而战、任意驱使民众成为战争牺牲品的普遍现象。

如果说以上三章反映了孔子的战争思想，那么下章则体现了孔子的军事谋略，这就是"临事而惧，好谋而成"。

子谓颜渊曰："用之则行，舍之则藏，唯我与尔有是夫。"子路曰："子行三军，则谁与？"子曰："暴虎冯河，死而无悔者，吾不与也。必也临事而惧，好谋而成者也。"（《论语·述而》）

孔子此论虽然是针对子路好勇的个性特点而言的，却也体现了基本军事要诀，暗合《孙子兵法·谋攻篇》"上兵伐谋"的军事思想。需要指出的是，战争是政治的延伸。春秋政治以维护周礼为要义，故邦国之间的战争尚能遵从仁义和仪礼，孔子"教民"思想就是这种风尚的体现。从春秋末期到战国时期，邦际战争的性质与方式均发生了重大变化，战争以攻城、略地、杀敌为目的。对于这样的不义之战，孔子当然排斥。所以，当卫灵公向孔子请教战争事宜的时候，孔子就打算离开卫国了。正如朱熹《四书章句集注》引尹氏曰："卫灵公，无道之君也，复有志于战伐之事，故答以未学而去之。"①九年后，当卫国卿大夫孔圉想要派兵攻打同僚太叔疾时，也来向孔子请教战阵之事，孔子不仅当场拒绝，而且决定马上返鲁。

孔子决定第三次离开卫国，除了讨厌不义之战外，还缘于对卫灵公深

---

① 朱熹：《四书章句集注》，第162页。

感失望。崔述说："此文与《孟子》'际可'之义合。疑卫灵礼貌渐衰，故孔子见几而作，亦不专因于问陈也。"①也就是说，孔子与卫灵公之间原来客客气气、以礼相待，现在既然卫灵公"见蜚雁，仰视之，色不在孔子"，已失去了基本的礼貌，孔子便知趣告辞了。另外，此时卫国已深度卷入晋国内战，孔子也有躲避是非的考量。这次孔子一行的目的地仍然是陈国。

孔子应该是在鲁哀公二年四月初之前离开了卫国。孔子走后没多久，卫灵公就去世了，终年四十七岁，在位四十二年。卫灵公的太子蒯聩早已出奔晋国，南子就想让卫灵公的另一个儿子公子郢继位，这可能也是卫灵公的遗愿。但公子郢坚决拒绝，或许他担心自己会卷入君位之争，毕竟太子蒯聩仍在境外虎视眈眈。公子郢建议立蒯聩的儿子辄，南子同意了，是为卫出公。蒯聩在晋国得知儿子继位的消息，感到非常气愤，决定借助赵鞅的力量回国夺取君位。赵鞅当然支持这个计划，因为蒯聩一旦回国继位，反晋联盟就会被打开一个豁口。这年六月，赵鞅派阳货悄悄护送蒯聩潜入晋卫边境戚邑（今河南省濮阳市北），准备伺机重返卫国，从儿子手里夺取君位。

此时，郑国已成为反晋联盟的急先锋。鲁哀公二年八月，就在孔子离开卫国后不久，晋国士吉射同郑国罕达、驷弘组成联军，与晋国赵鞅、卫国蒯聩的部队在铁地（今河南省濮阳市西北）发生了著名的铁之战。双方战车摆开阵形，展开了一场短兵相接的生死大战，赵鞅被郑人刺中肩膀，倒在战车之中，幸亏蒯聩挥戈相救。经过反复厮杀，晋军大获全胜。铁之战的失败给卫国带来了诸多灾难，卫国甚至不得不延迟卫灵公的入葬仪式。为了消除蒯聩的威胁，次年春天齐国大夫国夏、卫国大夫石曼姑再次组成联军，包围了戚邑，目标直指城中的蒯聩。这些战事表明，孔子提前离开卫国是十分明智的，避免了许多战乱带来的麻烦。

按照《史记·孔子世家》的说法，孔子在卫灵公时期曾经先后三次离开卫国国都濮阳，其中第一次是"去卫""过匡"，第二次是"去卫""适宋""至陈"，第三次即所谓"灵公问兵陈"，"孔子遂行，复如陈"。孔子在五年时间里如此频繁地进出卫国，需要在路上花费相当多的时间，尤其是孔子每次在濮阳的居留时间都不长，如此往返不定，不禁令人生疑。崔述《洙泗考信录》、钱穆《孔子传》均对此表示怀疑，文多不载。我们除了怀疑孔子西见赵鞅之类的说法外，姑且认同史迁的其他叙事，因为并

---

① 崔述撰著，顾颉刚编订：《崔东壁遗书》，第294页。

没有确凿史料来证伪其说。在这里，我们或许可以给出一个孔子一行多次出入卫国的原因：尽管孔子在卫国未必舒心，却能够获得来自公室的比较稳定的馈赠。朱熹说："想得弟子来从学者，则自赍粮，而从孔子出游列国者，则食孔子之食耳。然孔子亦安得许多粮？想亦取自列国之馈尔。孔子居卫最久，所以于灵公、孝公，有交际、公养之仕，其所以奉孔子者必厚，至他国则不然矣。"[①]朱熹的说法有一定的道理。

现在孔子又踏上了前往陈国的路途，这是孔子"三进三出"濮阳的第三次出走。孔子一行这次离开卫国，直到鲁哀公六年才从南方返回，并在鲁哀公十一年第四次离开卫国返回鲁国，如此孔子一共四次进出卫国，《史记·孔子世家》就是这样叙述的。或许史迁确实读到了后人没有见到过的史料，我们不便轻易否定。即便梁玉绳在《史记志疑》中对史迁多加质疑，却也没有怀疑过史迁对孔子往返卫国之行迹的记述。他说："孔子至卫凡五：去鲁司寇适卫，一也；将适陈过匡过蒲而反乎卫，二也；过曹而宋而郑而陈仍适卫，三也；将西见赵简子未渡河而反卫，四也；如陈而蔡而叶复如蔡，将至楚而不果仍反乎卫，五也。"梁氏认为，"史公亲见古文家语，故能年经月纬，自少至老，历历如是，不可以意论也。"[②]当然，我们比梁玉绳更加审慎一些，否定了孔子西见赵鞅这一次，认为孔子前后凡四次进出卫国濮阳。

二、冉求返鲁

1

鲁哀公二年三四月间，五十九岁的孔子带着一帮弟子第二次出发前往陈国。濮阳距宛丘大约五百里，步行需一个月左右的时间，故孔子一行抵达陈国时应该已是夏季。鲁哀公二年十一月，吴国派大夫泄庸率兵入蔡，要求蔡国人迁往吴国边境。此时楚昭王正欲伐蔡，因此蔡昭侯表示同意，并借吴军的势力，杀了挑头反对的卿大夫公子驷。蔡人无奈之下"哭而迁墓"，被迫举国"迁于州来"（《左传·哀公二年》）。州来在淮水之南，是吴国从楚国手里夺来的边邑，吴国人迁蔡于此，一方面为了便于控制，另一方面也是要蔡人替自己守卫边境。这样，吴国的势力就扩张到了蔡国

① 黎靖德编：《朱子语类》，第2190页。
② 梁玉绳：《史记志疑》，第1130页。

与陈国一带，楚国因此不敢轻举妄动。陈国有了吴国这座靠山，局势相对安定平稳，这对于孔子一行的生活是有利的。于是孔子在陈国安顿下来，继续收受弟子，教书育人。在孔子第二次南下的过程中，又有一些年轻人投入孔门。例如，公西赤，字子华，鲁人，少孔子四十二岁；有若，字子有，鲁人，少孔子四十三岁。我们不知道他们拜师的具体时间，姑且假设在鲁哀公三年前后。孔子之前曾在陈国住过三年，对这个地方比较熟悉，陈湣公为人也算厚道，因此这一时期孔子一行的总体生活境况尚可。

孔子身在异乡，对故国依然十分关注，大凡遇到鲁国来人，都会借机了解鲁国的情况。就在鲁哀公三年五月，鲁国内城的司铎官署发生火灾，大火蔓延过公宫。季孙斯、南宫阅、子服何、公父歜、富父槐等卿大夫都参与了救火，抢救出不少书籍。据说，"孔子在陈，闻火，曰：'其桓、僖乎！'"（《左传·哀公三年》）孔子猜测鲁国公宫的这场火灾可能将桓公庙与僖公庙烧毁了，事实果真如此。这并非孔子具有特异功能，而是《左传》常用的道德预言式历史叙事手法。

我们知道，按照周礼"诸侯五庙，二昭二穆，与太祖之庙而五"。所以，鲁哀公的五庙除了太庙周公庙之外，应该仅有成公庙、昭公庙"二昭"和襄公庙、定公庙"二穆"。但正如我们在前文所述，桓公是"三桓"之祖、僖公开了"兄终弟及"的先河，所以"三桓"重建了桓公庙与僖公庙，这严重违反了周礼成规。现在两庙失火被毁，体现了上天因"三桓"失德而降下天谴的神威。《左传》借此表达了孔子对鲁国礼崩乐坏的批评。在《左传》一书中，此种预言式的附会不计其数，这也是《左传》最为人诟病的"其失也巫"的特点。大凡古人在撰写历史的时候，常不约而同地作预言式的叙事。如希伯来人撰写《旧约圣经》时就记述了许多先知预言，其准确度远超《左传》，"其失也巫"的特点更加明显。这是一种古代神秘主义、道德主义和命定论有机结合下的产物，目的是要体现上天的神秘力量对于人间社会道德价值的引导，其表现形式或是天谴，或是神佑。我们既不能信为全真，也不必判为尽伪，还是应以实事求是的态度具体分析考证。

2

我们把视线投向鲁国。孔子离开鲁国已经整整五年，鲁国人对于孔子应该不乏怀念之情，其中包括季孙斯本人。季孙斯原本与孔子关系不错，现在他的身体越来越差，内心不免生出一种忏悔之情。我们把《史记》与《左传》的相关史料梳理一下，看看发生在鲁国的事情。

> 秋，季桓子病，辇而见鲁城，喟然叹曰："昔此国几兴矣，以吾获罪于孔子，故不兴也。"顾谓其嗣康子曰："我即死，若必相鲁；相鲁，必召仲尼。"后数日，桓子卒，康子代立。已葬，欲召仲尼。公之鱼曰："昔吾先君用之不终，终为诸侯笑。今又用之，不能终，是再为诸侯笑。"康子曰："则谁召而可？"曰："必召冉求。"于是使使召冉求。（《史记·孔子世家》）

到了鲁哀公三年的秋天，季孙斯病重，他让人抬着自己到城头上巡视鲁城，想起昔日的旧事，对庶子季孙肥喟然叹道：当年这个国家差一点就振兴了，因为我得罪了孔子，所以没能振兴啊。季孙斯叮嘱季孙肥，若他继任则召回孔子。不久，季孙斯去世。季孙肥派人杀掉了季孙斯刚出生的嫡子，自己继任成为季孙氏宗主。季孙肥记着父亲的临终遗言，打算去召孔子，大夫公之鱼说：当年先君任用孔丘，最后不了了之，终为诸侯所笑；现在又要任用他，万一又不了了之，将再次为诸侯所笑。季孙肥问那谁可召用，公之鱼推荐冉求，于是季孙肥派人前往陈国聘召冉求。

3

孔子为冉求感到高兴，毕竟弟子在其身边学习了这么多年，能够有机会入仕，总是一件好事。更何况冉求此时已经三十一岁了，入仕为官是他的夙愿。

> 冉求将行，孔子曰："鲁人召求，非小用之，将大用之也。"是日，孔子曰："归乎归乎！吾党之小子狂简，斐然成章，吾不知所以裁之。"子赣知孔子思归，送冉求，因诫曰"即用，以孔子为招"云。（《史记·孔子世家》）

在为冉求送行时，孔子对弟子们说：回去吧，回去吧！我的弟子们狂简，斐然成章，我不知道该怎样栽培他们了。子贡知道孔子内心思念故乡，便对冉求说：如果季孙氏重用你，就恳请季孙氏适时召回孔子。

季孙斯死于鲁哀公二年秋天，使者要打听到孔子一行的行踪，并从鲁国赶到陈国，最快也需要两三个月的时间。所以我们可以很自然地推断出，冉求返鲁的时间大致在鲁哀公三年岁末。然而，崔述提出了一种看法："冉有归鲁，当在反卫之后，不当在桓子甫卒之时也。"[①]崔述认为冉求当时

---

① 崔述撰著，顾颉刚编订：《崔东壁遗书》，第300页。

并没有马上返回鲁国，至少要到鲁哀公六年孔子第四次返回卫国后才离开。崔述为何得出这个结论？原因很简单，《论语》中有"夫子为卫君乎"章，记载了冉求、子贡与孔子之间的一场对话，可以证明此说。

> 冉有曰："夫子为卫君乎？"子贡曰："诺，吾将问之。"入曰："伯夷叔齐，何人也？"曰："古之贤人也。"曰："怨乎？"曰："求仁而得仁，又何怨？"出曰："夫子不为也。"（《论语·述而》）

文中"夫子为卫君乎"中的"为"字，是认可、赞成的意思；"卫君"是指卫出公辄，朱熹《四书章句集注》明确说："卫君，出公辄也。"[1]崔述也说："此章所称'卫君'，先儒皆以为出公辄。玩其词意，良然。"[2]冉求这句话的大致意思是：老师会认同卫君辄，为他入仕效力吗？这个问题比较敏感，子贡没有马上回答，说：我去问问老师吧。子贡走进屋内，并没有直截了当地问孔子，而是采取了一种旁敲侧击的方式，问道：孤竹国的伯夷、叔齐，是什么样的人？孔子回答说：他们是古代的贤人呀。子贡又问：他们两兄弟相互推让，不愿做国君，最后两人都抛弃了君位，不知道他们后来怨悔了没有？孔子肯定地说：他们求仁而得仁，有什么好怨悔的？子贡出来对冉求说：老师不认同卫君。言下之意是，孔子不会为卫出公入仕效力。子贡的逻辑推理是这样的：卫出公是蒯聩的儿子，父子二人为了争夺君位，不惜兵戎相见；孔子高度赞许伯夷、叔齐，说明孔子充分肯定君位谦让这种行为；现在卫出公不仅没有像伯夷、叔齐那样将君位让给父亲，而且还与父亲发生正面冲突，所以子贡推断孔子不认可卫出公。其实，子贡早就知道孔子对伯夷、叔齐的态度，《论语》记载孔子至少五次提到伯夷、叔齐，说他们"饿于首阳之下，民到于今称之"（《论语·季氏》），"不念旧恶，怨是用希"（《论语·公冶长》），"不降其志，不辱其身"（《论语·微子》）。子贡特意再去询问孔子，好让同窗们充分信服，这是子贡善于言辞的具体表现。

崔述读史极为仔细，逻辑思维也相当缜密。他认为这场对话必定发生在卫国，然而卫出公继位在卫灵公死后，此时孔子一行已经离开濮阳，所以这场对话只能发生在鲁哀公六年孔子一行重回卫国之后。崔述于是认为，冉求在哀公六年之前一直跟随在孔子身边，不可能回到鲁国做官。然而，崔述忽略了一种可能性，即冉求在哀公三年返回鲁国后，又在哀公六年之

---

① 朱熹：《四书章句集注》，第 96 页。
② 崔述撰著，顾颉刚编订：《崔东壁遗书》，第 305 页。

后因公务去过一趟卫国，见到了孔子和子贡。我们认为，冉求再次来到卫国的时间应该是在鲁哀公十年（前485年）五月至六月间，彼时鲁国正在应对齐国的威胁，或许是为了让卫国出面斡旋，或许是为了让冉求与孔子及弟子们商议对策，很有可能在这一时期派其出使卫国。这一部分的具体情况我们会在第九章再次提及。由于彼时蒯聩与卫出公的君位争夺愈演愈烈，冉求到了卫国后便与同窗谈论此事，冉求很好奇老师的态度，于是便有了"夫子为卫君乎"章的对话。事实上，关于冉求应召返鲁的时间，史迁讲得很清楚："冉求既去，明年，孔子自陈迁于蔡。"（《史记·孔子世家》）这里的"明年"指的是鲁哀公四年（前491年），所以冉求返鲁即应在鲁哀公三年。还有一件事顺便交代一下：冉求返鲁后，自然不可能跟随孔子前往蔡国。但是孔子后来罗列"从我于陈蔡者"的四科十哲名单时，仍将他列入其中。这是为什么？其实这也很好解释：孔子两次陈国之行，冉求都追随其后，虽然不是"从我于蔡者"，却是"从我于陈者"。孔子合陈蔡而言之，将冉求列为"从我于陈蔡者"，并无任何问题。

三、自陈迁蔡

1

这年十月，赵鞅率军包围了朝歌，范氏、中行氏奋力突围，冲出朝歌，逃往邯郸，投靠镇守在邯郸的赵稷。朝歌终于落入赵鞅手中。范氏、中行氏败局已定，晋国内战进入收尾阶段。

鲁哀公四年，孔子六十一岁。按照史迁的说法，孔子在陈国居住了一年之后，又前往蔡国。这里有一个问题必须讲清楚："孔子自陈迁于蔡"，这个"蔡"究竟是哪里？为此，我们须把有关蔡国地域的变迁情况做一交代。

当初周武王始封其弟叔度，封地在上蔡（今河南省驻马店市上蔡县），是为蔡国。鲁昭公十一年，楚灵王诱杀蔡灵侯，灭蔡国，杀隐太子于冈山以祭神；鲁昭公十三年，楚灵王死后，楚平王为蔡国复国，隐太子的儿子即位为蔡平侯，迁都于新蔡（今河南省驻马店市新蔡县）。其后，新蔡一直是蔡国的国都。我们在前文已述，两年前，即鲁哀公二年的年底，在吴国的武力胁迫下，蔡昭侯将蔡国迁至吴国边境州来，将州来定为国都，并改称为下蔡，以示蔡国一脉相承。

这三个地方都叫"蔡"，孔子究竟去了哪一处？我们可以肯定地说，孔子并没有去下蔡，而是去了新蔡和上蔡一带。理由有三。第一，如果孔子一行去了下蔡，应该会与蔡国君臣有所往来与交谈，但我们并没有看到相关的可信史料。崔述认为："《论语》、《孟子》、《春秋传》中亦俱无孔子与蔡之君大夫相与周旋问答之事。"①第二，蔡国原本与陈国相邻，但迁到州来之后，距离陈国就比较远了，而且中间还隔着楚境，孔子一行远道前往的可能性不太大。正如崔述所说："蔡既迁于州来，去陈益远，来往当由楚境，孔子未必远涉其地。"②第三，鲁哀公四年二月下旬，下蔡的蔡国发生了严重内乱。情况大致如此：鲁哀公二年，民众被迫迁到州来，心中怨气未消。蔡国君臣对于亲吴还是亲楚，意见一直不统一。鲁哀公四年二月，蔡昭公准备前往吴国朝聘，他的臣下害怕蔡国可能再次被迫迁往吴国内地，就发动政变杀死了蔡昭公，动乱导致多名蔡国卿大夫被杀。《左传》记载了这场政变：

> 四年春，蔡昭侯将如吴，诸大夫恐其又迁也，承公孙翩逐而射之，入于家人而卒。（《左传·哀公四年》）

这件事，史迁也说得很清楚：

> 蔡昭公将如吴，吴召之也。前昭公欺其臣迁州来，后将往，大夫惧复迁，公孙翩射杀昭公。楚侵蔡。（《史记·孔子世家》）

蔡国国君被杀，国内必然大乱，孔子一行进入乱邦的可能性不大。"孔子自陈迁于蔡"，新蔡和上蔡一带接近陈国，孔子应该是去了那里。

2

我们注意到，史迁在上文提到了"楚侵蔡"，这个"蔡"并不是下蔡，而是新蔡、上蔡一带。我们来看《左传》的记述：

> 夏，楚人既克夷虎，乃谋北方。左司马眅、申公寿余、叶公诸梁致蔡于负函，致方城之外于缯关。（《左传·哀公四年》）

文中的左司马眅、申公寿余、叶公诸梁均为楚国大夫，所谓"致"就

---

① 崔述撰著，顾颉刚编订：《崔东壁遗书》，第300页。
② 崔述撰著，顾颉刚编订：《崔东壁遗书》，第300页。

是"召集"的意思。杜预《春秋左传集解》曰："三子，楚大夫也。此蔡之故地人民，楚因以为邑。致之者，会其众也。"①鲁哀公四年夏天，楚国平定了内部蛮夷反叛后，图谋进攻北方，于是派叶公等三位大夫负责征调人马。他们逼迫蔡国人集结于负函（今河南省信阳市），这些蔡国人是蔡昭侯南迁州来后留在故地的蔡人，大概就在新蔡、上蔡一带，现在楚国人把他们集中起来准备去对付吴国人。

孔子一行从陈国南下，抵达新蔡、上蔡一带。崔述说："则是孔子所谓'从我于陈蔡'者，乃负函之蔡，非州来之蔡也。"②崔述认为孔子去的地方不是"州来之蔡"，这是对的；但他说是"负函之蔡"，这就不对了。因为负函是楚人强迁蔡国故地民众戍边之地，必定纷扰不堪，孔子何苦前往？而且负函在上蔡、新蔡的西南面，孔子不在上蔡、新蔡一带停留，前往负函的可能性不大。孔子后来又从蔡国前往楚国叶地（今河南省平顶山市叶县西南），叶地位于上蔡、新蔡的西北面，由此入境正在情理之中。

孔子一行在上蔡、新蔡一带逗留到鲁哀公五年，才前往楚国叶地。孔子在叶地与叶公会晤交谈，然后又从叶地返回到上蔡、新蔡一带。对此，史迁记述如下：

> 明年，孔子自蔡如叶。叶公问政，孔子曰："政在来远附迩。"他日，叶公问孔子于子路，子路不对。孔子闻之，曰："由，尔何不对曰'其为人也，学道不倦，诲人不厌，发愤忘食，乐以忘忧，不知老之将至'云尔。"去叶，反于蔡。（《史记·孔子世家》）

叶地原为楚人南迁之所。许国原封于许（今河南省许昌市），由于受到郑国威胁，楚国在鲁成公十五年（前576年）将许国人迁至叶地，这里属于楚国北部边境，这样许国成了楚国的附庸，安全得到了保障。即《左传》所说："许灵公畏逼于郑，请迁于楚。辛丑，楚公子申迁许于叶。"（《左传·成公十五年》）到了鲁昭公十八年（前524年），楚国又将许国迁到析邑（今河南省南阳市西峡县），把叶地交给沈诸梁管理。因此，沈诸梁又被称为叶公，即叶公诸梁。

孔子一行来到叶地，与叶公会面并作交谈。关于这次会面，崔述明确表示质疑，他说："《史记》但见《论语》、《孟子》中有孔子在蔡之文，遂误以为州来之蔡；又因叶公有'问政'、'问孔子于子路'之事，遂别

---

① 杜预：《春秋左传集解》，第1732页。
② 崔述撰著，顾颉刚编订：《崔东壁遗书》，第300页。

出'自蔡如叶'之文以合之，而不知其误分一事为两事也。"①崔述认为孔子并没有去州来，所以不会与叶公见面。其实，孔子虽未去州来、未去负函，却可以去叶地，这里是叶公的管辖之地，与叶公会面当在情理之中。

《论语》记载了孔子与叶公的三段对话，我们来具体分析一下。第一段对话发生在孔子前往叶地之时，彼时孔子估计是先派遣了子路前去联系接洽，叶公见到子路，就问他孔子是什么人？子路一时没有回答，回去告诉孔子，于是就有了如下的对话情景：

> 叶公问孔子于子路，子路不对。子曰："女奚不曰：其为人也，发愤忘食，乐以忘忧，不知老之将至云尔！"（《论语·述而》）

孔子作为年逾六旬的老人，自称"发愤忘食，乐以忘忧，不知老之将至"，这是何等的奋发！何等的乐观！何等的自信！这种好学乐学精神对于当时的弟子以及后世无数读书人影响巨大。很显然，孔子流传千百年的不仅是丰富的思想遗产，还有不朽的人格魅力。

随后，孔子终于见到了叶公，叶公向孔子请教政治，孔子回答说：让身边的人愉悦，让远方的人向往。这便是"近悦远来"的出处。

> 叶公问政，子曰："近者说，远者来。"（《论语·子路》）

我们注意到，孔子后来批评冉求、子路未能劝阻季氏将伐颛臾时，也讲到过"远人不服，则修文德以来之"（《论语·季氏》）。看来孔子对于"近悦远来"相当推崇。而其所包含的深刻政治意蕴可以从特殊意义和一般意义两个层面进行分析：从特殊意义上说，孔子这句话具有很强的针对性，即针对的是楚国当下对外扩张的政策。当时，叶公正在蔡国旧地管理蔡国遗民，并且想让蔡人为楚国作战。所以孔子告诫他，良好的政治不是役使你的民众，而是取悦你的民众。在蔡人迁往州来之后，蔡国旧地必定人烟稀少，楚国交给叶公的一个重要任务就是招徕民众以补充兵员之需。或许叶公"问政"，正是在询问孔子如何招徕民众。孔子"近者说，远者来"之说，既是一种正面回答，即"近悦远来"才能吸引更多的人来到这里，又是一种旁敲侧击，即楚国现在竭泽而渔的高压政策只会导致事与愿违、适得其反。从一般意义上讲，孔子"近者说，远者来"的政治思想言

---

① 崔述撰著，顾颉刚编订：《崔东壁遗书》，第300页。

简意赅、内涵深邃。一个政治组织能否做到"近者说，远者来"，是判断其政治制度究竟是良政、劣政抑或暴政的重要表征。凡是做到国内民众欢愉、国外民众向往的邦国，其所行之政一定是良政；反之，国内民怨沸腾，国外四处树敌，必然是劣政乃至暴政。古今中外，概莫例外。"近者说，远者来"后来成为以孟子为代表的正统儒家"仁政"政治思想的重要源头，是镌刻在中国古代政治思想史丰碑上最熠熠生辉的铭文。

孔子与叶公的第三段对话是一个耳熟能详的故事：

> 叶公语孔子曰："吾党有直躬者，其父攘羊，而子证之。"孔子曰："吾党之直者异于是，父为子隐，子为父隐，直在其中矣。"（《论语·子路》）

叶公认为父亲偷羊、儿子举证是正直的表现，孔子则认为父亲偷羊、儿子隐瞒才是正直。我们看到，叶公判断是非的标准是超越血缘亲情关系的国家法律，孔子判断是非的标准则是基于血缘亲情关系的社会伦理。从现代法理学角度讲，当然是叶公的观点更加接近于法治的本质。但是，我们必须认识到，春秋时期依然注重周朝传统的"亲亲"伦理，家族亲情是社会伦理的基础。更重要的是，当时的中国尚处于农耕社会，家庭是基本生产单位，家庭关系的破坏意味着经济秩序的崩坏。根据经济基础决定上层建筑的原理，社会道德伦理必须服务于生产力的发展。所以孝道作为维护家庭生产单位的道德伦理要求，就成为中国传统社会最重要的人伦规范，比惩戒性法律规范更具现实意义。当然我们也看到，秦汉以降孔子"父为子隐"的亲情伦理通过公羊学、穀梁学等儒家经学以及《春秋决狱》之类案例法的阐发演绎，成为中国古代传统文化的重要特色，在历史上产生了一定的消极影响，至今仍是导致情、理、法关系纠缠不清的文化因素。

3

见过叶公之后，孔子在叶地或蔡地一带遇到了一些隐者，史迁将《论语》中的两个故事系年于此。

> 长沮、桀溺耦而耕，孔子过之，使子路问津焉。长沮曰："夫执舆者为谁？"子路曰："为孔丘。"曰："是鲁孔丘与？"曰："是也。"曰："是知津矣。"问于桀溺，桀溺曰："子为谁？"曰："为仲由。"曰："是鲁孔丘之徒与？"对曰："然。"曰："滔滔者天

下皆是也,而谁以易之。且而与其从辟人之士也,岂若从辟世之士哉?"耰而不辍。子路行以告,夫子怃然曰:"鸟兽不可与同群,吾非斯人之徒与而谁与? 天下有道,丘不与易也。"(《论语·微子》)

孔子一行在路途上遇到正在并排耕田的两位老者——长沮、桀溺,孔子让子路去问路,结果再次遭到避世者的冷嘲热讽。这里值得注意三点。第一,桀溺说出了一对很重要的概念,即"避人之士"与"避世之士"。孔子是积极入世之人,但他基于道德价值判断,坚持"有道则见,无道则隐"(《论语·泰伯》),因此被桀溺称为"避人之士"。桀溺不愧是一位有知识、有文化的隐士,"避人之士"一语相当准确地洞察了孔子的人格特征:孔子从不逃避这个世界和社会,但他却不愿与无道之人同流合污,故桀溺称之为"避人之士"。而桀溺本人则想要彻底逃避这个世界,所以自称"避世之士"。第二,孔子承认自己做不了"避世之士",一则大多数人具有社会属性,不可能脱离现实社会而与鸟兽同伍;二则孔子面对天下无道,心存救世心志,这是孔子与隐逸者的最大区别。第三,长沮、桀溺这类名字颇似《庄子》中的人物,他们的言辞也颇类《庄子》之风。崔述说:"《世家》载沮、溺、丈人之事于自叶反蔡之时,而载接舆事于在楚。余按:此三章其文皆似《庄子》,与《论语》他篇之言不伦。"①尽管如此,我们也无史料证其必伪,姑且视其为孔子周游列国旅途中的轶事,反映了孔子师徒在追寻生命意义过程中不被世人理解的坎坷遭遇,也从一个侧面折射出孔子思想和人格的特点。

史迁所描述的另外一个类似的故事同样取自《论语》:

子路从而后,遇丈人,以杖荷蓧,子路问曰:"子见夫子乎?"丈人曰:"四体不勤,五谷不分,孰为夫子?"植其杖而芸。子路拱而立,止子路宿,杀鸡为黍而食之,见其二子焉。明日,子路行以告,子曰:"隐者也。"使子路反见之,至则行矣。子路曰:"不仕无义。长幼之节,不可废也,君臣之义,如之何其废之! 欲洁其身,而乱大伦。君子之仕也,行其义也,道之不行,已知之矣。"(《论语·微子》)

子路落单于后,路遇老人用拐杖挑着除草工具,子路向他打听老师的行踪,老人讥以"四体不勤,五谷不分"。对此子路总结了两层意思。第一,

---

① 崔述撰著,顾颉刚编订:《崔东壁遗书》,第 301 页。

隐居不仕本身是不义的，长幼之节、君臣之义都不可废除，一个人想以隐居洁身自好，其实破坏了社会人伦关系。第二，君子出仕做官，是为了彰显社会正义，至于政治主张受阻，这是早就预料到的事情。用一句话概括就是"知其不可而为之"。

　　不管这两个故事真实与否，长沮、桀溺、丈人就像一面镜子，从隐逸者的角度映照出孔子教团的社会理想，使我们更加深入地洞悉孔子思想和人格在社会价值坐标中的定位。春秋时期，长沮、桀溺、丈人之类的隐逸之士多见于楚国，少见于中原诸侯国，这与楚国政治和中原各国政治的差异性有关。总的来说，楚国君主的权力相对集中，能够牢固把握邦国政令，很少出现制度性的权力分散；相较而言，中原诸侯国大多君权旁落，卿臣坐大，甚至陪臣执国命。楚国贵族无论同姓还是异姓，大多受到君主压制，君王诛杀卿大夫乃至灭族者数不胜数；而在中原诸侯国，这种情况相对较少，即使有卿大夫被杀，大多也是贵族之间相互倾轧的结果，国君直接杀戮的情况不多。个中缘由乃在于中原各国宗法制度根基深厚，"亲亲"观念源远流长，世族势力能够对君权产生一定的制衡。反观楚国，国内长期处于政治高压状态，一些没落贵族和失意士人无法忍受极度压迫便会选择隐逸作为人生出路，这就是春秋史籍上记载楚国隐士较多的重要原因。老、庄之徒出自楚地，亦非偶然。蔡国邻近楚国，长期处于楚国的势力范围，甚至一度被楚国灭国。蔡人后来又受到吴国欺凌，被迫背井离乡，饱受楚王和蔡君的双重压制，因此也出现了不少隐逸避世之士。孔子在蔡地一带多次遇到隐士，应该是比较正常的。秦汉以降，中国成为大一统封建专制国家。在封建统治阶级的专政下，政治高压成为常态，到处都有受到政治压制和迫害的士人。于是，道家避世学说广为流布，隐逸之士也不再局限于楚境，而是遍布各地了。

四、陈蔡之间

1

　　孔子一行继续在蔡国故地与陈国一带或行或止。按照史迁的说法，孔子在蔡国居住了三年，即鲁哀公四年到六年。在此期间，孔子一行遭遇了吴、楚争夺陈国的战事，于是被困于陈蔡之间，处境相当艰难。

孔子迁于蔡三岁，吴伐陈。楚救陈，军于城父。闻孔子在陈蔡之间，楚使人聘孔子。孔子将往拜礼，陈蔡大夫谋曰："孔子贤者，所刺讥皆中诸侯之疾。今者久留陈蔡之间，诸大夫所设行皆非仲尼之意。今楚，大国也，来聘孔子。孔子用于楚，则陈蔡用事大夫危矣。"于是乃相与发徒役围孔子于野。（《史记·孔子世家》）

这段叙述内容纷杂，需要逐字逐句加以具体考论。

其一，"孔子迁于蔡三岁"。我们在前面说过，孔子一行所往之蔡是蔡国故地上蔡、新蔡一带，他们甚至往西北走到了叶地。孔子一行在这一带住了三年。我们不知道他们究竟住在哪里，或许不同时间暂居停留在不同地点，或许在叶地受到叶公接待，在此盘桓较久。

其二，"吴伐陈"。吴国侵伐陈国一事，《春秋》《左传》均有记载：

六年春，……吴伐陈。（《春秋·哀公六年》）

吴伐陈，复修旧怨也。楚子曰："吾先君与陈有盟，不可以不救。"乃救陈，师于城父。（《左传·哀公六年》）

当时蔡国已经迁到吴国境内，属于吴国的附庸。陈国一向与楚国和睦，所以吴国一直耿耿于怀，两次对陈国"修旧怨"：前次是在鲁哀公元年，夫差"修先君之怨"伐陈，未能完全遂意；六年后又来寻衅。楚昭王闻讯后说：我的先君与陈国有盟约，我不可不救。这个盟约大概就是指鲁昭公十三年楚灵王死后，楚平王替陈国复国之时，与陈惠公确定的盟约。楚国以盟约救陈，当然是一种说辞，其真实意图是要回击吴国得寸进尺的野心。

其三，"楚救陈，军于城父"。楚人救陈是由楚昭王亲自率领的，具体时间是在鲁哀公六年七月或者七月之前，因为楚昭王就在七月死于城父（今河南省平顶山市宝丰县东）。城父到陈国国都宛丘大约五百里，距离新蔡大约不到六百里，孔子一行原本就在这一带活动，也就是所谓的"陈蔡之间"，没料到遭遇了吴楚争夺陈国的战事。

其四，"楚使人聘孔子"。此时，孔子一行所处的具体位置在楚国的势力范围内。楚人早就风闻孔子的声望，就派使者礼聘孔子。楚人一方面是想聘用孔子，另一方面大概也有保护孔子一行的用意。此事发生的具体时间应该就在六七月间。

其五，"孔子将往拜礼，陈蔡大夫谋曰"云云。这段叙述较为戏剧性，史迁说孔子打算前往楚国应召，但是陈国与蔡国的大夫们密谋破坏，原因有二：一是怕孔子刺讥，二是怕孔子用于楚，对陈、蔡不利。于是陈、蔡大夫就派人将孔子一行围困在野外，从而导致了孔子师徒"在陈绝粮"的困境。史迁这种说法大有问题。泷川资言《史记会注考证》引全祖望《经史问答》曰："当时楚与陈睦，而蔡全属吴，迁于州来，与陈远矣。且陈事楚，蔡事吴，则仇国矣，安得二国之大夫合谋乎？且哀公六年，吴志在灭陈，楚昭至誓死以救之。陈之仗楚何如？感楚何如？而敢围其所用之人乎？乃知陈蔡兵围之说，盖《史记》之妄。"[1]全祖望的分析相当合理，当时陈国、蔡国分别从属于楚国、吴国，两国实为敌国，怎么可能有会商合谋之举？再说楚国要聘召孔子，作为属国的陈国又怎敢围困孔子而得罪于楚国？崔述提供了另一条反驳理由，他说："若如《世家》所记，两国合兵围之，其事大于桓魋、匡人之难多矣，而《论语》、《孟子》反皆不言，但谓之'绝粮'，但谓之'无交'，岂理也哉！"[2]我们认为，史迁"陈蔡大夫谋曰"一节确有破绽，故不予采信。

2

尽管孔子一行未必受到陈、蔡大夫的围堵，但战事确实给他们带来了极大的困苦，甚至使他们陷入了断粮的绝境，弟子多有病倒。

> 不得行，绝粮。从者病，莫能兴。孔子讲诵弦歌不衰。子路愠见曰："君子亦有穷乎？"孔子曰："君子固穷，小人穷斯滥矣。"（《史记·孔子世家》）

史迁这段话取材于《论语》：

> 在陈绝粮，从者病，莫能兴。子路愠见曰："君子亦有穷乎？"子曰："君子固穷，小人穷斯滥矣。"（《论语·卫灵公》）

在《论语》中，此章紧接"卫灵公问陈于孔子"章，所以朱熹《四书章句集注》说："孔子去卫适陈。"[3]即认为这件事发生在鲁哀公三年孔子第三次离开卫国前往陈国的途中，比我们此处所推定的时间早了三年。这一推断并无实据。崔述认为"孔子往来于陈、蔡间原无定居，而其厄亦

---

① 司马迁撰，〔日〕泷川资言考证：《史记会注考证》，第2453页。
② 崔述撰著，顾颉刚编订：《崔东壁遗书》，第302页。
③ 朱熹：《四书章句集注》，第162页。

非一日之事也"①，不应该具体坐实在某一年。崔述的说法亦可商榷。在孔子一行周游列国的十四年中，《论语》记载孔子"绝粮"仅此一次，这说明孔子与弟子们平时的生活是有保障的，难得遇到一次"绝粮"，所以必须记录下来，"非一日之事"一说没有依据。

　　那么，孔子一行为什么会在陈蔡之间"绝粮"？何晏《论语集解》引孔安国曰："会吴伐陈，陈乱，故乏食也。"②这个说法大致是对的。孟子给出的解释更加具体："君子之厄于陈、蔡之间，无上下之交也。"（《孟子·尽心下》）什么叫"无上下之交"？从字面上说，就是缺乏上下左右的朋友相助。刘宝楠《论语正义》认为，"无上下之交"是指孔子弟子中没有人在陈蔡两国入仕做官，所以当孔子一行遇到战乱时便出现了"绝粮"的困境。他还认为，此前孔子一行多次遇险而能转危为安，就是因为有弟子在卫国等地做官，并说："可知夫子周游，亦赖群弟子仕进，得以维护之。今未有弟子仕陈、蔡，故致此困厄也。"③这个说法有主观臆测之嫌。刘宝楠认定孔子弟子无人仕于陈蔡，依据的是《论语》中另一段关于孔子陈蔡之行的记载，即孔子说"从我于陈蔡者，皆不及门也"（《论语·先进》）。这里的"不及门"，何晏《论语集解》引郑玄曰："言弟子之从我而厄于陈、蔡者，皆不及仕进之门而失其所。"④这可能就是刘宝楠说法的由来。朱熹《四书章句集注》并没有把"不及门"解释为"不及仕进之门"，而是解释为"此时不在门"⑤，即不在身边。这是因为孔子返鲁后有些弟子在外做官，不在孔子身边，所以孔子说"不及门"。我们认为，朱熹的解释是恰当的，而郑玄与刘宝楠的解释缺乏依据：一者以"门"作"仕进"之喻乃汉晋门阀时代的思维，春秋时期并无此说；二者孔子数次遇险而转危为安，是因为得到为官弟子的相助，这种说法并无史料支撑。孔子在以往周游列国的过程中，未必"赖群弟子仕进得以维护之"，而赖各国君臣接济却是肯定的。正如崔述所说："盖古之适他国者，其君大夫必馈之饩，而陈、蔡皆无之，以此致厄，如晋重耳之不礼于郑、卫，乞食于五鹿者然。"⑥孔子一行沿途进入各国，常得到当地君臣的接济。但当时陈国遭遇战乱，蔡国君臣南迁负函，行旅之中孔子师徒的供给暂时中断，陈蔡地方封人官吏自顾不暇，兵荒马乱之世又无处觅食，一时绝粮困厄亦属自然。

① 崔述撰著，顾颉刚编订：《崔东壁遗书》，第301页。
② 皇侃撰，高尚榘校点：《论语义疏》，第392页。
③ 刘宝楠：《论语正义》，第440～441页。
④ 皇侃撰，高尚榘校点：《论语义疏》，第267页。
⑤ 朱熹：《四书章句集注》，第126页。
⑥ 崔述撰著，顾颉刚编订：《崔东壁遗书》，第302页。

《论语》说"从者病，莫能兴"，看来当时孔子一行的状况相当困苦，多日绝粮断炊，以至于有不少弟子病倒，根本走不动了，大家只能暂驻一个地方，等病人慢慢康复。可信的史料并没有告诉我们，究竟是哪些弟子病倒了，《吕氏春秋》倒是稍微透露了一点信息：

> 孔子穷于陈、蔡之间，七日不尝食，藜羹不糁。宰予惫矣，孔子弦歌于室……（《吕氏春秋·慎人》）

"惫"就是极度疲乏。宰予又饥又累，虽然没有病倒，大概也已疲惫至极，动弹不得了。不少弟子情绪低落，孔子却依然"讲诵弦歌不衰"，于是就有弟子沉不住气了。

> 子路愠见曰："君子亦有穷乎？"孔子曰："君子固穷，小人穷斯滥矣。"子贡色作。孔子曰："赐，尔以予为多学而识之者与？"曰："然。非与？"孔子曰："非也。予一以贯之。"（《史记·孔子世家》）

多日的困苦令子路露出愠色，忍不住向孔子抱怨。孔子以"君子固穷"开导，"固"就是坚持原则。《史记》下面紧接有"子贡色作"一段。孔子与子贡的对话采自《论语·卫灵公》"在陈绝粮"章的下一章。其实这两章并无关联，史迁误以为前后衔接，遂将"子贡色作"与上文合而言之。接着，史迁又用孔子与弟子们轮番讨论《诗经·小雅·何草不黄》"匪兕匪虎，率彼旷野"，演绎了孔子教育弟子的大段对白。崔述说他"敷衍其词，遂致失真"，可谓一语中的，我们无须在此赘言了。

五、楚国之行

1

按照史迁的说法，接下来孔子得到了楚人的帮助，终于摆脱了困境：

> 于是使子贡至楚。楚昭王兴师迎孔子，然后得免。昭王将以书社地七百里封孔子。楚令尹子西曰："王之使使诸侯有如子贡者乎？"

曰："无有。""王之辅相有如颜回者乎？"曰："无有。""王之将率有如子路者乎？"曰："无有。""王之官尹有如宰予者乎？"曰："无有。""且楚之祖封于周，号为子男五十里。今孔丘述三五之法，明周召之业，王若用之，则楚安得世世堂堂方数千里乎？夫文王在丰，武王在镐，百里之君卒王天下。今孔丘得据土壤，贤弟子为佐，非楚之福也。"昭王乃止。其秋，楚昭王卒于城父。（《史记·孔子世家》）

在绝粮困境之下，孔子派子贡去楚国求援。楚昭王派了军队迎接孔子，孔子一行终于脱离困境，大概也进入了楚国境内。这时，楚昭王想要"以书社地七百里封孔子"，经过令尹子西的一番劝阻而作罢。这段记述存在不少疑问甚至乖舛，前人多有评议，概要如下。

第一，此时楚昭王就在城父，子贡没有必要去楚国见他。梁玉绳《史记志疑》引全祖望《经史问答》曰："是时楚昭在陈，何必使子贡如楚。"[1]

第二，"以书社地七百里封孔子"是史迁的明显舛误。梁玉绳《史记志疑》引朱熹《论语序说》曰："书社地七百里，恐无此理。"[2]崔述的考证更加具体，他说："至所称'书社地七百里'者，语亦误。楚即欲封孔子，安能如是之大！盖古之禄邑多以社计，故《春秋传》云：'自莒疆以西，请致千社。'《荀子》云：'与之书社三百。'旧说盖言楚欲以书社七百为孔子禄邑，《史记》误以书社为地名，因加里于七百之文下耳。"[3]崔述的意思是说，春秋时期的禄邑一般以"社"为单位，不会以"里"为单位，因为禄邑是食禄之邑，与民众人数有关，与土地广狭无关。崔述言之有理，后世食邑也是以"户"计，未闻以土地面积计者，这就是封邑与食邑的根本区别。此外，崔述还分析了史迁"书社地七百里"舛误的原委：史迁可能看到了楚国欲以"书社七百"作为孔子禄邑的史料，但误以为"书社"是地名，所以想当然地添加了一个"里"字。其实，"书社"是指按社登记入册的人口，二十五家为一社，"书社七百"为一万七千五百户。楚王即便要给孔子禄邑，也不可能如此之巨。史家对楚王迎封孔子之事深表怀疑。崔述说："而是时昭王方在城父，以拒吴师，竟卒于军，亦非议封孔子时也。且书传皆无见楚昭王之事，《楚世家》及《年表》亦皆无之，

① 梁玉绳：《史记志疑》，第1131页。
② 梁玉绳：《史记志疑》，第1131页。
③ 崔述撰著，顾颉刚编订：《崔东壁遗书》，第304页。

则此必后人之所附会无疑也。"①梁玉绳《史记志疑》分析道："余合考之，知孔子未尝入楚，但至叶耳，而子西未尝沮孔子，昭王未尝迎孔子欲封之，并未尝聘孔子。夫昭王君于城父，方师旅不遑，何暇修礼贤之事。子西即嫉娟，何不沮于征聘之时，而乃沮于议封之日，益足见此段之全虚矣。前哲历辨其诬，皆确不可易。又《朱子语录》云'昭王之招无此事，邹、鲁间陋儒尊孔子之意如此'。"②朱熹、崔述、梁玉绳三位大家的论证可以定谳了。

第三，关于子西担心孔子与弟子将不利于楚国云云，明眼人不难看出问题。梁玉绳《史记志疑》引司马光《史剡》曰："子西楚之贤令尹也，楚国赖之亡而复存，其言岂容鄙浅如是哉！"③司马光的观点有一定道理，但论证依据并不充分。子西确实是春秋后期楚国不可多得的贤明令尹，《左传》中记述了不少他的良言善举，但这并不能证明他为了楚国利益不会沮遏楚昭王重用孔子。问题在于，子西跟楚昭王所说的这些话，编造的痕迹太过明显：将孔子比作周文王、周武王得百里之地而有天下，纯属无稽之谈，孔子何尝有此政治野心？另外，此时"子贡尚未出使于诸侯，颜渊、宰予皆无所表见，子路亦未尝为将帅，彼子西者乌足以知之"④。子西的话明显是战国纵横家的口吻。我们知道孔子曾评论子西"彼哉彼哉"（《论语·宪问》），大有不足称道之意。后儒可能据此加以联想，附会出子西这些话语。其实，当时有两个"子西"，孔子所评的"子西"究竟是指楚国令尹子西还是郑国驷夏，后人并不清楚。

<h2 style="text-align:center">2</h2>

孔子最终并没有在楚国逗留，因为一个月后楚昭王就去世了。《左传》对城父之战及楚昭王的结局做了交代：

> 秋七月，楚子在城父，将救陈。卜战，不吉；卜退，不吉。王曰："然则死也！再败楚师，不如死。弃盟逃仇，亦不如死。死一也，其死仇乎！"命公子申为王，不可；则命公子结，亦不可；则命公子启，五辞而后许。将战，王有疾。庚寅，昭王攻大冥，卒于城父。子闾退，曰："君王舍其子而让，群臣敢忘君乎？从君之命，顺也。立君之子，

① 崔述撰著，顾颉刚编订：《崔东壁遗书》，第 304 页。
② 梁玉绳：《史记志疑》，第 1131 页。
③ 梁玉绳：《史记志疑》，第 1131 页。
④ 崔述撰著，顾颉刚编订：《崔东壁遗书》，第 304 页。

亦顺也。二顺不可失也。"与子西、子期谋，潜师闭涂，逆越女之子
章，立之而后还。（《左传·哀公六年》）

楚昭王在城父进退两难，最终决定殊死一战。但此时的他已经病重，
不得不开始安排后事。待其崩后，子西等迎昭王之子王子章为楚王，是为
楚惠王。这位楚惠王在位五十六年，则即位时应该还是孩童。

在此之前，楚昭王刚生病时，占卜者说是河神作祟，要求楚昭王祭祀
除祟，被楚昭王拒以"不穀虽不德，河非所获罪也"；至其临终前，天空
中连续三日怪云飘荡，周太史认为楚王有厄难，如果禳祭云神，可以将厄
难转移给令尹、司马，楚昭王坚决反对，称"有罪受罚，又焉移之"。楚昭
王临终之前的拒禳、弗祭，着实体现了其人格风范，因此得到了孔子的赞誉：

孔子曰："楚昭王知大道矣！其不失国也，宜哉！《夏书》曰：
'惟彼陶唐，帅彼天常，有此冀方。今失其行，乱其纪纲，乃灭而亡。'
又曰：'允出兹在兹。'由己率常可矣。"（《左传·哀公六年》）

孔子引《尚书》感叹道：楚昭王明白大道理啊。他没有失去自己的国
家，这并非偶然。《夏书》上说，古代国君陶唐，遵循上天纲常，拥有中
原地方；现在有人胡作非为，破坏国家纪纲，结果必然灭亡。《夏书》又说，
拿出什么，就得到什么。我们只要听凭自己遵循天道就可以了。

孔子对楚昭王的评价体现了人本主义和理性主义精神。他言辞中对楚
君的褒扬蕴含着对楚文化融入华夏文化的肯定。孔子所引《尚书·夏书》
之文皆已逸，这些引文后被作伪者辑入伪作《五子之歌》《大禹谟》。孔
子对《尚书》了然于胸，运用自如，这是他周游列国的重要目的，也是他
整理诗书礼乐的具体表征。

正当孔子准备离开楚国时，又遇到了楚狂接舆，史迁将《论语·微子》
"楚狂接舆歌而过孔子"章系于此时：

楚狂接舆歌而过孔子，曰："凤兮凤兮，何德之衰！往者不可谏兮，
来者犹可追也！已而已而，今之从政者殆而！"孔子下，欲与之言。
趋而去，弗得与之言。（《史记·孔子世家》）

大概当时孔子正坐在马车中，听到有人从车旁一边唱歌一边走过："凤
凰啊，凤凰啊！为什么德行这样的衰微呢？往者不可谏兮，来者犹可追也！

算了吧，算了吧！现在从事政治的人危险了！"孔子赶紧下车，想与他交谈几句，那人却已经远去了。

> 于是孔子自楚反乎卫。是岁也，孔子年六十三，而鲁哀公六年也。（《史记·孔子世家》）

孔子可能因此触动心绪，于是决定结束陈蔡之间的漂泊生活，第四次动身返回卫国。具体时间大约在鲁哀公六年七八月楚昭王甫去世后，此时孔子六十三岁。

3

在孔子师生返卫的队伍中，有几位新入门的年轻人，其中包括跟随孔子颠沛于陈蔡之间的言偃和卜商，他们两人都优于"文学"科，后来均名列孔门十哲。言偃，字子游，吴国人，少孔子四十五岁，鲁哀公六年时年仅十八岁。

> 子游问孝。子曰："今之孝者，是谓能养，至于犬马，皆能有养，不敬，何以别乎？"（《论语·为政》）

卜商，字子夏，卫国人，少孔子四十四岁，鲁哀公六年时年方十九岁。

> 子夏问孝。子曰："色难。有事，弟子服其劳，有酒食，先生馔，曾是以为孝乎？"（《论语·为政》）

也许"问孝"是弟子入门最初接触到的学问。孔子对这两个年轻人的指导都集中在内在孝心与外在孝行的有机统一上，这是孔子"仁内礼外"思想在孝道上的具体表征。孔子一行经过陈国时，颛孙师前来投师。颛孙师，字子张，陈国人，少孔子四十八岁，时年十五岁。这些年，孔子在各国游历中接纳了不少后进弟子，子游、子夏、子张是其中的佼佼者。

我们注意到，在这支向北行进的队伍中，少了一张熟悉的面孔——宰予。根据《左传》记载，鲁哀公六年八月，鲁国政坛上出现了一个名叫阚止的人。我们将在下章解释，其实这个人就是宰予。宰予工于心计，善于言谈，志在政事，或许了解到好友冉求在鲁国干得风生水起，于是也想提前返回鲁国，谋求个人的发展机会。

第九章　孔门弟子

鲁哀公六年，六十三岁的孔子第四次回到卫国，在这里度过了五个年头，直到六十八岁返回鲁国。这期间春秋政治史的主角是一心北上争霸的吴国。鲁哀公七年（前488年），鲁国侵伐邾国，给吴王夫差提供了干预的机会。哀公八年，吴国大军侵入鲁国境内，鲁国奋起抵抗，夫差被迫暂时收敛野心。哀公十年春天，夫差发兵攻打齐国，邀约鲁国一同伐齐，吴、鲁、邾、郯联军攻占了数个齐国城邑。这时齐国发生悼公被弑的内部事变，齐简公继位后主动与吴国媾和。哀公十一年，齐国出动大军入侵鲁国，齐、鲁两国在鲁城郊外爆发正面大战，鲁军经过苦战挫败了齐军。为了防止齐军卷土重来，鲁人向吴国求救。于是夫差第三次出兵北上，吴、鲁联军在著名的艾陵之战中大败齐军，为中原争霸史画上句号。鲁国经此一战，历时五年之久的持续外患基本消除，内政外交均进入相对稳定的时期。

身在卫国的孔子密切关注鲁国的内外态势。在鲁国数次抗吴、抗齐的御敌过程中，孔门弟子有若、冉求、樊迟等直接参与战事，子贡则施展了出色的外交才华，为鲁国争取外援立下汗马功劳。孔子高度赞扬鲁人保卫宗国的顽强精神和弟子的智勇表现。在此期间，宰予在齐国入仕，先辅佐齐悼公，后又辅佐齐简公，帮助齐国公室对付陈氏、鲍氏的僭越。与此同时，卫国君位之争愈演愈烈，即将引爆新的政治危机。于是，时年六十八岁的孔子决定带领弟子返回鲁国，争取在生命的最后岁月里完成自己的文化使命。

本章从孔门弟子视角立体呈现孔子时代终期的恢弘社会场景，考察孔子去鲁最后五年与母国的密切联系，展示孔子及其弟子在吴国北上争霸、齐鲁战和变局等一系列外交内政事件中的表现，分析孔子返鲁的时机及其原因。

一、宰予

1

在孔子周游陈蔡的三年里，晋国与反晋联盟之间的战争一直在持续，且已演化为春秋时期历时最久的战争。鲁哀公四年七月，齐国与卫国增派军队驰援范氏、中行氏，与赵鞅展开最后的决战。

> 秋七月，齐陈乞、弦施、卫宁跪救范氏。庚午，围五鹿。九月，赵鞅围邯郸。冬十一月，邯郸降。荀寅奔鲜虞，赵稷奔临。十二月，弦施逆之，遂堕临。国夏伐晋，取邢、任、栾、鄗、逆畤、阴人、盂、壶口。会鲜虞，纳荀寅于柏人。（《左传·哀公四年》）

齐国大夫陈乞、弦施与卫国大夫宁跪的大军包围了五鹿（今河北省邯郸市大名县东）。九月，赵鞅包围邯郸。十一月，邯郸被攻破，守军出降，荀寅出奔鲜虞，赵稷出奔临城（今河北省邢台市临城县西北）。十二月，弦施前往营救赵稷，助其突围，赵鞅顺势攻下临城，将城墙拆毁。齐国大夫国夏主动进攻晋国，攻取邢、任、壶口等地，至鲜虞与荀寅会合，将荀寅接到柏人（今河北省邢台市隆尧县西南）一带。反晋联军虽然奋力作战，无奈总体战局明显不利，失败只是时间问题。战事一直延续到第二年，终于决出了胜负：

> 五年春，晋围柏人，荀寅、士吉射奔齐。（《左传·哀公五年》）

春天，赵鞅跟踪追击，包围了柏人，击败了国夏的军队，荀寅、士吉射出奔齐国。

> 夏，赵鞅伐卫，范氏之故也，遂围中牟。（《左传·哀公五年》）

接着，赵鞅乘胜反击，将战火燃烧到卫国，包围了叛地中牟，既作为对卫国的惩罚，也寻机帮助蒯聩返卫夺位。由此看来，三年前孔子未应佛肸之召前往中牟是明智之举。

至此，从鲁定公十三年到鲁哀公五年，经过长达八年的激烈战事，赵鞅不但击败了范氏、中行氏这两大国内最强劲的对手，还击败了齐、郑、卫等国组成的国外反晋联军。但是，晋国也在这场战争中元气大伤，无力再担当霸主的角色。

反晋联盟遭遇惨败，齐景公心力憔悴，加上原本年老体衰，于鲁哀公五年九月病逝。齐景公在位五十八年，算是春秋时期在位时间最长的国君之一。他在晚年不惜冒着巨大风险挑战晋国的霸主地位，试图实现齐国复霸的梦想，结果以失败告终。不过，齐人的梦想并未随着齐景公的离世而烟消云散，在遭受更大打击之前，齐国的复兴之梦不会破碎。齐景公临死前，犯了一个同齐桓公一样的错误，他命令卿臣国夏、高张立幼子公子荼为太子，将其他群公子迁到莱地。等到齐景公一死，国夏、高张依照其遗命立公子荼为新君，史称齐晏孺子荼。群公子为了保命，纷纷逃离，公子嘉、公子驹、公子黔逃到卫国，公子鉏、公子阳生逃往鲁国。国氏、高氏主政齐国，引起了陈氏、鲍氏的不满，齐国内部矛盾更加激烈。

鲁哀公五年十月，带着儿子公子壬逃到鲁国的公子阳生，受到了季孙肥的欢迎。正如前述，春秋时期贵公子出奔到他国，一般都会受到盛情接待。一方面，这是分封制度"天下一家"的文化传统；另一方面，也缘于对贵公子他日返国后的功利性期待，如重耳、小白都是很好的先例。阳生在鲁国生活得很滋润，季孙肥在他身上下了大赌注，让他娶了自己的妹妹为妻。阳生十分高兴，在鲁城住了将近一年。

在此期间，宰予回到了鲁国。根据《论语》"哀公问社于宰我"章，宰予返鲁后见到了鲁哀公，并且与之交谈，这应该是得到了冉求的引荐。宰予本是齐国人，因此便到阳生那里效力，深得阳生的信任。

在孔子时代的后期，有两个国家内部卿族之间的争斗最为残酷，一个是晋国，另一个是齐国。他们上演了一出又一出血腥暴力的家族街头械斗，犹如一种反复发作的顽疾，极大消耗了国家实力、加剧了内部撕裂。这也是导致"三家分晋"与"陈田代齐"的重要原因。鲁哀公六年六月，齐国政坛发生了重大变故，陈氏宗主陈乞与鲍氏宗主鲍牧联合一些贵族，对国夏、高张发起突然袭击，经过激战，国氏、高氏战败，国夏出奔莒国，高张、晏圉、弦施出奔鲁国。这个高张，孔子在三十五岁时曾做过他的家臣，现在他与族人高强一样，也因内乱被迫出奔鲁国。晏圉是晏婴的儿子，他的出奔意味着晏氏家族在齐国也倒台了。我们看到，在孔子出生之后，齐国因内斗先后垮台的贵族有崔氏、庆氏、栾氏、国氏、高氏，至于其他群公子更是不计其数。至此，齐国剩下的最有影响力的卿族只有鲍氏与陈氏。

值得一提的是，齐国贵族的内斗往往在朝夕之间就决出了胜负，反观晋国赵鞅与范氏、中行氏的内斗，竟然长达八年之久。究其原因，晋国六卿身兼三军将、佐，都有各自封邑重镇和军队，故有持续相互制衡的能力。

国夏等人出奔后，陈乞、鲍牧紧接着在国内清理门户，打算除掉国夏、高张所立的国君晏孺子荼。两个月后，他们派人到鲁国请公子阳生回国。

> 陈僖子使召公子阳生。阳生驾而见南郭且于，曰："尝献马于季孙，不入于上乘，故又献此，请与子乘之。"出莱门而告之故。阚止知之，先待诸外。公子曰："事未可知，反，与壬也处。"戒之，遂行。逮夜，至于齐，国人知之。僖子使子士之母养之，与馈者皆入。（《左传·哀公六年》）

陈乞派使者悄悄潜入鲁国面见阳生，请他返回鲁国继任君位。阳生害怕夜长梦多，不敢告诉妻儿，立即驾车来到鲁城的城南。马车出了莱门，有一个叫阚止的人早已等在城外大路上，想要跟阳生一起去齐国。这个阚止又叫监止，字子我，是阳生在鲁国期间的心腹。阳生对他说：事未可知呢，你还是先回去吧，跟我的儿子壬在一起，好好照顾他。阳生吩咐阚止几句后，就快马加鞭直奔临淄而去。阳生当晚赶到临淄，陈乞派人将他迎入城内，藏在送货的马车中混入公宫。

阳生要替换国君，必须得到鲍牧的同意，陈乞连哄带骗说服鲍牧接纳阳生，鲍牧看到阳生已经入宫，也不想生出麻烦，就同意立阳生为君。鲁哀公六年十月，阳生与陈乞、鲍牧在公宫进行盟誓，随即被立为国君，是为齐悼公。齐悼公随后派人杀死了晏孺子荼。不久，阚止也从鲁国来到齐国，很快成为齐悼公的得力助手。

2

现在我们来探讨一下，宰予与阚止究竟是不是同一个人。关于这个问题，历史上许多学者争议不休，至今尚无定论。钱穆《宰我死齐考》一文对这场旷日持久的争论进行了总结性考辨，杨伯峻《春秋左传注》在钱穆的基础上做了一个小结，他说："《仲尼弟子列传》，《吕氏春秋·慎势篇》，《淮南子·人间训》，《盐铁论·殊路篇》《颂贤篇》，《说苑·正谏篇》《指武篇》俱以阚止即孔丘弟子宰予，李斯《上秦二世书》（《李斯传》）亦云：'田常为简公臣，阴取齐国，杀宰予于庭，即弑简公于朝。'然《史记弟子列传》《索隐》云：'《左传》阚止字子我，为陈恒所杀，字与宰予相涉，因误。'主此说者，有苏轼《志林》、苏辙《古史》、孔平仲《谈苑》、洪迈《容斋随笔》、孙奕《示儿篇》以及清人阎若璩《四书释地又续》、赵翼《陔余丛考》、惠栋《左传补注》等。然亦有信阚止即宰予者，如全祖望《经史问答》、宋翔凤《过庭录》。总之，记载凌乱，是非纷纭，置之不究可也。"①但我们不能搁置这个问题，因为事关孔子的重要弟子，也涉及对孔子晚年相关言论的理解。

　　本书的观点是：宰予与阚止就是同一个人。因为确有史料表明阚止即宰予。在《史记·仲尼弟子列传》中，史迁写道："宰予为临菑大夫，与田常作乱，以夷其族，孔子耻之。"（《史记·仲尼弟子列传》）田常就是陈氏宗主陈恒，汉代避文帝讳，改称陈常，又因陈氏封于田，也称田常。在《史记·齐太公世家》中，史迁又依据《左传·哀公十四年》的史传，详细叙述了齐悼公死后阚止辅佐齐简公而终被陈恒杀害的详细过程。此阚止即宰予。李斯《上秦二世书》明确说："田常为简公臣，爵列无敌于国，私家之富与公家均，布惠施德，下得百姓，上得群臣，阴取齐国，杀宰予于庭，即弑简公于朝，遂有齐国，此天下所明知也。"（《史记·李斯列传》）李斯乃一国大臣，在上皇帝书中言之凿凿，且谓"天下所明知"，应该不是虚假之说。钱穆力主宰予即齐阚止，《宰我死齐考》引宋翔凤《过庭录》曰："宰我即齐阚止字子我也。宰我之先，盖尝食采于阚，故仕于齐为阚止。宰我本鲁人，简公在鲁，故事之而有宠。及即位，而使为政，为陈成子所惮，有正色立朝之概。子我与简公，有与为存亡之道。则其人固贤者之流，宰氏庶几当此。"②宰予不惜以生命襄助齐君，与其"张公室"思想密切相关，可谓一以贯之。《论语》记录了宰予与鲁哀公之间的一段对话：

　　　　哀公问社于宰我。宰我对曰："夏后氏以松，殷人以柏，周人以栗。曰：'使民战栗。'"子闻之曰："成事不说，遂事不谏，既往不咎。"（《论语·八佾》）

　　"社"就是"社主"，即供奉在鲁国亳社中的木刻神主。我们知道，鲁城内城公宫两旁既有周庙，又有亳社。据《左传》记载："六月辛丑，亳社灾。"（《左传·哀公四年》）《穀梁传》也说："六月，辛丑，亳社灾。"（《穀梁传·哀公四年》）鲁哀公四年的这次火灾很可能烧掉了亳社的神主，因此需要重新刻造。我们不清楚这段对话具体发生在哪一年，

　　① 杨伯峻编著：《春秋左传注》（修订本），第1637页。
　　② 钱穆：《先秦诸子系年》，第64页。

或许在哀公六年宰予刚刚回到鲁国后不久，即火灾两年后需要重建社主之时。刘宝楠认为："夫子时未返鲁，闻宰予言，因论之。"①这是精细考辨之见。在重刻之前，哀公征询宰予，使用什么木材比较好。宰予说：夏人用松木，殷人用柏木，周人用栗木，目的是"使民战栗"，起到警戒的作用。宰予说"周人以栗"是为了"使民战栗"，不管有没有依据，其目的都是为了加强公室的权威，这是宰予志在"张公室"的一个明证。程树德《论语集释》引苏辙《古史》说："哀公将去三桓而不敢正言。古者戮人于社，其托于社者，有意于诛也。宰我知其意而亦以隐答焉。曰使民战栗，以诛告也。"②宰予此话传到了孔子的耳朵里，孔子大概也知道宰予的用意，就说"成事不说，遂事不谏，既往不咎"，隐含着一种不赞同宰予"张公室"的意味，担心引起"三桓"反弹，重蹈鲁昭公的覆辙。刘宝楠《论语正义》认为"此社主之问与宰我之对，君臣密语，隐衷可想"，并对孔子所言做了解释："窃疑既往指平子言。平子不臣，致使昭公出亡，哀公当时必援平子往事以为祸本，而欲声罪致讨，所谓既往咎之者也。"但是鲁国毕竟长期"禄去公室、政在大夫"，所以"夫子言此以止之。盖知哀公之无能为，而不可轻于举事"③。刘宝楠认为，根据孔子所言，可知宰予在鲁国时就想要去除"三桓"，到了齐国之后又力主去除陈氏，从其思想行迹的一贯性来看，宰予应该就是阚止。

　　我们在正面论证之后，还要再看看反面意见。司马贞《史记索隐》曰："《左传》阚止字子我，为陈恒所杀，字与宰予相涉，因误。"但这个判断并没有提供直接证据。崔述《洙泗考信余录》力主宰予非阚止，理由是宰予一直跟随孔子周游列国，不可能分身回到鲁国，崔述说："阚我自在齐，宰我自在鲁；阚我自事简公，宰我自事孔子：乌得遂以为一人哉！鲁哀公之五年，齐景公卒，公子阳生来奔。六年，陈僖子召阳生，阚止先待诸外；公子曰：'事未可知，反与壬也处。'是时宰我方从孔子于陈、蔡之间，由陈反卫，安得分身在鲁而与简公共处也哉！"④崔述没有考虑到，宰予可以在中途"分身"先行返鲁，就如同他没有考虑到当年冉求可以中途先行返回鲁国一样。宰予先自返鲁的情况，我们在前面已经讲过了，现再稍加展开论述。根据《论语》"哀公问社于宰我"章可知，哀公曾因亳社火灾而问社主于宰予。亳社火灾发生在鲁哀公四年，如果宰予一直跟随

　　① 刘宝楠：《论语正义》，第122页。
　　② 程树德：《论语集释》，第202页。
　　③ 刘宝楠：《论语正义》，第122～123页。
　　④ 崔述撰著，顾颉刚编订：《崔东壁遗书》，第388页。

孔子在卫国，那么他与哀公见面对话必须迟至鲁哀公十一年孔子返鲁之后，此时火灾已过七年，鲁国亳社的社主毁坏七年尚未修复，不太符合情理。合理的推断是，宰予在鲁哀公四年之后返鲁，所以才有哀公之问。更加确切的时间应为哀公五年或哀公六年，彼时宰予回到鲁国，经冉求介绍与哀公见面，遂有"哀公问社于宰我"之事；之后再经冉求介绍，结识出奔到鲁国的公子阳生，与阳生及其儿子公子壬相处甚欢，遂成为阳生的得力心腹，并且在阳生继位后成为其亲信。公子壬就是后来的齐简公，史迁说："初，简公与父阳生俱在鲁也，监止有宠焉。及即位，使为政。"（《史记·齐太公世家》）宰予从鲁哀公六年开始辅佐齐悼公，哀公十年齐悼公被弑后继续辅佐齐简公，直到哀公十四年最终被害，结束了他为母邦效力八年的政治生涯。

3

　　一些后儒之所以否认宰予即阚止，主要原因是认为阚止曾帮助陈恒"作乱"。在从祀孔庙的贤人中出现"助逆"的叛臣，这是尊孔学者无法接受的。但事实恰恰相反，阚止没有帮助陈氏，而是一直在帮助陈氏的眼中钉齐悼公和齐简公，故后儒出于"为贤者讳"而证明宰予非阚止是没有必要的。钱穆《宰我死齐考》引全祖望《经史问答》曰："宰我为简公死，非为陈恒死，不过才未足以定乱。"[1]如果说宰予有所不足的话，那就是他的才能还有不足，未能帮助齐君除掉真正的篡逆者陈氏。在宰予身上，我们能够看到君子杀身成仁的意气，他在齐国末世乱局中"张公室"注定凶多吉少。

　　我们注意到，宰予在《论语》中形象不佳。《阳货》篇"宰我问三年之丧"章、《公冶长》篇"宰予昼寝"章、《雍也》篇"井有仁焉"章以及《八佾》篇"哀公问社于宰我"章中，宰予均呈现为负面形象，这种情况在孔门弟子中除公伯寮外绝无仅有。然而，这个奇特现象反而可以证明宰予就是阚止。钱穆对此分析道："宰我、子贡同在言语之科，而宰我居先，孟子称其智足以知圣人，其在孔门，明为高第弟子矣。而《论语》载宰我多不美之辞，如'昼寝'及'三年之丧'两章尤甚。诸弟子中，独写宰我最无情采。《论语》本成于齐、鲁诸儒，其书出于战国时，田氏已得志，而鲁亦为田齐弱。岂田氏之于宰我，固有深恨。而朝政之威，足以变白黑。"[2]钱穆的分析颇有道理，宰予因为襄助齐简公"张公室"，成为齐国陈氏，即田氏的眼中钉。陈田氏不仅在肉体上将其消灭，且对其个人形象加以损

---

　　① 钱穆：《先秦诸子系年》，第64页。
　　② 钱穆：《先秦诸子系年》，第65页。

毁，即在后来的齐《论语》中肆意贬损。殊不知，这反过来恰恰证明了宰予就是那个反对陈田氏的阚止。

宰予为人有三个明显的特点：第一，喜欢独立思考、思路敏捷，对孔子"仁""孝"等重要思想均持疑议；第二，语言逻辑清晰、口舌犀利，甚至对孔子也毫不留情，体现了强烈的自我个性；第三，特立独行、我行我素，敢于挑战权威和规范。孔子对宰予不乏批评，却仍将其列为"四科"言语第一，充分说明孔子对宰予的评价仍是以肯定为主。田氏之徒在齐《论语》中故意抹黑宰予，却难以改变孔子已将宰予列为"十哲"的事实。

子贡与宰予同列言语之科，且宰予位居子贡之前，但在《论语》中两人的表现反差颇大。史迁在《史记·仲尼弟子列传》中曾说："学者多称七十子之徒，誉者或过其实，毁者或损其真。"后人均未亲见孔门弟子，确有毁誉过度的可能性，史迁本人也不例外。《论语》虽然是孔子弟子和门人所作，恐怕也难免掺杂偏见，我们检阅全书，居于毁誉两极的莫过于宰予和子贡，正如钱穆所说："宰我之与子贡，一则增美，一则加丑。"[1]宰予的"加丑"尤其明显，这倒真应了子贡那句话："君子恶居下流，天下之恶皆归焉。"（《论语·子张》）

我们谈论了宰予，下面就来谈谈子贡。

二、子贡

1

鲁哀公六年，楚昭王死后，新继位的楚惠王把注意力放在国内稳定之上。吴国见楚君年幼，一时无暇外顾，宿敌的威胁暂时减弱，就把注意力转向北方。鲁哀公六年至七年，吴国全力北进，要与晋国争夺霸主之位。正如竹添光鸿所说："晋衰，中国无伯，景公卒，齐亦衰弱，于是吴始跋扈于中原。"[2]一股来自南方的强大政治旋风正在迅速北移，春秋历史随之进入吴国争霸的阶段。

随着吴国势力的北进，鲁、卫、齐、晋等国纷纷感受到巨大的压力。首当其冲的正是鲁国。鲁国之前一直纠结于齐国与晋国之间的矛盾与拉扯，现在晋国内战结束，齐景公已死，反晋联盟也不了了之，鲁国好不容易得

---

① 钱穆：《先秦诸子系年》，第68页。

② 〔日〕竹添光鸿注：《左氏会笺》，第2305页。

到了喘息的机会，不料吴国又冒了出来。鲁国是吴国北上争霸的必经之路，同七十多年前郑国介于晋、楚两大国之间所面临的尴尬处境一样，鲁国也陷入了夹在吴、晋之间左右为难的困境之中。比当年郑国更为窘迫的是，鲁国旁边还有一个齐国。虽然齐悼公娶了鲁女为妻，暂时与鲁国关系不错，但难保不会发生变化。在与吴国、晋国、齐国的多角关系中，鲁国君臣民众即将迎来一场智慧和勇气的重大考验。

《春秋·哀公六年》记载，此年夏天"叔还会吴于柤"。叔还是鲁国大夫叔弓的曾孙，曾多次出访他国，是当时鲁国负责外交的行人。叔还与吴人会于柤地，这不禁让人想起了鲁襄公十年时的那场晋吴柤地盟会。当时柤地还属楚国势力范围，现在已被吴国占据；当时晋悼公希望联合吴人抗楚，现在吴人已经准备直接北上抗晋了。这次吴鲁之会，鲁人究竟是被迫应召，还是主动联络的吴人，我们不得而知。竹添光鸿认为是鲁人主动结好吴人的媚事之举，他说："始结吴好也。自向之退吴，吴屏处蛮夷，不与中国盟会七十年矣。哀公乃乘晋楚俱衰，齐景又殁，中国无伯，谄事吴国，为中夏倡。黄池争长，非鲁之咎，而谁咎哉？"[①]这话说得重了，有违"了解之同情"的历史分析原则。我们认为，虽然当时吴强鲁弱，但鲁国主动投靠的可能性不大，因为此时鲁国与齐国关系不错，与晋国也没有冲突，没有理由要去主动谄媚吴国。此次吴鲁大夫级别的会面应是吴国要求甚至逼迫鲁国的结果。退一步讲，即便鲁国主动结交吴国，也不过是想防患于未然，将黄池争霸归咎于鲁国，显然有失公允。

吴鲁第二次柤地盟会后不久，鲁哀公七年夏天，吴国向鲁国发难。

> 夏，公会吴于鄫。吴来征百牢，子服景伯对曰："先王未之有也。"吴人曰："宋百牢我，鲁不可以后宋。且鲁牢晋大夫过十，吴王百牢，不亦可乎？"景伯曰："晋范鞅贪而弃礼，以大国惧敝邑，故敝邑十一牢之。君若以礼命于诸侯，则有数矣。若亦弃礼，则有淫者矣。周之王也，制礼，上物不过十二，以为天之大数也。今弃周礼，而曰必百牢，亦唯执事。"吴人弗听。景伯曰："吴将亡矣！弃天而背本。不与，必弃疾于我。"乃与之。（《左传·哀公七年》）

吴王夫差一路北上，邀约鲁哀公前去会面。双方国君在鄫地（今山东省枣庄市东）相会，吴国太宰伯嚭与鲁国大夫子服何各为随从。因为鄫地

---

① 〔日〕竹添光鸿注：《左氏会笺》，第 2296 页。

属于鲁国，这次会面算是鲁人接待吴人，所以哀公准备举行飨宴款待夫差，没想到吴人竟然要求鲁国提供"百牢"作为献礼。按照周礼，牛、羊、猪三牲齐备为一牢，百牢就是牛、羊、猪三牲各一百头。这件事倒不是三牲数量多少的问题，而是关涉春秋礼仪与鲁国外交荣辱的原则问题。周礼规定贡献的上限不超过十二牢，款待上公用九牢、侯伯用七牢、子男用五牢。吴人百牢之数，实在是荒唐至极。子服何指斥吴人说：百牢这种事自先王以来从未有过。吴人则以鲁国曾进献晋国十一牢为口实，并宣称此前宋国已给吴国百牢。十一牢之事发生在鲁昭公二十一年（前 521 年），当时晋国士鞅至鲁国聘问，强迫"三桓"以十一牢之礼接待。吴人提出百牢并非追求排场，而是一种赤裸裸的政治勒索，目的是要彰显吴国已超越作为霸主的晋国，即故意通过一场超规格的飨宴在精神上征服鲁国，乘机打压晋国，威慑其他中原邦国。鲁国迫于无奈只好给吴国贡献百牢。吴国此次北上，本来确是争霸的大好时机：此时晋霸已衰，楚势一时难兴，齐国内患未消，越国早已称臣，诸侯国四分五裂，吴国一时独大；然而夫差却蛮横霸道，肆意践踏周礼，激起各国群愤，越国也乘虚而入，最后使吴国争霸以极为耻辱的失败告终。

2

此次鲁、吴国君鄫地会面，季孙肥没有参加，这引起了吴国太宰伯嚭的不满。伯嚭令人立即传话给季孙肥，要他马上赶到鄫地见面。季孙肥很害怕，不敢前往，希望有人帮他前去推辞。但子服何此次未能说服吴人征百牢，恐怕也很难再帮季孙肥说话。季孙肥于是想到了子贡。

我们并不清楚子贡此时为何身在鲁国，一种可能是冉求邀请他来鲁国帮助自己应对险恶时局；另一种可能是，正如前文所述，季孙肥曾在鲁定公十五年与子贡有过一面之交，因此眼下无奈之际才想到召子贡前来；还有一种可能是此时已经返回卫国的孔子预感到鲁国将面临的危急情势，于是让擅长外交辞令的子贡先行去往鲁国。总之，我们将在接下来的鲁国政坛上见到子贡的身影，孔门"言语"第二的子贡迎来了第一场外交秀。《左传》记录了此次斡旋的全部过程：

　　大宰嚭召季康子，康子使子贡辞。大宰嚭曰："国君道长，而大夫不出门，此何礼也？"对曰："岂以为礼？畏大国也。大国不以礼命于诸侯，苟不以礼，岂可量也？寡君既共命焉，其老岂敢弃其国？大伯端委以治周礼，仲雍嗣之，断发文身，裸以为饰，岂礼也哉？有

由然也。"反自郓，以吴为无能为也。（《左传·哀公七年》）

子贡从鲁国出发，很快来到郓地。太宰伯嚭见到子贡，立即抬出周礼道义责问道：你们国君跋山涉水前来郓地，正卿却足不出户，这算是什么礼？子贡反唇相讥道：这次双方会面的外交活动难道是讲礼的吗？鲁国只不过是害怕大国、恭敬从命而已。子贡接着说：大国仗势凌人不讲礼，但鲁国还是要讲礼的，因为大家都不讲礼的话，后果就不堪设想了。子贡先将周礼道义握在自己手中，然后话锋一转，从"礼"转到了"理"，兼顾了义正与词严两个方面。子贡说：寡君既然已经听命前来，国君"其老"，也即季孙斯，岂敢丢下国家？这虽然不尽合礼，却是合理的。就像当年吴太伯戴着礼帽、穿着礼服，以周礼治国，可他的弟弟仲雍即位后却放弃周礼，断发文身，以为裸体的装饰，这难道合礼吗？这虽然不合礼，却是不得已而从俗，事出有因，也是合理的。子贡的结论是：现在鲁国留下上卿守国，与贵国当初的情况一样，都是根据实际情况进行的合理变通，虽不尽合礼，却也无可指摘。子贡不卑不亢，据理力争；伯嚭理屈词穷，无言以对。子贡还利用这个机会，近距离观察了吴国君臣的外在表现，判断这次吴国虽来势汹汹，其实外强中干，于是离开郓地，回到鲁国向季孙肥交差。

3

孔子作为一个极具天下责任感的知识分子，不但精通各国历史，还对当时的现实形势异常关心。现在吴国北上争霸，兵锋直指鲁国，很难想象孔子会在卫国闭门读书而对天下巨变不闻不问。令孔子感到高兴的是，子贡已然显现出色的外交才华，冉求在鲁国政坛正发挥举足轻重的作用，颜回好学深思，子路的个性渐趋沉稳务实，子夏颇有文武兼备的能力，有若身手矫健，子张多问善思，子游聪明敦实，樊迟年轻有为。孔门一些先进弟子在鲁、卫等地做官，孔子身边活跃着一批年轻的后进弟子，他们跟随孔子如饥似渴地求学，成为孔子整理文典的得力帮手。

子张思维活跃、个性张扬，入仕干禄的意愿很强。孔子教导他要"多闻阙疑""慎言慎行"（《论语·为政》），培养其形成更加沉稳的性格。子张问如何入仕从政，孔子告诉他要"居之无倦，行之以忠"（《论语·颜渊》）。子张又问，士人如何才能做到"通达"，孔子告诫他要品行正直、遇事讲理，具体做事时能够察言观色，设身处地考虑他人，否则徒有虚名、空无其实（《论语·颜渊》）。子张还问孔子，如何做到"仁"，孔子告诉他要做到恭、宽、信、敏、惠五个方面，"恭则不侮，宽则得众，信则人任焉，敏则有功，惠则足以使人"（《论语·阳货》）。孔子所说的"恭、宽、信、敏、惠"成为后世儒家君子人格的基本要求。子张学习非常认真，有一次他问孔子行为的原则是什么，孔子回答说"言忠信，行笃敬"，子张对此奉为圭臬，遂"书诸绅"（《论语·卫灵公》），即把孔子这句话写在了自己的衣带上。

有若身材高大，颇似年轻时的孔子。他不仅勤奋好学，而且擅长剑术，颇有勇力。孔子跟有若讲了许多孝悌的道理，对有若影响很大。有若后来在设教授徒时，特地对他的门人说：孝悌是为仁之本，一个孝悌的人是不会犯上作乱的，所以"君子务本，本立而道生"（《论语·学而》），只要先做到"孝"，就能进而做到"仁"。有若关于"孝"的观点虽然与孔子仁学思想并不冲突，却还是稍有不同的。不同点在于，孔子将"孝""悌""仁"视为面对不同对象时所需展现的伦理要求，"弟子入则孝，出则悌，谨而信，泛爱众而亲仁"（《论语·学而》），"孝"面向父母，"悌"面向兄弟，"仁"面向普通大众，它们之间基本上是相互并列的。有若却认为，"孝"是"仁"的根本，在逻辑上是先后关系，在学理上是本末关系。有若提升"孝"的重要性，可能是因为当时以自耕农家庭为经济单位的小农经济社会正在快速形成，以"孝"为核心的家庭伦理随之成为社会基本伦理。从这个意义上说，有若发展了孔子的仁学思想，与曾参一起开启了后世"百善孝为先"的社会伦理风尚。

樊迟来自郊野，世代务农，为人勇毅。他曾想跟孔子学习耕稼，孔子告诉他在这一方面自己"不如老农"（《论语·子路》），不懂稼圃。樊迟既然进入孔门问学求道，孔子希望他把时间和精力用在学习修德安人方面，如果能够辅佐治国者做到好礼、好义、好信，那么四方百姓就会近悦远来，这比学稼更有意义。孔子还教导樊迟如果将来从政，那么管理百姓的要义是"敬鬼神而远之"（《论语·雍也》）。樊迟问孔子什么是"仁"，孔子说"爱人"；樊迟又问什么是"智"，孔子说"知人"。樊迟一时没有理解，孔子具体解释道"举直错诸枉，能使枉者直"（《论语·颜渊》）；樊迟还是一知半解，又去请教子夏，子夏告诉他：夫子的意思是，把正直贤良的善人选拔出来，置于恶人之上，便是做到了对民众仁爱与知人、识人。"举直错诸枉"是孔子针对国家用人之策的金玉良言。他返鲁后对鲁哀公也说："举直错诸枉，则民服。"（《论语·为政》）当然，孔子并没有说，国家应该由民众来选举善人出任官员，但孔子确实说过善人的标准是由民众决定的，而且是由善民决定的：

> 子贡问曰："乡人皆好之，何如？"子曰："未可也。""乡
> 人皆恶之，何如？"子曰："未可也。不如乡人之善者好之，其不善
> 者恶之。"（《论语·子路》）

孔子这种贤人政治和评价善人的观念，对后世乡举里选的选官制度具有重要的影响。

在春秋晚期兵荒马乱、危机四伏的年代，当许多人为占据高位而大肆杀戮，为争权夺利而大打出手，为追逐私利而蝇营狗苟时，孔子及其弟子们却为了脱离蒙昧的人间生活，为了延续传承周礼文化，也为了个体生命更加富有意义，在濮阳城内学文习礼、明德修身。

三、有若

1

季孙肥的个性颇似乃祖季孙意如，凡是认定的事情必一意孤行做到底。多年以来，季孙氏一直觊觎毗邻的邾国土地，希望借此扩大季孙氏的地盘。吴国退兵不久，季孙肥感觉外部威胁已经解除，便打算出兵灭掉邾国。他在家里设宴召集卿大夫们前来商议。

> 季康子欲伐邾，乃飨大夫以谋之。子服景伯曰："小所以事大，
> 信也。大所以保小，仁也。背大国，不信。伐小国，不仁。民保于城，
> 城保于德，失二德者，危，将焉保？"孟孙曰："二三子以为何如？
> 恶贤而逆之？"对曰："禹合诸侯于涂山，执玉帛者万国。今其存者，
> 无数十焉。唯大不字小，小不事大也。知必危，何故不言？鲁德如邾，
> 而以众加之，可乎？"不乐而出。（《左传·哀公七年》）

大夫子服何以仁义、信用进行劝诫。孟孙何忌曾在去年冬天亲自率军进伐邾国，他内心是支持季孙肥的，毕竟灭国得地他也可分一杯羹，所以就替季孙肥打圆场。不过，众大夫基本上都表示反对，宴会不欢而散。

季孙肥还继承了乃祖的另一个特点：对于国际形势和邦际关系的变化相当迟钝，尤其是在利欲熏心之时。事实上，邾国当时已是吴国的属国，哀公六年夏天鲁哀公与夫差在鄫地会盟时，就曾约定鲁国不得侵犯邾国。

然而季孙肥刚愎自用，到了秋天的时候，还是悍然出兵入侵邾国。季孙肥很可能是挟持鲁哀公参加了这次伐邾之战，所以《春秋》在记录这段历史时，将鲁国伐邾这件事归于鲁哀公名下：

> 秋，公伐邾。八月己酉，入邾，以邾子益来。（《春秋·哀公七年》）

对此，《日讲春秋解义》的解释是："三家欲并邾，而使公主兵，盖迫于三子不得已也。获则三家享其利，讨则公受其恶。"[①]

鲁军一直打到邾国都城的范门，兵临城下之际犹能听到城里传来的钟鼓乐声。

> 秋，伐邾，及范门，犹闻钟声。大夫谏，不听，茅成子请告于吴，不许，曰："鲁击柝闻于邾，吴二千里，不三月不至，何及于我？且国内岂不足？"成子以茅叛，师遂入邾，处其公宫，众师昼掠，邾众保于绎。师宵掠，以邾子益来，献于亳社，囚诸负瑕。（《左传·哀公七年》）

邾国的大夫劝国君邾隐公赶紧向吴国求救，邾隐公昏庸自大，置之不理，坚持要独立抵抗。大夫茅夷鸿知道此仗必败，连忙赶回自己的封邑茅地，一边准备抵抗鲁军，一边不惜违抗君命准备向吴国求救。

鲁国军队强势进军，一鼓作气攻入了邾国国都，占领了国君的公宫，俘虏了邾隐公并公然在白天大肆抢劫民众。茅夷鸿十分愤慨，率领部分军民与鲁军展开战斗，失利后退守绎地，即今山东省邹城市东南的绎山。

鲁国军队在抢劫了大量财物后，押着邾隐公返回鲁国，在国都的亳社举行献俘仪式，把邾隐公及其随从关押在负瑕。"三桓"穷兵黩武的恶果很快就显现了：

> 邾茅夷鸿以束帛乘韦，自请救于吴，曰："鲁弱晋而远吴，冯恃其众，而背君之盟，辟君之执事，以陵我小国。邾非敢自爱也，惧君威之不立。君威之不立，小国之忧也。若夏盟于鄫衍，秋而背之，成求而不违，四方诸侯，其何以事君？且鲁赋八百乘，君之贰也。邾赋六百乘，君之私也。以私奉贰，唯君图之。"吴子从之。（《左传·哀

---

① 库勒纳等撰，田洪整理注释：《日讲春秋解义》，第 1373 页。

公七年》）

茅夷鸿以布帛、牛皮为礼物，亲自赶到吴国求救。夫差本来就想进军中原，听到这个消息，知道机会来了，马上调兵遣将，准备出兵。

我们看到，这一时期中原诸侯发生纷争不去找晋国调停，却来找吴国解决，这既证明晋国霸主地位的终结，也说明吴国实力的陡增。而对于鲁国来说，一场严峻的考验已经摆在了面前。

2

我们并不清楚，身在卫国的孔子对于鲁国即将面对的这场风暴，究竟做了何种安排。但我们确实知道，此时与孔子同在卫国的有若，后来出现在鲁国的军队中。估计这次从卫国返鲁参战的孔门弟子还不止有若一人，只是史料并无记载。

十年前，即鲁定公十二年，费邑宰公山不狃与叔孙辄叛乱失败后，先出奔到齐国，后来又辗转到了吴国。此时，夫差准备出兵鲁国，想到了这两个鲁人，就派人把叔孙辄请来，咨询他的意见。

> 吴为邾故，将伐鲁，问于叔孙辄。叔孙辄对曰："鲁有名而无情，伐之，必得志焉。"退而告公山不狃。公山不狃曰："非礼也。君子违，不适仇国。未臣而有伐之，奔命焉，死之可也。所托也则隐。且夫人之行也，不以所恶废乡。今子以小恶而欲覆宗国，不亦难乎？若使子率，子必辞，王将使我。"子张疾之。王问于子泄，对曰："鲁虽无与立，必有与毙；诸侯将救之，未可以得志焉。晋与齐、楚辅之，是四仇也。夫鲁、齐、晋之唇，唇亡齿寒，君所知也。不救何为？"（《左传·哀公八年》）

叔孙辄称鲁国"有名而无情"，即虽有大国之名，实际情况却并不相符，怂恿夫差出兵攻伐。事后，叔孙辄把这件事告诉了公山不狃。公山不狃知道后批评叔孙辄违反周礼，他认为君子出奔不去仇敌之国，更不能攻打自己的母国。不久，吴王夫差又来征询公山不狃的意见，公山不狃用唇亡齿寒的道理警告夫差：吴国未必可以得志，因为晋国、齐国、楚国都会救援鲁国。夫差虽然讨了没趣，但还是命令公山不狃率领前锋部队开路。吴军起兵讨伐鲁国，时间是鲁哀公八年三月，孔子是年六十五岁。

　　三月，吴伐我，子泄率，故道险，从武城。初，武城人或有因于吴竟田焉，拘鄫人之沤菅者，曰："何故使吾水滋？"及吴师至，拘者道之，以伐武城，克之。王犯尝为之宰，澹台子羽之父好焉。国人惧，懿子谓景伯："若之何？"对曰："吴师来，斯与之战，何患焉？且召之而至，又何求焉？"吴师克东阳而进，舍于五梧，明日，舍于蚕室。公宾庚、公甲叔子与战于夷，获叔子与析朱锄。献于王，王曰："此同车，必使能，国未可望也。"明日，舍于庚宗，遂次于泗上。（《左传·哀公八年》）

　　公山不狃率领前锋部队，故意走了一条险道，从鲁国武城（今山东省临沂市费县西南）方向进军，这里地属沂蒙山区，山道崎岖不平。由此可见，公山不狃的人品还有值得肯定的地方，故有史家认为这正是鲁定公九年孔子欲往公山不狃之召的原因之一[①]。公山不狃选择此道，本想延缓吴军的攻势。然而事出意外，武城很快陷落。消息传到鲁城，众人都感到恐惧，边境重镇武城这么容易失守，人们怀疑是前武城宰王犯帮助吴人攻克了武城。这个王犯本是吴国大夫，后逃亡到鲁国，孔子学生澹台灭明（字子羽）的父亲与他关系很好。众人担心王犯、澹台是吴人的内应，感觉局势凶多吉少。孟孙何忌眼看情势紧急，就来问子服何：吴国大军压境，这可怎么办？子服何说：吴军来了，就与他们战斗，有什么好怕的？再说，吴军不是你们自己招来的吗，有什么话好说？吴军接着又攻克了东阳（今山东省临沂市费县西南）的关阳镇，继续向前挺进，驻扎在东阳西北的五梧，过了一天又进驻蚕室（今山东省临沂市平邑县境内）。吴军虽然一路上节节胜利，却也遭到了鲁军的顽强抵抗。在费邑西面的夷地，吴鲁展开了一场激战，鲁国大夫公宾庚、公甲叔子与析朱锄等三人同乘一辆战车，与吴军鏖战，最后三人一同战死。吴军把他们的尸体呈献给夫差，夫差是久经沙场之人，见此情景就同众人说道：同乘一辆马车的三个人一同战死，看来鲁国一定善于用人，这个国家还很难侥幸得到。夫差为什么这么说呢？因为春秋时期有一条战时军纪，即杜预所说的"同乘共伍当皆死"[②]，如果同乘一车的三人中有一人战死，另外两人也应力战至死，否则"不死伍乘，军之大刑也"，即要受到军纪处分。正如竹添光鸿《左氏会笺》所说："昭二十一年曰，不死伍乘，军之大刑也。故夫差殊称之也。"[③]夫差认为鲁

　　① 程树德：《论语集释》，第 1191 页。
　　② 杜预：《春秋左传集解》，第 1479 页。
　　③ 〔日〕竹添光鸿注：《左氏会笺》，第 2317 页。

军面对强敌仍能严格遵守军纪，说明国家选人、用人得当，将士的战斗力不容小觑。很显然，夫差心中开始产生怯意。

第二天，吴军继续深入到庚宗（今山东省济宁市泗水县东），部队驻扎到泗上（今泗水）。此地距鲁城只有五十余里路，可以朝发夕至。鲁城内处于紧急战备状态，鲁人到了背水一战的时候。

> 微虎欲宵攻王舍，私属徒七百人，三踊于幕庭，卒三百人，有若与焉，及稷门之内。或谓季孙曰："不足以害吴，而多杀国士，不如已也。"乃止之。吴子闻之，一夕三迁。

此时，有若已经赶到鲁城，或许还召集了一批留在鲁国的孔门弟子。鲁国大夫微虎准备夜袭吴王在泗上的营帐，决定选拔一批敢死突击队员。他让手下私属徒兵七百人，在军营帐幕外比试，最后选中了三百名勇士，身材高大的有若也在其中。随后，微虎率领这批视死如归的勇士，排着整齐的队伍来到稷门，也就是鲁城的西南门，准备趁着夜色出城发起突袭。有人告诫季孙肥：这区区三百人去强攻吴军，不足以造成危害，反而可能白白牺牲鲁国宝贵的国士。季孙肥遂亲自赶到稷门劝止微虎。夫差听到鲁军准备夜袭的消息，一个晚上三次转移自己的住所。他看到鲁国上下团结、血战到底的决心，知道不能毕其功于一役，就派人前来议和，希望两国订立盟约。经过一番周折，吴国与鲁国举行盟誓，达成了停战协议。鲁国释放了邾隐公，吴人随后撤军回国，邾隐公跟着夫差去了吴国。

这原是一场力量悬殊的战事，鲁人的拼死抵抗终于动摇了夫差的信心，夫差自知当下实力还不足以挑战齐国、晋国，所以暂时收起了侵占鲁国的野心。这场战事也暴露出鲁国防务的空虚。《日讲春秋解义》评论道："前此书侵伐，必言四鄙，见鲁之边鄙犹有守御之备也。至是吴师直造国都，则鲁之四境藩屏荡然，而国不足为国矣！"[1]的确，我们看到吴军长驱直入，兵锋直指都城之下，鲁国四境并没有兵力援救。看来这些年鲁国的实力确实在下降，难怪叔孙辄做出"鲁有名而无情"的判断。

3

这一年，注定是鲁国的多事之秋。吴国的警报刚刚解除，齐国又来找麻烦了。

---

[1]　库勒纳等撰，田洪整理注释：《日讲春秋解义》，第 1377 页。

齐悼公之来也，季康子以其妹妻之，即位而逆之。季鲂侯通焉，女言其情，弗敢与也。齐侯怒，夏五月，齐鲍牧帅师伐我，取谨及阐。……齐侯使如吴请师，将以伐我，乃归邾子。邾子又无道，吴子使大宰子余讨之，囚诸楼台，栫之以棘。使诸大夫奉大子革以为政。秋，及齐平。九月，臧宾如如齐莅盟，齐闾丘明来莅盟，且逆季姬以归，嬖。……冬十二月，齐人归谨及阐，季姬嬖故也。（《左传·哀公八年》）

齐悼公阳生当年出奔鲁国时，季孙肥把妹妹嫁给了他。齐悼公即位后，派人来鲁国接回季姬。这本来是一件好事，鲁国贵族女子做了齐君的夫人，肯定对鲁国有利。谁知，在齐悼公返国继位后，季姬竟然与季孙肥的叔叔季鲂侯私通。

我们阅读《左传》时，常看到春秋时期各国宫闱的乱象，有些着实令人瞠目结舌，即使号称礼仪之邦的鲁国也相当不堪。这就难怪孔子要反复讲"吾未见好德如好色者"（《论语·卫灵公》），"克己复礼为仁"（《论语·颜渊》），"非礼勿视，非礼勿听，非礼勿言，非礼勿动"（《论语·颜渊》）。事实上，春秋时期是华夏社会道德伦理奠基的关键时期，孔子致力于道德建设的意义就在于为社会道德尚未完全脱离自然蒙昧的春秋社会提供一种文明生活的基本伦理规范。

事到如今，季姬只能对其兄说出实情，季孙肥担心事情败露会引起事端，暂时未将她送回齐国。齐悼公十分恼怒，当年五月就派鲍牧率领军队讨伐鲁国，攻占了鲁国谨、阐两地，以示惩罚。季孙肥想不出别的办法，只好硬着头皮死扛，命令边境的鲁军顽强抵抗。齐悼公恼羞成怒，索性一不做二不休，火速派人前往吴国，请求吴国出兵，一起讨伐鲁国。此时距离吴国上次退兵不过三四个月，夫差再次看到了北上争霸的机会，当然不会轻易放过，随即答应了齐国的请求，下令军队做好出征准备。夫差担心鲁国与邾国联手抗吴，就让仍在吴国且深怨鲁国的邾隐公返回邾国。但邾隐公回国后依然荒淫无道，伯嚭只能把他抓起来关在楼台里，让太子革主政，尽量改善邾国内政。

该年秋天，就在夫差积极准备联齐伐鲁之际，齐国与鲁国通过频繁的外交活动，居然握手言和了。原来，季孙肥权衡利弊之后，还是决定把妹妹季姬送还齐国，遂派大夫臧宾如到齐国订立盟约。九月，齐国大夫闾丘明也到鲁国参加盟誓，并且接走了季姬。季姬去到齐国后，齐悼公对她宠爱有加，对鲁国的怒气也全消了。不久，齐悼公杀了专横跋扈的鲍牧。

十二月，在季姬的请求下，齐国归还了鲁国的谨、阐两个地方，这样齐鲁之间就算和解了。

四、冉求

1

鲁哀公九年（前486年）春天，由于齐国与鲁国已经媾和，齐悼公遂派大夫公孟绰去吴国，告诉吴军不用再出兵伐鲁了。

> 九年春，齐侯使公孟绰辞师于吴。吴子曰："昔岁寡人闻命。今又革之，不知所从，将进受命于君。"……秋，吴城邗，沟通江、淮。……冬，吴子使来儆师伐齐。（《左传·哀公九年》）

公孟绰没能成功说服夫差，夫差对他说：去年寡人听从齐国国君的命令，现在贵国君却又突然变卦，寡人真是不知所从。我将前往贵国，亲耳聆听齐君的命令。夫差在相当客气的外交辞令中明确表达了强硬的态度：要亲自带兵讨伐齐国。于是，吴、齐、鲁之间又将爆发一场新的战事。

这年秋天，夫差下令在邗（今江苏省扬州市北）筑城，挖通江、淮之间的河道，准备水、陆两路大军同时进兵。到了冬天，吴国的使者抵达鲁国，通报吴军准备讨伐齐国的消息，要求鲁国一起出兵配合作战。季孙肥想必十分高兴，原来他担心吴国联齐伐鲁，现在却成了吴国联鲁伐齐，依靠吴国强大的军力，鲁国有望一劳永逸地消除来自齐国的威胁。

就在吴国与齐国剑拔弩张之际，一个意外事件的发生更加激化了矛盾。原来，一直被吴国扣押的邾隐公突然从吴国逃了出来，先逃到鲁国，后又从鲁国逃到齐国——齐国是邾隐公的舅家。这样，吴国与齐国之间的对立情绪更加严重。

> 公会吴子、邾子、郯子伐齐南鄙，师于鄎。齐人弑悼公，赴于师。吴子三日哭于军门之外。徐承帅舟师，将自海入齐，齐人败之，吴师乃还。（《左传·哀公十年》）

被激怒的夫差加快了进军速度，很快抵达鲁国境内，鲁哀公、邾国太子、郯国国君等率军助战，四国联军合力攻打齐国，兵锋直指齐国南部边境。

面对吴国大军入境，齐国内部就究竟是战是和发生了严重分歧。陈乞利用前年鲍牧被杀的旧仇，怂恿鲍牧的儿子鲍息寻机报仇，结果鲍息毒杀了齐悼公，立齐悼公的儿子太子吕壬为国君，是为齐简公。齐国希望以齐悼公之死，来消除吴国对齐国的怒气，实现齐、吴媾和。

夫差听到齐悼公被弑的消息，立在军门之外哭了三天。夫差身为国君，对于弑君恶行，自然要予以谴责，这也是霸主应尽的道义。不过，夫差为这次出兵准备了一年时间，岂肯轻易放弃。现在齐国悍然弑君，不过是为夫差攻齐新添一个为齐悼公复仇的理由。然而就在此时，从海路发起进攻的吴国大夫徐承被齐军击败，吴国海军损失惨重。夫差一时气馁，只好收兵回国，吴齐之战暂时中止。这场战事从鲁哀公十年二月开始，到五月"哀公至自齐"（《春秋·哀公十年》），即鲁哀公从齐国边境战场返回鲁国，告一段落。

冉求是当时鲁国政坛中为数不多保持着清醒头脑的人，他知道齐国不会轻易善罢甘休，预感后面会有更大的风暴来临。所以他很可能在当年五六月间亲自去了一趟卫国，寻求卫国的帮助以及孔子的建议。《论语·述而》"夫子为卫君乎"章的故事，应该就发生在此时。

2

冉求来到卫国，向孔子介绍了鲁国面临的紧急情况，孔子就与弟子们商议对策。史迁叙述了当时的情景：

> 田常欲作乱于齐，惮高、国、鲍、晏，故移其兵欲以伐鲁。孔子闻之，谓门弟子曰："夫鲁，坟墓所处，父母之国，国危如此，二三子何为莫出？"子路请出，孔子止之。子张、子石请行，孔子弗许。子贡请行，孔子许之。（《史记·仲尼弟子列传》）

史迁文中说陈氏想要在齐国作乱，所以打算用高氏、国氏、晏氏、鲍氏的军队去侵伐鲁国，消耗他们的实力。我们知道，此时高氏、国氏、晏氏三家已被逐走，鲍氏也已失势，所以泷川资言《史记会注考证》引苏辙之言辨析，认为这是史迁的疏失。不过，即便四家已经倒台，他们的旧部仍然存在，而且是不安定的因素，所以陈氏计划用四家旧部伐鲁，达到一箭双雕的目的，这在逻辑上是说得通的。对于来自齐国的威胁，孔子对弟子们说：鲁国是我们祖辈坟墓所在之地，是父母之国，现在国家遇到了危难，你们有什么可以帮得上的？子路、子张与子石①等弟子请求返回鲁国相助，孔子没有答应。最后子贡请行，孔子同意了。子贡返鲁当然不是去打仗，而是再次发挥他的外交家特长。跟随冉求、子贡返鲁的应该还有樊迟，他参加了其后的鲁城保卫战。

按照《史记·仲尼弟子列传》的记述，随后子贡作为鲁国使者先后前往齐、吴、越、晋等国，展开了一系列眼花缭乱的穿梭外交。在史迁长达一千五百多字的生花妙笔之下，这番出使可谓纵横捭阖、波澜壮阔。子贡凭借三寸不烂之舌的游说，终于促成了吴国的出兵，经过一场艾陵大战，大破齐师，结果是"存鲁，乱齐，破吴，强晋而霸越"（《史记·仲尼弟子列传》）。可惜，史迁所述大部分内容是虚构的。梁玉绳《史记志疑》不客气地批评史迁："即其所言了无一实，而津津言之。"②崔述《洙泗考信余录》也明确指出："此盖游说之士因子贡之善于辞令而托之。"③我们一瞥《史记》原文风格，确实是标准的战国纵横家流，便知道梁、崔的看法是正确的。梁玉绳甚至说"疑是后人阑入，非《史》本文也"④，认为史迁不太可能出现如此低级的错误。

虽然子贡不可能旋风式地出使四国，但他去一趟吴国还是很有可能的。子贡在鲁哀公七年曾与吴国太宰伯嚭有所交涉，伯嚭对子贡印象颇佳，《论语》中两人有过对话，看上去关系不错。从时间上推算，冉求从鲁国去卫国需要一个多月，子贡从卫国出发前往吴国需要两三个月，这样就到秋天了。据《左传》记载，"秋，吴子使来复徵师"（《左传·哀公十年》）。"徵师"就是相约出兵攻打齐国。这很可能就是子贡出访吴国的成果。

但还没等到吴国正式出兵，齐国就先动手了。鲁哀公十一年春天，齐军向鲁国边境出动，齐国卿大夫国书、高无丕率军一直打到清地（今山东省聊城市东阿县大清河西）。鲁国人等不及吴军到来，只能先依靠自身力量迎战，季孙肥找到冉求商议战事。

　　十一年春，齐为鄎故，国书、高无丕帅师伐我，及清。季孙谓其宰冉求曰："齐师在清，必鲁故也。若之何？"求曰："一子守，二子从公御诸竟。"季孙曰："不能。"求曰："居封疆之间。"季

---

① 子石，名为公孙龙，比孔子小五十三岁，时年只有十四岁。此子石并非"坚白之论"的公孙龙。
② 梁玉绳：《史记志疑》，第1214页。
③ 崔述撰著，顾颉刚编订：《崔东壁遗书》，第377页。
④ 梁玉绳：《史记志疑》，第1215页。

孙告二子，二子不可。求曰："若不可，则君无出。一子帅师，背城
而战。不属者，非鲁人也。鲁之群室，众于齐之兵车。一室敌车，优
矣。子何患焉？二子之不欲战也宜，政在季氏。当子之身，齐人伐鲁
而不能战，子之耻也。大不列于诸侯矣。"（《左传·哀公十一年》）

冉求此时俨然成为"三桓"的主心骨，他提议三家中一家留守国都，
两家跟随国君到边境去迎战。季孙肥说指挥不动其他两家。冉求知道这是
实话，便建议"三桓"跟随国君在国都近郊与齐军交战。当季孙肥将此计
划转告叔孙氏、孟孙氏时，两家果然都不愿出兵。很显然，季孙氏平时一
家专权，叔孙氏、孟孙氏早已心存不满，此时故意消极对待。冉求只能激
励季孙肥说：既然办不到，那国君就不要出战了。您一家率领军队，背城
作战，季孙氏一家的兵车也比入侵之敌要多了。且您现在身居要职，齐国
人来了却不敢迎战，这是您的耻辱啊，如此，您今后就很难自立于诸侯之
中了。冉求讲事实，摆道理，既有批评规箴，又有谋划激励，可谓有理有节。
但季孙肥仍不放心，请冉求陪他一起上朝，去动员两家参战。

季孙使从于朝，俟于党氏之沟。武叔呼而问战焉，对曰："君
子有远虑，小人何知？"懿子强问之，对曰："小人虑材而言，量力
而共者也。"武叔曰："是谓我不成丈夫也。"退而蒐乘，孟孺子泄
帅右师，颜羽御，邴泄为右。冉求帅左师，管周父御，樊迟为右。季
孙曰："须也弱。"有子曰："就用命焉。"季氏之甲七千，冉有以
武城人三百为已徒卒。老幼守宫，次于雩门之外。五日，右师从之。
公叔务人见保者而泣，曰："事充政重，上不能谋，士不能死，何以
治民？吾既言之矣，敢不勉乎！"（《左传·哀公十一年》）

孟孙何忌一开始态度消极，在冉求激将法的作用下，终于同意一起出
兵作战。于是冉求与季孙氏、孟孙氏商量排兵布阵，最后决定分为左右两
军：孟孙何忌的儿子孟孺子泄率领右路军；冉求亲自率领季孙氏的左路军，
管周父替他驾车，樊迟为车右。季孙肥不放心地说：樊迟（名须）太年轻
了。樊迟名须，此时才二十二岁，作为主将的车御，确实稍嫌年轻。冉求
说：他虽然年轻，却能用命战斗。季孙肥不再说话，他现在对冉求已经言
听计从。这里补充交代一下，史迁《史记·仲尼弟子列传》称樊迟少孔子
三十六岁，按史迁之说计算，樊迟此时应为三十二岁，怎么能说"弱"？
"弱"虽未必正好是弱冠二十岁，但也应该相差不多。钱穆《先秦诸子系

年》认为，樊迟少孔子"三十六岁"应为少孔子"四十六岁"之误①。如此，樊迟在鲁哀公十一年时才二十二岁，正好符合"须也弱"之说。季孙肥的甲士有七千人，冉求用三百名武城人作为自己的徒卒，派老人和青少年守卫国君宫室，驻扎在正南门外。五天后，孟孙何忌的右路军才来与冉求会合。《左传》文中的公叔务人是鲁昭公的儿子公为，鲁定公元年（前509年）季孙意如曾阻止公为回国，从这里来看，公为后来还是得以返鲁了。此时，公为看到守城的老弱百姓，忍不住落泪叹息，表示自己愿奋勇献身。

3

鲁哀公十一年春，双方经过准备，都投入了重兵，决定鲁国命运之战就此开始了。《左传》对战事细节进行了刻画，其过程可谓一波三折。

> 师及齐师战于郊，齐师自稷曲，师不逾沟。樊迟曰："非不能也，不信子也。请三刻而逾之。"如之，众从之。师入齐军，右师奔，齐人从之，陈瓘、陈庄涉泗。孟之侧后入以为殿，抽矢策其马，曰："马不进也。"林不狃之伍曰："走乎？"不狃曰："谁不如？"曰："然则止乎？"不狃曰："恶贤？"徐步而死。师获甲首八十，齐人不能师。宵，谍曰："齐人遁。"冉有请从之三，季孙弗许。孟孺子语人曰："我不如颜羽，而贤于邴泄。子羽锐敏，我不欲战而能默。泄曰：'驱之。'"公为与其嬖僮汪锜乘，皆死，皆殡。（《左传·哀公十一年》）

鲁军与齐军在鲁城郊外交战，齐师从稷曲发起进攻，鲁军不愿冲过壕沟去作战。樊迟对冉求说：不是士兵不敢冲，而是不信任您。请您申明号令三次，然后率先冲过去。冉求照此而行，士兵果然跟着主将冲过了壕沟，杀入齐军阵中。但是，孟孺子泄的右路军却率先败退，齐军渡过泗水，紧追不舍。在败退人群中，鲁国大夫孟之侧留在队伍后面，掩护鲁军后撤，他抽出箭来一边假装策马，一边故意说：是马不肯走啊。鲁国大夫林不狃战死。公为与年轻随从汪锜同乘一辆车，两人也都战死了。幸好鲁国左路军斩获齐军甲士首级八十颗，齐军溃散，趁着夜色撤退。冉求三次请求季孙肥追击，都被季孙肥拒绝了。

孔子一直密切关注这场战事。战事结束后，有人向孔子详细讲述了整个战斗的情况。孔子听后，为冉求发挥的决定性作用而深感骄傲，也为公为、汪锜的战死深感哀伤。《左传》留下了孔子的评论，这是相当宝贵的史料：

---

① 钱穆：《先秦诸子系年》，第90页。

公为与其嬖僮汪锜乘，皆死，皆殡。孔子曰："能执干戈以卫社稷，可无殇也。"冉有用矛于齐师，故能入其军。孔子曰："义也。"（《左传·哀公十一年》）

汪锜当时未及弱冠，按照周礼的成规，未成年人死亡，葬礼丧服应比成年人降一等级。当孔子听说汪锜与公为一同战死，并且都举行了成人葬礼时，感叹道：汪锜虽然年纪很轻，却能够执干戈来保卫社稷，战后不以童子夭折来对待，而按照成人殡葬，这是合乎礼仪的。当孔子听说冉求命令部下用长矛与齐军交战，所以能冲入敌阵时，评价道：这是符合道义的。

孔子与弟子们一起谈论过这场战事，所以《论语》中也留下了孔子对孟之侧（即孟之反）的赞叹：

子曰："孟之反不伐。奔而殿，将入门，策其马，曰：'非敢后也，马不进也。'"（《论语·雍也》）

在这场决定鲁国命运的重大战役中，"三桓"的态度和表现差强人意。幸好冉求协调有方、指挥得当，尤为可贵的是他还身先士卒，率领鲁军将士奋勇战斗，在右路军失利的颓势下力挽狂澜，终于击退了强大的齐军，使得双方暂时处于相持阶段，为后来吴军赶到争取了宝贵的时间。

4

此时，吴王夫差已经率军出发了。夫差深知，战胜齐国是吴国称霸中原的必破之垒，所以趁齐鲁战事胶着之际，快马加鞭赶赴前线。鲁哀公亲自赶去迎接夫差。鲁哀公十一年五月，吴军前锋已抵达齐境，并攻克了博邑（今山东省泰安市东南），进驻嬴地（今山东省济南市莱芜区西北），吴鲁两军会师。接下来，吴鲁联军即将与齐军狭路相逢，展开一场生死大战。

为郊战故，公会吴子伐齐。五月，克博，壬申，至于嬴。中军从王，胥门巢将上军，王子姑曹将下军，展如将右军。齐国书将中军，高无丕将上军，宗楼将下军。陈僖子谓其弟书："尔死，我必得志。"宗子阳与闾丘明相厉也。桑掩胥御国子，公孙夏曰："二子必死。"将战，公孙夏命其徒歌《虞殡》。陈子行命其徒具含玉。公孙挥命其徒曰："人寻约，吴发短。"东郭书曰："三战必死，于此三矣。"使问弦多以琴，曰："吾不复见子矣。"陈书曰："此行也，吾闻鼓而

已，不闻金矣。"（《左传·哀公十一年》）

战前，双方将士厉兵秣马，鼓励士气。吴国有四路军队，吴王夫差亲自率领中军，大夫胥门巢率领上军，大夫王子姑曹率领下军，大夫展如率领右军。齐国这边派出三支大军，大夫国书率领中军，大夫高无丕率领上军，大夫宗楼率领下军，陈乞亲自参战。《左传》用一组特写镜头向世人详展了齐军将帅视死如归的必胜决心，将战前气氛渲染到了极致。

> 将战，吴子呼叔孙，曰："而事何也？"对曰："从司马。"王赐之甲、剑、铍，曰："奉尔君事，敬无废命。"叔孙未能对，卫赐进，曰："州仇奉甲从君。"而拜。（《左传·哀公十一年》）

联军也在积极备战，吴王在军中大帐召见叔孙州仇，问他现在是什么职位？叔孙州仇回答：是从司马。叔孙州仇是鲁国司马，这里的"从"是"忝居""忝列"的意思。后来孔子说自己是"从大夫之后"（《论语·先进》），也是一种谦辞，意思是"忝列"于卿大夫之后。吴王赐给他甲、剑、铍，勉励他好好听命于鲁君。按照当时的习惯，国君赐给臣下剑、铍，意思是命其自杀。或许是因为叔孙州仇在齐鲁郊战中消极怠战，所以夫差要借此予以警告。叔孙州仇一时之间不知所措，幸而子贡反应机敏，主动上前道：州仇接受皮甲，拜受君命。子贡只说受甲，没说受剑、铍，既照顾了夫差的面子，又避免了叔孙州仇的尴尬。

鲁哀公十一年五月二十七日，决战时刻到了，地点是艾陵（今山东省济南市莱芜区东），史称艾陵之战。

> 甲戌，战于艾陵，展如败高子，国子败胥门巢。王卒助之，大败齐师。获国书、公孙夏、闾丘明、陈书、东郭书，革车八百乘，甲首三千，以献于公。（《左传·哀公十一年》）

战斗一开始，双方互有胜负，吴国展如的右军击败了齐国高无丕的上军，齐国国书的中军击败了吴国胥门巢所率上军。关键时刻，吴王的中军发起强攻，大败齐军。文中的"获"不是"抓获"，而是"杀死"，即杀死了齐国大夫国书、公孙夏、闾丘明、陈书、东郭书，缴获皮革战车八百辆，消灭齐军三千人，均献与鲁哀公。

　　　　公使大史固归国子之元，置之新箧，褽之以玄纁，加组带焉。
置书于其上，曰："天若不识不衷，何以使下国？"（《左传·哀公
十一年》）

　　鲁哀公派太史固归还国书的首级，把它放在崭新的盒子里，下面垫着
黑色与浅红色的丝绸，将书信放在上面，信中写道：老天如果不知道贵国
行为不端，怎会让下国获胜？确实，总的来说，艾陵之战对于鲁国而言是
一场正义的家国保卫战。尽管吴国参战自有图霸目的，但客观上帮助鲁国
避免了空前的灾难，也为齐鲁两国后续关系正常化创造了条件。事实上，
此次鲁国营造的和平环境也是孔子随后选择返鲁的重要考量因素。
　　艾陵之战的次年，冉求与季孙肥之间有一段对话，与孔子返鲁密切相
关。《史记》记述如下：

　　　　其明年，冉有为季氏将师，与齐战于郎，克之。季康子曰："子
　　之于军旅，学之乎？性之乎？"冉有曰："学之于孔子。"季康子曰：
　　"孔子何如人哉？"对曰："用之有名；播之百姓，质诸鬼神而无憾。
　　求之至于此道，虽累千社，夫子不利也。"康子曰："我欲召之，可
　　乎？"对曰："欲召之，则毋以小人固之，则可矣。"（《史记·孔
　　子世家》）

　　史迁此文中的"战于郎"，崔述认为应为"战于郊"，即《左传·哀
公十一年》所说的"师及齐师战于郊"[①]。季孙肥问冉求：你很会打仗啊！
这是跟谁学的，还是你自己天生就会的？冉求说：我从孔子那里学的。季
孙肥说：孔子到底是什么样的人？冉求说：孔子但凡干什么事，都要名正
言顺。他的所作所为，无论在老百姓看来，还是鬼神看来，都是完美无憾的。
我哪怕功劳再大，封赏两千五百户，在孔子看来也不算什么。泷川资言认
为，冉求的话"文义不通"[②]。崔述也说："冉有之言浅陋不足以称圣人，
必后人所伪托无疑。"[③]尽管如此，季孙肥对孔子心存尊崇应该是毋庸置
疑的。艾陵之战后鲁国局势稳定，季孙肥想要召归这位周礼耆宿是合乎情
理的，更何况这也是其父季孙斯的遗愿。
　　值得一提的是，与鲁国由此战而开创了和平的局面不同，吴国多年穷

---

　　① 崔述撰著，顾颉刚编订：《崔东壁遗书》，第 307 页。
　　② 司马迁撰，〔日〕泷川资言考证：《史记会注考证》，第 2460 页。
　　③ 崔述撰著，顾颉刚编订：《崔东壁遗书》，第 307 页。

兵黩武的背后潜藏着巨大的危险。夫差此次北上之前，越王勾践率领大臣前来送行，给吴王与吴国大夫们都馈赠了重礼。伍子胥告诫夫差，越国才是吴国的心腹之患。但夫差不予理会，派他出使齐国。伍子胥完成使命后将儿子托付给齐国卿大夫鲍氏，只身返回吴国。夫差自艾陵之战凯旋后听闻此事，便赐剑命其自杀。一代传奇就此陨落。

五、四科十哲

1

　　孔门弟子素有先进弟子与后进弟子之分。以入门时间论，在孔子五十岁之前入门的弟子，主要有颜路、曾点、秦商、子路、琴张、冉耕、孟孙阅、孟孙何忌、闵子骞、漆雕开、公冶长、南容等，我们不妨称之为前期弟子；孔子五十岁之后、颠沛于陈蔡之前入门的弟子，主要有颜回、冉求、冉雍、宰予、公西赤、高柴、宓不齐、商瞿、巫马施、子贡、司马牛等，我们不妨称之为中期弟子；前期弟子与中期弟子可合称为先进弟子。在孔子颠沛于陈蔡之间及其后入门的弟子，主要有子游、子夏、子张、有若、樊迟、林放、澹台灭明等，可称为后进弟子。后进弟子也包括后来孔子回到鲁国后接收的年轻人，其中应该就有曾参。曾参，字子舆，鲁人，少孔子四十六岁。曾参未曾跟从孔子游于陈蔡之间，所以孔子没有将他列入四科十哲。

　　孔子在卫国期间，冉求、宰予、子贡、有若、樊迟先后离开，子路、冉耕、颜回、冉雍、闵子骞等人大概是这时期陪伴在孔子左右的最重要的弟子。闵子骞卒年无考，孔子去鲁之后，《论语》中再无有关他的信息。但闵子骞应该曾跟从孔子于陈蔡之间，或许还跟随孔子第四次返卫。洪迈注意到《论语》中的一个重要信息：孔子所有其他弟子在《论语》中都曾被以名称呼，唯独闵子骞从未以名"损"出现在《论语》中，这表明闵子骞门人可能参与了《论语》的编纂。他在《容斋三笔·闵子不名》中说："《论语》所记孔子与人语及门弟子并对其人问答，皆斥其名，未有称字者，虽颜、冉高第，亦曰回，曰雍，唯至闵子，独云子骞，终此书无损名。昔贤谓《论语》出于曾子、有子之门人，予意亦出于闵氏。"[1]洪迈所论颇有道理，大概闵子骞后来也设教授徒，其门人参与了《论语》编撰，因

---

　　① 洪迈：《容斋随笔》，长春：吉林文史出版社，1994年，第443页。

避师讳而称其字。

在孔门十哲中，冉耕的史料也不多，他与颜回、闵子骞、冉雍同列德行科，可见其品行深得孔子肯定。王充《论衡·自纪篇》以冉耕为冉雍之父，而《圣门志》《阙里广志》称冉耕少孔子七岁。钱穆认为，这些说法虽然未必可信，但是"伯牛之为孔门前辈弟子，则自可信也"[①]。《论语》中有"伯牛有疾"章，记述了冉耕病危时的情况。

> 伯牛有疾，子问之，自牖执其手，曰："亡之，命矣夫！斯人也而有斯疾也！斯人也而有斯疾也！"（《论语·雍也》）

冉耕病入膏肓，孔子感觉他命在旦夕，从窗户里握住他的手，发出连声哀叹，永诀之痛溢于言表。古人认为冉耕可能是得了恶疾，不愿见人；也有人说冉耕得了癞病，会传染他人，所以孔子只能从窗户里看他；还有人根据《论语》记季康子馈药，孔子说"丘未达，不敢尝"（《论语·乡党》），证明孔子是懂医药的，称孔子"自牖执其手"是在为冉耕切脉，因此知道冉耕活不长了。这些当然都是附会之论。《论语·先进》"从我于陈蔡者"章有冉耕的名字，我们因此推断他应死于孔子陈蔡之行后。

冉雍，字仲弓，也是一位贤人。他即便不是冉耕之子，也应该是其族人，故后世有冉耕、冉雍、冉求"一门三贤"之说。冉雍的口才或许不太好，所以有人就说他"仁而不佞"：

> 或曰："雍也仁而不佞。"子曰："焉用佞。御人以口给，屡憎于人，不知其仁。焉用佞？"（《论语·公冶长》）

孔子为冉雍辩解说：冉雍何必要有好口才呢？强嘴利舌地与人辩驳，常常被人讨厌。孔子曾说："刚毅木讷，近仁。"（《论语·子路》）很显然，孔子并不看重一个人能说会道，尤其讨厌花言巧语。《论语》中《学而》篇和《阳货》篇两次记录孔子这一观点：

> 子曰："巧言令色，鲜矣仁。"（《论语·学而》）

孔子认为这种花言巧语的人很少是仁人，所以在孔子看来"仁而不佞"

---

① 钱穆：《先秦诸子系年》，第80页。

并非缺点。孔子甚至以"巧言令色"为耻辱：

> 子曰："巧言令色，足恭，左丘明耻之，丘亦耻之。匿怨而友其人，左丘明耻之，丘亦耻之。"（论语·公冶长》）

史迁《史记·仲尼弟子列传》说冉雍的父亲是"贱人"，大概其家境比较贫困。冉雍可能为此有点落寞，孔子就安慰并鼓励他：

> 子谓仲弓，曰："犁牛之子骍且角，虽欲勿用，山川其舍诸？"（《论语·雍也》）

孔子说：小耕牛长着赤色的毛、整齐的角，虽然不想将其作为牺牲用于祭祀，山川之神难道会舍弃它吗？孔子的意思是，冉雍自身素质很好，将来一定能派大用场。孔子甚至说："雍也可使南面。"（《论语·雍也》）意思是冉雍今后可以独立主持一方政务。

孔子仁学的精要在于忠恕之道，即"己所不欲，勿施于人"。这句话孔子只对两个人说过，一个是子贡，另一个就是冉雍：

> 仲弓问仁。子曰："出门如见大宾，使民如承大祭，己所不欲，勿施于人，在邦无怨，在家无怨。"仲弓曰："雍虽不敏，请事斯语矣。"（《论语·颜渊》）

《荀子》一书高度赞许冉雍，屡屡将冉雍与孔子并称，说明冉雍在战国后儒中的地位相当独特。钱穆说："后世常兼称孔、颜，荀卿独举仲尼、子弓，该子弓之与颜回，其德业在伯仲之间，其年辈亦略相当，孔门前辈有颜回、子弓，犹后辈之有游、夏矣。"[①]这是将冉雍抬到了与颜回并列的地位。

2

孔子与弟子交谈，说话往往是比较委婉的。唯独跟子路说话，经常直截了当，有时甚至不留情面。

> 子曰："由之瑟，奚为于丘之门？"门人不敬子路。子曰："由

---

① 钱穆：《先秦诸子系年》，第79页。

也升堂矣，未入于室也。"（《论语·先进》）

　　孔子之言其实含有幽默意蕴，但同门弟子因此不敬重子路，孔子便说子路鼓瑟水平其实不低，只是未臻于完美而已。子路性格旷达，心胸开阔，孔子对子路从无客套和顾忌，每每直言规箴，子路亦从不介怀。反过来，子路时常冲撞老师，孔子也从不生气，最多以"野哉"批评其粗鲁，然后便是语重心长的教诲。我们且看下文中两人有关"正名"的重要对话，这成为后世儒家的一个核心话题：

　　　　子路曰："卫君待子而为政，子将奚先？"子曰："必也正名乎。"子路曰："有是哉，子之迂也。奚其正？"子曰："野哉由也。君子于其所不知，盖阙如也。名不正则言不顺，言不顺则事不成，事不成则礼乐不兴，礼乐不兴则刑罚不中，刑罚不中则民无所措手足。故君子名之必可言也，言之必可行也。君子于其言，无所苟而已矣。"（《论语·子路》）

　　从两人对话的场景中，我们感受到师徒既率直又坦诚的交流风格。至于这段对话发生的时间，根据史迁所说："是时，卫君辄父不得立，在外，诸侯数以为让。而孔子弟子多仕于卫，卫君欲得孔子为政。子路曰：'卫君待子而为政。'"（《史记·孔子世家》）则这次对话应发生在孔子第四次返卫之后，子路所说的"卫君"只能是卫出公。我们在前面讲过，在"夫子为卫君乎"章中，子贡曾经得出结论"夫子不为也"，即孔子不赞许卫出公的做法，不会入仕为官。本章却说"卫君待子而为政"，这是不是矛盾呢？其实并不矛盾，孔子并不准备接受卫出公的仕用，只是借子路提出的假设表达自己的"正名"之说，这既是一种政治思想，又是一种逻辑哲学，在现实生活中意义重大。

　　孔子所说的"正名"，既着眼于当下卫出公的问题，又针对当时各国普遍存在的政治乱象。就卫出公而言，《春秋·哀公二年》称"晋赵鞅帅师纳卫世子蒯聩于戚"。不管《春秋》是孔子所修，还是鲁国正史，既然称蒯聩为世子，意味着承认他作为卫君继承者的身份。而卫出公不肯避让君位，就是不承认蒯聩世子的名分，正如刘宝楠《论语正义》所言，"是辄不以世子予蒯聩"[①]，故孔子说卫出公"名不正"。洪迈《容斋随笔》"孔

────────
　　① 刘宝楠：《论语正义》，第518页。

子正名"条认为："是时夫子在卫，当辄为君之际，留连最久，以其拒父而窃位，故欲正之。"①此言虽过，却道出了孔子正名说与卫出公名位问题之间的现实关联。

当然，孔子正名说的意蕴远不止此。从更广泛的意义上看，当时社会上存在的各种礼乐乱象多与名实不符相关。皇侃《论语义疏》说："所以先须正名者，为时昏礼乱，言语翻杂，名物失其本号，故为政必以正名为先也。"②就拿"礼"这个名来说，周礼之"礼"本意原有确定的意思，即礼是用来规范人与人之间的社会关系，使之上下有分、老幼有序的。而在当时礼崩乐坏的背景下，季氏之类权贵虽然也讲礼、行礼，其实却是僭礼、违礼的。孔子认为，要纠正这些乱礼的社会现象，首先要让"礼"名实相副，如将原本天子八佾之礼与"八佾舞于庭"之类的僭礼严格地区分开来，这就是"正名"。事实上，孔子一向重视名分上的词义辨别，他说"觚不觚，觚哉，觚哉"（《论语·雍也》），其实也是讥讽当时制作礼器名不副实。他说"君君，臣臣，父父，子子"（《论语·颜渊》），就是希望"国君"之名能够符合"国君"之实，否则便是"君不君，臣不臣"。应该说，孔子"正名"思想道出了春秋时期周礼文化衰落这个现象级问题的根源。这一问题到了战国时期更加凸显，道家索性反其道而行之，针对社会严重德不符实的情况，彻底否定社会道德伦理的意义，甚至将道德视为社会问题的根源。如《庄子·胠箧》看到社会上普遍存在"窃钩者诛，窃国者为诸侯，诸侯之门而仁义存焉"，便认为"攘弃仁义，而天下之德始玄同矣"。当然，以孔子为代表的儒家对社会道德一直怀持积极的态度，所以坚持以"正名"为道德完善之策，反对"弃圣绝智"的消极心态。

我们细读孔子与子路的对话，既有师徒相诚的尊卑，亦有情同父子的真诚，言辞切峻而内含温煦，语气严厉而不乏幽默，体现出一种亲密无间的关系。子路个性鲜明，重诺直行，孔子对子路的评价常常采取抑扬结合的方式，从而达到正反两面教育的目的。前述"由之瑟，奚为于丘之门"的故事是孔子对子路的先抑后扬，下面这则故事则是孔子对子路的先扬后抑：

　　子曰："道不行，乘桴浮于海，从我者其由与！"子路闻之喜。子曰："由也好勇过我，无所取材。"（《论语·公冶长》）

---

① 洪迈：《容斋随笔》，第374页。
② 皇侃撰，高尚榘校点：《论语义疏》，第325页。

孔子说：如果大道行不通，我愿乘一条木筏漂到海上去，愿意跟我同行的大概只有子路吧。子路听了很高兴。孔子又说：子路勇敢超过我，其他方面没什么可取的呀。孔子的率直之语，貌似对子路稍欠尊重，实则蕴含了特殊的钟爱。

孔子把子路与冉求列入十哲政事科，此二人确实是孔门中入仕为政时间较长且较为能干之人。我们注意到，论年龄子路比冉求长二十岁，但在政事科中冉求却排在子路前面，这又是为什么？我们推断，孔子排这个四科十哲名单的时间应该是在其第四次返卫甚至返鲁后。此时，冉求在鲁国政坛已经崭露头角，在抗齐战事中成为中流砥柱，故孔子将他列在子路之前。有一次，子路问"成人"，孔子将冉求作为成人的榜样，以激励子路：

> 子路问成人。子曰："若臧武仲之知，公绰之不欲，卞庄子之勇，冉求之艺，文之以礼乐，亦可以为成人矣。"曰："今之成人者何必然。见利思义，见危授命，久要不忘平生之言，亦可以为成人矣。"（《论语·宪问》）

孔子充分肯定"冉求之艺"，返鲁后答季康子之问时也说："求也艺，于从政乎何有！"（《论语·雍也》）那么，什么是"艺"呢？简单地说，"艺"就是"六艺"。孔子曾说："志于道，据于德，依于仁，游于艺。"（《论语·述而》）朱熹《四书章句集注》曰："艺，则礼乐之文，射、御、书、数之法。"[①]也就是说，"艺"是入仕为官不可或缺的才能技艺。我们注意到，《论语》还记载了孔子的一句话："吾不试，故艺。"（《论语·子罕》）即孔子说：我不见用，没有入仕做官，所以能够掌握较多的技艺。孔子这样说，与上文并不矛盾。正因为孔子没有入仕，所以有更多的时间学习"六艺"，反而更有才艺。正如朱熹《四书章句集注》所说："试，用也。言由不为世用，故得以习于艺而通之。"[②]孔子的"艺"是内在素质，冉求的"艺"则表现在政事实践中。综上所述，在孔子眼里，冉求确实比子路更有从政的才能和艺术。事实也证明了这一点，后来子路死于卫国内乱，而冉求在鲁国则一直仕途顺遂。

根据史迁的说法，当时"孔子弟子多仕于卫"（《史记·孔子世家》）。事实上，除了子路在《史记·仲尼弟子列传》中有明确的仕卫之说，我们未见其他弟子仕于卫国的记载。《史记·仲尼弟子列传》中记载了子路两

---

① 朱熹：《四书章句集注》，第94页。
② 朱熹：《四书章句集注》，第110页。

次仕卫，一次是"子路为蒲大夫"，一次是"子路为卫大夫孔悝之邑宰"。前一次应该在孔子第四次返卫之后，后一次则在孔子返鲁之后。

> 子路为蒲大夫，辞孔子。孔子曰："蒲多壮士，又难治。然吾语汝：恭以敬，可以执勇；宽以正，可以比众；恭正以静，可以报上。"（《史记·仲尼弟子列传》）

孔子送给子路"恭""宽"二字箴言，这是孔子针对子路率直的个性有的放矢地予以指导。

> 子路问事君，子曰："勿欺也，而犯之。"（《论语·宪问》）

此前子路在鲁国出任季氏宰，只是担任家臣，并非直接事君。这次子路任蒲大夫，是直接对国君负责，所以辞行前特地询问事奉国君之道。孔子回答说：遇到事情不要欺瞒国君，但可以当面犯颜直谏。

孔门弟子中，颜回与子路个性反差明显，相较于子路的外向和率直，颜回更加内敛和含蓄。我们在前面说过，孔子曾经批评颜回"非助我者也，于吾言无所不说"（《论语·先进》）。其实颜回并非一味唯唯诺诺，他对孔子的言说认真聆听，回去后反复思忖，且能够有所发挥。

> 子曰："吾与回言终日，不违，如愚，退而省其私，亦足以发。回也不愚。"（《论语·为政》）

孔子的意思是：颜回在课堂听课时，与老师的意见从不相违背，看起来有点愚笨；但下课后观察他燕居独处之时，却能够发明老师所言之理。所以颜回其实并不愚笨，而是善于深思熟虑。孔子与颜回、子路在一起时的对话，就很能反映两人生活取向的差异：

> 颜渊、季路侍，子曰："盍各言尔志？"子路曰："愿车马，衣轻裘，与朋友共，敝之而无憾。"颜渊曰："愿无伐善，无施劳。"子路曰："愿闻子之志。"子曰："老者安之，朋友信之，少者怀之。"（《论语·公冶长》）

孔子让颜回、子路各言己志。子路的志向是与朋友共享乐，颜回的志向则是不夸耀自己、不劳动他人。我们看到，子路是向外的取向，颜回是向内的取向，分别体现了外在事功与内在修养两种不同的志趣，这也是后世儒家外王与内圣的源头。孔子自己的"老安少怀"，则是在更高的境界上追求人生的社会意义。

孔子对颜回最为欣赏的地方，就是他的安于清贫、好学乐学：

> 子曰："贤哉回也！一箪食，一瓢饮，在陋巷，人不堪其忧，回也不改其乐。贤哉回也！"（《论语·雍也》）

这是颜回优于其他弟子的重要特质，孔子仿佛在颜回身上看到了自己年轻时的影子。

> 子曰："回也其心三月不违仁，其余则日月至焉而已矣。"（《论语·雍也》）

朱熹《四书章句集注》称"三月，言其久"，"日月至焉者，或日一至焉，或月一至焉，能造其域而不能久"。[①]孔子说：颜回能够做到心中长久不离开仁德，其他弟子只是偶尔想起仁德而已。这种持久"乐学无忧"的人生态度就是最受后世所称道的"孔颜乐处"，在长期的文化积淀中已然成为传统知识分子追求的重要人生品德。

3

鲁哀公十一年，孔子离开鲁国已经有十四个年头了。他在陈国和楚国曾经两次直呼"归与归与"，这是来自宗国的心灵召唤。从陈蔡返卫五年后，六十八岁的孔子开始考虑回归故里。我们推测孔子萌生归国的想法大概基于以下四个方面的考虑：第一，孔子在外十四年，对于各国周礼文化的所见、所得、所思、所作已有良好的积累，希望接下来拥有一个安定的环境，静心展开一番"述而不作"的文化整理工作，在生命的最后时间里，把周礼文化的传承工作如愿完成。第二，弟子们跟随孔子在外多年，他们大部分是鲁国人，许多人的家族亲友都在鲁国，孔子也希望弟子们能够回到故里，开始他们新的人生。尤其是随着世袭制度的衰微，邦国对贤才的需求急增，孔子相信弟子们回到鲁国后一定会有用武之地。第三，孔子可能听说了老友季札去世的消息，于是不由生出叶落归根之感。鲁哀公十年

---

① 朱熹：《四书章句集注》，第 86 页。

冬天，由于陈国与吴国关系日渐亲密，楚国大夫子期率军讨伐陈国，吴王夫差遂派季札率兵援救陈国。据《左传》记载"吴延州来季子救陈"（《左传·哀公十年》）。或许因为州来地近陈国的缘故，年届九十的季札竟然还要带兵出征。季札并不想与楚国兵戎相见，就诚恳地致信子期，表达了和解的愿望。子期同意撤兵，于是双方偃旗息鼓。事后不久，季札就去世了。孔子六十八岁在那个年代已经算是高龄了，对于一个身在异乡十四年的老人来说，返回母邦、终老故里是必然的心愿。第四，卫国的局势越来越令人担忧，离开这个是非之地无疑是明智的选择。蒯聩依然在边境戚邑虎视眈眈地觊觎卫国君位，随时可能引发一场新的纷乱；同时，卫国内部也不太平，贵族之间冲突不断，称此时的卫国为"乱邦"亦不为过，而"乱邦不居"是孔子一贯的原则。

当时卫国内部的纷乱与卫国公族大夫孔圉有关。孔圉，姬姓孔氏，名圉，谥号"文"，史称仲叔圉或孔文子。卫灵公时期，孔圉、祝鮀、王孙贾等人都是相当能干的重臣。孔子回到鲁国后，与季孙肥谈到过孔圉：

> 子言卫灵公之无道也，康子曰："夫如是，奚而不丧？"孔子曰："仲叔圉治宾客，祝鮀治宗庙，王孙贾治军旅，夫如是，奚其丧？"（《论语·宪问》）

孔子与季孙肥谈到了卫灵公的无道，季孙肥问孔子，既然卫君如此无道，卫国何以没有丧国？孔子回答说：因为有孔圉管理外交，祝鮀管理宗庙，王孙贾管理军事，怎么会丧国？可见孔子对孔圉评价甚高。孔圉死后，孔子还曾称赞孔圉"敏而好学，不耻下问"：

> 子贡问曰："孔文子何以谓之文也？"子曰："敏而好学，不耻下问，是以谓之文也。"（《论语·公冶长》）

孔子平日里与孔圉关系较近，孔圉连家事都来询问孔子：

> 初，疾娶于宋子朝，其娣嬖。子朝出。孔文子使疾出其妻而妻之。疾使侍人诱其初妻之娣，置于犁，而为之一官，如二妻。文子怒，欲攻之。仲尼止之。遂夺其妻。（《左传·哀公十一年》）

事情大致是这样的：卫国有一位公室贵族大叔疾，也称太叔疾，娶了宋国大夫子朝的女儿为妻。这个子朝就是曾与南子关系暧昧的宋国美男子宋朝，他多年来一直在卫国做官。子朝有两个女儿，太叔疾娶了大女儿；按照春秋时期的习俗，小女儿作为陪嫁的媵妾一起嫁给了太叔疾，深得太叔疾的宠爱。后来子朝因为参与谋反被迫出奔，孔圉就强迫太叔疾休掉这对姐妹妻妾，与自己的女儿孔姞结婚。太叔疾婚后仍对作为爱妾的子朝的小女儿割舍不下，派人把她安置在外，平时经常去探望。这件事在卫国百姓中流传开来，都说太叔疾好像拥有两个妻子。孔圉听到关于女婿的传闻，不禁勃然大怒，打算发兵去攻打太叔疾。动手之前，孔圉亲自来询问孔子，孔子试图劝止孔圉的鲁莽行为，但孔圉还是把自己的女儿抢了回来。孔子看到孔圉如此执迷不悟，知道此人不可理喻，便生了去意：

> 孔文子之将攻大叔也，访于仲尼。仲尼曰："胡簋之事，则尝学之矣。甲兵之事，未之闻也。"退，命驾而行，曰："鸟则择木，木岂能择鸟？"文子遽止之，曰："圉岂敢度其私，访卫国之难也。"将止。鲁人以币召之，乃归。（《左传·哀公十一年》）

恰在这时，鲁国人拿着礼物来请孔子回去，于是孔子决心返鲁。史迁说："会季康子逐公华、公宾、公林，以币迎孔子，孔子归鲁。"（《史记·孔子世家》）史迁这段话的文字有误。泷川资言指出，《左传疏》引《史记》"逐"作"使"，就是派遣的意思。这是有道理的。公华、公宾、公林皆为姬姓公族大夫，季孙肥派他们来请孔子，是作为国君的代表，所以孔子就接受了。此时季孙肥与公室并无仇隙，何来驱逐公族大夫之说？再者，如果季孙肥刚刚驱逐了公族大夫，又来请孔子回去，孔子会回去吗？

第十章　为政与济众

孔子回到鲁国后，作为致仕的卿大夫，成为鲁国最有学问的耆老，鲁哀公、季孙肥、孟武伯等相继向孔子问政。孔子在问答中阐述了自己多年来形成的政治思想和经济思想。从本质上讲，孔子的政治思想属于一种道德政治学，其突出特点有两个：一是强调为政以德，二是重视以民为本。孔子对为政者的个体道德提出了明确要求，以"政者正也"作为邦国良治的核心条件。这种建立在道德主义基础之上的政治思想体现了孔子对周朝宗主家长制政治特征的准确把握，反映了孔子仁学思想体系的民本特质。

由于连年战事与灾害，鲁国粮食歉收，公室与贵卿宗族都面临着严重的财政危机。他们一方面增加赋税，一方面向孔子及其弟子请教良方。孔子用自己多年来形成的民本主义经济思想开导鲁国君臣。孔子民本主义经济思想是他的仁学思想在经济领域的深入延展，其渊源可溯于尧、舜、禹"三代之治"的德治重民传统，也是周朝"敬天保民"思想在春秋晚期社会经济新变局中的发展与创新。孔子民本主义经济思想的核心是惠民、富民，具体内容包括六个方面："居敬行简"的治民观、"敛从其薄"的税赋观、"宁俭毋奢"的节俭观、"取物有节"的生态观、"无信不立"的诚信观、"善贾而沽"的货殖观等。孔门弟子回到鲁国后，子路、宓不齐、有若、子夏、子游、子贡等人入仕为官，其他弟子皆学有所长。入仕者学道爱人，修学者成人成才，孔子设教授徒初心不改，孜孜育人成果斐然。

本章阐述孔子返鲁后针对君臣问政提出的民本政治经济思想，深入探究孔子道德主义政治思想的历史原委和现实基础，系统考述孔子惠民、富民思想的文化渊源和内容特质，略述孔门弟子在仕业政务中贯彻孔子政治经济思想的具体实践。

一、政者正也

1

鲁哀公十一年，六十八岁的孔子与弟子们回到了鲁国。刚刚经历一场生死决战的鲁国民众，迎来了一位智慧长者和一批青年才俊，这给鲁城平添了许多温暖与欢愉。鲁哀公与"三桓"将孔子尊为"国老"，给予充分的尊重和礼遇，还经常当面向孔子咨询请教。十四年在外的游子，已无意站到政治舞台的中央，孔子宁愿在台下做一个冷峻敏锐的旁观者，做一个提携后生的欣赏者，做一个周礼文化的传播者。孔子不想过多介入鲁国的日常政治事务，他需要与光阴赛跑，抓紧时间整理一生积累的文化学术成果，以便给后人留下更多的传世经典。

鲁国君臣显然不会放弃向这位历经鲁国四任国君的饱学耆老问政的机会，所以孔子还得花不少时间与之交谈对话。

> 哀公问曰："何为则民服？"孔子对曰："举直错诸枉，则民服；举枉错诸直，则民不服。"（《论语·为政》）

鲁哀公召见了孔子，问道：如何为政才能让民众服从？孔子回答说：为政之道重在选人用人，把正直的人提拔起来，放在邪曲的人之上，百姓就服从了；把邪曲的人提拔起来，放在正直的人之上，百姓就不会服从。这里的"错"，就是"措"，意思是"置于"。孔子这是在教导哀公任人唯贤、任人唯正。

季孙肥对这位曾与祖、父共事的年长者也是尊敬有加，频频咨询孔子的为政意见。孔子针对季氏祖孙四代一贯不守规则、僭礼越位的通病，提出了"政者正也"的政治原则。

> 季康子问政于孔子。孔子对曰："政者正也，子帅以正，孰敢不正。"（《论语·颜渊》）

季孙肥问孔子为政之道，孔子回答说：为政首先须正己。您率先正己，做事符合礼仪，民众谁还敢不正？这就是孔子"政者正也"政治原则的核心理念。总的来说，这是一种道德主义政治学，即将为政者的个人道德视为邦国良治的基础和根本。对此，孔子还曾做过如下解释：

> 子曰：为政以德，譬如北辰，居其所，而众星共之。（《论语·为政》）

在孔子看来，道德是政治的核心，能够为现实政治提供行动的方向；人是政治的主宰，为政者的道德素质决定了社会政治的优劣。以现代政治学的视角看，这种政治观念具有人治的色彩。与现代法治思想相比，人治思想当然是陈旧的，然而在中国古代社会，民主法治尚未萌芽，人治是现实的存在。孔子政治思想的实质是在人治的体制框架内通过倡导"为政以德"，对政治主体进行必要的道德规范，从而最大程度地实现以民为本的良治，也就是追求一种最好的人治，这在当时的宗法社会阶段无疑是先进的思想。

2

我们须知，孔子所处的春秋社会本身是一个人治的宗法社会。姬周王朝是建立在血缘关系基础上分土建国形成的分封制社会，天子将天下分封给各国诸侯，各国诸侯再将部分封地复封给宗子、支族，由此构建起天下、邦国、封邑等各级政治组织。我们都知道《诗经·小雅·北山》有所谓"溥天之下，莫非王土；率土之滨，莫非王臣"之说，其实这句话只是泛指天下所有的土地和人民在名义上都归属于周天子。而事实上，经过裂土分封之后，特别是在春秋时期，真正属于周天子的土地和人民仅限于王畿地区，各国封邑的土地和人民的所有权并不属于周天子，而是完全属于各国诸侯及拥有该封邑的卿大夫。也就是说，天下实为各级贵族所有，他们是各自所属土地、人民的实际主人。这种"主人"即时人所谓"主社稷"。正如郑国大夫所说："苟主社稷，国内之民其谁不为臣？"（《左传·庄公十四年》）在西周与春秋时期，"社稷"就是指统治者的家庙血祀。周天子有太社、太稷，诸侯如鲁君有周社、亳社，卿大夫有家庙。季孙意如当年"八佾舞于庭"，这个"庭"就是季氏家庙之庭。《左传》有大量天子、诸侯、卿大夫的"主社稷""使主社稷""以主社稷""守社稷""卫社稷""抚社稷""利社稷""恤社稷"乃至"辱社稷""弃社稷"之语，基本上都不是就整个国家而言的，而是指天子、诸侯一家一姓的宗族。现代人常将"社稷"理解为"国家"，如《春秋左传词典》就说："社稷，犹言国家。"①
这是不太准确的，至少"社稷"本质上不同于现代意义上的"国家"。如
果一定要用几个字来指称春秋时代的天下邦国，那么"家国"或"家之国"，
远比"国家"更加准确，因为"天下"和"国"实际上是被各个家族领主
分占拥有的。

我们来看封邑的土地所有权。在《左传》中，记录了不少周王室与诸
侯、卿大夫争讼土地的案例，如鲁成公十一年（前580年）就发生了周王
室与晋国卿大夫争田之事：

> 晋郤至与周争鄇田，王命刘康公、单襄公讼诸晋。郤至曰："温，
> 吾故也，故不敢失。"刘子、单子曰："昔周克商，使诸侯抚封，苏
> 忿生以温为司寇，与檀伯达封于河。苏氏即狄，又不能于狄而奔卫。
> 襄王劳文公而赐之温，狐氏、阳氏先处之，而后及子。若治其故，则
> 王官之邑也，子安得之？"晋侯使郤至勿敢争。（《左传·成公十一
> 年》）

晋国卿大夫郤至与周王室发生土地纠纷，周天子让周臣刘康公、单襄
公到晋国争讼。刘康公、单襄公辩论的着眼点是鄇田这块土地在当年分封
时的最初归属，以及后来属主的演变过程，却没有从"溥天之下，莫非王土"
的角度来争辩。可见在当时人们的心目中，土地的归属权是由分封决定的，
最初分封给谁，所有权就属于谁。

再来看封邑的"民人"所有权。在周朝分封过程中，授土与授民是同
时进行的，"授土时同时有授民的仪式"②。与土地所有权一样，土地上
的人民也完全属于拥有领地的各国诸侯或卿大夫，即所谓的封建领主。《左
传·昭公七年》记载了楚灵王收容逃亡罪人，结果被主人申无宇强行索回
的故事。

> 及即位，为章华之宫，纳亡人以实之。无宇之阍入焉。无宇执之，
> 有司弗与，曰："执人于王宫，其罪大矣。"执而谒诸王。王将饮酒，
> 无宇辞曰："天子经略，诸侯正封，古之制也。封略之内，何非君土？
> 食土之毛，谁非君臣？故《诗》曰：'普天之下，莫非王土。率土之
> 滨，莫非王臣。'天有十日，人有十等，下所以事上，上所以共神也。

---

① 杨伯峻、徐提编：《春秋左传词典》，北京：中华书局，1985年，第425页。
② 瞿同祖：《中国封建社会》，北京：商务印书馆，2015年，第31页。

故王臣公，公臣大夫，大夫臣士，士臣皂，皂臣舆，舆臣隶，隶臣僚，
僚臣仆，仆臣台。马有圉，牛有牧，以待百事。今有司曰：'女胡执
人于王宫？'将焉执之？……若从有司，是无所执逃臣也。逃而舍之，
是无陪台也。王事无乃阙乎？昔武王数纣之罪，以告诸侯曰：'纣为
天下逋逃主，萃渊薮。'故夫致死焉。君王始求诸侯而则纣，无乃不
可乎？若以二文之法取之，盗有所在矣。"王曰："取而臣以往，盗
有宠，未可得也。"遂赦之。（《左传·昭公七年》）

　　楚灵王即位后，建造了章华台，在里面收容逃亡者。贵族申无宇的看
门人犯法后逃入章华台，申无宇前来抓捕，管理章华台的官员拒绝交人。
于是，申无宇就与楚灵王进行了上文中这段著名的对话。申无宇首先承认
"普天之下，莫非王土。率土之滨，莫非王臣"这种说法，但同时指出，
周朝分封制度是一种等级制度，王、公、大夫、士等均为不同等级的政治
主体，都拥有对所属人民的所有权和管辖权。申无宇甚至将随意剥夺这种
权力的人称为"盗"，矛头直指楚灵王。最后，楚灵王自知理亏，让申无
宇带走了亡人。

　　上面两个例子充分说明，在周朝分封制下，封略之内的土地、人民名
义上属于天子，实质上属于各级受封人，或者更准确地说属于受封或复封
的宗族、家族。宗族、家族既然是土地与人民的所有者，其最基本的政治
特征当然就是人治、家治、宗治、族治，我们也可以称之为宗主家长制政治。

　　唯物史观认为，任何政治思想和意识形态都是服务于上层建筑和经济
基础的。在周朝分封制下，既然各级贵族将所属的土地、人民视为一姓一
氏的家族私产，将主政邦国等同于维护宗族"主社稷"，那么维持祖先血
食和子孙血脉，维护宗族、家族利益便是首要的政治原则。这种以家族自
我利益为核心的宗族至上政治原则，有利于维护以分土封国为核心的现实
政治和以封建采邑土地私有权为核心的经济制度。总之，天子、诸侯、卿
大夫作为宗主家长，其首要政治任务就是延续宗族血脉、维持祖先祭祀、
维护家族利益，这就是春秋时期"族天下"的政治本质，也是春秋政治的
人治特质。

　　孔子面对的是春秋时期的宗主家长政治，宗主、族长、家长的人治是
活生生的现实。孔子当然无法改变社会制度，他所要求的是作为各级宗主
家长政治领导者的天子、国君、卿大夫应该努力成为一个"正"人，做到
以德为政，以仁爱之心对待人民，只有这样才能实现人治基础上的良政、
良治。孔子的道德政治学是有明确针对性的，针对的就是宗主家长政治下

所产生的人治、家治、族治的种种荒政弊端，孔子就此提出"为政以德"的德治思想，是试图给"族天下"政治套上必要的羁绊。所以，简单地将孔子的政治思想称为人治思想，这是不准确的。准确的说法应该是，孔子的政治思想是一种以德为政的人治思想。也就是说，孔子要给统治者增加一种超越宗族利益的道德主义原则。虽然，这种道德政治的实现仍然离不开宗主、族长的个体道德自觉，仍然具有人治的色彩，但它已不再是宗族利益至上的传统人治，而是让人治受制于德治之下，在一定程度上将公共利益置于宗族利益之上。

3

其实，"为政以德"的德治思想也不是孔子首创，而是来自周人源远流长的以德配天、敬德保民的文化传统。但是，在春秋时期以宗族利益为核心的宗主家长政治中，周人的重德传统缺乏必要的制度性支撑，并在礼崩乐坏中不断消解。在政治实践中，统治者对民众的暴虐、杀戮是屡见不鲜的。

> 十二月，郑游眅将归晋，未出竟，遭逆妻者，夺之，以馆于邑。丁巳，其夫攻子明，杀之，以其妻行。（《左传·襄公二十二年》）

郑国七穆之一的游氏宗主游眅竟然光天化日在道路上公然夺取民众的新婚妻子，结果遭到女方丈夫反击。丈夫将游眅杀死，然后携妻逃亡。这一事件从一个侧面反映了春秋时期统治者骄奢淫逸、蛮横无理的程度。

当然，天子、诸侯出于维护社稷利益的目的，也需要安抚民众，这就是鲁襄公二十八年子大叔所说的"亦使安定其社稷，镇抚其民人，以礼承天之休，此君之宪令"（《左传·襄公二十八年》）。但"镇抚其民人"不过是"安定其社稷"的手段而已。这也是季孙肥向孔子请教的主要内容。

> 季康子问："使民敬、忠以劝，如之何？"子曰："临之以庄则敬，孝慈则忠，举善而教不能则劝。"（《论语·为政》）

季孙肥想要使人民敬畏并忠于统治者，孔子用道德主义政治学对其进行开导。孔子说：您对待人民的事情严肃认真，他们对您的政令自然也会严肃认真；您孝顺父母、慈爱幼小，他们自然也会对您尽心竭力；您能提拔贤能、教育能力差的人，他们自然就会勤勉。我们看到，孔子的回答一以贯之地聚焦于统治者的自身行为，将良治的重心放在为政者的主体修行，其基本逻辑就是正己以正人，为政者自己做好了，民众也就变好了，为政者的个体道德素质起着决定性作用。

春秋晚期社会经济的急剧变化，使许多原本束缚在封邑土地上的农奴游离于社会控制之外，有的甚至沦为盗贼。当时鲁国的强盗不少，季孙肥很犯愁，又来询问孔子：

> 季康子患盗，问与孔子。孔子对曰："苟子之不欲，虽赏之不窃。"（《论语·颜渊》）

孔子告诉季孙肥：百姓哪有自己愿意做强盗的？如果您为政不过于贪婪，就算重金赏赐，百姓也不会去做强盗的。很显然，孔子依然是从为政者的主体德性角度看待社会问题，继续用道德主义政治学开出治理社会的药方。季孙肥对此难以认同，他认为应该用更加严酷的手段来解决问题，所以就主张采取杀戮手段：

> 季康子问政于孔子曰："如杀无道，以就有道，何如？"孔子对曰："子为政，焉用杀。子欲善，而民善矣。君子之德风，小人之德草，草上之风，必偃。"（《论语·颜渊》）

季孙肥的意思是：您说的当然不错。不过有些人本性恶劣，必须予以杀戮，以便树立国家的道德标准。孔子回答说：您为政，何必使用杀戮的办法？您自己为善，百姓也就为善了。君子的道德就像风，百姓的道德就像草，君子之风朝哪边吹，百姓之草就会向哪边倒。

在季孙肥与孔子的谈话中，我们看到了两种类型的为政导向：一种是以季孙肥为代表的维护统治者利益的为政导向，主政者关心的是自身利益，不在乎政治的价值原则，对民众的统治主要依靠刑罚手段；另一种是以孔子为代表的着眼社会道德和民众利益的为政导向，主政者坚持民本价值原则，所使用的政治手段是教化与德治，主张统治者应以维护民众利益而非自身利益为首要任务，否则将在"天命靡常""惟德是辅"的原则下丧失统治。当然，孔子也站在统治者的立场上，从维护统治者自身利益的角度，对季孙肥进行了道德劝导，这是孔子道德主义政治学的其中一个层面，即以"政者正也"规范各级统治者。孔子道德主义政治学的另一个层面是站在民众的立场上，提出以民为本的治理思想，强调教化民众的心智，维护民众的利益，由此构成了孔子为政以德和以民为本一体两面的政治思想。季孙肥的刑治与孔子的德治同样都是人治，但孔子的道德主义政治学既注重为政者的主体道德，又重视为政者对民众的关爱，这是它最大的特色亮点，在当时社会中明显优于为政者利益至上的政治原则，体现了孔子政治思想的先进性。

需要指出的是，孔子的道德主义政治学在解决春秋晚期社会现实困境方面并不十分有效，也没有被统治者所接纳。但是，这种道德主义政治学作为人类政治生活的一般原则，具有恒常的社会价值和学理意义。这是因为，道德正义是所有政治学的基础原则，对为政者进行主体道德规范也是所有政治学的基本要求。在孔子之后的近三个世纪，当为政者利益至上的政治原则经过战国、秦朝的极度放大后，饱受蹂躏的世人终于明白，政治正义性对于社会理性文明、民众安居乐业的重要价值。正因为如此，孔子的道德主义政治学在汉代以降被后世广泛接纳，成为中国传统政治的最重要特色。这种情况与耶稣思想、佛陀思想的发展影响史颇为相似——大凡一种包含人类基本价值原则的伟大思想往往与当时社会现实相抵牾，却能在未来新的历史条件下重新发扬光大。这不是伟大思想家的预见和先知，而是这些伟大思想本身具有超越时代的基本价值内核。遗憾的是，传统社会并没有确保政治正义性和规范为政者行为的相应制度设计，这使得秦汉以降的后世儒家在实践孔子政治思想的过程中缺乏有效的制度保障。这是后世儒家政治思想和政治制度的缺憾，而非孔子政治思想的疏失。孔子已经度越时代提出了重要的政治原则，将其行之有效地付诸实践，并不断予以改良完善，乃是每个时代应有的历史使命。秦汉以降的儒家将主要精力集中在维护中央集权的封建专制统治，自觉或不自觉地吸纳了法家苛政思想，遂形成流变千年的"儒表法里"统治思想和制度体系。这自然不能成为苛责孔子的理由。

二、大臣与具臣

1

孔子带着一批能干的弟子返回鲁国，自然成为鲁城民众谈论的话题，鲁国君臣也对此颇感兴趣。这些年来，季孙肥对家臣冉求十分满意，他知道孔门弟子中还有不少贤才，就与孔子讨论起来：

季康子问："仲由可使从政也与？"子曰："由也果，于从政乎何有！"曰："赐也可使从政也与？"曰："赐也达，于从政乎何有！"曰："求也可使从政也与？"曰："求也艺，于从政乎何有！"（《论语·雍也》）

季孙肥问孔子子路、子贡、冉求的从政能力，孔子皆予充分肯定。孔子的口吻相当轻松，甚至带有些许轻蔑：从政只不过是一种技能，有什么困难的。言下之意是，真正难的不是从政能力，而是从政者具有仁爱之心。孔子多次表达了仁爱之心与从政能力之间的本质区别：

子张问曰："令尹子文三仕为令尹，无喜色。三已之，无愠色。旧令尹之政，必以告新令尹。何如？"子曰："忠矣！"曰："仁矣乎？"子曰："未知。焉得仁？""崔子弑齐君，陈文子有马十乘，弃而违之。至于他邦，则曰：'犹吾大夫崔子也。'违之，之一邦，则又曰：'犹吾大夫崔子也。'违之。何如？"子曰："清矣。"曰："仁矣乎？"曰："未知。焉得仁？"（《论语·公冶长》）

即便具有"忠""清"政治品质的人，也未必具有仁心。因为"忠"是对于君主而言，"清"是对于政事本身而言，它们都是重要的从政品格，却不是最核心的为政道德——仁爱。

季孙氏的族人季子然与孔子有一段对话，也涉及孔子的仁学政治观：

季子然问："仲由、冉求，可谓大臣与？"子曰："吾以子为异之问，曾由与求之问。所谓大臣者，以道事君，不可则止。今由与求也，可谓具臣矣。"曰："然则从之者与？"子曰："弑父与君，亦不从也。"

季子然问孔子：仲由、冉求，可以说是"大臣"吗？孔子说：所谓"大臣"，是能够遵循道义来事奉君主，如果现实行不通，那就辞职不干的人。现在仲由、冉求还没有做到这一点，所以只能说是"具臣"，即有才能的臣，称不上"大臣"。在这段对话中，孔子将仁爱之心与从政能力的区别具体落到了"大臣"与"具臣"的差异之上。在孔子看来，"大臣"必须能够做到"以道事君，不可则止"，体现了主体对政治道德价值的坚守；"具臣"只有为政的才能，没有完备的道义追求，只体现为政治的实用理性和工具价值。孔子肯定子路、冉求具有"具臣"的素质，但未必具有"大臣"的品质。很显然，季子然听懂了孔子的意思，但他又走了另一个极端，把"具臣"理解为缺乏道德底线、一味盲从国君的臣子，遂问孔子：那么"具臣"会对国君唯命是从吗？孔子以略带讽刺的口吻说：弑父、弑君这种事，他们是绝对不会顺从的。孔子言下之意，即便是普通的"具臣"，也有基本的道德要求，尽管这种道德要求距离仁爱相差很远。

下面两个例子具体说明了冉求、子路为何在孔子眼中只是"具臣"，而非"大臣"。这天冉求匆匆进来，告诉孔子说，季孙肥想要去泰山祭神。

> 季氏旅于泰山。子谓冉有曰："女弗能救与？"对曰："不能。"子曰："呜呼！曾谓泰山，不如林放乎！"（《论语·八佾》）

按照周礼，诸侯可以在自己的境内祭祀山川之神。泰山位于齐鲁两国边境，所以两国国君都可以去祭祀泰山。但卿大夫祭祀山川则是违礼僭越的行为。孔子听冉求说，季孙肥想要去祭祀泰山，就对冉求说：你不能劝阻他吗？冉求说：我说了没有用。在此之前，孔子刚刚与林放讨论了"礼之本"的问题，孔子认为林放是懂礼的（《论语·八佾》）。于是孔子叹一口气，说：唉！卿大夫怎么能祭祀泰山！难道泰山之神还不如林放懂礼，会接受季氏的献祭？冉求不能劝阻季孙肥，却又不愿辞职离开他，因此，他在孔子眼里只是一个"具臣"。

季孙肥觊觎鲁国境内一个小附庸国颛臾，想要派兵去把它灭了，将其土地占为己有。当时子路与冉求都是季孙肥的家臣，两人就劝他不要这样做，季孙肥不听，于是两人就来向孔子报告。

> 季氏将伐颛臾，冉有、季路见于孔子曰："季氏将有事于颛臾。"孔子曰："求，无乃尔是过与？夫颛臾，昔者先王以为东蒙主，且在邦域之中矣，是社稷之臣也，何以伐为？"冉有曰："夫子欲之，吾二臣者，皆不欲也。"孔子曰："求，周任有言曰：陈力就列，不能者止。危而不持，颠而不扶，则将焉用彼相矣。且尔言过矣。虎兕出于柙，龟玉毁于椟中，是谁之过与？"冉有曰："今夫颛臾，固而近于费，今不取，后世必为子孙忧。"孔子曰："求，君子疾夫舍曰欲之，而必为之辞。丘也闻有国有家者，不患寡而患不均，不患贫而患不安，盖均无贫，和无寡，安无倾。夫如是，故远人不服，则修文德

以来之。既来之，则安之。今由与求也，相夫子，远人不服而不能来也，邦分崩离析而不能守也，而谋动干戈于邦内，吾恐季孙之忧，不在颛臾，而在萧墙之内也。"（《论语·季氏》）

孔子说：求，这难道不应该责备你吗？当年先王授权颛臾主持东蒙山的祭祀，而且它地处鲁国的邦域之中，这是与鲁国同安危、共存亡的国家，为什么要讨伐它呢？冉求推脱责任说：是季氏想要这样做，我们两个人都反对，但没有用。孔子说：求，古代良史周任曾经说过一句话，能够贡献自己的力量，就去任职；如果不能，就应该辞职。如果看到盲人遇到危险，不去扶持；将要摔倒了，也不去搀扶，这样的人何必用作助手呢？而且你的话是错的。老虎、犀牛从笼子里逃出来，龟甲、美玉在匣子里毁坏了，这是谁的过错？难道不是看守者、保管员的过错吗！

孔子认为，冉求、子路既然劝不动季孙肥，就应该毅然离职，这才符合"所谓大臣者，以道事君，不可则止"的标准。孔子的政治逻辑是，即使你确实无法左右主政者，但作为参与者也有连带的罪责干系，除非你没有职务才能避免。孔子的逻辑论述很有道理，用现代行政管理学的理念来说，这就叫间接责任或连带责任。

在孔子不断紧逼的批评下，冉求终于说出了真话：颛臾城墙很坚固，而且距离季孙氏的费邑又很近，现在不去解决它，一定会给后世子孙留下祸害。在这里，我们先纠正文本中的一个舛误：俞樾《群经平议》认为，"不患寡而患不均，不患贫而患不安"这句话中的"寡""贫"二字传写互易，正确的表述应该是"不患贫而患不均，不患寡而患不安"。因为"贫"是指财富，对应于"均"；"寡"是就民众而言，对应于"安"。[①]这是完全正确的。

孔子说：求，君子就讨厌这种态度——不说自己贪得无厌，却一定要另找借口。我听说，无论是诸侯还是大夫，不应为财富不多而着急，应该为财富不均而着急；不应为人民太少而着急，应该为境内不安而着急。如果财富分配均衡，就无所谓贫穷；境内和平团结，便不会觉得人少；如果国家安全稳定，就没有倾覆危险。所以，如果远方的民众不来归附，就实行仁义礼乐的政策招徕他们。如果他们归附了，就尽量使其安居乐业。孔子这番话是针砭季孙肥对他国土地和人民的贪得无厌。孔子的意思是，如果你真的希望人多地广，你就应该通过礼乐道德来吸引人民归附，真正实

---

① 程树德：《论语集释》，第 1137 页。

现近悦远来。孔子继续批评道：现在你们两个人，作为辅佐季氏的家臣，远方之人不归服，却不能招徕他们；国家支离破碎，却不能保全；反而想在国境之内使用武力。我恐怕季孙氏的忧患，不在颛臾，而在自己内部呢。冉求与子路听了孔子的一番教训，大概回去又劝诫了季孙肥。朱熹《四书章句集注》引洪氏曰："伐颛臾之事不见于经传，其以夫子之言而止之与？"[①]

　　冉求与子路在季孙肥非礼妄为之时，在劝诫无果的情况下，不能做到"不可则止"，大义凛然地挂冠而去，所以在孔子眼里只是"具臣"。不过，此二人毕竟不是没有原则的"从之者"，他们保持了孔门弟子的基本品性。事实上，当年孔子堕三都失败后毅然弃官而去，已经亲身实践了"以道事君，不可则止"。我们可以说，这八个字正是孔子政治品格的真实写照，孔子本人是那个时代真正具有"大臣"人格风范的君子。

2

　　《论语》还记载有孟武伯与孔子的对话。在对话中，孔子再次表达了他的仁学政治观，即为官者的仁爱之心应该置于行政能力之上：

> 孟武伯问："子路仁乎？"子曰："不知也。"又问。子曰："由也，千乘之国，可使治其赋也。不知其仁也。""求也何如？"子曰："求也，千室之邑，百乘之家，可使为之宰也。不知其仁也。""赤也何如？"子曰："赤也，束带立于朝，可使与宾客言也。不知其仁也。"（《论语·公冶长》）

　　在开始讨论这段对话之前，我们先谈一谈孟孙氏家族。孟孙氏从孟孙蔑开始，其后著于史册的有孟孙速、孟孝伯、孟孙貜、孟孙何忌、孟武伯等人。孟孙氏七代人与叔梁纥父子存在不少交集，孔子可以说是目睹了孟孙氏家族的人事变迁，孟孙氏也同样了解孔氏的前世今生，两家人彼此都不陌生。孟孙蔑与叔孙豹一样，是鲁国最后一代深谙周礼的君子型政治家。孔子对孟孙蔑曾予以充分肯定，这是有史为证的。孟孙速在孟孙蔑去世后，作为继任的孟孙氏宗主和鲁国司空继续依循孟孙蔑生前的行事原则，因此被孔子赞誉为"孝"。

> 曾子曰："吾闻诸夫子，孟庄子之孝也，其他可能也，其不改父之臣，与父之政，是难能也。"（《论语·子张》）

① 朱熹：《四书章句集注》，第172页。

　　这件事是曾参转述的，他曾经亲耳听到孔子对孟孙速的评价，说孟孙速之孝最难能可贵的地方就是继续使用父亲留下的旧臣、继续守持父亲的为政之道。孔子曾说："三年无改于父之道，可谓孝矣。"（《论语·学而》）正如朱熹《四书章句集注》所说："献子有贤德，而庄子能用其臣，守其政，故其他孝行虽有可称，皆不若此事之为难。"[1]孔子以"难能"称赞孟孙速之孝，算是很高的评价了。可惜，孟孙速能为"难能"之孝且勇武善战，却英年早逝，父子去世相距仅四年。

　　孟孙速的儿子孟孝伯年寿也很短。他的政治生涯从鲁襄公二十三年开始，到鲁襄公三十一年去世时止，其间数次出访诸侯国。他临终前给人的印象似乎是人生态度比较消极，曾对叔孙豹说："人生几何？谁能无偷？朝不及夕，将安用树。"（《左传·襄公三十一年》）难怪在信奉人生"三不朽"的叔孙豹看来其"将死矣"。

　　孟孙貜虽然礼乐学识不精，却是一个相当正派的人，对孔子的评价很好，并且将一对双胞胎儿子交给孔子培养。可惜其子孟孙何忌为人自私自利、寡情寡义：杀害贵族邴恶，在君臣冲突中公然叛君；抗拒堕毁成邑，使堕三都功亏一篑；抵御齐国入侵时态度消极，临阵作战不堪一击。此人既辜负其君，亦辜负其父，实为孔门罪人，所以刘宝楠说他是"鲁之贼臣"[2]。史迁《史记·仲尼弟子列传》不列其名，或许也是出于这个原因。《论语》记载了孟孙何忌向孔子问孝之事：

　　　　孟懿子问孝。子曰："无违。"樊迟御，子告之曰："孟孙问孝于我，我对曰'无违'。"樊迟曰："何谓也？"子曰："生，事之以礼；死，葬之以礼，祭之以礼。"（《论语·为政》）

　　孔子周游列国之前，与孟孙何忌同朝为官，两人应有交谈对话的机会。但当时樊迟尚且年幼，不可能当场得孔子转述，而时隔多年后孔子突然转告樊迟似也不太合情理。所以，这段对话发生的时间应在鲁哀公十一年孔子返鲁之后、鲁哀公十四年孟孙何忌去世之前。

　　这里，孟孙何忌问孔子什么是孝，孔子回答说：孝就是不违反礼仪。事后，樊迟替孔子驾车，孔子对樊迟说：刚才孟孙向我问孝，我告诉他孝即不违反礼仪。樊迟不太明白，问孔子是什么意思。孔子解释说：父母活着的时候，按照礼仪事奉；父母去世之时，按照礼仪安葬，按照礼仪祭祀。

---

①　朱熹：《四书章句集注》，第 192 页。
②　刘宝楠：《论语正义》，第 47 页。

孔子这段话大概是讥刺孟孙何忌没有按照礼仪对待父母，但此时孟孙何忌的父亲孟孙貜已去世三十多年，所以孔子可能是针对孟孙何忌对母亲不孝，即在母亲生前身后未能待之以礼。

孟孙何忌的儿子孟武伯字泄，继任前被称为孟孺子泄。何晏《论语集解》引马融曰："武伯，懿子之子仲孙彘。"彘是他的名。孟武伯也曾向孔子问孝：

> 孟武伯问孝。子曰："父母，唯其疾之忧。"（《论语·为政》）

这段对话也应发生在孔子返鲁后、孟孙何忌去世前。孔子对孟武伯说：孝子不胡作非为，父母除了担心他的身体健康，其他都不用担心。孔子这句话似乎暗指孟武伯顽劣，令他的父母担忧操心。那么孟武伯是否顽劣呢？回答是肯定的。前文已述，孟孺子泄曾经为养马之事，与成邑宰公孙宿发生激烈冲突，不仅发兵突袭成邑，还鞭打了成邑派来的使者。这件事的后果很严重，鲁哀公十四年春孟孙何忌去世后，公孙宿就举邑叛逃齐国，几近导致齐鲁战事再起。所以，孔子以孝道教育孟武伯是一种委婉的政治劝诫。

现在我们回到孟武伯问仁的对话上去。孟武伯问孔子：子路算得上仁吗？孔子说：一个一千辆战车的国家，可以让子路负责兵役与军政。至于他算不算仁，我不知道。孟孙彘又问：那么冉求呢？孔子说：一个千户人口的城邑、一百辆战车的封地，可以让他管理。至于他算不算仁，我不知道。孟孙彘再问：那么公西赤呢？孔子说：公西赤，穿着礼服，站在朝堂之上，可以让他接待宾客、办理交涉。至于他算不算仁，我不知道。在这里，孔子充分肯定了三位弟子的为政才能，认为他们可以成为优秀的政务官员，但对于"仁"则始终表示"不知"。孔子为什么不肯以仁轻许弟子？一方面，孔子确实不认为他们达到了仁的境界；另一方面，仁是一种持续过程和长期坚守，故"仁以为己任"，必"任重而道远"（《论语·泰伯》）。

概言之，孔子的道德主义政治学在"具臣"与"大臣"之间划出了一条明确的界限，即"以道事君，不可则止"。这是检验从政者政治伦理的重要标准，既代表了一种做人的主体独立性，也展现了一种为官的政治原则性。这种思想直接影响了孟子，孟子提出"异姓之卿"在参政过程中"君有过则谏，反复之而不听，则去"（《孟子·万章下》）。我们看到，在春秋战国时期，在宗法制度体系之外的士人阶层，即所谓的"异姓之卿"能在进退出处中表现出一定的主体独立性，这是先秦"古风"弥足珍贵的地方。

三、惠民与富民

1

　　孔子的社会治理思想不只是道德主义政治思想，还包括民本主义经济思想，两者相互关联、相得益彰。《论语·颜渊》"哀公问于有若"章记录了鲁哀公与有若关于年成与税收的对话，这是《论语》中少见的有关经济学的话题。当时有若应也在鲁国朝廷为官，否则不太可能与哀公谈论国家大事。根据《春秋》记载，鲁哀公十二年（前483年）与十三年（前482年），鲁国都有自然灾害，影响了粮食的收成。如鲁哀公十二年鲁国发生蝗虫灾害，季孙肥专门询问孔子：

　　　　冬十二月，螽。季孙问诸仲尼，仲尼曰："丘闻之，火伏而后蛰者毕。今火犹西流，司历过也。"（《左传·哀公十二年》）

　　季孙肥向孔子提问什么呢？他并不是问为什么会发生虫灾，这个问题不需要孔子回答，时人对虫灾发生的自然原因已有一定的认识。季孙肥问的是，为什么到了十二月还会发生虫灾？我们知道，周历十二月，也就是夏历十月，时值仲秋，天气微寒，按理说不太会有虫灾了。孔子回答说：我听说，大火星下去以后，昆虫也就蛰伏完毕，现在大火星还在经过西方，这是司历的过错。我们看到，孔子宛如一部百科全书，上知天文，下知地理，给出了一个科学的解释，即当时的天文现象表明，此年应有闰月，但司历没有及时颁布闰月，于是就有了十二月出现虫灾的怪象。孔子说"司历过也"，并非指发生虫灾是司历的过错，而是说没有颁布闰月是司历的过错。

　　自然灾害影响年成，国库收入相应减少了。于是哀公问有若：年成不好，国家财用不足，怎么办？

　　　　哀公问于有若曰："年饥，用不足，如之何？"有若对曰："盍彻乎？"曰："二，吾犹不足，如之何其彻也？"对曰："百姓足，君孰与不足？百姓不足，君孰与足？"（《论语·颜渊》）

　　鲁国早先实行十分之一的税率，称之为"彻"。从鲁宣公十五年（前

594 年）开始，鲁国实行按亩征税的田赋制度，即所谓的"初税亩"，税率虽也是十分之一，但实际税率达到了十分之二。有若的回答是恢复什一税，即向老百姓实际征收十分之一税率的赋税。哀公不解地问：现在十征其二，尚嫌财用不足，十征其一怎么行呢？有若说：百姓足，国君哪里会不足？百姓不足，国君哪里会足？有若的说法蕴含了深刻的经济学原理。在传统社会，轻徭薄赋、与民休息是促进经济的重要方式；即使在现代社会，减税减费仍是刺激经济的常用手段。同时，有若的说法也体现了民本主义经济思想，这是孔子仁学思想的重要组成部分。

哀公的烦恼同样困扰着季孙肥，自然灾害也使其封邑赋税减少了许多。在艾陵之战后，季孙肥为了增强军力，想要增加田赋，但提高征收税率，又怕引起民众反对，于是他就让冉求去征询孔子的意见。

> 季孙欲以田赋，使冉有访诸仲尼。仲尼曰："丘不识也。"三发，卒曰："子为国老，待子而行，若之何子之不言也？"仲尼不对。而私于冉有曰："君子之行也，度于礼，施取其厚，事举其中，敛从其薄。如是则以丘亦足矣。若不度于礼，而贪冒无厌，则虽以田赋，将又不足。且子季孙若欲行而法，则周公之典在。若欲苟而行，又何访焉？"弗听。（《左传·哀公十一年》）

孔子对冉求说：君子施行政事，应该根据礼仪来考虑。施舍尽量丰厚，办事尽量适中，赋税尽量轻薄。按照这样的原则来看，鲁国过去实行的丘赋政策，也差不多足够了。如果不按照礼仪来考量，贪得无厌，那么即使实行田赋，还是会觉得不够的。再说，如果季孙氏想要知道自己的政策是否合理，周公制定的法典就摆在那里。如果他想要苟且行事，又何必来问我呢？冉求回去报告季孙肥，季孙肥自然听不进去。根据《左传》记载，鲁国在鲁哀公十二年春天正式施行新的田赋政策。

> 十二年春，王正月，用田赋。（《左传·哀公十二年》）

这件事在《论语》中也有记载：

> 季氏富于周公，而求也为之聚敛而附益之。子曰："非吾徒也。小子鸣鼓而攻之可也。"（《论语·先进》）

当孔子知道冉求最后还是帮助季孙肥施行田赋、横征暴敛时，他对弟子们说：冉求不再是我的学生了，你们可以敲着鼓去攻击他。孔子所说的"鸣鼓而攻之"，当然是一种盛怒之下的狠话，表示了他内心对季孙肥的不满，并不是真的鼓动弟子们去攻击冉求，毕竟孔子也知道鲁国政策的决定权并不掌握在冉求手里。从孔子与鲁国君臣的问政对答中，我们直观感受到孔子关爱民众的民本思想，这是孔子仁学思想在民生经济领域的自然展开。

2

孔子的民本主义经济思想可以溯源到所谓"三代之治"时的德治重民思想。孔子祖述尧、舜、禹之政，谓其"所重民、食、丧、祭"，称赞他们"宽则得众，信则民任焉，敏则有功，公则说"，以及"天下之民归心焉"（《论语·尧曰》）。子张问仁于孔子，孔子回答"恭、宽、信、敏、惠"，"能行五者于天下，为仁矣"（《论语·阳货》），这恰与三代重民施政理念相接续，而落脚点则在"惠"，即让百姓得到经济实惠。

孔子民本主义经济思想的直接渊源是周朝建立之初的"敬天保民"思想。周族原是殷商王朝的西部边陲小族，在剪灭殷商、建立周朝之际，为了体现周朝新政权的正当性，周人提出了"天命靡常，惟德是辅"的天命观，以此作为周朝取代殷商政权的神学依据。过去商王荒腆失德，残暴对待治域内的各族臣民，对于以周公为代表的周初统治者而言"殷鉴不远"，因此他们将"敬天保民"作为基本治理原则，这种原则在随后的周朝社会中逐渐发展成一定程度上的重民思想。同时，周族灭商之后，迫于统治天下的巨大压力，依靠本族宗亲力量对原殷商治域进行管控，通过封土建国、诸侯屏藩，构成了一个由周族姬姓血亲成员和姜姓等姻亲成员组成的分封等级治理体系。在此过程中，周族把他们原有的一套氏族制末期的血亲宗法制度带进中原各国，经过周公为代表的周初统治者以"制礼作乐"为名的加工改造，这套原本属于周族内部的氏族习俗，变成了周朝治理天下的礼乐文化，成为维系和巩固西周分封政治制度的强劲纽带。周朝礼乐文化从一开始就带有十分明显的宗法特性，表现为各等级的统治者与被统治者之间兼具政治与血亲的双重关联，即"尊尊"与"亲亲"的双重关系，而其中的"亲亲"关系又使得周朝礼乐文化带有一种注重同族同宗成员的温情面纱，在周礼文化中折射出重民的色彩。

春秋时代是中国社会从奴隶制向封建制转变的过渡时期，冶铁业的迅速发展和铁制生产工具的广泛使用大大提高了农业生产者的生产力，在提高土壤经济价值的同时也提高了劳动力的使用价值。其直接后果就是，包括国人、农奴和奴隶在内的普通民众得到了统治者的加倍重视。孔子生活的春秋晚期正是这一社会转型的关键时期。在孔子之前及同时代，各国出现了一批注重民心、民意、民生的政治家，包括郑国子产、晋国叔向、齐国管仲和晏婴、鲁国叔孙豹、宋国乐喜等。孔子与他们或者有所交往，或者相当了解，或者心怀尊崇。以子产为例，我们看到孔子对子产的评价均集中在惠民、爱民方面。孔子称子产为"惠人"（《论语·宪问》），赞扬子产"足以为国基矣"（《左传·昭公十三年》），借用《诗经·小雅·南山有台》"乐只君子，民之父母"之句表达对子产的称许，并称其为"古之遗爱也"（《左传·昭公二十年》）。按照王念孙的说法，"爱即仁也，谓子产之爱，有古人之遗风也"[1]。这是孔子对子产等前辈时贤重民、爱民的肯定，也道出了孔子民本主义经济思想的现实渊源。

在春秋晚期的社会经济政治大变局下，孔子一方面希望维系周朝礼乐制度，另一方面也适时应势地对传统周礼文化进行新的提炼和改造，形成了"仁者爱人"的仁学思想体系。这个仁学思想体系所涉甚广，包括政治、经济、社会、伦理、学术等诸多领域，而孔子民本主义经济思想就是仁学思想体系在经济领域的具体延展。"仁"是孔子整个思想体系的中心概念。"仁"字在《论语》中一共出现过一百零五次，大致有两个指向：一是指向个体的道德实践理性，二是指向社会的治国施政理想。换言之，"仁"既是"仁者"的"修己""克己"，又是"仁政"的"安人""安百姓"。这两个方面是可以相互统一的，也就是"修己安人"。

> 子路问君子。子曰："修己以敬。"曰："如斯而已乎？"曰："修己以安人。"曰："如斯而已乎？"曰："修己以安百姓。修己以安百姓，尧舜其犹病诸？"（《论语·宪问》）

在孔子看来，一个理想的君子应该修己求仁以实现道德人格，在此基础上入仕参政，以实现安民、安百姓的目标。这是"仁"的最高境界，即使尧舜也不过如此。需要指出的是，孔子在这里区分了"安人"与"安百姓"两个不同的层次，"安百姓"明显是"安人"的扩而大之。那么，"人"与"百姓"有何不同？何晏《论语集解》引孔安国曰："人，谓朋

---

① 王引之：《经义述闻》，虞思征、马涛、徐炜君点校，上海：上海古籍出版社，2018年，第1130页。

友九族。"①也就是说，"人"是指家族成员。刘宝楠《论语正义》曰："'安人'者，齐家也。'安百姓'，则治国平天下也。"②赵纪彬也说："孔门所说的'人''民'，是指春秋时期相互对立的两个阶级；两者在生产关系中是剥削者与被剥削者的关系，在政治领域中是统治与被统治的区别。"③赵纪彬的观点不无道理。《论语》中的"人"指的是宗族内部的贵族阶层，"民"指的是全体普通民众，即"百姓"。孔子回答子路的再三提问，最后落脚在"修己以安百姓"，体现了孔子仁学思想的民本底蕴。换句话说，孔子从"安人"进而到"安百姓"，意味着其仁政思想超越了周人传统的宗族"亲亲"范围，仁学政治被推广到全体民众。下面这段对话可以再次印证孔子的民本思想：

> 子贡曰："如有博施于民，而能济众，何如？可谓仁乎？"子曰："何事于仁，必也圣乎！尧舜其犹病诸！夫仁者，己欲立而立人，己欲达而达人。能近取譬，可谓仁之方也已。"（《论语·雍也》）

孔子运用"尧舜其犹病诸"的强烈口吻，说明"博施于民，而能济众"乃是"仁"的最高境界。在《论语》中，孔子多次将"仁"与"民""众"相联系，如"泛爱众而亲仁"（《论语·学而》）、"君子笃于亲，则民兴于仁"（《论语·泰伯》）。叶公问政，孔子说："近者说，远者来。"（《论语·子路》）子路、子贡与孔子讨论管仲，孔子充分肯定管仲"如其仁，如其仁"，理由就是"民到于今受其赐"（《论语·宪问》），也就是把民众的福祉作为衡量仁的标准。可见，"以民为本"是孔子仁政思想的本质内涵，是孔子对统治者居官为政的基本要求，也是孔子经世济用的思想本源。

3

孔子民本主义经济思想的基本要义是惠民、富民。先说惠民。

> 子谓子产："有君子之道四焉。其行己也恭，其事上也敬，其养民也惠，其使民也义。"（《论语·公冶长》）

---

① 皇侃撰，高尚榘校点：《论语义疏》，第204页。
② 刘宝楠：《论语正义》，第605页。
③ 赵纪彬：《论语新探》，第1页。

　　孔子称赞子产具备君子之道的四个方面，其中包括"养民也惠"。朱熹《四书章句集注》曰："惠，爱利也。"[①]也就是说，"惠"是对民众爱之、利之的恩惠。孔子之所以重视惠民，是因为在他看来，爱利恩惠恰恰是百姓民生的关切所在。

　　　子曰："君子怀德，小人怀土。君子怀刑，小人怀惠。"（《论语·里仁》）

　　这里的君子、小人，皆就社会身份而言，并非道德高低之别。《论语集解》引孔安国曰："怀，安也。"[②]《四书章句集注》曰："怀，思念也。"[③]两种解释皆可。"怀惠"就是思利。百姓思利，在孔子看来纯属正常，并没有贬抑之意。孔子还说过"君子喻于义，小人喻于利"（《论语·里仁》），《论语集解》引孔安国曰："喻，犹晓也。"《四书章句集注》亦采用孔说。潘维城《论语古注集笺》认为"喻"即"谕"[④]，就是告知、晓谕、规劝、引导之意。孔子的意思是说，对于老百姓应该用利益来晓谕、引导，强调执政者要对不同群体采用不同的治理手段。

　　孔子不仅认同民众的求利心理，还就治理者如何满足民众的求利心理提出了具体的实践方法，这就是"因民之所利而利之"。

　　　子张问于孔子曰："何如，斯可以从政矣？"子曰："尊五美，屏四恶，斯可以从政矣。"子张曰："何谓五美？"曰："君子惠而不费，劳而不怨，欲而不贪，泰而不骄，威而不猛。"子张曰："何谓惠而不费？"子曰："因民之所利而利之，斯不亦惠而不费乎？……"（《论语·尧曰》）

　　皇侃《论语义疏》曰："因民所利而利之，谓民水居者利在鱼盐蜃蛤，山居者利于果实材木，明君为政即而安之……是因民所利而利之，而于君无所损费也。"[⑤]可见，孔子所说的"因民之所利而利之"，就是尊重经济发展规律，顺应民众生产生活之便利，因势利导地以较小的经济成本，

---

①　朱熹：《四书章句集注》，第79页。
②　程树德：《论语集释》，第251页。
③　朱熹：《四书章句集注》，第71页。
④　程树德：《论语集释》，第268页。
⑤　皇侃撰，高尚榘校点：《论语义疏》，第522页。

实现惠民利民的政策实效。这是孔子经济思想的民本性与实践性的有机统一。李颙《四书反身录》感叹道："因民之所利而利之，真正有父母斯民之心始能如是。否则，即明知其可以利民，亦若罔闻，若是者，岂胜道哉！"①

当然，孔子的惠民思想除了有为百姓谋利的目的，也有为统治者谋治的考虑。孔子谈到仁政的"恭、宽、信、敏、惠"五个方面时，提出"惠则足以使人"（《论语·阳货》）。在孔子看来，让百姓得到经济实惠既是施政目的，又是治理手段。利民与利国是孔子仁政相互统一的两个方面，体现了孔子经济思想中惠民、利民与使民、治民的双重特性，当然其重心仍倾向于惠民、利民，这正是儒家传统民本思想的特质所在。相较而言，《老子》讲"虚其心，实其腹"，目的不是惠民、利民，而是"常使民无知无欲"（《老子·第三章》），填饱民众肚子只是便于统治的手段而已，体现了早期道家治民思想的工具性意义。《管子》讲"仓廪实则知礼节，衣食足则知荣辱"（《管子·牧民》），似亦有惠民之意，然通观全篇，细绎深义，其实质是"牧民"而非"惠民"。所谓"民恶贫贱，我富贵之……能富贵之则民为之贫贱"（《管子·牧民》），说到底还是为了"上位安""君令行"；篇末所谓"故知予之为取者，政之宝也"（《管子·牧民》），一语道出了《管子》的政治经济逻辑。其治民思想的工具性意义虽未如《老子》昭然，但与孔子爱民、惠民、利民的目的及意义殊有分别。故泷川资言《史记会注考证》论管仲"予之为取"曰："《孟子》所谓假仁者。《老子》盖本于此，与孔、孟之道自有径庭。"②此论可谓一针见血。

孔子高度重视"使民也义"，这里的"义"作"宜"解。具体来讲，就是"使民以时"（《论语·学而》），即统治者使用民力整治沟洫、耕种收敛以及讲武事、兴土工等劳役，应尽量安排在农隙之时，并且保持适度、适量，避免妨夺农事、农务，确保生产者农桑衣食之本。仲弓问仁，孔子的回答是"使民如承大祭"（《论语·颜渊》）。皇侃《论语义疏》引范宁云："大祭，国祭也。"③孔子要求统治者以春秋时期最庄重、最审慎的国之大祭态度，谨慎地"使民"。按照《礼记·王制》的说法，三代时期"用民之力，岁不过三日"④。这当然是理想化的传说，但对现实政治不无镜鉴之义。在孔子所处的时代，现实生活中统治者对民众使役无度的现象还是相当普遍的。楚灵王劳民伤财营建章华台，还遍邀各国诸侯、

---

① 程树德：《论语集释》，第1373页。
② 司马迁撰，〔日〕泷川资言考证：《史记会注考证》，第2741页。
③ 皇侃撰，高尚榘校点：《论语义疏》，第299页。
④ 孙希旦：《礼记集解》上册，第356页。

大夫参加落成典礼，穷奢极欲的最后结果是乾溪自戕。孔子闻讯叹曰："古也有志：'克己复礼，仁也。'信善哉！"（《左传·昭公十二年》）孔子的"克己复礼"就是针砭楚灵王"形民之力，而无醉饱之心"的。《诗经·七月》记录了百姓对统治者使民无度的哀怨与控诉，孔子"使民以时"就是为民发出的呼吁。

在《论语》中，孔子多次谈到"富"：一种情况是谈个人的"富"，另一种情况是谈民众的"富"，总体上都表现出对"富"的肯定态度。下面这段对话生动体现了孔子的富民思想：

> 子适卫，冉有仆，子曰："庶矣哉。"冉有曰："既庶矣，又何加焉？"曰："富之。"曰："既富矣，又何加焉？"曰："教之。"（《论语·子路》）

这段话体现了三层意思：第一，富民是为政者的第一施政要务；第二，为政者在富民的基础上要对民众进行教化；第三，富民是礼乐教化的基础，只有先"富之"，然后才能"教之"，这与管仲"仓廪实而知礼节，衣食足而知荣辱"的思想是基本一致的。孔子教导弟子"富而无骄"（《论语·宪问》）、"富而好礼"（《论语·学而》），也是同样的道理。需要指出的是，孔子这里所说的"教"，除了劝善之意，还有教民生产、劝民勤作的劝业之意。事实上，《论语》中表达知识德行方面的教育主要是用"诲"字，如"诲人不倦""吾未尝无诲焉"，而"教"字的主要含义正是授之以某种技能，如"善人教民七年，亦可以即戎矣"（《论语·宪问》），"以不教民战，是谓弃之"（《论语·宪问》），这两句中的"教"意为训练民众的军事作战素养。孔子的"富之教之"之说即指用政经教令来鼓励、引导民众在富裕的基础上持续发展生产。

尽管孔子反对"不义而富"（《论语·述而》），但对于"富"本身，却从未有过任何贬词，反倒明确说过"富与贵，是人之所欲也"（《论语·里仁》），"富而可求也，虽执鞭之士，吾亦为之"（《论语·雍也》），甚至还说"邦有道，贫且贱焉，耻也"（《论语·泰伯》）。这些都表明，孔子对于个体追求富裕的欲望是充分认同的，尤其是对于普通庶民而言，满足其渴望富裕的物欲乃是施政者的重要目标。

四、民本经济观

1

孔子民本主义经济思想的核心是惠民、富民，其具体内容十分丰富，概括起来主要包括"居敬行简"的治民观、"敛从其薄"的税赋观、"宁俭毋奢"的节俭观、"取物有节"的生态观、"无信不立"的诚信观、"善贾而沽"的货殖观等六个方面。

"居敬行简"的治民观属于孔子的经济管理思想，也可以说是孔子的政治经济学。关于孔子的管理思想，或曰为政之道，《论语》中有两句话：一是"为政以德"，二是"无为而治"。这两个方面是相互统一的。孔子说："为政以德，譬如北辰，居其所，而众星共之。"（《论语·为政》）朱熹《四书章句集注》曰："为政以德，则无为而天下归之，其象如此。"[①]孔子又说："无为而治者，其舜也与？夫何为哉。恭己正南面而已矣。"（《论语·卫灵公》）孔子所说的"无为而治"，与道家有所不同：其一，孔子的无为而治不是无所作为，而是着眼于任官得人，不必亲自作为。何晏《论语集解》曰："言任官得其人，故无为而治也。"[②]孔子认为尧舜是无为而治的典范，因为尧任用了德才兼备的舜，所以能够无为而治。正如皇侃《论语义疏》所引蔡谟云："舜居其中，承尧授禹，又何为乎？"[③]其二，孔子的无为而治是有条件的，就是对为政者提出了"恭己正南面"，即修己敬德的要求，正如朱熹《四书章句集注》所说："无为而治者，圣人德盛而民化，不待其有所作为也。"[④]概言之，孔子提倡为政者在修己敬德的基础上实行无为而治。无为而治的思想，落实在经济管理层面上，就是孔子所赞许的"居敬而行简"。

> 仲弓问子桑伯。子曰："可也，简。"仲弓曰："居敬而行简，以临其民，不亦可乎？居简而行简，无乃大简乎？"子曰："雍之言然。"（《论语·雍也》）

---

① 朱熹：《四书章句集注》，第53页。
② 程树德：《论语集释》，第1063页。
③ 皇侃撰，高尚榘校点：《论语义疏》，第395页。
④ 朱熹：《四书章句集注》，第163页。

冉雍是孔子期许为"可使南面"（《论语·雍也》）的治国之才。这里，他问大夫子桑伯如何，孔子肯定子桑伯为政宽简，又似乎有所保留。仲弓理解孔子的意思，提出"居敬而行简，以临其民"的治理思想，得到了孔子的充分肯定。朱熹《四书章句集注》曰："简者，不烦之谓"，"言自处以敬，则中有主而自治严，如是而行简以临民，则事不烦而民不扰，所以为可。"①朱熹所说的不烦民、扰民，大致就是无为而治的意思。由此可见，孔子的经济管理思想首先要求管理者自己做到"居敬"，修己敬肃，心怀主见，然后在治理过程中以简祛烦、执要御繁，事不烦、民不扰，宽宏简重，利民富民。

"敛从其薄"的税赋观是孔子居敬行简经济管理思想的直接派生，属于孔子的财政税收思想。孔子晚年返鲁后，弟子冉求为"富于周公"的季孙肥增赋聚敛，孔子称"小子鸣鼓而攻之可也"（《论语·先进》）。宋翔凤《论语发微》认为，孔子"若深疾冉有，实正季氏之恶"②。此事在《左传》中也有详录，孔子说："君子之行也，度于礼，施取其厚，事举其中，敛从其薄。如是则以丘亦足矣。若不度于礼，而贪冒无厌，则虽以田赋，将又不足。"（《左传·哀公十一年》）孔子在这里谈到了"足"与"不足"的关系，蕴含了一种以民为本、藏富于民、与民生息的民本主义经济思想。这种思想后来直接影响了有若，遂有了有若与鲁哀公"足与不足"的对话，可谓深得孔子要旨。

2

"宁俭毋奢"的节俭观体现了孔子一贯具有的俭约自守、力戒奢华的经济思想，其中也隐含了孔子仁本礼末的观念。早年齐景公问政于孔子，孔子曰："政在节财。"（《史记·孔子世家》）孔子对大禹薄于自奉、勤于民事的品格大加赞美："禹，吾无间然矣。菲饮食而致孝乎鬼神，恶衣服而致美乎黻冕，卑宫室而尽力乎沟洫。禹，吾无间然矣！"（《论语·泰伯》）孔子赞扬卫国大夫公子荆居室不求华美（《论语·子路》），批评管仲不俭（《论语·八佾》）。孔子虽然致力于维护周礼，但明确反对奢华、提倡俭朴。在孔子看来，礼仪的存在并非为了让人追求享乐，而是为了规范社会人伦关系，遵循周礼应该合情合理，而非舍本求末。林放问礼之本，孔子说："礼，与其奢也，宁俭；丧，与其易也，宁戚。"（《论语·八佾》）孔子认为，"奢则不孙，俭则固。与其不孙也，宁

---

① 朱熹：《四书章句集注》，第 83 ～ 84 页。
② 程树德：《论语集释》，第 775 页。

固"（《论语·述而》）。鲁人要扩建长府，闵子骞表示异议，孔子赞扬说："夫人不言，言必有中。"（《论语·先进》）孔子还称赞子路"衣敝缊袍，与衣狐貉者立，而不耻"（《论语·子罕》）。孔子自称平时用丝冠替代麻冕，尽管不尽合礼，但符合节俭原则（《论语·子罕》）。孔子倡导俭约自守，甘于清贫，明确表示"士志于道，而耻恶衣恶食者，未足与议也"（《论语·里仁》）。

"取物有节"是孔子的生态经济观，体现了其所提倡的人与自然的和谐关系。这种思想源于孔子对社会管理与经济发展的长远考量。子曰："人无远虑，必有近忧。"（《论语·卫灵公》）孔子反对急于求成，认为不应追求短期效应，尤其不主张因为眼前小利而牺牲长远利益。

> 子夏为莒父宰，问政。子曰："无欲速，无见小利，欲速则不达，见小利则大事不成。"（《论语·子路》）

孔子处理社会事务的这种原则，落脚在面对自然的态度上，就是"取物有节"的思想。前文已述，孔子因其父去世得早，故少贫贱，多能鄙事，为生活计不得不参与包括渔猎在内的劳动。《论语》称"子钓而不纲，弋不射宿"（《论语·述而》）。何晏《论语集解》引孔安国曰："纲者，为大纲以横绝流，以缴系钓罗属著纲也。"[1]这说明孔子反对用大网绝流而渔。"弋"就是用生丝系矢而射；"宿"有两说，一说认为指所谓"夜宿之鸟"，一说是皇侃《论语义疏》所谓"老宿之鸟"。"弋不射宿"就是猎鸟时"不取老宿之鸟"，因为"宿鸟能生伏，故不取也"[2]。这充分体现了孔子注重自然生态资源的合理保护与利用。对于孔子坚持"钓而不纲，弋不射宿"，后儒多理解为仁人之心，邢昺《论语注疏》曰："孔子但钓而不纲，是其仁也。"[3]朱熹《四书章句集注》也说："此可见仁人之本心矣。待物如此，待人可知。"[4]这样理解当然也不算错，却未能窥见孔子更深层的"取物有节"经济思想。黄式三《论语后案》曰："鱼鸟本可取之物，不纲不射宿，取物以节而已。取物以节，遂其生即遂其性矣，此至诚之所以尽物性也。"[5]这才道出了孔子内心的深意。孔子之所以能

---

① 程树德：《论语集释》，第490页。
② 皇侃撰，高尚榘校点：《论语义疏》，第174页。
③ 何晏注，邢昺疏：《论语注疏》，第107页。
④ 朱熹：《四书章句集注》，第99页。
⑤ 程树德：《论语集释》，第490页。

有"取物以节"的思想，还与其长期关注自然事物有关。《论语》是一本百科全书，其中除了社会人文内容之外，还涉及大量孔子所论的自然事物与现象。赵纪彬《论语新探》中有《自然稽求》一文，梳理了《论语》中孔子所论的自然现象，包括北辰、迅雷、四时、日月、日食、月食之天文现象，以及理化现象、动植物现象、农工技艺现象等，总计五十四则。①孔子正是在对自然现象规律的长期观察以及人与自然和谐相处的深入思考中，发展出"取物以节"的生态经济思想。

3

"无信不立"的诚信观是孔子仁学思想体系的重要内容，延展到经济活动领域，便是商业诚信观。"信"，即诚信，是孔子"四教"之一（《论语·述而》）。在《论语》中，孔子非常强调"信"的重要性。孔子说："人而无信，不知其可也。大车无輗，小车无軏，其何以行之哉！"（《论语·学而》）孔子年轻时曾任季孙意如的委吏，自称"会计当而已矣"（《孟子·万章下》），这是他的诚信实践。孔子将人与人之间的诚信视为一切社会生活的基础，当然也包括经济生活。

> 子贡问政，子曰："足食，足兵，民信之矣。"子贡曰："必不得已而去，于斯三者何先？"曰："去兵。"子贡曰："必不得已而去，于斯二者何先？"曰："去食。自古皆有死，民无信不立。"（《论语·颜渊》）

"信"是与"义"相联系的，所以有若说"信近于义"（《论语·学而》）。子路注重诚信，孔子称"子路无宿诺"（《论语·颜渊》）。《左传》记载"小邾射以句绎来奔"，请子路代替鲁国盟誓，被子路拒绝，原因就是"彼不臣而济其言，是义之也。由弗能"（《左传·哀公十四年》）。所以，孔子常以"忠""信"二字并称。《论语》中六次提到"忠信"，将忠信视为百行所主。孔子"无信不立"的诚信观对后世商业诚信传统产生了相当积极的影响。

"善贾而沽"的货殖观体现了孔子的经济贸易思想，反映了孔子对春秋晚期商业经济快速发展的认同与接纳。春秋晚期随着私有经济逐渐壮大，商业贸易迅速发展，当时各国流通交换的商品种类几乎到了应有尽有的程度，涌现出范蠡、计然、子贡等一批著名的商贾。即便在素有周公礼乐遗

---

① 赵纪彬：《论语新探》，第 184～193 页。

风的鲁国，"及其衰，好贾趋利，甚于周人"（《史记·货殖列传》）。有人因冶铁发家，富至巨万，"邹、鲁以其故多去文学而趋利者"（《史记·货殖列传》）。孔子的得意弟子子贡是精明的商人，按照司马迁的说法，"子赣既学于仲尼，退而仕于卫，废著鬻财于曹、鲁之间"（《史记·货殖列传》）。这说明子贡的经商活动在孔子生前身后一直进行，如果孔子对货殖行为不持积极肯定的态度，子贡不可能有如此成功的经商活动，孔子也不可能以宗庙重器"瑚琏"称许子贡。孔子曾评价子贡"赐不受命，而货殖焉，亿则屡中"（《论语·先进》），历代注解者如班固《汉书·货殖传》、王充《论衡·实知篇》、何晏《论语集解》、皇侃《论语义疏》多将此句理解为孔子对子贡货殖的讥讽、批评或劝勉。朱熹《四书章句集注》反作平实之论，认为孔子虽然评价子贡不如颜回安贫乐道，但也认为"其才识之明，亦能料事而多中也"[1]。从此章字里行间看，实在看不出孔子对子贡有任何贬抑之意。孔子说子贡"不受命"，无非是指他不甘于接受"死生有命，富贵在天"的命定论。其实孔子自己也是一个"知其不可而为之"的人，偶尔讲"天命"，也多是一种努力抗争命运之后的自我安慰。如孔子说："道之将行也与，命也；道之将废也与，命也。公伯寮其如命何！"（《论语·宪问》）就这句话的理解而言，与其说孔子认命，不如说孔子抗命。孔子说过"五十而知天命"，这不应理解为孔子年逾五十而消极安于天命，事实上，孔子五十五岁去鲁赴卫，开始十四年的周游列国之旅，何来安于天命之说？孔子所谓"五十而知天命"应该理解为孔子五十岁而知周礼文化使命降于己身。后来，孔子在周游列国遇到险厄之时，常以"文王既没，文不在兹乎"和"天生德于予，桓魋其如予何"自勉，这就是孔子对天命在己的自我认识。所以，孔子说子贡"不受命"，并非批评子贡，而是一定程度上的肯定、褒扬。至于说子贡"货殖焉，亿则屡中"，更是明显带有一种欣赏的口吻。无独有偶，孔子与子贡的另一段对话也涉及孔子的商业态度：

　　　　子贡曰："有美玉于斯，韫椟而藏诸？求善贾而沽诸？"子曰："沽之哉，沽之哉！我待贾者也。"（《论语·子罕》）

　　在这里，师徒二人兴致勃勃地使用商贾、货殖之语，而谈论的话题却是孔子本人的人生进退。孔子把自己的出仕比作玉石买卖，公然衒玉求售，在后儒看来实在是"夫子之言却不雅重"，要竭尽全力为之别解。事实上，

----

① 朱熹：《四书章句集注》，第128页。

"善贾而沽"的货殖观表现为孔子对商业活动的一种积极肯定的态度。春秋晚期，随着社会等级制度的衰微，原本隶属于官府的工、商从业者逐渐摆脱身份依附，越来越多地直接走向市场，于是原本静态的社会分工演变成动态的社会交换。我们看到，孔子本人已经亲身参与了社会迁移、社会分工带来的社会交换活动，这就是孔子的设教授徒。孔子说："自行束脩以上，吾未尝无诲焉。"（《论语·述而》）这是把知识传授作为商品进行交换。春秋时代开设私学还相当罕见，孔子大胆首创私人教育，很难说他一点都没有受到春秋晚期货殖交换经济现象的影响，而孔子本人明显欣然接受"善贾而沽"的商贸观念。

要之，孔子民本主义经济思想倡导"惠民""利民""富民""安民"和"博施于民"，开启了中国古代经济思想中源远流长的"以民为本"优良传统。一百多年后，出于曾子、子思一派的孟子"遵夫子之业而润色之，以学显于当世"（《史记·儒林列传》），创立了中国历史上第一个相对完备的仁政思想体系。孟子的仁政思想体系包括"王道"与"仁政"的政治论、"性善"与"四端"的人性论、"民为贵"与"君为轻"的君民论等。而其实践要义则落在民本主义经济思想上，包括"养民""利民""得民""养老""恒产""井田""经界""制民之产""民事不缓""佚道使民""取民以制""廛而不征""讥而不征""助而不税""九一而助""什一自赋""百工之备"和"善政得民财，善教得民心"，以及反对"私垄断""罔市利""不行仁政而富""诸侯大夫争利争富"，对于"布缕之征、粟米之征、力役之征"主张"用其一，缓其二"等，涉及田制、税赋、工商、民生等诸多方面。其大旨继承、发展了孔子民本主义经济思想的要义，使之更加具体化和可操作化，奠定了以孔孟之道为核心的儒家民本主义经济思想体系的基石，对后世历代的经济思想与民生治理产生了深远而积极的影响，形成了中国经济思想方面源远流长的"以民为本""贵民尊生"的优良传统，促进了以农业经济为基础的中国古代社会发展，构成了中华政治经济文明的重要基础。

五、学道爱人

1

孔门弟子回到鲁国后，在冉求的举荐下，一些人很快入仕为官。子路到季孙氏家担任家臣，宓不齐做了单父宰，子夏做了莒父宰，子游做了武城宰。对于弟子们的仕进，孔子乐见其成，与他们保持密切联系，并多有具体指导。

> 子贱为单父宰，反命于孔子，曰：“此国有贤不齐者五人，教不齐所以治者。”孔子曰：“惜哉不齐所治者小，所治者大则庶几矣。”（《史记·仲尼弟子列传》）

孔子曾经称宓不齐“君子哉若人”（《论语·公冶长》），说明其人品相当出色。宓不齐做单父宰后，过了一段时间来看望孔子，对孔子说：单父这个地方有五个贤人，他们教我如何治理。孔子说：你治理的地方太小，如果治理的地方大些，那就更好了。

> 子夏为莒父宰，问政。子曰：“无欲速，无见小利，欲速则不达，见小利则大事不成。”（《论语·子路》）

莒父宰子夏问孔子如何行政？孔子说：不要急于求成，不要贪图小利。急于求成则达不到目的，贪图小利则办不成大事。

> 子之武城，闻弦歌之声，夫子莞尔而笑曰：“割鸡焉用宰牛刀。”子游对曰：“昔者偃也闻诸夫子曰：‘君子学道则爱人，小人学道则易使也。’”子曰：“二三子，偃之言是也。前言戏之耳。”（《论语·阳货》）

言偃担任武城宰，孔子去看望他，路上听到一阵阵弦歌之声，孔子莞尔一笑道：杀鸡焉用宰牛刀。孔子的意思是说，庙堂的礼乐怎么用到了民间？子游认真地说：当年我曾经听您亲口说过，君子学习了礼乐，就能更加关爱百姓；百姓学习了礼乐，就会更容易听从使役。所以我到了这里就教育百姓学习礼乐文化。孔子肯定了言偃的言行，承认自己前面是戏言。我们看到，孔子将“君子学道则爱人”作为教育目标，这是将他的“爱人”民本思想传授给弟子，并且希望他们在政治实践中加以落实。

> 子游为武城宰。子曰：“女得人焉尔乎？”曰：“有澹台灭明者，行不由径，非公事，未尝至于偃之室也。”（《论语·雍也》）

孔子问子游：你在武城得到什么人才？子游说：有一个叫澹台灭明的人，走路从来不走小路，没有公事从来不到我的屋子里来。澹台灭明，字子羽，鲁国人，少孔子三十九岁，时年二十九岁，经言偃的介绍，也成为孔子弟子。

> 状貌甚恶。欲事孔子，孔子以为材薄。既已受业，退而修行，行不由径，非公事不见卿大夫。（《史记·仲尼弟子列传》）

孔子见澹台灭明其貌不扬，又不善言辞，原以为是一个很平庸的人，经过交谈才发现他注重修养，富有内涵。孔子坦然承认自己的偏颇，感慨道："吾以言取人，失之宰予；以貌取人，失之子羽。"（《史记·仲尼弟子列传》）《大戴礼记》说澹台灭明"贵之不喜，贱之不怒。苟于民利矣，廉于其事上也，以佐其下，是澹台灭明之行也"（《大戴礼记·卫将军文子》），显然澹台灭明也与言偃一样，继承了孔子爱民、利民的思想作风。

孔子对待冉求还是不冷不热，时不时用语言刺激他：

> 冉子退朝，子曰："何晏也？"对曰："有政。"子曰："其事也。如有政，虽不吾以，吾其与闻之。"（《论语·子路》）

冉求从季孙肥家里参加私朝出来，前去看望孔子。孔子问他：今天怎么这么晚？冉求说：在季氏家里讨论国家政事。孔子一脸严肃地说：要真有国家大事，我虽然不参与，也会有所闻知的。孔子作为国老，朝廷中的大事多少有所风闻。他在这里实际含蓄地表达了两层意思：第一，如果你们在季氏家里讨论的真的是什么国家大事，我不应该不知道；现在我没有听说，说明你们讨论的只是季氏的私事，并非国家大事。第二，如果你们真有国家大事要讨论，就应该到国君的朝廷里去商议，在季氏府邸中私议国家大事，本身就是违礼僭越的行为。孔子论理的逻辑十分严密，冉求只能无言以对。

2

不过，孔子并没有公开与季孙肥对立，两人之间继续保持着正常的联系，孔子的态度依然是坚持原则、不卑不亢。接着发生了一件事情，体现了两人关系的微妙之处。

夏五月，昭夫人孟子卒。昭公娶于吴，故不书姓。死不赴，故
不称夫人。不反哭，故不言葬小君。孔子与吊，适季氏。季氏不絻，
放绖而拜。（《左传·哀公十二年》）

鲁哀公十二年五月，鲁昭公的夫人吴孟子去世。此女就是之前陈司败问孔子"昭公知礼乎"所指的那个吴国姬姓女子。按照周礼，同姓原本是不能结婚的。为了免遭非议，鲁国的史书没有书写孟子的姓，朝廷也没有向各国发出讣告，也不称孟子为夫人，安葬后不到祖庙中哭吊，也不说是安葬"小君"，即国君的妻子。孔子作为国老受邀参加了国葬吊唁，然后就穿着丧服来到季孙肥家里。孔子为什么要到季氏家里去？竹添光鸿的解释是："季氏为上卿，适季氏亦吊国丧也。"[1]季氏是姬姓上卿，与鲁国国君本是一家人，孔子去季氏家里吊唁，是国丧礼仪的一部分。按照规定，国君的母亲、妻子去世，卿大夫要服丧三个月，即穿戴孝服三个月。孔子到季氏家里，却看到季孙肥"不絻"。"絻"，杜预《春秋左传集解》说是"丧冠"。其实"絻"不仅指丧帽，也包括丧服。孔子看到季孙肥在家里并没有穿丧服，心里自然明白，季孙肥这样做是不把吴孟子当作小君对待。见此情景，孔子"放绖而拜"。这四个字包含两个动作，一是"放绖"，二是"拜"。"放绖"就是脱掉丧服，"拜"是向季孙肥下拜。脱掉丧服向主人下拜，貌似简单的动作，却充分体现了孔子对周礼的理解与把握。季孙肥没有穿丧服，按照周礼遵从主人的传统，客人在主人家里要遵从主人的礼仪，所以孔子也脱下了丧服，与主人保持一致，此即杜预所谓"从主节制"[2]，算是对季孙肥的尊重。毕竟，鲁国公室没有按照正规的国丧对待吴孟子，不穿丧服也是符合情理的。孔子接着向季孙肥下拜。按照周礼"古者吊无拜礼"，主人在吊丧的过程中要对来宾行拜礼，来宾则不必拜主人。当时季孙肥没有向孔子行拜礼，所以孔子反而向季孙肥下拜，大概含有一种讥主人失礼之意。春秋时期，礼仪是贵族间的一种文化语言，表达的是彼此的价值观念和人生态度。孔子注重周礼，但并非胶柱鼓瑟，而是灵活运用礼仪的内在本质，表达自己的政治态度。

3

子贡在鲁国继续担任行人的角色，他利用自己与伯嚭的良好关系，努力协调鲁国在吴国与齐国之间的平衡。鲁哀公十二年，吴王夫差与鲁哀公

---

① 〔日〕竹添光鸿注：《左氏会笺》，第 2347 页。
② 杜预：《春秋左传集解》，第 1783 页。

在橐皋（今安徽省巢湖市西北）会晤。夫差派伯嚭向鲁人提出邀约，要与鲁国重温盟誓。鲁哀公不愿去，一者吴鲁之间于哀公七年曾在鄫地盟誓，吴国在盟会上提出了百牢的蛮横要求，哀公记忆犹新，因此不愿再与吴国举行盟誓；二者哀公可能担心与吴国再次盟誓，会刺激齐国，引发新的矛盾冲突。于是哀公派遣子贡去说服伯嚭，打消吴国的念头。

> 公会吴于橐皋。吴子使大宰嚭请寻盟。公不欲，使子贡对曰："盟所以周信也，故心以制之，玉帛以奉之，言以结之，明神以要之。寡君以为苟有盟焉，弗可改也已。若犹可改，日盟何益？今吾子曰：'必寻盟。'若可寻也，亦可寒也。"乃不寻盟。（《左传·哀公十二年》）

子贡对伯嚭说：盟约是用来巩固信义的，所以要用内心来约束它，用玉帛来供奉它，用语言来完成它，用神明来约束它。寡君以为，既然已经有了盟约，就不能改变了。如果盟约可以改变，就算每天结盟又有什么意义？现在您一定要重温旧盟，如果旧盟需要不断重温，说明它已经不起作用了，也就可以冷落了。子贡的陈词有理有节，伯嚭不再坚持寻盟。春秋时期确实有"君子屡盟，乱是用长"之说。如《左传·桓公十二年》记载：

> 君子曰："苟信不继，盟无益也。《诗》云：'君子屡盟，乱是用长。'无信也。"（《左传·桓公十二年》）

子贡解决了鲁国的问题，却又有新的问题等待着他，这次他要替卫君说服吴人。当时，吴国邀请卫国会盟，由于此前卫人曾杀了吴国的行人，卫出公害怕吴人报复，只与鲁国、宋国在郧地（今江苏省如皋市东）盟会，不愿与吴国举行盟会。于是吴国人就将卫出公的住所包围起来。

> 秋，卫侯会吴于郧。公及卫侯、宋皇瑗盟，而卒辞吴盟。吴人藩卫侯之舍。子服景伯谓子贡曰："夫诸侯之会，事既毕矣，侯伯致礼，地主归饩，以相辞也。今吴不行礼于卫，而藩其君舍以难之，子盍见大宰？"乃请束锦以行。语及卫故，大宰嚭曰："寡君愿事卫君，卫君之来也缓，寡君惧，故将止之。"子贡曰："卫君之来，必谋于其众。其众或欲或否，是以缓来。其欲来者，子之党也。其不欲来者，子之仇也。若执卫君，是堕党而崇仇也。夫堕子者得其志矣！且合诸侯而执卫君，谁敢不惧？堕党崇仇，而惧诸侯，或者难以霸乎！"大

宰嚭说，乃舍卫侯。（《左传·哀公十二年》）

鲁国大夫子服何请子贡出面调停，子贡带着见面礼直接找到伯嚭，向他讲述了两层意思：第一，卫君这次前来赴会，群臣或建议他去，或建议他不要去。建议他来的，是您的朋友；建议他不来的，是您的仇人。您现在把卫君抓起来，这是害了您的朋友，帮了您的仇人啊，那些想要伤害您的人就得志了。第二，吴国会合诸侯结盟，却抓了卫国国君，今后谁不感到害怕？吴国伤害了朋友，帮了仇人，又让诸侯们害怕，吴国想要成为霸主，这就太难了吧！子贡所言合情合理，大宰伯嚭听了很高兴，就放了卫出公。

子贡与伯嚭是老相识，两人关系很不错，他们曾在谈论间提到孔子：

太宰问于子贡曰："夫子圣者与？何其多能也。"子贡曰："固天纵之将圣，又多能也。"子闻之，曰："太宰知我乎。吾少也贱，故多能鄙事。君子多乎哉？不多也。"（《论语·子罕》）

这段对话的信息量很大，一者表明孔子当时已声名远播，二者使人了解了孔子"少也贱"的人生经历，三者说明孔子从"鄙事"到"六艺"均表现出令人称道的能力。

此时，孔子的另外几位弟子颜回、子夏、曾参等正心无旁骛地跟随孔子专注于修订整理《诗》《书》《礼》《乐》《春秋》。在他们的襄助之下，孔子在返鲁后的短暂时光中完成了整理周礼文化的重要工作。

第十一章　文不在兹

孔子返鲁后，从鲁哀公十二年到十五年，用了大约三年时间整理所谓的"六艺"，这是他晚年最重要的工作。孔子明确说自己"述而不作"，不过历史上对于孔子究竟有没有创作经典，或者说传世的所谓"五经"究竟是不是孔子亲作，一直争论不休。后世今文经学派儒家言之凿凿地称，孔子对《诗》《书》《礼》《乐》《易》《春秋》，即所谓"六艺"或曰"六经"，有的进行了删节，有的进行了编辑，有的进行了论述发挥，有的进行了修改乃至重写，有的则完全为孔子新创。他们的主要证据是，除了《乐》已随着时间流逝之外，《诗》《书》《礼》《易》《春秋》都留存于世，这些都是孔子著论经典文献的物证。古文经学派的观点相对比较谨慎，他们认为孔子只是部分修订整理了古代文存，并且在教学过程中使用了这些文献，但孔子并没有加以增删，也没有新的撰述。到了新文化运动时期，比较激进的学者甚至认为，现存的五经与孔子毫无关系。

本书的观点是，孔子收集、整理和传播了《诗》《书》《礼》《乐》《春秋》等周朝礼乐典章，并以此作为教授弟子的教学资料，除对《春秋》旧史少数文字稍作修正外，基本上没有新的撰著。本书的观点基于两个方面的依据：一是基于事实考证。通过探究孔子整理《诗》《书》《礼》《乐》《春秋》的过程，发现孔子确实并没有像后儒所说的那样，对"六艺"进行删节、重写或新撰。二是基于孔子对周礼文化的基本态度。孔子将周礼文化视为臻于完美的理想文化，明确表达"吾从周"的文化态度，以"述旧"而非"作新"为己任，通过收集、整理和传承周朝礼乐典章，努力实现恢复周礼的文化使命。

孔子将"六艺"研究与日常教学活动相结合，通过与弟子们的讨论切磋，以"文不在兹"的历史使命感，在长期文化积累的基础上，终于在走完生命历程前夕完成了礼乐文献的整理，实现了周礼文化"斯文不坠"的夙愿，为后世留下了弥足珍贵的古典文化遗产，对于华夏文化的接续传承产生了重大影响。需要指出的是，孔子虽然以"述而不作"的态度从事古典文化整理，但这并不意味着孔子在长期的讲学过程中没有对传世典籍进行新的阐释，更不意味着孔子在一生的治学过程中没有创新发展新的思想。换句话说，孔子并没有新编"教材"，却在旧"教材"的使用过程中不断阐发新论；孔子也没有著书立传，却在对社会人生的思考中创获新说。颜回、子夏、商瞿、曾参等弟子对孔子文化整理工作发挥了重要的参赞作用，其中的后进弟子也在后来成为孔子学说的最早传播者。

本章在前人研究的基础上，分别考证分析孔子晚年整理《诗》《书》《礼》《乐》《春秋》的动机、方式和具体过程，探讨孔子思想文化成果的价值与意义。

一、述而不作

1

鲁哀公十二年，孔子六十九岁。经过归鲁后君臣问政的一番忙碌，孔子终于在各方面安顿下来，心情也逐渐放松，生活进入正常的轨道，开始全身心地投入修订整理文献工作。这是孔子十五岁后心心念念的至深爱好，是近七十年来孜孜矻矻的持续努力，也是晚年对于社会和自我的最后交代。其实，关于孔子整理《诗》《书》《礼》《乐》《易》《春秋》的具体情况，我们所知甚少。如果我们把古往今来各种相关的观点排列起来，那么在观点光谱的两端就是完全肯定与完全否定这两种极端意见。周予同《群经概论》总结道：

> 关于孔子与六经的关系，就是六经的某一部分为孔子所制作或为孔子所删述，自来经学家的意见，假使要详密地罗列着比较着，可成为数十万言的专著，决不是这本小册子所能容纳。现在只能举出两极端的主张，作为代表，而略去其他。所谓两极端的主张，就是一种以为五经（去乐不计）都是孔子所制作；一种以为五经是五部各不相干的书，孔子没有制作，也没有删述。前者可以清末皮锡瑞说为代表，后者可以近人钱玄同先生说为代表。[1]

众所周知，孔子曾经明确说，自己的治学方式是"述而不作"。

---

① 朱维铮编：《周予同经学史论著选集》（增订版），第217页。

子曰："述而不作，信而好古，窃比我于老彭。"（《论语·述而》）

什么是"述而不作"？皇侃《论语义疏》说："述者，传于旧章也。"[①]朱熹《四书章句集注》也说："述，传旧而已。作，则创始也。"[②]用现在的话来说，"述"就是整理、讲述、传播已有的典章，"作"就是自己的写作和创作。"述而不作"就是仅仅整理、讲述、传播古代典章，不进行新的写作和创作。

我们认为，孔子收集、整理和传播了周朝礼乐典章，将其作为教授弟子的教材，在教学过程中向弟子们讲述自己对这些礼乐典章的理解和评论，但孔子基本上没有进行新的文字撰著。具体来说，孔子收集整理了《诗》，但并没有对《诗》作删节；孔子对《诗》的文字和音乐进行匹配协调，但没有为《诗》作序传，即没有对《诗》中每首诗的篇义章旨进行文字性解释，所谓的齐、鲁、韩、毛四家《诗传》是后儒所作。孔子收集整理了《书》，但没有为《书》作序，今存《尚书》每篇前的《小序》为战国儒家和汉儒所作。孔子收集整理了周朝礼仪和音乐，在教学过程中经常与弟子们习礼论乐，但并没有撰写礼乐之书，现存"三礼"之书是战国儒家和汉儒所作。孔子学习过《易》，但没有撰写《易传》，《易传》七种十篇即所谓《十翼》是战国儒家、道家和阴阳家所作。孔子根据各国史籍对鲁国史书《春秋》做了考证修订工作，可能对其中少量文字进行了勘正，以符合周朝史官之学原来就有的"春秋笔法"，但《左传》《公羊》《穀梁》既非孔子所撰，亦非孔子所传，均为春秋战国儒家和汉儒所作。

在《论语》中，我们的确看到孔子经常向弟子们讲述周礼文化，内容涉及《诗》《书》《礼》《乐》《易》。至于《春秋》，在当时属于近现代史，既算不上"旧章"，亦非古代圣贤所作之典，所以在《论语》中未见提及。不过，孔子经常与弟子们谈论《春秋》中的人物和事件，这表明孔子很可能曾将春秋历史作为教学内容。总之，孔子"述而不作"中的"述"，意为与弟子们讲述、传播已有的周朝礼乐和典章。接下来，我们要讨论三个相关问题：孔子为什么要"述"？孔子为什么"不作"？孔子"述而不作"的具体情况如何？

---

① 皇侃撰，高尚榘校点：《论语义疏》，第153页。
② 朱熹：《四书章句集注》，第93页。

2

我们先来讨论孔子为什么要"述"。孔子志在恢复周礼文化，但恢复周礼文化的途径可以有很多。例如，入仕参政，从而改良社会；教育英才，以便选贤任能。为何孔子偏偏要将传述旧章、整理文献作为晚年要务？这个问题很重要，涉及古代文字与书籍传播史的一个核心命题。在人类文化传播史中，存在一个从口语传播向文字传播的历史飞跃过程。文字能为语言的声音及意义留下可以识别的痕迹，将听觉传播转化为视觉传播。有了文字，语言可以被书写下来、保存起来，并且比较准确地传播下去。从此，人类传播从"口说无凭"阶段进入"立字为据"时代。纵观古往今来，"有文字的历史"常常被视为真正意义上的文明史的开端，文字书写技术从根本上改变了文化传播的速度与效能，对社会政治运作产生了关键性影响。文字将语言记录下来，意味着人类文明成果和经验得以积累和传承。文字与典册书籍等传播工具相结合，大大方便了人们思想观念的产生、梳理、诠释、检阅、查询以及评论、分析、归纳、论证，使得回忆往事更加详实，逻辑思维更加清晰，抽象思辨更加复杂，治理效率大幅提升。

中国古代汉字的发明使用可以远溯至殷商时代。当初周人对殷商文化推崇备至，其中一个原因就是"惟殷先人，有册有典"（《尚书·多士》）。周朝效仿殷人，注重册典的修撰，《尚书》中《尧典》《皋陶谟》等篇首的"曰若稽古"，便是史官以文字追述古事的开头用语，折射出从口语到文字的历史进化痕迹。周朝文字的使用范围主要限于贵族阶层和庙堂，民间依然以口语为主。《诗》中的十五国风是在民间流传的，但流传的方式肯定不是书面文字，而是口头吟唱。孟子说："王者之迹熄而《诗》亡，《诗》亡然后《春秋》作。"（《孟子·离娄下》）从传播史角度看，从口语化诗歌到文字性史书的过渡，恰恰就是口语传播向文字传播的飞跃。到了春秋中后期，社会上才真正出现文字向平民传播的现象。郑国与晋国铸刑书，便是文字平民传播的重要表征；孔子创立平民教育，教学中"子张书诸绅"的举动，更是文字平民化传播的具体例证。孔子正处在这个媒介传播的嬗变时代，他充分认识到文字是文化传承的重要载体，自觉承担起借助文字媒介来传承周礼文化的"文不在兹"使命。正如与孔子同时代的墨子所言：

> 吾非与之并世同时，亲闻其声，见其色也，以其所书于竹帛、镂于金石、琢于盘盂，传遗后世子孙知之。（《墨子·兼爱下》）

孔子设教授徒，就是为了传播周礼文化。但是，如果这种文化传播只停留在口语层面，充其量是一种口口相传的低级形态。只有"书于竹帛"，见诸文献，才能进入文化传播的高级形态。口语传播与文字传播这两种不同文化形态的高低优劣，我们只要比较《左传》与《公羊传》《穀梁传》，便可一清二楚。孔子深知，岁月不居，文化长流，逝者如斯，不舍昼夜。唯有文字可以将随风而逝的无形文化，变成不可磨灭的有形文献。回首历史，俯看当下，孔子痛惜过往文化的流逝，深感历史文献的不足。

> 子曰："夏礼吾能言之，杞不足征也。殷礼吾能言之，宋不足征也。文献不足故也。足，则吾能征之矣。"（《论语·八佾》）

孔子之所以说夏礼与殷礼"吾能言之"，是因为"殷因于夏礼"，"周因于殷礼"，夏、商、周文化代代相承，孔子可以从周礼文化大致推测夏、商文化。但这也仅仅是推测，对于注重历史征信的孔子来说，要真正了解夏、商文化，还需要可靠文献的佐证。杞国是夏族国祚的延续，宋国是商族国祚的延续，他们本可以为后人提供了解夏朝、商朝的史证。可惜的是，当时的杞国未能充分呈现夏朝文化，当时的宋国也未能充分呈现商朝文化，原因就是它们没有留存足够的历史文献。所以孔子不无遗憾地说，可惜文献不足，如果文献足够的话，我就能佐证我对夏、商文化的推测。这里附带说明一下，朱熹《四书章句集注》认为："文，典籍也；献，贤也。"[①]按照这种说法，孔子所说的文献佐证应包括文字素材和口述材料。

我们检阅《论语》，发现在孔子的言辞中，"文"有三种含义：一是"文化"之义，如"斯文"，又如"文不在兹"（《论语·子罕》）。二是"文字"之义，如"以文会友"（《论语·颜渊》），"史之阙文"（《论语·卫灵公》）。三是"文献"之义，如"文献不足"（《论语·八佾》），"博学于文"（《论语·颜渊》）。由此可以看出，孔子脑海里的文化、文字、文献，三者具有内在的关联性。具体来说，文字和文献是历史文化的呈现形式，文化的历史传承意义体现于文字和文献。当孔子说"文不在兹"时，他是将自身视为周礼文化的主体承载者，这个承载者应能将现实时空中的周礼文化转化为文字文献形式，只有这样才能确保"斯文不丧"，使"后死者得与于斯文"。因此，孔子通过对旧章的文字修订、文献整理，来实现周礼文化的继承与传播，就再自然不过了。金履祥《论语集注考证》

---

①　朱熹：《四书章句集注》，第83页。

引何基曰：

> 所谓文者，正指典章文物之显然可见者。盖当周之末，文王、周公之礼悉已崩坏，纪纲文章亦皆荡然无有，夫子收入散亡，序《诗》《书》，正礼乐，集群圣之大成，以诏来世，又作《春秋》，立一王之法，是所谓得与斯文者也。①

这段话虽然并不够严谨准确，却把孔子以文字、文献传承周礼文化的心志意图讲清楚了。孔子所述周礼旧章，主要是《诗》《书》《礼》《乐》《易》《春秋》。以内容言，后人称"六艺"；以意义言，后人称"六经"。至于孔子修订整理的方法，总体而言，就是对所有收集到的商、周传世文化——包括口头流传、文字记录和生活实况——进行文本抄录、内容梳理、篇章编排、文乐协调、文字考订，并以自己的创新理解向弟子们诠说传播，从而达到保存典籍、褒贬时政、传播思想、传承文化的目的。史迁对此有一段叙述：

> 孔子之时，周室微而礼乐废，《诗》《书》缺。追迹三代之礼，序《书传》，上纪唐虞之际，下至秦缪，编次其事。曰："夏礼吾能言之，杞不足征也。殷礼吾能言之，宋不足征也。足，则吾能征之矣。"观殷、夏所损益，曰："后虽百世可知也，以一文一质。周监二代，郁郁乎文哉。吾从周。"故书传、礼记自孔氏。……古者《诗》三千余篇，及至孔子，去其重，取可施于礼义，上采契、后稷，中述殷、周之盛，至幽、厉之缺，始于衽席，故曰"《关雎》之乱以为《风》始，《鹿鸣》为《小雅》始，《文王》为《大雅》始，《清庙》为《颂》始"。三百五篇孔子皆弦歌之，以求合韶武雅颂之音。礼乐自此可得而述，以备王道，成六艺。孔子晚而喜《易》，序《彖》《系》《象》《说卦》《文言》。读《易》，韦编三绝。曰："假我数年，若是，我于易则彬彬矣。"孔子以《诗》《书》《礼》《乐》教，弟子盖三千焉，身通六艺者七十有二人。如颜浊邹之徒，颇受业者甚众。（《史记·孔子世家》）

史迁这段话在细节方面相当驳杂且不准确，我们在后面还会具体分析。

---

① 程树德：《论语集释》，第579页。

但这里传递出三个重要的信息：一是孔子修订整理"六艺"具有一定的社会目的性，即"追迹三代""以备王道"；二是孔子针对"六艺"，采取了不同的方式方法来修订整理；三是孔子以"六艺"教授弟子，并且教育工作颇有成效，这本身也是一种文化传播的具体努力。

3

接下来，我们讨论孔子为什么"不作"。答案其实很简单，孔子自己已经明言，即"信而好古"。所谓"述而不作，信而好古"，人们往往只注意前半句，殊不知这两句话是相互关联的。正因为孔子"信而好古"，所以才"述而不作"。"信而好古"的意思，一是信古，二是好古。既然古代周礼文化已留下现成而完备的传世典章，孔子又何必多此一举，另起炉灶呢？孔子给自己的任务是，尽量把周礼文化未遭破坏的菁华原汁原味地记述下来、恢复起来，为后世留存一种可信的文化样本。具体分析起来，孔子"述而不作"的逻辑建立在两个基本观点之上：第一，每个时代的文化都是发展演变、前后因承的，但其中包含的人类普世价值和文化内涵是延续不变的。第二，周代文化因承了夏、商文化的合理成分，是当时最优秀的文化，其所体现的普世价值和文化内涵足可垂范于后世。下面我们来论证孔子的这两个重要观点。

> 子张问："十世可知也？"子曰："殷因于夏礼，所损益，可知也。周因于殷礼，所损益，可知也。其或继周者，虽百世，可知也。"（《论语·为政》）

子张问孔子：十世以后的礼乐文化可以预知吗？孔子说：殷礼是从夏礼发展过来的，其所废除和增益的方面，是可以知道的；周礼是从殷礼发展过来的，其所废除和增益的方面，是可以知道的；今后如果有继承周朝的朝代——哪怕经历一百个朝代——所废除和增益的方面，也是可以知道的。这段话的关键词有两个：一个是"因于"，一个是"可知"。"因于"就是文化的传承发展，夏、商、周三代相因相继，不断演变延续。各代文化的发展演化为什么是"可知"的，而且是"百世可知"的？这听上去似乎有点费解，但其实不难理解：文化的发展随着不同的时代有损有益、有增有减，但其中也有恒常不变的东西，那就是文化中的人类普世价值，这种普世价值必然世代相传、不断延续。孔子坚信，周礼文化因承了夏、商文化的普世价值，并将传承给周朝文化的后继朝代，代代相因，百世永续。

孔子因此断言，各代文化百世传承是可知的。可知什么？当然就是周礼文化中的普世价值。何晏《论语集解》引马融曰："所因，谓三纲五常也；所损益，谓文质三统也。"①朱熹《四书章句集注》说："三纲五常，礼之大体，三代相继，皆因之而不能变。其所损益，不过文章制度小过不及之间。"②汉、宋儒家将"三纲五常"视为百世因承不变的文化要素，这当然是站在后世封建社会的立场而言。而孔子所言恐怕要比这些封建伦常更加深刻、更加普遍、更加恒久，如仁、义、礼、智、信等，实为古往今来人类社会共同信奉的价值标准。在不同文化圈的历史流变长河中，有许多具有特定时代意义的文化元素会消散、演变和发展，但总有一些体现人类共同生活核心内涵的概念不仅不会随波流逝，而且永恒存在、历久弥新，犹如康德所说的"天上的星空和我们心中的道德律"。孔子心目中的仁、义、礼、智、信等正复如此。它们虽然在不同社会时代、不同民族文化中称谓不尽相同，但核心意义是相通和一致的。这就是孔子的历史文化发展观，也是文化发展"虽百世可知"的原因所在。

孔子不但阐释了文化发展的一般规律，还对周礼文化进行了专门的鉴定。他认为周礼文化至善至美，相信后世文化即便演进变化，也不会脱离周礼文化的基本内核。我们来看孔子的这一段话：

> 子曰："周监于二代。郁郁乎文哉，吾从周。"（《论语·八佾》）

按照朱熹《四书章句集注》的解释："监，视也。""郁郁，文盛貌。"③这句话的意思是：周朝遵循夏、商两代文化而有所增减，形成了丰富繁盛的周礼文化。孔子表示自己愿意遵从周礼文化。在孔子看来，夏、商、周三代文化前后因承，周礼文化从夏、商两代文化变化发展而来，既继承了夏、商文化的优点，又克服了其缺点，达到了臻于完美的境地。孔子在与颜回的交谈中，具体谈到了三代文化的因承，以及周礼文化的优越：

> 颜渊问为邦。子曰："行夏之时，乘殷之辂，服周之冕，乐则韶舞。放郑声，远佞人。郑声淫，佞人殆。"（《论语·卫灵公》）

颜回问孔子如何安邦治国，孔子回答说，实行夏朝的时历，即以夏历

---

① 皇侃撰，高尚榘校点：《论语义疏》，第 42～43 页。
② 朱熹：《四书章句集注》，第 59 页。
③ 朱熹：《四书章句集注》，第 65 页。

正月为正月。在孔子的时代，社会上存在夏、商、周三种时历，分别以夏历正月、夏历十二月、夏历十一月为正月，而当时周朝建子是以夏历十一月为正月。朱熹《四书章句集注》说得很清楚："夏时，谓以斗柄初昏建寅之月为岁首也。""夏以寅为人正，商以丑为地正，周以子为天正也。"问题的关键在于，时历的主要作用是指导农业生产，三正何者最适宜农时农事呢? 朱熹也做了回答："然时以作事，则岁月自当以人为纪。"我们今天使用的农历就属于夏历，这已充分说明问题。孔子接着又说"乘殷之辂"，即乘用殷商的马车。殷人的车马不仅结实好用，而且质素无华，用朱熹的话来说就是"朴素浑坚"。而周人的车马喜好用金玉装饰，不仅失之于奢华，而且容易被腐蚀，朱熹称之为"过侈而易败"[①]。这里的"败"有物质"腐烂"之意，亦可理解为奢靡带来的社会败坏和人性堕落。这样的事例在春秋时期屡见不鲜。鲁襄公二十七年，不学无术的齐国左相庆封来到鲁国礼聘，孟孝伯看到庆封乘坐的马车相当漂亮，不禁露出企羡之色，叔孙豹却说"服美不称，必以恶终"（《左传·襄公二十七年》），表达了不屑的态度。这种态度代表了当时社会的周礼价值取向。孔子以"商辂"为例，表达崇尚俭朴、反对奢华的礼乐态度，与叔孙豹的价值取向是一致的。此外，孔子还对"周之冕"即周朝礼帽样式表示赞同，取其文雅而合乎礼仪。对于乐舞，孔子特别欣赏"韶舞"，曾给予尽善尽美的评价。孔子用夏时、殷辂、周冕作为优秀文化的标志，旨在表达周礼兼融涵摄了夏、商文化的优越元素，三代文化至周而大备，已经达到了"至德"的境界。

　　孔子将周礼文化视为理想中的文化，问题在于，在孔子所处的时代，周礼文化已经衰落。理想化的周朝礼乐一去不复返，想要恢复原貌已不太可能，就连孔子自己也没有这样的信心。所以当公山不狃召孔子时，孔子也只能退而求其次，说"如有用我者，吾其为东周乎"（《论语·阳货》）。在孔子看来，春秋时期，包括鲁国在内的各国社会正在丧失周礼文化的实质内涵，各国出现的种种社会问题多是由于缺失对周礼文化的依循；解决礼崩乐坏等社会问题的方式，并不是创造一套全新的文化价值体系，而是尽量恢复旧有的周礼文化。孔子"述而不作"正是旨在完成这项文化建设工作。

　　需要指出的是，"述而不作"并不意味着孔子的思想缺乏创新，因为"述"本身是传述者的一种主体思想活动，必然包含了主观再创造的成分。例如，孔子念兹在兹的"仁"原是周礼文化故有的范畴，孔子在引

---

　　① 朱熹：《四书章句集注》，第 164～165 页。

述和阐释过程中，进行了内涵深化和外延拓展，形成了仁学思想体系。这种传述者的主体创造性作用，史迁称之为"折中"，朱熹则谓之"折衷"。《史记》太史公曰："中国言《六艺》者，折中与夫子。"（《史记·孔子世家》）司马贞《史记索隐》说："宋均云'折，断也。中，当也。'按：言欲折断其物而用之，与度相中当。"泷川资言《史记会注考证》引中井积德曰："《六艺》之言不同者，皆以夫子为度，而折定其中也。"①朱熹《四书章句集注》说得更加明白："孔子删《诗》《书》，定《礼》《乐》，赞《周易》，修《春秋》，皆传先王之旧，而未尝有所作也。""然当是时，作者略备，夫子盖集群圣之大成而折衷之，其事虽述，而功则倍于作矣。"②由此可见，孔子"述而不作"与思想创新并不矛盾。这是我们回答顾颉刚"世纪之问"的一个补充说明。

二、《书》《诗》

1

古代《诗》《书》并称，而《书》早于《诗》，所以我们先论《书》，再论《诗》。

《书》，后人称《尚书》或《书经》，是商、周时期形成的国家档案文献，包括帝王对臣下或民众的训令、军队誓师之词以及大臣们对君王提出的建议和规劝，还有小部分是关于远古历史的传说。周公曾说殷人"惟殷先人，有册有典"（《尚书·多士》），可见殷人较早拥有文字记录的档案文献。《书》中《盘庚》一文应为当时言辞的直录，其内容已被近代考古史料所证实，故以《盘庚》为始，《书》的成文最早可上溯至公元前十四世纪上半叶，距离孔子约八百年。《左传》出现《夏书》十四次、《商书》五次、《周书》九次，大致可以说明在孔子时代这些文献已被分编为《夏书》《商书》《周书》。其中不少文献已有篇名，如《左传》中记载的《盘庚之诰》《誓命》《大誓》《夏训》《伯禽》《康诰》《唐诰》等。《论语》中说，"子所雅言：《诗》《书》，执礼，皆雅言也"（《论语·述而》）。可见孔子用《书》的内容作为教授弟子的教材。

---

① 司马迁撰，〔日〕泷川资言考证：《史记会注考证》，第 2486～2487 页。
② 朱熹：《四书章句集注》，第 93 页。

　　子张曰："《书》云：高宗谅阴，三年不言。何谓也？"子曰："何必高宗，古之人皆然。君薨，百官总己以听于冢宰，三年。"（《论语·宪问》）

孔子有时与人对话也引用《书》中箴言，如：

　　或谓孔子曰："子奚不为政？"子曰："《书》云：孝乎！惟孝友于兄弟，施于有政。是亦为政。奚其为为政！"（《论语·为政》）

　　孔子晚年大概对收集到的《夏书》《商书》《周书》等文献进行了编排整理，纠正文字舛误，甚至有可能合篇成册。至于具体有多少篇数，我们不得而知。孔子对《书》的处理，大概就到"整编"为止。

　　我们今天看到的《尚书》，有许多转写错误，甚至篇章造伪，且涉及经今古文学之争，我们不必在此细论。但有两个说法直接与孔子相关，我们必须做一说明。

　　第一种说法是，孔子曾对《书》进行了删节。这种观点最早见于西汉纬书，它的一个前置观点是，《书》原本的篇数远大于后世留存的数目。按《尚书纬》的说法，《书》原有三千二百四十篇之多，经过孔子大刀阔斧地删除，才仅留下百余篇。今文经学家一直抱持这样的观点，有的现代学者也赞同此说。商、周《书》原本不止百篇，这是完全有可能的。但仅余百来篇是由于早先散佚，或者如孟子所说"诸侯恶其害己也而皆去其籍"（《孟子·万章下》），并非孔子所删。《论语》中引《书》有三处，文字均不见于被认为真实文本的今文《尚书》二十八篇，可见孔子整理编排《尚书》之后，随着时间推移仍复散佚。导致散佚的原因包括秦始皇焚书，正如章太炎所说："秦之焚书，《尚书》受厄最甚。"[1]既然《书》在孔子整理之后尚有散佚，在整理之前存在散佚是很正常的。用崔述的话来说，此所谓"逸者事势之常"。

　　《尚书》百篇，伏生仅传二十八篇，逸者七十余篇；孔安国得多十余篇，逸者尚数十篇。《礼》之逸者尤多。自汉以来易竹以纸，传布最易，其势可以不逸，然其所为书亦代有逸者。逸者事势之常，不必孔子删之而后逸也。[2]

---

① 章太炎：《国学讲演录》，上海：华东师范大学出版社，1995年，第72页。
② 崔述撰著，顾颉刚编订：《崔东壁遗书》，第309页。

　　史迁说："孔子之时，周室微而礼乐废，《诗》《书》缺。"（《史记·孔子世家》）史迁说的是"《诗》《书》缺"，而非"《诗》《书》滥"，孔子为了"追迹三代之礼"而整理《书》，又何必对已经残缺不全的幸存文献痛下狠手。另外，古书作伪都是战国以降的事情，孔子之前的年代并无人作伪，故不需要孔子甄别取舍。事实上，孔子周游列国的一个重要目的就是搜集散佚在各国宫廷及民间的文化典籍。作为一个时常感叹"文献不足"的严谨史学家，对个别文献进行去伪存真的剔除是有可能的，而根据自己的主观思想倾向对弥足珍贵的古代文献大加删除，这是绝无可能，也是毫无必要的。史迁说："故孔子闵王路废而邪道兴，于是论次《诗》《书》，修起礼乐。"（《史记·儒林列传》）"论"就是论定，"次"就是编排，故"论次"的大致意思是"论定编次"，也就是整理编排。这是合理的说法。孔子不但没有删选《书》，而且没有基于自己的思想对《书》进行修改。既然孔子认为周代文化尽善尽美，他整理文献唯恐不能复原，又何必对作为传世文献的《书》随意修改呢？那种试图通过篡改文献文字来达到思想统一的想法和做法，只会发生在百家争鸣结束之后的秦汉以降专制政治的环境之下，那些后世生活在长期文化专制氛围中的俗儒以此妄度孔子整理《诗》《书》的目的，着实是可笑可悲的。

　　第二种说法是，孔子曾为《书》作序。今本《尚书》每篇前有《小序》，汉儒认为乃是孔子所作。史迁除在《孔子世家》中说孔子"序《书传》"，又在《三代世表序》中说孔子"至于序《尚书》则略，无年月；或颇有，然多阙，不可录，故疑则传疑，盖其慎也"（《史记·三代世表》）。班固说："故《书》之所起远矣，至孔子纂焉，上断于尧，下讫于秦，凡百篇，而为之序，言其作意。"（《汉书·艺文志》）刘歆《移太常博士书》也说"孔子序《书》"，其后郑玄、马融均称《书》序为孔子所作。最早怀疑《书》序是伪作的是两宋之际学者吴棫。其后朱熹也认为《书》序不是孔子所作，而是"周秦间低手人作"。宋元之际学者金履祥在《尚书表注》中认为《书》序是齐鲁诸儒附会而作。崔述《商考信录》《丰镐考信录》对孔子"序《书》说"进行了驳论。近世康有为《新学伪经考》卷十三《书序辨伪》论之甚详。赵贞信《书序辨序》也作长文驳论。[①] 泷川资言《史记会注考证》说："《尚书》百篇，自古有之，而杂乱颠倒，伪说颇多。孔子厘正次序，以复旧第，非删定编纂也。百篇之序，汉魏诸儒并云出自孔氏，无异言。余谓周史官编书者所记，恐非夫子之笔。"[②] 无论是"齐

---

　　① 顾颉刚编著：《古史辨》第五册，海口：海南出版社，2005 年，第 183～198 页。
　　② 司马迁撰，〔日〕泷川资言考证：《史记会注考证》，第 2462 页。

鲁诸儒附会而作"，还是"周史官编书者所记"，《书》序都不是出于孔子之手。清华简相关研究也给出了支持性的结论，刘光胜说："今本《书小序》只交代《尚书》各篇的述作之义，战国中期时《书》经为《尚书》与《逸尚书》的合编本，《书小序》只交代《尚书》而未交代《逸尚书》各篇的写作背景，因此它的整体形成不能早于战国中期，《汉志》'孔子作《书小序》百篇'的主流说法遭遇严峻的挑战。"①要之，孔子整理《书》的工作主要是搜集、编次、归类，仅此而已。

2

我们再来看《诗》。春秋时期的《诗》包括《诗》文和《诗》乐。《诗》乐到战国时期就失传了，留下的《诗》文被汉儒称为《诗经》，成为一部周代《诗》文的总集。《诗》是春秋庠序"六艺"之一，贵族们大多对《诗》文相当熟悉，以此作为晋身从政的基本文化技能。孔子对《诗》文与《诗》乐均研究很深，娴熟于胸，一直以来把《诗》作为重要的授课教材，向弟子们传授。孔子常在日常生活中灵活熟练地使用《诗》文，可以说已达到炉火纯青的地步。试举一例：

> 子曰："衣敝缊袍，与衣狐貉者立，而不耻者，其由也与？'不忮不求，何用不臧？'"子路终身诵之。子曰："是道也，何足以臧？"（《论语·子罕》）

"不忮不求，何用不臧"，出自《诗经·邶风·雄雉》，意思是不忌害别人，不贪求于人，他的行为怎么会不善呢。子路为人正直，心地善良，从不嫌贫爱富，能够穿着破旧衣袍，与身着狐貉之人同立而毫无愧色。孔子并非简单赞许子路，而是借用《诗》句道出其品行的深层特点，这本身也是一种《诗》的教学方式，故子路"终身诵之"。孔子对《诗》也有自己独到的见解，如：

> 唐棣之华，偏其反而。岂不尔思，室是远而。子曰："未之思也。夫何远之有！"（《论语·子罕》）

这是一首逸诗，前两句起兴，后两句意为"岂不思念你，实在是相距

---

① 刘光胜：《〈清华大学藏战国竹简（壹）〉整理研究》，上海：上海古籍出版社，2016年，第155～156页。

太遥远啊"。孔子评论道：这是主观上不思念，如果真的思念的话，有什么遥远的呢？这是孔子对《诗》文的反向性文学批评。需要指出的是，孔子在这里并非就《诗》论《诗》，而是借此强调人的主观意识的能动作用，其中"何远之有"一句，便是孔子所说"仁远乎哉？我欲仁，斯仁至矣"（《论语·述而》）的最佳注脚。《论语》还记载孔子曰："《诗》三百篇，一言以蔽之，曰：'思无邪。'"（《论语·为政》）这是孔子对《诗》文、《诗》乐精髓的概括总结。

孔子不仅精通《诗》文，也精通《诗》乐。孔子一生随时随地都在学习音乐，对于商、周国乐以及各国地方音乐都有相当的了解。孔子注意学习和收集遗失的音乐、比较各地乐曲之间的异同、整理和优化尚存的曲调，这是孔子周游列国的重要收获，也为他晚年整理《诗》文、《诗》乐奠定了重要的基础。一方面，孔子经常利用各种机会向造诣精深的鲁太师、齐太师、师襄子等音乐大师学习，与他们交流；另一方面，孔子也与"荷蒉者"等民间乐者相互切磋。我们来看孔子与民间乐者交流的例子：

> 子与人歌而善，必使反之，而后和之。（《论语·述而》）

孔子每次走到哪里，听到别人唱歌或与人一起唱歌，若唱得优美动听，就一定要请他再唱一次，自己跟着和唱。我们注意文中的"必"字，表明这不是孔子的偶然行为，而是长期一贯的行为。其中听、反、和三个动作，正是学习音乐的基本方式。正因为孔子在《诗》与乐这两方面的研究上均有极深的造诣，所以由他来整理《诗》再合适不过了。

孔子整理《诗》的主要工作是按照他所掌握的周礼雅乐正调来对《诗》文、《诗》乐进行协调。《诗》各篇原本应该都是可以配上音乐演唱的。我们并不清楚，周朝时期究竟是先有乐曲才作诗，还是先有诗才谱曲，抑或两种情况交错皆有。周朝社会的音乐包括官方乐曲和民间曲调。官方乐曲由宫廷乐官伶人创作、演唱、管理，用于祭祀、礼聘等典礼，这些官方乐曲一旦形成，往往成为固定的曲谱，并且被赋予固定的曲名，数量并不会太多，同样的曲谱可以填入不同的歌词，久而久之就形成一种先有谱、再作词的通例，这便是《雅》《颂》的产生与传播方式。民间曲调则任由民间自由创作，在曲街委巷、田间地头自由兴咏，有些民间《风》曲经过乐官伶人的采集，或所谓"献诗""陈诗"，可以被纳为官方乐曲，由此成为各国的《国风》，在贵族间流行。在鲁襄公二十九年季札到鲁国观乐之时，至少鲁国还能基本保存《诗》乐的完整，不过其中也已出现一些紊乱。

此后，各国礼崩乐坏的速度加剧，到了孔子成年，特别是晚年之时，《雅》《颂》中的许多庙堂之《诗》存在严重的曲调紊乱现象，有些《诗》乐甚至完全失传而使《诗》变成了徒诗。各国的《风》比《雅》《颂》更加缺乏官方的重视与管理，存在的《诗》乐问题更加严重，很多《风》变成了"徒《风》"；有些《风》的曲调发生重大变异，成为一种类似于民间流行音乐的"新声"，即可能在曲调节拍方面比较柔弱颓废。孔子对于这种现象提出批评：

> 子曰："恶紫之夺朱也，恶郑声之乱雅乐也，恶利口之覆邦家者。"（《论语·阳货》）

文中的"雅乐"，不仅指大小《雅》乐，还指符合周礼音乐传统的高雅之乐，这个"雅"字犹如"子所雅言：《诗》、《书》、执礼，皆雅言也"（《论语·述而》）中孔子所指的"雅"字。孔子说讨厌郑声，指的是讨厌郑国"新声"，并没有说讨厌《郑风》的诗文。我们看《郑风》《卫风》中有不少被朱熹称为"淫奔"之诗的，照样被孔子保留了下来。很明显，孔子反对的只是《郑风》的乐曲。也就是说，孔子整理《诗》，主要关注《诗》乐是否典雅，是否符合周朝礼乐应有的风格曲调。孔子觉得郑声违反了周朝雅乐的基调，因此在整理《诗》的过程中可能对郑国、卫国的"新声"乐曲进行了改编和调整，尽量使之与古乐相合，诗文本身则未作删除或改变。

总之，孔子对《诗》所做的整理工作主要包括收集散落各地的诗篇、对文字进行考订纠误、恢复失传的乐曲、为徒诗重新配乐、对郑卫新声的乐调加以调整。孔子整理《诗》的主要成果可以由下面这句话来概括：

> 子曰："吾自卫反鲁，然后乐正，《雅》《颂》各得其所。"（《论语·子罕》）

所谓"乐正"，就是三百零五篇诗的每篇《诗》文与乐曲都和谐匹配，使《诗》乐回归原始，即"三百五篇孔子皆弦歌之，以求合《韶》《武》《雅》《颂》之音"（《史记·孔子世家》）。然后孔子按照《风》《雅》《颂》将其分门别类，这就叫"各得其所"。孔子要完成"乐正"这项浩大工程，单靠个人力量恐怕相当困难，好在有弟子相助，师徒们在教学相长中形成合力。

孔子整理《诗》同样面临"文献不足"的困难。周礼文化典籍大都藏于官府，正如章太炎所说："周代《诗》、《书》、《礼》、《乐》皆官书。《春秋》史官所掌，《易》藏太卜，亦官书。"①这些典籍原本收藏在周王室"守藏室之史"及各国史官手里，有些则已散落民间。孔子周游列国的主要目的就是收集周礼典籍、在各地寻访搜求各种散佚文献。鲁国本身是《诗》乐保存相对较好的地方，六十多年前为季札演奏《诗》乐的那些乐师，或许尚有个别存世，已经离世的乐师或许也还有家学传世，这对孔子来说是至关重要的帮助。阴法鲁说："可见在这时以前，《雅》、《颂》曾出现混乱情况。孔子整理的底本大概是鲁国乐官所保存使用的底本，整理工作也许是他和鲁国乐官太师挚合作进行的。"②此说不无道理，这可能也是孔子晚年不顾高龄必须返回鲁国的重要原因。

需要指出的是，孔子整理《诗》乐，并不局限于文字与音乐两个方面，他更注重《诗》的意义，也就是体现在《诗》文、《诗》乐中的周礼道德文化内涵。孔子希望将《诗》文、《诗》乐、《诗》义有机结合起来，即使文字形式、音乐形式与礼乐内涵和谐统一，让每一首《诗》都承载周礼文化的精神，由此才能形成真正的诗正乐雅，才能"兴于诗，立于礼，成于乐"（《论语·泰伯》），才算使所有《诗》篇最终达到"各得其所"的状态。孔子对于《诗》篇的意义颇有精到的评论，如其对《诗》所做的单篇评论有：

子曰："《关雎》，乐而不淫，哀而不伤。"（《论语·八佾》）

孔子也曾对《诗》整体加以评论：

子曰："《诗》三百篇，一言以蔽之，曰：'思无邪。'"《论语·为政》）

上博简有《孔子诗论》篇，共二十九简，简文长达一千余字，记述了孔子对部分《诗》篇的评论。有的极短促，只有几个字，如"《蟋蟀》知难""《仲氏》君子"。有的属于读后感受性的评论，不涉及《诗》义本身，如"《将仲》之言，不可不畏惧""《祈父》之责，亦有以也""《小宛》其言不恶，少有仁焉"。《孔子诗论》第一段中有几句相对较长的评论："《关雎》

————————

① 章太炎：《国学讲演录》，第 45 页。
② 杨伯峻主编：《经书浅谈》，北京：中华书局，1984 年，第 30 页。

以色喻于礼……两矣，其四章则喻矣。以琴瑟之悦拟好色之愿，以钟鼓之乐□□□□好，反内于礼，不亦能改乎？"① 不过这段文字更像是对《关雎》所做的字面解释，与"乐而不淫，哀而不伤"这种高度概括性的评论不相类似。《孔子诗论》第二段始于"孔子曰"，分两部分讨论《国风》中的《葛覃》《甘棠》《木瓜》《杕杜》，第一部分句式统一，都以"吾以某诗得民性固然"这样的句式进行，表示孔子从某诗中得到的感受是符合"民性"的。② 然而，我们知道，《论语》中子贡说过，"夫子之言性与天道，不可得而闻也"（《论语·公冶长》）。整部《论语》只有一处言"性"，即孔子说"性相近也，习相远也"（《论语·阳货》）。不知为何，孔子在《诗论》中以排比句式大谈"性"，而且谈的是"民性"。事实上，春秋时期并不存在"民性"一词，该词最早出现在《荀子》《礼记》中。

概而言之，孔子整理《诗》的过程，也就是整理周朝礼乐的过程。通过孔子的努力，《诗》《书》《礼》《乐》在周礼文化重建的过程中形成了一个相互融合的整体。《诗》中有《乐》，《书》中有《礼》，《诗》《书》互补，《礼》《乐》交融，使周礼文化得到了基本呈现和基因传承。

3

说到孔子与《诗》的关系，还有两个问题不能不讲：一是孔子"删《诗》说"，二是孔子"《诗》教说"。

关于孔子"删《诗》说"，我们先说结论：孔子整理《书》，并没有删《书》；孔子整理《诗》，也没有删《诗》。在我们前面所引《孔子世家》长文中，史迁讲到"古者《诗》三千余篇，及至孔子，去其重，取可施于礼义"，最后选定三百多篇。班固《汉书·艺文志》沿袭史迁之说，后儒如郑玄、陆玑、欧阳修、程颢、马端临、顾炎武等多有持此论者。这就是孔子"删《诗》说"。说者认为孔子删《诗》的原因有三：一是古诗过多，不能全读，所以删之；二是有些篇章是重复的，所以删去；三是很多篇章内容不佳，不足观也，所以删除。其实这三点均不成立。从《左传·襄公二十九年》季札观乐时鲁国宫廷吟诵各国《风》的内容与顺序就知道，当时《诗》的主体结构与流传至今的《诗经》是基本一致的。孔颖达、朱熹、吕祖谦、叶适等怀疑孔子"删《诗》说"，清代朱彝尊、赵翼、崔述反驳尤为坚决。朱彝尊的理由主要是，季札鲁国观乐时所歌风诗无出十三国之外者。赵翼认为，《国语》引诗 31 条，逸诗仅 1 条；《左传》引诗共 219

---

① 梁静：《上博楚简儒籍考论》，北京：科学出版社，2022 年，第 40 页。

② 梁静：《上博楚简儒籍考论》，第 41 页。

条，逸诗仅13条，"若使古诗有三千余，则所引逸诗宜多于删存之诗十倍，岂有古诗则十倍于删存诗，而所引逸诗反不及删存诗二十分之一。以此而推，知古诗三千之说，不足凭也"（《陔余丛考》卷二）。赵翼的逻辑十分明晰：《国语》《左传》记录了大量孔子出生前人们所引之《诗》，其中存诗数量远大于逸诗数量，这就证谬了孔子后来删《诗》数量远大于当时所存之《诗》的臆说。崔述《洙泗考信录》的驳论尤为精彩，可为这场旷日持久争论的定谳：

> 《国风》自《二南》、《豳》以外多衰世之音，《小雅》大半作于宣、幽之世，夷王以前寥寥无几，如果每君皆有诗，孔子不应尽删其盛而独存其衰。且武丁以前之颂岂遽不如周，而六百年之风雅岂无一二可取，孔子何为而尽删之乎？子曰："诵《诗》三百，授之以政，不达，使于四方，不能专对，虽多，亦奚以为！"子曰："《诗》三百，一言以蔽之，曰'思无邪'。"玩其词意，乃当孔子之时已止此数，非自孔子删之而后为三百也。[1]

崔述从发生学角度考订《诗经》现存诗篇的系年，发现存在着一种很奇怪的现象：被认为是文武周公盛世的西周早期诗篇数量很少，反倒是所谓后代衰世的诗篇较多。如果孔子要把那些不合周礼的诗篇删除，那么越是早期诗篇越符合周礼，就应该保存越多；越是后来衰世的诗篇越不合周礼，就应该删除越多。而事实恰恰相反：现存《国风》除了《二南》《豳》之外，大多是衰世之音，《小雅》大半也作于宣、幽之世，夷王之前的诗篇寥寥无几。所以崔述的结论是孔子不应该"尽删其盛而独存其衰"，这反过来也说明"删《诗》说"完全不成立。另外，孔子明确说过，"诵《诗》三百，授之以政"与"《诗》三百篇，一言以蔽之"，崔述仔细揣摩其意，认为"三百篇"正是孔子时代所存之《诗》的数量。当然，《诗》在孔子之前确有可能不止三百余篇，但其中有些随着时间流逝而流失散佚，到了孔子的时代，人们所见所闻只有这三百余篇，孔子如数实录而已。上述三位学者一共提出了四条理由，应已完全驳倒了孔子"删《诗》说"。

与"删《诗》说"密切相关的另一种旧说是"《诗》教说"，即认为孔子对整部《诗》及每篇诗都做了本事溯源和美刺释义，以此彰显《诗》的道德教化意义。汉儒为此杜撰出《诗序》，认为"大序""小序"都准

---

[1]　崔述撰著，顾颉刚编订：《崔东壁遗书》，第309页。

确传承了孔子对诗篇的道德诠释，由此，《诗》变成了道德教化的教材，《诗》学变成了社会名教的经学，《诗》的传播变成了儒学《诗》教的训导。

诗歌文字简洁、声律优美、意蕴丰富，在古今中外均是良好的启蒙教材。孔子的确用《诗》教育弟子，尽管他从未说过"《诗》教"一语。前引史迁《孔子世家》一段中有"孔子以《诗》《书》《礼》《乐》教"，这里的"教"是以诗乐为教、以诗文为教、以生活为教。换句话说，就是以《诗》篇为载体，宽泛地教导弟子做人与做事、生活与从政的道理，其内容十分广泛，并非只是道德说教。且看：

> 子曰："小子，何莫学夫诗？诗，可以兴，可以观，可以群，可以怨。迩之事父，远之事君。多识于鸟兽草木之名。"（《论语·阳货》）

"兴、观、群、怨"属于美育、情感教育、社会教育，"迩之事父"属于生活教育，"远之事君"属于从政教育，"多识于鸟兽草木之名"属于文字文学教育。另外，孔子还说"不学《诗》，无以言"（《论语·季氏》），这是文化修养教育；又说"诵《诗》三百，授之以政，使于四方"（《论语·子路》），这是外交政治教育。可见孔子《诗》教远非"美刺"道德说教所能涵盖，与后儒所谓"诗教"意义不同，与汉儒的《诗序》更是毫无关系。

汉儒以"道德主义《诗经》学"生造了《诗序》，硬说是孔子所作，也有说是孔子传于子夏的，此皆无据之词。《后汉书》明言东汉"卫宏从谢曼卿受学，作《毛诗序》"（《后汉书·儒林列传》）。可见《诗序》的著作权应归于卫宏，与孔子无关。《诗序》中的"小序"对每首诗都深造"本事"，寻根溯源，言之凿凿，其实只是依据《左传》史事，自说自话，附会编造，生搬硬套而已；其对《诗》篇"美刺"言之谆谆，无非借古喻今，服务于汉代政治现实而已。汉代以降，"《诗》教说"更加注重政治教化和人伦道德，《诗经》被当作传播政治教义的载体，毛序、郑笺、孔疏成为传播封建伦理的工具，孔子当年的"人生《诗》教"蜕变为"经学《诗》教"。从宋代开始，《诗经》研究进入一个怀疑与创新的新阶段。在欧阳修《毛诗本义》、王安石《诗经新义》、郑樵《诗辨妄》等多位开拓者的著作的基础上，朱熹撰写了集大成之作《诗集传》。朱熹在该书中敢于抛开"大序""小序"的迷障，从诗文本身还原诗义，在一定程度上扫除了汉儒《诗经》学的阴霾，事实上也澄清了历代对于孔子整理《诗》的种种误解。经过清代《诗》学三大家——姚际恒《诗经通论》、方玉润

《诗经原始》、崔述《读风偶识》的考信还原，以及新文化运动后顾颉刚、胡适、郑振铎、郭沫若、闻一多等学者的科学实证研究，传统《诗经》学的诗教外衣基本被剥除，强加于孔子《诗》学的美刺说、索隐论等道德主义陈说被打破，孔子当年就诗论诗的《诗》学原则得到了澄清，我们由此得以更加准确地了解孔子晚年对于《诗》的整理工作。

三、《礼》《乐》《易》

1

我们再看孔子整理《礼》《乐》《易》的情况。孔子一生花了大量时间研究和讨论周朝礼仪，但孔子自己不愿创作礼书，更不会自行杜撰仪礼，因为"制礼作乐"是周公所为，孔子对周公崇拜至极，绝不会做此僭越之为。《大戴礼记》与《小戴礼记》均为汉儒所造，与孔子毫无关系。《周礼》又称《周官》，其实与礼仪无关，古文经学家认为是周公所作，今文经学家认为是刘歆伪造，也与孔子无甚关系。那么《仪礼》是不是孔子所修呢？《仪礼》又称《士礼》或《礼经》，凡十七篇，内容涉及丧、祭、射、乡、冠、昏、朝、聘的礼仪，并不讨论礼意。"三礼"之中，《仪礼》为孔子所修的可能性最大，因为它是古代礼仪的记录，符合孔子"述而不作"的特点。今文经学家认为《仪礼》是孔子所作，古文经学家认为《仪礼》是周公所作，是周公制礼作乐留下的成果，《礼记·明堂位》就有周公"制礼作乐"之说。对此，今文经学家坚持认为，即便《仪礼》源自周公，后来也经过了孔子的删定或增补。如皮锡瑞就说："《仪礼》十七篇，虽周公之遗，然当时或不止此数而孔子删定，或并不及此数而孔子增补，皆未可知。"[①]故仍然将《仪礼》归于孔子名下。《论语》《礼记》《史记·孔子世家》中记录了孔子好礼、习礼、问礼、设礼容等史实，大致说明孔子对于仪礼规程确有浓厚兴趣和深入研究，他与学生"学而时习之"，大概也包括学习操练各种礼仪。孔子将历史文献和春秋社会留存的仪礼整理记录下来，并非没有可能。朱熹说："《仪礼》，不是古人预作一书如此。初间只以义起，渐渐相袭，行得好，只管巧，至于情文极细密，极周致处。圣人见此意思好，故录成书。"[②]但是，我们并没有孔子亲自修作《仪礼》

---

① 皮锡瑞著，周予同注释：《经学历史》，北京：中华书局，2004 年，第 1 页。
② 黎靖德编：《朱子语类》，第 2194 页。

的直接证据。现存《仪礼》十七篇，五万六千字，内容相当繁复而机械，有些仪式未必是春秋时期的礼仪，带有后儒刻意铺陈乃至编造的痕迹。周朝仪礼是否如此繁复，孔子能否记录如此周详，都是值得怀疑的。周予同对此持否定态度，他说：

> 第一，《论语》这部书里只说到孔子注重礼，以礼教育门弟子和他的儿子孔鲤，而没有说到修订或记录《礼经》。第二，《论语》这部书里关于礼的话虽是很多，但大都是论礼意的，和《仪礼》全不相干。总之，孔子所谓礼，不是指有文字的《礼经》，而是指用以救世的礼意与礼仪。①

如果孔子没有亲作《仪礼》，那么还存在两种可能需要加以讨论。一是孔子会不会搜集了散落在社会上的相关仪礼文字，将其集结成册。这种可能不能完全被排除，班固《汉书·儒林传》就说孔子"缀周之礼"。但是，"缀礼"只是整理编辑旧文，不是另外撰写新作。二是孔子会不会将周礼口传给弟子，由弟子用文字记录下来，从而成为《仪礼》之书。我们前引史迁长文中有"礼记自孔氏"之语，这里的"礼记"应该写作"《礼》记"，意思是《礼》的文字记录，"礼记自孔氏"可以理解为《仪礼》出自孔子的传授。所以我们也不排除这种可能，但也没有充分的证据加以证明。唯一的史料记录来自《礼记·杂记》，其中说《仪礼》中的《士丧礼》是孔子传授给孺悲，由孺悲或其他人书写下来的。

> 恤由之丧，哀公使孺悲之孔子学士丧礼，《士丧礼》于是乎书。（《礼记·杂记》）

这位孺悲在《论语》中出现过：

> 孺悲欲见孔子，孔子辞以疾，将命者出户，取瑟而歌，使之闻之。（《论语·阳货》）

孺悲想要见孔子，孔子以身体不适拒绝接见孺悲，却又弹琴唱歌，让门外的孺悲知道自己是故意不见他的。孔子这种相当反常的举动成为后儒

热议的一桩公案。孔子此举背后究竟隐含着什么,我们不得而知。贾公彦《仪礼义疏》中的解释是,按照士相见礼,宾主初次见面,必须经中间人介绍,孺悲"不由绍介",所以孔子拒绝见他。[1]这种说法相当牵强,孺悲既然是鲁哀公派来的,还需要什么介绍人?再说,两人此时应该不是初次见面,否则孔子取瑟而歌,孺悲怎么知道是孔子的声音?所以朱熹《四书章句集注》认为:"当是时必有以得罪者,故辞以疾。"[2]当然,孺悲虽被孔子暂时拒绝,因其毕竟受哀公指派,孔子后来仍有可能向他传授《士丧礼》。另外,也有学者认为,孺悲所"书"的《士丧礼》,内容不局限于《仪礼》的《士丧礼》,而是涵盖全部有关士的丧礼。[3]这种说法或许有一定道理。当然,孺悲也未必是那个"书"《士丧礼》的人。郑玄说:"孔子以教孺悲,国人乃复书而存之。"[4]可能郑玄不希望《士丧礼》的文字著作权归属于一个被孔子教训过的人,故认为是其他人"复书"的。毕竟,史迁《史记·仲尼弟子列传》并未将孺悲列入其中。

综上所述,流传后世的"三礼"并非孔子亲自撰写,其中《仪礼》一书可能是孔子传授给他人而被笔录成文的,这个人可能是孺悲,也可能是子夏之徒或者其他人。

2

春秋时期的音乐包括两个方面:一是如前所述的《诗》乐;二是《诗》乐之外的宫廷庙堂之乐以及《仪礼》中的乡饮酒礼、乡射礼之乐,它们主要由宫廷乐官、伶人所掌握。孔子对后者也是熟悉的,毕竟他曾有三年司寇经历,又参加过齐鲁夹谷盟会,对于朝会礼聘之乐并不陌生。并且孔子平时还经常向乐师请教,留意《诗》乐之外的其他音乐。《论语》中涉及谈乐的有六章,除上述"吾自卫反鲁"章论《诗》乐外,其他都是孔子赞美或批评一般音乐的。如孔子评价《韶》乐:"尽美矣,又尽善也。"评价《武》乐:"尽美矣,未尽善也。"(《论语·八佾》)《韶》是舜时的乐舞,孔子非常喜欢《韶》乐,达到了"三月不知肉味"的地步。除了音乐的形式美,孔子更注重音乐的内涵美,《武》是周武王时代的乐舞,孔子认为它的音乐很好听,但内容还没有达到符合盛德的程度。孔子既没有传下《诗》乐,也没有留下其他论乐之说。《礼记·乐记》是战国时文,

---

① 郑玄注,贾公彦疏:《仪礼注疏》,王辉整理,上海:上海古籍出版社,2008年,第167页。

② 朱熹:《四书章句集注》,第181页。

③ 杨天宇译注:《仪礼译注》,上海:上海古籍出版社,2016年,第7页。

④ 孙希旦:《礼记集解》下册,第1115页。

《隋书·经籍志》所载《乐经》是王莽所立，均与孔子无关。孔子整理《乐》的工作大概就是《诗》乐。可惜乐曲无法保存，遂湮灭于茫茫时空之中。

3

六经中除《乐》之外，孔子与《易》的关系最为疏远。孔子学《易》，这是《论语》所明言：

> 子曰："加我数年，五十以学《易》，可以无大过矣。"（《论语·述而》）

不过，在今文派的《鲁论》中，"易"作"亦"，则原文应作"五十以学，亦可以无大过矣"。当然，今文经学擅长臆论，此说也不足为据。史迁说孔子"读《易》，韦编三绝"，又说"孔子晚而喜《易》"。大概孔子确实是认真研究过《易》的。然而，史迁说孔子"序《彖》《系》《象》《说卦》《文言》"，这是大有问题的。汉唐皆承其说，遂有孔子作《易传》或曰《十翼》之说。从欧阳修开始，此说颇受质疑。欧阳修认为《十翼》中的《彖上》《彖下》《系上》《系下》《象上》《象下》等六种文本内容自相矛盾，不但不是孔子所作，且不是一人所作。崔述《洙泗考信录》"辨作易《传》之说"则进一步考证了《十翼》均非孔子所作：

> 《世家》云："孔子晚而喜《易》，序《彖》、《系》、《象》、《说卦》、《文言》。"由是班固以来诸儒之说《易》者皆谓《传》为孔子所作。至于唐、宋，咸承其说。余按：《春秋》，孔子之所自作，其文谨严简质，与《尧典》、《禹贡》相上下；《论语》，后人所记，则其文稍降矣；若《易传》果孔子所作，则当在《春秋》、《论语》之间，而今反繁而文，大类《左传》、《戴记》，出《论语》下远甚，何耶？《系词》、《文言》之文，或冠以"子曰"，或不冠以"子曰"；若《易传》果皆孔子所作，不应自冠以"子曰"字；即云后人所加，亦不应或加或不加也。孟子之于《春秋》也，尝屡言之，而无一言及于孔子传《易》之事；孔、孟相去甚近，孟子之表章孔子也不遗余力，不应不知，亦不应知之而不言也。由此观之，《易传》必非孔子所作，而亦未必一人所为；盖皆孔子之后通于《易》者为之，故其言繁而文；其冠以"子曰"字者，盖相传以为孔子之说而不必皆

当日之言；其不冠以"子曰"字者，则其所自为说也。①

　　崔述提出了三点相当缜密的论证：第一，从文风上看，如果《易传》是孔子所作，在文风上应该介于《春秋》与《论语》之间，体现出较为简洁古朴的风格，然而《易传》文字却"反繁而文"，十分类似《左传》《礼记》，与《论语》相差甚远，足见不是孔子所作。第二，《易传》中的《系辞》《文言》之文，有的冠以"子曰"，如果《易传》是孔子所作，不应自冠以"子曰"。第三，孟子多次谈到孔子作《春秋》，却从未提过孔子传《易》之事，如果孔子真的作了《易传》，孟子不可能不说。

　　《易传》不是孔子所作，而是战国时期精通《周易》之人所为，这种观点已为当代学者普遍接受。我们相信，孔子确实学习研究过《易》，但孔子对于一部占筮之书，绝非如后儒所说的那么着迷，因为他本人是一个态度鲜明的人文主义者和理性主义者，不太可能去撰写所谓的《易传》。孔子曾说："亡而为有，虚而为盈，约而为泰，难乎有恒矣。"（《论语·述而》）意思是说：把无说成有，把虚说成满，把贫约说成奢泰，这样的人是难有恒心的。孔子这种言论与《易传》的虚盈消长思想显然方枘圆凿。当代学者已经明确，《十翼》是战国中后期与汉初时人所作，②所以这个问题我们已无须多言了。

四、鲁史与《春秋》

1

　　孔子在整理《诗》《书》《礼》《乐》的同时，还在做一件重要的文化工作，即修订鲁史《春秋》。周朝各国都设史官撰写国史，《春秋》是列国史书的通名，故鲁国史又被称为《鲁春秋》，以有别于他国。各国国史正本保存在国内，副本藏于周王室。在孔子时代，这个传统余绪犹存。尤其是在鲁国，《鲁春秋》的书写与保存相对比较完整。我们在前面说过，鲁昭公二年晋国正卿韩起访问鲁国时，观书于太史氏，看到《易》《象》与《鲁春秋》，感叹"周礼尽在鲁"。这里的《易》是《周易》，《象》大概是一种有关卦象的书籍，但肯定不是《十翼》中的《象辞》。卜筮流

---

　　① 崔述撰著，顾颉刚编订：《崔东壁遗书》，第310页。
　　② 周振甫译注：《周易译注》，北京：中华书局，1991年，第15～21页。

行于各国，故这两种书并非鲁国独有，晋国作为周礼之邦也应有所保存，韩起虽然不及赵武饱学，也不至于一无所知。因此，韩起赞叹的应该不是《易》《象》，而是记述规范且内容丰富的《鲁春秋》。

关于孔子与现今存世《春秋》之间的关系，大致有三种看法。

第一种看法是孔子"作《春秋》"，即认为《春秋》是孔子撰写的。在《左传》中有这样一句话：

> 君子曰：《春秋》之称，微而显，志而晦，婉而成章，尽而不污，惩恶而劝善。非圣人谁能修之？（《左传·成公十四年》）

这里的"圣人"，后儒认为就是孔子，但并无依据。《左传》中有十余处出现"圣人"一词，大多指称明德异能之人。鲁昭公七年，孟孙玃在谈及正考父时曾说"孔丘，圣人之后也"，但他并未称孔子是圣人，而是引臧孙纥之言"圣人有明德者，若不当世，其后必有达人"，说"今其将在孔丘乎"，即称孔子为"达人"（《左传·昭公七年》）。另外值得注意的是，《左传》作者在这里用了"修"字而非"作"字。孔子"作《春秋》"的说法，最早始于孟子，他说：

> 世衰道微，邪说暴行有作，臣弑其君者有之，子弑其父者有之。孔子惧，作《春秋》。（《孟子·滕文公下》）

孟子在这里用了一个"作"字，意思好像是孔子撰写了《春秋》。

第二种看法是孔子"因史记作《春秋》"，即利用现成的鲁国旧史加以修改，作成《春秋》。司马迁说：

> 子曰："弗乎弗乎，君子病没世而名不称焉。吾道不行矣，吾何以自见于后世哉？"乃因史记作《春秋》。（《史记·孔子世家》）

在这里，司马迁也与孟子一样，用了"作《春秋》"一语，但他又加上"因史记"三个字，表示孔子是有所依本的，而非从头到尾每个字都是新撰。今文经学家大都持此观点。那么孔子具体是如何因史而作的呢？比较一致的观点是：孔子主要做了一件事，即对鲁史旧文的一些文字做了增删修改，"笔则笔，削则削"，从而赋予旧史一定的道德评价和教化的意义。孟子似乎也有同样的看法，他说：

其事则齐桓、晋文，其文则史。孔子曰："其义则丘窃取之
矣。"（《孟子·离娄下》）

孟子在这里讲得很清楚，《春秋》的史事无非是那些旧史文字，孔子
稍作修改，赋予其道德评价意义。这种新义能够起到抑恶扬善的作用，所
以"孔子成《春秋》而乱臣贼子惧"（《孟子·滕文公下》）。孟子在这
里用了"成"字而非"作"字，看来他实际也倾向于《春秋》是孔子修订
而非新作的。另外，《庄子·齐物论》也说：

六合之外，圣人存而不论；六合之内，圣人论而不议。春秋经
世先王之志，圣人议而不辩。（《庄子·齐物论》）

这里的"春秋"，有人说是指"时代"，但刘武《庄子集解内篇补正》
认为就是指《春秋》经，意思是"《春秋》为经世之书，先王之志所寄，
故后之圣人，仅评议而已，无所辩难"①。如果这样理解，倒是符合孔子"述
而不作"的原则，也就是不改动史事史实，仅作道德评价而已，即所谓"《春
秋》以道名分"（《庄子·天下》）。

第三种看法否定了孔子与《春秋》之间的写作关系，认为《春秋》原
本就是鲁史，孔子只是用作教育弟子的教材，仅此而已。周予同说："根
据《论语》一书来考订，简直没有一个字谈到《春秋》。以著作《春秋》
这样一件大事，以孔门弟子这样的多而贤，而说孔子竟闭口不谈，秘密的
在著作着，实为事理所不许。"②周予同的观点显然受到顾颉刚的影响，
后者在回复钱玄同《论春秋性质书》的书信中也认为孔子未作《春秋》，
原因概括有三：一是《论语》中没有记载；二是战国时期除孟子外无人提
到孔子作《春秋》；三是《春秋》作为鲁国史书，本来就有"义例"，后
儒从《春秋》中推出些"义例"，并不足为奇，与孔子并没有关系。③

2

其实第三种看法与第二种看法并没有本质差异，如果将孔子修订《春
秋》旧史文字的数量限制在较小的范围之内，则第二种看法便相当接近于

---

① 刘武：《庄子集解内篇补正》，沈啸寰点校，北京：中华书局，2012 年，第 2 版，第
59 ～ 60 页。

② 朱维铮编：《周予同经学史论著选集》（增订版），第 359 页。

③ 顾颉刚编著：《古史辨》第一册，海口：海南出版社，2005 年，第 227 页。

第三种看法。这正是本书的观点。理由有三：一是鲁史《春秋》本就存在，孔子没有必要另起炉灶重新写作。二是史书不同于子书，需要充分考信时间、地点、人物、事件等诸多历史要素，使其协调一致，绝非兴之所至、随手可成。如果没有现成已有的史书作为底本，这种费时费力的工作是仓促难成的。关于孔子开始修订《春秋》的时间，主要有两种说法，一种是西狩获麟后动笔，一种是搁笔于西狩获麟后。西狩获麟发生在鲁哀公十四年春，孔子时年已七十一岁。前一种说法的起止时间之间仅隔两年，按后一种说法，就算孔子返鲁后立即动笔，至"获麟绝笔"也只有两年稍余的时间。正如杨伯峻所说："以古代简策的繁重，笔写刀削，成二百四十二年的史书，过了七十岁的老翁，仅用两年的时间，未必能完成这艰巨任务罢。"①两年时间要完成新作绝无可能，而依托鲁史《春秋》底本加以修订却是有可能的。正如《春秋师说》所说："其作此经，盖不过时岁而间耳，自非备见国史，其成何以如是之速哉？"②三是作史乃是天子之事、史官之职，平民作史本身就有僭越之嫌。这一点，《孟子》言之甚明：

> 《春秋》，天子之事也。是故孔子曰："知我者其惟《春秋》乎！罪我者其惟《春秋》乎！"（《孟子·滕文公下》）

假如孔子真的新撰《春秋》，这是明知故犯，岂是一句"知我罪我"能够抵过？最有可能的是，孔子只是对鲁史做了少量的局部修改，所以不算什么罪过。赵汸所编《春秋师说》甚至认为，孔子所为事先应该禀告过鲁哀公并获得了同意，即"盖当时鲁君虽不能用孔子，至于托圣人以正礼乐，正书法，则决然有之，如此则《春秋》一经，出于史官，先禀命于君，而后赞成其事"③。将孔子修订《春秋》称为对史官的"赞成其事"，倒是一种比较准确的说法。

孔子为什么要修订《春秋》？孟子与史迁都说得很明白。孟子之说，正如上文所引："世衰道微，邪说暴行有作，臣弑其君者有之，子弑其父者有之。孔子惧，作《春秋》。"（《孟子·滕文公下》）在孟子看来，孔子眼见世道衰变、礼崩乐坏，想要通过一部《春秋》给当世与后人提供一种社会政治道德的价值评判标准。史迁还为孔子作《春秋》找了一个"疾没世而名不称焉"的理由，史迁说：

① 杨伯峻编著：《春秋左传注》（修订本），"前言"，第8页。
② 黄泽著，赵汸编：《春秋师说》，第16页。
③ 黄泽著，赵汸编：《春秋师说》，第6页。

> 子曰："弗乎弗乎，君子病没世而名不称焉。吾道不行矣，吾何以自见于后世哉？"乃因史记作《春秋》。（《史记·孔子世家》）

崔述对此不以为然，认为"其言似急于求名者，殊失圣人之意"①。我们认同崔述的看法。

孔子想要表达对社会政治的价值褒贬，原本可以写一部专门的论著，直截了当地说出自己的政治理念，为什么要通过一部史书来转弯抹角地表达呢？史迁有一个说法：

> 子曰："我欲载之空言，不如见之于行事之深切著明也。"夫《春秋》，上明三王之道，下辨人事之纪，别嫌疑，明是非，定犹豫，善善恶恶，贤贤贱不肖，存亡国，继绝世，补敝起废，王道之大者也。（《史记·太史公自序》）

史迁的说法颇有道理，记载事实的史书确实比议论性的子书更能具体而生动地彰显孔子思想。另外，专于议论的子书基本上要到战国时期才产生，春秋时期这种议论式的文体形式还很少见，《老子》一书也未必作于春秋时期。孔子借用史书表达思想政见，既体现了当时的著述习惯，也符合他"述而不作"的原则。

3

那么，孔子究竟在多大程度上对鲁史做了修订？自西周以降的中国传统史学主要包括历史叙事和历史评论两个方面，我们认为孔子修《春秋》亦复如此。一是孔子在内容上订正了《春秋》史实的疏失、舛误之处，这是孔子亲身游历列国、饱读各国史书的重要成果，体现为孔子作为史学家对《春秋》所做的考订真伪工作。二是孔子作为道德家在《春秋》历史评价方面的着墨，即后世所谓的"春秋笔法"和"春秋大义"。这是关于孔子修《春秋》争议最集中的地方，下面就此展开讨论。皮锡瑞认为："《春秋》鲁史，止有其事其文而无其义。"②这意味着现存《春秋》中的所有道德评价都是孔子所赋予的。这种说法显然过于绝对。古代史官记事记言，怎会全然脱离道德意义。正如顾炎武所说："古之人君，左史记事，右史记言，所以防过失，而示后王。记注之职，其来尚矣。"（《日知录》卷

---

① 崔述撰著，顾颉刚编订：《崔东壁遗书》，第312页。
② 皮锡瑞著，周予同注释：《经学历史》，第1页。

十八）。抑恶扬善，知往鉴今，原本就是周朝史记政教实用功能的体现。
《左传》中记载的南史氏、董狐便是孔子时代"春秋笔法"的优秀实践者。
我们且看《左传》中的这段话：

> 自王以下，各有父兄子弟，以补察其政。史为书，瞽为诗，工
> 诵箴谏，大夫规诲，士传言，庶人谤，商旅于市，百工献艺。（《左
> 传·襄公十四年》）

"史为书，瞽为诗"都是为了赏善匡过、救患革失，怎么能说"止有
其事其文而无其义"呢？我们再举一个例子。据《左传》，鲁文公十五年
（前 612 年），宋国司马华耦来鲁国礼聘，鲁文公与之宴，华耦推辞说：
君之先臣华父督曾经得罪于宋殇公，名在诸侯之策。作为华氏后裔，不敢
辱君。（《左传·文公十五年》）华父督是华耦的祖先，在鲁桓公二年杀
害了宋殇公和孔子六世祖孔父嘉，此事被记录在宋国史册，华耦作为"乱
臣贼子"的后裔，深感惧怕和羞愧。可见使"乱臣贼子惧"并非始于孔子《春
秋》，周朝史书早有这种功用。当然，时至春秋晚期，这种史记方式有所
衰落、政教功能有所失落，这是有可能的。所以崔述《洙泗考信录》说：

> 又按《春秋传》，晋韩起聘于鲁，见《易象》与《鲁春秋》，曰：
> "周礼尽在鲁矣！"然则鲁之《春秋》本据周礼以书时事。但自东迁
> 以后，时异势殊，盟会擅于诸侯，政事专于大夫，一切战争弑夺之事
> 皆成周盛时所未尝有者，秉笔者苦于无例可循，而其识亦未必足以及
> 之，则其书法不合于周礼者当亦不少。是以孔子取而修之，正君臣之
> 分，严内外之防，尊卑有经，公私而别，然后二百四十年中善不待褒
> 而自见，恶不待贬而自明，大义凛然，功罪莫能逃者，故曰"孔子成
> 《春秋》而乱臣贼子惧"耳，非以其专黜陟为足惧也。[1]

崔述的意思是说，西周时期的史书撰写原本就有"书法"，然而春秋
时代出现了许多之前没有的新情况，如弑君、夺位等，史家苦于无例可循；
另外，随着周道衰微，史家的能力见识也在下降，难免出现不合传统"笔
法"的史著。孔子有鉴于此，将鲁史"取而修之"，运用其精当之史识与
娴熟之笔法，修订出一部符合古代"笔法""大义"的《春秋》史著，使

---

[1] 崔述撰著，顾颉刚编订：《崔东壁遗书》，第 313 页。

春秋时期的各种史事"善不待褒而自见，恶不待贬而自明"。我们认为，崔述的说法符合历史主义史学观。孔子修旧史《春秋》，在史料、史法、史观、史识、史论等方面都有所因承、有所延续，而非突发奇想、横空出世。孔子修订《春秋》的史料必定来自鲁史以及他去鲁之后收集的其他国史。孔子修订《春秋》的史法，即后世儒家津津乐道的"春秋笔法"，也主要继承自周朝史官之学既有的成法旧例。例如，鲁宣公二年（前607年）赵穿杀死晋灵公，太史书却说"赵盾弑其君"，孔子后来惋惜赵盾"越竟乃免"，这些都是古史笔法，早在孔子之前就已存在。当然，孔子面对春秋晚期的社会变局，遇到过去从未发生过的史事，在修订"时异势殊"的春秋历史时，未必事事都能按图索骥找到陈规旧例，在"无例可循"的情况下创造一些"春秋笔法"也是很可能的。孔子修《春秋》的具体史观、史识、史论，很可能是在与弟子们长期的历史教学讨论中形成的，既反映了孔子对史事的道德评价，也体现了孔子对社会变迁的态度，用顾栋高《读春秋偶笔》中的话来说，即"《春秋》一书，一以存纲纪，一以纪世变"[①]。"存纲纪"与"纪世变"是相互容纳、彼此贯通的。如果说，这就是孔子的"春秋大义"，那么这些"大义"基本上就是周朝社会的传统礼乐伦理，再掺入一些孔子自己的仁学思想观念，仅此而已。这与后来汉儒们为中央集权政治编造的所谓"尊王""攘夷""大一统""大复仇"等种种《春秋》"义例"并不是同一回事。杜预作为汉代最优秀的《春秋》古文经学家，在《春秋经传集解·序》中有一段论述孔子与《春秋》关系的话，其见识明显超越时人，杜预说："仲尼因鲁史策书成文，考其真伪，而志其典礼，上以遵周公之遗制，下以明将来之法。其教之所存，文之所害，则刊而正之，以示劝诫。其余皆即用旧史，史有文质，辞有详略，不必改也。"[②]杜预认为孔子对鲁史总体上未作改动，只是在涉及史事真伪和名教利害的地方才加以刊正。这个判断尺度大致是正确的。

总之，孔子以鲁国《春秋》为史书底本，统摄各国史料，编排整理了鲁国及其他诸侯国与周王室的史事，并且在延续传统史书笔法凡例的基础上，针对春秋时期独特的历史现象，增加了少量褒贬"书法"，使整部《春秋》体现出周朝礼乐伦理与孔子仁学思想的价值取向，以达到"存纲纪""纪世变"的作用。孔子修《春秋》的工作最多就是如此。

汉儒根据当时社会现实政治的需要，为所谓"五经"传统典籍赋予了新的文化意义，将它们视作"圣人"孔子的亲笔著述，从而确立"定于一尊"

---

① 顾栋高辑：《春秋大事表》，第30页。
② 萧统编，李善注：《文选》，上海：上海古籍出版社，1986年，第2034页。

的无上地位，并通过设立"五经博士"阐发光大，为汉代大一统政治奠定了至关重要的文化基石，由此构建起封建社会主流意识形态的大厦。这些都发生在孔子晚年"述而不作"的三个半世纪之后，与孔子本人并无关涉。正如童书业所说："孔子与'六经'虽本无甚关系，然后世儒家视'六经'为神圣不可侵犯，系之孔子，遂成史学上一大悬案。"①这种貌似荒信的现象，却符合传统文化史发展流变的常态。

五、参赞与传承

1

　　孔子归鲁以后，把整理《诗》《书》《礼》《乐》《春秋》等文献作为平日教学的内容，颜回、商瞿、宓不齐、漆雕开等先进弟子与曾参、子夏、有若、子游、子张等后进弟子共同参与了这项工作。史迁说："至于为《春秋》，笔则笔，削则削，子夏之徒不能赞一辞。"（《史记·孔子世家》）这当然是夸张之词，是汉儒圣化孔子、神话"五经"的一种说法。不过，史迁这句话可以反过来理解，正好证明"子夏之徒"参与了除《春秋》之外的所有文献整理，甚至包括《春秋》。在印刷术尚未发明之前，大规模的文本传播几乎是不可能的，这意味着个体间的口口相传仍然是文献传播的基本载体。换句话说，文献传播主要还是依靠人与人之间的师承延续。孔子自感来日不多，他把文献整理与文化传授有机结合起来，希望每一种学问都后继有人。史迁明确点出子夏对于《春秋》"不能赞一辞"，这正说明子夏是孔子文献整理工作中最重要的参与者。

　　子夏可能在多个方面帮助孔子整理文献，并且在此过程中精通"六艺"，成为孔门后来最重要的传承者。按照汉儒的说法，子夏与《诗》《书》《礼》《乐》等经典的流传都有关系。东汉徐防说："《诗》《书》《礼》《乐》，定于孔子；发明章句，始于子夏。"（《后汉书·徐防传》）子夏，即卜商，之所以在众弟子中擅长治学，或许与他的家庭出身有关。郑樵《通志·氏族略》认为，"卜氏，《周礼》'卜人氏'也"，"仲尼弟子卜商之徒是也"；其六世祖可能是晋文公名臣卜偃②。如果子夏的祖先确实是以王官为职、占卜为业的卜官，那么拥有如此家学渊源的子夏确有可能成为孔门弟子中

---

① 童书业著，童教英校订：《春秋左传研究》（校订本），第316页。
② 高培华：《孔子孔门文武兼备论》，北京：光明日报出版社，2016年，第213～214页。

最优秀的文字工作者，毕竟颜回在孔子七十一岁时已先行离世。洪迈说：

> 孔子弟子惟子夏于诸经独有书，虽传记杂言未可尽信，然要为与他人不同矣。于《易》则有传，于《诗》则有序。而《毛诗》之学，一云，子夏授高行子，四传而至小毛公；一云，子夏传曾申，五传而至大毛公。于《礼》则有《仪礼丧服》一篇，马融、王肃诸儒多为之训说。于《春秋》，所云"不能赞一辞"，盖亦尝从事于斯矣。公羊高实受之于子夏，穀梁赤者，《风俗通》亦云子夏门人。于《论语》，则郑康成以为仲弓、子夏所撰定也。①

洪迈之说虽未必每事皆实，但也不是无稽之谈。我们大致可以相信，子夏为孔子整理"六艺"提供了最重要的帮助，也是后来传播孔子学说的最重要人物。

2

与此相类，除了子夏之外，子张、商瞿、曾参、子游等应该也不遑多让，在参赞与传承孔学中发挥了重要作用。在《论语》的记载中，子张是唯一与孔子讨论《尚书》的弟子。

> 子张曰："《书》云：高宗谅阴，三年不言。何谓也？"子曰："何必高宗，古之人皆然。君薨，百官总己以听于冢宰，三年。"（《论语·宪问》）

子张问孔子，《书》中说，殷商高宗武丁在居丧期间三年不言，这是什么意思？子张言下之意是，如此这般，会不会百官无所禀命，导致祸乱？孔子回答说，古代帝王居丧期间都是这样的，并非只是高宗如此。君父过世了，帝王三年不说话，百官各尽其职，听命于上卿冢宰，不会导致祸乱。子张是关心政治、热衷干禄的年轻人，思维敏捷、不落俗套，很可能参与了孔子整理《书》的相关工作。

《易》的传承通常被认为与商瞿有关。商瞿这个人仅见于《史记》，未见于《论语》。史迁言之凿凿地说：

> 孔子传《易》于瞿，瞿传楚人馯臂子弘，弘传江东人矫子庸疵，

---

① 洪迈：《容斋随笔》，第310页。

疵传燕人周子家竖，竖传淳于人光子乘羽，羽传齐人田子庄何，何传东武人王子中同，同传菑川人杨何。何元朔中以治《易》为汉中大夫。（《史记·仲尼弟子列传》）

这种过于明晰的师承图谱，似乎在一定程度上暴露了汉儒刻意造作的痕迹。钱穆《孔门传经辨》甚至对是否存在商瞿这个人表示怀疑，他说："何以姓名独不一见于《论语》？孔子没后，诸弟子论学，亦绝不及商瞿。"[1]不过，我们没有明确的证据来否定商瞿这个人及其传《易》之说。

曾参的天分可能不是很高，尽管《礼记》中有大量"曾子问"，《论语》中却未见一处曾参提问的记载，孔子或许因此说"参也鲁"（《论语·先进》）。后儒对曾参一直情有独钟。从《论语》到《礼记》，曾参身影频现，足以表明曾参后来设教授徒的教育活动十分成功，其门人在战国时期具有相当大的社会影响力。唐宋以后，随着儒家道统思想的确立和传播，特别是"四书"学及朱熹《四书章句集注》的广为流布，被认为是《大学》《中庸》作者的曾参、子思，与被认为是《孟子》作者的孟轲一起，在儒家道统血脉图中的地位日渐显赫，成为孔子之后儒学传承的正宗。理学家还编造了一个所谓"一以贯之"的公案，认为曾参得到了孔子真正的心传。

　　子曰："参乎，吾道一以贯之。"曾子曰："唯。"子出，门人问曰："何谓也？"曾子曰："夫子之道，忠恕而已矣。"（《论语·里仁》）

理学家认为此章即为孔子传道于曾参的场景。所谓"一"就是"万里浑然"，称此为"一贯之诏"。这种宗门传法之说，证明了理学家涉禅过深，影响不浅。崔述《洙泗考信余录》予以有力驳正，文多不载。

不过，有一点是肯定的，曾参是孔门中影响最大的弟子之一，被儒家认为是孔子后学的嫡裔，其地位类似于耶教十二门徒之首的彼得。《大戴礼记》有《曾子》十篇，多以阐发孝道为主。史迁认为曾参传承了孔子的孝道思想，他说："孔子以为（曾参）能通孝道，故授之业。作《孝经》。"（《史记·仲尼弟子列传》）在历史上，曾参确实以孝闻，据《孟子》说："曾子养曾皙，必有酒肉；将彻，必请所与；问有余，必曰有。"（《孟子·离娄上》）但曾参是否就是《孝经》的作者，仍然值得怀疑。近人王正己《〈孝经〉今考》认为《孝经》出自孟子门人。[2]不过，曾参著《孝经》

---

① 钱穆：《先秦诸子系年》，第97页。

② 罗根泽编著：《古史辨》第四册，海口：海南出版社，2005年，第110页。

之说流传已久，从《论语》来看，曾参勤于学业，学问也颇有功力，他应该也有能力参赞孔子的文献整理工作。

3

孔子在整理文献的过程中，也会带着弟子们到鲁城郊外出游，一边欣赏风景、放松心情，一边交流切磋、教学相长。《论语》记录了这一珍贵的历史时刻：

> 子路、曾皙、冉有、公西华侍坐，子曰："以吾一日长乎尔，毋吾以也。居则曰：不吾知也。如或知尔，则何以哉？"子路率尔对曰："千乘之国，摄乎大国之间，加之以师旅，因之以饥馑，由也为之，比及三年，可使有勇，且知方也。"夫子哂之："求，尔何如？"对曰："方六七十，如五六十，求也为之，比及三年，可使足民。如其礼乐，以俟君子。""赤，尔何如？"对曰："非曰能之，愿学焉。宗庙之事，如会同，端章甫，愿为小相焉。""点，尔何如？"鼓瑟希，铿尔，舍瑟而作，对曰："异乎三子者之撰。"子曰："何伤乎？亦各言其志也。"曰："暮春者，春服既成，冠者五六人，童子六七人，浴乎沂，风乎舞雩，咏而归。"夫子喟然叹曰："吾与点也。"三子者出，曾皙后，曾皙曰："夫三子者之言何如？"子曰："亦各言其志也已矣。"曰："夫子何哂由也？"曰："为国以礼。其言不让，是故哂之。""唯求则非邦也与？""安见方六七十、如五六十而非邦也者？""唯赤则非邦也与？""宗庙会同，非诸侯而何？赤也为之小，孰能为之大！"（《论语·先进》）

《论语》此章以生动简练的笔墨，展现了孔门师生之间从容对话的场景。子路、曾点、冉求的"各言其志"从神态到言语都各具特色，个性鲜明，表达了不尽相同的从政志向。当孔子询问弟子曾点的志向时，原本一直在弹琴的曾点推瑟而起，向大家描绘了一幅春日郊游的画面，表达了逍遥自在的心志。曾点这番表白实在出人意料，因为孔子一向以仁义礼乐教导弟子，似乎从未鼓励弟子优哉游哉。更加意想不到的是，孔子听了曾点的心志，居然喟然叹曰"吾与点也"，意思是说，我跟你想法相同。这里"我与点"的"与"字，是"与……相同"的意思。李泽厚《论语今读》理解为"我与曾点一同去"，也是差不多的含意。本章是《论语》中篇幅最长的一章，全文四百二十多字，是一篇难得的独立成章的记叙文，所以历来颇受重视。不过，对于孔子"吾与点"这一声不同寻常的感叹，却有各种不同的说法和解释。北宋以前的传统解释是，孔子有感于春秋晚期世道衰变，入仕为政之心消退，故有此论。何晏在《论语集解》中引周生烈曰："善点之独知时也。"皇侃《论语义疏》发挥此意说："所以与同者，当时道消世乱，驰竞者众，故诸弟子皆以仕进为心，唯点独识时变，故与之也。"① 邢昺《论语注疏》观点相同："善其独知时，而不求为政也。"② 朱熹《四书章句集注》做了一番理学演绎，说曾点看到"人欲尽处，天理横流"，"而其胸次悠然，直与天地万物上下同流，各得其所之妙，隐然自见于言外"云云。朱熹还引程子曰："孔子与点，盖与圣人之志同，便是尧舜气象也。"③ 说明朱熹之说源自程子。这些解释显然存在缺陷。在学与仕的问题上，孔子的确希望弟子不要汲汲于仕进，应该以学问和道义为重，因此说过"三年学，不至于谷，不易得也"（《论语·泰伯》）之类的话。但是，孔子既然让弟子们各言其志，显然期待弟子们谈论入仕进取，这本来就是他们的心志。曾点却无视孔子的问题，答不对问，说了一番"题外话"。崔述《洙泗考信余录》就对此表示疑问：

　　　　此章，孔子问以何事答知己，故子路等三人所言皆从政之事；"风、浴、咏归"，于知我不知我何涉焉？且先生问更端则起而对，礼也。孔子方与诸弟子言而皙鼓瑟自如，不亦远于礼乎？至在孔子之前而称夫子，乃春秋时所无；《论语》中惟《阳货》篇有之，乃战国时人所撰，不足据。然则此章乃学老、庄者之所伪托而后儒误采之者。④

　　崔述认为"子路、曾皙、冉有、公西华侍坐"章是战国后人的杜撰或伪托之作，为此罗列了三条理由：第一，孔子问四位弟子的入仕志向，所以子路等三人所言都是从政之事，曾点的"风""浴""咏归"却旁顾而言他，可以说答不对问；第二，先生提问应该起而应答，这是基本礼节，曾点鼓瑟自如，缺乏礼貌；第三，弟子在孔子面前称其为夫子，乃春秋时所无。崔述虽然慧眼独具地看到了本章的蹊跷之处，但判其为伪托则略显武断。也有人认为此章可能是曾参弟子故意加入，意在抬高曾点，进而抬高曾参。这当然是无根臆说。

_____

① 皇侃撰，高尚榘校点：《论语义疏》，第 295 页。
② 何晏注，邢昺疏：《论语注疏》，第 179 页。
③ 朱熹：《四书章句集注》，第 131～132 页。
④ 崔述撰著，顾颉刚编订：《崔东壁遗书》，第 369 页。

　　对于此章，我们还是要客观分析，考证这段对话发生在什么时间，才能理解孔子当时的心态。先来看这四个弟子的年龄，子路少孔子九岁，冉求少孔子二十九岁，公西赤少孔子四十二岁，曾点年龄无考，既然名字排在子路后面，应该比子路稍小几岁。关键是公西赤比孔子小四十二岁，就算当时公西赤才二十多岁，孔子至少已经六十多岁。我们知道，鲁哀公三年之后，冉求基本上就不在孔子身边，直到孔子六十八岁回到鲁国，两人才有可能见面。所以，孔子、冉求、公西赤三人能够一起出游，应该在孔子归鲁之后，也就是至少在孔子六十八岁之后。孔子归鲁后，已经无意仕进，忙于整理《诗》《书》《礼》《乐》和修订《春秋》，闲暇之余与得意弟子一起"浴乎沂，风乎舞雩，咏而归"，这种心态也是很自然的，所以在听到曾点的话时，忍不住说了句"吾与点"。我们从中可以体会孔子晚年的从容心境。白川静称此为孔子晚年的"卷怀"意识，大致也是这个意思。

第十二章　逝者如斯

　　孔子返鲁的第三年，吴王夫差最后一次北上争霸，与晋国进行正面交锋，双方以一场吴晋黄池盟会终结了春秋霸业史，孔子的时代也即将拉上帷幕。

　　正在专注于"六艺"整理的孔子，遭受了一系列意想不到的丧失弟子的哀痛。先是宰予在齐国的君臣争斗中与齐简公一起被杀，随后是最得意的弟子颜回不幸早逝，紧接着又传来子路在卫国的一场政变冲突中结缨而死的消息。一连串的打击让孔子备感悲伤，不禁发出了"天丧予"的哀鸣。

　　其间，孔子继续教育培养后进弟子，在一次与子游的交谈中，孔子详细谈论了大同社会与小康社会。这是孔子在长期观察现实和思考历史的基础上探索人类社会实然现状与应然图景的结果。众所周知，孔子终其一生站在现实主义的立场上，希望不断改进和完善当下社会状况，尽力恢复周王朝最初设计的礼乐制度文化，实现以夏、商、周三代盛世为最高境界的小康社会。其实，在孔子内心深处还深藏着一种更加美好的社会愿景，那就是超越夏、商、周"天下为家"的家天下社会，追求一个"天下为公，选贤与能，讲信修睦"的大同社会。这既是孔子基于想象过去而形成的社会理想，也是孔子面向未来的美好向往。囿于传统的思维模式与表述方式，孔子将这种社会理想描述为过往的尧、舜、禹三代社会。从人类历史不断向前发展的历史进步主义视角看，孔子对理想社会的表述带有历史退步主义的色彩。但如果我们跳出人类社会直线、单向进步与发展的机械思维来看，孔子的大同社会理想便宛如一幅超越现实的美好图景，可以激励后人为之奋斗。由于这种社会理想曾经在上古三代得以实现，更加增添了后人追求这一理想的不竭动力。

　　事实上，孔子的大同理想已经超越了历史、现实和未来，给后人提供了一种人类社会应然生活的一般原则，每一个时代的人们都可以从孔子的思想蓝图中获取智慧和灵感，从而修正社会制度、优化社会文化、实现社会良治。

本章叙述孔子晚年生活和孔门弟子的出处行止与最终结局，分析孔子小康、大同思想的内涵和意义。

一、时代的终结

1

鲁哀公十三年（前482年），正当孔子忙于整理文献之际，吴王夫差再一次，也是最后一次发动北上争霸。经过打败齐国后的两年准备，这次夫差决意直接向昔日盟主晋国发起挑战。是年，吴国向晋国等中原诸侯国发出会盟邀约，地点选在济水故道南岸的黄池（今河南省新乡市封丘县西南）。为此，夫差派人在宋国与鲁国之间开凿了一条运河，"北属之沂，西属之济"，亲自率师乘舟北上，"以会晋公午于黄池"（《国语·吴语》），真可谓志在必得。傅隶朴说："（黄池）在地理位置上，适界晋鲁吴三国之中心，因吴胜齐于艾陵之后，欲称霸中原，故召集诸侯会于此地。"[1]鲁哀公出于对吴国的感恩之情，甘愿奉陪；单平公需要代表周王为吴王做见证，也被迫参加；晋定公欲与夫差一争高下，故乘兴前往。齐国、卫国、郑国这些中原诸侯国都没有参会，他们早与晋国决裂而无须跟从，又对吴国心存隔阂而有意缺席。到了夏天，吴王夫差与晋定公、鲁哀公以及周朝卿士单平公终于在黄池会面。

吴国此次北上争霸，冒着越国从背后偷袭的巨大风险。就在此时，越王勾践的军队已经兵分两路，跨过了吴国边境——真可谓"螳螂捕蝉，黄雀在后"。六月，黄池这边的大戏还没有开场，吴越之战已经打响。越国大夫畴无馀、讴阳率军抵达吴都姑苏郊外，与吴国太子友、王子地、王孙弥庸和大夫寿于姚交战，随后越王勾践亲率大军赶到，激战数日后大败吴军，斩杀了太子友、王孙弥庸、寿于姚，攻入了姑苏城。

夫差接到报告，连杀七个随从以封锁消息。诸侯盟会如期举行，吴晋双方为争先歃血几乎兵戎相见。按照《左传》的记载，最后吴国同意让晋国先行歃血。《国语》却是另一种说法，"吴公先歃，晋侯亚之"（《国语·吴语》）。不管究竟谁先歃血，这次盟会是由吴国发起的，而且吴国在盟会上略占上风，所以夫差自认为中原称霸的夙愿已经实现。然而，这不过是昙花一现而已。

① 傅隶朴：《春秋三传比义》，北京：中国友谊出版公司，1984年，第566页。

　　这场对于吴国甚是无谓的南北盟会，却在华夏文化史上有着特殊的意义，是南方蛮夷融入华夏文化的成功之举。一向关注华夏与夷狄关系的《穀梁传》对此有一段评述，说得相当深刻：

> 　　黄池之会，吴子进乎哉，遂"子"矣！吴，夷狄之国也，祝发文身，欲因鲁之礼，因晋之权，而请冠、端而袭，其藉于成周，以尊天王，吴进矣。吴，东方之大国也，累累致小国以会诸侯，以合乎中国，吴能为之，则不臣乎？吴进矣。……吴王夫差曰：好冠来。孔子曰：大矣哉！夫差未能言冠，而欲冠也。（《穀梁传·哀公十三年》）

　　《春秋》为什么称夫差为"吴子"？《穀梁传》给出的解释是"吴子进乎哉"。这里所说的"进"，可以理解为身份提高、风俗改良、文化进步。《穀梁传》认为，吴国作为断发文身的所谓"夷狄之国"，通过黄池之会的一系列操作和表现，依据鲁国的礼仪，借助晋国的权势，想要采用中原诸侯的冠帽礼服之礼，向周王室进贡，表达尊崇周王之意，可见吴国进步了！在《春秋》三传中，《穀梁传》虽短于史传，却颇能发挥大义，表现出良好的思想洞察力。但在这段文字中，《穀梁传》对吴国称"子"的解释并不符合《春秋》义例，且无史实依据。《日讲春秋解义》明言："吴称子，为与晋侯同为会主，故不称人。《穀梁》以为进之，非也。"[①]不过《穀梁传》能够从华夷关系的角度，在文化学而非历史学层面上揭橥春秋历史上最后一次争霸盟会的文化意义，可谓别具慧眼。《穀梁传》接着说：吴国作为东方大国，一次又一次召集小国来会盟中原诸侯，旨在融入华夏文化，吴国能够做到这些，不就是做了周朝的臣子吗？所以说吴国进步了！《穀梁传》所说"累累致小国以会诸侯，以合乎中国"这句话，宛如七十八年前为楚共王议谥时令尹子囊所谓"赫赫楚国，而君临之，抚有蛮夷，奄征南海，以属诸夏"的再现，体现了整个孔子时代南方蛮夷诸侯融入华夏文化的不懈追求和最终成果。夫差一句"好冠来"，具体表现出这位南蛮君主粗鄙而好礼的复杂人格，这正是孔子时代"夷狄之国"与中原文化砥砺交融的生动写照。孔子积极评价了吴王夫差希望得到美好冠冕的请求，说：真了不起啊！夫差还说不清冠帽的名类，却已想要戴上中原的冠帽了。这是孔子对春秋时期华夏文化融合进步的充分肯定。

---

　　① 库勒纳等撰，田洪整理注释：《日讲春秋解义》，第1397页。

2

盟会结束后，夫差接着派使者来传话，要以盟主的身份率领鲁哀公去见晋定公。这让鲁国十分为难，子服何对使者说：如果是周天子召集诸侯，那么应由诸侯的霸主率领诸侯去见天子。如果是霸主召集诸侯，那么应由侯率领子、男去觐见霸主。从周天子以下，朝聘所献的玉帛数量是不同的。所以鲁国进贡给吴国的数量比晋国多，从来没有比晋国少，因为吴国是霸主。现在诸侯盟会，您要带着寡君去见晋君，这样晋国就变成霸主了，那么今后鲁国进贡的数量就要变化了。鲁国原来按照八百辆战车的数量给吴国进贡，如果鲁国被当作子、男，那么就要按照郑国进贡的半数来进贡吴国。子服何是鲁国晚期最重要的外交家，与子贡一起，在当时的外交舞台上发挥了关键作用。他的这段话很重要，让我们了解到春秋时期霸主与诸侯之间朝聘贡献的等级和数量。吴国人听了子服何的话，只好作罢。夫差回国后，与越国讲和。当时越国的实力还难以即刻灭吴，所以勾践就答应了夫差的请求。不过，两国的实力对比已经发生了根本性的变化，吴国元气大伤，只能对越国委曲求全。

黄池盟会后不久，晋国魏曼多率领军队侵伐卫国，目的还是想帮助蒯聩返国夺取君位，但并未成功。杨伯峻《春秋左传注》引《钦定春秋传说汇纂》称"霸国侵伐止此"[①]，意思是春秋霸主侵伐他国之事至此结束了。《日讲春秋解义》也说："此霸国侵伐之终事也！晋主夏盟，威动天下，今其衰也。赵鞅、魏曼多数加兵于卫，而卒不能服，岂力不足哉！强家多门，各自封殖，不在诸侯志于怙权营私而已。"[②]很显然，晋国长期"强家多门"的状况严重削弱了它的整体实力，与卫国争斗十年竟难逞其志，这也改变了晋国在中原各国心目中的形象，落到了被其他诸侯国鄙视的地步。晋国作为一个长期以威德服众的霸主，终于退出了历史的舞台。事实上，《春秋》有关晋国的历史叙事也到此为止。

3

鲁哀公十三年发生的这两件大事，即吴国在黄池盟会上昙花一现的称霸，以及晋国侵伐卫国的失败，是春秋霸主时代终结的信号，也是孔子时代即将结束的标志。在这里，我们再来总结一下春秋霸主时代与孔子时代的各自特点及内在关系，以便更好地认清孔子及其时代的历史定位和文化意义。

---

① 杨伯峻编著：《春秋左传注》（修订本），第 1675 页。
② 库勒纳等撰，田洪整理注释：《日讲春秋解义》，第 1400 页。

　　春秋时期之所以出现"霸主"这种现象，主要由于两个因素：一是王室式微，二是宗亲分封。王室式微，意味着王室权力不足以协调各国纷争，需要出现一种新的政治权力主体，否则就会天下大乱。宗亲分封，为新的权力主体的出现提供了条件。周朝通过分封制度建立了一个基于同姓血亲与异姓姻亲的诸侯邦国系统，各国君主在血缘关系上类似于叔伯、叔侄或甥舅，所以诸侯国之间天然存在着一种基于宗族关系的内部协调机制。当各国之间出现矛盾争端时，除了有时依靠武力解决外，更多的时候是依靠协商、会盟、缔约等和平方式来协调处理。这种协调活动需要具有一定威信的召集人、主持人和保证人，这就是霸主。从政治身份来讲，霸主得到周天子的认可，具有高于一般诸侯的权威，能以诸侯之长的身份主持公道、协调关系、解决矛盾。从宗亲身份来看，霸主并没有超越诸侯的特殊身份，与一般诸侯都是平等的血亲与姻亲成员，犹如大家族内部的堂兄弟关系，霸主扮演着"大伯父"的角色。需要重申的是，中原各国对"霸主"的认同，不仅基于血缘关系，还基于一种同族之间的文化认同，即对夏、商、周三代文化或曰中原华夏文化的基本认同。霸主不仅是周天子政治权力的代表者，还应是周礼文化的代表者。从整个春秋史来看，霸主在维护各国和平发展方面所起到的现实积极作用是相当明显的。傅斯年说："伯道在孔子时没有一点坏意思。现在人想起伯来，便想到西楚伯王，遂误会了。"[①]春秋时人对于霸主、霸业、霸道的基本态度是肯定的，毕竟这是周室衰微后能够给天下各国人民带来基本秩序感的重要依靠。

　　春秋时代是一个天子衰微、霸主为长的时代，其发展演变过程大致分为三个阶段：第一阶段是霸主成长阶段。从春秋之始到齐桓称霸，王权式微，霸主形成。在周天子天下共主的地位逐渐沦丧之际，齐、晋两国通过尊王攘夷、诸侯盟会先后成为中原诸侯国公认的霸主，发挥了替代天子协调诸侯争端、抗击楚国势力北进的作用。第二阶段是霸主鼎盛阶段。从齐桓、晋文称霸，再到晋悼复霸，王纲解纽、霸主为长。齐国的称霸时间很短；晋国的称霸时间较长，从晋文公一直持续到晋悼公，晋悼公通过弭兵盟约与楚国分享霸主地位，使晋国霸业又勉强延续了几十年时间。史家称"晋霸复盛于悼公，浸衰于平、昭，而遂废于顷、定"[②]。第三阶段是霸主衰落阶段。这个阶段主要是晋、楚、吴三国争霸，大致从鲁襄公十年晋、吴联手抗楚开始，其间经历了弭兵盟会与晋楚双霸，再到楚国势力趋于鼎

①　傅斯年：《评〈春秋时的孔子和汉代的孔子〉》，顾颉刚编著：《古史辨》第二册，第105页。
②　李卫军编著：《左传集评》，第2072页。

盛，然后在柏举之战败给日渐强劲的吴国，吴、楚实力发生此消彼长的逆转；与此同时，晋国持续政出多门、内部残杀导致霸主地位逐渐沦丧，齐景公联络中原诸侯建立反晋联盟，与晋国展开持续十年之久的正面交锋，结果可谓两败俱伤；最后吴国北上争霸，在黄池盟会上取得了转瞬即逝的霸主虚荣，随着晋国霸主地位彻底终结以及吴国很快被越国击败，春秋霸主时代终告结束。

本书所谓"孔子的时代"正好与春秋霸主时代的第三阶段重合，即从晋悼公短暂复霸到晋国霸主地位的结束。对此，可言者有三。首先，孔子一生面对的不仅是一个王纲解纽的时代，而且是霸主衰落的时代。如果说在霸主为长的鼎盛时期，一个强有力的诸侯霸主能够在一定程度上阻遏社会秩序的解体、减缓礼崩乐坏的速度、维系周礼文化的延续，那么到了孔子的时代，由于晋国霸主德威渐失，邦际的冲突与各国的内乱均失去了主持公道的协调者与仲裁者，于是政治乱局与礼乐乱象不断加剧。

其次，孔子正是在这样一个社会政治结构加速失衡、周朝礼乐文化加速崩坏的年代，挺身而出，自觉承担起恢复周礼文化的历史使命。孔子深知这是一项"知其不可而为之"的艰巨任务，需要"死而后已"的毕生努力，最终很可能落得一个"吾已矣夫"的结局。孔子的所作所为虽然对于当时社会并未产生重大影响，却在华夏思想文化的土壤中埋下了新的生命种子，经过其后的弟子传承与典籍传播，终将开出绚烂的文明之花。

最后，孔子的时代恰与晋、吴前后两次重要盟会相始终。从相地盟会到黄池盟会，孔子的时代也是中原邦国与外围邦国平等交流、深度交融的重要时期，以楚国和吴国为代表的所谓"蛮夷"文化全方位融入诸夏文化之中，形成了多元文化融合的华夏文化。孔子注重周礼，除了志在恢复中原各国礼乐文化之外，也是希望周礼文化在这场多元文化交流中发挥主导作用。孔子对"正而不谲"的齐桓公及其得力助手管仲不吝赞美之词，除了肯定他们促进了各国的和平稳定外，也是看到他们对维护周礼文化所起到的积极意义。孔子说："微管仲，吾其披发左衽矣。"（《论语·宪问》）这是肯定霸主在维护华夏文化方面的作用。孔子还说："夷狄之有君，不如诸夏之亡也。"（《论语·八佾》）这也是从文化的角度比较"夷狄"与"诸夏"的差异。孔子基于文化的进步华夷观超越了基于族类的落后华夷观，这在华夏文化发展史上具有重要意义。

二、天丧予

1

　　鲁哀公十四年，孔子的儿子孔鲤去世，终年五十岁。孔子虽然悲痛，但还是予以薄葬，有内棺而没有外椁。《史记·孔子世家》说："伯鱼生伋，字子思。"孔鲤留下了一个儿子孔伋，字子思。孔子弟子原宪亦字子思，但并非同一个人。康有为考证孔伋生于公元前483年，即鲁哀公十二年，则孔伋此时才两岁。孔子后来临终时可能将孔伋托付给了曾参，所以曾参有"托六尺之孤"的自许之语：

　　　　曾子曰："可以托六尺之孤，可以寄百里之命，临大节而不可夺也，君子人与？君子人也。"（《论语·泰伯》）

　　就在这时，小邾国的大夫射出奔来到鲁国，献上了句绎（今山东省淄博市沂源县绎山东南部）。季孙肥很高兴，亲自接见大夫射，表示要与他进行盟誓，确保他在鲁国的安全和利益。

　　　　小邾射以句绎来奔，曰："使季路要我，吾无盟矣。"使子路，子路辞。季康子使冉有谓之曰："千乘之国，不信其盟，而信子之言，子何辱焉？"对曰："鲁有事于小邾，不敢问故，死其城下可也。彼不臣而济其言，是义之也。由弗能。"（《左传·哀公十四年》）

　　大夫射素闻子路重诺，而此时子路又是季孙肥的家臣，所以就对季孙肥说：不用盟誓了，您只要派子路与我口头约定就可以了。子路重诺是十分有名的，《论语》中有两章可证。

　　　　子曰："片言可以折狱者，其由也与？子路无宿诺。"（《论语·颜渊》）

　　孔子说：单凭一方证词就可以断案的，只有子路这样的人吧？子路从不拖延兑现他的诺言。

　　子路有闻，未之能行，唯恐有闻。（《论语·公冶长》）

　　朱熹《四书章句集注》说："前所闻者未及行，故恐复有所闻而行之不给也。"[1]这其实也是子路重诺的表现。

　　季孙肥就派人去请子路，没想到被子路拒绝了。季孙肥又派冉求去见子路，对他说：鲁国是一个千乘之国，大夫射却不相信它的盟誓，而相信与你的约定之言，你有什么可觉得屈尊的呢？子路回答说：这不是尊屈荣辱的个人问题，而是曲直是非的原则问题。鲁国如果与小邾国发生战事，我不敢追问曲直，战死在城下就行了。但是，此人窃地叛君，不尽臣道，反而要我与之约言，使他的意愿得以实现，这是赞同他的背君弃义之举，我不能做这种颠倒是非的事情。子路原本在季孙肥手下感到别扭，看不惯季孙肥的品行作风，大夫射这件事又有可能得罪了季孙肥，想到孔子关于大臣、具臣之别的教诲，子路决定辞职离开季孙肥。据《史记·仲尼弟子列传》，"子路为蒲大夫"，即卫国邀请子路前去担任孔悝的蒲地邑宰。孔悝就是孔圉的儿子，拥有封邑蒲地。钱穆说："蒲本宁氏邑，后归公叔氏。疑公叔畔后，乃归孔氏。则为蒲大夫，即孔氏邑宰也。《春秋》公邑称大夫，私邑称宰。然如阳货亦称大夫，则蒲宰亦得称蒲大夫矣。"[2]子路与孔子相知相交四十多年，当六十一岁的子路与七十岁的孔子作别时，想必师徒二人不免唏嘘伤感。而这一别，就是永诀。

2

　　子路刚走，齐国这边传来不幸的消息，宰予被杀了。

　　　　齐简公之在鲁也，阚止有宠焉。及即位，使为政。陈成子惮之，骤顾诸朝。诸御鞅言于公曰："陈、阚不可并也，君其择焉。"弗听。子我夕，陈逆杀人，逢之，遂执以入。陈氏方睦，使疾，而遗之潘沐，备酒肉焉，飨守囚者，醉而杀之，而逃。子我盟诸陈于陈宗。（《左传·哀公十四年》）

　　当初宰予在齐简公与其父齐悼公一起出奔鲁国时，深受父子俩信任。齐简公即位后，让宰予主持政事。此时陈乞已死，其子陈常继任宗主。陈常很害怕宰予，在上朝的时候好几次回头看他。齐简公的御者陈鞅看在眼

　　① 朱熹：《四书章句集注》，第79页。
　　② 钱穆：《先秦诸子系年》，第81页。

里，私下对齐简公说：陈、阚两个人难以共事，您还是赶快选择其中一个吧，免得发生灾祸。齐简公不听。后来陈常的族人陈逆在路上杀人，宰予就把他抓了起来。陈氏族人设计将其救出。宰予知道自己得罪了陈常，也不想再深究陈逆的事情，主动上门与陈常讲和，双方就在陈家宗庙里盟誓，两人之间的矛盾暂时得到缓和。

> 初，陈豹欲为子我臣，使公孙言己，已有丧而止。既，而言之，曰："有陈豹者，长而上偻，望视，事君子必得志，欲为子臣。吾惮其为人也，故缓以告。"子我曰："何害？是其在我也。"使为臣。他日，与之言政，说，遂有宠，谓之曰："我尽逐陈氏，而立女，若何？"对曰："我远于陈氏矣。且其违者，不过数人，何尽逐焉？"遂告陈氏。子行曰："彼得君，弗先，必祸子。"子行舍于公宫。（《左传·哀公十四年》）

在这之前，陈常的族人陈豹想要做宰予的家臣，就托公孙大夫推荐自己。宰予爽快答应了，并且很信任陈豹，对他说：我想把陈氏都驱逐出去，让你做陈氏宗主。陈豹不久就把宰予的想法告诉了陈常，陈常遂与陈逆密谋对宰予下手。

> 夏五月壬申，成子兄弟四乘如公。子我在幄，出，逆之。遂入，闭门。侍人御之，子行杀侍人。公与妇人饮酒于檀台，成子迁诸寝。公执戈，将击之。大史子余曰："非不利也，将除害也。"成子出舍于库，闻公犹怒，将出，曰："何所无君？"子行抽剑，曰："需，事之贼也。谁非陈宗？所不杀子者，有如陈宗！"乃止。子我归，属徒，攻闱与大门，皆不胜，乃出。陈氏追之，失道于弇中，适丰丘。丰丘人执之，以告，杀诸郭关。……庚辰，陈恒执公于舒州。公曰："吾早从鞅之言，不及此。"（《左传·哀公十四年》）

到了是年夏五月，陈常兄弟八人分坐四辆马车前往公宫发难。宰予战败逃走，被陈氏下属抓住，陈常下令杀死宰予。陈常一不做，二不休，又将齐简公杀死，立齐简公的弟弟鹜为国君，是为齐平公。陈常为相，专齐国之政。上述事件亦见于《史记·田敬仲完世家》，内容与《左传》大同小异。

这件事传到鲁国，《左传》记录了孔子的反应：

> 甲午，齐陈恒弑其君壬于舒州。孔丘三日齐，而请伐齐三。公曰："鲁为齐弱久矣，子之伐之，将若之何？"对曰："陈恒弑其君，民之不与者半。以鲁之众，加齐之半，可克也。"公曰："子告季孙。"孔子辞。退而告人曰："吾以从大夫之后也，故不敢不言。"（《左传·哀公十四年》）

《论语》也有相似的记载：

> 陈成子弑简公，孔子沐浴而朝，告于哀公曰："陈恒弑其君，请讨之。"公曰："告夫三子。"孔子曰："以吾从大夫之后，不敢不告也。君曰'告夫三子'者。"之三子告，不可。孔子曰："以吾从大夫之后，不敢不告也。"（《论语·宪问》）

孔子听到这个消息后，沐浴更衣，面见鲁哀公，说：陈恒弑杀国君，请您讨伐他。鲁哀公说：鲁国一直以来都比齐国弱，我们怎么去攻打他们啊？孔子说：陈恒弑杀国君，齐国民众有一半是不支持的。以鲁国的民众，加上齐国一半的民众，一定可以攻克。鲁哀公说：我做不了主，你去告诉季孙吧。孔子告辞出来，又去找季孙肥，季孙肥也拒绝了他。孔子没有办法，只好悻悻地回家，对弟子们说：我知道他们不会去。但是我曾经当过鲁国大夫，所以不敢不表达自己的主张。

孔子知道弟子宰予被杀，心情一定相当复杂，既为宰予哀伤，也为宰予不知进退、身死乱邦而感到惋惜。史迁在《史记·仲尼弟子列传》中说孔子为宰予之死感到羞耻：

> 宰我为临菑大夫，与田常作乱，以夷其族，孔子耻之。（《史记·仲尼弟子列传》）

史迁此说有两个疑点：第一，宰予不但没有"与田常作乱"，而且是被田常杀害的。第二，孔子对于宰予之死，虽然不乏惋惜之意，甚至感到失望，却不至于"耻之"。宰予名列十哲言语科第一，仕齐忠君为国，死于弑君者之手，与国君同命。这样的人生结局，何耻之有？更何况，宰予的结局与当年死于宋殇公之难的孔父嘉颇为相似，孔子岂会"耻之"？史迁"耻之"之说或许受到《论语》中宰予形象的影响。其实，宰予并非像《论语》所描述得那么叛逆。宰予对孔子的尊崇是发自内心的，他曾说："以予观于夫子，贤于尧、舜远矣。"（《孟子·公孙丑上》）对于宰予在孔门中的这种尴尬形象，钱穆有一段分析，颇为精当：

> 孟子曰："宰我、子贡善为说辞。"又曰："宰我、子贡、有若，智足以知圣人。"宰我曰："以予观于夫子，贤于尧舜远矣。"在孔子前辈弟子中，宰我实亦矫然特出，决非一弱者。惟《论语》载宰我多不美之辞，《史记·仲尼弟子列传》有云："学者多称七十子之徒，誉者或过其实，毁者或损其真。"窃疑于宰我为特甚。①

就在这年，弟子司马牛也去世了。

> 司马牛致其邑与珪焉，而适齐。……司马牛又致其邑焉，而适吴。吴人恶之，而反。赵简子召之，陈成子亦召之。卒于鲁郭门之外，阮氏葬诸丘舆。（《左传·哀公十四年》）

鲁哀公十四年，宋景公终于跟桓魋翻脸了。双方经过一番较量，桓魋出奔卫国，其兄向巢逃到了鲁国。司马牛把家产全部交给宋景公，前往齐国；接着又从齐国逃亡至吴国；吴国人讨厌他，他又出逃去了宋国；绕了一大圈之后回到鲁国，最后死在鲁城的城门外，鲁人阮氏把他埋在了丘舆（今山东省临沂市费县西）。

3

鲁哀公十四年，孔子多名弟子一时俱逝，孔子内心十分哀痛。而最让他痛心的是得意门生颜回的病逝，颜回死时年仅四十一岁。

> 颜渊死，子曰："噫！天丧予！天丧予！"（《论语·先进》）

孔子痛哭流涕地说：哎呀！老天爷要我的命啊！

> 颜渊死，子哭之恸。从者曰："子恸矣。"曰："有恸乎？非夫人之为恸而谁为？"（《论语·先进》）

旁边的人看到孔子哭得这么伤心，就劝道：夫子太哀伤了。孔子说：

---

① 钱穆：《孔子传》，第 95 页。

这算哀伤吗？不为这样的人哀伤，还为谁哀伤？

> 颜渊死，颜路请子之车以为之椁。子曰："才不才，亦各言其子也。鲤也死，有棺而无椁。吾不徒行以为之椁。以吾从大夫之后，不可徒行也。"（《论语·先进》）

颜回的父亲颜路请求孔子把马车卖掉，筹钱为颜回买一副外椁。孔子予以拒绝，表示儿子孔鲤死的时候也只有内棺而没有外椁。孔子还说自己毕竟做过大夫，是不能徒步出行的。孔子非不近人情，亦非不愿徒行，他的真实心理是不希望颜回厚葬，这有违孔子的一贯主张。我们这么说，是有《论语》佐证的。

> 颜渊死，门人欲厚葬之。子曰："不可。"门人厚葬之。子曰："回也视予犹父也，予不得视犹子也。非我也，夫二三子也。"（《论语·先进》）

颜回生前应该也曾设教授徒，他的门人要为老师厚葬，孔子明确反对但未奏效。孔子只能表示无奈。孔子后来与鲁哀公、季孙肥交谈时，又多次提到颜回：

> 哀公问："弟子孰为好学？"孔子对曰："有颜回者好学，不迁怒，不贰过，不幸短命死矣！今也则亡，未闻好学者也。"（《论语·雍也》）

此次谈话很可能季孙肥也在，所以《论语》中还有季康子问"弟子孰为好学"章：

> 季康子问："弟子孰为好学？"孔子对曰："有颜回者好学，不幸短命死矣。今也则亡。"（《论语·先进》）

孔子对君臣二人的回答是一致的，称其他人与颜回相比，都谈不上好学。我们注意到，孔子说"有颜回者"，而不是"颜回"，说明鲁哀公与季孙肥并不太知道颜回这个人。如果是鲁哀公、季孙肥都很熟悉的冉求、子贡，孔子肯定直接说"冉求""子贡"，而不会说"有冉求者""有子贡者"。此时距离孔子返鲁已经三年，颜回仍不为鲁国君臣所熟知，说明他这些年一直孜孜矻矻埋头于学问，把主要精力投入帮助孔子整理"六艺"之事上。

从《论语》的记录来看，孔子对颜回之死表现出了超出常态的哀伤。这主要有三个原因：第一，颜回是孔子一生真正的知己与同道。孔子一生志在恢复周礼，兼有"志于学"与"志于仕"两种方式，故孔子一生历经了"入仕从政"与"文化建设"两条路径，但孔子内心深处真正的夙愿与喜乐所系是文化建设。颜回是孔门中唯一坚定矢志于文化学术的弟子，自始至终未有须臾之改变。所以孔子对颜回有一种心心相印的契合之感，颜回是其精神上难得的知音。第二，颜回是孔子特别钟爱的弟子。孔子与颜回经常切磋学问，平日里相处时间最多，颜回几乎从未离开孔子身边，孔子将其视如己出，二人感情至深，超越了年龄与身份。第三，颜回作为孔门四科十哲之首，学术造诣很深，对孔子学问的理解也最为透彻，颜回曾针对自己从学孔子的感受做过一番评论：

> 颜渊喟然叹曰："仰之弥高，钻之弥坚，瞻之在前，忽焉在后。夫子循循然善诱人，博我以文，约我以礼。欲罢不能，既竭吾才，如有所立卓尔。虽欲从之，末由也已。"（《论语·子罕》）

这段话把孔子的人格魅力与教学风格极为生动地呈现了出来，这种精神感悟、灵魂触动和内心表达，在整部《论语》中唯闻诸颜回之口。颜回原本可以成为孔子思想学术和文化事业的主要传承者，他的年龄介于子路等早期先进弟子与子夏等后进弟子之间，正好起到承上启下的作用。可惜天不假年，颜回英年早逝，孔子痛惜自己的学术事业后继无人，无奈发出一声声"天丧予"的哀鸣。

颜回死后，孔子把更多的精力投入后进弟子的教育培养上，把更多的希望寄托在后进弟子身上。大概就在此时，孔子带着后进弟子来到泗水河边，望着川流不息的河水，感叹人生"逝者如斯"：

> 子在川上曰："逝者如斯夫，不舍昼夜。"（《论语·子罕》）

弟子们明白夫子所言所指，他们应该都意识到了自己的文化责任，遂表达了"士不可以不弘毅，任重而道远"（《论语·泰伯》）的奋发精神。孔子与曾参、子夏、子张的交流尤多，《论语》中记载了许多相关对话。

　　　　子张问崇德辨惑。子曰："主忠信，徙义，崇德也。爱之欲其生，
　　恶之欲其死。既欲其生，又欲其死，是惑也。诚不以富，亦只以异。"
　　（《论语·颜渊》）

　　　子张个性鲜明、敢爱敢恨，所以当他询问如何"崇德辨惑"时，孔子
教导他对待他人要以忠信道义为准则，不要过于感情用事、好恶由己。

　　　　子张问明。子曰："浸润之谮，肤受之诉，不行焉，可谓明也已矣。
　　浸润之谮，肤受之诉，不行焉，可谓远也已矣。"（《论语·颜渊》）

　　　子张问一个人怎么做才算明智。孔子说：对于那些日积月累的谗言和
切肤之痛的诬告，在你这里都行不通，这就算"明智"，也可谓"远见"。
朱熹《四书章句集注》曰："此亦必因子张之失而告之，故其辞繁而不杀，
以致丁宁之意云。"[1]大概子张个性上有偏听偏信之失，孔子有的放矢地
予以开导。程树德《论语集释》曰："子张之学，在孔门独成一派。因记
《论语》者为曾子门人，近于保守派，故对于进取派之子张，恒多微词。"[2]
后来，康有为极力为子张的鲜明个性张目，甚至将南宋的积弱不振归咎于
宋儒偏信曾子。虽然我们未必赞同康说，但从中也可窥见子张与曾参在个
性与观念上的差别。

三、后生可畏

1

　　次年，即鲁哀公十五年（前480年），孔子七十二岁。
　　因为前一年成邑宰公孙宿与孟孺子泄因养马之事发生冲突，公孙宿携
成邑叛齐，齐鲁之间关系紧张，身在卫国的子路深感担忧。恰好此时，齐
国陈常的哥哥陈瓘前往楚国，经过卫国的时候，子路见到了他。

　　　　秋，齐陈瓘如楚。过卫，仲由见之，曰："天或者以陈氏为斧斤，
　　既斫丧公室，而他人有之，不可知也。其使终飨之，亦不可知也。若

---

①　朱熹：《四书章句集注》，第135页。
②　程树德：《论语集释》，第1002页。

善鲁以待时，不亦可乎？何必恶焉？"子玉曰："然，吾受命矣，子使告我弟。"（《左传·哀公十五年》）

子路心怀母邦，借此机会劝导陈瓘说：很可能是老天要用陈氏作为斧头，去砍伐齐国公室，好让别人拥有它。最后的结果是不是让陈氏得到它，也没有人知道。如果与鲁国搞好关系，等待时机到来，不是也很好吗？何必要把齐鲁关系搞僵呢？或许是子路对陈瓘所说的话起了作用，不久之后齐鲁两国就准备讲和了。于是子贡陪同子服何出使齐国，解决遗留的叛臣公孙宿的问题。

冬，及齐平。子服景伯如齐，子赣为介，见公孙成，曰："人皆臣人，而有背人之心。况齐人虽为子役，其有不贰乎？子，周公之孙也，多飨大利，犹思不义。利不可得，而丧宗国，将焉用之？"成曰："善哉！吾不早闻命。"（《左传·哀公十五年》）

公孙成，即公孙宿。子服何与子贡先去见公孙宿，子贡以其为周公后代劝诫他，公孙宿表示接受，带着人马去了齐国的嬴地（今山东省济南市莱芜区西北），横亘在齐鲁两国之间的隐患终于消除。陈常亲自宴请子服何与子贡，子贡于此处再次展现了孔门"言语"第二人的才华：

陈成子馆客，曰："寡君使恒告曰：'寡人愿事君如事卫君。'"景伯揖子赣而进之。对曰："寡君之愿也。昔晋人伐卫，齐为卫故，伐晋冠氏，丧车五百，因与卫地，自济以西，禚、媚、杏以南，书社五百。吴人加敝邑以乱，齐因其病，取讙与阐。寡君是以寒心。若得视卫君之事君也，则固所愿也。"成子病之，乃归成。公孙宿以其兵甲入于嬴。（《左传·哀公十五年》）

陈常说：寡君让我告诉你们，寡君愿意侍奉鲁国国君，就像侍奉卫国国君一样。子服何知道子贡比自己更加善言，便向子贡作了一个揖。子贡上前一步，顺着陈常的话说：这正是寡君的心愿啊！想当年晋国人讨伐卫国，齐国为了保护卫国，出兵攻打晋国的冠氏城邑，丧失了五百辆战车，又送给卫国五百个村社，从济水以西一直到禚、媚、杏以南。后来吴国又来攻打鲁国，齐国却乘机攻占了鲁国的谨与阐。寡君为此感到心寒——齐国对待卫国与对待鲁国的态度反差太大了！如果今后齐国能够像对待卫国那样对待鲁国，那实在是鲁国的愿望。陈成子感到很愧疚，遂把成邑归还给鲁国。

我们看到，在春秋晚期的鲁国政坛上，子贡、冉求等孔门弟子发挥着至关重要的作用。我们在前面讲过，孔子的人生主线包括"文化传承"与"政治参与"两条基本脉络。如果说颜回、冉雍、商瞿、曾参、子夏、澹台灭明等一大批优秀的学者继承了孔子"文化传承"一脉，那么子贡、冉求、子路、高柴、子游等一大批出色的政治家、政务官则传承了孔子"政治参与"一脉。此"文教"与"参政"两脉合二为一，便汇成了中国古代源远流长的文化传统和士人精神，在历史上产生了不可磨灭的重大影响。虽然这些孔门弟子从祀孔庙的古典形式已从现代人的视线中淡出，但他们留下的文化基因已然融入华夏文化的血脉，必将在中华文明的现代形态中彰显新的生命活力。

2

卫出公继位已经十二年了，其父蒯聩从未放弃夺取卫国君位的决心。此时，蒯聩正准备悄悄返回卫国。而由此将引发卫国的一场大动乱。

> 卫孔圉取大子蒯聩之姊，生悝。孔氏之竖浑良夫长而美，孔文子卒，通于内。大子在戚，孔姬使之焉。大子与之言曰："苟使我入获国，服冕乘轩，三死无与。"与之盟，为请于伯姬。（《左传·哀公十五年》）

当初卫国大夫孔圉娶了蒯聩的妹妹孔姬，后来生了儿子孔悝。孔圉死后，孔悝做了孔氏宗主。孔圉有个随从叫浑良夫，与孔姬私通。蒯聩通过孔姬的关系，说服浑良夫将其悄悄带入卫国。

> 闰月，良夫与大子入，舍于孔氏之外圃。昏，二人蒙衣而乘，寺人罗御，如孔氏。孔氏之老栾宁问之，称姻妾以告。遂入，适伯姬氏。既食，孔伯姬杖戈而先，大子与五人介，舆猳从之。迫孔悝于厕，强盟之，遂劫以登台。（《左传·哀公十五年》）

蒯聩从戚地潜入卫都濮阳，混入孔氏府邸，孔姬亲自执戈走在前面，蒯聩与五个随从身披皮甲，用车子装着一头公猪跟在后面，直接闯入孔悝内室，胁迫他一起参与政变。众人把带来的公猪当场杀了，与孔悝歃血为盟。随后，这伙人劫持着孔悝，登上了孔府家中的高台，然后派兵赶往公宫驱逐国君。

> 栾宁将饮酒，炙未熟，闻乱，使告季子。召获驾乘车，行爵食炙，奉卫侯辄来奔。季子将入，遇子羔将出，曰："门已闭矣。"季子曰："吾姑至焉。"子羔曰："弗及，不践其难。"季子曰："食焉，不辟其难。"子羔遂出。（《左传·哀公十五年》）

孔氏家臣栾宁一面派人去找子路，一面驱车前往公宫接上卫出公出奔鲁国而去。栾宁遇到危难首先想到子路，充分说明了子路的德才与影响。濮阳城内乱作一团，许多人争先恐后地夺路外逃。子路当时应该身在蒲邑，离濮阳不远，听到消息后驾车赶来，刚到城门口，正好遇到从城里逃出来的卫国大夫高柴。高柴看到老同学不是往外逃，而是往里奔，就劝他别再进去。子路说：既然食禄于此，就不能逃避祸难。高柴劝不了子路，只好自己离开。

> 子路入，及门，公孙敢门焉，曰："无入为也。"季子曰："是公孙也，求利焉而逃其难。由不然，利其禄，必救其患。"有使者出，乃入。曰："大子焉用孔悝？虽杀之，必或继之。"且曰："大子无勇，若燔台，半，必舍孔叔。"大子闻之，惧，下石乞、盂黶敌子路。以戈击之，断缨。子路曰："君子死，冠不免。"结缨而死。（《左传·哀公十五年》）

子路逆着人流进入城内，直奔孔悝府邸，站在台下高声要求蒯聩释放孔悝。蒯聩命石乞、盂黶率兵下台攻击子路。子路孤身一人与他们打斗，不幸被戈击中，帽带也断掉了。我们知道，帽带是系在下颌腭间的，帽带被击断，脖颈必然受到重创。所以此时子路必定已身负重伤，倒在了血泊之中。子路用尽最后的力气把帽带系好，就咽了气。过去有人刻意贬损儒者，称子路在战斗中停下来"结缨"，结果被杀死，以显示儒者的迂腐。其实《左传》的文义相当清晰，子路被戈击中，为了保持士大夫最后的体面，即所谓"君子死，冠不免"，才"结缨而死"。此处的"而"作"而后"解，并非指子路由于"结缨"而死。

在一阵混乱之后，濮阳的局势终于尘埃落定。既然卫出公已经出奔，孔悝只好在武力的胁迫下，立蒯聩为国君，是为卫庄公。

　　孔子听到卫国内乱，说：高柴大概会脱身吧，子路会死在那里。孔子的判断并非基于子路所谓的鲁莽性格，而是基于对子路所讲求的政治道义的充分认识。

　　孔子闻卫乱，曰："柴也其来，由也死矣。"（《左传·哀公十五年》）

　　不久消息传来，印证了孔子的预测。《礼记·檀弓》有一则孔子为了子路之死而覆醢的故事，情节略显夸张，未足为据。

3

　　孔子曾对自己的先进弟子和后进弟子进行过比较，这种比较应该发生在后进弟子成长到一定阶段之后。此时，孔子多年来朝夕相处的先进弟子凋零略尽，后进弟子却在茁壮成长。孔子对他们寄予厚望，鼓励后进弟子说："后生可畏。焉知来者之不如今也？四十五十而无闻焉，斯亦不足畏也已。"（《论语·子罕》）孔子希望他们充分相信自己的未来。同时，孔子也看到了后进弟子的不足，因此希望他们学习师兄们的长处。

　　子曰："先进于礼乐，野人也。后进于礼乐，君子也。如用之，则吾从先进。"（《论语·先进》）

　　孔子的这段话很有名，但历代学者在理解上颇见分歧。一是何谓"先进""后进"？二是何谓"野人""君子"？关于"先进""后进"，杨伯峻认为是指"士"和"卿大夫"[1]。刘宝楠则认为："此篇皆说弟子言行，先进后进，即指弟子。"[2]刘氏言之有理。《先进》篇一共二十六章，基本上都是在刻画孔门弟子的个性特点，所以"先进""后进"应该就是指弟子，而非一般的其他人。邢昺《论语注疏》也说："此章评其弟子之中仕进先后之辈也。"[3]邢昺将"先进""后进"理解为"仕进先后"，这也是有问题的。朱熹《四书章句集注》明确说："先进后进，犹言前辈后辈。"[4]大凡教师都会对学生进行分类，而入学时间则是最基本的分类方式。孔子弟子之中，从与孔子相差九岁的子路，到相差四十六岁的曾参等，年

---

①　杨伯峻译注：《论语译注》，北京：中华书局，1980年，第109页。

②　刘宝楠：《论语正义》，第437页。

③　何晏注，邢昺疏：《论语注疏》，第163页。

④　朱熹：《四书章句集注》，第124页。

龄之别是最显著的差异特征，孔子按照入门时间将他们分为先进、后进，这是十分自然的。我们在前文已有交代，先进弟子大致是指在孔子五十岁之前入门的弟子，后进弟子则是在此后入门的弟子，特别是指孔子于陈蔡之间及其后近十年入门的弟子。

关于"野人""君子"之义，历来也是众说纷纭，莫衷一是。朱熹《四书章句集注》引程子之语，认为这是"时人之言如此"，即孔子是在叙述当时社会上人们的说法：把孔子的先进弟子称为"野人"，类似于"郊外之民"；把孔子的后进弟子称为"君子"，类似于"贤士大夫"。①朱熹的说法是合理的，孔子自己确实不太会把年长的弟子称为"野人"，把年轻的弟子称为"君子"，更可能是借用了时人的称呼。那么时人为什么要把孔门弟子称为"野人""君子"？我们比较各家之说，认为还是朱熹的说法较为合理。朱熹《四书章句集注》引程子曰："先进于礼乐，文质得宜，今反谓之质朴而以为野人。后进之于礼乐，文过其质，今反谓之彬彬，而以为君子。"②程子的意思是说，先进弟子对于礼乐的习得，内外相宜，文质统一，但时人感觉他们太过质朴、鄙野，有点像没文化的"野人"；后进弟子对于礼乐的习得，外表多于内涵，形式重于内容，时人反而觉得他们文质彬彬，很像"君子"的模样。程朱的说法把握了"野人"与"君子"在外观与实质上的差异性，基本上把孔子这句话讲清楚了。我们知道，孔子专门讲过文与质的关系：

> 子曰："质胜文则野，文胜质则史，文质彬彬，然后君子。"（《论语·雍也》）

孔子的这句话将"野"与"史"相对应，"野"就是质过其文，"史"就是文过其质，文质彬彬则是"君子"。这可以作为上述"先进于礼乐"章的一个注解。孔子认为，后进弟子文过其质，貌似君子，其实是文胜质的"史"；先进弟子能够做到文质协调，是真正的彬彬君子。所以孔子说"吾从先进"。举例来说，在孔门先进弟子中，最能做到内外协调、文质彬彬的人就是子贡，他不但行事干练，而且学识丰富、注重礼仪，外在形象与内在素养均属一流。事实上，子贡对于文质关系颇有研究，在卫国时曾经与卫大夫棘子成讨论过这个问题：

① 朱熹：《四书章句集注》，第124页。
② 朱熹：《四书章句集注》，第124页。

　　棘子成曰："君子质而已矣，何以文为？"子贡曰："惜乎，夫子之说君子也。驷不及舌。文，犹质也；质，犹文也。虎豹之鞟，犹犬羊之鞟。"（《论语·颜渊》）

　　子贡在这里提出了一个重要的观点——"文，犹质也；质，犹文也"，将文与质两个方面有机统一了起来。任何事物的外在形态都包含了一定的内在实质，任何事物的内在实质都呈现为一定的外在形式。子贡的这个观点不仅体现了他的辩证思维，甚至蕴含着类似于后现代主义的深刻思想。子贡强调形式与内涵的辩证关系，反驳君子只需要内涵的偏颇之说。他还举了一个十分生动的例子：剥掉了外皮之后，虎豹之肉体与犬羊之肉体并无太大区别，人们认识虎豹与犬羊之别，必须通过他们的外皮。子贡本人文质彬彬的特质或许与他对文质关系的深刻理解不无关系。
　　那么问题来了：为什么时人反而感觉先进弟子是"野人"，后进弟子是"君子"？这与孔子的看法明显不同。我们分析，这有可能与先进弟子和后进弟子所处的时势环境及孔子本人的出身状况有关。孔子当初设教授徒具有双重目的，一是培养弟子内在素养，二是使其学习入仕技能，这也是孔子所谓的"为己之学"和"为人之学"。先进弟子投入孔门一般都兼具这两方面的需求，但除了颜回这样的人之外，更多的人是抱着掌握入仕技能的目的来的。所以孔子感叹"三年学，不至于谷，不易得也"（《论语·泰伯》）。在孔子的引导下，先进弟子后来大都在"为人""为己"两个方面发展得比较平衡，即程子所说的"文质得宜"。尤为重要的是，孔子本人也没有放弃入仕的意愿，而且确实担任了鲁国司寇之职。先进弟子中的不少人也因此获得了入仕的机会，这更加强化了他们文质彬彬的综合素质。再来看后进弟子，在他们跟随孔子的时候，孔子本人已经放弃了入仕的意愿，并且此后也确实没有再入仕。这在很大程度上使得这些后进弟子从一开始就对入仕从政没有太高的自我期许，后来也大多效仿乃师从事教学之业。事实上，随着后进弟子的加入，孔子教团的性质已经从一个学仕性的政治文化团体，逐渐转变为一个学业性的文化团体，并且发展出以曾参、子夏等为核心的另外几个相当成功的学业性文化团体。这些后进弟子更加注重礼乐形式、言行举止，看上去比先进弟子更加庄重得体，外表上更像是彬彬君子，所以时人反而视其为"君子"。然而孔子对自己的弟子们更加了解，他知道先进弟子貌似质朴，以至于被人视为"野人"，其实文质得宜，是真正的君子；而后进弟子文过其质，看上去文绉绉的，其实并非真正的君子。正如郑汝谐《论语意原》所说："夫子之从先进，非从其野也，当时之人以为野也。不从后进，非不从君子也，当时之人自以为君子也。"①刘逢禄《论语述何》也有类似于朱熹《四书章句集注》的意见，他说："此章类记弟子之言行夫子所裁正者。先进谓先及门，如子路诸人，志于拨乱世者。后进谓子游、公西华诸人，志于致太平者。"②正因为子路等先进弟子的志向是拨乱救世，故积极入仕，汲汲于改变社会，不太注意外在表现，所以看起来更像"野人"。后进弟子看到礼崩乐坏已成定局，救世几无希望，入仕意愿淡薄，转而注重礼乐文化的整理传承，因此显得文质彬彬，俨然君子模样。正因如此，孔子才说"如用之，则吾从先进"，意思是如果要用人的话，我推荐使用先进弟子。孔子当着后进弟子的面，指出先进弟子与后进弟子之间的差异，并明确肯定先进弟子，是希望后进弟子效仿先进弟子的朴实作风，在注重自身内涵提升的同时，也能关注现实和参与政治，以臻于内外相符、文质彬彬的完美境界。

四、大道之行

1

　　春秋时期，天子和诸侯的宫门两旁都累土为台，台上架屋，称之为台门。台上之屋一般高出大门，所以又被称为观台。观台因有左右两座，故谓之两观，也叫双阙。观台登之，可以远望。据《左传》记载，鲁僖公五年（前655年）春，"公既视朔，遂登观台以望"（《左传·僖公五年》）。正月朔日祭告太庙之后，人们登临观台、瞭望远方，这是一种传统活动。

　　孔子与子游（言偃）一起参加鲁哀公在内城公宫太庙举行的年终祭祀活动。活动结束后，两人步出内城宫门，登上观台。孔子眺望远方，喟然长叹。

　　　　昔者仲尼与于蜡宾，事毕，出游于观之上，喟然而叹。仲尼之叹，盖叹鲁也。言偃在侧，曰："君子何叹？"孔子曰："大道之行也，与三代之英，丘未之逮也，而有志焉。大道之行也，天下为公，选贤与能，讲信修睦。故人不独亲其亲，不独子其子，使老有所终，壮有所用，幼有所长，矜寡孤独废疾者皆有所养，男有分，女有归。货恶其弃于地也，不必藏于己；力恶其不出于身也，不必为己。是故谋闭

①　程树德：《论语集释》，第739页。
②　程树德：《论语集释》，第739页。

而不兴，盗窃乱贼而不作，故外户而不闭。是谓大同。"（《礼记·礼运》）

　　言偃问孔子叹息什么，于是便有了历史上著名的大同小康之论。孔子说：大道在人间自然运行的上古时代，以及夏、商、周三代英明贤君当政的年代，我虽然未能赶上，心中却很向往。大道实行的时代，天下是属于公众的，选拔道德高尚的人，推举富有才能的人，讲究信用，倡导和睦。所以人们不只敬爱自己的父母，不只疼爱自己的子女，而是使老年人得到善终，青壮年施展才能，少年儿童健康成长，矜、寡、孤、独、废、疾之人都能得到帮助和供养，男子有职分，女子有归属。财物，唯恐被浪费抛弃，但不必私人占有；劳动，唯恐不能参与其中，却不是为了自己。于是，一切阴谋诡计都不会产生，盗窃乱贼都不会出现，各家敞开大门，社会和谐团结。这就是"大同"。接着，孔子谈论小康社会：

　　　　今大道既隐，天下为家，各亲其亲，各子其子，货力为己。大人世及以为礼，城郭沟池以为固，礼义以为纪，以正君臣，以笃父子，以睦兄弟，以和夫妇，以设制度，以立田里，以贤勇知，以功为己。故谋用是作，而兵由此起。禹、汤、文、武、成王、周公由此其选也。此六君子者，未有不谨于礼者也。以著其义，以考其信，著有过，刑仁讲让，示民有常。如有不由此者，在埶者去，众以为殃。是谓小康。（《礼记·礼运》）

　　孔子说：如今大道隐没，天下属于私家，人们只爱自己的父母，只爱自己的子女，获取财物、参与劳动都只为自己。天子、诸侯、大夫将父子相传、兄弟相及作为礼制，修筑城墙沟壑作为防守设施，将礼义伦常作为准则，使君臣关系端正，使父子关系纯厚，使兄弟和睦，使夫妻和谐，用礼义来建立各种制度、划分耕地和户籍，用礼义推崇勇敢聪明的人、奖赏功业为己谋利。于是谋诈由此产生，战乱由此兴起。夏禹、商汤、周文王、周武王、周成王、周公是按照礼义选拔出来的。这六位杰出人物，都严谨地以礼治国。他们依据礼制来表彰人们的正义，考察人们的信用，指出人们的过错，以仁义施行刑罚，提倡互相谦让，要求人们循规蹈矩。如有不遵循礼义的，百姓将其视为祸害，为官的要被罢免。这就是"小康"。

　　这即是历史上流传甚广的所谓大同小康之说，其影响跨越两千多年，直至今朝。

2

孔子把人类社会分为两个阶段，一个是大道之行的"三代"，一个是大道既隐的今世。那么，什么是孔子所说的"三代"？在中国历史上，"三代"有两种不同的含义：一种是指尧、舜、禹三代人，一种是指夏、商、周三个朝代。我们不妨称之为"前三代"和"后三代"。

孔子此前曾经谈到过"三代"：

> 子曰："吾之于人也，谁毁谁誉。如有所誉者，其有所试矣。斯民也，三代之所以直道而行也。"（《论语·卫灵公》）

孔子说：我对于别人，诋毁过谁？赞誉过谁？如果我对别人有所赞誉，必定是曾经对他有所试检。三代之时，也是先有所试检，然后善善恶恶，没有阿私，没有曲法，所以民众皆可直道而行。孔子在这里所说的"三代"，何晏《论语集解》、朱熹《四书章句集注》都认为是指夏、商、周，即后三代 ①。在《礼记·礼运》中，孔子明言小康的"六君子"是禹、汤、文、武、成王、周公，则孔子所说的小康社会应该是指夏、商、周后三代。在孔子的大同社会中有所谓"三代之英"，此当指尧、舜、禹，故大同社会应该是指尧、舜、禹前三代。总之，"大道之行"的大同社会指的是尧、舜、禹前三代，"大道既隐"的小康社会则是从大禹起始的夏、商、周后三代。夏禹介于前后两个"三代"之间，是从大同到小康的承前启后式人物。

我们在前面说过，孔子崇尚西周社会文化，认为"周之德，其可谓至德"，明确表示"吾从周"，给人以孔子的理想社会是后三代之感。这当然没有错。但是，以西周为代表的后三代文化是孔子基于现实、退而求其次的小康理想，孔子心目中更加美好的理想社会是前三代的大同社会。在《论语·泰伯》中，我们看到孔子对"三代之英"尧、舜、禹的高度赞美，这些赞美与《礼记·礼运》中孔子对大同社会特质的刻画是一致的。我们不妨来比较一下：

> 子曰："大哉，尧之为君也。巍巍乎，唯天为大，唯尧则之。荡荡乎，民无能名焉。巍巍乎，其有成功也。焕乎，其有文章。"（《论语·泰伯》）

---

① 程树德：《论语集释》，第1110页。

这是孔子对尧的高度赞颂，称其治为"则天"，意思是就像天道运行一样。"民无能名"，即百姓无法用语言说出这种治理之道的名称。我们知道，天道运行的特点就是无亲无私、不偏不倚，唐尧"则天"之治正好应了大同社会"天下为公"的基本特质。

> 子曰："巍巍乎，舜禹之有天下也，而不与焉。"（《论语·泰伯》）

这是孔子对舜、禹的高度称赞。"不与"，就是"不预"，即不亲自参与，而是委任贤人治理。《汉书·王莽传》引孔子此言，颜师古注曰："舜、禹治天下，委任贤臣，以成其功，而不身亲其事也。"毛奇龄《论语稽求篇》也说："言任人致政，不必身预，所谓无为而治是也。"①朱熹《四书章句集注》认为："言其不以位为乐也。"②亦是无为而治的一种转义，即不以天下为私，任人唯贤，无为而天下治。孔子对舜、禹的赞辞，正体现了其对"天下为公，选贤与能，讲信修睦"大同理想的向往。

《论语》中孔子对虞舜的另一处评价，可以佐证我们的上述看法：

> 子曰："无为而治者，其舜也与？夫何为哉。恭己正南面而已矣。"（《论语·卫灵公》）

"恭己正南面"，既包含了无为而治的意思，也有不以天下为私器的含义，与"天下为公"是一致的。《论语》中还有一章，讲到了虞舜、汤武的"选贤与能"：

> 樊迟问仁。子曰："爱人。"问知。子曰："知人。"樊迟不达，子曰："举直错诸枉，能使枉者直。"樊迟退，见子夏曰："乡也吾见于夫子而问知，子曰：举直错诸枉，能使枉者直。何谓也？"子夏曰："富哉言乎！舜有天下，选于众，举皋陶，不仁者远矣。汤有天下，选于众，举伊尹，不仁者远矣。"（《论语·颜渊》）

孔子多次讲到"举直错诸枉"，这是"选贤与能"的具体方式。子夏以舜推举皋陶、汤推举伊尹的例子，为孔子举贤任能之说做了注释。《论

---

① 程树德：《论语集释》，第 631 页。
② 朱熹：《四书章句集注》，第 107 页。

语·泰伯》接着谈到唐尧、虞舜、周文的"选贤与能，讲信修睦"：

> 舜有臣五人而天下治。武王曰："予有乱臣十人。"孔子曰："才难，不其然乎？唐虞之际，于斯为盛，有妇人焉，九人而已。三分天下有其二，以服事殷，周之德，其可谓至德也已夫！"（《论语·泰伯》）

舜有能臣五人，即禹、稷、契、皋陶、伯益；武王有治臣十人，同心同德。正因为先王选用贤能之士，故天下大治。"三分天下有其二，以服事殷"，体现了文王"讲信修睦"的至德。《论语·泰伯》还讲到夏禹的"讲信修睦"：

> 子曰："禹，吾无间然矣。菲饮食而致孝乎鬼神，恶衣服而致美乎黻冕，卑宫室而尽力乎沟洫。禹，吾无间然矣！"（《论语·泰伯》）

这段话赞美禹的至德，称其居处节俭、敬神爱民，正与《礼记·礼运》"故人不独亲其亲"以下大段文字参互成文、合而见义。

分析了前三代大同理想的特征，我们再来分析一下后三代小康理想的特征。第一，在小康社会，"天下为公"已沦为"天下为家"。从历史唯物主义的观点看，这标志着建立在私有制基础之上的国家的诞生；从文化发展史的角度看，这标志着建立在血亲与姻亲基础之上的"亲亲""尊尊"宗法制度的确立。第二，小康社会以礼义为纲纪，规范君臣、父子、兄弟、夫妇等人伦关系。第三，禹、汤、文、武、成王、周公等圣王贤臣是保障小康理想的关键人物。他们自己先要谨守礼义，然后实行刑礼兼用、功过并著的施政方针，在下者行有常规，在上者赏罚分明，这就是孔子理想中的文、武、周公之治。第四，在《礼记·礼运》的这段文字中，最后一句"有不由此者，在执者去，众以为殃"常常被人忽视，但这句话其实非常重要，体现了孔子关于小康社会构想中的民本主义理想色彩。"执"就是"势"，"在执者"就是"在势者"，即指统治者。孙希旦解释说："苟不由此，则无以治其民，虽在势位，众以为殃，祸及于下，而必黜去之也。"①在这里，我们可以感觉到孔子的小康思想受到了周初"天命靡常，惟德是辅"观念的影响。

---

① 孙希旦：《礼记集解》中册，第584页。

如果要在《论语》中选一段合适的话，对《礼记·礼运》的大同、小康思想做一概括，莫过于《尧曰》篇首章：

> 尧曰："咨，尔舜，天之历数在尔躬，允执其中。四海困穷，天禄永终。"舜亦以命禹，曰："予小子履，敢用玄牡，敢昭告于皇皇后帝，有罪不敢赦，帝臣不蔽，简在帝心。朕躬有罪，无以万方，万方有罪，罪在朕躬。"
>
> "周有大赉，善人是富。虽有周亲，不如仁人。百姓有过，在予一人。谨权量，审法度，修废官，四方之政行焉。兴灭国，继绝世，举逸民，天下之民归心焉。所重：民、食、丧、祭。宽则得众，信则民任焉，敏则有功，公则说。"（《论语·尧曰》）

我们在此特意将全文拆成两段。文中有三个要点特别值得注意：第一，在上段中，尧禅位于舜，舜禅位于禹，正是前三代"天下为公"的基本特征。第二，在下段中，"周有大赉，善人是富"以下的文字，一下子从前三代跳到后三代，话锋转到周朝。"虽有周亲，不如仁人"，这句话是文眼，值得高度重视。这八个字被纳入伪《尚书·泰誓》，朱熹《四书章句集注》不明就里，认为"此以下述武王事"[①]。其实不必将说话者坐实为武王，理解为周朝统治者就可以了。"虽有周亲，不如仁人"的意思是说，虽然治理国家有至亲依靠，但还是仁人贤士更加重要。这恰恰说明，周朝已经是"天下为家，各亲其亲"的小康社会，"亲亲""尊尊"取代了"天下为公"。故周朝统治者反过来强调"仁人"的重要性，颇有取法前三代"选贤与能"之意。第三，在周朝小康社会，"天下为家"意味着天下属于姬姓王家，"各亲其亲"成为宗亲分封制的基本特征。孔子所能做的，也只是劝诫统治者施行重民、宽众之政。

有现代学者认为，从大同到小康，孔子的历史观呈现出退步主义的色彩。这种看法不无道理，但不够全面。事实上，孔子是一个兼具理想主义与现实主义的社会思想家，他借助于尧、舜、禹三代与夏、商、周三朝的上古历史，描绘了两种不同的理想社会图景。小康社会是一种基于现实的理想，这个现实就是周朝姬姓的家天下。孔子身处于现世，希望这个现实世界能够通过人为的努力变得更好，能够恢复到它建立之初，即文、武、周公时代的那种理想的状态。孔子眼下的春秋社会，政治持续混乱、文化

---

① 朱熹：《四书章句集注》，第195页。

日渐衰落、民众饱受苦难。孔子想要改变现状，但他并没有提出新的理想目标，只是要求纠正当下的种种弊端，回归当初姬姓建国者设计的那种社会状态。在这里，与其说孔子是一个理想主义者，毋宁说孔子是一个现实批判主义者。我们要看到，即便是禹、汤、文、武、成王、周公"六君子"的小康社会，在孔子眼里也不是真正的理想社会，因为夏、商、周三代都是"天下为家"的朝代，与春秋时代的家天下并无本质区别。孔子真正的社会理想是"天下为公"的社会，这与"天下为家"的社会存在本质差异，即天下不属于一家一姓所有，而是属于天下人共有。在这个理想社会里，贤能之人得到选任，人民大众讲究信义，社会关系协调和睦，男女老幼、鳏寡孤独等各种社会成员和谐共生。这是孔子对历史与现实进行长期思考后提出的社会设想，是孔子真正想要追求的未来理想，体现了孔子超越现实的社会进步思想。在人类社会发展到近现代之前，除了宗教能够提供来世与天堂的未来图景之外，任何非神话性的现世思想都从未提出过面向未来的社会理想。孔子不可能将大同社会描绘成未来的图景，只能以众所周知的尧、舜、禹三代作为理想社会的承载。在这里，尧、舜、禹三代仿佛是一块画板，孔子借以描绘出一幅符合人类理想的社会图景、一幅充满社会进步的未来蓝图。因此，与其说孔子是一个历史退步主义者，毋宁说孔子是一个社会进步主义者。

3

鲁哀公十六年（前 479 年），孔子七十三岁了。这位一生尊崇周公的老人自称很长时间未能梦到周公了。

　　　　子曰："甚矣，吾衰也！久矣吾不复梦见周公。"《论语·述而》）

这意味着孔子已难亲见他所希望出现的小康盛世，更遑论大同社会了。

　　　　子曰："凤鸟不至，河不出图，吾已矣夫！"（《论语·子罕》）

事实上，孔子并不相信河图、洛书，他无非借此表达自己接受现实、业已认命的心态。四月四日，孔子拄着拐杖在门口晒太阳，子贡从外地急匆匆赶到。

　　　　孔子病，子贡请见。孔子方负杖逍遥于门，曰："赐，汝来何

其晚也？"孔子因叹，歌曰："太山坏乎！梁柱摧乎！哲人萎乎！"因以涕下。（《史记·孔子世家》

孔子说：赐，你怎么来得这么晚啊！随即喃喃吟道："泰山坏乎！梁柱摧乎！哲人萎乎！"泪水顺着他的脸颊流了下来。

　　谓子贡曰："天下无道久矣，莫能宗予。夏人殡于东阶，周人于西阶，殷人两柱闲。昨暮予梦坐奠两柱之闲，予始殷人也。"后七日卒。（《史记·孔子世家》

孔子对子贡说：天下无道很长时间了，我的想法得不到理解。夏朝人死后葬在东面台阶，周朝人死后葬在西面台阶，殷商人死后葬在堂前两柱之间。我昨天晚上梦见自己坐在两柱之间，我是殷人之后，大概快要走了吧。七天后，即鲁哀公十六年四月十一日，孔子与世长辞，终年七十三岁。
　　作为鲁国国老，孔子的逝世在鲁城引起了不小的震动。鲁哀公亲自参加葬礼，并致诔词。

　　夏四月己丑，孔丘卒。公诔之曰："旻天不吊，不慭遗一老。俾屏余一人以在位，茕茕余在疚。呜呼哀哉！尼父。无自律。"子赣曰："君其不没于鲁乎！夫子之言曰：'礼失则昏，名失则愆。'失志为昏，失所为愆。生不能用，死而诔之，非礼也。称一人，非名也。君两失之。"（《左传·哀公十六年》）

鲁哀公的悼词说：苍天不愿暂时留下这位国老，让他保障我一人居于君位，使我孤零零地忧愁成病。呜呼哀哉！尼父，我失去了人生的榜样！子贡站在旁边，面露不满之色，悄声说：国君恐怕不会在鲁国善终吧！夫子说过，丧失礼仪，就会昏聩；丧失名分，将有过错。失去意志是昏聩，失去身份是过错。活着不能任用，死了又致悼词，这是不合礼的。自称"余一人"，这是不合名分的。国君两样都丧失了。
　　孔子去世了，孔子的时代画上了句号，整个春秋时代也基本画上了句号。

五、泗水之滨

1

孔子被安葬在鲁城北郊的泗水之滨。

> 孔子葬鲁城北泗上，弟子皆服三年。三年心丧毕，相诀而去，则哭，各复尽哀，或复留。唯子赣庐于冢上，凡六年，然后去。弟子及鲁人往从冢而家者百有余室，因命曰孔里。（《史记·孔子世家》）

子贡、有若、商瞿等众弟子安葬孔子之后，商定为孔子服丧三年。大家在孔子墓旁建了茅屋，为孔子守墓。在守墓期间，弟子们开始编撰孔子生前的言行录。《汉书·艺文志》中有一段话，可以帮助我们了解当时的情况：

> 《论语》者，孔子应答弟子、时人及弟子相与言而接闻于夫子之语也。当时弟子各有所记，夫子既卒，门人相与辑而论撰，故谓之《论语》。（《汉书·艺文志》）

孔子在世时，弟子们已在记录平时亲闻于夫子"应答弟子、时人"的言论，也在记录弟子们相互交谈中转述的夫子言论。现在趁着大家服孝期间经常相聚在一起，便把各自记录的文字汇集起来，加上一些弟子评论的话，合编成一书。编纂工作大概由有若、曾参主持，冉雍、子游、子夏、琴张、子思是重要参与者。①当然，《论语》的编撰应该延续了很长时间，后来曾参、有若、闵子骞的门人也参与了编纂。

时年三十岁的有若长得很像孔子，有些弟子就打算让他代替孔子，做众人的老师。曾参明确表示反对。这个说法最早见于《孟子》：

> 他日，子夏、子张、子游，以有若似圣人，欲以所事孔子事之，强曾子。曾子曰："不可。江、汉以濯之，秋阳以暴之，皓皓乎不可尚已！"（《孟子·滕文公上》）

---

① 蒋伯潜：《诸子通考》，北京：中华书局，2016年，第288～289页。

后来史迁《史记·仲尼弟子列传》又加以演绎铺陈。《史记会注考证》引宋祁、洪迈、梁玉绳予以驳正。[1]

第二年，即鲁哀公十七年（前478年），越国再度伐吴，吴越两军在松江一带夹水布阵，相互对峙。越军派出左右两军轮番佯攻吴军，使吴军忙于应付，随后派出第三支部队趁夜色潜渡过河，向吴王中军发起突袭，一举击败吴军。这场战役展现了春秋末期战争形式的重大变化，原来堂堂正正的两军对阵为佯攻、潜军、偷袭等战术所取代，因为这时的战争不再是一种解决争端的手段，而是一种灭国争地的生死搏杀，所以此时应运而生的《孙子兵法》也称战争为"生死之地，存亡之道"。这犹如长空中的滚滚惊雷，预示着一个新的战争时代的到来。

2

冉求仍在季孙氏家里做家臣，深受季孙肥的信任。高柴从卫国回到鲁国后，凭借出色的行政外交能力，受聘在孟孙彘手下做事。鲁哀公十七年，鲁哀公与齐平公在蒙（今山东省临沂市蒙阴县东）举行会盟，孟孙彘作为相礼陪同，高柴作为随从参与。《左传》记述如下：

> 公会齐侯，盟于蒙，孟武伯相。齐侯稽首，公拜。齐人怒，武伯曰："非天子，寡君无所稽首。"武伯问于高柴曰："诸侯盟，谁执牛耳？"季羔曰："鄫衍之役，吴公子姑曹。发阳之役，卫石魋。"武伯曰："然则彘也。"（《左传·哀公十七年》）

盟会上，齐平公向鲁哀公下拜叩首，鲁哀公只是弯腰作揖。齐国人很生气，孟孙彘解释说：贵国国君不是天子，寡君没办法叩首。到了盟誓的时候，孟孙彘问高柴：诸侯会盟，谁执牛耳？高柴说：鄫衍那次会盟，吴国公子姑曹执牛耳；发阳那次，卫国石魋执牛耳。孟孙彘说：那这次就是我了。令人欣慰的是，以冉求、子贡、高柴为代表的孔门弟子在孔子去世后仍在鲁国邦交政坛发挥着重要的作用。

《论语》的编纂工作仍在进行，弟子们将各自先前的记录汇编在一起，其中包括孔子与弟子之间的对话，以及孔子对时事、历史、社会、古人、今人的评骘。弟子们还在一起共同回忆当年未曾记录下的孔子言论，其中包括孔子的生活态度与逸闻趣事，以及孔子平日的衣食起居等。有些弟子还把平时同窗之间的对话也记录、汇编起来。大家一边编辑论纂，一边感

---

[1] 司马迁撰，〔日〕泷川资言考证：《史记会注考证》，第2859页。

慨孔子的高尚人格。

> 子贡曰："见其礼而知其政，闻其乐而知其德；由百世之后，等百世之王，莫之能违也。自生民以来，未有夫子也。"有若曰："岂惟民哉！麒麟之于走兽，凤凰之于飞鸟，泰山之于丘垤，河海之于行潦，类也。圣人之于民，亦类也。出于其类，拔乎其萃。自生民以来，未有盛于孔子也。"（《孟子·公孙丑上》）

子贡评价孔子"自生民以来，未有夫子也"；有若评价孔子"自生民以来，未有盛于孔子也"。后来，对孔子的这种评价成了中国古代社会的共识。

孔子去世后，原本在鲁国政界颇有影响的子贡，作为孔门最年长的弟子之一，自然成为代表孔门弟子联络社会的核心人物。子贡既喜欢扬人之美，也不会匿人之过，时常提携后生。随着子贡的名声越来越大，有些人就认为子贡超过了孔子，还有些人对孔子的才识德行表示怀疑，子贡总是尽力维护孔子的声誉。有一次，叔孙州仇诋毁孔子，子贡言辞犀利地予以坚决回击。

> 叔孙武叔毁仲尼，子贡曰："无以为也。仲尼，不可毁也。他人之贤者，丘陵也，犹可逾也。仲尼，日月也，无得而逾焉。人虽欲自绝，其何伤于日月乎？多见其不知量也。"（《论语·子张》）

子贡说：这种诋毁是没有用的，孔子是难以诋毁的。别人的贤能如同丘陵，总是可以逾越的。孔子就如同日月，是无法逾越的。有人想要自绝于日月，这对日月又有什么伤害呢？只是暴露了他的自不量力而已。

叔孙州仇曾在夫差赐铍时得到子贡的襄助，因此对子贡颇有好感，有一次在朝会时居然对人说：子贡比其师仲尼更加贤能。

> 叔孙武叔语大夫于朝曰："子贡贤于仲尼。"子服景伯以告子贡，子贡曰："譬之宫墙。赐之墙也及肩，窥见室家之好。夫子之墙数仞，不得其门而入，不见宗庙之美、百官之富。得其门者或寡矣。夫子之云，不亦宜乎？"（《论语·子张》）

子贡委婉地讥讽了叔孙州仇的肤浅：这就像宫殿的围墙，我的墙只及肩膀，外面的人很容易看见墙内室家之美。夫子的墙高达数仞，不从大门进去，看不见宗庙的雄美和房舍的富丽。能够进入夫子大门的人或许不多吧。

无独有偶，陈亢也对子贡说过与叔孙州仇类似的话：

> 陈子禽谓子贡曰："子为恭也，仲尼岂贤于子乎？"子贡曰："君子一言以为知，一言以为不知，言不可不慎也。夫子之不可及也，犹天之不可阶而升也。夫子之得邦家者，所谓立之斯立，道之斯行，绥之斯来，动之斯和。其生也荣，其死也哀。如之何其可及也？"（《论语·子张》）

陈亢说子贡比孔子更贤。子贡首先批评陈亢说话"不慎"，然后回答说：孔子犹如天空一样，不是通过梯子能够攀登的。如果孔子能够得国或得邑，一定能在社会上树立正人君子，引导正确行为，招徕各地民众，动员百姓、促进和谐。孔子生时光荣，死时令人哀伤。我哪里能够比得上呢？

3

鲁哀公十八年（前477年），弟子们二十五个月的服丧期结束了，众人哭着告别。

> 昔者孔子没，三年之外，门人治任将归，入揖于子贡，相向而哭，皆失声，然后归。（《孟子·滕文公上》）

子游继续在鲁国做官。澹台灭明受到好友子游的影响，或许还因父亲的朋友——吴国逃亡大夫王犯的引荐，后来"南游至江，从弟子三百人，设取予去就，名施乎诸侯"（《史记·仲尼弟子列传》）。作为孔门弟子，吴人子游北宦，鲁人子羽南游，他们为华夏南北文化的早期传播、交流做出了贡献。这既是百年前南北相地盟会的一种历史回响，也是孔子时代华夏文化交融的一个具体缩影。

子贡独自留了下来，继续守墓。

> 三年心丧毕，相诀而去，则哭，各复尽哀，或复留。唯子赣庐于冢上，凡六年，然后去。（《史记·孔子世家》）

鲁哀公二十二年（前473年），四十八岁的子贡结束六年守庐，很可能回到了卫国。子贡后来继续从事货殖活动，收益颇丰。史称其结驷连骑，聘享于各国诸侯，不断传播孔子的声望。

> 子赣既学于仲尼，退而仕于卫，废著鬻财于曹、鲁之间，七十子之徒，赐最为饶益。原宪不厌糟糠，匿于穷巷。子贡结驷连骑，束帛之币以聘享诸侯，所至，国君无不分庭与之抗礼。夫使孔子名布扬于天下者，子贡先后之也。此所谓得势而益彰者乎？（《史记·货殖列传》）

史迁对子贡给予了高度评价，认为当时让孔子之名布扬于天下的人，正是子贡。至于其他弟子，虽然也在传播孔子的思想，一则个人影响有限，二则思想的传播需要假以时日，暂时还没有子贡这样的效果。史迁称此为"得势而益彰"，准确地道出了子贡光大孔子影响的作用。

就在这年，越国灭了吴国，夫差自杀。次年，宋景公去世，冉求代表季孙肥出使宋国送葬吊丧，在葬礼上代表季孙肥献上马匹作为赗赠。

> 二十三年春，宋景曹卒。季康子使冉有吊，且送葬，曰："敝邑有社稷之事，使肥与有职竞焉，是以不得助执绋，使求从舆人。曰：'以肥人得备弥甥也，有不腆先人之产马，使求荐诸夫人之宰，其可以称旌繁乎？'"（《左传·哀公二十三年》）

鲁哀公二十四年（前471年），鲁国国内矛盾激化，鲁哀公只身前往越国。一年后，鲁哀公返回鲁国，季孙肥、孟孙彘南下迎接哀公，君臣关系继续恶化。鲁哀公二十七年（前468年），季孙肥去世。鲁哀公痛恨"三桓"专权，想要用越国的力量除之而后快，遂再次离开鲁国前往越国，后来竟不知所终。此时，距离孔子去世十一年，距离三家分晋仅十五年。

随着时间的推移，守孔子墓的孔门弟子和鲁国百姓渐渐多了起来，数量达到了一百余家，孔子墓的面积也越来越大，遂被命名为孔里。史迁记载道：

> 弟子及鲁人往从冢而家者百有余室，因命曰孔里。鲁世世相传以岁时奉祠孔子冢，而诸儒亦讲礼乡饮大射于孔子冢。孔子冢大一顷。故所居堂弟子内，后世因庙藏孔子衣冠琴车书，至于汉二百余年不绝。（《史记·孔子世家》）

每当岁时节日来临，鲁国人都会祭祀孔子。这个习惯经过世代相传，最后形成了固定的文化仪式。后代儒家更加注重孔子祭祀活动，使其成为一项重要的国家传统。孔子故里也演变为孔府、孔庙，孔子墓地之林演变为孔林等，在中国文化史留下了深刻的影响。

孔子人格及其思想是历史文化与时代现实孕育出的精神成果，具有超越历史时代的深刻内涵，为未来社会文化发展提供了至关重要的精神素材，经过孔子后学的继承、发展和改造，成为维护天下统一局面的文化支柱。

第十三章 孔子后学

　　一部孔子思想史如果终结于孔子离世，就犹如一部耶稣传记终结于十字架殉难。不谈使徒行传，不谈早期基督徒教团史，不谈罗马基督教创建历程，不谈君士坦丁大帝皈依基督教，怎能理解耶稣生命存在的文化意蕴及历史影响。同样，不谈孔门后学，不谈汉儒早期经学历史，又怎能理解孔子人格思想的历史演化和后世影响。

　　孔子在世时，孔门后进弟子已存在明显的思想分歧。孔子去世后，有所谓"儒分为八"之说，曾参与子夏等孔子后学分别从不同方向承继、传播和发展孔子之学。曾参、子思、孟子一脉注重主体德行的个人修养和王道仁政的社会理想，构建了内圣外王的儒家学说，形成了注重心性涵养的思孟之学。子夏一脉注重外在行为的社会规范和礼乐等级的制度建构，形成了追求礼法事功的西河之学。子夏西河之学培养了李悝、吴起等前期法家人物，有力推动了战国时期三晋地区的社会变化，孕育了法家思想的兴起，经过李悝弟子商鞅的政治实践，完成了法家学派的确立，极大提升了法家政治思想的影响力。后期儒家代表人物荀况则培养了韩非、李斯等后期法家人物，在新的历史条件下，儒家的礼义规范转化成法家的法度法术，完成了战国时期儒法的文化交融与流变。法家帮助秦国统一天下，儒家则在秦朝文化专制中几近澌灭。

　　西汉前期经过黄老学、儒家、法家的相互颉颃与融合，至汉武帝"独尊儒术"后，形成以"儒表法里"为特征的思想体系，为"王霸道杂之"的汉家制度奠定了理论基础。为了配合"定于一尊"的儒家思想，汉儒极力抬高孔子的至尊地位，孔子的形象从凡人演化为圣人，又从圣人幻化为神人。

　　本章关注孔子思想在战国乃至秦汉时期的嬗变与影响，考述曾参与思孟学派对孔子仁学修养思想的继承发展，阐释子夏、荀况礼法思想对战国法家的影响，叙述西汉前期的儒法思想融合，梳理出一部从孔子思想到孔门后学、再到战国诸子与汉儒经学的发展简史，从中窥见汉代政治"儒表

法里"的思想底蕴与文化特征，为孔子的人生与思想历程画上余韵悠长的
句号。

一、孔门正嫡

1

　　人类早期最重要的四位思想家孔子、苏格拉底、释迦牟尼、拿撒勒的
耶稣生前均未留下任何确凿的文字。他们身后思想的流布，主要依靠弟子
门徒的复述、承续与传播。由于社会环境变化和个体差异，弟子门徒在传
承乃师思想的过程中，不可避免带有各自的主观倾向。耶稣之后有彼得派
与保罗派之别，佛陀之后有大乘与小乘之异。同样，孔子之后也有所谓"儒
分为八"之说。这就要求我们思考两个问题：如何看待弟子门徒与乃师思
想的差异性？如何看待不同弟子门徒诠述乃师思想时产生的差异？就孔子
而言，这两个问题其实可以合并为一个问题：如何看待孔门后学的不同流
派及其历史影响？这其实也是考察孔子思想本身的一个重要角度。
　　研究孔子后学的最重要文献仍然是《论语》。蒋伯潜说："先秦诸子，
多弟子后学纂述其师说以成一家之言者。此风实自孔门纂述《论语》开之。"[①]
就此而言，《论语》本身就可视为一部孔子后学的著作，它不仅成于弟子
之手，也或隐或显地包含了弟子们的思想。我们读《论语·子张》篇，就
知道孔门后进弟子之间存在明显的思想差异。

　　　子游曰："吾友张也，为难能也，然而未仁。"（《论语·子张》）

　　子游说子张未达到仁。

　　　曾子曰："堂堂乎张也，难与并为仁矣。"（《论语·子张》）

　　曾参也说子张难以与其一同成仁。另外，子游说子夏有舍本逐末之嫌，
子夏则说子游"言游过矣"（《论语·子张》）；子张在交友问题上称子
夏之说"异乎吾所闻"（《论语·子张》）。这种内部轩轾不仅仅是弟子
们个性差异使然，实质也是思想观念不同所致，故孟子说："子夏、子游、

　　[①]　蒋伯潜：《诸子通考》，第287页。

子张，得圣人之一体。"（《孟子·公孙丑上》）其中，曾参与子夏之间的思想差异最大，分别体现了孔子思想在孔门后学中的两种分途，从不同方向影响了秦汉以后中国思想文化的发展路径与学理特色。曾参结束守墓之后，可能把主要精力投入了设教授徒。《孟子·离娄下》中有一则"曾子居武城，有越寇"的故事。据《左传》，鲁哀公二十一年（前474年）"越人始来"，这是越国首次侵鲁的记载，说明曾参在结束守墓的三年后便定居在家乡武城。我们没有看到曾参入仕从政的记载，大概曾参一生都在收徒讲学，弟子有乐正子春、公明仪、公明高、子襄、阳肤等。《史记·孙子吴起列传》还说吴起曾"学于曾子"，后因不孝而被曾参逐出师门。《礼记》记录了曾参与子夏晚年的一次见面，"子夏丧其子而丧其明"，受到了曾参的严厉批评，子夏则唯唯诺诺地承认自己"离群索居"（《礼记·檀弓上》）。这应该是曾参后人抬高乃师之说，当然也体现了曾参与子夏之间的学术差异仍在各自后学中延续。

曾参在孔门弟子中年纪最少，年寿甚长，不仅《论语》中存有许多"曾子曰""曾子言"，还有所谓《曾子》一书流传，故在后世影响很大，通常被认为是儒学发展史上在孔子到孟子之间承上启下的重要人物。传说子思曾受学于曾参，但这种说法不见于先秦古籍。孟子仅说"曾子、子思同道"（《孟子·离娄下》），并没有说子思学道于曾参。如果孔子确曾托孤于曾参，那么这种说法是有可能的。或许，时人为尊崇孔子嫡孙，而讳言二人的师承关系。《汉书·艺文志》将《曾子》书列于《子思子》书之后，或许也是由于这个原因。孟子曾说："予未得为孔子徒也，予私淑诸人也。"（《孟子·离娄下》）史迁认为，孟子曾"受业子思之门人"（《史记·孟子荀卿列传》）。《史记索隐》引王劭之说，认为此处的"人"是衍字，应是孟子亲受业于子思。这种说法并不合理，如果孟子受业于子思，孟子本应直言，何必隐去师名，又何言"私淑"。且《史记·孔子世家》明确说子思"年六十二"，从年龄上算，孟子应该出生在子思卒后，不得为子思弟子，故江永《群经补义》云："孟子与子思年不相接。"[①] 孟子受业于子思门人，私淑子思，则是完全有可能的。《荀子》描述了战国诸子的六个学派，其中说到有一派"子思唱之，孟轲和之"（《荀子·非十二子》），这说明战国时人已相信，孔门后学有子思、孟子一脉。《汉书·诸子略》有《曾子》十八篇，已亡。存世《曾子》十篇取之于《大戴礼记》，影响颇广。《汉书·艺文志》认为《孝经》是孔子向曾参传授孝道之作，不过

---

① 焦循：《孟子正义》，第577页。

从内容上看该书显然不是孔子亲作，故后人认为是曾参作《孝经》，曾参遂成为十三经作者之一。今人排列《孝经》作者的八种说法，最后给出一个折中的结论："孔子、曾子和他的学生都是《孝经》的作者。"①我们看到，《孝经》每章皆引《诗》作结，与西汉韩婴《韩诗外传》相类，《荀子》亦有此种文风。因此，《孝经》估计是在战国与秦汉之际形成的文本，不可能全是曾参所作。朱熹认为《大学》经一章是"孔子之言，而曾子述之"，传十章"则曾子之意，而门人记之"②，于是曾参又成为"四书"作者之一。蒋伯潜比较"四书"各本文体，指出《大学》为一篇纲举目张、首尾完具、组织严密的议论文，认为"战国初年，不可能有此种作品"③。在唐宋儒学注重道统的背景下，朱熹认为孔子学说"惟颜氏、曾氏之传得其宗。及曾氏之再传，而复得夫子之孙子思"，子思担心久传失真，"于是推本尧舜以来相传之意，质以平日所闻父师之言"④，加上自己的演绎，作成《中庸》一书。这样一来，"四书"就成为孔、曾、思、孟的合集，构成了孔子儒学的正嫡薪火之传。

2

我们今天来看以曾参冠名的历史文本，已经分不清何者是曾参的思想，何者是曾参门人后学的思想，只能笼统称之为曾参思想。而其主要特质有以下两个方面。

曾参思想的第一个特质是强调以孝为本，突出张扬了孔子的孝道思想。曾参生平素以孝行知名，最早在《孟子》中有两则关于孝子曾参的传闻，后来经过历代儒家的渲染，遂确立了曾参至孝的形象。《论语》中有一章记载曾参谈孟庄子之孝，还有一章表现曾参的孝行：

> 曾子有疾，召门弟子曰："启予足，启予手。诗云：'战战兢兢，如临深渊，如履薄冰。'而今而后，吾知免夫小子。"（《论语·泰伯》）

这则故事大意就是《孝经·开宗明义》中所谓的"身体发肤，受之父母，不敢毁伤"。另外，曾参还讲过"慎终追远"：

---

① 胡平生译注：《孝经译注》，北京：中华书局，1996 年，第 4 页。
② 朱熹：《四书章句集注》，第 4 页。
③ 蒋伯潜：《诸子通考》，第 340 页。
④ 朱熹：《四书章句集注》，第 15 页。

> 曾子曰："慎终追远，民德归厚矣。"（《论语·学而》）

"慎终追远"就是"丧尽其礼""祭尽其诚"，虽与亲亲有关，终究还是言孝。曾参继承了孔子有关孝的思想，结合当时社会发展的现实，在其基础上有所发明、有所改造、有所创新。其要义有三。

第一，曾参总体上继承了孔子有关孝的理念，在孔门弟子中阐论孝的思想最深入、最全面。在《论语·为政》中，子夏问孝，孔子回答"色难"；子游问孝，孔子的回答提出了"敬"与"能养"的区别。曾参将此进行了概括："孝有三：大孝尊亲，其次弗辱，其次能养。"（《礼记·祭义》）这与孔子的孝论是一致的。第二，曾参言孝，弱化了"父慈"与"子孝"的对应逻辑关系，更多地体现了"子孝"的单方面要求。孔子谈到君臣、父子相处之道，皆为相互对应的关系。如"君使臣以礼，臣事君以忠"（《论语·八佾》）；又如季康子问如何"使民敬、忠以劝"，孔子回答是"孝慈则忠"（《论语·八佾》），即子孝与父慈相对应。孔子的父慈子孝思想反映了当时社会的普遍观念。鲁昭公二十六年，晏婴在与齐景公的对话中，明确提出"君令臣共，父慈子孝，兄爱弟敬，夫和妻柔，姑慈妇听，礼也"（《左传·昭公二十六年》），并以"父慈而教，子孝而箴"说明父慈子孝的关系。虽然《孝经·谏诤》中也讲到"父有争子"，当父亲不义之时儿子可以争谏，但这与父慈子孝还不是同一回事。第三，曾参改变了"仁"在孔子思想中的核心地位，建立了以"孝"为核心的新的伦理思想体系。在春秋时代，宗族与家族的社会意义远大于家庭，所以"亲亲"观念远比"孝亲"观念更重要。事实上，《左传》中除了"孝公""孝伯""孝叔"等称谓外，"孝"字出现的频率并不高，不过十数次而已，而社会上"不孝"的现象却比比皆是，可见"孝"在春秋时代并非最重要的人伦原则。尽管在《论语》中孔子主张"三年之丧"，但"三年之丧"亦非当时社会公认的礼制，否则宰予也不会公然抱怨"三年之丧"太久。即使到了战国时期，孟子劝滕国太子行"三年之丧"的礼制，结果滕国的"父兄百官"明确表示不愿意，理由是"吾宗国鲁先君莫之行，吾先君亦莫之行也"（《孟子·滕文公上》），这说明鲁国到战国时代仍未普遍实行"三年之丧"。在孔子思想中，"仁"远比"孝"更重要，这从一个侧面反映了孔子时代的社会风俗。

值得注意的是，在《论语》中，有若已经明确说孝悌是"为仁之本"（《论语·学而》）。这说明，时至春秋晚期，"孝"的重要性明显增强。曾参系统阐论了孝道的意义，这反映出经济基础的变化对上层建筑和意识形态的影响。春秋战国之际，随着生产关系从农奴制向封建制快速过渡，自耕自足的小农家庭大量出现，并逐渐成为封建农业经济的基本生产单位和基本社会细胞。"孝道"作为维护小农社会家庭稳固的最重要准则，遂成为封建小农社会最重要的伦理规范。胡适敏锐地发现并指出，孔子论道德，以仁总括诸德目；孔门后学，则以孝总括诸德目。他说："这是孔门人生哲学的一大变化。孔子的'仁的人生哲学'，要人尽'仁'道，要人做一个'人'。孔子以后的'孝的人生哲学'，要人尽'孝'道，要人做一个'儿子'。"①这是曾参对孔子思想最重要的改造。在上层建筑方面，随着天子封土建藩制向各诸侯国君权集中制的过渡，社会伦理更多强调"臣忠"的单方面要求。于是，顺应经济政治领域的时代发展变化趋势，"忠""孝"遂成为后世儒家"五伦"之要。正如冯友兰所说："封建社会的国，是家的放大。人们对于国家的道德是忠。忠是孝的放大，是以孝为基础的。"②在此过程中，曾参的孝道思想起到了相当重要的理论推动作用。

曾参思想的第二个特质是强调个体的内省修身，深化了孔子有关君子人格修养的思想。我们知道，孔子的人生追求包含"修己"与"安人"内外两个部分，即内在的人格修养与外在的社会功业。从总体上看，孔子将"修己"作为"安人"的手段，"安人"则是"修己"的目的。从孔子的一生来看，他是把建立社会功业视为士人的人生归宿的。从重要性来说，孔子一直把社会政治理想置于个人道德修养之上。这也是孔子说"吾从先进"的意蕴所在。当然，孔子到了晚年，眼看自己的政治文化理想难以实现，也不得不感叹"吾已矣夫"，甚至说出略带卷怀之意的"吾从点"。而曾参所处的时代，正值春秋战国之交，政治大变故不断，各国急需的是善于事功的变法之士和纵横捭阖的游说之士。孔门后进弟子大都以德行文学见长，汲汲入仕已非所好，摆在他们面前的大约只有两条路：一条是返身向内，与孔子一样从事文化教育活动，追求个人内在的生命意义；一条是通过人师、侯师、王师的角色，间接参与政治活动，继续追求外在的社会功业。前者以曾参为代表，后者以子夏为代表。曾参对当时社会的评价是"上失其道，民散久矣"（《论语·子张》），明显带有失望的倾向。曾参曾说："君子思不出其位。"（《论语·宪问》）对于一位终身未仕的普通平民来说，这句话意味着曾参并不想过多思考现实社会的责任担当。因为看不到社会善政的希望，曾参只能专心致志于个人内在的修养，将主体德行置于最高地位，赋予其独立的意义和价值。因此他致力于阐发和践行孔子内

---

①　胡适：《中国哲学史大纲》，第111页。
②　冯友兰：《中国哲学史新编》第三册，北京：人民出版社，1982年，第103页。

在"修己"的学说。曾参以内省作为修己的基本方法。

> 曾子曰："吾日三省吾身。为人谋而不忠乎？与朋友交而不信乎？传不习乎？"（《论语·学而》）

对于文中"传不习乎"的"传"，有"受传于人"和"传于人"两种解释。朱熹认为"传谓受之于师"。何晏《论语集解》、皇侃《论语义疏》则都认为是"传于人"；郭翼《雪履斋笔记》也认为"曾子三省，皆指施于人者言"；程树德认同此说："此'传'字当从《集解》作'传于人'解，《集注》失之。"①所以，此章是曾参对自己弟子所言，体现了曾参后期的思想。曾参这种反身向内的自省功夫，相较于孔子内外兼修、修己安人的思想，还是有所差异的。对此，宋儒颇为赞许，朱熹《四书章句集注》引谢良佐曰："诸子之学皆出于圣人，其后愈远而愈失其真。独曾子之学专用心于内，故传之无弊，观于子思、孟子可见矣。"②由此看来，"专用心于内"是曾参被宋儒视为独桃孔学正宗的重要原因。

曾参在思想特质方面是后进弟子中最接近于颜回的人。或许，曾参确实受到颜回较深的影响。《论语》中有一章透出些许信息：

> 曾子曰："以能问于不能，以多问于寡，有若无，实若虚，犯而不校。昔者吾友，尝从事于斯矣！"（《论语·泰伯》）

这里的"昔者吾友"，何晏《论语集解》引马融曰"友谓颜渊"③，后世论者大都同意此说。颜回确实是孔子先进弟子中最注重克己内省之人。对于物我、内外，曾、颜二人均表现出注重内心、轻视外物的特质。曾子临终之际，孟武伯之子孟孙捷前去看望他，曾子说了下面这段话：

> 曾子有疾，孟敬子问之，曾子言曰："鸟之将死，其鸣也哀，人之将死，其言也善。君子所贵乎道者三：动容貌，斯远暴慢矣；正颜色，斯近信矣；出辞气，斯远鄙倍矣。笾豆之事，则有司存。"（《论语·泰伯》）

---

① 程树德：《论语集释》，第 20 页。
② 朱熹：《四书章句集注》，第 48 页。
③ 皇侃撰，高尚榘校点：《论语义疏》，第 191 页。

曾参临终前将容貌、颜色、辞气视为君子最重要的修养，认为"笾豆"这些仪礼政务之事，交给职司人员就可以了。这段文字清晰地表明了曾参对于修内与务外的基本态度。所以有学者说："纵观曾子思想，则会发现，其学说中，鲜有关于为政、立业的阐述，居于主导地位的内容是关注个人自身的道德修养。"①我们在前章谈到孔子对后进弟子文质得宜、彬彬君子的期许，但曾参似乎并没有过多关注"为人之学"，而是在"为己之学"方面越走越远。这也是曾参与其私淑弟子孟子之间的主要区别。

总之，曾参将孔子思想的学理路径向内转入自身，在追求个体道德境界的过程中确立生命的意义，以道德精神的自我优越感作为对抗现实沦丧的内在力量，开启了儒家内省学说和修身实践的文化先河。

3

孟子思想包括向外路径的社会政治学和向内路径的人性修养论，曾参的自我修养思想直接影响了孟子的人性论和修养论。在继承和发展孔子、曾参的仁心修养方面，孟子的贡献主要有四个方面：一是确立了人的良心、本心的性善论，以及"人皆可为尧舜"的人性平等说，从而论证了人存心养性的必要性与可能性。二是用仁义礼智"四端"确立了人的内在心性结构，从而明确了自我修养的路径和方向。三是提出了"养心""求放心""不动心""养浩然之气"等一系列修养功夫，从而为个人的独善其身和自我修养提供了具体的实践方式。四是提出了"富贵不能淫，贫贱不能移，威武不能屈"的"大丈夫人格"，对后世士人的人格独立产生了深远影响。

在《孟子》一书中，我们可以看到孟子对曾参的服膺以及受其影响的痕迹。

> 曾子曰："晋楚之富，不可及也。彼以其富，我以吾仁；彼以其爵，我以吾义。吾何慊乎哉？"（《孟子·公孙丑下》）

孟子"大丈夫人格"思想的形成应该受到曾参这种道德自尊和人格独立理念的影响。这种人格自尊不是空谈，而是落实在具体的行动之中的。我们试举两例：一是孟子在回答弟子公孙丑"不见诸侯何义"时，引用曾参所说的"胁肩谄笑，病于夏畦"（《孟子·滕文公下》），认为对当权者耸肩媚笑，比夏天浇田还要累，表现出不愿趋炎附势的守正节操。二是

① 罗新慧：《曾子研究：附〈大戴礼记〉"曾子"十篇注译》，北京：商务印书馆，2013年，第21页。

孟子在与公孙丑谈到"不动心"时，引用了曾子对弟子子襄说的话："吾尝闻大勇于夫子矣。自反而不缩，虽褐宽博，吾不惴焉；自反而缩，虽千万人，吾往矣。"（《孟子·公孙丑上》）这里的"缩"是"直"的意思。曾参的意思是：反躬自问，正义不在我，对方纵是卑贱之人，我也不去恐吓他；反躬自问，正义在我，对方纵是千军万马，我也勇往直前！如果这话真是曾参所说，那我们不得不说，曾参的这种大无畏勇气确实导夫孟子之先路！

当然，孟子与曾参思想上的差异也是明显的：曾参偏向于儒家内圣之道；孟子则在注重内圣的同时致力于实现"王道"政治理想，在内圣与外王两个方面继承和发展了孔子思想，更符合孔子文质彬彬的君子人格，因此在儒家"道统"中的地位自然高于曾参。然而，如果没有曾参对孔子内在修己思想的大力深化，孟子的人性学说与修身理论能否达到如此精微细密的程度亦未可知。

总之，曾参与思孟之学上承孔子"性相近"与"修己"之说，深化了关注个体内在心性的人性论和修养论；下启宋明理学的心性论和修养论，自宋代以降成为儒家学说的主流，至少在历史逻辑的层面上确乎成为孔子学说的正嫡一脉。

二、西河之学

1

《韩非子·显学》提出了孔子死后"儒分为八"之说：

> 世之显学，儒、墨也。儒之所至，孔丘也。墨之所至，墨翟也。自孔子之死也，有子张之儒，有子思之儒，有颜氏之儒，有孟氏之儒，有漆雕氏之儒，有仲良氏之儒，有孙氏之儒，有乐正氏之儒。（《韩非子·显学》）

其中，子张、颜回、漆雕开是孔子的亲授弟子，子思、孟氏即所谓思孟之学，孙氏是指荀况，乐正氏可能是指孟子的弟子乐正克，也可能是指曾子的弟子乐正子春。我们注意到，《韩非子》这里并没有提及子夏一派。这究竟是为什么？相较于曾参，子夏继承和发展了孔子哪方面的学理要义？子夏是孔门高足，为什么其门弟子中却出现了几位著名的法家先驱人物？子夏注重礼制，那么在儒家礼制与法家法制之间是否存在一定的共性与关联？这些问题涉及孔子思想的演变发展及其后世影响、先秦儒学与法家的关系，以及秦汉以降政治文化制度的基本特点，有必要加以深入探讨。

在孔门十哲中，子夏名列文学科第二。所谓"文学"，主要是指学术与学问。史迁说孔子为《春秋》，"子夏之徒不能赞一辞"，这是以子夏为后进弟子中学养最高者。《吕氏春秋·察传》中著名的"晋师三豕涉河"故事，也说明后世对子夏学养的肯定。子夏确实是好学的：

> 子夏曰："日知其所亡，月无忘其所能，可谓好学也已矣。"（《论语·子张》）

子夏又是博学的：

> 子夏曰："博学而笃志，切问而近思，仁在其中矣。"（《论语·子张》）

值得注意的是，子夏虽然好学、博学，却注重行为实践，他对"学"的理解并不局限在学问，还包括人的社会生活与日常品行。

> 子夏曰："贤贤易色，事父母，能竭其力。事君，能致其身。与朋友交，言而有信。虽曰未学，吾必谓之学矣。"（《论语·学而》）

在子夏看来，能够妥善处理社会人伦关系也不失为一种"学"。故有学者说："子夏之学有两方面：一是日常实践之学，一是经籍之学。"① 子夏这种读书、做人合二为一的学习观，确实来源于孔子。

> 子曰："君子食无求饱，居无求安。敏于事而慎于言，就有道而正焉。可谓好学也已。"（《论语·学而》）

然而，子夏比孔子走得更远。孔子只承认修养德行也是学习，并没有以此取代学问之学。子夏居然说"虽曰未学，吾必谓之学矣"，似乎隐含

---

① 高专诚：《孔子和他的弟子们》，北京：中国书籍出版社，2014年，第176页。

着将生活之学与学问之学相等同、相替代的意思。子夏以"行"代"学"的学习观和知识论具有一定的实用主义倾向，在不经意间埋下了轻学乃至废学的种子，易于滑入后世法家反智主义的泥淖。

关于学习的目的，孔子虽然不否定"至谷""干禄"，但更注重"志道""求仁"。子夏也讲"君子学以致其道"（《论语·子张》），但他更强调"仕而优则学"。

> 子夏曰："仕而优则学，学而优则仕。"（《论语·子张》）

关于学与仕的关系，孔子与子产都主张先学后仕，不主张先仕后学。在《论语·先进》"子路使子羔为费宰"章中，孔子对子路"何必读书，然后为学"的想法予以严厉批评。郑国子皮打算让尹何担任邑宰，子产表示反对，理由就是"侨闻学而后入政，未闻以政学者也"（《左传·襄公三十一年》）。可见先学后仕在当时是一种共识。然而，子夏却明确提出"仕而优则学"的新说。朱熹为之解释说："此为世族子弟而设。有少年而仕者，元不曾大，故学，故职事之暇可以学。"[①]朱熹的解释过于牵强。子夏明明是泛泛而言，朱熹却说是针对世族少年。事实上，子夏的学仕观源于他以"行"代"学"的学习观。这种仕学同构的思想，与后来法家的"以吏为师"观念是内在暗合的。

子夏的人格颇为复杂，他一方面讲学以致道，另一方面又似乎很注重追求功利。

> 子夏为莒父宰，问政。子曰："无欲速，无见小利，欲速则不达，见小利则大事不成。"（《论语·子路》）

我们知道，孔子与弟子问答基本上都是有的放矢、对症下药的，根据弟子存在的不足，有针对性地加以提醒。孔子提醒子夏"无欲速，无见小利"，应是告诫子夏作为邑宰不要急功近利，可见子夏平日里可能颇有急功近利的倾向。我们再看下章：

> 子夏问孝。子曰："色难。有事，弟子服其劳，有酒食，先生馔，曾是以为孝乎？"（《论语·为政》）

---

① 黎靖德编：《朱子语类》，第 1211 页。

子夏问什么是孝，孔子却从反向指出什么是不孝，这大概也是针对子夏的不足而提出的忠告。子夏曾说"事父母，能竭其力"（《论语·学而》），现在孔子强调"色难"，明确告诉子夏在事亲过程中"气色和悦"比"服劳尽力"更加重要，可能也有针对子夏纠非矫失之意。孔子对子夏最深切的告诫当属下章：

> 子谓子夏曰："汝为君子儒，无为小人儒。"（《论语·雍也》）

孔子直截了当地告诫子夏，不要做"小人儒"。朱熹《四书章句集注》引谢良佐曰："君子小人之分，义与利之间而已。然所谓利者，岂必殖货财之谓？以私灭公，适己自便，凡可以害天理者皆利也。子夏文学虽有余，然意其远者、大者或昧焉，故夫子语之以此。"[1]朱熹所说的昧于"远者、大者"，涉及如何处理义利关系这一问题。子夏可能比较注重功利，在义利取舍方面让孔子产生"小人儒"之感。我们再看下章：

> 子夏曰："大德不逾闲，小德出入，可也。"（《论语·子张》）

这句话表明子夏对个人品行方面的要求似乎重大德而轻小节。对于孔门弟子而言，这种言论颇有异端之感，体现出子夏与曾参之间的明显差异。所以朱熹《四书章句集注》引吴氏曰："此章之言，不能无弊，学者详之。"[2]这种提醒对于高度尊崇曾子的宋儒来说确实是不可或缺的。

2

在政治道德的实践过程中，子夏不主张个人无条件尊崇一般人伦原则，而要视具体情况而定，只有在符合主客体之间必要条件的情况下，主体才有义务尊奉道德原则。且看下文：

> 子夏曰："君子信而后劳其民，未信则以为厉己也。信而后谏，未信则以为谤己也。"（《论语·子张》）

子夏认为，在对下劳民与对上谏言之前，必须先取得对方的信任，否则就会得到事与愿违的结果。这种强调外加条件的德行实践原则，与曾参

---

① 朱熹：《四书章句集注》，第88页。
② 朱熹：《四书章句集注》，第191页。

无条件反身向内的自我修养形成了明显的反差。这种有条件的行为原则还体现在子夏与他人的交接之道上。且看下章：

> 子夏之门人，问交于子张。子张曰："子夏云何？"对曰："子夏曰：可者与之，其不可者拒之。"子张曰："异乎吾所闻。君子尊贤而容众，嘉善而矜不能。我之大贤与，于人何所不容；我之不贤与，人将拒我，如之何其拒人也？"（《论语·子张》）

子夏的人际交往原则是可交者交之，不可交者拒之。子张对此表示异议，他认为君子既要尊敬贤人，也要接纳普通人；既要鼓励善人，也要同情无能的人。我们应如何理解两人观点的差异性呢？众所周知，孔子也说过"无友不如己者"（《论语·学而》），"勿友不如己者"（《论语·子罕》）；孔子还说"益者三友，损者三友"（《论语·季氏》）。所以，子夏的交友观与孔子是基本一致的。但是，孔子还说过"躬自厚而薄责于人"（《论语·卫灵公》），以及"泛爱众而亲仁"（《论语·学而》）。这就难怪子张说"异乎吾所闻"。朱熹在《四书章句集注》中说"子夏之言迫狭，子张讥之是也"，同时又说子张"其所言亦有过高之病"。①这让我们想起《论语》中另一则涉及颛孙师（子张）与卜商（子夏）的对话：

> 子贡问："师与商也孰贤？"子曰："师也过，商也不及。"曰："然则师愈与？"子曰："过犹不及。"（《论语·先进》）

对此，朱熹《四书章句集注》解释道："子张才高意广，而好为苟难，故常过中。子夏笃信谨守，而规模狭隘，故常不及。"②孔子注意到子张与子夏在道德选择上存在"过"与"不及"的特点，故以"过犹不及"加以矫正。子张具有较强的民本思想，孔子曾教之以"恭宽信敏惠"（《论语·阳货》）和"因民之所利而利之"（《论语·尧曰》），故倾向于"泛爱众"。郭沫若也说："子张氏这一派是特别把民众看得很重要的。仁爱的范围很广，无论对于多数人也好，少数人也好，小事也好，大事也好，都不敢怠慢，严于己而宽于人，敏于事而惠于费。"③在个人道德原则方面，子张更强调主观意志，因此对客观方面的限制更少，体现了孔子思想中的反求

---

① 朱熹：《四书章句集注》，第189页。
② 朱熹：《四书章句集注》，第127页。
③ 郭沫若：《十批判书》，第99页。

诸己和与人为善。不过，子张有时也偏于极端，所以孔子说"师也辟"(《论语·先进》)，皇侃《论语义疏》引王弼曰："辟，饰过差也。"①朱熹《四书章句集注》曰："辟，便辟也。谓习于容止，少诚实也。"②简单地说，"辟"就是偏，子张的严于律己和宽以待人，有时可能稍显过头，未必待人以诚。对于子张与子夏不同的交接之道，古来儒者大多赞同子张之言，正如刘宝楠所说："世儒多徇子张之言，以子夏为失。"③子夏严谨有余，宽容不足，体现出一种对人严苛的态度，这与他后来培养出多位法家人物倒是颇为相符的。

子夏的严苛特质还表现在外表容止上，即子夏似乎有一种比较严厉的面容。我们且看下章：

> 子夏曰："君子有三变：望之俨然，即之也温，听其言也厉。"(《论语·子张》)

正因为如此，荀况评价子夏氏之儒的特点时说："正其衣冠，齐其颜色，嗛然而终日不言，是子夏氏之贱儒也。"(《荀子·非十二子》)其实，子夏作为儒者，虽有"望之俨然""听其言也厉"的外在一面，毕竟还有"即之也温"的内在一面。子夏作为孔门高足，内在不乏仁爱之心。只不过这种内在的温润气质，在子夏后学身上已经逐渐淡化了。

3

子夏在教育弟子的过程中，注重日常外在行为的训练与规范，从"洒扫应对进退"等威仪容节入手，培养其内在德性。子游对此不以为然。

> 子游曰："子夏之门人小子，当洒扫应对进退，则可矣。抑末也，本之则无，如之何？"子夏闻之曰："噫，言游过矣！君子之道，孰先传焉，孰后倦焉。譬诸草木，区以别矣。君子之道，焉可诬也。有始有卒者，其惟圣人乎？"(《论语·子张》)

子夏注重传授门人"洒扫应对进退"，即洒扫堂宇、应对宾客、进退礼仪等，这些都是日常生活操行的细节规范。子游认为子夏所重视的行为

---

① 皇侃撰，高尚榘校点：《论语义疏》，第279页。
② 朱熹：《四书章句集注》，第128页。
③ 刘宝楠：《论语正义》，第738页。

规范只不过是"末"，没有必要花太多时间教学，应该把教学重点放在内在德性的修养上，这才是孔门之学的"本"，子夏有本末倒置之嫌。子夏对子游的回应是，他考虑问题不是从"本""末"出发，而是依据教育过程的先后顺序，先从规范人的外在言行举止开始，逐渐深入递进。如果直接教以"君子之道"，门人小子可能会出现倦怠，毕竟能够做到有始有终的人并不多，大概只有圣人才能做到。子游与子夏的学术旨趣和方法不尽相同，很难说孰是孰非。子游传播"君子之道"喜欢单刀直入，所以在武城宰任上直接用礼乐弦歌教育普通百姓，被孔子开玩笑说"割鸡焉用宰牛刀"。子夏教学具有循序渐进的特点，有可能在日常行为礼仪等"小事"上用力过多。从子游与子夏的这段隔空对话中，我们至少可以看出，子夏是比较注重外在礼仪规范的。所以子夏及其弟子成为孔门后学中注重礼制的一派，便是很自然的事。注重礼乐制度的子夏及西河之学与注重反身内修的曾参及思孟学派恰成孔门后学的两翼，分别继承和发展了孔子的礼学与仁学。

我们注意到，子夏的教育理念暗含了一种人性论的假设，即人性可能隐含了某种需要通过外在行为改造的因素。虽然子夏还没有提出性恶之说，但他所说的"有始有卒者，其惟圣人乎"，似乎意味着除圣人之外的普通人都需要在日常生活的细节规范中改良人性。我们知道，人性善恶问题在春秋时期还没有成为一个社会关注和讨论的话题。孔子只说"性相近也，习相远也"（《论语·阳货》），似乎将人性视为一种有待塑造的天然元素。这种思想给后人留下了两个可以延伸发展的方向：一个方向是依循曾参反身向内的道德修养路径，由此发展出孟子的性善伦，即认为人性原本是善的，由于主观和客观原因被蒙蔽，需要通过教育引导加以昭明和扩充；另一个方向是依循子夏外在取向的行为规范路径，强调日常生活的"洒扫应对进退"，注重礼制规范对于个体人生的意义，由此发展出将人视为"恶劳而乐佚"的性恶论。子夏弟子中之所以出现一批礼法之士，与此不无关系。

子夏重礼的思想倾向以及相对严苛的生活态度，使之成为孔门后学中独特的一派，与后来的法家人物形成一定的思想默契。郭沫若在《前期法家的批判》中指出：

> 子夏氏之儒在儒中是注重礼制的一派，礼制与法制只是时代演进上的新旧名词而已。《论语》载子夏论交，"可者与之，其不可者拒之"，正表明着法家精神。《荀子》骂子夏氏之贱儒"正其衣冠，

齐其颜色，嗫然而终日不言"，也正活画出一幅法家态度。思、孟一派的大宗师子游氏更笑"子夏之门人小子"舍本逐末，只"可以当洒扫应对进退"，要算是尽了轻视的能事。根据这些，我们可以明确地知道，子夏氏之儒在战国时代确已别立门户，而不为儒家本宗所重视了。《韩非子·显学篇》言儒分为八……而独无子夏氏之儒，要在这样的认识之下也可以得到了解。那是因为韩非把子夏氏之儒当成了法家。[①]

郭沫若表达了两层意思：一是点出子夏之学注重礼制的特点，而儒家礼制与法家法制具有一定的内在共通性；二是回答子夏之学为何不在《韩非子·显学》的"儒分为八"之中，这是因为韩非把子夏当成了法家，也就是自己的宗师，所以把他从儒家中排除了。

当然，子夏毕竟是孔门十哲之一，他虽然重视礼制，但仍将忠信德义视为礼的内在要求。

> 子夏问曰："'巧笑倩兮，美目盼兮，素以为绚兮。'何谓也？"子曰："绘事后素。"曰："礼后乎？"子曰："起予者商也，始可与言诗已矣。"（《论语·八佾》）

朱熹《四书章句集注》对"绘事后素"的解释是："礼必以忠信为质，犹绘事必以粉素为先。"[②]也就是说，绘画要先以素色为底子，然后在上面缤纷作画；同样，礼仪也要先以忠信为内核，然后讲究各种礼仪规程。子夏从《诗》中悟到了这一点，孔子予以充分肯定。由此可见，子夏还是将忠信作为礼仪的底色的，这使他依然无愧于孔门。

在春秋晚期和战国中前期，从儒到法的内生性转化呈现出逐步增强的态势，西河之学的影响力也在不断扩大。荀况《荀子·非十二子》仍将子夏氏之儒作为"贱儒"，这是因为荀况身为儒者，能够深刻理解子夏之学的内涵，知道子夏思想的本质仍算是儒家。到了战国后期，随着法家思想的不断成熟，法家与以思孟学派为代表的正统儒家之间的区分越来越明显。作为法家集大成者的韩非既看到了子夏之学与思孟学派的区别，也看到了子夏礼制思想与法家法制思想的共通性，遂将子夏之学排除在"儒分为八"之外。站在法家的立场上看，韩非的做法是完全合理的。

---

① 郭沫若：《十批判书》，第262～263页。
② 朱熹：《四书章句集注》，第63页。

三、礼与法

1

孔子去世后，弟子们各奔东西，对此史迁《儒林列传》是这样说的：

> 自孔子卒后，七十子之徒散游诸侯，大者为师傅卿相，小者友
> 教士大夫，或隐而不见。故子路居卫，子张居陈，澹台子羽居楚，子
> 夏居西河，子贡终于齐。如田子方、段干木、吴起、禽滑釐之属，皆
> 受业于子夏之伦，为王者师。是时，独魏文侯好学。（《史记·儒林
> 列传》）

这段话透露出子夏在西河设教授徒、收受吴起等弟子以及为王者师等
重要信息。《史记·仲尼弟子列传》明确说："孔子既没，子夏居西河教
授，为魏文侯师。"范晔《后汉书》也说："孔子没，子夏居西河，教弟
子三百人，为魏文侯师。"（《后汉书·徐防传》）大概子夏在结束三年
心丧后，就前往魏地西河设教授徒，而且影响甚大，成为魏文侯魏斯的老
师。这里有两点需要说明：一是关于子夏为魏文侯师。洪迈《容斋随笔》
对此表示怀疑，因为子夏比孔子小四十四岁，孔子去世时，子夏二十九岁。
魏文侯开始称侯是在孔子去世后七十五年，则此时子夏已经一百多岁了，
不太可能成为魏文侯师。其实，洪迈的考论过于胶柱鼓瑟，子夏"为魏文
侯师"应是后人追述之语，子夏完全可以在魏斯称侯前成为其师，钱穆对
此考辨甚明。[1]二是关于西河的具体地点，张守节《史记正义》曰"今汾州"，
即现在的山西汾阳。钱穆说："子夏居西河教授，决不在龙门华阴之间，
而实在东土。当在今长垣之北，观城之南，曹州以西一带之河滨。"[2]然而，
钱穆的论证先设了一个"孔子弟子，不出鲁卫齐宋之间"的前提，故未必
妥当。泷川资言说："《礼记·檀弓》篇'退而老于西河之上'。郑注'西
河，龙门至华阴之地'。"[3]所以我们还是遵循旧说，以西河在三晋之地。
三晋地区大致以晋国为主，也包括卫国、郑国的部分区域。我们在前面说

---

① 钱穆：《先秦诸子系年》，第 144 页。
② 钱穆：《先秦诸子系年》，第 149 页。
③ 司马迁撰，〔日〕泷川资言考证：《史记会注考证》，第 4064 页。

过，春秋时期，郑国、晋国是成文法的最早诞生地。到了战国时期，三晋地区又成为法家人物的最初摇篮。魏文侯作为战国初年第一位锐意变法的有为之君，最早称霸于诸侯。子夏选择从鲁国来到西河，并且培养出一批法家先驱，实属顺势而为，并非纯粹偶然之事。可以说，当时西河的社会文化吸引了子夏的到来，而子夏又以自身注重礼制的学术思想特色，助推了三晋法家文化的兴起。

　　晋国相对独特的历史和现实、经济和文化环境，使其成为战国初期涵育、产生法家思想和法家人物的沃土。首先，从过往历史看，在曲沃并晋与骊姬之乱中，晋国姬姓公室贵族先后两次惨遭杀戮，公族枝叶几乎凋落殆尽。这一方面极大削弱了晋国公室势力，导致社会上层宗法观念的消解，另一方面使得一批军功贵族和地主阶级迅速崛起。如鲁哀公二年赵鞅在铁之战前的动员宣誓大会上明言："克敌者，上大夫受县，下大夫受郡，士田十万，庶人工商遂，人臣隶圉免。"（《左传·哀公二年》）这些贵族依靠政治斗争或战场军功赢得社会地位和土地封赏，而非像以往那样依靠血缘关系和宗法关系获得土地爵位，因而不太受宗法观念和制度束缚，易于接受变法改革。其次，从现实政治看，晋定公后期，公室卑弱已甚；晋出公、晋哀公时期，君权完全旁落；晋幽公之时，公室仅剩绛、曲沃二邑之地，国君"反朝魏、赵、韩之君"（《史记·晋世家》）。三家分晋后，魏、赵、韩深知国君大权旁落的危害，因此立国后极力加强君主中央集权，而变法是强化君权的快捷有效手段。在这一点上，陈田代齐后的齐国也同样如此，所以齐威王也是较早变法的战国诸侯。再次，从经济社会看，晋国后期发生了连续的内乱和战争。这一方面导致了旧有土地制度被破坏、奴隶制生产关系被瓦解，另一方面也使大批农奴或因逃亡或因军功而成为自由民，其中绝大部分又成为替新兴地主阶级耕种土地的农民。这种生产关系的变化和生产力水平的提高反过来推动了上层建筑和治理方式的变革。另外，晋国是郡县制产生最早且发展迅速的国家，这也为三家分晋后的君权集中提供了重要的制度条件，而变法便是为诸如此类的既有的社会现实之变迁提供法制保障。最后，从制度文化看，晋国是春秋列国中法制较为严苛的国家，长期以来三军均设司马，司马在军法管理方面拥有较大的独立权力。晋文公时期，贵族颠颉、祁瞒、舟之侨先后获罪受刑，故"君子谓文公'其能刑矣'，三罪而民服"（《左传·僖公二十八年》）。从郑国铸刑书、晋国铸刑鼎开始，三晋地区至此已施行成文法一百多年，民众对于法制具有一定的文化认同。

　　子夏正是在这样的环境里教学一生，因此培养出多位出色的前期法家人物，推动三晋之地成为法家文化的滥觞。孙开泰在《法家史话》中明确说："子夏在法家的产生过程中起到了重要的促进作用。"①在这里，我们具体分析子夏与法家先驱李悝、吴起的关系。

　　说到李悝，我们须先说清李悝与李克的关系。史迁在《史记》之《货殖列传》中称"当魏文侯时，李克务尽地力"；在《平准书》中又说"魏用李克，尽地力，为强君"；在《孟子荀卿列传》中则说"李悝尽地力之教"。史迁笔下的李克、李悝疑为同一人。《汉书》之《食货志》说李悝"尽地力之教"；《艺文志》中有"《李子》三十二篇"，列为法家类之首，班固自注云"名悝，相魏文侯，富国强兵"；同时《艺文志》中儒家类又有"《李克》七篇"，班固自注云"子夏弟子，为魏文侯相"。看来，班固在参考《史记》资料时，受到史迁语焉不详的迷惑，将李悝、李克视为两个人，他在《汉书·古今人表》中也是如此。关于这个问题，崔适《史记探源》讲得很清楚：

　　　　《孟荀列传》亦云"魏有李悝尽地力之教"，《魏世家》《吴起列传》皆有李克对魏文侯语，且尝为中山守。尽地力即为守之职，是李克即李悝。"悝""克"一声之转，古书通用，非误也。②

　　崔适认为李克即李悝。钱穆《先秦诸子系年》与郭沫若《十批判书》均赞同崔氏之说。至于为什么李悝（即李克）在《汉书·艺文志》儒家类、法家类两个地方同时出现，郭沫若的解释是："也就如儒家中有'《公孙尼子》二十八篇'，杂家中又有'《公孙尼》'一篇。"③李悝既出现在法家类，又出现在儒家类，恰恰说明他的思想具有儒法双重特性，这种双重性正是早期法家的共同特征。

　　弄清了李克即李悝，我们就知道班固所说的"子夏弟子"李克就是李悝。李悝任魏文侯相，制定推行平籴法，实行富国强兵政策，又造《法经》六篇，成为法家学派的第一部著作，也是中国历史上第一部保护私有财产的封建法典，故李悝在理论与实践两个方面都是战国法家第一人。子夏的西河之学经弟子李悝的具体实践而实现儒法转化，并对后来的法家产生重要影响。与李悝一样，魏文侯也曾受教于子夏。《史记》中除《仲尼弟子列传》《儒林列传》外，《魏世家》也说"文侯受子夏经艺"，看来子夏

---

①　孙开泰：《法家史话》，北京：社会科学文献出版社，2011年，第19页。
②　崔适：《史记探源》，张烈点校，北京：中华书局，1986年，第224页。
③　郭沫若：《十批判书》，第245页。

曾为魏文侯师是没有问题的。《汉书·艺文志》儒家类有"《魏文侯》六篇",这与"《李克》七篇"是同样的情况,可视为魏文侯受教于子夏的一个证据,从中可窥见战国之初儒法交融、转化的痕迹。魏文侯任贤使能、变法图强,成为战国史开篇的一代雄主,为后世树立了儒法兼融、王霸杂之的先例。

吴起是卫国人,史迁说吴起"尝学于曾子,事鲁君"(《史记·孙子吴起列传》)。这个"曾子"可能是曾参之子曾申。吴起后来到了魏国,又师从子夏。郭沫若《述吴起》说:"吴起在魏时适当魏文、武二侯两代,故起得师事子夏是无甚问题的。"①魏文侯死后,吴起受人陷害,因惧怕得罪魏文侯,去魏之楚。吴起是战国初年著名的法家人物,但他身上也留存了儒家的印记,这可从一件小事中窥见。

> 武侯浮西河而下,中流,顾而谓吴起曰:"美哉乎山河之固,此魏国之宝也!"起对曰:"在德不在险。"(《史记·孙子吴起列传》)

"在德不在险",颇似当年楚庄王问鼎中原时周卿王孙满所说的"在德不在鼎"(《左传·宣公三年》)。这种话语放在春秋时期相当普遍,放在战国时期就颇类儒家口吻了。从吴起师事曾申、子夏的经历可知,当时由儒转法并非个别现象。吴起在魏国与楚国都致力于加强君主集权,积极推行抑制贵族、增强国防、促进民生的政策,这些都与后世法家的做法相一致,可以说是一位以实干实绩著称的早期法家人物。当然,他的兵法理论造诣亦相当出色。

商鞅与吴起一样,也是卫国人。商鞅具有出色的政治、军事才干,他提出"缘法而行"和"刑无等级",将法律条文作为最高统治者手中的工具,在秦国严格实行法治,并且对所有官吏民众一视同仁。商鞅通过建立完备的法律体系和推行鼓励农战的政策,帮助秦国一跃成为强国,为后来统一六国奠定了重要基础。商鞅思想的基调无疑是法家的,但他身上也不是毫无儒家的气息。考察商鞅的思想渊源,也可从中发现儒、法双重印记。正如郭沫若所说:"(商鞅)也是在魏文、武二侯时代儒家气息十分浓厚的空气中培养出来的人物,他的思想无疑也是从儒家蜕化出来的。"②商鞅受到李悝《法经》思想的影响,从这条脉络而言,商鞅与子夏西河之学存在一定的关联。钱穆说:"鞅入秦相孝公,考其行事,则李克、吴起之

---

① 郭沫若:《青铜时代》,北京:中国人民大学出版社,2005年,第153页。

② 郭沫若:《十批判书》,第248页。

遗教为多。史称鞅先说孝公以比德殷、周，是鞅受儒业之明证也。"①另外，《商君书》的《开塞》篇、《算地》篇都提到了汤、武，说明商鞅确实受到儒家思想的影响。当然，商鞅的儒法转型比较彻底，属于战国时期第一位真正的法家人物。故若将商鞅视为与儒家同道，这是没有道理的。对此，蒋礼鸿《商君书锥指》早已明言。②且商鞅提倡"弱民"而非"富民"，他的基本观点是"民弱，国强"，公然提出"有道之国务在弱民"（《商君书·弱民》），这使他与儒家之间泾渭分明。不过，商鞅实施法治的目的主要是强国，而不是像后期法家那样，为了维护君主专制统治。

综上所述，正如郭沫若在《前期法家的批判》中所说："李悝、吴起、商鞅都出于儒家的子夏，是所谓的'子夏氏之儒'。"③即他们的思想渊源来自子夏西河之学，在他们身上已经具备了战国法家的基本特征，尽管子夏赋予他们的儒家气息尚未除尽。

2

如果说子夏影响了战国前期法家，那么荀况则影响了战国后期法家。作为战国儒家代表人物的子夏和荀况，各自培养了多位著名的法家人物，这充分说明了战国时期儒家思想与法家思想之间存在着内生性的共通因素，能够在一定条件下实现适时性的转化。下面结合荀况的礼法思想，就此做一分析。

概而言之，儒家的礼制思想与法家的法制思想是双方最大的共通因素，两者都强调外在礼法制度的社会规范性意义。当然，受到孔子思想的影响，战国儒家礼制思想既注重礼制规范，也注重仁义德行，是一种"仁内礼外"的双面体。在这一点上，孔门高足子夏自不待言，荀况也是如此。荀况高度尊崇孔子，批评包括思孟之学在内的各种学派。荀况唯独服膺孔子与子弓，《荀子》一书四次提到两人。荀况明确说："上则法舜、禹之制，下则法仲尼、子弓之义。"（《荀子·非十二子》）把孔子、子弓的地位抬得相当高，有可能荀况之学即源自子弓。子弓究竟是谁，历来主要有两说：一说是孔子弟子仲弓，即冉雍。理由很简单，既然季路可称子路，仲弓自然也可称子弓。另一说是商瞿的弟子馯臂子弘。《史记·仲尼弟子列传》说"孔子传《易》于瞿，瞿传楚人馯臂子弘"，所以后世学者便有子弓就是馯臂子弘之说。大致杨倞、吴莱、汪中、俞樾、张岱年、马积高等主前说，

① 钱穆：《先秦诸子系年》，第263页。
② 蒋礼鸿：《商君书锥指》，北京：中华书局，1986年，第1～2页。
③ 郭沫若：《十批判书》，第262页。

韩愈、张守节、郭沫若等主后说。另外，《史记·仲尼弟子列传》之《索隐》和《正义》均引应劭云"子弓是子夏门人"，或许馯臂子弓先后就学于商瞿和子夏，也未可知。马积高在《荀学源流》一书中论证了"子弓非仲弓莫属"，并且认为仲弓是荀况思想的学术渊源。[①] 不过，仲弓与荀况毕竟相隔两百余年，中间师承环节已经难以知晓。荀况曾游学齐国稷下，故受到了其他战国诸子的影响，其思想体现出多元驳杂的特点。如荀况大谈事"主"之道，教人"持宠处位终身不厌之术"（《荀子·仲尼》），透出一股浓浓的法家气息，故后世儒家认为荀况并非醇儒。

原本在孔子的思想观念里，礼与法是两种相互对立的治理方式。"道之以政，齐之以刑"，就是法制；"道之以德，齐之以礼"，则是礼制。两者的差异在于，礼制是柔性的，法制是刚性的；礼制依靠道德感化，法制依靠刑律强制。正如冯友兰所说："在春秋时期礼和法是对立的，因为当时所谓的礼就是周礼。"[②] 周礼兼具礼治与德义，且更重视德义的核心价值导向。但是，礼与法又有相近相通之处，都是对人的思想行为的外在规范。正如余英时所说："儒学内部，如果非常强调礼和礼治的一面，很容易走上法家道路。因为礼与法原本就是相通的。"[③] 当然，实现儒法之间内生共通性的适时转化还需要一定的时势条件。时至战国时期，由于战争频仍、经济转型、社会变革带来的时局动荡，以及各国强化中央集权的政治需要，法的强制性规范作用日渐凸显。荀况适应时代的要求，一方面隆礼，另一方面尚法，将儒家的礼义转换为礼法，将儒家的礼制转换为法制。这虽只是荀况推动战国儒法转化的一小步，却是十分关键的一步。

为了实现这种适时应势的儒法转化，荀况提出了人性恶的理论，作为推行法治的学理基础。荀况明确说："人之性恶明矣，其善者伪也。"（《荀子·性恶》）荀况的性恶论与孟子的性善论是针锋相对的，所以他的礼法思想与孟子的德治思想也是对立的。在荀况看来，正因为人性本恶，所以单靠礼义无法禁暴弭乱，还需要依靠所谓的"法度""法数"。荀况认为，对于士人可以用礼乐节之，对于"众庶百姓，则必以法数制之"（《荀子·富国》）。关于礼法关系，荀况是这样表述的："故圣人化性而起伪，伪起而生礼义，礼义生而制法度。然则礼义法度者，是圣人之所生也。"（《荀子·性恶》）所谓"伪"，就是人为；"化性起伪"就是为了改变性恶而

① 马积高：《荀学源流》，上海：上海古籍出版社，2000年，第142～146页。
② 冯友兰：《中国哲学史新编》第二册，北京：人民出版社，1982年，第366页。
③ 余英时：《中国思想传统及其现代变迁》，桂林：广西师范大学出版社，2004年，第185页。

进行人为的努力，即制定"礼义法度"。在这里，荀况的学理逻辑十分明晰：因为人性恶，所以要"化性起伪"，即通过必要的社会规范改变人的本性；为此要"生礼义"，即确定礼义原则；又要"制法度"，即制定法条尺度。于是儒家的"礼义"就顺理成章地转变为法家的"法度"，从而完成了礼与法的合流。正如冯友兰所说："在战国时期，礼和法并不是对立的而是平行的。"①用现在的话来说，"礼义"就是规范性原则，"法度"就是规范性手段——对于法家来说，无非就是刑与赏"二柄"。

当然，荀况毕竟与法家有别，他还是将礼义作为法度的一种前置，甚至将礼置于法之上，认为"礼者，法之大分"（《荀子·劝学》）。所谓"大分"，就是总纲、统率。这使荀况保留了儒家学者的本色。

3

子夏有两位前期法家弟子李悝、吴起，荀况则有两位后期法家弟子韩非、李斯。韩非完全抛弃了乃师礼法关系中的"礼义"之维，极力彰显了"法度"之维，这就拉开了他与乃师的思想距离。正如马积高所说："在荀子思想中，法只是处于一种从属礼义的地位……而在韩非的学说中，法术（以及与之相关的势）乃占支配地位的政治思想。"②另外，韩非还最大程度地吸收了商鞅、慎到、申不害的法、势、术思想，不仅在内容上摒弃了礼法的道义性价值取向，还在实践上大大强化了法术的统摄性规范力度，从而将维护君王个人统治作为实施法术的唯一目的，于是所谓的"法"便沦落为单纯服务于君王专制统治的工具。当儒家的礼治最终被剥离了仁义内核，便完全蜕变为法家的法术。韩非迈出了战国儒法转化的一大步，而且是根本性转折的一步。

法家强调维护君权，儒家其实也强调维护君权，这是双方重要的共通之处。我们知道，孔子及其弟子们在面对王权式微、君权下移之时，都主张尊君权、强公室、抑私门，但是与法家不同的是，孔子维护君权的根本目的并不是单纯强化君权，而是旨在恢复周朝礼乐等级制度。他们的尊君与其说指向具体国君，毋宁说针对礼乐文化。这与后期法家只效忠君王一人，具有本质的不同。二十世纪六七十年代，几乎整个社会都在大谈"儒法斗争"，似乎"儒法斗争"是春秋战国时代诸子百家争鸣的主线。其实，在战国时期儒家主动挑起的争论中，有儒家与墨家的争论、儒家与道家的争论、儒家与杨朱之学的争论，却鲜有儒家与法家人物的争论。这主要是

---

① 冯友兰：《中国哲学史新编》第二册，第366页。
② 马积高：《荀学源流》，第186页。

因为，在战国前期，法家大都属于务实的政士，在诸子学术思想界的影响并不大；在战国中期，儒家与法家存在着学理上的公共区域，作为"显学"的儒家并未关注到法家的质变过程，没有视其为亟待攻击的异端；到了战国晚期，在秦国强大势力的加持下，法家已达到如日中天的程度，而孟子之后的正统儒家在社会上的影响力已日渐减弱，他们面对法家学说和法术政治，已无力发起正面进攻。

后期法家从儒家的学术"师门"中独立出来，自觉拉开与儒家的思想距离，甚至有意识地通过批判儒家来彰显自身的理论价值。所以，我们看到《韩非子》中有许多观点是以抨击儒家的方式表达出来的，展现了韩非对儒家思想的深入研究。这与他师事荀况不无关系。韩非有针对性地批评儒家，始于战国晚期法家臻于成熟之后。这是法家与儒家分道扬镳的重要信号，也意味着儒家礼学思想中的两大核心支柱——仁学与民本思想——已经在法家思想中荡然无存，法家终于沦为一心一意服务于君权专制统治的政治思想。李斯的法家思想与韩非基本一致，"韩非乃发展法家理论之后劲，李斯为实行法家政术之殿军"[①]。李斯通过直接的政治参与，完成了韩非设计的专制政治蓝图，帮助秦国统治者统一了天下。

顺便说一句，法家的思想渊源是多头的，除了以子夏和荀况为主的儒家外，还有春秋时期以齐国管仲为代表的法家思想萌芽。管仲重视社会功利，施行刑赏政策，认为"法者，天下之至道，圣君之实用也"，主张"君臣上下贵贱皆从法"（《管子·任法》），从而形成了齐法家的思想渊源。法家思想第三个重要的源头是道家《老子》之说，道家的刑名法术思想直接影响了申不害关于"术"的政治权术论。如果说子夏氏之儒给法家注入了相对有益的礼法内涵，齐法家给法家带来了颇具效用的刑赏思维，那么道家的刑名法术则为法家添补了充满诡诈的阴谋权术。

四、儒表法里与汉家制度

1

秦王朝将法家思想发挥到极致，在政治上唯我独尊、穷奢极欲，在法治上操术制下、重罚滥刑，在思想上焚书坑儒、钳口禁言，在文化上以法为教、以吏为师，结果落得二世而亡的结局。有鉴于秦亡的前车之鉴，汉

---

① 萧公权：《中国政治思想史》，沈阳：辽宁教育出版社，1998年，第252页。

初统治者崇尚黄老之学，主张清静无为。与此同时，法家思想依然延绵不绝，在知识群体中影响流布；儒家思想则东山再起，儒生通过参与反秦斗争以及为新政权制礼作乐，重新取得一定的学术话语权。

这三种思想夹杂并存，彼此渗透，相互影响。我们看到一个非常独特的现象，当时许多官僚、学者、士人对各种思想兼容并蓄。正如刘泽华所说："汉初诸子之学有别于先秦，亦不同于汉中期以后，各个学派之间的交融合流成为时尚。许多著名思想家和政治家都是杂学之士，如陆贾兼学儒道，贾谊兼及儒法，董仲舒以阴阳五行融入公羊《春秋》，主父偃'学长短纵横术，晚乃学《易》、《春秋》、百家之言'，公孙弘'少时为狱吏'，后来'乃学《春秋》杂说'。"①我们仔细分析这些汉朝前期人物的思想特征，可以发现他们总体上都应归入儒家。也就是说，这些人或先或后都朝着儒家的方向发展，最终融入儒术复兴的社会主流思潮之中。然而这些人大都是从前朝过来的，或多或少都曾受到秦朝法家主流思想的影响，属于一批打上了黄老思想、法家思想印记的儒家学者，是黄老之士、法术之士向儒学之士的转化。汉代陆贾就是一位深受黄老思想影响、既批评法家又吸收法家思想的儒家士人，被后世认为是汉初儒家之始，其《新语》的主题就是儒家仁义德治思想。然而正如有学者所说："陆贾并非'醇儒'，他不仅引用老子'上德不德'的话印证其思想，并且在整个思想体系中也掺杂着若干黄老学的观点。"②与陆贾一样，贾谊的思想中除了儒家学说外，还吸取了法家、道家黄老学的观点，是汉初黄老思想助力法家思想复兴的又一例证。贾谊提倡仁心仁政，但其初衷不同于孔孟儒学的民本政治，而是出于攻守异术的需要，与陆贾"马上马下"之说如出一辙，体现出法家政治权谋的色彩。贾谊针对现实社会矛盾提出的所谓"治安策"，也不乏黄老、法家工于算计的政治精明。晁错的法家色彩更加浓厚。他虽然反对法家的极端思想，提出要"绝秦之迹，除其乱法"（《史记·袁盎晁错列传》），但也融儒于法，以儒家思想修正韩非、李斯的法家思想，以期继续加以利用。史迁说："贾生、晁错明申、商。"（《史记·太史公自序》）如果说陆贾、贾谊体现了援法于儒的儒家本色，那么晁错则体现了援儒于法的法家特质，史称其"峭直刻深"（《史记·袁盎晁错列传》），最后落得韩非、李斯同样的结局。萧公权在《中国政治思想史》中对汉代儒法合流的现象做了总结：

---

① 刘泽华主编：《中国政治思想史》（秦汉魏晋南北朝卷），杭州：浙江人民出版社，1996年，第109页。

② 丁原明：《黄老学论纲》，济南：山东大学出版社，1997年，第235页。

盖汉代政治始终兼用儒法。二家势力有起伏而无废绝。朝廷之政治如此，则士大夫有意仕进者自不免兼取二术以求易售。其著者如"张汤决大狱欲傅古义，乃请博士弟子治《尚书》《春秋》，补廷尉史，亭疑法"。此任法而饰以儒学之例。董仲舒以经义断狱，作《春秋决事比》，此以儒术应用于刑法之例。至如贾谊、晁错诸人，兼受孔孟申商之学，尤为儒法合流之明证。二家皆致用之学，呈此混杂之现象，乃专制天下环境中自然之结果，不足异也。①

春秋战国时期，诸子并起，百家争鸣，各种社会思潮层出不穷。到了秦亡汉兴之后，思想文化的发展呈现出纷繁复杂的局面，并非通常所说的"罢黜百家，独尊儒术"那么简单。事实上，思想文化史的演进常常是多头并进、相互激荡、彼此交融的复杂历程，而不是此起彼伏、此消彼长、彼此取代的单一进程。秦始皇焚书坑儒，儒家思想并未消亡；汉武帝罢黜百家，法家思想依然存在。两者在彼此渗透、悄然融合中，演化出一种新的主流思想，从而最终成为封建社会的长期统治思想。

2

经过文景之治后，黄老思想逐渐失去主导地位，儒家思想与法家思想既相互颉颃，又彼此融合，最后以"儒表法里"的形式构建了"王霸道杂之"的汉家制度。这个过程大致经历了三个阶段，试述如下：

第一个阶段是儒家与法家之间明争暗斗、相互影响的阶段，时间大致从文景到武帝时期。

我们看到，汉初儒家与法家之间发生过观点冲突，甚至出现了廷争：

清河王太傅辕固生……与黄生争论景帝前。黄生曰："汤武非受命，乃弑也。"辕固生曰："不然。夫桀纣虐乱，天下之心皆归汤武，汤武与天下之心而诛桀纣，桀纣之民不为之使而归汤武，汤武不得已而立，非受命为何？"黄生曰："冠虽敝，必加于首；履虽新，必关于足。何者，上下之分也。今桀纣虽失道，然君上也；汤武虽圣，臣下也。夫主有失行，臣下不能正言匡过以尊天子，反因过而诛之，代立践南面，非弑而何也？"辕固生曰："必若所云，是高帝代秦即天子之位，非邪？"景帝曰："食肉不食马肝，不为不知味；言学者无言汤武受命，不为愚。"遂罢。（《史记·儒林列传》）

① 萧公权：《中国政治思想史》，第263页。

辕固生认为汤武诛桀纣符合天意民心，这是先秦"惟德是辅"政治学说的天命征诛之义，也是孔孟儒家政治思想的底色，即便荀况这样的儒法之士也承认"桀纣无天下而汤武不弑君"（《荀子·正论》）。黄生完全无视对君王的德性要求，以君臣上下关系作为衡量是非的唯一标准，这是典型的后期法家思想，与韩非"尧舜汤武或反君臣之义"（《韩非子·忠孝》）如出一辙。辕固生与黄生之间的争论体现了汉初儒、法思想之间的冲突。然而，这只是事情的表面。黄生与辕固生廷争于汉景帝面前，恰恰说明汉景帝本人允许儒、法两种思想并存，他最后以和稀泥的方式回避了"汤武受命"这个话题，就是不希望儒、法之间的矛盾过于激化，反映了他对儒、法思想的兼容并蓄。

明白了儒法兼容、众说纷杂的文化背景，再来看所谓的汉武帝"罢黜百家，独尊儒术"，我们就不能从字面上简单理解它的意义。表面上看是"罢黜百家"，实质上法家思想早已融入儒术。也就是说，汉武帝"独尊"的是兼容法家之说的儒术。被认为儒学大师的董仲舒在这个儒法交融的过程中发挥了学理创新的关键作用，为汉代政治文化提供了一种兼容儒学、法术乃至阴阳五行杂说的理论体系。正如冯友兰所说："董仲舒的对策，不过是重新肯定武帝所执行的'罢黜百家'的政策，再一次强调其重要性而已。董仲舒的历史任务，不在于制定这个政策，而在于给'六艺之科，孔子之术'以新的内容。"[①]这个"新的内容"就是适应汉朝中央集权专制统治需要的新"儒术"。董仲舒出色地完成了这一文化使命，他融合了阴阳家、黄老、法家思想，用阴阳五行说、天人感应论、灾异谴告说、人性三品论、三纲五常论、刑德并用说、《春秋》决狱法等，拼凑出一个形上形下相统一的政治伦理体系，成为汉代占统治地位的儒家新说。有些学者称之为汉代"新儒学"，以别于战国时期儒学。

这基本上是一个"旧瓶装新酒"的文化理论改造过程。这瓶"新酒"当然保留了一些孔孟之道的"原浆"，却也掺杂进许多战国以来诸子百家的"杂质"。郭沫若在《秦楚之际的儒者》一文中说："先秦儒家事实上也完全变了质。秦以前的所谓'儒'和秦以后的所谓'儒'，虽然在其本身也有传统上的关系，但那传统是完全混淆了的。所有先秦以前的诸子百家，差不多全部都汇合到秦以后的所谓儒家里面去了。"[②]顾颉刚也说："但劝武帝罢黜百家的董仲舒，他真是孔子的信徒吗？听了董仲舒的话尊崇儒家的武帝，他真行孔子之道吗？这不劳我细说，只消把董仲舒所作的《春

---

① 冯友兰：《中国哲学史新编》第三册，第43页。
② 郭沫若：《青铜时代》，第223页。

秋繁露》，和记武帝事实最详细的《史记·封禅书》去比较《论语》，就
会知道。"①在董仲舒这里，我们看不到原汁原味的孔子仁学思想、惠民
富民思想、君礼臣忠的对应观念以及孟子民本仁政思想等先秦儒学精粹，
反倒充斥着孔子罕言的天命决定论和粗陋不堪的天命感应论，以及强加于
孔子名下的公羊学"春秋大义"，并夹裹了大量法家的法、术、势思想。
正如孙开泰所说：

> 以法律为手段来巩固封建伦理制度，则几乎是韩非理论的延续
> 和发展。董仲舒将韩非的理论发展为"君为臣纲，父为子纲，夫为妻
> 纲"，并使其成为封建法律的一个组成部分。凡违犯"三纲"者，绝
> 不仅是道德上的审判，而且要受到严厉的法律制裁。汉律中对违犯"三
> 纲"的行为，一律视为"大逆不道"，要严惩不贷。从这些方面，我
> 们都可以看到，法家理论对汉朝法制的影响之大。以至有人认为，汉
> 王朝统治者的指导理论是"外儒内法"，即在外表上信奉儒家理论，
> 而实际上则是更多地吸收了法家的理论。其实，汉朝董仲舒之儒的理
> 论已经不再是春秋战国时的儒家理论了，他提出"罢黜百家，独尊儒
> 术"这一主张时，就已将儒术进行了大规模的改造，并对先秦诸子百
> 家的理论都有所吸收，其中也吸收了法家的理论。由于这些原因，导
> 致了汉朝的法制与秦朝非常类似，所以才有"汉承秦制"的说法。②

　　第二个阶段是儒家与法家之间的内在抵牾与矛盾导致了正面对抗的阶
段，时间大致在昭帝时期，尤以盐铁会议为双方激烈冲突的高潮。
　　尽管儒术本身已经受到了法家思想的侵浸，但相对纯正的儒者依然对
法家思想及其现实政策予以不断反击。武帝后期，随着穷兵黩武政策弊端
的暴露，朝廷终于更弦改辙，战争与战时体系让位于和平与休养生息，儒
生，即所谓"贤良文学"的地位再次上升，于是他们在盐铁会议上发起了
针对以桑弘羊为首的法家代表人物及其思想和现实政策的猛烈批评。关于
桑弘羊法家思想的实质，金春峰有过精辟的论述：

> 法家思想从先秦商鞅、韩非正式形成为一个派别以来，经历几
> 百年的时间，体现它的政策和具体政治实践是随着情况不断改变和发
> 展的。桑弘羊不同于晁错，晁错不同于韩非，韩非不同于商鞅，但它

①　顾颉刚：《汉代学术史略》，北京：人民出版社，2008年，第35页。
②　孙开泰：《法家史话》，第142页。

作为指导思想的基本要点是没有改变的：废德尚力，否定文化教育的作用；峻法严刑，以虐戾为俗；尚功实，求富国强兵，尊主卑臣等等。桑弘羊在答复贤良文学的责难时，所依据和发挥的，正是法家的这些基本思想。[①]

我们读《盐铁论》便知，贤良文学对法家的攻击是大无畏的，也是全方位的。他们主要运用孟子的民本思想和仁政主张，反对将皇室、官府、豪强的利益置于普通民众之上，主张休养生息，发展社会生产。这场斗争标志着汉代儒家对法家的主动进攻达到了正面冲突的程度，并形成了一定的压倒性优势。金春峰接着写道：

> 盐铁会议成为一个分界线。会议以前，儒法两家思想的关系是既相互斗争，又相互融合，而以融合为主，儒家思想甚至以外儒内法、兼收并蓄的形式出现。会议以后，则儒家思想对法家思想以排斥为主，更自觉地在清除法家的过程中向前发展。[②]

当然，这里所说的"清除"是就法家作为一种独立思想在社会上的显性存在而言的。至于那些早已悄然融入汉代新儒学的隐性法家元素，不但没有被清除，而且正在发挥重要作用。

第三个阶段便是"王霸道杂之"的汉家制度的完成阶段。在这一阶段，儒家表面上压倒了法家，成为汉代占统治地位的政治思想，实质上法家思想已经融入汉家王朝的统治思想之中，或者以儒家礼法思想的面目呈现于世，或者以"儒显法隐"的方式发生作用。总之，汉昭帝以后，现实中的儒法斗争基本结束，形式上儒家独尊地位已经确立，表面上儒家思想取得了压倒性胜利，其实法家思想和法术手段仍然是统治者不可或缺的政治理念和统治工具，在政治实践的各个具体层面上持续产生深远影响。

汉代重儒之君首推汉武帝，他也的确实施了不少推崇儒术的政策。但汉武帝又是一位专制欲极强的君主，这驱使他同时奉行法家之术。这个秘密曾被汲黯发现并点破，汲黯当面批评他："陛下内多欲而外施仁义，奈何欲效唐虞之治乎！"（《汉书·张冯汲郑传》）汉武帝怒而变色，当场

---

① 金春峰：《汉代思想史》，北京：中国社会科学出版社，1997年，第2版，第294～295页。
② 金春峰：《汉代思想史》，第295页。

罢朝。所以吕思勉说："汉崇儒之主，莫过于武帝；其为治，实亦儒法杂。"①
到了汉元帝时代，统治者对于"儒法杂"已不再讳言。

> 孝元皇帝……柔仁好儒，见宣帝所用多文法吏，以刑名绳下。……
> 尝侍燕，从容言："陛下持刑太深，宜用儒生。"宣帝作色曰："汉
> 家自有制度，本以霸王道杂之，奈何纯任德教，用周政乎？"（《汉
> 书·元帝纪》）

这就是著名的"霸王道杂之"的出处，由统治者亲口道出，真切道破
了汉朝统治思想"外儒内法"的真相。

说到底，法家思想的实质就是君权绝对至上的观念，以及利用一切手
段维护君权专制的法术施行。其中，最具典型性的做法就是将皇帝诏令作
为最高法律。正如孙开泰所说：

> 在汉朝的几种法律形式中，"令"是其中具有最高权威性的一种。
> 所谓的"令"也就是君主的诏令。"令"可以凌驾于其他诸法之上，
> 换而言之，也就是说君主的话就是具有最高效力的法。这便是对后期
> 法家理论，尤其是韩非"君权至上"理论的继承。②

这种以令为法的做法不仅标示出汉家王朝"独尊儒术"的法家实质，
而且也标志着古代封建社会法制与现代法治的本质区别。

上述西汉儒法激荡融合的三个阶段，可以用侯外庐等学者的一段话来
概括：

> 武帝以来，儒法相争，而实相成，故诘辩是形式，而他们之间
> 的相互表里，又表现出汉代的文化政策。他们两派在朝廷之上居然能
> 够大打笔墨官司，而无所顾忌，就意味着在朝野合法的矛盾之上，还
> 有一个统一——宣帝所谓王霸杂之的汉家法，这即是说，阴法阳儒的
> 矛盾，由皇帝御而用之，可以头头是道。③

---

① 吕思勉：《吕思勉读史札记》，上海：上海古籍出版社，1982 年，第 648 页。
② 孙开泰：《法家史话》，第 140～141 页。
③ 侯外庐、赵纪彬、杜国庠等：《中国思想通史》第二卷，北京：人民出版社，1957 年，
第 180 页。

汉代"儒表法里"政治特色的另一个表现就是循吏与酷吏的并存，余英时说：

> 终两汉之世，循吏与酷吏两大典型虽因各时期的中央政策不同而互为消长，但始终有如二水分流，未曾间断。从思想源流的大体言之，循吏代表了儒家的德治，酷吏代表了法家的刑政；汉廷则相当巧妙地运用这两种相反而又相成的力量，逐步建立了一个统一的政治秩序。[①]

事实上，我们细检《史记》《汉书》，那些所谓的循吏，也大都兼通法术。《汉书·循吏传》列举了汉代前期"居官可纪"的三大循吏：江都相董仲舒、内史公孙弘与兒宽，"三人皆儒者，通于世务，明习文法，以经术润饰吏事，天子器之"（《汉书·循吏传》）。以公孙弘为例，此人少时为狱吏，精通法吏之事，四十岁才学《春秋》杂说，通过一篇以儒饰法的策对拜为博士，"习文法吏事，而又缘饰以儒术，上大说之"（《史记·平津侯主父列传》），遂平步青云，直至丞相，被老儒辕固生斥为"曲学以阿世"（《汉书·儒林传》）。类似公孙弘以习文法史事官至丞相的还有魏相、丙吉、黄霸等，他们的共同特点就是用经术润饰法术，以儒雅缘饰法律，成为儒法交融"汉家制度"的具体执行者。这些"习文法吏事"的儒术之士，与"霸王道杂之"的最高统治者、"外儒内法"的新儒学思想一起，构成了"三位一体"的汉代政治图景。

五、孔子的三种形象

1

在孔子的一生当中及其去世后的四五百年里，其呈现给世界的是什么样的形象？孔子的形象是变化多端的，但这并不完全取决于孔子本身，而是取决于后世人们的需要。顾颉刚在一场题为《春秋时的孔子和汉代的孔子》的讲演中说："各时代有各时代的孔子，即在一个时代中也有种种不同的孔子呢（例如战国时的孟子和荀子所说的，宋代的朱熹和陆九渊所说的）。各时代的人，他们心中怎样想，便怎样说，孔子的人格也就跟着他

---

① 余英时：《士与中国文化》，上海：上海人民出版社，1987年，第158页。

们变个不歇。"①我们都知道，古人"我注六经"的结果常常是"六经注我"。每个时代研究孔子的学者，心中都有一面属于自己的独特镜子，孔子在镜中的形象不过是他们心灵的投射和时代的反映。

　　顾颉刚对春秋战国到两汉的孔子形象做了概括，大致上呈现出三种情况，即君子、圣人、教主。顾颉刚的原话是："春秋时的孔子是君子，战国的孔子是圣人，汉时的孔子是教主。"②当然，孔子在西汉之后还有许多不断变幻的形象。顾颉刚说，孔子在东汉又成了圣人，到他这一时代又快要成为君子了。不过，尽管孔子的形象在后世变来变去，大致上跳不出君子、圣人、教主这三种基本情况，颇有万变不离其宗的意味。顾颉刚的这个说法有没有道理呢？答案是有道理的。傅斯年和张荫麟都认同顾颉刚的说法。傅斯年说这篇文章"和我上次信上的意思大致相同"，张荫麟也说"此文大体极允当"③。顾颉刚此文发表于1926年，至今差不多一百年了，其间研究孔子的学者难以计数，直到今天，我们也没有看到有哪种说法比顾说更好地概括了孔子形象从春秋到战国再到西汉的变化。

　　当然，顾颉刚的说法也带有他那个时代的印记，如"教主"一词，源自当时社会上将儒家传统文化称为"孔教"，于是孔子就成了"教主"。事实上，孔教这种说法并不十分妥帖，现在也鲜有人再如此称呼了。另外，当时也有不同意顾说的学者，如卓兰斋就认为，"君子"一词太普通，凡是学道者都可以称君子，春秋时的孔子形象不应只是君子，而应该称圣人。还有当代学者认为，孔子从未承认自己是圣人，所以我们不应称孔子为圣人，这种逻辑又遭到了别的学者的批评。凡此种种，意味着我们今天仍有必要在顾说的基础上继续深入探讨这个问题。事实上，这也是一本孔子论传收尾前需要涉及的话题。

　　下面我们就此展开讨论。我们先从卓兰斋的疑问谈起，看看孔子在他所处的时代到底算是圣人还是君子。春秋时期确实有圣人、君子之说，两者都意指具有高尚人格的人，只不过在层次上有等而下之的区别。我们看到《尚书》《诗经》《左传》中都有相关记载。《左传》中有二十六处提到"圣"字，包括圣王、圣人、圣贤、神圣等。需要指出的是，春秋时代的所谓"圣"或"圣人"除了德性超群之外，似乎还有一种特殊的聪明智慧，甚至具备某种超乎一般凡人的神异能力。我们举两个《左传》中的例子：鲁襄公二十二年（前551年），臧武仲如晋，半途遇雨，御叔讥讽他"雨行，

---

① 顾颉刚编著：《古史辨》第二册，第99页。
② 顾颉刚编著：《古史辨》第二册，第104页。
③ 顾颉刚编著：《古史辨》第二册，第105～107页。

何以圣为"（《左传·襄公二十二年》）。看来臧武仲平时有圣人的口碑，但是没有预见下雨，所以遭到了御叔的嘲笑。《左传》中还有一段"君子曰"，说《春秋》"非圣人谁能修之"（《左传·成公十四年》），言下之意是修《春秋》者具有一种非凡的能力。另外，《庄子》谈及"盗亦有道"时，说"夫妄意室中之藏，圣也"（《庄子·胠箧》），暗示"圣"有一种超乎常人感官的特异功能，正如繁体字"聖"的结构所蕴含的闻声知情、无事不通之义。综上所述，圣人指称的是凡人中的极度优秀者，所谓"万人曰杰，倍杰曰圣"（《礼记·礼运》），圣人一般在道德、智慧或能力上超越常态，达到了超凡入圣的境地。

与时人一样，孔子也认为圣人是存在的。

> 孔子曰："君子有三畏：畏天命，畏大人，畏圣人之言。小人不知天命而不畏也，狎大人，侮圣人之言。"（《论语·季氏》）

孔子认为自己没有机会见到圣人，但有机会见到君子。这说明，君子比圣人略次一等，仍属于常人，是常人中的德行优秀者。

> 子曰："圣人，吾不得而见之矣，得见君子者，斯可矣。"子曰："善人，吾不得而见之矣，得见有恒者，斯可矣。亡而为有，虚而为盈，约而为泰，难乎有恒矣。"（《论语·述而》）

此外，孔子明确说自己不是圣人。

> 子曰："若圣与仁，则吾岂敢。抑为之不厌，诲人不倦，则可谓云尔已矣。"公西华曰："正唯弟子不能学也。"（《论语·述而》）

孔子说，圣与仁这两个字，我是不敢当的。孔子说这番话，大概是由于当时确有人说他是"圣与仁"，故予以否认。这并非孔子谦虚，而是当时人们认为"圣"具有某种类似于"先知先觉"的素质。孔子将人分为"生而知之者"和"学而知之者"，"生而知之者上也，学而知之者次也"（《论语·季氏》）。孔子坦承"我非生而知之者"（《论语·述而》），又说自己"多闻择其善者而从之，多见而识之，知之次也"（《论语·述而》）。这里的"知之次"就是学而知之。所以，孔子说自己岂敢称圣与仁，最多能做到"为之不厌，诲人不倦"，否认自己"生而知之"。弟子公西赤也接受这种看法，所以接着孔子的话说：即使您不是生而知之，您的这种持之以恒的学习态度也是我们很难做到的。

当时，社会上确实有人认为孔子是圣人之后。鲁昭公二十四年，孟孙玃病不能相礼，召其大夫说："吾闻将有达者曰孔丘，圣人之后也。"（《左传·昭公七年》）尽管孟孙玃对孔子评价很高，但并未说孔子就是圣人，仅许以"达人"。

孔门弟子中也有人认为孔子是圣人。子游与子夏曾就"门人小子"的学习内容进行过隔空争论，子夏认为，学习君子之道"有始有卒者，其惟圣人乎"（《论语·子张》），这里的圣人应该就是指孔子。另外，楚国太宰伯嚭和子贡似乎也认为孔子是"圣者"。

> 太宰问于子贡曰："夫子圣者与？何其多能也。"子贡曰："固天纵之将圣，又多能也。"子闻之，曰："太宰知我乎。吾少也贱，故多能鄙事。君子多乎哉？不多也。"（《论语·子罕》）

伯嚭与子贡都说孔子是圣者，相当于圣人。但孔子仍然不承认自己是圣人，只以君子自许。

在《论语》另一处，孔子甚至否认自己是"躬行君子"。

> 子曰："文，莫吾犹人也？躬行君子，则吾未之有得。"（《论语·述而》）

孔子的意思是，就"文"而言，我应该与别人差不多吧？至于身体力行的君子，我尚未完全达到。《论语》中有七八十条讲到君子的，顾颉刚从中概括出君子的品格：恭、敬、仁、惠、知、学、义、勇。在孔子看来，这些君子人格要素都属于现实中的理想美德，是凡人能够做到的品质，但真正做到的人并不多，孔子认为自己也未能完全符合。从这个意义上讲，我们说孔子是一个人格高尚的凡人，或许更符合孔子的私意。

圣人当然比君子要求更高。以君子品格中的"仁"来说，当子贡问孔子"如有博施于民，而能济众，何如？可谓仁乎"，孔子的回答是"何事于仁，必也圣乎！尧舜其犹病诸"（《论语·雍也》）。这段对话透露出，孔子认为仁是一种个体内在的品质，而圣则需将内在品质转化为施民济众的实际行动。所以，在圣人的特质中，还应包含关爱天下百姓的情怀和博施济众的实践精神。鲁哀公十六年，孔子去世，哀公在诔文中称孔子为"一老"和"尼父"，并未提及"圣"字。后来叔孙州仇、陈子禽等人与子贡谈及孔子，他们也只在"贤"的范围内进行讨论，并未涉及"圣"。

综上所述，我们大致可以得出如下结论：圣人是春秋时期对人格品质特别优秀甚至具有特异能力之人的称呼；对于孔子来说，圣人还需具有以民为本的情怀和爱民惠民的具体实践。从史料来看，在现实生活中确有普通凡人被称为圣人者，但为数极少。孔子在世时，已有人将孔子称为圣人，孔子也知道有人称他为圣人，但孔子明确表示自己称不上圣人，最多只能称为君子。基于上述分析，我们认为在孔子在世及去世后的春秋时期，孔子留给世人的形象主要还是一位君子，尽管孔门弟子中已经有人开始将孔子视为圣人。

2

到了战国时期，儒家代表人物孟子、荀子都将孔子视为圣人。《孟子》近五十次提到"圣"字，许多直接涉及孔子。概要如下。

第一，孟子言之凿凿地认为孔子就是圣人。孟子在与弟子公孙丑的交谈中，认为伯夷、伊尹、孔子"皆古圣人也"（《孟子·公孙丑上》）；又说"伯夷，圣之清者也；伊尹，圣之任者也；柳下惠，圣之和者也；孔子，圣之时者也。孔子之谓集大成"（《孟子·万章下》）；孟子还曾引"智足以知圣人"的宰予、子贡、有若的话，来证明孔子就是圣人。

第二，孟子对圣人的界定标准似乎较春秋时期略有降低，只要达到智、仁即可。

> 昔者子贡，问于孔子曰："夫子圣矣乎？"孔子曰："圣则吾不能，我学不厌而教不倦也。"子贡曰："学不厌，智也；教不倦，仁也。仁且智，夫子既圣矣！"（《孟子·公孙丑上》）

对于子贡"仁且智既圣"的说法，孟子是赞同的。相较于春秋时期的圣人品格，孟子似乎有意突出圣人的道德要素，弱化了圣人的异能特质。他说："规矩，方员之至也；圣人，人伦之至也。"（《孟子·离娄上》）在孟子看来，仁义礼智是最为要紧的人性"四端"，所以与其说孟子降低了圣人的标准，毋宁说他抬高了"四端"的地位。不过，可以肯定的是，孟子确实强调了圣人的平凡性或曰平民性，他借有若之口说，"麒麟之于走兽，凤凰之于飞鸟，太山之于丘垤，河海之于行潦，类也。圣人之于民，亦类也。出于其类，拔乎其萃，自生民以来，未有盛于孔子也"（《孟子·公孙丑上》)。在孟子看来，孔子虽然是最伟大的圣人，但与普通平民是同类，只不过是其中出类拔萃的优秀者而已。孟子还明确说："圣人与我同类者。"（《孟子·告子上》）当曹交问他："人皆可以为尧舜，有诸？"孟子的回答是："然。"（《孟子·告子上》）这句话抹平了"圣""凡"之间的鸿沟，对后世影响巨大，体现了儒家文化的理性主义和现实主义特色。

孟子之所以将圣人品格平民化，大概有主客观两个原因。从客观上讲，战国时期农民阶层和平民群体在社会上的影响力不断增强，作为贵族之末与平民之首的士人阶层正在迅速崛起，孟子本人就是其中之一。孟子提出平民化的圣人理想人格，有利于更多的士人与孟子一样接续圣人事业。另外，战国时期随着士人群体的不断扩大，所谓的"君子"也越来越多，孟子看到"今之君子"已不复有"古之君子"的品质，所以用圣人人格而非君子人格来激励士人实现更高的人生目标。从主观来看，孟子的民本意识相当强烈，故有意拉近圣、凡之间的距离。孟子在解释为什么圣人与凡人同类时，不是简单地从圣人、凡人皆为人类的角度来讲，而是从人性相同、人心相通的道德心理学意义来说的。孟子说："心之所同然者何也？谓理也，义也。圣人先得我心之所同然耳。故理义之悦我心，犹刍豢之悦我口。"（《孟子·告子上》）圣人只是比凡人先一步体证了内在的人性义理。换句话说，凡人只要体证自己内心的人性义理，即可成为圣人。这是从道德人心的意义上将圣人、凡人视为同类，最大程度地张扬了普通人至高无上的内在生命价值，是孟子民本思想的最高境界——超越了政治、经济、社会意义上的民本主义，达到了主体人格意义上的平等，类似于孔子所说的"我欲仁，斯仁至矣"的意境。另外，孟子本人也是以圣人为人生目标的。孟子说："乃所愿，则学孔子也。"（《孟子·公孙丑上》）又说："能言距杨墨者，圣人之徒也。"（《孟子·滕文公下》）这明显是以圣人之徒自居了。孟子还说："圣人复起，不易吾言矣。"（《孟子·滕文公下》）看来，孟子似乎感觉自己已达到与圣人相近的境界。

荀况也明确认为孔子是圣人。荀况曾指出圣人的作用是化性起伪，这里的"伪"就是指人为制定的"礼义法度"，圣人以此纠正和克服人性天然的恶。所以"性伪合，然后成圣人之名，一天下之功于是就也"（《荀子·礼论》）。这个制定礼义法度的圣人，在荀况看来，应该就是孔子。只不过孔子一生并不得志，未能亲自实施礼义法度，"是圣人之不得势者也，仲尼、子弓是也"（《荀子·非十二子》）。需要指出的是，荀况是注重政治实践的人，所以《荀子》一书更多是讲"圣王"而非"圣人"。

其他战国诸子，包括韩非、庄子及他们的后学等，无论是孔子的拥趸或论敌，无论用调侃的语气抑或蔑视的口吻，都曾用"圣人"一词称呼孔子。如韩非说："仲尼，天下圣人也。"（《韩非子·五蠹》）《庄子》则说"圣人不死，大盗不止"（《庄子·胠箧》），虽未指名道姓，但应该是暗指包括孔子在内的儒家圣贤。《庄子》中有不少以孔子为主角的寓言与重言，多有涉及圣人的话题，直接称孔子为圣人的倒不多，唯《盗跖》中以盗跖之口斥责孔子"子自谓才士圣人邪"云云，虽是虚构之事，也算是孔子圣人之名流布于战国时期的一个佐证。

综上所述，我们得出的结论是，尽管对不同的人来说，"圣人"的含义不尽相同，但在战国时期孔子的圣人形象已在儒家士人和其他社会人士中广为流传，这是确凿的事实。

3

西汉有关孔子及其思想的传播和发展，用一句话来说，就是孔子思想与孔子被同时神圣化。这种神圣化具体沿着两条路径展开。一条路径是从经典文本入手，将五经视为孔子手定、体现孔子思想的载体，通过从经到纬再到谶的过程，将经学和谶纬之学作为官方统治思想抬升到至高无上的神圣地位。另一条路径是从孔子本人入手，将孔子形象不断拔高乃至神化，通过祭祀、封号以及海量编造孔子神话，将孔子打扮成一个无所不知、无所不能且奇形怪状、妖里妖气的黑帝之子。其用意不仅是为了抬高孔子，更重要的是抬高这批自认为掌握孔子思想奥秘的儒生方士自身；其目的不仅是制造一套经学教义，更是服务于现实政治。于是，原本只是一介凡夫、一位君子，充其量被认为具有圣人人格的孔子，成了一个粗陋不堪的宗教之教主。顾颉刚说："我们要知道，孔子若不受他们的委屈，给他们作弄，孔教的一个名词是不会有的。经他们这样的造作了谣言，于是孔子便真成了黑帝之子，真成了孔教的教主。"[①]我们知道，《论语》中说子不语"怪、力、乱、神"（《论语·述而》）。孔子平时很少说神神怪怪的东西，没想到自己竟然被人变成了这种东西，而这些人又自称对孔子最了解和最尊崇。这种事情奇怪吗？一点也不奇怪。大凡一个伟人、一种思想在后世流传的时候，经常会遭受误解、变更、扭曲，甚至完全异化。正如有学者所说："孔子的形象像苏格拉底、柏拉图、耶稣、老子、摩西、穆罕默德和佛陀一样，已经被改变了，以便适应后来时代的不同需要。"[②]

---

① 顾颉刚编著：《古史辨》第二册，第99页。
② 〔美〕戴梅可、〔美〕魏伟森：《幻化之龙：两千年中国历史变迁中的孔子》，〔美〕何剑叶译，西安：陕西人民出版社，2020年，第37页。

相较于不同文化圈的上述诸贤，孔子经西汉谶纬家们幻化而呈现出的形象，算是其中比较离谱的一种。刘汉政权建立后，为了满足政治文化建设的需要，设立了五经博士，一共十四家。因为汉初刚刚经过秦火，儒家传统经典大多都已散失，这些博士儒生便说他们使用的经书本子，是经过代代师承、口口相传下来的，是最为正宗的嫡传。这些经书用当时流行的隶书写成，所以后来被称为今文经学。今文经学认定五经都是孔子所撰写的，蕴含了孔子深刻的思想体系。如果今文经学家们止步于此，不仅他们不失为富有理性的文化传承者，而且孔子的形象也能保持在一个正常的文化圣人范围内。但是，学术一旦与现实政治紧紧捆绑在一起，就会变得从头到脚都不能自主。正如侯外庐等学者所说："学术既然定于一尊，经学遂成为利禄的捷径，学术的正宗与政权的正统相互利用，搅在一起了。"[①]这些半学半官的经师们在政治需求和个人利禄的驱使下，大胆编造了一套说辞：孔子编撰六经并不是为了传承文化，而是为了提出一整套理想的古代制度，留给后世的人们用以改造现实的社会政治，这就叫"托古改制"。孔子一介平民，怎么会有这样的宏大想法和深远谋划呢？按照今文经学家的说法，"孔子有帝王之德而无帝王之位"[②]，孔子天命中本来是应该做天子的，但由于缺乏时势条件，所以终其一生未能达成天命，只能做一个有德无位的"素王"。怎么证明这一点呢？董仲舒《春秋繁露》说得很明白："西狩获麟，受命之符也，然后托乎《春秋》正不正之间，而明改制之义。"[③]麟非凡物，突然降临人间，这不就是上天授命于孔子的信符吗？孔子既然得到了天命，当然就不甘于埋没自己的政治理想，于是便借助于六经特别是《春秋经》，提前编写、安排了一个未来理想社会的大剧本，好让后世的儒生们照本演出，来一场汉朝托古改制的大戏，以证明汉家制度乃是获命于天，具有明白确凿的正统性。当汉初文景注重文教、武帝独尊儒术时，这批学官经师感觉到这场大戏已经拉开帷幕了。如果今文经学家就此刹车，不仅他们仍不失为富有变革精神的文化创新者，而且孔子的形象也能保持在一个略带先知光环的半圣半神状态。不幸的是，这群儒生身体中流淌的不只是儒法交融的文化血液，还先天植入了战国阴阳家的方术基因，这使他们在神秘主义的道路上越走越远。

阴阳家是《汉书·艺文志》中所谓十家诸子之一，擅长仰观天象、俯察世情，基本特点是"舍人事而任鬼神"（《汉书·艺文志》）。战国时

---

① 侯外庐、赵纪彬、杜国庠等：《中国思想通史》第二卷，第313页。
② 皮锡瑞著，周予同注释：《经学历史》，第6页。
③ 苏舆撰，钟哲点校：《春秋繁露义证》，北京：中华书局，1992年，第157页。

期阴阳术数的第一人是邹衍，此人擅长"深观阴阳消息，而作怪迂之变"，从具体的小事小物中"推而大之，至于无垠"（《史记·孟子荀卿列传》），由此设想出一个宏大的世界宇宙，并设定其基本运行规则是阴阳五行。邹衍借助于这个理论框架，预言社会世情的未来变化，以此提出自己具体的治乱趋避的主张。这套理论和方法虽然听上去"闳大不经"，却在战国乱世中很有市场。邹衍被各国诸侯公卿延为上宾，受到热捧。邹衍本是齐国人，阴阳方术能够发端于齐国、走红于齐国，与齐国东临大海很有关系。正如顾颉刚所说："齐国人因为住在海边，所以很能说'海话'。"[①]我们看到《庄子·逍遥游》中的"齐谐"，不就是"齐东野语"吗？"齐东"便是浩瀚的大海。身处爱琴海的古希腊人善于编造神话，大概也是这个缘故。今文经学家得了方术阴阳五行这套东西，仿佛有了神助，开启了肆意编造谶纬的高效机器。他们硬说孔子编纂五经之后，担心后人不能完全明白——考虑到孔子"托古改制"的工程蓝图如此复杂，这种担心是必要的——遂亲手撰写了使用说明书，这就是所谓的"纬书"，包括《河图》《洛书》等八十一篇。关于纬书的功用，冯友兰说得很清楚："纬书的主要倾向就是要把六经神秘化，把儒家思想宗教化，把孔子说成是个超人的教主。"[②]纬书大肆渲染一种依据阴阳五行编造出来的五德始终说，各个朝代依照金、木、水、火、土相克相生，依次循环。周朝属木，尚青色；秦朝既短命又暴虐，当然要排除掉；继周者应该是汉朝，汉朝属于火，尚赤色。所以孔子是为"赤帝制法"。这里需要说明一下，按照五行之说，在五行的"木"与"火"之间，应该还有一个"水"，为什么今文经学家直接从周朝的"木"跳到了汉朝的"火"，漏掉了中间的"水"？原来，他们把这个五行格位留给了孔子。孔子既然是受命于天的"素王"，当然要占用一个"水德"。如何证明呢？今文经学家言之凿凿地说，孔子之母与黑龙交媾而生孔子，所以孔子属水，尚黑。在纬书之外，今文经学家指出，孔子为了更好地为刘汉制命，还使用了谶语，也就是政治预言。孔子预先就知道后世刘汉王朝将要发生的一切，所以为汉朝事先制定了一系列政治道德原则。这些政治道德原则需要昭告给后世，以便世人做出正确的选择，但孔子又不便把话挑明，只能说一些半明半暗的隐语，这就叫谶。很显然，谶的解释权掌握在经师们手中。

今文经学家费时费力建造一个虚幻神秘的理论王国，就是为了论证周朝之后第一个非贵族出身的刘姓家天下王朝，是绝对符合"奉天承运"和

---

① 顾颉刚编著：《古史辨》第二册，第4页。
② 冯友兰：《中国哲学史新编》第三册，第188页。

"受命改制"的正统天意。当一个社会将政权的合理合法和正当正统归之于上天授命，出现这种既精致又粗俗的谶纬迷信就一点也不奇怪了。这些谶纬迷信放在今天，任何人看了都觉得可笑，可是在汉代，绝大多数人都深信不疑，只有王充、桓谭、张衡、荀悦等少数明眼人看出了它的虚妄。当然，西汉时期真正的有识之士是司马迁。我们读《史记·孔子世家》，除了"土之怪坟羊""骨节专车"之类的无稽之谈外，史迁对孔子一生的叙述总体上体现了一个极具理性主义史学家的严谨态度。有学者说："司马迁是七十子后学及孟子之后给孔子作出公允评价的第一人。"①这是中肯之语。

民国初年，具有现代意识的人们正是有鉴于此，才称传统儒家学说为"孔教"，称孔子为"教主"。平心而论，这种说法多少带有情绪化的色彩，其实并不严谨。孔子之学并非宗教。正如国外学者所说："《论语》所展现的世界在其性质上十分不同于摩西、埃斯库罗斯、耶稣、佛陀、老子或《奥义书》等教导师们心目中的世界。"②即便是充满神秘主义的西汉经学，以及后世传统儒家文化体系，亦非严格意义上的宗教。所以，顾颉刚的孔子"教主"之说并不十分契合。鉴于西汉谶纬经师曾将孔子描绘成神神叨叨的"黑龙之子"，姑且用"神人"一词，倒还算贴切。恰好，张荫麟有一段话对顾颉刚之说做了修正，概括了从春秋到汉代孔子形象的三种变化。他说："孔子只以君子自居，未尝以圣人自许。孔子卒后，因其人格之伟大，世人之期许，及门弟子之宣传，遂成为圣人。战国人渐加附会，视为能未卜先知之人。及汉代纬书，则直以孔子为神怪之人物。"③我们参照张荫麟"神怪之人物"的说法，对顾颉刚之说稍做调整，把孔子从春秋到汉代的三种形象分别称为凡人、圣人、神人。

幸运的是，当西汉谶纬之学甚嚣尘上之时，民间开始流传从残垣破壁中发现的以古籀文字书写的五经，也即古文经。到了东汉时期，古文经学也被立为官方经学。古文经学相信周公才是制礼作乐之人，尊奉孔子为文化先师，认为其是一位"述而不作"的周代文化典籍的传述者。这在很大程度上去除了孔子的神人面貌，恢复了孔子的圣人形象。当然，要真正将孔子还原为一个普通凡人，还要等到封建社会的结束与近现代儒家文化的转型阶段。这种文化努力一直持续到今天，本书亦为众多尝试中的一种。

---

① 金景芳、吕绍纲、吕文郁：《孔子新传》（典藏版），北京：新世界出版社，2020年，第359页。

② 〔美〕赫伯特·芬格莱特：《孔子：即凡而圣》，第1页。

③ 顾颉刚编著：《古史辨》第二册，第107页。

第十四章　传统与现代

毛泽东说："今天的中国是历史的中国的一个发展；我们是马克思主义的历史主义者，我们不应当割断历史。从孔夫子到孙中山，我们应当给以总结，承继这一份珍贵的遗产。"[①]在推进中国式现代化的进程中，我们要坚持把马克思主义基本原理同中国具体实际、同中华优秀传统文化相结合，保持中华文化对世界文明兼收并蓄的开放胸怀，以科学严谨的态度对传统文化进行系统性总结和批评性反思，努力实现创造性转化和创新性发展，推动中华文明的生命更新和现代转型，建设中华民族现代文明，为中国式现代化提供既符合本国国情、又体现人类共性的先进文化内核，实现传统与现代的有机衔接，使历史悠久的中华民族的文化自信心持续增强，文化魅力充分彰显，文化主体性不断突显，更加和谐地融入人类文明交流互鉴的共同价值文化之中。

孔子创立的儒家学说以及在此基础上发展起来的儒家思想，对中华文明产生了深刻影响，是中国传统文化的重要组成部分。研究孔子、研究儒学，是认识中国人的民族特性、认识当今中国人精神世界历史来由的一个重要途径。研究孔子、探讨孔子思想人格的现代意义，必须坚持马克思主义唯物史观，把马克思主义基本原理同中国具体实际、同中华优秀传统文化相结合。这既是孔子意义之研究的指导思想，也是最重要的方法论。

孔子的现代意义包括孔子思想意义与人格意义两个方面。就孔子思想意义而言，我们参照社会主义核心价值观的视角，从十个方面提炼了孔子思想与现代文明价值相契合、能转化、需弘扬的内容：第一，惠民富民、共同富裕的富强理想；第二，天下为公、选贤与能的民主萌芽；第三，和平好礼、崇德善道的文明之邦；第四，讲信修睦、以和为贵的和谐社会；第五，毋意毋必、毋固毋我的理性精神；第六，善贾而沽、见利思义的商业原则；第七，己所不欲、勿施于人的伦理基准；第八，人性相近、有教

---

① 《毛泽东选集》第2卷，北京：人民出版社，1991年，第534页。

无类的教育平等；第九，居敬行简、无为而治的治理观念；第十，四海兄弟、多元包容的天下情怀。孔子的人格意义也可总结为十个方面的内容：第一，为仁由己、爱众亲仁的主体自觉；第二，笃信好学、守死善道的独立人格；第三，仁者爱人、修己安人的社会情怀；第四，见贤思齐、过勿惮改的人生修养；第五，执两用中、过犹不及的中庸之道；第六，和而不同、周而不比的价值取向；第七，温良恭俭、宽信敏惠的君子人格；第八，学如不及、乐学好学的求知意识；第九，多闻阙疑、多见阙殆的怀疑精神；第十，勇于进取、终生奋斗的人生态度。

在看到孔子思想和人格的历史闪光点的同时，我们还应按照马克思主义唯物辩证法的观点，对孔子思想和人格进行"一分为二"的分析与反思，探讨其存在的历史局限性。这种历史局限性有些源自孔子自身，有些则是被后世儒家曲解和滥用的结果，与孔子本身无关。我们从史实考证出发，运用历史唯物主义的方法论，按照"实事求是"和"具体问题具体分析"的原则，择取孔子思想中引起争议和非议的八个方面，进行具体的批评性分析与反思，在此基础上提出创造性转化和创新性发展的初步思考。这八个方面是：第一，孔子"为政以德"思想与传统德治困境的现代超越；第二，孔子"民可"之论与传统愚民政治的历史批判；第三，孔子"攻乎异端"言论与儒家文化专制的传统改造；第四，孔子孝道思想与传统孝文化的创造性转化；第五，孔子等级观念与现代社会平等观念的倡导；第六，孔子义利思想与传统义利观的创新性发展；第七，孔子自然观与现代科学文化的弘扬；第八，孔子妇女观与现代社会男女平等观念的确立和发展。

在新的起点上继续推动文化繁荣、建设文化强国、建设中华民族现代文明，是我们在新时代新的文化使命。在此过程中，我们理应把传承、发展和创新孔子思想作为重中之重的任务，坚持守正创新和辩证取舍，通过"回归孔子""回归元典""回归优秀传统"，在深入研究的基础上充分挖掘和提炼孔子思想与人格的现代意义，推动马克思主义与中华优秀传统文化的有机结合。

本章运用历史唯物主义方法论，在"两个结合"的背景下研究和分析孔子思想与人格的现代意义，用辩证观点客观审视孔子历史主题的传统困境，探索孔子思想在中华民族现代文明建设中的创造性转化和创新性发展，并就中国式现代化进程中如何充分发挥孔子思想与人格的意义和《论语》文化元典之作用提出具体实践方案。

一、孔子思想的意义

1

孔子的意义包括孔子的思想意义与人格意义两个方面。我们以社会主义核心价值观作为中国式现代化的基本价值观念，检阅孔子思想的现代意义。按照通常的说法，社会主义核心价值观分为三个层面，即国家层面的"富强、民主、文明、和谐"，社会层面的"自由、平等、公正、法治"，个人行为层面的"爱国、敬业、诚信、友善"。我们认为，孔子思想与现代文明价值观念相契合、能转化、需弘扬的内容，至少包括如下十个方面，其中，孔子思想的富强理想、民主萌芽、文明之邦、和谐社会等四个方面与社会主义核心价值国家层面的富强、民主、文明、和谐具有内在共通性。

第一，惠民富民、共同富裕的富强理想。孔子惠民富民和共富均安思想的内涵相当丰富，我们在此撮要阐述三点。其一，富民利民，为政为仁。孔子在继承周礼人文传统的基础上，将西周"敬天保民"思想具体落脚在惠民、富民、利民上，在"仁"与"富"两个范畴之间建立起内在的关联，高度肯定"施民济众"的富民意义，将为政者的富民视为"为仁"的根本表现，提出了"敛从其薄""养民也惠""使民以时""使民也义""因民之所利而利之"等一系列惠民富民举措，为后来孟子的仁政思想导夫先路。其二，富之教之，劝善劝业。孔子倡导先富后教，激发民智民力，鼓励发展生产，这种"先富后教""富而后教"的富民政策导向，对后世影响甚大，战国初期魏国的"尽地力之教"，汉儒所谓"先王制土处民，富而教之"（《汉书·食货志》），唐玄宗劝农诏书称"食为人天，富而后教，经教彝体，前哲至言"（《旧唐书·宇文融传》），皆属此类。其三，家国均安，共同富裕。孔子曾说："有国有家者，不患寡而患不均，不患贫而患不安，盖均无贫，和无寡，安无倾。"（《论语·季氏》）以往论者对此多有指摘，认为这反映了小农经济的平均主义思想。其实我们了解具体语境、细绎文意后可知，这番话起因于季孙肥图谋侵占他国，意在增加自己的财富，占有更多的民众，遂引发孔子针对统治者贪得无厌的规箴：统治者不应为自己占有财富不多而着急，应该为统治者与民众之间贫富不均而忧虑；统治者不应为所属民众太少而着急，应该为境内潜伏的动荡不安而忧患。孔子告诫季孙肥，统治者想要解决财贫人寡的问题，只有修文德以使民众远来近悦。可见，孔子所言完全针对统治者而言，如果说是平均主义思想，那也是"平均"统治者与民众之间悬殊的贫富差距，体现了孔子对于社会大众摆脱贫困、共同富裕的希冀。习近平明确指出："共同富裕，是马克思主义的一个基本目标，也是自古以来我国人民的一个基本理想。孔子说：'不患寡而患不均，不患贫而患不安。'孟子说：'老吾老以及人之老，幼吾幼以及人之幼。'《礼记·礼运》具体而生动地描绘了'小康'社会和'大同'社会的状态。"①孔子的共富均安思想对于我们在全社会厚植共同富裕的文化根基大有裨益。

　　第二，天下为公、选贤与能的民主萌芽。民主是人类的一种公共生活方式。马克思在《哥达纲领批判》中说："'民主的'这个词在德语里意思是'人民当权的'。"②人民当权是具体的、历史的，而不是抽象的、绝对的，这意味着民主的内涵、形式、源头都不是单一的，而是呈现出多样性和历史性的特征。也就是说，民主不仅指现代民主，也可指古代民主；民主不仅指民主制度，也可指民主思想。在中国古代传统文化中，也存在民主的元素。《礼记·礼运》中孔子所说的"天下为公，选贤与能"，正是一种民主思想的萌芽。"天下为公"是相对于"天下为家"的。"天下为家"就是"天下为私"的家天下社会。在孔子设想的大同社会里，天下是天下之天下，非一人之天下。这就意味着天下的权力归天下所有，而非一人所有。当然，排除天下为一姓私有，并不意味着天下由"人民当权"，所以孔子便有了"选贤与能"的想法。这里的"选"，就是"选于众"（《论语·颜渊》），即从众人中推选、推举贤人；这里的"与"，就是授予、赋予权能之意。合而言之，就是通过在众人中推选、推举的方式，将权力权能赋予贤能之人。这些权能既包括治理天下的最高权力，即所谓"以天下让"；也包括一般的公共管理权能，即所谓"举贤才"和"举直错枉"。尽管这并不是全体人民直接参政的当家作主，但至少不同于"以天下奉一人"的专制统治。在中国传统文化中，我们的确很少看到体现"人民当权"的制度性设计，但在思想文化层面仍能找到民主观念的萌芽，切斯特顿（G. K. Chesterton）、郝大维（David L. Hall）等学者称之为中国文化中的"先贤的民主"（democracy of the dead），其中包括孔子的民本思想、教育平等思想以及具有社群主义色彩的思想等。这种通过"在典籍中来寻找与当

---

① 习近平：《在省部级主要领导干部学习贯彻党的十八届五中全会精神专题研讨班上的讲话》（2016 年 1 月 18 日），北京：人民出版社，2016 年，第 25 页。

② 中共中央马克思恩格斯列宁斯大林著作编译局编译：《马克思恩格斯选集》第三卷，第 371 页。

代民主承诺发生共鸣的著作"的方法，不仅"可以帮助将民主的概念变为更与中国人传统相吻合的条件"，还"为民主化的倡导者们提供了重大的支持"①。在培育和践行社会主义核心价值观的今天，重温和彰显孔子思想中弥足珍贵的民主思想元素，对于中国式现代化的民主价值取向具有重要的现实意义。

第三，和平好礼、崇德善道的文明之邦。中华民族历来是一个爱好和平的民族，爱好和平在以孔子为代表的儒家思想中有着很深的渊源。习近平在《在文化传承发展座谈会上的讲话》中指出："中华优秀传统文化有很多重要元素，比如，天下为公、天下大同的社会理想，民为邦本、为政以德的治理思想，九州共贯、多元一体的大一统传统，修齐治平、兴亡有责的家国情怀，厚德载物、明德弘道的精神追求，富民厚生、义利兼顾的经济伦理，天人合一、万物并育的生态理念，实事求是、知行合一的哲学思想，执两用中、守中致和的思维方法，讲信修睦、亲仁善邻的交往之道等，共同塑造出中华文明的突出特性。"②其中，和平性是中华文明的突出特性。和平、和睦、和谐是中华文明长期传承的理念，主张以道德秩序构造一个群己合一的世界，在人己关系中以他人为重。这种传统形成、确立和发展的重要时期就是西周和春秋时期，孔子是最重要的思想提炼者和实践倡导者。在《论语》中，我们看到孔子反复强调崇德、善道、和平、好礼，既针对个人，也针对邦国，以此作为衡量个体道德与社会风尚的基本标准。孔子爱好和平，坚决反对不义的战争，为华夏民族千百年和平之邦的实践美誉奠定了重要基础，也为"文明古国"树立了世界范围内的鲜明标志。爱好和平的思想深深嵌入了中华民族的精神世界，今天依然是中国处理国际关系的基本理念。在新的历史时期，我们应当继承和弘扬中华文明的和平性，使中国始终成为世界和平的建设者、全球发展的贡献者、国际秩序的维护者。

第四，讲信修睦、以和为贵的和谐社会。和谐是社会主义现代化国家在社会建设领域的价值诉求，也是中国传统文化极具民族特色和现代属性的重要特征，其源头可以上溯到周礼文化，孔子则是和谐思想的系统阐述者。孔子在《礼记·礼运》中所说的"老有所终，壮有所用，幼有所长，矜寡孤独废疾者皆有所养"，与我们现在所说的"学有所教、劳有所得、病有所医、老有所养、住有所居"可谓一脉相承。在周朝"亲亲"宗法关

---

① 〔美〕郝大维、〔美〕安乐哲：《孔子哲学思微》，蒋弋为、李志林译，南京：江苏人民出版社，2018年，第97页。

② 习近平：《在文化传承发展座谈会上的讲话》，《求是》2023年第17期。

系社会中，信义是调节贵族之间关系的重要方式。周人尊奉神灵和祖先信仰，守信者将获得神佑，不守信者将遭受神谴，故讲信重诺成为普遍风气。春秋时期，邦国之间和贵族私人之间常常以盟誓和诅誓相互约束，《左传》言"信"两百多处，人们在处理邦国、社会和人际关系时常常体现出"讲信修睦"的契约精神。孔子显然受到时代风气的影响，一生反复强调"忠信""信义"的重要性，《论语》言"信"近四十处。作为一位睿智的历史老人，孔子深刻认识到诚实守信、注重信义是一个和谐社会得以正常运转的基本条件，所以将"讲信"与"修睦"联系在一起。孔子充分意识到"和无寡，安无倾"，希望社会保持和谐稳定，否则"邦分崩离析而不能守也"（《论语·季氏》）。弟子有若概括周礼文化的实践意义是"礼之用，和为贵"（《论语·学而》），这种思想当然也源自孔子。孔子预见到，在物质水平达到一定程度之后，人的道德境界将会超越家族和个人私利，出现"不必为己"的奉献精神，在整个社会形成"亲逊和睦之风"[1]，这便是臻于至善的和谐社会理想。

2

孔子思想中的理性精神、商业原则、伦理基准、教育平等、治理观念、天下情怀等六个方面也不乏现代意义，试述如下。

第一，毋意毋必、毋固毋我的理性精神。孔子时代是周礼文化从神秘主义走向理性主义、神本主义走向人本主义的时代。孔子是这个时代理性精神的倡导者和引领者。孔子讲"敬鬼神而远之"（《论语·雍也》），又讲"祭神如神在"（《论语·八佾》），体现其头脑中神灵观念的淡化。孔子虽然也讲"命"和"天命"，"命"字在《论语》中共出现了二十四次，但是作为"命运"之义不过数次而已，所以《论语》称孔子"罕言命"。总体上看，孔子承认人生有命，但认为人在命运面前不应是消极的，而应该"知其不可而为之"（《论语·宪问》，孔子一生就是这句话最真实的写照。孔子的理性精神是建立在对仁义之道的信念之上的。孔子说"当仁不让于师"（《论语·卫灵公》），这是理性对权威的超越；又说"朝闻道，夕死可矣"（《论语·里仁》），这是理性对生命的超越。孔子的理性精神集中体现在"绝四"。《论语》中记载："子绝四：毋意、毋必、毋固、毋我。"（《论语·子罕》）"毋"通"无"。朱熹《四书章句集注》曰："意，私意也。必，期必也。固，执滞也。我，私己也。"[2]我们用现代话语来理解，

---

① 孙希旦：《礼记集解》中册，第581页。
② 朱熹：《四书章句集注》，第109～110页。

"意"即没有根据的臆断、臆测，"毋意"体现了孔子实事求是、言必有据的求实态度；"必"即人生抉择和价值选择中的单一性和绝对性，"毋必"体现了孔子多元选择的宽容思想；"固"即固执己见、思想固化，"毋固"体现了孔子心胸豁达的开放意识；"我"即自我的先入之见、主观偏见和个人私念，"毋我"就是摒弃唯我、唯心、唯私，体现了孔子反对主观主义的求实精神。孔子的"绝四"态度与近现代理性精神是完全契合的。孔子思想中的理性精神在一定程度上符合社会主义核心价值观中的社会自由原则。社会自由主要包括言论自由、思想自由、行动自由。言论自由是一切自由的基石，思想自由是一切创造的源泉，行动自由则是法律范围内的公民权利。就言论自由来说，孔子称赞子产阻止郑人"毁乡校"（《左传·襄公三十一年》），充分说明了孔子对于言论自由的态度。孔子说："可与言而不与之言，失人；不可与言而与之言，失言。知者不失人，亦不失言。"（《论语·卫灵公》）这是强调个体应在人际交往中谨言慎行，与社会层面的言论自由并不是同一回事。就思想自由来说，孔子鼓励勤思好学，强调"学而不思则罔"（《论语·为政》），他的"绝四"原则是从主体角度打破思想的自我禁锢。就行动自由来说，一方面孔子注重符合周礼，反映了当时社会对于人的行为的规范和约束；另一方面孔子又强调人的道德主体意志，在强化个人内在道德的基础上"从心所欲不逾矩"（《论语·为政》），体现为主体行动自由与社会群体规范的高度统一。

第二，善贾而沽、见利思义的商业原则。孔子对于经商致富的态度是积极的，这与他对待"富"的态度是一致的。与孔子同时代的鲁国权贵阳货曾说"为富不仁"和"为仁不富"（《孟子·滕文公上》），孔子对此明显不赞同。孔子反对将"仁"与"富"对立起来，充分肯定追求富裕的正当性，明确承认"富与贵，是人之所欲也"（《论语·里仁》），甚至表示"富而可求也，虽执鞭之士，吾亦为之，如不可求，从吾所好"（《论语·述而》）。孔子所谓"可求"的标准，即是符合"仁"的道德正义性，用孔子的话来说就是"见利思义"（《论语·宪问》）和"见得思义"（《论语·子张》）。我们在第十章曾讲到孔子"无信不立"的诚信观、"善贾而沽"的货殖观，以及孔子对待子贡经商的态度，这些都反映出孔子对商业和商人的理解，与秦汉以降封建社会"重农轻商"的社会风气明显不同。我们今天重新揭橥孔子的商业思想，有益于促进传统文化的去芜取菁，在现代文明建设中实现创新性发展。

第三，己所不欲、勿施于人的伦理基准。"己所不欲，勿施于人"（《论语·颜渊》），是孔子一以贯之的忠恕之道，也是孔子思想体系中学理层次最高的伦理原则，可以说是一条放之四海而皆准的普适性人类行为基本准则，在世界伦理思想史上具有划时代的意义。在孔子仁学体系中，"己所不欲，勿施于人"是从否定的方面看待主体与他人之间的行为关系；从肯定的方面来看，这种关系则应表现为孔子所说的"己欲立而立人，己欲达而达人"（《论语·雍也》）。此二者皆属于忠恕之道的范畴，都是一种站在主体角度、以自身感受为基准的伦理信条，具有推己及人的思维特点，其实质就是将其他社会成员视为与自我同类、平等的主体存在。孔子忠恕之道的道德价值判断似乎带有一定的主观性色彩，与所谓的客观、绝对的道德律令不尽相同。其实，这恰恰是忠恕伦理的生活性、实践性特色。正因为"人同此心，心同此理"，忠恕之道很容易成为每个人是非判断和价值选择的简明方法。在今天，它依然是个人、社会和国际关系行为的基本准则。正如习近平所指出的："己所不欲，勿施于人。中国需要和平、爱好和平，也愿意尽最大努力维护世界和平，真诚帮助仍然遭受战争和贫困煎熬的人们。中国将坚定不移走和平发展道路，中国也希望世界各国都走和平发展道路，大家一起把和平发展的理念落实到自己的政策和行动之中。"①可以说，"己所不欲、勿施于人"至今仍是人类群体共同生活的重要准则。

第四，人性相近、有教无类的教育平等。我们在前文多处介绍了孔子丰富的教育思想，大部分属于教育目的论、教育要素论、教育实践论、教育方法论等普通教育学的范畴，唯其"有教无类"思想涉及人性相近和教育平等的教育哲学和教育社会学命题。孔子在"性相近"的人性认识论基础上提出"有教无类"，将教育平等权利赋予每一个普通平民，不分轻重、尊卑、贫富、地域，体现了孔子对教育本质的深刻理解，对后世华夏文化的重教传统和进取精神产生了深远影响。孔子是中国教育史的开创性人物，也是中国古代儒家平民耕读传统的开创性人物。需要指出的是，古代儒家教育传统孕育了隋唐以降的科举制度，对古代人才培养和官员铨选产生了积极影响。但是随着时间的推移，科举制度暴露出诸多弊端，不但成为专制统治者"天下英雄尽入彀中"的工具，还造成了思想禁锢与僵化、教育功利主义的盛行。相较而言，孔子的私学教育是在王纲解纽、礼崩乐坏和官方庠序衰落的背景下产生的，这就决定了孔子开展教育的主要目的不是替统治阶级培养后继人才，而是旨在培养仁智勇兼备的真正的人，这便是体现孔子价值理性的成人教育。当然，孔子弟子接受教育并不完全将"学

---

① 习近平：《在纪念孔子诞辰 2565 周年国际学术研讨会暨国际儒学联合会第五届会员大会开幕会上的讲话》（2014 年 9 月 24 日）。

干禄"等功利动机排除在外，但正如我们在前文所述，这并非孔子开展教育的主要目的，孔门贤弟子也大多理解这一点。我们看到，当子张"学干禄"之时，孔子并没有教他如何学习做官实务，而是叫他"多闻阙疑"，做一个有头脑的人。这足以说明孔子的教育理念与后世以求取功名为核心目的的工具主义教育理念具有本质区别。孔子的教育思想从古到今都是一份宝贵的财富。今天，我们应将孔子的教育思想与秦汉以降封建社会的传统教育之弊端加以必要的区分，重温和彰显孔子的教育目的、教育观念、教育方法，这无疑将有助于现代教育克服片面的工具理性误区，回归培养人的主体性的本质意义。

第五，居敬行简、无为而治的治理观念。无为而治是春秋时期人们对于上古三代尧舜圣治的一种理想化想象，《论语》与《老子》的理解不尽相同。孔子说："无为而治者，其舜也与？夫何为哉。恭己正南面而已矣。"（《论语·卫灵公》）孔子的"无为"并非毫无作为，任由自然而化，而是为政者恭正守己，任贤使能，"无一定之好尚，无偏执之禁令"，"使民不倦"，"使民宜之"[①]。用《论语》中的话来说，就是治国者居敬行简，使民以时，因民之所利而利之，施政惠而不费，百姓劳而不怨。《老子》的无为思想偏向于顺应自然的清静无为，深受魏晋玄风影响的邢昺在《论语注疏》中以玄释儒，说孔子的无为而治是"帝王之道，贵在无为清静而民化之"[②]，焦循《论语补疏》对此批评道："邢疏以无为为老氏之清净，全与经义相悖。"[③]邢昺的解释恰好从反面道出了孔子与老子的区别。后人将无为而治思想归之于道家，是因为秦汉以降的儒家已不再讲无为而治。封建社会的君王唯恐权力不够集中，自然不愿意也没有德性素质去实践孔子的无为而治思想。尤其是到了封建专制社会的末期，权力集中的现象更加严重，孔子弥足珍贵的居敬行简、无为而治的治理思想遂湮灭无闻。现代社会的一个重要特点就是鼓励和营造一种相对自由宽松的生存与发展环境，这种生动活泼的社会环境有利于创新、改革和开放。今天，我们在积极推进社会主义市场经济、不断优化营商环境的过程中，可以从孔子的治理思想中获得优秀历史传统的有益启发。

第六，四海兄弟、多元包容的天下情怀。孔子周游列国，心怀天下，崇尚和平，包容四夷，体现了"四海之内皆兄弟"的宽广胸怀。周朝通过列国分封和族人移民，对黄河流域的中原大地进行区域属地管理，通过和

---

① 程树德：《论语集释》，第 1064 页。
② 何晏注，邢昺疏：《论语注疏》，第 244 页。
③ 程树德：《论语集释》，第 1064 页。

平交流交融与竞争冲突乃至战争等方式，实现了诸夏与所谓夷狄的民族融合。周朝诸夏与夷狄的区分，并非基于种族、民族、血统，而是基于文化礼俗的差异性。当然，在早期的华夷杂处过程中，土地争端、利益冲突以及文化差异性和心理陌生感引起的疏离与隔阂在所难免，以至于出现了"史佚之《志》"中所说的"非我族类，其心必异"（《左传·成公四年》），这位史佚据考证应该是西周早期文、武、成、康时代的人①。随着时间的推移，华夷融合的整体态势是朝着积极的方向发展的。春秋时代是华夏民族多元交融的一个重要历史时期，南方荆楚民族的持续北进加速了文化融合，同时楚人也在周边少数民族地区"抚有蛮夷""以属诸夏"（《左传·襄公十三年》），大大减弱了南北华夷之间的异质性对立。经过第二次弭兵盟会，楚国实质上已获得了中原诸夏的文化认同；吴国原是姬姓贵族，只因为远在荆蛮、文身断发，所以一直被诸夏各国视为蛮夷，直到春秋后期吴王寿梦始通于中国，经过晋吴相地盟会和季札北游观乐，吴国也逐渐得到了中原诸夏的文化认同，这标志着南北华夷关系进入了新的阶段；西方秦族的文化原本与中原民族的文化差异较小，春秋时期通过不断融入诸夏文化，促进了东西华夷关系的融合。到了春秋末期以至战国时期，除了边远荒服的胡、羌、匈奴等民族之外，华夏文化圈内各邦国、各族裔之间基本上实现了文化交融。翦伯赞说："在春秋、战国长期历史发展的过程中，由于频繁的战争与发展的交换，更加强了中原诸种族之血统和文化的交流，因而种族的观念，愈益稀薄了。"②孔子是极富人文精神且心胸开阔之人，对华夷之别的认知主要基于文化差异性，情感和态度上是积极正向的，否则不会有"欲居九夷"（《论语·子罕》）和"乘桴浮于海"（《论语·公冶长》）的想法。孔子曾说"言忠信，行笃敬，虽蛮貊之邦，行矣"（《论语·卫灵公》），说明孔子相信华夷文化是可以相通的。孔子还有一句容易引起歧义的话："夷狄之有君，不如诸夏之亡也。"（《论语·八佾》）对于这个"如"字的训义，历代学者的意见不尽相同。皇侃《论语义疏》和邢昺《论语注疏》将"如"作"比"解，"不如"就是"比不上""还不如"的意思，则此章意为"夷狄虽然有国君，还不如没有国君的中原诸侯国"。朱熹《四书章句集注》将"如"作"像""似"解，"不如"就是"不像""不似"的意思，则此章意为"夷狄有国君，不像中原诸侯没有国君"。朱熹这样解释是有原因的，朱熹曾解释道："如圣人恁地说时，便有甚好处！

① 杨伯峻编著：《春秋左传注》（修订本），第 359～360 页。
② 翦伯赞：《秦汉史》，北京：北京大学出版社，1999 年，第 2 版，第 10 页。

不成中国无君恰好！"①原来，朱熹担心说中国无君胜过夷狄有君，会引起人们的误解，以为中国无君也没有关系，至少比夷狄好，这种"无君论"当然是理学家所不能接受的。以内证法检之，孔子的原义应该是前者而非后者。因为《论语》中"如"字的训义，除了"如何""何如""如之何"之类外，大都作"比"解，如"毋友不如己者"（《论语·子罕》），"吾与女弗如也"（《论语·公冶长》），"不如丘之好学也"（《论语·公冶长》）；只有一例作"像""似"解，即"祭神如神在"（《论语·八佾》）。所以孔子的意思是，"中原诸侯国即使没有国君，也比有国君的夷狄好"。孔子一向注重礼乐文化，夷狄有国君而无文化，诸夏有文化而无国君，后者尤胜前者。由此可见，孔子对于华夷之别主要着眼于文化的差异性，这与汉儒"内诸夏、外夷狄"的"春秋大义"是不同的，我们对此需要予以辨别。交流互鉴、开放包容是构建人类命运共同体的重要原则，习近平指出："文明差异不应该成为世界冲突的根源，而应该成为人类文明进步的动力。"②弘扬孔子倡导的"协和万邦""亲仁善邻"的儒家优秀传统文化，对于扩大对外开放、促进合作共赢具有重要的现实意义。

二、孔子人格的意义

孟子曾说："自有生民以来，未有孔子也。"（《孟子·公孙丑上》）古代还有一种说法："天不生仲尼，万古如长夜。"③这里固然有夸张的成分，但确实可以说明在古代社会孔子的人格形象之高大、历史影响之深远。时至今日，孔子的人格影响之于华夏文化、东亚文化乃至世界文化仍然具有不可替代的重要意义。下面我们就孔子的人格特质及其现实意义从十个方面略加阐述。

第一，为仁由己、爱众亲仁的主体自觉。孔子将周朝局限于宗族内部的"亲亲"之爱，推广到社会全体成员，提出"泛爱众而亲仁"（《论语·学而》），这是中国伦理思想史上的一个重大进步。孔子通过设教授徒和入仕从政，将这种伦理思想付诸实践，产生了积极的影响。如子游任武城宰时，"闻诸夫子曰：君子学道则爱人"（《论语·阳货》），遂以礼乐"弦歌之声"教化普通民众，树立了为官亲民爱人的榜样。又如孔子府邸马厩

---

① 黎靖德编：《朱子语类》，第 612 页。
② 习近平：《共同构建人类命运共同体》，《求是》2021 年第 1 期。
③ 黎靖德编：《朱子语类》，第 2350 页。

失火，孔子退朝问人不问马（《论语·乡党》）。再如当"朋友死，无所归"时，孔子说："于我殡。"（《论语·乡党》）这些都是孔子及其弟子面对普通庶民时爱众亲仁的生动实践，在中国伦理实践史上具有标志性意义。在孔子看来，亲民爱人不是外在的道德戒律，而是内在的自我要求，是一种"我欲仁，斯仁至矣"（《论语·述而》）的主体自觉。习近平指出："中国优秀传统文化的丰富哲学思想、人文精神、教化思想、道德理念等，可以为人们认识和改造世界提供有益启迪，可以为治国理政提供有益启示，也可以为道德建设提供有益启发。"①对于孔子所倡导的协调社会关系和鼓励人们仁爱向善的优良传统，我们要在新的历史条件下赋予其新的涵义，结合时代条件加以继承和发扬，以推动社会和谐健康发展。

第二，笃信好学、守死善道的独立人格。孔子是春秋时代极具独立人格的人。这种独立人格的形成除了跟他的思想意识有关，还缘于他与众不同的社会身份。事实上，孔子是第一个具有自由职业身份的知识分子，这是他能够形成和保持人格独立的主要原因。在周朝宗法社会，宗族成员往往需要依附于家族、宗族，以获得一定的等级特权和社会地位，这种特权和地位又进一步加深其人格依附，以至于宗主拥有对宗族成员生死予夺之权，此类例子在《左传》中比比皆是；而在秦汉以降的封建社会，士大夫往往需要依附于君权、皇权，以确保官职仕途和荣华富贵。孔子创设了当时"士农工商"四业之外的第五种社会职业——私学教师，这使他能够不依附权势而保障衣食无虞，在确保衣食无虞的境况下愈加强化主体的人格独立。孔子的人格独立表现在四个方面：一是对自我知识、德性和能力的自信，如"文不在兹"（《论语·子罕》）的自许和"人能弘道"（《论语·卫灵公》）的自警，这是孔子人格独立的内在底气；二是对主体自由、自觉精神的恪守，如"道不同，不相为谋"（《论语·卫灵公》），"朝闻道，夕死可矣"（《论语·里仁》），这是孔子人格独立的精神高度；三是对宁静致远的生活方式的坚守，如孔子多次强调"不患人之不己知"（《论语·学而》），"不患无位"（《论语·里仁》），"不病人之不己知也"（《论语·卫灵公》），"不怨天，不尤人"（《论语·宪问》），矢志于社会文化事业和内在精神充实；四是对权力、权威的主动回避，如"不在其位，不谋其政"（《论语·泰伯》），"危邦不入，乱邦不居"（《论语·泰伯》）以及"贤者辟世，其次辟地，其次辟色，其次辟言"（《论语·宪问》），这是拒绝同流合污，善于自我保全。孔子说："岁寒，然

---

① 习近平：《在纪念孔子诞辰 2565 周年国际学术研讨会暨国际儒学联合会第五届会员大会开幕会上的讲话》（2014 年 9 月 24 日）。

后知松柏之后凋也。"（《论语·子罕》）这可以说是夫子自道。

第三，仁者爱人、修己安人的社会情怀。孔子一生充满对历史、对文化、对民众的社会情怀，这种情怀源自孔子的仁爱之心，扩充为孔子惠民、利民、富民的民本思想。孔子提出了"修己以安人""修己以安百姓"的实践方法，确立了个人修养与社会情怀的相互关系，由此影响了后世所谓"修齐治平"的内圣外王之道。孔子的一生，从教育教学到入仕为官，从文化游历到整理"六艺"，都以不同方式践行了爱人、安人的生命追求。

第四，见贤思齐、过勿惮改的人生修养。后世儒家把孔子视为完人、圣人乃至神人，将孔子言论奉为金科玉律。其实，孔子只是一个凡人，与所有凡人一样存在种种过错。孔子人格的伟大不在于没有错误，而在于清晰地知道自己会犯错，并且随时改正错误。这主要表现在：其一，孔子明确承认自己存在不善、不足之处，他说："德之不修，学之不讲，闻义不能徙，不善不能改，是吾忧也。"（《论语·述而》）又说："三人行，必有我师焉，择其善者而从之，其不善者而改之。"（《论语·述而》）其二，孔子强调"过则勿惮改"（《论语·学而》），能够自觉做到有过则改，并且将改过视为人生幸事。如陈司败"昭公知礼乎"之问，孔子最后承认错误，并且说："丘也幸。苟有过，人必知之。"（《论语·述而》）其三，在孔子看来，人犯错是正常的，犯错也未必纯粹是坏事，从知错及改过的过程中可以得到新的收获。他说："人之过也，各于其党。观过，斯知仁矣！"（《论语·里仁》）子贡也说："君子之过也，如日月之食焉。过也，人皆见之；更也，人皆仰之。"（《论语·子张》）可见孔门之学把观过、更过视为人生进步的阶梯。其四，孔子严厉批评有过不改的人，说"过而不改，是谓过矣"（《论语·卫灵公》）。孔子将知过、改过的过程称为"内自讼"，虽然孔子感叹"吾未见能见其过而内自讼者也"（《论语·公冶长》），但孔子本人终其一生都在努力践行。

第五，执两用中、过犹不及的中庸之道。孔子对中庸之道推崇备至，他说"中庸之为德也，其至矣乎"（《论语·雍也》）。中庸是一种价值观，也是一种方法论。就价值观而言，孔子认为"过犹不及"（《论语·先进》），反对生活中的极端主义，所以孟子说"仲尼不为已甚者"（《孟子·离娄下》），即孔子不做过分的事情，具有守中致和的性格特点。这也是为什么《论语》中经常出现"……而……"的句式，如"子温而厉，威而不猛，恭而安"（《论语·述而》）。学者评论道："此更足形容孔子不失中庸之道。盖孔子居常重中庸，绝无奇矫过激之行。"①孔子曾经评论伯夷、叔齐、柳下惠等一批逸民，自称"我则异于是，无可无不可"（《论语·微子》）。就方法论而言，孔子提出了"叩其两端而竭焉"（《论语·子罕》），其实就是通过正反两方面的深入探究，得出不偏不倚的中庸之见。孔子的中庸方法论还体现在"具体问题具体分析"上，这就是"权"，即通权达变。孔子说："可与共学，未可与适道；可与适道，未可与立；可与立，未可与权。"（《论语·子罕》）这说明孔子在坚持"适道"的基础上，非常看重人的权衡应变能力。这种权衡考量的关键因素就是"时"，即把握时势变化，因势利导，顺时而为。孟子说孔子是"圣之时者"（《孟子·万章下》），我们从孔子一生适时应变的历程中可以验证孟子的说法。当然，在个人的人生态度上，孔子并非完全中庸，而是偏向于进取的一面，他说："不得中行而与之，必也狂狷乎！狂者进取，狷者有所不为也。"（《论语·子路》）这种"狂者进取"的态度决定了孔子一生都在发奋努力，故能成就一番不朽的文化事业。

第六，和而不同、周而不比的价值取向。人是群居的社会动物，孔子曾说"鸟兽不可与同群，吾非斯人之徒与而谁与"（《论语·微子》），故孔门虽讲"礼之用，和为贵"（《论语·学而》），但前提是不以牺牲价值原则为代价。每个人都应该保持自己的价值独立，同时也尊重他人的主体价值观念。这就是孔子所说的"君子和而不同"（《论语·子路》）。孔子的人格思想不是凭空而来的，而是受到了先辈时贤的诸多影响。孔子对"和而不同"的理解，有可能借鉴了晏婴在鲁昭公二十年对"和"与"同"的辨异，即晏婴以和羹与和声为例，说明"和"是不同元素组合而成的和谐之美，这就是"和羹之美，在于合异"（《三国志·魏志·夏侯尚传》）的道理。孔子又说"君子周而不比，小人比而不周"（《论语·为政》），意即君子讲团结而不是互相勾结。孔子还说"君子矜而不争，群而不党"（《论语·卫灵公》），意即君子庄矜而不争执，合群而不拉帮结派。这些言论均表明孔子重视人类群体生活的意义，同时又强调人际交往应恪守价值原则，尊重彼此之间的差异性。与此相反的人格特征就是"乡愿"，即没有是非原则的"好好先生"和"从众先生"，孔子明确说："乡愿，德之贼也。"（《论语·阳货》）在"和而不同"章后面，孔子还举了一个具体的例子，当时子贡问如何看待"乡人皆好之"与"乡人皆恶之"，孔子的回答是："未可也。不如乡人之善者好之，其不善者恶之。"（《论

---

① 〔日〕宇野哲人：《孔子》，陈彬龢译，太原：山西人民出版社，2015年，第22页。

语·子路》）这说明善恶是非的判断并不以人多势众为标准。孔子和而不同的价值取向既体现了主体价值独立的意义，同时也彰显了社会价值多元的要求。这在今天仍然是重要的社会关系原则和为人处世之道。

第七，温良恭俭、宽信敏惠的君子人格。《论语》中的孔子温润宽厚，幽默睿智，性格开朗，拥有一个活泼泼的可爱灵魂。然而，历代正统儒生们按照自己身处封建专制政治下的严肃刻板形象，硬生生"层累地"塑造了一个神情呆滞的冬烘老学究；为了给孔子增添超凡入圣的神异性，再配上一副骈齿外露、头顶内凹、拱背折腰的形象，给人以明显的距离感和疏远感。这种误导可以说是贻害千年。孔子在教育弟子的过程中提出"温良恭俭让"（《论语·学而》），子贡评价孔子"恭宽信敏惠"（《论语·阳货》），这些品质真实地刻画了孔子温润和悦、平易近人的君子人格与形象。孔子教育弟子"色思温，貌思恭"（《论语·季氏》），而弟子对孔子的形象描述同样是"温而厉，威而不猛，恭而安"（《论语·述而》）。说到"恭"，其实就是一种待人接物的礼貌，不仅见诸孔子的言论，如孔子称赞子产"有君子之道四焉，其行己也恭"（《论语·公冶长》）；还见诸孔子的行为，《乡党》中就有大量相关的刻画，如"孔子于乡党，恂恂如也，似不能言者"（《论语·乡党》），又如"君召使摈，色勃如也，足躩如也。揖所与立，左右手，衣前后，襜如也。趋进，翼如也。宾退，必复命，曰：'宾不顾矣。'"（《论语·乡党》），再如"入公门，鞠躬如也，如不容。立不中门，行不履阈。过位，色勃如也，足躩如也，其言似不足者。摄齐升堂，鞠躬如也，屏气似不息者。出，降一等，逞颜色，怡怡如也。没阶，趋进，翼如也，复其位，踧踖如也"（《论语·乡党》）。当然，"恭"不是一味地卑躬，而是符合礼仪的恭敬，正如孔子所说"恭而无礼则劳"（《论语·泰伯》），这是一种有原则、有节度的礼貌，体现了君子不卑不亢的态度。说到"良"，朱熹《四书章句集注》解释为"易直"①，大致意思是平易而正直，孔子说自己"出则事公卿，入则事父兄，丧事不敢不勉，不为酒困，何有于我哉"（《论语·子罕》），这便是"良"的体现。说到"俭"，这是一种节制有度的美德，如《左传》中臧哀伯所说"夫德，俭而有度，登降有数"（《左传·桓公二年》）。孔子大力提倡"俭"，《论语》中"俭"字出现了六次。在孔子看来，俭与奢是相对而言的，标准就是是否符合礼仪，是否体现人内在的真实道德情感而不是一味追求形

① 朱熹：《四书章句集注》，第51页。

式的奢华。当林放问礼之本时，孔子没有直接谈论礼，而是谈论俭，说："大哉问！礼，与其奢也，宁俭；丧，与其易也，宁戚。"（《论语·八佾》）也正因为俭与礼密切相关，所以当子贡欲去告朔之饩羊时，孔子说"赐也，尔爱其羊，我爱其礼"（《论语·八佾》）。因为告朔是每月初一的祖庙祭祀，祭祀之后还要进行朝廷听政，这种重要的传统政治活动当时已不能正常进行，所以子贡建议索性取消算了。孔子不同意，毕竟这涉及重大礼仪，并不单单是俭与奢的问题。对于无谓的奢华，孔子当然坚决反对，他说："奢则不孙，俭则固。与其不孙也，宁固。"（《论语·述而》）说到"让"，就是谦逊礼让，也同样以符合礼仪为圭臬，如射礼看起来是一种竞争，但为了体现贵族"亲亲"原则，也需要礼让，故孔子说："君子无所争。必也射乎！揖让而升，下而饮，其争也君子。"（《论语·八佾》）另外，孔子还说"躬自厚而薄责于人，则远怨矣"（《论语·卫灵公》），这也是一种"让"的体现。这里的"厚"是厚责于己的意思。如果说"温良恭俭让"体现了孔子内在的人格品质，那么，"恭宽信敏惠"则表现为孔子外显的行为特征。孔子对待弟子不同的个性发展以及部分有违师教的思想言论，表现出相当的宽容度。作为曾经的鲁国司寇，孔子强调为官者的宽容，他说："居上不宽，为礼不敬，临丧不哀。吾何以观之哉。"（《论语·八佾》）子张曾说："君子尊贤而容众。"（《论语·子张》）这当然是闻之于乃师。在孔子看来，"信"的意义对于一个社会是至关重要的，甚至超过了生存的意义。"自古皆有死，民无信不立"（《论语·颜渊》），这并非危言耸听，而是古往今来的社会真理。"敏"是对事物保持敏锐的态度和敏捷的行动力，正所谓"敏于事"（《论语·学而》）和"敏于行"（《论语·里仁》）。孔子的"敏"主要体现在求知、求学方面，故孔子自称"我非生而知之者，好古，敏以求之者也"（《论语·述而》）。"惠"就是施人以恩惠，我们在谈论经济思想时谈到过孔子的惠民思想。在孔子看来，"恭则不侮，宽则得众，信则人任焉，敏则有功，惠则足以使人"，这些都体现了对他人的仁爱，所以"能行五者于天下，为仁矣"（《论语·阳货》）。孔子温良恭俭、宽信敏惠的君子人格对于华夏民族群体性格的塑造产生了深远影响，对于当前构建中华文明的现代形态具有积极意义。

第八，学如不及、乐学好学的求知意识。孔子的好学乐学自不待言。孔子说："学如不及，犹恐失之。"（《论语·泰伯》）一部《论语》就是一部学习文化、探究知识、修养德行的劝学篇。孔子开启了中国私学的先路，由此形成了中华文明重学好学、积极进取的文化传统，这是华夏民族重要的文化特质，也是中国式现代化进程的强大动力。

第九，多闻阙疑、多见阙殆的怀疑精神。孔子在知识观念领域倡导怀疑精神，鼓励弟子独立思考，提出不同于己的观点。孔子本人学识丰富、思想深刻，但他并不希望弟子们怯于挑战权威。他批评颜回"于吾言无所不说"，认为颜回"非助我者也"（《论语·先进》）；孔子还说颜回貌似"不违如愚"（《论语·为政》）。很显然，在孔子看来，弟子在学习过程中没有提出自己的独立见解，就是一种愚蠢的表现。正是在孔子的鼓励和倡导下，孔门弟子极富怀疑精神，敢于提出异议，如子贡说："纣之不善，不如是之甚也。是以君子恶居下流，天下之恶皆归焉。"（《论语·子张》）这种观念从古到今都是难能可贵的。孔子说："温故而知新，可以为师矣。"（《论语·为政》）又说："三人行，必有我师焉。"（《论语·述而》）还说："当仁不让于师。"（《论语·卫灵公》）这些言论可视为中国版的"我爱我师，我更爱真理"，充分体现了孔子的怀疑和创新精神，相较于后来汉儒经学谨守师法、家法的学风，可谓天壤之别。在大力推进创新发展的今天，在学校教育中和社会层面上我们应当积极倡导多闻阙疑、多见阙殆的怀疑精神，从孔子人格智慧中汲取宝贵的养分，摒弃传统社会"唯上""唯书"的封建糟粕，积极营造一个有利于人民大众创新、创造的良好社会环境。

第十，勇于进取、终身奋斗的人生态度。孔子一生志存高远、积极进取，以一种永无止境的奋进精神和无所畏惧的生命勇气，不断追求更高的人生境界。他说："三军可夺帅也，匹夫不可夺志也。"（《论语·子罕》）又说："志士仁人，无求生以害仁，有杀身以成仁。"（《论语·卫灵公》）孔子提出了仁、智、勇三种基本品行，将"知者不惑，仁者不忧，勇者不惧"（《论语·子罕》）作为勇攀人生高峰的不竭动力，成为儒家文化的"三达德"，影响了后世无数仁人志士。尤其难能可贵的是，孔子将这种进取精神贯彻毕生，始终保持知难而进、乐观向上的态度。他说："譬如为山，未成一篑，止，吾止也。譬如平地，虽覆一篑，进，吾往也。"（《论语·子罕》）这种襟怀坦荡、坚忍不拔的进取精神是孔子留给华夏子孙的宝贵财富。

孔子的人格形象不仅长存于华夏文化之中，在世界范围内也具有无可替代的意义。孔子是人类各种文化圈中最具影响力的历史人物，其形象出现在美国最高法院大楼的墙面浮雕上，成为今天许多国家的民众学习借鉴的贤者。正如日本学者宇野哲人所说："要之，孔子非神而实人，盖积修养而为大圣之人也。其为人信道笃，毅然不可动；然极富同情。守礼而庄敬；然多趣味而不固陋，无奇矫之言行。是一个圆满性格之人也。"①当今世界，任何一种民族文化的全面呈现和深刻影响，除了凭借思想观念、文化传统、历史积淀、现实风貌等，还需要借助于标志性的重要人物，尤其是文化人物。华夏文化有幸拥有孔子这样具有伟大人格的标志性人物，理应把研究孔子、弘扬孔子、发展孔子、传播孔子这项工作做好，以期在文化交流互鉴的世界大潮中充分展现中华文化的独特魅力。

三、反思与发展

孔子思想是后世儒家思想的重要来源，后世儒家思想中的积极元素以及传统文化中的优秀成分，当然得益于对孔子思想的继承；同时，后世儒家思想中的部分消极元素以及传统文化中的一些糟粕成分，也与孔子思想存在一定程度的关联性。这种关联性主要有两个方面：一是孔子受到所处时代的历史局限，有些思想观念本身包含着不合理的成分，被后世儒家传承和放大；二是后世儒家曲解或利用孔子思想，借诠释四书五经之名，行维护封建专制之实。这两种情况都导致孔子思想成为近现代社会转型过程中人们诟病传统文化的一种口实和靶的。客观地看，孔子思想中引起争议和非议的地方，除了孔子思想本身存在的问题，以及被后世儒家扭曲误用而引起的问题，还有传统批判者认为与现代性相抵牾矛盾的问题。下面我们择取孔子思想中有关传统反思与现代发展的八个方面的话题，从史实考信出发，以实证方法和严谨态度，对孔子思想进行具体的批评性分析和反思，并在此基础上提出改造与发展的具体思考，力求言之有据，从而启发今人进行更多深入地思考。

第一，孔子"为政以德"思想与传统德治困境的现代超越。孔子的治理理念是德治，即"为政以德"，其基本特点是将善政的希望寄托于为政者的德性。孔子说："其身正，不令而行；其身不正，虽令不从。"（《论语·子路》）又说："苟正其身矣，于从政乎何有？不能正其身，如正人何？"（《论语·子路》）这种"圣王""明君"政治的最理想状态，便是"为政以德，譬如北辰，居其所，而众星共之"（《论语·为政》）。孔子此种思想对后世影响很大，经过儒家的一番渲染之后，最终形成了《大学》中所谓三条纲领、八条目的内圣外王之道，构成了一幅明君贤臣的理

①〔日〕宇野哲人：《孔子》，第22页。

想政治图景。

　　孔子为何要把理想政治的希望寄托在为政者的道德人性上呢？我们认为主要有三个原因：首先，从历史逻辑来分析，"为政以德"原本是西周家国治理的基本原则。周朝政治的实质是贵族宗法礼乐政治——礼以别异，乐以和同，尊礼尚施，重赏轻罚，"亲亲"为要，"尊尊"次之，且治理风格相较于殷商更显柔和。故此，对为政者重德好礼的素质要求被置于最重要的地位。《左传》中记载了大量的德政观念，如"以德和民"（《左传·隐公四年》）、"德政"（《左传·隐公十一年》）、"以德绥诸侯"（《左传·僖公四年》）、"政德"（《左传·昭公四年》）、"以德绥戎"（《左传·襄公四年》）等，不胜枚举。富辰曾经劝谏周襄王说："大上以德抚民，其次亲亲以相及也。"（《左传·僖公二十四年》）这句话大致可以概括周政德治的特点。孔子说："上好礼，则民易使也。"（《论语·宪问》）这是孔子从周朝过往正反两方面总结出来的历史经验，而非凭空想象的政治教条。其次，从文化逻辑来分析，周朝建立后逐渐在殷商鬼神文化中注入道德文化元素。正如宫之奇谏虞君时所说："臣闻之，鬼神非人实亲，惟德是依。故《周书》曰：'皇天无亲，惟德是辅。'又曰：'黍稷非馨，明德惟馨。'又曰：'民不易物，惟德繄物。'如是，则非德，民不和，神不享矣。神所冯依，将在德矣。"（《左传·僖公五年》）这段话非常重要，有助于我们理解周朝道德主义和人文主义的文化要义。陈来在《古代思想文化的世界》中说："春秋时代的占卜文化和祭祀文化都出现了道德意识与神话思维抗衡的情形，即主张吉凶祸福不决定于神秘的联系，而决定于人的行为是否道德。"[1]所以，孔子德治思想是当时社会人本精神的体现。最后，从现实逻辑来分析，孔子所处的春秋晚期传统周礼道德正在快速走下坡路，孔子强调"为政以德"也是针对现实社会的弊病而开出的医治药方，其着眼点除了维护政治秩序之外，更重要的是保民安民。德政与善政在孔子这里是统一的，"为政以德"是孔子民本思想的内在要求。

　　孔子德治思想对后世儒家影响甚大，经过思孟学派、汉儒经学、宋明理学的传承与发展，可以说构成了秦汉以降封建社会"儒表法里"统治思想的儒家核心内涵。问题在于，德治在实践中经常遇到难以克服的困境，易于在制度层面踏空，并且导致封建社会官场道德的虚伪化。所以，在近现代对传统文化反思批判的过程中，封建德治思想贻人以泛道德主义的口实，被认为是历史上许多传统政治弊端的肇因。相关指责主要集中在三个

---

[1] 陈来：《古代思想文化的世界：春秋时代的宗教、伦理与社会思想》，北京：北京大学出版社，2017年，第283页。

方面，我们在此稍加申论。

一是认为孔子德治思想过度抬高了政治道德的作用，忽视了政治道德的现实条件，在实践中很难真正行得通，由此造成了传统社会德治的实践困境。有些学者认为，孔子的道德主义政治学存在两个明显的问题，或者说缺乏两个现实的必要条件。首先，如何确保为政者都能具备良好的道德素质？也就是说，在一个政治体系中，如何保证拥有足够多的道德之士，使"政者正也"持续可能？这里涉及一个道德人性问题，即为政者的道德人性能否保证社会政治的良性运作？其次，即便为政者能够具备必要的道德素质，又如何确保其所作所为必定符合民众利益？也就是说，如何确保有德者不会好心办坏事？如何保证德政必然导向善治？如何确保善良意志与善治结果的内在统一？这里还涉及一个道德能力问题，即为政者的道德能力能否保证其道德意志的如愿实现？上述两个问题合二为一，就是政治制度的设计问题：良好的道德主体需要在良好的政治制度中产生、维持和发挥作用。孔子当然没有忽视制度的重要性，他的理想制度就是周礼等级制度。但问题是，周礼等级制度建立在姻亲、血亲封土建国的基础之上，而到了春秋晚期以至战国时期，这种制度的经济基础与社会条件都发生了重大变化，这使得原本适应于这种制度的道德主义政治学失去了发挥效能的必要条件。尤其到了秦汉以降的封建社会，德政常常成为统治者维护家天下封建专制的借口，官僚士大夫们恪守的政治道德原则也不过是"三纲五常"而已，在内容上与孔子重民爱人的仁德已不是同一回事。客观地说，后世政治道德主义造成的弊端与孔子思想有关，但不能全都归咎到孔子头上，恰如不能把中世纪天主教神父出售赎罪券这种烂账记到耶稣头上一样。

二是认为孔子德治思想片面凸显了政治生活中的道德意义，忽视了道德之外政治生活的其他要素，如公民权利、法律平等、民主制度等，由此造成了传统社会德治的历史困境。的确，中国古代在政治学说与政治实践两个方面均存在权利、法治、民主等政治元素的相对缺失。其中，法律通常被理解为刑罚，成为统治阶级维护封建专制的实用工具。需要申辩的是，孔子所处的社会是贵族宗法社会，礼乐，而非法律，才是调节统治阶级内部关系的主要手段，人与人之间的平等仅限于贵族阶层，普通民众的个人权利是不被重视的。孔子作为鲁国司寇，其为政目标是"必也使无讼"（《论语·颜渊》），平时也从未谈及平民权利问题，这本身不过是社会现实在人们观念中的反映。秦汉以降的思想家与政治家是在书写属于自己时代的历史篇章，丰满抑或缺失、先进抑或落后、创新抑或保守，均是当时人所为。历代后儒假借孔子思想的外壳，填入封建专制的私货，成为封建统治阶级的卫道士，也不过是社会现实在人们观念中的反映。在近现代社会转型的过程中，人们将批判封建政治的矛头对准孔子思想，从对传统文化追根溯源的角度讲也无可厚非。但以现代法治观念强求于孔子，未免有苛责古人之嫌。今天，我们站在新的历史高度，应以历史主义和客观主义的态度审视孔子德治思想，分析其消极影响，汲取其合理的内涵，着力于加快推动传统文化的现代转型，促进以德治国与依法治国的有机统一。

三是认为孔子德治思想过分强调了社会生活中的道德价值，忽视了自然人性的意义，引发了后世儒家诸如"存天理，灭人欲"等压抑人性思想的泛滥，抑制了个性张扬和社会活力。的确，秦汉以降的后世儒家具有明显的泛道德主义倾向，一方面强化了封建社会伦理的刚性惩戒，另一方面扩大了封建道德的社会泛化。孔子并不是泛道德主义者，他尊重人性，认同人的正常物质欲望，并且主张道德应该是内在仁爱的自然流露，而不是刻意的压抑或伪装。如微生高乞醯于邻以应求者，孔子认为这是曲意掠美，有违于直道而行（《论语·公冶长》）。孔子提倡"以直报怨，以德报德"（《论语·宪问》），并且说："人而不仁，疾之已甚，乱也。"（《论语·泰伯》）意思是对于不仁的人，痛恨太深，也是一种祸害。可见，孔子重视道德的主体自觉，注重道德行为的相对性与场景性。我们举一个例子：鲁襄公三十年，宋国发生火灾，宋伯姬因遵守妇道"待姆"而死。《左传》引君子谓"宋共姬，女而不妇"（《左传·襄公三十年》），认为宋姬作为已婚妇女完全没有必要遵守未嫁女子的闺范，对其行为不予赞同。有些学者认为《左传》中的"君子曰""君子谓"即孔子所言，我们认为即便此"君子"不是孔子，《左传》史评观点也多与孔子相类。秦汉以降的《公羊传》《穀梁传》《烈女传》却都对此表示赞赏。胡安国《春秋传》更是大为称赞，认为《左传》"女而不妇"的说法"非也"，并无中生有地说圣人孔子特意在《春秋》中"著其贤行，励天下之妇道也"。[①]由此可见，孔子所强调的社会人伦道德与后儒特别是宋明理学那种"饿死事极小，失节事极大"的反人性道德原则不是同一回事。我们确实要分析和改造孔子思想人格中与现代价值取向不相适应的成分，但不能简单地将孔子思想与后儒封建思想直接画等号，应该按照历史唯物主义的观点有所鉴别、有所区分，从而避免良莠不分的简单化态度。

第二，孔子"民可"之论与传统愚民政治的历史批判。秦汉以降的统治阶级为了维护封建专制统治，长期实行愚民政策。有人将此上溯到孔子，

① 王雷松：《胡安国〈春秋传〉校释与研究》，北京：北京师范大学出版社，2016年，第252页。

认为孔子曾经说过的"民可使由之，不可使知之"（《论语·泰伯》）是后世愚民政策的起源。这种说法缺乏充分的依据。孔子作为中国古代第一位教育家，其"有教无类"的平民教育思想包含着开发民智的意蕴，本身就与愚民政策背道而驰。至于孔子的"民可"之论，我们须知春秋时期的"由"是"行""从"的意思，与"道路"相关，如子路字仲由。我们现在所说的"必由之路"也是此意。历代注家对这句话议论纷纷，较为集中的意见是：民众可以让他们知道所由的道路，但不可能使他们知道那是为什么。也有个别人好心替孔子分辩，如宦懋庸《论语稽》说："对于民，其可者使其自由之，而所不可者亦使知之。"①这种刻意深解，大可不必。倒是朱熹《四书章句集注》的说法较为中肯，他将"可"字解释为"能"。这种解释可从《论语》本身得到内证，如孔子所说的"朽木不可雕""愚不可及"等。如果这样来理解这句话，那么孔子的意思即是：当政者能够使民众知道怎么做，但无法使民众知道为什么。用朱熹的话来说："民可使之由于是理之当然，而不能使之知其所以然也。"朱熹还引程子曰："圣人设教，非不欲人家喻户晓也，然不能使之知，但能使之由之尔。若曰圣人不使民知，则是后世朝四暮三之术也，岂圣人之心乎？"②这个说法也是有道理的。总之，孔子这句话不应被理解为故意不想让民众知道社情政策，而是孔子对当时民智未开的社会现实的一种客观陈述。在人类传播媒介尚未大众化的时代，民众能够获得的社会信息极为有限，"不可使知之"实属常态，孔子只是道出这一现象而已，与后世专制统治者故意降低民智、愚弄百姓的愚民政治不可等而视之。

　　第三，孔子"攻乎异端"言论与儒家文化专制的传统改造。在中国封建社会，儒家思想长期定于一尊，特别是在宋代以后，儒家思想成为排他性的统治思想，也成为晚清顽固派抵制西方近代文明传入的主要思想堡垒。有人将儒家思想的封闭性和保守性溯源到孔子，认为孔子以周礼文化为圭臬，对社会变革发展中的新事物表现出抵制和反对态度。这种指责的重要证词便是《论语》记载了孔子所说的"攻乎异端，斯害也已"（《论语·为政》），认为孔子鼓励通过攻击异端思想来消除不同声音，以免其造成社会危害。这种对孔子排除异端、思想保守的指责，在新文化运动和"批林批孔"运动中均有充分表现。我们认为，这样理解孔子的原话是有问题的，为此有必要做一番疏证。孔子这句话的关键字词分别是"攻""异端"和"已"，前人的解说大致有三种意见。第一种意见是何晏《论语集解》认为"攻，

---

① 程树德：《论语集释》，第532页。
② 朱熹：《四书章句集注》，第105页。

治也"，皇侃《论语义疏》、邢昺《论语注疏》、朱熹《四书章句集注》均作此解。"异端"大致为非正道的异己杂学，皇侃《论语义疏》、邢昺《论语注疏》都说是"诸子百家"，朱熹《四书章句集注》引范氏称"如杨墨是也"[①]。"已"则不作实词解。按照这种字义解释，孔子这句话的意思就是：专治非正道的杂学，是有害的。第二种意见认为"攻"就是攻击，"已"就是终止，故这句话的意思是：攻击异端杂学，则危害就止住了。这种说法通过以经证经，在《论语》中找到了内证，正如程树德所说："《论语》中凡用攻字均作攻伐解。"[②]如"鸣鼓而攻之"（《论语·先进》），又如"攻其恶，无攻人之恶"（《论语·颜渊》）。杨伯峻《论语译注》也主张此说："批判那些不正确的议论，祸害就可以消灭了。"[③]第三种意见同样把"攻"解释为攻人之恶，但"已"不作实词解。于是这句话的意思就变成：攻击不同于你的异端学说，那反而是有危害的。李泽厚《论语今读》即持此论。综合来看，上述三种意见有一个共同点，即都忽视了关键词"异端"，均将其简单解释为异己杂学，这是值得商榷的。下面我们就此提出三点意见。首先，我们通读《论语》《左传》，并没有看到孔子时代出现了什么异端杂说，当时诸子百家尚未萌芽，《老子》一书也未必问世。即便《老子》已经问世且流传颇广，比今本《老子》更早的郭店楚简《老子》基本上也是肯定仁义慈孝的，所以孔子未必视其为"异端"。正如蒙培元所说："因为《论语》中并无批判老子道家的内容"，就算《论语》中有针对"隐者"的记述，"但'隐者'并不能完全代表老子道家，而孔子只表明与他们'道不同'而已，并未针锋相对进行批判"[④]。排除了老子道家，春秋时期看不出还有什么"异端"思想需要孔子号召人们群起而攻之。其次，"攻"字的意思还需深入探讨。前面举了《论语》内证"攻之""攻人"以说明"攻"字作"攻击"解。其实，"攻之""攻人"与"攻乎"是不尽相同的。前者中的"攻"是及物动词，可直接跟宾语，形成动宾结构，作"攻击"解；后者中的"攻"接介词后缀"乎"，意思是"于"，是不及物动词，后面的"异端"不是宾语，而是状语，类似"风乎舞雩"。在这种情况下，"攻"只能作"治学""钻研"解。最后，我们认为孔子这里所说的"异端"，指的是事物的另一方面，"攻乎异端"就是研究探索事物的两端，从而了解事物的全貌。孔子曾说："吾有知乎哉？无知也。有鄙夫问于我，

① 朱熹：《四书章句集注》，第57页。
② 程树德：《论语集释》，第108页。
③ 杨伯峻译注：《论语译注》，第18页。
④ 蒙培元：《孔子》，北京：北京大学出版社，2019年，第186页。

空空如也，我叩其两端而竭焉。"（《论语·子罕》）这里所谓"叩其两端而竭"就是孔子探究事物的基本方法，"攻乎异端"只不过是另一种表达方式。我们注意到，在"攻乎异端"章之前，孔子讲"学而不思则罔，思而不学则殆"（《论语·为政》）；在此章之后，孔子又讲"知之为知之，不知为不知"（《论语·为政》），还讲"多闻阙疑""多见阙殆"（《论语·为政》）。这些都属于学习方法论的范畴，且都体现了孔子勤学深思和博见多闻的学习态度。"攻乎异端"作为一种学习方法，与这些章句放在一起相当妥帖，如理解为孔子针对异端杂学的攻击号令，在思维逻辑与行文逻辑上均说不通。总之，正如我们之前所讨论的，孔子的思想和人格是相当开放包容的，将后世封建社会的文化专制现象归咎于孔子，并非历史客观主义的态度。

第四，孔子孝道思想与传统孝文化的创造性转化。周朝宗法社会以维护宗族血脉延续为要务，"孝宗"远比"孝亲"更加重要，故《左传》说："灭宗废祀，非孝也。"（《左传·定公四年》）《诗经》讲："孝子不匮，永锡尔类。"（《诗经·大雅·既醉》）可见，周族孝道文化主要着眼于宗祀长存。孔子及其弟子继承了周礼文化的孝道内涵，把外在"能养"之孝发展为内在"色难"之孝，增强了孝的仁学内涵，提升了孝的精神意蕴，对后世传统文化产生了深远的影响。不过，传统批评者认为孔子的孝道思想在两个方面具有消极意义：一是孔子受到春秋社会"违命不孝"（《左传·闵公二年》）观念的影响，多次强调"三年无改于父之道"，似有盲目顺从父命之嫌；二是孔子提出了"父为子隐，子为父隐"（《论语·子路》）的亲情原则，将家庭伦理置于社会法理之上。我们知道，以后儒《孝经》为代表的孝道思想，经过传统社会千百年的传播、发展和强化，既形成了重视家庭、孝敬父母、尊老爱幼的优良美德，同时也产生了一些有违于现代性意义的封建文化沉淀，如父子关系的非平等性、以孝劝忠的孝治天下思想、孝亲伦理超越社会法理等。它们有的是从孔子孝道思想中衍生出来的、有的则与孔子无关，是封建时代的伦理要求。现代社会要通过取其精华、去其糟粕的社会改造，将传统孝道思想与现代价值观念有机融合，将家庭孝道与社会法理有机统一，努力造就老有所养、老有所依、老有所为、老有所乐的文化氛围和社会保障。

第五，孔子等级观念与现代社会平等观念的倡导。周朝等级社会将天下分为公、侯、伯、子、男五等封国，将人分为天子、公、卿、大夫、士、庶人、工、商、皂、隶、牧、圉各色人等，并制定了礼乐文化，用以调节不同等级之间的规范性关系，此所谓"礼以别异"。这种社会等级制度和等级观念塑造出的文化基因在后世儒家那里得到了发展和强化，成为中国古代封建社会的重要特征。孔子生活在春秋时期的等级社会中，不可避免地具有明显的社会等级意识，确实可以说是周朝宗法等级制度的捍卫者。这不仅体现在他的思想上，还表现他在行动中。孔子对于上位者的态度偏向于尽礼，这在当时也引起了一些人的非议，故孔子说："事君尽礼，人以为谄也。"（《论语·八佾》）时值周礼衰败，人们不能谨守礼仪，反而认为恪守传统礼仪的孔子"谄"。我们看《论语·乡党》中孔子"闻君命，入公门"时的种种表现，确实做到了"事君尽礼"，叶梦得说："如拜下之类，违众而从礼，宜时人以为谄也。"[1]孔子也注意对上位者言论的"忠敬"，这就是孔子所说的"恶居下流而讪上者"（《论语·阳货》）。"讪"是诽谤之意，即说上位者"坏话"。朱熹《四书章句集注》解释这句话说："下讪上，则无忠敬之心。"[2]《礼记》中有所谓"为人臣下者，有谏而无讪"（《礼记·少仪》），孙希旦《礼记集解》引孔氏曰："讪，谓道君之过恶及谤毁也。君有过，臣当谏之，而不得向人谤毁。谏若不听，当出竟亡去，不得强留而憎恶君也。"[3]这样看来，孔子厌恶"居下讪上"，并不是反对向上位者进谏，而是厌恶随意散布对上位者的谤毁。不过，"恶居下流而讪上者"从字面上理解，毕竟属于一种"唯上"的态度，因此在秦汉以降的封建社会产生了消极的影响。这里需要补充说明两点：第一，正如我们在前文所说，孔子的等级思想观念建立在上下等级的双向对应关系之上，君义臣行、父慈子孝、兄爱弟敬是互为条件的，这与后世绝对的忠君、父权观念有所不同；第二，我们从《论语》中看，孔子强调的社会等级主要体现在人与人之间社会身份之间的不平等，未见涉及人格权利方面的不平等，这大概与他的人本主义思想不无关系。正如现代社会组织基本上都实行科层制，这是一种职业等级制度，在职业之外的社会生活中，人与人之间在法律、人格等方面应该是平等的。分析传统社会等级文化与平等制度方面的问题及其根源，有助于我们更好地处理现代社会的职业层级与公民身份平等关系，这是实现传统文化现代转型的重要任务。

第六，孔子义利思想与传统义利观的创新性发展。受到周朝贵族礼乐文化的影响，孔子具有明显的道德主义倾向，这使其在社会生活中表现出一定的非功利主义倾向，如孔子说："骥不称其力，称其德也。"（《论语·宪问》）又说："射不主皮，为力不同科，古之道也。"（《论语·八

---

① 程树德：《论语集释》，第 196 页。
② 朱熹：《四书章句集注》，第 183 页。
③ 孙希旦：《礼记集解》中册，第 933 页。

俏》）后世儒家重视并发展了孔子思想的非功利主义特征，在义利观上重义轻利，如汉儒经学提出"正其谊不谋其利，明其道不计其功"（《汉书·董仲舒传》），在价值判断标准上重动机、轻结果；宋明理学除浙东学派外，其主流思想也存在重德义、轻事功的特点。后人习惯于将传统义利观溯源到孔子思想，并对其加以指责。讨论孔子的义利观，需要弄清楚孔子所言针对何人。孔子的确说过"见利思义"（《论语·宪问》）、"见得思义"（《论语·季氏》），还说"放于利而行，多怨"（《论语·里仁》），但这都是针对统治阶层和知识分子阶层的"君子"而言的。在春秋晚期的社会变局中，统治阶层不加约束地追逐私利，不仅加剧了社会的礼崩乐坏，还给民众生活造成巨大痛苦。《左传》记晏婴与叔向对话，讲到齐国"民参其力，二入于公，而衣食其一。公聚朽蠹，而三老冻馁"（《左传·昭公三年》）。这种"朱门酒肉臭，路有冻死骨"的情形列国皆有，普通庶民"小人"生活艰辛、食不果腹。孔子有鉴于此，一方面告诫统治阶层"君子义以为上"（《论语·阳货》），另一方面引导统治阶层要"义以生利"，造福于民众。孔子说："名以出信，信以守器，器以藏礼，礼以行义，义以生利，利以平民，政之大节也。"（《左传·成公二年》）面对普通百姓，孔子还是讲利的。另外，我们也很难说孔子完全轻视功利，毕竟《论语》记载孔子两次说到"敏则有功"。孔子言义并不意味着排斥求利，人们在符合道义前提下是可以取利的。孔子在与公叔文子的对话中，肯定了"义然后取，人不厌其取"（《论语·宪问》）。孔子还主张"先事后得"（《论语·颜渊》），即通过个人努力获得利益。孔子说："君子谋道不谋食。耕也，馁在其中矣；学也，禄在其中矣。君子忧道不忧贫。"（《论语·卫灵公》）君子并非绝对不谋食，而是通过谋道来间接地谋食，"禄"在"学"中，"食"在"道"中，利与义何必绝然对立？这样理解孔子的义利观，比简单地认为孔子"重义轻利"的皮相之论，显然更加接近史实。

　　第七，孔子自然观与现代科学文化的弘扬。孔子对社会生活进行了深入观察，提出了丰富的社会思想。但是相较而言，孔子对自然现象的注意不多，没有像墨子那样关注自然，在自然科学领域未见开创性和引领性的历史影响。近百年来，传统文化领域一直有著名的"李约瑟之问"，即为什么近现代科学的勃兴发生在欧洲而不发生在中国或东亚文明？有学者将其归咎于长期占统治地位的儒家思想对科学技术的忽视和轻视，并将这种文化特质溯源到孔子。我们说过，孔子思想中具有弥足珍贵的理性主义精神和怀疑精神，正如李约瑟在《孔子诞生2500年纪念》一文中所说："它含有怀疑的理性主义思想因素，在中国历史上一直起着影响。这种思想本来是非常有利于现代科学的发展的；但是由于儒家所关心的是人类社会，而且，只是人类社会，所以理性主义思想就不能发挥它的有利作用。"①按照李约瑟的说法，秦汉以降的封建社会未能弘扬孔子的理性思想，主要关注的是政治稳固和社会治理，在实用性技术方面取得发展进步，在科学理论方面相对落后于西方社会。应该说，"李约瑟之问"是一个综合性问题，涉及政治、社会、文化、宗教等诸多因素。简单地将中国科学技术在近现代的落后归咎于孔子，是一种不够严谨的说法。

　　第八，孔子妇女观与现代社会男女平等观念的确立与发展。孔子思想中似乎存在轻视女性的倾向。孔子的确说过："唯女子与小人为难养也。近之则不孙，远之则怨。"（《论语·阳货》）这句话按照现代男女平等的观念来看，显然是十分刺眼的。不过，春秋社会确实流行着"妇怨"的说法，如周室贵族富辰曾说"女德无极，妇怨无终"（《左传·僖公二十四年》）。竹添光鸿《论语会笺》引张自烈曰："圣人立言，大小兼该。虽不必将'女子小人'专看做妇寺，而处置妇寺道理，未尝不在其中。"②联想到中国历史上与宦官、外戚相关的"妇寺"祸害，这也勉强算作一种自圆其说。从世界范围看，古代社会对女性的歧视在不同文化圈都存在，男女平等是一个渐进发展的过程。在现代化进程中，我们应从政治、经济、文化、制度和社会心理等诸多方面深刻分析传统社会男女不平等的根源，不断消除传统文化糟粕的消极影响，积极学习和拥抱人类文化的先进长处，努力实现中华文化的持续健康发展。

　　总之，我们既要看到孔子思想中的历史闪光点，也应注意其中的时代局限性。与此同时，我们要合理标识孔子思想与后世儒家思想的界限，切忌将其混为一谈，更不能将后世儒家封建专制思想的消极成分全然归罪于孔子。这是研究孔子最起码的求实态度，也是推进传统文化进步的正确方法。

四、辨析孔子与儒家

1

　　在探讨"回归孔子""回归元典""回归优秀传统"的原则、意义与

---

① 〔英〕李约瑟：《四海之内：东方和西方的对话》，劳陇译，北京：生活·读书·新知三联书店，1987年，第105页。

② 〔日〕竹添光鸿笺注：《论语会笺》，南京：凤凰出版社，2012年，第1126页。

方式方法之前，必须先明确一个重要的事实：孔子时代与秦汉以降时代，就华夏文化发展历程而言，两者之间存在着重大的差异。承认这一点，我们就确立了讨论"回归孔子"这一问题的学术话语基点。从这个基点出发，我们便能够合理甄别孔子思想与后世儒家思想之间的延续性和差异性，避免将孔子思想与后儒思想视为"铁板一块"，避免历史研究和历史评价中的机械主义误区。

马克思、恩格斯在《德意志意识形态》"费尔巴哈"一章中指出，"统治阶级的思想在每一个时代都是占统治地位的思想。这就是说，一个阶级是社会上占统治地位的物质力量，同时也是社会上占统治地位的精神力量。支配着物质生产资料的阶级，同时也支配着精神生产资料"，概言之，"占统治地位的思想不过是占统治地位的物质关系在观念上的表现"。① 马克思主义唯物史观告诉我们，生产力决定生产关系，经济基础决定上层建筑和意识形态。每一个时代都有该时代"物质力量"所决定的主流社会思想，不同时代的主流社会思想之间存在一定的关联性与延续性，但绝非完全一致、毫无差别。因此，当占统治地位的物质关系发生重大变化时，占统治地位的思想也随之发生重大变化。众所周知，中国在春秋中晚期到战国末年之间发生了历史上第一次涉及政治、经济、文化、教育、伦理、思想等全方位的社会变革。用王夫之的话来说，此乃"古今一大变革之会"。② 这次社会巨变的标志性结果是：春秋战国时代的宗法贵族领主制经济，逐渐转变为秦汉以降的封建地主私有制下的小农经济；秦汉中央集权的"家天下"制度，取代了西周以来裂土分封的"族天下"制度。这种历史巨变决定了前后两个时代的生产方式和上层建筑之间必然存在着巨大的差异，也意味着孔子思想与秦汉以降的儒家思想之间必然存在时代的隔阂。西周至春秋时代占统治地位的思想是周礼文化思想，秦汉以降占统治地位的思想是经过包括孔子后学在内的战国诸子思想交流、激荡、融汇之后产生的儒家思想。孔子确实为秦汉以降专制时代的华夏文化提供了一种历时两千多年的主流思想素材和理想人格样板，后来的战国儒家、汉代经学家、宋明理学家们借用孔子思想发展出了儒家思想传统或曰"道统"。尽管孔子被秦汉以降的儒家奉为神圣，孔子思想被改造为儒家经学，但孔子本人的思想与秦汉以降儒家思想之间存在着重大差异。孔子一生极力维护西周礼乐文明，他的思想在很大程度上反映了西周占统治地位的思想，即适应西

① 中共中央马克思恩格斯列宁斯大林著作编译局编译：《马克思恩格斯选集》第一卷，第 178 页。
② 王夫之：《读通鉴论》，北京：中华书局，1975 年，"叙论四"，第 954 页。

周分封制度的物质生产关系在观念上的表现；而秦汉以降各种形态的儒家思想是中央集权制度的物质生产关系在观念上的表现。两者的区别是：前者为前封建时代的思想，后者是封建时代的思想。正如周予同在《有关讨论孔子的几点意见》中所说，"孔子不等同于儒学，孔子思想不等同于汉代经学或宋明理学"，这个问题是孔学文化意义研究的首要问题，"孔子影响于后儒，但决不同于后儒，这条线索搞不清楚，孔子问题是不能彻底解决的"。他大声疾呼道：

> 孔子究竟只是孔子，他不是其他儒家，如孟子、荀子等，更不是汉以后的"儒教徒"，如董仲舒、刘歆、郑玄、王肃、孔颖达、程颐、朱熹、王守仁、顾炎武、戴震、康有为等等。这一大批人和孔子有同有异；他们对孔子有继承关系，也有批判关系，不能将他们的"历史功罪"硬拉到孔子头上。我们要求同、求异，但不能"混"。我们要有的放矢，要射中靶子，不能发乱箭。这就是说：我们不能把后世的腐儒、愚儒、黠儒，更其是一些滑头政客的罪孽，都算到孔子账上。[①]

明白了这一点，我们就必须把孔子思想与孔子后学、儒学、经学、理学、心学等一切秦汉以降形成的专制文化思想严格区分开来，不管这些学说、学派如何打着孔子本人的旗号，如何信誓旦旦地宣称代表了孔子思想的正宗嫡传。这样做，从正面讲有利于更加清晰地认识孔子思想的本来面目与现实意义，也有利于实事求是地分析历代儒家思想的时代意蕴；从反面讲则可避免将后世儒家的种种文化弊端归咎于孔子。如在新文化运动及二十世纪三四十年代和七十年代，那些批评儒家思想的人直接把矛头对准孔子，指责孔子是"开倒车"[②]，试图通过打倒"孔家店"和批判"孔老二"来"彻底"拔除儒家封建思想的根子，结果不仅无益，而且为害甚深。

2

思想是时代的产物，要认清孔子思想与秦汉以降儒家思想之间的重大区别，须认清孔子时代与后世两千多年封建时代的重大区别。按照马克思主义唯物史观，一个时代占统治地位的意识形态既要服务于该时代生产力与生产关系的经济基础，也要服务于该时代政治制度等上层建筑。从经济基础角度看，中国古代社会大致以战国时代为界线，分为奴隶社会和封建

---

① 朱维铮编：《周予同经学史论著选集》（增订版），第 706～707 页。
② 汪震：《孔子哲学》，第 88 页。

社会。当然，学术界对中国古代社会性质的历史分期尚未统一意见，一些学者认为奴隶社会一直要持续到两汉甚至魏晋时期；一些学者认为商周奴隶社会并不具备"五阶段论"的典型特征，如西周与春秋时代乡遂制度下的乡民、遂民并非奴隶身份①。不过。我们只需在此指出一个基本事实：秦汉以降的中国古代社会性质发生了重大变化，封建经济成为社会经济的主要特征，与商周时代社会经济存在明显的差异。这是大量史料可佐证的史实，也是学界关于中国古代社会分期的主流观点。从政治体制角度看，秦汉以降的中国古代社会转变为大一统的一家一姓皇权专制统治，中央集权与郡县制度成为两大基本政治制度，这也与商周时代的分封制度存在明显的差异。所以，就唯物史观的经济基础、上层建筑和意识形态关系而言，春秋晚期周礼文化的集大成者——孔子的思想体系，体现了商周时代的"占统治地位的物质关系"，理所当然地不同于反映秦汉以降"占统治地位的物质关系"的儒学思想观念。生活在春秋晚期的孔子之所以具有这样的思想和人格，绝非偶然；秦汉以降再无孔子这样的人物，亦属必然。

周朝的政治制度是一种建立在列国分封和领主经济基础上的宗法制度，有学者称之为"领主式宗法结构"②。周朝的各级统治阶层是一个同姓血亲与异姓姻亲组成的宗族群体，调整统治阶级内部关系的周朝礼乐文化是从原来协调周氏宗族内部血缘关系的"习惯"转化而来的，这种明显带有"亲亲"色彩的宗族"习惯"在周王朝裂土分封后经过所谓的周公"制礼作乐"，发展成为"亲亲""尊尊"相结合的周礼宗法制度。在这种制度框架下，处于政治"尊尊"序列的天子、国君、重卿，与处于宗族"亲亲"序列的各级宗子，其实是同一批人，在身份上是重合的，在现实层面上确实具有"宗君合一"③的特征。必须指出的是，"亲亲"血缘关系只是维持"宗君合一"的必要条件，而其充分条件则是授土授民的土地领主制度。换句话说，土地作为各级大宗嫡子领主及其宗族的立身之本，是各级宗亲贵族得以保持政治权力"尊尊"地位的经济基础。

正因如此，西周宗法社会存在着明显有别于秦汉以降专制社会的特殊政治文化现象。一是政治上的权力共治。无论是周天子与诸侯之间，还是诸侯与重要卿大夫之间，基于"宗君合一"的宗法制度，呈现出宗亲贵族共治的特点。周天子事实上将"天下"的直接管辖权授予各国国君，自己的直辖范围仅限于京畿地区。同样，"卿、大夫世族内部亦按宗法行分封

---

① 祝中熹：《古史钩沉》，上海：上海古籍出版社，2018 年，第 76 页。
② 钱杭：《周代宗法制度史研究》，上海：学林出版社，1991 年，第 59 页。
③ 钱杭：《周代宗法制度史研究》，第 86 页。

之制，是即所谓'侧室'、'贰宗'、'小宗'等。此等宗法世袭大小封主皆有土地、人民。卿、大夫宗族中有朝廷、群臣，更有所谓'属大夫'、'邑宰'等，与诸侯无异"。①这种土地权与治理权相结合的共治政治，明显不同于秦汉以降中央集权郡县制的"大一统"政治。

二是治理上的礼乐之治。正因为周朝宗法政治的"亲亲"特点，礼乐文化而非刑罚手段成为调节贵族阶层内部关系的主要方式，这使得周朝基于等级制的治理实践呈现出一种相对温情的色彩。周朝政治伦理的宗亲色彩，便是"君礼臣忠"的双向对应性关系，这与封建专制社会"三纲五常"的单向性、绝对性政治伦理存在明显差异。我们检阅春秋历史，臣弑君有之，卿大夫之间的相互攻杀有之，甚至家臣试图攻杀卿大夫亦有之，而周天子对下级诸侯、诸侯国君对下级卿大夫执行强制性刑律惩处的事例并不多，除非卿大夫作乱谋反被杀，或在争斗中假借国君之手进行杀戮。这种带着宗亲温情面纱的统治阶级内部治理方式，明显不同于秦汉以降"外儒内法"的封建皇权高压专制。

三是思想上的民本观念。郭沫若对金文中的"民"有所谓"目中着刺"之说，证明"民"即为奴隶。此说虽不无道理，但过于绝对。"从商周文献中可以看出，'民'泛指人民大众，并非奴隶专称。"②我们看到，楚国大夫申无宇对楚灵王所说的"人有十等"中，"皂、舆、隶、僚、仆、台"属于奴隶，"士"则相当于国人，或称庶人，即为非奴隶身份的"民"。当初周王朝对诸侯"授土授民"之时，这些"民"其实就是各诸侯同一部族或宗族的成员，甚至包括与诸侯贵族同姓的普通民众。这些民众是周族去往各地进行殖民建国的基本依靠，所以"重民"思想很自然地产生了。童书业称之为"原始民主主义思想"，并指出"国人既为贵族统治者实力之支柱（以治'野人'，敌他国他族），贵族统治者不得不重视之，且不得不畏之"。③孔子的民本思想即产生于这样的文化氛围中。当然，周朝民本观念的指向并不涵摄奴隶阶层，犹如古希腊城邦民主的对象并不涵盖奴隶。不过，这种对象范围的局限性并不影响其实质意义。秦汉以降的儒家思想继承了先秦文化中的民本思想，使之成为华夏文化源远流长的传统特色。但是，在两千多年的封建社会里，显性层面的儒家传统中一直暗藏着隐性的法家思想，犹如草蛇灰线，伏延千里，在朝堂政治实践中呈现出皇权至上的君本传统，且至明清政治达到顶峰，民本思想只能体现为黄宗

---

① 童书业著，童教英校订：《春秋左传研究》（校订本），第311页。
② 祝中熹：《古史钩沉》，第9页。
③ 童书业著，童教英校订：《春秋左传研究》（校订本），第196页。

羲、李卓吾、金圣叹等在野者的愤懑呼吁而已。

四是人格上的独立精神。在秦汉以降的封建专制政治下，"天下以言为讳"（《汉书·杨胡朱梅云传》），士大夫"用之则为虎，不用则为鼠"（《汉书·东方朔传》），"公卿大夫多谄谀取容"（《汉书·食货志》），对君权的人身与精神依附成为普遍现象。相较而言，春秋贵族或凭恃道义风气，或依傍宗族实力，或依靠封邑资源，或假借他国他族势力，危亡之际还有出奔逃死一条生路，故能在君权面前保持一定的人格独立；至于战国时期，各国并峙，未分雌雄，得士者强，失士者弱，更使士人群体呈现出主体独立的精神，其典型人格便是孟子所谓的"大丈夫"。生活在春秋后期的孔子，作为先秦前专制时代华夏文化的集大成人物，其思想和人格集中体现了秦汉大一统专制政治文化诞生之前的华夏文明精粹。相对于秦汉以降的封建文化思想，孔子思想更能够为中华民族现代文明提供一种既根植于本土文化，又可对接人类共同文明的文化培养基。

3

关于秦汉以降以儒学为代表的封建思想文化在不同历史阶段的功过评说，并非本书主题，我们在这里仅阐述三个看法：其一，秦汉以降的儒学是维护封建专制统治的思想；其二，秦汉以降的儒学有其历史作用和现实意义，需要去粗取精、去伪存真，下一番"取其精华、去其糟粕"的功夫，其积极内涵是华夏优秀文化的重要组成部分；其三，在谈论中国传统文化时，一定要十分严格地区分孔子思想与秦汉以降儒学，不能偷换概念，混为一谈，甚至相互取代。梁启超在《清代学术概论》中曾引清儒胡渭的话，称"宋学自宋学，孔学自孔学，离之两美，合之两伤"。[①]我们也可以说，孔子思想自孔子思想，后世儒家思想自后世儒家思想，离之两美，合之两伤。

以上三点看法是要引出一个重要问题——在中国式现代化进程中，如何着力赓续文脉、推动中华优秀传统文化创造性转化和创新性发展。

按照马克思主义唯物史观，近现代社会的重大文明成果都是在打破封建思想枷锁的基础上发展起来的，现代社会的发展进步仍需持续不断地肃清封建思想的残余。从中世纪封建传统社会向近现代社会的思想文化转型过程，西方社会称之为启蒙；从儒家封建思想向近现代社会的思想文化转型过程，东方社会或称之为维新，或称之为新文化运动。新文化运动反思和批判代表封建社会思想的传统文化，这是完全必要的；同时，新文化运动积极引入代表近现代西方文化精粹的科学与民主，这也是完全必要的。

---

① 梁启超：《清代学术概论》，北京：东方出版社，1996年，第15页。

但是，新文化运动没有注意到华夏先秦文化思想与秦汉以降儒家文化思想之间的重大区别，不加区分地一股脑予以批判乃至彻底否定，在拔除封建落后文化的过程中连带拔除了华夏文化的根基，使得外来的科学与民主之树缺失了健康成长的本土环境，未能顺利实现传统文化的现代转型。当人们意识到本土传统文化不可或缺的存在价值时，又有各种守旧派、复古派、尊孔派以及"新儒家"等重新揭橥传统意义，打着形形色色复兴传统文化的旗号，以期纠正所谓"全盘西化"的偏失。问题再次出现：这些人都将传统文化视为"铁板一块"——上面烙刻着从孔子到王阳明的历代印记，完全没有意识到传统文化本身也需做重大的区分，即以孔子时代为界线，划分为前封建专制时代的传统文化与封建专制时代的传统文化，而孔子思想正是前者集大成的文化精粹。

反观西方世界的近现代文化转型，当西方资本主义萌芽初兴之时，当时的人们在反封建、反神学的过程中，努力从中世纪之前的前基督教文化中发现曾经拥有的理性主义和人文主义，这就是所谓的"文艺复兴"。其要旨是借助于回归古希腊和古罗马文化，发起一场资产阶级的反封建新文化运动。

比较中西方这两场不同时期的"新文化运动"，撇开各种具体的时代、环境、内容、方式等差异，从文化演进发展的角度讲，两者的最大区别就是：彼方是回归自身文化本根的反封建运动，而我方则是彻底拔除自身文化本根的反封建运动。这在很大程度上决定了两者不同的结局。

当然，从中西方文化发展的理路上看，出现这种差异也是情有可原的。就发生学意义而言，古希腊和古罗马文化与中世纪基督教文化在时间、地域、路径、内容等方面属于不尽相同的两种文化，虽然两者均为西方文化的主要源头，但易于将其分为两橛，以复兴前者之名反对后者，这也符合否定之否定的事物发展规律。反观华夏文化，孔子思想与后世儒学在发生学上具有密切的连续性和关联性，历代儒家均自诩为孔子信徒和孔门嫡传，这就使古往今来大多数人将两者视为一体，完全忽视了两者产生的历史条件、社会经济、政治制度以及内涵意义均有重大差别。

中国式现代化是近代以来传统文化现代转型的新阶段，需要在批判继承传统文化的基础上迎接现代文明的精神洗礼。孔子思想是中国专制政治之前的本土思想，它既体现了华夏文化的历史精粹，又不曾沾染经学、理学等专制社会政治环境下创造出来的那一套封建思想。将孔子思想与后世儒家严谨地区分开来，并在深入研究的基础上充分论证孔子思想具有不同于两千年来封建思想的文化内涵与现代意义，就能在摒弃封建落后思想及其残余的同时，通过回归孔子本原思想的理性、民本要素，从而回归优秀传统文化的本根，从前封建专制文化中汲取华夏文明精粹，避开历史虚无主义和"全盘西化"的误区，去探索全球视野下与现代意义上的中华民族现代文明进步繁荣的基本方向和实践途径。

五、回归孔子

1

对历史最好的继承就是创造新的历史，对人类文明最大的礼敬就是创造人类文明新形态。文化是一种多层次、多维度的复合体结构，包括最外层的物态文化，以及更内层的制度文化、行为习俗文化、精神文化。精神文化包括人对自然和社会的认知、态度、思想、观念、价值取向等，其中最深层次的内部核心被称为文化内核，主要包括最基本的世界观、人生观、价值观。正如习近平所说："文明特别是思想文化是一个国家、一个民族的灵魂。"[①]精神文化的基本内核就是一个民族灵魂的所在。

在长期的历史进程中，世界不同区域发展并形成了不尽相同的历史文化。它们既有共通的文化内涵，又有自身的特色优势。中华优秀传统文化历史悠久、博大精深、内容丰富、生命力强，在千百年绵延不断的历史承续中为中华民族的生存发展和创新创造提供了极为重要的精神动力、价值导向和智慧源泉。中华优秀传统文化是中华民族的突出优势，是我们在世界文化激荡中站稳脚跟的根基，必须结合新的时代条件传承和弘扬好。这是我们接续发展民族传统文化的历史使命，更是面向未来、面向世界推进中国式现代化的现实重任。传承和弘扬中华优秀传统文化是一项涉及面广的系统工程，包括物态文化层面的挖掘、保护、传承，制度文化层面的研究、借鉴、发展，行为习俗文化层面的延续、改良、进步，精神文化层面的继承、改造、创新。在这个过程中，孔子思想和儒家文化作为中国古代社会长期以来的主流意识形态，需要我们予以特别的关注和重视。正如习近平所指出的："孔子创立的儒家学说以及在此基础上发展起来的儒家思想，

---

① 习近平：《在纪念孔子诞辰 2565 周年国际学术研讨会暨国际儒学联合会第五届会员大会开幕会上的讲话》（2014 年 9 月 24 日）。

对中华文明产生了深刻影响，是中国传统文化的重要组成部分。"[1]所以，传承和弘扬中华优秀传统文化应将传承和弘扬孔子思想以及在此基础上发展起来的儒家思想作为重要任务，而重中之重是要弘扬和光大孔子的思想学说及其作为传统文化核心人物的人格意义。我们将此称为"回归孔子"，并视之为传承和弘扬中华优秀传统文化的重要任务。

所谓回归孔子，就是将找寻中华优秀传统文化本根的目光回归到孔子，从孔子的思想和人格中发现、发明、发展出适应现代思想观念的积极内涵，通过行之有效的方式持续加以阐释、传播、弘扬，强化中华民族的共同文化认同，更好地将彰显民族文化特色与融入世界主流文化有机统一起来，将增强民族文化自豪感与提升多元文化包容度有机结合起来，以文化现代化助推中国式现代化进程。为此，我们要坚持以下原则。

第一，回归孔子，要采取历史主义的态度，将找寻中国传统文化本根的目光回归到作为普通凡人的孔子身上，去除所有笼罩在孔子头上的圣人、神性光环。回归孔子是一个历史还原的过程，需要严谨的学术考证与系统的学理分析，在充分的史实史事基础上，挖掘、提炼和总结孔子思想与人格的历史形成、内涵特点和现代意义，从而为孔子思想和人格的传播与弘扬提供真实、全面、生动的历史文化素材。

第二，回归孔子，要按照唯物史观的要求，在思想史、文化史、学术史等层面上明确鉴别孔子与后世儒家的异同，去除后儒强加在孔子身上的种种思想观念和历史印记。孔子思想与后世儒家思想的差异，是由时代变迁导致的社会差异造成的，后世历代儒学思想不可避免地受到所处时代的影响、打上封建社会的时代烙印。只有正确区分不同时代的"物质力量"和精神风貌，才能合理鉴别不同时代的思想特征。正如金景芳在《孔子新传》中所说，"孔学与儒学不是一回事，宜分别视之"，不仅如此，"儒学的发展总是伴随着孔学的衰落。汉学之旧儒学、宋学之新儒学以及当今的现代新儒学统称为儒学，而与孔学区分开来才是明智的。因为在两千多年的历史发展中让历代思想家们拘守孔子的东西不变，是绝对不可能的"。[2]只有严格区分孔子与儒家，才能彰显孔子思想的本源意义，才能避免在对封建专制社会儒家思想的历史批判中误伤孔子。

第三，回归孔子，需基于全球文明的视野，充分彰显孔子思想和人格在中国传统文化中的基础性、经典性、引领性意义，以此统摄其他优秀传

---

① 习近平：《在纪念孔子诞辰2565周年国际学术研讨会暨国际儒学联合会第五届会员大会开幕会上的讲话》（2014年9月24日）。

② 金景芳、吕绍纲、吕文郁：《孔子新传》（典藏版），第348～349页。

统文化元素，作为中华文明走向世界、融入世界的重要精神源泉。任何先进文明都是多元文化长期交流、交融的结果，任何有特色的民族文化也只有在世界不同文明的观照、比较中才能彰显意义。习近平在致第三届文明交流互鉴对话会暨首届世界汉学家大会的贺信中指出："在人类历史的漫长进程中，世界各民族创造了具有自身特点和标志的文明。不同文明之间平等交流、互学互鉴，将为人类破解时代难题、实现共同发展提供强大的精神指引。"[①]孔子代表着中华文明最具民族特点的思想内核，体现着中华文明最具民族标志的人格形象。弘扬孔子思想与人格应成为中华文明走向世界，与世界文明平等交流、互学互鉴的重要途径。

第四，回归孔子，应本着实事求是的精神，研究和分析孔子思想与人格中存在的历史局限性，"取其精华，去其糟粕"，特别要剔除其在后世产生消极影响的"封建性的糟粕"，吸收其"民主性的精华"，通过批判改造和推陈出新，发展出符合现代文明价值的"民族新文化"。包括孔子思想在内的传统文化，从本质上说都是中国古代社会不同时期生产方式的反映，必然带有历史的痕迹和时代的印记，但其中确有不少超越了时空局限的人类共同的文化财富。因此，回归孔子应全面、客观、辩证地关注其两面性，合理分析孔子思想与人格的内容特质、历史作用和时代价值，坚持有鉴别的对待、有扬弃的继承，在研究中清理，在批判中承继，在选择中吸纳，在创新中发展，在创造中转化，使之符合人类共同价值，融入社会发展要求，体现时代进步意义。

2

在当前推进中国式现代化的进程中，回归孔子具有重要的现实意义。

第一，回归孔子，有利于在"两个结合"中推进中华民族现代文明建设。习近平在庆祝中国共产党成立 100 周年大会上的重要讲话中提出"两个结合"，即"坚持把马克思主义基本原理同中国具体实际相结合、同中华优秀传统文化相结合"[②]，这是当代中国马克思主义理论的又一重大创新，为中华民族现代文明建设提供了理论依据和途径方法。中华民族现代文明具有民族属性和世界属性双重意义，既符合人类文明的共同特征，也蕴含民族文化的独特底色。只有立足波澜壮阔的中华五千多年文明史，才能真

---

① 习近平：《习近平向第三届文明交流互鉴对话会暨首届世界汉学家大会致贺信》，《人民日报》2023 年 7 月 4 日，第 1 版。

② 习近平：《在庆祝中国共产党成立 100 周年大会上的讲话》，《人民日报》2021 年 7 月 2 日，第 2 版。

正理解中国道路的历史必然、文化内涵与独特优势，才能充分发挥优秀传统文化资源在中华民族现代文明建设中的重要作用，才能在中华文明的现代形态中构筑起民族文化的精神谱系。在此过程中，孔子思想和人格作为中华民族优秀传统文化的思想渊源与价值取向，对于"第二个结合"，即"马克思主义基本原理同中华优秀传统文化相结合"，具有基础性价值和本根性意义。习近平在文化传承发展座谈会上明确指出："'结合'的前提是彼此契合。'结合'不是硬凑在一起的。马克思主义和中华优秀传统文化来源不同，但彼此存在高度的契合性。比如，天下为公、讲信修睦的社会追求与共产主义、社会主义的理想信念相通，民为邦本、为政以德的治理思想与人民至上的政治观念相融，革故鼎新、自强不息的担当与共产党人的革命精神相合。马克思主义从社会关系的角度把握人的本质，中华文化也把人安放在家国天下之中，都反对把人看作孤立的个体。"[1]我们知道，天下为公、讲信修睦、民为邦本、为政以德、革故鼎新、自强不息以及注重家国情怀和人的社会意义正是孔子思想与人格的鲜明特征，马克思主义的人的主体性哲学与孔子的仁学、马克思主义的辩证思想与孔子的中庸思想、马克思主义的共同富裕思想与孔子的富民惠民思想、马克思主义的共产主义理想与孔子的大同社会理想等都具有不同程度的内在关联性和契合度。习近平指出："'结合'的结果是互相成就……造就了一个有机统一的新的文化生命体……让马克思主义成为中国的，中华优秀传统文化成为现代的，让经由'结合'而形成的新文化成为中国式现代化的文化形态。"[2]在中国式现代化进程中，这种新的文化形态拓展了中国特色社会主义道路的文化根基，赋予中国式现代化以深厚的民族文化底蕴，让我们能够在更广阔的文化空间中，充分运用中华优秀传统文化的宝贵资源，探索面向未来的理论和制度创新。以孔子思想为核心的中华优秀传统文化中蕴藏着解决当代人类面临的难题的重要启示，这些宝贵文化资源大都与孔子思想有关，或者直接源自孔子思想，或者在孔子思想的基础上发展而来，或者借助于阐释孔子思想发挥出来。回归孔子可以成为马克思主义基本原理同中华优秀传统文化相结合的重要关捩点，通过结合时代条件对以孔子思想为统摄的优秀传统文化进行继承和发扬，赋予其新的涵义，努力实现传统文化的创造性转化、创新性发展，可以使之与现实文化相融相通，实现新时代的文化进步，从而在"两个结合"中推动中国从文明古国迈向现代化强国，在建设中华民族现代文明的新征程中创造人类文明新形态。

---

① 习近平：《在文化传承发展座谈会上的讲话》，《求是》2023年第17期。
② 习近平：《在文化传承发展座谈会上的讲话》，《求是》2023年第17期。

　　第二，回归孔子，有利于强化中华民族的文化认同。文化认同是一个国家、一个民族对于自身文化的集体认识和心理归属。在古代中国，华夏民族对于自身文化具有高度的认同感；在现代化进程中，增强文化认同感具有更加重要的意义。随着近代西方文化的传入和影响，中华传统文化开始了一个近现代转型的进程，包括民主、科学、自由、权利、平等、法治等在内的西方先进文化理念，以及包括马克思主义在内的外来社会理论思潮，与传统文化相互激荡、彼此融合，产生了包括新民主主义革命文化在内的中国近现代文化。在此过程中，一方面，社会持续进步，新的文化认同不断形成；另一方面，传统文化受到新文化的剧烈冲击，在新的社会形态下处境尴尬，甚至受到严重质疑，在一定程度上产生了本土文化的认同危机。事实上，无论哪一个国家、哪一个民族，如果不珍惜自己的思想文化，丢掉了思想文化这个灵魂，这个国家、这个民族是立不起来的。习近平指出："儒家思想同中华民族形成和发展过程中所产生的其他思想文化一道，记载了中华民族自古以来在建设家园的奋斗中开展的精神活动、进行的理性思维、创造的文化成果，反映了中华民族的精神追求，是中华民族生生不息、发展壮大的重要滋养。中华文明，不仅对中国发展产生了深刻影响，而且对人类文明进步作出了重大贡献。"[1]强化民族文化认同，不仅是本土文化走向世界的内在要求，还是现代社会新文化建设与发展的应有之义。无论从华夏民族自我认知的角度，还是世界各国各民族对中华文化认知理解的角度，孔子都是中华民族文化思想最重要的源泉和典型的人格代表，是中华民族文化认同的基本象征。正如钱穆所说："孔子乃是吾民族文化积累两千五百年以后之一结晶。使非有民族文化两千五百年以上之积累，则何得出生有孔子！而自孔子以后，迄今又逾两千五百年。此一结晶，乃光辉灿烂，色泽鲜润，历久而弥新，屡化而益厚。故吾中华民族五千年之文化传统，实惟孔子一人，承前启后，可以作为其代表。"[2]这种观点，并非一人一时之说，而是从古到今的共识。回归孔子，可以为当下中华民族的文化认同确立一个核心支撑点。中国各族人民和港澳台同胞以及全世界华人华侨都认同孔子思想与人格的文化意义，弘扬孔子思想与人格有利于凝聚海峡两岸的文化共识，为实现祖国统一发挥重要作用。

　　第三，回归孔子，有利于增强人民大众的文化自信。文化自信是更基础、更广泛、更深厚的自信，是一个国家、一个民族发展中最基本、最深沉、

---

[1]　习近平：《在纪念孔子诞辰 2565 周年国际学术研讨会暨国际儒学联合会第五届会员大会开幕会上的讲话》（2014 年 9 月 24 日）。

[2]　钱穆：《劝读论语和论语读法》，北京：商务印书馆，2014 年，第 89 页。

最持久的力量，没有高度文化自信、没有文化繁荣兴盛，就没有中华民族伟大复兴。一个民族的文化自信源于人民大众对本民族文化的精神认同，在民族文化中找到现实生活的精神家园。在现代化进程中，中华民族需要在自身的传统文化中找到精神命脉和文化家园，需要不断巩固和彰显民族文化主体性，正如习近平所指出的："不忘历史才能开辟未来，善于继承才能善于创新。优秀传统文化是一个国家、一个民族传承和发展的根本，如果丢掉了，就割断了精神命脉。我们要善于把弘扬优秀传统文化和发展现实文化有机统一起来，紧密结合起来，在继承中发展，在发展中继承。"[①]孔子思想与人格从古到今都在华夏乃至东亚和世界各地区声名远播、影响巨大，在思想文化领域可以说前无古人、后无来者，是当之无愧的中华文化的精神导师。更重要的是，孔子生活在中国前封建时代，他的思想深受周礼文化影响，而周礼文化本身与后世的封建专制文化是存在重大区别的。概而言之，后世封建专制文化存在着许多受到近现代新文化批判的封建糟粕，这些糟粕滋生繁殖于古代封建社会的特定生产方式，使传统文化留下了负面的历史影响。孔子思想没有沾染封建时代的种种文化弊端，是中国传统文化中相对更加理性、民本、宽容、和平的思想精华，是当下构筑精神家园、走向外部世界最重要的传统菁华和文化宝藏。

第四，回归孔子，有利于推动中华文化的世界传播。文明因交流而多彩，文明因互鉴而丰富。任何一种有生命力的文明，不管产生于哪个国家、哪个民族的社会土壤之中，都是流动、开放和互融互鉴的结果。这是文明传播和发展的一条重要规律。推进人类各种文明交流交融、互学互鉴，是让世界变得更加美丽、各国人民生活得更加美好的必由之路。历史经验告诉我们，当今世界的任何一种民族文化如果不与其他多元文化开展积极交流，即便免于衰落消亡，也必然处于僵化萎缩状态。唯有在世界多元文化的交流互鉴和取长补短中，才能使民族文化傲然挺立于世界民族之林。在中国古代与东亚及周边国家的文化交流交往过程中，孔子已经确立了中华文化圣贤的形象。在十七世纪以后中国与欧洲的经济、文化、宗教交流交往过程中，孔子同样是中华文化的精神象征与思想代表，孔子的思想与人格远播欧洲，得到了莱布尼茨、伏尔泰、狄德罗、休谟等启蒙思想家的高度赞誉。在当下中国文化走向世界的过程中，中华优秀传统文化可以也应当发挥至关重要的作用。正如我们在前面所述，以孔子思想和人格为代表的中华优秀传统文化，与"和平、发展、公平、正义、民主、自由"等全

---

① 习近平：《在纪念孔子诞辰 2565 周年国际学术研讨会暨国际儒学联合会第五届会员大会开幕会上的讲话》（2014 年 9 月 24 日）。

人类的共同价值，存在着相互交流、相互借鉴、相互融通、相互包容、相互促进的内在关联。回归孔子就是充分发挥孔子思想和人格在中华文明与世界文明交流互鉴中的统摄、引领和载体作用，吸引多元文化的宝贵精华融入中华文化之中，使当下中国文化与人类创造的一切文明中的优秀文化基因相适应，使中国当代社会与人类现代文明社会相协调，让跨越时空、超越国度、富有永恒魅力、具有当代价值的优秀文化精神在中华大地和世界范围内广为流布。

3

回归孔子就是让孔子回归历史本原，回归人民大众，回归世界文化。这需要学者爬罗剔抉的研究发掘，需要现代传播媒介的广泛传扬，需要向世界讲好中国故事，特别是讲好孔子的故事。要使中华民族最基本的文化基因与当代文化相适应、与现代社会相协调，以人们喜闻乐见、具有广泛参与性的方式推广开来。要善于把弘扬优秀传统文化和发展现实文化有机统一起来、紧密结合起来，在继承中发展、在发展中继承。我们可以通过文本、课堂、影视、戏曲、文旅、网络等方式，营造一种自然沉浸式的孔子文化传播氛围，把既承续优秀传统文化又弘扬时代精神、既立足本国又面向世界的当代中国文化创新成果传播出去。

在孔子文化传播的过程中，《论语》文本可以发挥重要作用。可以说，回归《论语》是回归孔子的重要实践途径。《论语》具有中华优秀传统文化元典的意义。通观世界历史发展，任何具有悠久历史和深远影响的民族文化都拥有一部或数部文化元典，都建立在本民族文化元典历久弥新的生命力基础之上。我们知道，在孔子之前还有《尚书》《诗经》等重要文化典籍。但是，《尚书》文本佶屈聱牙、艰涩难解，且真伪问题尚未完全解决，不适合在社会大众层面传播。《诗经》作为诗歌文本具有存在意义上的模糊性，且在历史上长期受到"《诗》教说"影响，传统《诗经》学充斥封建糟粕，《诗经》在优秀传统文化的内涵承载上缺乏全面性和系统性。《论语》作为古代文化集大成者孔子的思想人格言行录，不仅在内容上涉及中国古代政治、经济、社会、伦理、自然等各个方面，而且文句清晰易读，场景生动活泼，读来趣味无穷，细绎意韵绵长。《论语》不仅在古代就被认为"易晓"、是"熟饭"，在现代社会只要具备中学文化程度即可顺畅阅读。正如钱穆所说："读《论语》并不难，一个高级中文中学的学生，平直读其大义，应可通十分之四乃至十分之五。"[1]总之，先秦时代最适

---

① 钱穆：《劝读论语和论语读法》，第1页。

合作为文化元典的经典文献莫过于《论语》。

在历史唯物主义看来，意识形态不仅是一种"观念的上层建筑"，而且代表了一定社会群体利益的思想观念，是作为"阶级社会的维护意识"而存在的。后世儒学是维护封建统治的意识形态工具，无法摆脱封建专制文化的时代印记。秦汉以降虽然也有难以计数的儒家经典文献，但它们毕竟是封建时代的产物，不同程度地烙上了封建专制文化的印记，且大都体现了某个特定时代的社会文化特质。如汉代经学体现了中国封建社会形成期的文化特质，魏晋玄学体现了门阀封建社会的文化特质，唐代经学体现了门阀封建社会向封建专制社会过渡时期的文化特质，宋明理学体现了中国封建专制社会成熟期的文化特质，清代朴学体现了中国封建社会晚期文化专制高压下的文化特质。毫无疑问，《论语》也深深烙有春秋时代的历史印记。不过正如本书通篇所述，春秋时代的政治架构是周朝王权式微下的诸侯分封等级制，尽管各诸侯国内部存在权力僭越甚至逐君弑君现象，但在整个社会层面上的政治压制和文化钳制远不如后世严苛，这就为上古人本主义传统的传承和时代人文主义思想的创新提供了至关重要的条件。孔子仁学思想正是在这种历史条件和政治文化背景下诞生的，《论语》便是这个时代的优秀传统与思想创新有机结合的文本成果。《论语》文本除了我们在前文列数过的几处与现代性不尽相符的瑕疵外，通篇都闪耀着人文主义和理性主义的文化光芒，具有超越时代的普适性思想意义和文化价值，在新的历史条件下通过提炼与改造便可成为极富时代感和生命力的中华文化传播文本。具备如此属性和特质的中华优秀传统元典，除了《论语》之外，别无他者。

顺便说一句，回顾近现代历史，我们看到晚清守旧派、民国时期的复古派也曾提出所谓的诵经复古，在各地倡建"孔教会"，推行封建复古的主张。这与我们在"两个结合"背景下回归孔子、回归《论语》具有本质区别。历史现象可以有貌似的"重复"，但时代意义却有轩轾之别。清末民初的传统派试图以维护传统来抵制近现代文化转型，而我们今天是通过弘扬优秀传统以实现民族文化的创新发展。正如蒙文通所说："如果从历史的变化上来探讨，我们可以看出在某一时期，甚么样人排斥孔子，又是甚么样人推尊孔子，这倒可以帮助我们对孔子的理解。"① 近现代的文化复古主义固守传统，不愿接受新时代先进文化的洗礼，这种闭目塞听、食古不化的冥顽思想经过新文化运动以及新民主主义革命的批判，最终销声

---

① 蒙文通：《经史抉原》，成都：巴蜀书社，1995 年，第 157 页。

匿迹。在中国式现代化建设的进程中，我们以历史唯物主义的态度，重新研究、诠释和弘扬以孔子思想为核心的优秀传统文化，是站在一种新的时代文化的高度，以放眼世界的宽阔视野和海纳百川的包容心态，科学合理地对待文化传统，坚持从本国本民族实际出发，促进世界各国文明相互学习借鉴，兼收并蓄、毋必毋我，取长补短、择善而从，取其精华、去其糟粕，实现中华文化的新进步、新发展。

　　回归孔子、回归《论语》，就是深入研究、系统阐释、创新发展和广泛传扬孔子及《论语》。通过阅读一本书，认识一个人，打开一个思想宝库，使普通大众特别是青少年了解华夏优秀传统文化，确立符合社会主义核心价值观的价值取向，在现代社会与传统文化的融汇互通中明晓人生哲理，协调社会生活，增强民族自信，找到精神家园。同时，通过一个人、一本书、一个思想库，在世界范围内传播《论语》、传播孔子、传播中华文化的精神特质和鲜活生命，为真正讲好中国故事提供一个历久弥新的文化范本。

主要参考书目

1. 孔子相关文献

陈镐：《阙里志》，《四库全书存目丛书》史部第 76 册，济南：齐鲁书社，1997 年。

陈桂生：《孔子授业研究》（修订版），上海：上海教育出版社，2020 年。

陈来：《孔夫子与现代世界》，北京：北京大学出版社，2011 年。

崔述撰著，顾颉刚编订：《崔东壁遗书》，上海：上海古籍出版社，2013 年。

傅佩荣：《孔门十弟子》，北京：北京联合出版公司，2019 年。

高培华：《孔子孔门文武兼备论》，北京：光明日报出版社，2016 年。

高专诚：《孔子和他的弟子们》，北京：中国书籍出版社，2014 年。

郭沂校注：《孔子集语校注》（附补录），北京：中华书局，2017 年。

韩星：《走进孔子：孔子思想的体系、命运与价值》，福州：福建教育出版社，2017 年。

胡仔：《孔子编年》，《景印文渊阁四库全书》史部第 446 册，台北：台湾商务印书馆，1986 年。

金景芳、吕绍纲、吕文郁：《孔子新传》（典藏版），北京：新世界出版社，2020 年。

匡亚明：《孔子评传》，南京：南京大学出版社，1990 年。

骆承烈编著：《孔子历史地图集》，北京：中国地图出版社，2003 年。

蒙培元：《孔子》，北京：北京大学出版社，2019 年。

钱穆：《孔子与论语》（新校本），北京：九州出版社，2011 年。

钱穆：《孔子传》，北京：生活·读书·新知三联书店，2012 年。

汪震：《孔子哲学》，长沙：岳麓书社，2012 年。

王文亮：《中国圣人论》，北京：中国社会科学出版社，1993 年。

武斌：《孔子的世界：儒家文化的世界价值》，济南：山东人民出版社，2022年。

邢义田：《画外之意：汉代孔子见老子画像研究》，北京：生活·读书·新知三联书店，2020年。

张秉楠：《孔子传》，长春：吉林文史出版社，2008年。

张涛：《来自异国的圣人：孔子在早期美国》，北京：商务印书馆，2019年。

张祥龙：《孔子的现象学阐释九讲——礼乐人生与哲理》，北京：商务印书馆，2019年。

张宗舜、李景明：《孔子大传》，济南：山东友谊出版社，2003年。

〔美〕戴梅可、〔美〕魏伟森：《幻化之龙：两千年中国历史变迁中的孔子》，〔美〕何剑叶译，西安：陕西人民出版社，2020年。

〔美〕顾立雅：《孔子与中国之道》（修订版），高专诚译，郑州：大象出版社，2014年。

〔美〕郝大维、〔美〕安乐哲：《孔子哲学思微》，蒋弋为、李志林译，南京：江苏人民出版社，2018年。

〔美〕郝大维、〔美〕安乐哲：《先贤的民主：杜威、孔子与中国民主之希望》，何刚强译，南京：江苏人民出版社，2004年。

〔美〕赫伯特·芬格莱特：《孔子：即凡而圣》，彭国翔、张华译，南京：江苏人民出版社，2010年。

〔日〕白川静：《孔子传》，吴守钢译，北京：人民出版社，2014年。

〔日〕和辻哲郎：《孔子》，刘幸译，上海：上海古籍出版社，2021年。

〔日〕宇野哲人：《孔子》，陈彬龢译，太原：山西人民出版社，2015年。

2.《论语》相关文献

陈大齐：《论语辑释》（修订版），周春健校订，北京：华夏出版社，2016年。

程树德：《论语集释》，程俊英、蒋见元点校，北京：中华书局，1990年。

何晏注，邢昺疏：《论语注疏》，北京：中国致公出版社，2016年。

皇侃撰，高尚榘校点：《论语义疏》，北京：中华书局，2013年。

黄式三：《论语后案》，张涅、韩岚点校，南京：凤凰出版社，2008年。

李泽厚：《论语今读》，北京：中华书局，2015年。

刘宝楠：《论语正义》，高流水点校，北京：中华书局，1990年。

刘强：《论语新识》，长沙：岳麓书社，2016年。

钱穆：《劝读论语和论语读法》，北京：商务印书馆，2014年。

宋翔凤：《论语说义》，杨希校注，北京：华夏出版社，2018 年。

杨伯峻译注：《论语译注》，北京：中华书局，1980 年。

杨义：《论语还原》，北京：中华书局，2015 年。

姚永朴：《论语解注合编》，余国庆点校，合肥：黄山书社，2014 年。

赵纪彬：《论语新探》，北京：人民出版社，1959 年。

〔日〕三野象麓：《论语象义》，上海：上海古籍出版社，2021 年。

〔日〕山本乐所：《论语补解》，上海：上海古籍出版社，2021 年。

〔日〕山本日下：《论语私考》，上海：上海古籍出版社，2021 年。

〔日〕松平赖宽：《论语征集览》，上海：上海古籍出版社，2021 年。

〔日〕田中履堂:《论语讲义并辨正》，上海:上海古籍出版社,2017 年。

〔日〕竹添光鸿笺注：《论语会笺》，南京：凤凰出版社，2012 年。

〔日〕子安宣邦：《孔子的学问：日本人如何读〈论语〉》，吴燕译，北京：生活·读书·新知三联书店，2017 年。

3.《春秋》相关文献

承载：《春秋穀梁传译注》，上海：上海古籍出版社，2004 年。

杜预：《春秋左传集解》，上海：上海人民出版社，1977 年。

杜预注，孔颖达疏：《春秋左传正义》，台北：艺文印书馆，1956 年。

方朝晖编著：《春秋左传人物谱》，济南：齐鲁书社，2001 年。

傅隶朴：《春秋三传比义》，北京：中国友谊出版公司，1984 年。

高士奇：《左传纪事本末》，北京：中华书局，1979 年。

韩席筹编注：《左传分国集注》，南京：江苏人民出版社，1963 年。

何新文：《〈左传〉人物论稿》，北京：中国社会科学出版社，2004 年。

洪亮吉：《春秋左传诂》，李解民点校，北京：中华书局，1987 年。

黄泽著，赵汸编：《春秋师说》，张立恩点校，北京：中国社会科学出版社，2020 年。

焦循、沈钦韩：《春秋左传补疏·春秋左氏传补注》，郭晓东、郝兆宽、陈岷点校，上海：上海古籍出版社，2016 年。

柯劭忞：《春秋穀梁传注》，张鸿鸣点校，北京：中华书局，2020 年。

库勒纳等：《日讲春秋解义》，田洪整理注释，海口：海南出版社，2013 年。

李卫军编著：《左传集评》，北京：北京大学出版社，2016 年。

刘尚慈译注：《春秋公羊传译注》，北京：中华书局，2010 年。

阮元校刻：《阮刻春秋左传注疏》，杭州：浙江大学出版社，2015 年。

童书业：《春秋左传研究》（校订本），童教英校订，北京：中华书局，2006年。

王雷松：《胡安国〈春秋传〉校释与研究》，北京：北京师范大学出版社，2016年。

吴闿生：《左传微》，白兆麟校点，合肥：黄山书社，2014年。

夏先培：《左传交际称谓研究》，长沙：湖南师范大学出版社，1999年。

杨伯峻、徐提编：《春秋左传词典》，北京：中华书局，1985年。

杨伯峻编著：《春秋左传注》（修订本），北京：中华书局，1990年。

姚永朴、方苞：《起凤书院答问：外一种〈左传义法〉》，郭康松、王璐、林久贵校注，北京：华夏出版社，2013年。

张高评：《左传导读》，台北：文史哲出版社，1995年，第2版。

赵青藜：《读左管窥》，《丛书集成初编》本，长沙：商务印书馆，1937年。

〔日〕竹添光鸿注：《左氏会笺》，成都：巴蜀书社，2008年。

4. 《诗经》相关文献

陈奂：《诗毛氏传疏》，滕志贤整理，南京：凤凰出版社，2018年。

程俊英、蒋见元：《诗经注析》，北京：中华书局，2017年。

崔述：《读风偶识》，熊瑞敏点校，北京：语文出版社，2020年。

方玉润：《诗经原始》，李先耕点校，北京：中华书局，1986年。

傅斯年：《〈诗经〉讲义稿》，上海：上海古籍出版社，2012年。

韩婴：《韩诗外传集释》，许维遹校释，北京：中华书局，1980年。

郝敬：《毛诗原解·毛诗序说》，向辉点校，北京：中华书局，2021年。

陆玑撰，毛晋广要：《毛诗草木鸟兽虫鱼疏广要》，栾保群点校，北京：中华书局，2023年。

马瑞辰：《毛诗传笺通释》，陈金生点校，北京：中华书局，1989年。

毛亨传，郑玄笺，陆德明音义：《毛诗传笺》，孔祥军点校，北京：中华书局，2018年。

潘富俊：《美人如诗，草木如织：诗经植物图鉴》，北京：九州出版社，2018年。

王夫之：《诗广传》，王孝鱼点校，北京：中华书局，1964年。

王先谦：《诗三家义集疏》，吴格点校，北京：中华书局，1987年。

扬之水：《诗经名物新证》（修订版），天津：天津教育出版社，2007年。

姚际恒：《诗经通论》，邵杰点校，北京：语文出版社，2020年。

张洪海辑著：《诗经汇评》，南京：凤凰出版社，2016 年。

周振甫译注：《诗经译注》（修订本），北京：中华书局，2010 年。

朱熹注：《诗集传》，王华宝整理，南京：凤凰出版社，2007 年。

〔日〕白川静：《诗经的世界》，黄铮译，成都：四川人民出版社，2019 年。

〔日〕细井徇绘：《美了千年，却被淡忘：诗经名物图解》，北京：中国画报出版社，2016 年。

〔日〕竹添光鸿笺注：《毛诗会笺》，南京：凤凰出版社，2012 年。

5. 儒家其他相关文献

陈绪波：《〈仪礼〉宫室考》，上海：上海古籍出版社，2017 年。

陈玉澍：《卜子年谱》，民国四年"雪堂丛刻"本。

顾颉刚、刘起釪：《尚书校释译论》，北京：中华书局，2018 年。

胡平生译注：《孝经译注》，北京：中华书局，1996 年。

王利器校注：《盐铁论校注》，北京：中华书局，1992 年。

江永编：《乡党图考》，北京：学苑出版社，1993 年。

焦循：《孟子正义》，沈文倬点校，北京：中华书局，1987 年。

黎靖德编：《朱子语类》，王星贤点校，北京：中华书局，1994 年。

李安宅：《〈仪礼〉与〈礼记〉之社会学的研究》，上海：上海人民出版社，2005 年。

李长泰：《天地人和——儒家君子思想研究》，北京：人民出版社，2012 年。

刘向编著，石光瑛校释：《新序校释》，陈新整理，北京：中华书局，2001 年。

刘向编著，赵仲邑注：《新序详注》，北京：中华书局，1997 年。

罗新慧：《曾子研究：附〈大戴礼记〉"曾子"十篇注译》，北京：商务印书馆，2013 年。

马积高：《荀学源流》，上海：上海古籍出版社，2000 年。

蒙文通：《经史抉原》，成都：巴蜀书社，1995 年。

聂崇义：《新定三礼图》，杭州：浙江人民美术出版社，2015 年。

皮锡瑞著，周予同注释：《经学历史》，北京：中华书局，2004 年。

孙希旦：《礼记集解》，沈啸寰、王星贤点校，北京：中华书局，1989 年。

孙诒让：《周礼正义》，王文锦、陈玉霞点校，北京：中华书局，

1987 年。

王聘珍：《大戴礼记解诂》，王文锦点校，北京：中华书局，1983 年。

王先谦：《荀子集解》，沈啸寰、王星贤点校，北京：中华书局，1988 年。

王引之：《经义述闻》，虞思征、马涛、徐炜君点校，上海：上海古籍出版社，2018 年。

杨秀礼译注：《曾子·子思子译注》，上海：上海三联书店，2014 年。

郑玄注，贾公彦疏：《仪礼注疏》，王辉整理，上海：上海古籍出版社，2008 年。

郑玄注，贾公彦疏：《周礼注疏》，彭林整理，上海：上海古籍出版社，2010 年。

周振甫译注：《周易译注》，北京：中华书局，1991 年。

朱维铮编：《周予同经学史论著选集》（增订版），上海：上海人民出版社，1996 年，第 2 版。

朱熹：《四书章句集注》，北京：中华书局，2012 年，第 2 版。

〔美〕杜维明：《儒家思想新论——创造性转换的自我》，曹幼华、单丁译，南京：江苏人民出版社，1995 年。

〔日〕本田成之：《中国经学史》，孙俍工译，上海：上海书店出版社，2001 年。

6. 诸子百家相关文献

郭沫若：《青铜时代》，北京：中国人民大学出版社，2005 年。

郭沫若：《十批判书》，北京：人民出版社，2012 年。

何宁：《淮南子集释》，北京：中华书局，1998 年。

蒋伯潜：《诸子通考》，北京：中华书局，2016 年。

蒋礼鸿：《商君书锥指》，北京：中华书局，1986 年。

黎翔凤：《管子校注》，梁运华整理，北京：中华书局，2004 年。

吕思勉：《先秦学术概论》，上海：东方出版中心，1985 年。

钱穆：《先秦诸子系年》，北京：商务印书馆，2015 年。

苏舆：《春秋繁露义证》，钟哲点校，北京：中华书局，1992 年。

孙开泰编著：《法家史话》，北京：社会科学文献出版社，2011 年。

王先慎：《韩非子集解》，钟哲点校，北京：中华书局，1998 年。

吴承仕：《〈论衡〉校释》，北京：北京师范大学出版社，1986 年。

吴毓江：《墨子校注》，孙启治点校，北京：中华书局，1993 年。

许维通：《吕氏春秋集释》，梁运华整理，北京：中华书局，2009 年。

朱谦之：《老子校释》，北京：中华书局，2017年，第2版。

7. 先秦历史相关文献

《商代史》课题组著，宋镇豪主笔：《商代史论纲》，北京：中国社会科学出版社，2011年。

陈来：《古代思想文化的世界：春秋时代的宗教、伦理与社会思想》，北京：北京大学出版社，2017年。

陈力：《东周秦汉时期城市发展研究》，西安：三秦出版社，2010年。

陈雪良：《春秋史》，上海：上海人民出版社，2015年。

崔明德：《先秦政治婚姻史》，济南：山东大学出版社，2004年。

邓曦泽：《冲突与协调：以春秋战争与会盟为中心》，北京：人民出版社，2015年。

范祥雍订补：《古本竹书纪年辑校订补》，上海：上海古籍出版社，2018年。

高婧聪：《宗法制度与周代国家结构研究》，北京：中国社会科学出版社，2020年。

顾德融、朱顺龙：《春秋史》，上海：上海人民出版社，2001年。

顾栋高辑：《春秋大事表》，吴树平、李解民点校，北京：中华书局，1993年。

顾颉刚、童书业：《国史讲话·春秋》，上海：上海人民出版社，2015年。

郭克煜等：《鲁国史》，北京：人民出版社，1994年。

何怀宏：《世袭社会及其解体：中国历史上的春秋时代》，北京：生活·读书·新知三联书店，1996年。

胡厚宣、胡振宇：《殷商史》，上海：上海人民出版社，2019年。

黄鸣：《春秋列国地理图志》，北京：文物出版社，2017年。

黄朴民：《梦残干戈：春秋军事历史研究》，长沙：岳麓书社，2013年。

翦伯赞：《先秦史》，北京：北京大学出版社，1990年。

金大伟：《春秋军阵研究》，北京：中国社会科学出版社，2016年。

蓝永蔚：《春秋时期的步兵》，北京：中华书局，1979年。

李纯一：《先秦音乐史》（修订版），北京：人民音乐出版社，2005年。

李峰：《西周的灭亡：中国早期国家的地理和政治危机》（增订本），徐峰译，上海：上海古籍出版社，2016年。

李孟存、李尚师：《晋国史》，太原：三晋出版社，2015年。

李学勤：《东周与秦代文明》，上海：上海人民出版社，2014年。

李亚农：《李亚农史论集》，上海：上海人民出版社，1962 年。

李玉洁：《齐国史》，北京：新华出版社，2007 年。

刘向集录：《战国策》，上海：上海古籍出版社，1985 年。

刘源：《商周祭祖礼研究》，北京：商务印书馆，2004 年。

吕静：《春秋时期盟誓研究：神灵崇拜下的社会秩序再构建》，上海：上海古籍出版社，2007 年。

吕思勉：《先秦史》，上海：上海古籍出版社，2005 年。

牛武成编著：《春秋百国探微》，郑州：中州古籍出版社，1991 年。

钱杭：《周代宗法制度史研究》，上海：学林出版社，1991 年。

曲英杰：《先秦都城复原研究》，哈尔滨：黑龙江人民出版社，1991 年。

山东省文物考古研究所等编：《曲阜鲁国故城》，济南：齐鲁书社，1982 年。

宋立民：《春秋战国时期室内空间形态研究》，北京：中国建筑工业出版社，2012 年。

童书业：《春秋史》，北京：商务印书馆，2010 年。

王贵民、杨志清编著：《春秋会要》，北京：中华书局，2009 年。

徐杰令：《春秋邦交研究》，北京：中国社会科学出版社，2004 年。

徐元诰：《国语集解》，王树民、沈长云点校，北京：中华书局，2002 年。

徐中舒：《先秦史十讲》（典藏本），北京：中华书局，2015 年。

许宏：《先秦城市考古学研究》，北京：北京燕山出版社，2000 年。

许倬云：《西周史》（增补本），北京：生活·读书·新知三联书店，2001 年。

杨博：《战国楚竹书史学价值探研》，上海：上海古籍出版社，2019 年。

杨宽：《战国史》（增订本），上海：上海人民出版社，1998 年。

杨宽：《西周史》，上海：上海人民出版社，1999 年。

杨宽：《战国史料编年辑证》，上海：上海人民出版社，2001 年。

杨宽：《古史新探》，上海：上海人民出版社，2016 年。

杨坤：《两周宗法制度的演变》，上海：上海古籍出版社，2021 年。

杨向奎：《宗周社会与礼乐文明》，北京：人民出版社，1992 年。

张正明：《楚史》，北京：中国人民大学出版社，2010 年。

周生春：《吴越春秋辑校汇考》，上海：上海古籍出版社，1997 年。

〔美〕罗泰：《宗子维城：从考古材料的角度看公元前 1000 年至前 250 年的中国社会》，吴长青、张莉、彭鹏等译，上海：上海古籍出版社，2017 年。

〔美〕张光直：《商文明》，张良仁、岳红彬、丁晓雷译，北京：生活·读书·新知三联书店，2019 年。

8. 二十四史相关文献

班固：《汉书》，北京：中华书局，1962 年。

崔适：《史记探源》，张烈点校，北京：中华书局，1986 年。

范晔撰，李贤等注：《后汉书》，北京：中华书局，1965 年。

梁玉绳：《史记志疑》，北京：中华书局，1981 年。

钱大昕：《廿二史考异》，北京：商务印书馆，1958 年。

司马光编著，胡三省音注：《资治通鉴》，"标点资治通鉴小组"校点，北京：中华书局，1956 年。

司马迁：《史记》，北京：中华书局，1982 年，第 2 版。

司马迁撰，〔日〕泷川资言考证：《史记会注考证》，杨海峥整理，上海：上海古籍出版社，2016 年。

王夫之：《读通鉴论》，北京：中华书局，1975 年。

王鸣盛：《十七史商榷》，黄曙辉点校，上海：上海古籍出版社，2016 年。

赵翼：《廿二史札记校证》，王树民校证，北京：中华书局，1984 年。

9. 简牍相关文献

晁福林：《上博简〈诗论〉研究》，北京：商务印书馆，2013 年。

杜勇：《清华简与古史探赜》，北京：科学出版社，2018 年。

侯乃峰：《上博楚简儒学文献校理》，上海：上海古籍出版社，2018 年。

李零：《上博楚简三篇校读记》，北京：中国人民大学出版社，2007 年。

梁静：《上博楚简儒籍考论》，北京：科学出版社，2022 年。

刘光胜：《〈清华大学藏战国竹简（壹）〉整理研究》，上海：上海古籍出版社，2016 年。

路懿菡：《清华简与西周史研究》，西安：三秦出版社，2018 年。

清华大学出土文献研究与保护中心编，李学勤主编：《清华大学藏战国竹简（壹）》，上海：中西书局，2010 年。

王青：《上博简〈曹沫之陈〉疏证与研究》，北京：北京师范大学出版社，2017 年。

姚小鸥主编：《清华简与先秦经学文献研究》，北京：生活·读书·新知三联书店，2016 年。

俞绍宏：《上海博物馆藏楚简校注》，北京：中国社会科学出版社，

2016 年。

〔美〕顾史考：《郭店楚简先秦儒书宏微观》，上海：上海古籍出版社，2018 年。

〔美〕顾史考：《上博等楚简战国逸书纵横览》，上海：中西书局，2018 年。

10. 史学史相关文献

杜维运：《史学方法论》，北京：北京大学出版社，2006 年。

韩震、董立河：《历史学研究的语言学转向：西方后现代历史哲学研究》，北京：北京师范大学出版社，2008 年。

王晴佳、古伟瀛：《后现代与历史学：中西比较》，济南：山东大学出版社，2006 年，第 2 版。

〔澳〕麦卡拉：《历史的逻辑：把后现代主义引入视域》，张秀琴译，北京：北京师范大学出版社，2008 年。

〔法〕马克·布洛克：《历史学家的技艺》（第二版），黄艳红译，北京：中国人民大学出版社，2011 年。

〔法〕米歇尔·德·塞尔托：《历史与心理分析——科学与虚构之间》，邵炜译，北京：中国人民大学出版社，2010 年。

〔美〕格奥尔格·伊格尔斯：《二十世纪的历史学：从科学的客观性到后现代的挑战》，何兆武译，济南：山东大学出版社，2006 年。

〔美〕鲁滨孙：《新史学》，何炳松译，北京：中国人民大学出版社，2011 年。

〔美〕乔伊斯·阿普尔比、〔美〕林恩·亨特、〔美〕玛格丽特·雅各布：《历史的真相》，刘北成、薛绚译，上海：上海人民出版社，2011 年。

〔英〕E. H. 卡尔：《历史是什么？》，陈恒译，北京：商务印书馆，2007 年。

〔英〕G. R. 埃尔顿：《历史学的实践》，刘耀辉译，北京：北京大学出版社，2008 年。

〔英〕艾沃·古德森：《发展叙事理论：生活史与个人表征》，屠莉娅、赵康译，上海：华东师范大学出版社，2020 年。

〔英〕柯林伍德：《历史的观念》（增补版），何兆武、张文杰、陈新译，北京：北京大学出版社，2010 年。

〔英〕理查德·艾文斯：《捍卫历史》，张仲民、潘玮琳、章可译，桂林：广西师范大学出版社，2009 年。

〔英〕约翰·托什：《史学导论：现代历史学的目标、方法和新方向》，吴英译，北京：北京大学出版社，2007年。

11. 其他

《毛泽东选集》，北京：人民出版社，1991年。

常建华主编：《中国日常生活史研究的回顾与展望》，北京：科学出版社，2020年。

陈来：《古代宗教与伦理：儒家思想的根源》（增订本），北京：北京大学出版社，2017年。

陈子展撰述：《楚辞直解》，上海：复旦大学出版社，1996年。

冯尔康：《中国社会史概论》，北京：高等教育出版社，2004年。

冯友兰：《中国哲学史新编》（1980年修订本），北京：人民出版社，1982年。

顾颉刚：《汉代学术史略》，北京：人民出版社，2008年。

顾颉刚等编著：《古史辨》，海口：海南出版社，2005年。

郭沫若：《中国古代社会研究》，北京：商务印书馆，2011年。

洪迈：《容斋随笔》，长春：吉林文史出版社，1994年。

侯外庐、赵纪彬、杜国庠等：《中国思想通史》，北京：人民出版社，1957年。

胡适：《说儒》，桂林：漓江出版社，2013年。

胡适：《中国哲学史大纲》，北京：中华书局，2018年。

胡适：《中国中古思想史长编》，上海：华东师范大学出版社，1996年。

翦伯赞：《秦汉史》，北京：北京大学出版社，1999年，第2版。

金春峰：《汉代思想史》，北京：中国社会科学出版社，1987年。

雷海宗：《中国文化与中国的兵》，北京：北京出版社，2016年。

李泽厚：《中国古代思想史论》，北京：人民出版社，1988年。

梁启超：《清代学术概论》，北京：东方出版社，1996年。

林毓生：《中国传统的创造性转化》，北京：生活·读书·新知三联书店，1988年。

刘永华：《中国古代车舆马具》，北京：清华大学出版社，2013年。

刘泽华主编：《中国政治思想史》（秦汉魏晋南北朝卷），杭州：浙江人民出版社，1996年。

吕思勉：《吕思勉读史札记》，上海：上海古籍出版社，1982年。

马端临：《文献通考》，北京：中华书局，1986年。

瞿同祖：《中国封建社会》，北京：商务印书馆，2015年。

孙机：《载驰载驱：中国古代车马文化》，上海：上海古籍出版社，2016年。

王国维：《观堂集林》，北京：中华书局，1959年。

王树民：《中国史学史纲要》，北京：中华书局，1997年。

吴迪编著：《古代车马》，长春：吉林文史出版社，2010年。

萧公权：《中国政治思想史》，沈阳：辽宁教育出版社，1998年。

谢维扬：《中国早期国家》，杭州：浙江人民出版社，1995年。

许倬云：《求古编》，北京：新星出版社，2006年。

杨宽：《中国古代都城制度史研究》，上海：上海人民出版社，2016年。

永瑢等：《四库全书总目》，北京：中华书局，1965年。

余英时：《士与中国文化》，上海：上海人民出版社，1987年。

余英时：《中国思想传统及其现代变迁》，桂林：广西师范大学出版社，2004年。

张岱年：《思想·文化·道德》，成都：巴蜀书社，1992年。

张荫麟：《中国史纲》，北京：中华书局，2009年。

章太炎：《国学讲演录》，上海：华东师范大学出版社，1995年。

章学诚：《文史通义校注》，叶瑛校注，北京：中华书局，1985年。

中共中央马克思恩格斯列宁斯大林著作编译局：《马克思恩格斯论中国》，北京：人民出版社，2018年。

中共中央马克思恩格斯列宁斯大林著作编译局编译：《马克思恩格斯选集》，北京：人民出版社，2012年。

朱彝尊：《曝书亭全集》，王利民、胡愚、张祝平等校点，长春：吉林文史出版社，2009年。

祝中熹：《古史钩沉》，上海：上海古籍出版社，2018年。

〔日〕白川静：《中国古代文化》，加地伸行、范月娇译，台北：文津出版社，1983年。

〔英〕李约瑟：《四海之内：东方和西方的对话》，劳陇译，北京：生活·读书·新知三联书店，1987年。

后　记

　　2002 年 8 月，我第一次去国外访学，下飞机已是深夜，便入住近郊一家汽车旅馆。入睡前我随意打开床头柜的抽屉，发现里面有一本书，拿起来一看，是一本《圣经》。我当时就想，如果中国的宾馆也在床头柜里放一本书，该放哪一本呢？我想了又想，答案只有一个：《论语》。

　　我本科接受的是数学专业教育和逻辑训练，在随后两年的法学双学位学习中广泛阅读了包括马恩经典著作在内的西方文化经典，尤其是西方哲学史相关著作。数学与哲学都注重逻辑思维，严格的数学训练让我对哲学史和思想史研究产生一种天然的亲近感。1992 年 7 月，我在河南人民出版社出版了《中国人的处世艺术》，稍获杭州大学校长沈善洪教授注意，遂在职报考"中外文化交流中心"的专门史研究生。沈校长公务繁忙，因此当时主要由束景南先生指导学业。取得史学硕士学位后，我继续师从束先生，在古籍研究所古典文献学专业中国文化史方向攻读博士学位。沈、束二师都是儒学研究大家，在他们的引领下，我以先秦汉魏儒学论文获文学博士学位，论文后由广西师范大学出版社出版。在随后的二十多年里，我在持续关注儒学文化的同时，花了不少时间与精力进行中美、中日文化比较研究，先后撰写、出版了四部专著，在不同视域下对中国传统文化做了一番新的审视。

　　2016 年的一个春日，我受邀参加一个《论语》读书会，在现场看到《论语》研究者与爱好者围聚在一起，兴致勃勃地研读畅谈《论语》篇章。我心中感动之余，也不由思考：后人所理解的"子曰"，是否符合孔子当年所言之本义？脱离了历史语境的《论语》哲思，其本真意义尚存几何？当时我就发愿写一部基于社会史和生活史的孔子思想研究专著，试图在思想与历史的双重视角中还原孔子在中国古代社会的立体文化形象，在尽可能精确的历史坐标中探究孔子思想言论的真实意义，并由此辨析孔子思想与后世儒家思想的区别。

　　现在回想起来，我当时的现场感悟和写作动念，其实是多年亲炙于束先生门下的一种定势反应。束先生在其饮誉海内外的《朱子大传》与《阳明大传》中，运用的基本方法就是思想世界与历史世界的有机统一。束先生在《朱子大传》增订版前言中这样写道："现在西方对'人'的研究，流行所谓'思想世界'的研究与'历史世界'的研究等方法，我以为这种分法有欠合理，因为人的'思想世界'与'历史世界'是统一不可分的，孤立开来进行'思想世界'或'历史世界'的研究，都难以准确把握一个人的真实的全貌。我的研究，是把'思想世界'与'历史世界'的研究结合起来，对朱熹进行'心态世界'的研究。""思想世界"和"历史世界"，就学术分科而言，前者属于哲学研究领域，后者属于历史研究领域。然而，任何历史人物的思想形成与发展演化，必然与其所处历史时期的社会生活密不可分。思想并非抽象存在，它必定源自且反映社会生活史和个体生活史。同时，人的生活历程不仅无法脱离人的思想，而且恰恰是人的内在思想的外化过程。孔子思想研究应在其所处时代的社会生活中展开，即在宏观背景与微观场景中聚焦春秋时代的社会生活史和孔子的个体生活史，从中探究孔子思想的发轫发展与文化特征。

就研究方法而言，打通"思想世界"与"历史世界"之间的关联，需要一种打破文、史、哲学科壁垒的功夫，以融会贯通的方法系统呈现思想历史的全貌。为此，抽象缜密的哲学思辨自不待言，严谨细致的史实考信更不可缺，另外还要有文史兼备的叙事能力。束先生在《阳明大传》后记中说："我在写阳明大传的过程中，一方面细读了陈寅恪大师的《柳如是别传》，一方面又选读了西方大家写的思想传记。"虽然以海登·怀特为代表的后现代历史学派将文学与史学视为同构的观点稍显偏激，但我们不能无视维特根斯坦、柯林伍德从语言哲学、史学理论角度提出的历史哲学的新见，即历史叙事能力确乎是一种语言的功夫和笔尖的技艺。束先生是一位极具艺术气质的严谨学者，故能将文、史、哲道术熔于一炉。

从更高的学术境界来看，打通"思想世界"与"历史世界"之间的关联，体现了研究者追求人本主义的现世精神和学术理想。只有在源自内心深处的人学之光的辉映下，一个学者才会自觉将古代文化、古典文献视为活生生的生命存在，才能在笔下的字里行间透出一种还原生命的学术使命感。这与其说是一种研究方法，还不如说是一种人格精神在学术生命中的具体映射。

对于我来说，《孔子新证》既是对孔子思想的学术探究，也是对传统文化的历史反思，更是对现代文明的未来展望。本书阐论了两个"理应"：中华民族现代文明理应建立在优秀传统文化的基础之上，孔子人格思想理应是中华优秀传统文化的核心内涵。本书也提出了两个"如何"：如何将孔子本人的人格思想精华与秦汉以降封建文化糟粕区分开来？如何在弘扬全人类共同价值的基础上实现孔子思想的创造性转化和创新性发展？这既是学术课题，更是实践命题，需要社会各方共同思考和探索。

感谢浙江大学中西书院院长刘东先生为《孔子新证》作序。刘先生在序言中以恢宏的跨文化视野，审视较论了中外思想史研究中的哲学式沉思路数与历史式考证路数的各自意义，以及两者之间的有机关系。高屋建瓴，发人深思。当我读到刘先生序言的这句话——"孔子势必会运思在'历史与思想'之间，从而势必会生活在'当下与永恒'之间"时，我不由感叹束先生与刘先生两位大师的学术共鸣，也更加感念束先生的栽培之恩，感伤束先生的睿音远逝。

感谢国家社科基金项目评审专家给出的中肯意见，对我启发很大，也在一定程度上影响了本书最终呈现的样态。感谢商务印书馆白中林编审、沈蕾编辑给予的大力帮助，成就了本书的出版问世。

我多年从事高校管理工作，一直兼行在大学学术与管理两条职业道路上，有幸领略了两种不尽相同的人生风景。父母家人的关爱支持始终与我相伴，这是我不懈前行的持续动力。

李军于杭州紫金港

2024 年 11 月 14 日

图书在版编目（CIP）数据

孔子新证：一种基于生活史的思想探究 / 李军著 .
北京 : 商务印书馆 , 2024. -- ISBN 978-7-100-23641-6

Ⅰ . B222.25

中国国家版本馆 CIP 数据核字第 2024FA9570 号

孔子新证
一种基于生活史的思想探究
李 军 著

商 务 印 书 馆 出 版
（北京王府井大街 36 号　邮政编码 100710）
商 务 印 书 馆 发 行
北京虎彩文化传播有限公司印刷
ISBN 978-7-100-23641-6

2024 年 11 月第 1 版　　开本 700×1000　1/16
2024 年 11 月第 1 次印刷　　印张 34

定价：180.00 元